여러분의 합격을 응원하는
해커스소방의 특별 혜택!

FREE 소방관계법규 특강

해커스소방(fire.Hackers.com) 접속 후 로그인 ▶ 상단의 [무료강좌 → 소방 무료강의] 클릭하여 이용

해커스소방 온라인 단과강의 20% 할인쿠폰

88ABEFBD55ABED87

해커스소방(fire.Hackers.com) 접속 후 로그인 ▶ 상단의 [마이페이지 → 쿠폰] 클릭 ▶
위 쿠폰번호 입력 후 이용

* 등록 후 7일간 사용 가능(ID당 1회에 한해 등록 가능)

소방 합격예측 온라인 모의고사 응시권 + 해설강의 수강권

32CCE84553CDF6YC

해커스소방(fire.Hackers.com) 접속 후 로그인 ▶ 상단의 [마이페이지 → 쿠폰] 클릭 ▶
위 쿠폰번호 입력 후 이용

* ID당 1회에 한해 등록 가능

쿠폰 이용 관련 문의 **1588-4055**

단기 합격을 위한 해커스소방 커리큘럼

입문
탄탄한 기본기와 핵심 개념 완성!

누구나 이해하기 쉬운 개념 설명과 풍부한 예시로 부담없이 쌩기초 다지기

TIP 베이스가 있다면 **기본** 단계부터!

기본+심화
필수 개념 학습으로 이론 완성!

반드시 알아야 할 기본 개념과 문제풀이 전략을 학습하고
심화 개념 학습으로 고득점을 위한 응용력 다지기

기출+예상 문제풀이
문제풀이로 집중 학습하고 실력 업그레이드!

기출문제의 유형과 출제 의도를 이해하고 최신 출제 경향을 반영한
예상문제를 풀어보며 본인의 취약영역을 파악 및 보완하기

동형모의고사
동형모의고사로 실전력 강화!

실제 시험과 같은 형태의 실전모의고사를 풀어보며 실전감각 극대화

마무리
시험 직전 실전 시뮬레이션!

각 과목별 시험에 출제되는 내용들을 최종 점검하며 실전 완성

PASS

* 커리큘럼 및 세부 일정은 상이할 수 있으며, 자세한 사항은 해커스소방 사이트에서 확인하세요.

단계별 교재 확인 및 수강신청은 여기서!

fire.Hackers.com

해커스소방

김정희
소방관계법규 단원별 기출문제집

김정희

약력

고려대학교 공학석사
고려대학교 공학박사 과정
미국 워싱턴 주립대학 MIS과정 수료

현 | 해커스소방 소방학개론, 소방관계법규 강의
현 | 경기대학교 일반대학원 소방·방재학과 강의
현 | 충청소방학교 강의
현 | 한국화재소방학회 건축도시방재분과 의원
현 | 한국화재소방학회 정회원
현 | 대한건축학회 정회원
전 | 국제대학교, 호서대학교, 목원대학교 강의
전 | 에듀윌, 에듀피디, 아모르이그잼, 윌비스 강의
전 | 국가공무원학원, 종로소방학원, 대전제일고시학원 강의

저서

해커스소방 김정희 소방관계법규 기본서
해커스소방 김정희 소방학개론 기본서
해커스소방 김정희 소방관계법규 단원별 핵심지문 + 기출 OX
해커스소방 김정희 소방학개론 단원별 핵심지문 + 기출 OX
해커스소방 김정희 소방관계법규 3단 비교 빈칸노트
해커스소방 김정희 소방관계법규 단원별 기출문제집
해커스소방 김정희 소방학개론 단원별 기출문제집
해커스소방 김정희 소방관계법규 단원별 실전문제집
해커스소방 김정희 소방학개론 단원별 실전문제집
해커스소방 김정희 소방관계법규 실전동형모의고사
해커스소방 김정희 소방학개론 실전동형모의고사

소방공무원 시험 합격을 위한 필수 단원별 기출문제집

소방공무원 공부, 어떻게 시작해야 할까?

기출문제는 소방관계법규의 방대한 양을 효율적으로 학습하기 위한 가장 좋은 수단입니다. 최신 기출문제를 학습하면서 반복 출제되는 이론과 유형 등을 파악하고, 스스로 학습의 범위와 방향을 명확하게 설정할 수 있으며 더 나아가 문제 해결 능력까지 향상시킬 수 있습니다.

『해커스소방 김정희 소방관계법규 단원별 기출문제집』은 최신 출제경향을 완벽하게 분석하여 수험생 여러분들이 학습의 기본이 되는 기출문제를 효과적으로 학습할 수 있도록 다음과 같은 특징들을 가지고 있습니다.

첫째, 최근 출제 경향을 분석하여 방대한 기출문제를 단원별로 엄선하여 구성하였습니다.
소방공무원 기출문제가 공개된 이후부터 소방공무원 시험은 급격한 난이도의 상승과 함께 새로운 유형의 문제가 꾸준히 출제되고 있습니다. 변화하는 시험에 대비하기 위하여 최근 공개된 기출문제의 경향을 분석하고 과거에 누적된 방대한 기출문제 및 기출변형 문제를 단원별로 재구성하였습니다. 이를 통해 앞으로의 출제경향에 선제적으로 대응할 수 있도록 하였습니다.

둘째, 문제 풀이 과정에서 이론까지 복습할 수 있도록 상세한 해설을 수록하였습니다.
정답 지문에 대한 해설뿐만 아니라 정답 외 지문에 대한 해설 및 관련 개념까지 상세하게 제시하였습니다. 정답의 근거와 오답 포인트까지 알려주는 상세한 해설을 통해 모든 선지를 완벽하게 이해할 수 있으며 이를 통해 본인의 취약점을 파악하여 빠르게 이론을 복습하는 효과를 얻을 수 있습니다.

셋째, 단원별 문제 풀이 후 실전 대비를 위한 11회분의 연도별 기출문제를 수록하였습니다.
실제 시험이 어떻게 출제되는지 파악하고 연습할 수 있도록 최신 연도별 기출문제 11회분을 수록하였습니다. 학습 말미에 기출문제를 풀어봄으로써 실전감각을 익히고 시간 안배 등 실전을 미리 경험해볼 수 있습니다.

더불어, 소방공무원 시험 전문 사이트인 해커스소방(fire.Hackers.com)에서 교재 학습 중 궁금한 점을 나누고 다양한 무료 학습 자료를 함께 이용하여 학습 효과를 극대화할 수 있습니다.

부디 『해커스소방 김정희 소방관계법규 단원별 기출문제집』과 함께 소방공무원 소방관계법규 시험의 고득점을 달성하고 합격을 향해 한걸음 더 나아가시기를 바랍니다.

김정희

목차

이 책의 구성 8
학습 플랜 10

제1편 소방기본법

제1장 | 총칙
POINT 01 목적 및 정의 14
POINT 02 소방기관의 설치 등 16
POINT 03 119종합상황실의 설치와 운영 17
POINT 04 소방정보통신망 구축·운영 18
POINT 05 소방기술민원센터의 설치·운영 19
POINT 06 소방박물관 및 소방체험관 20
POINT 07 소방업무에 관한 종합계획 등 21

제2장 | 소방장비 및 소방용수시설
POINT 08 소방력의 기준 등 22
POINT 09 소방장비 등에 대한 국고보조 23
POINT 10 소방용수시설의 설치 및 관리 등 25
POINT 11 소방업무의 응원 및 소방력의 동원 27

제3장 | 소방활동 등
POINT 12 소방활동·소방지원활동·생활안전활동 .. 29
POINT 13 소방교육·훈련 31
POINT 14 소방안전교육사 32
POINT 15 소방신호 34
POINT 16 소방자동차의 우선통행 등 35
POINT 17 소방자동차 전용구역 등 36
POINT 18 소방활동구역의 설정 38
POINT 19 소방활동 종사 명령 39
POINT 20 강제처분 등 40
POINT 21 피난명령 등 41

제4장 | 소방산업의 육성·진흥 및 지원 등
POINT 22 소방산업 및 소방기술 등 42

제5장 | 한국소방안전원
POINT 23 한국소방안전원 43

제6장 | 보칙
POINT 24 손실보상 등 44

제7장 | 벌칙
POINT 25 벌칙 및 과태료 46

제2편 화재의 예방 및 안전관리에 관한 법률

제1장 | 총칙
POINT 26 목적 및 정의 50

제2장 | 화재의 예방 및 안전관리 기본계획
POINT 27 기본계획·시행계획·세부시행계획 52
POINT 28 실태조사 54
POINT 29 통계의 작성 및 관리 55

제3장 | 화재안전조사
POINT 30 화재안전조사 56
POINT 31 화재안전조사단 등 57
POINT 32 결과 통보 및 조치명령 59
POINT 33 손실 보상 및 결과 공개 등 60

제4장 | 화재의 예방조치 등
POINT 34 화재의 예방조치 등 61
POINT 35 불을 사용하는 설비의 관리기준 등 62
POINT 36 특수가연물 64
POINT 37 화재예방강화지구 66
POINT 38 화재안전영향평가 등 68

제5장 | 소방대상물의 소방안전관리

POINT 39 특정소방대상물의 소방안전관리	69
POINT 40 소방안전관리업무의 대행	72
POINT 41 선임신고 등	73
POINT 42 건설현장의 소방안전관리	75
POINT 43 소방안전관리자 자격 및 자격증 등	76
POINT 44 소방안전관리자 자격시험	77
POINT 45 소방안전관리자 등에 대한 교육	78
POINT 46 관리의 권원이 분리된 특정소방대상물의 소방안전관리	79
POINT 47 피난계획의 수립 및 시행 등	80

제6장 | 특별관리시설물의 소방안전관리

POINT 48 소방안전 특별관리시설물의 안전관리	81
POINT 49 화재예방안전진단	82

제7장 | 보칙

POINT 50 청문 등	84

제8장 | 벌칙

POINT 51 벌칙 및 과태료	85

제3편 소방시설 설치 및 관리에 관한 법률

제1장 | 총칙

POINT 52 목적 및 소방시설	88
POINT 53 특정소방대상물	91
POINT 54 소방용품 등	94
POINT 55 무창층	95

제2장 | 소방시설등의 설치·관리 및 방염

POINT 56 건축허가등의 동의 등	96
POINT 57 내진설계	99
POINT 58 성능위주설계	100
POINT 59 주택에 설치하는 소방시설	102
POINT 60 자동차에 설치 또는 비치하는 소화기	103
POINT 61 특정소방대상물에 설치하는 소방시설의 관리 등	104
POINT 62 수용인원의 산정	105
POINT 63 관계인이 갖추어야 하는 소방시설의 종류 (소화설비)	107
POINT 64 관계인이 갖추어야 하는 소방시설의 종류 (경보설비)	110
POINT 65 관계인이 갖추어야 하는 소방시설의 종류 (피난구조설비)	111
POINT 66 관계인이 갖추어야 하는 소방시설의 종류 (소화활동설비)	112
POINT 67 강화된 소방시설 기준의 적용	113
POINT 68 유사한 소방시설의 설치 면제의 기준	114
POINT 69 증축 또는 용도변경 시의 소방시설기준 적용의 특례	115
POINT 70 소방시설을 설치하지 않을 수 있는 특정소방대상물 및 소방시설의 범위	116
POINT 71 임시소방시설 등	118
POINT 72 소방용품의 내용연수등	120
POINT 73 소방기술심의위원회 등	121
POINT 74 소방대상물의 방염	122

제3장 | 소방시설등의 자체점검

POINT 75 자체점검	125

제4장 | 소방시설관리사 및 소방시설관리업

POINT 76 소방시설관리사	127
POINT 77 소방시설관리업	128

목차

제5장 | 소방용품의 품질관리
POINT 78 소방용품의 형식승인 등 … 130

제6장 | 보칙
POINT 79 청문 및 권한의 위임 등 … 132

제7장 | 벌칙
POINT 80 벌칙 및 과태료 … 133

제4편 소방의 화재조사에 관한 법률

제1장 | 총칙
POINT 81 목적 및 정의 … 138

제2장 | 화재조사의 실시 등
POINT 82 화재조사의 실시 등 … 139

제3장 | 화재조사 결과의 공표
POINT 83 화재조사 결과의 공표 등 … 141

제4장 | 화재조사 기반구축
POINT 84 화재조사 기반구축 등 … 142

제5장 | 벌칙
POINT 85 벌칙 … 143

제5편 소방시설공사업법

제1장 | 총칙
POINT 86 목적 및 정의 … 146

제2장 | 소방시설업
POINT 87 소방시설업의 등록 … 148
POINT 88 등록의 결격사유 … 150
POINT 89 등록사항의 변경신고 등 … 151
POINT 90 소방시설업자의 지위승계 … 152
POINT 91 소방시설업의 운영 등 … 153
POINT 92 등록취소와 영업정지 등 … 154
POINT 93 과징금 처분 … 156

제3장 | 소방시설공사등
POINT 94 설계 … 157
POINT 95 시공 … 158
POINT 96 착공신고 등 … 160
POINT 97 완공검사 … 162
POINT 98 공사의 하자보수 등 … 164
POINT 99 감리 등 … 166
POINT 100 공사감리자의 지정 등 … 168
POINT 101 감리원의 배치 등 … 169
POINT 102 공사감리 결과의 통보 등 … 171
POINT 103 방염처리능력 평가 및 공시 … 172
POINT 104 소방시설공사의 도급 … 173
POINT 105 임금에 대한 압류의 금지 등 … 174
POINT 106 공사대금의 지급보증 등 … 175
POINT 107 하도급의 제한 등 … 176
POINT 108 도급계약의 해지 등 … 178
POINT 109 시공능력 평가 및 공시 … 179

제4장 | 소방기술자
POINT 110 소방기술 경력 등의 인정 등 … 180
POINT 111 소방기술자의 양성 및 교육 등 … 182
POINT 112 소방기술자의 실무교육 … 183

제5장 | 소방시설업자협회
POINT 113 소방시설업자협회 … 184

제6장 | 보칙
POINT 114 청문 등 … 185
POINT 115 권한의 위임·위탁 등 … 186

제7장 | 벌칙
POINT 116 벌칙 및 과태료 … 187

제6편 위험물안전관리법

제1장 | 총칙
POINT 117 목적 및 정의   190
POINT 118 위험물 품명 및 지정수량   192
POINT 119 시행령 [별표 1] 비고   193
POINT 120 위험물의 저장 및 취급의 제한 등   195

제2장 | 위험물시설의 설치
POINT 121 위험물시설의 설치 및 변경   197
POINT 122 탱크안전성능검사   200
POINT 123 완공검사   201
POINT 124 제조소등의 폐지 등   202
POINT 125 제조소등의 사용 중지 등   203

제3장 | 위험물시설의 안전관리
POINT 126 위험물안전관리자 등   204
POINT 127 탱크시험자의 등록   206
POINT 128 예방규정   207
POINT 129 정기점검 및 정기검사   209
POINT 130 자체소방대   211

제4장 | 위험물의 운반 등
POINT 131 위험물의 운반   213
POINT 132 위험물의 운송   214

제5장 | 감독 및 조치명령
POINT 133 위험물 누출 등의 사고조사 등   215

제6장 | 보칙
POINT 134 안전교육 등   216
POINT 135 청문 및 권한의 위임·위탁   217

제7장 | 벌칙
POINT 136 벌칙 및 과태료   218

제8장 | 위험물 제조소등의 위치·구조 및 설비의 기준
POINT 137 제조소   219
POINT 138 옥외탱크저장소   222
POINT 139 지하탱크저장소   224
POINT 140 이동탱크저장소   225
POINT 141 옥내저장소   226
POINT 142 주유취급소   227
POINT 143 이송취급소 등   229
POINT 144 소화설비, 경보설비 및 피난설비의 기준   230
POINT 145 위험물의 저장 및 취급에 관한 기준   231
POINT 146 위험물 운반에 관한 기준   232

부록 소방관계법규 연도별 기출문제

1회 2025년 03월 29일 공채   236
2회 2025년 03월 29일 경채   242
3회 2024년 03월 30일 공채   251
4회 2024년 03월 30일 경채   256
5회 2023년 03월 18일 공채   263
6회 2023년 03월 18일 경채   268
7회 2022년 04월 09일 공채   275
8회 2021년 04월 03일 공채   279
9회 2020년 06월 20일 공채   283
10회 2019년 04월 06일 공채   287
11회 2018년 10월 13일 공채   291

약점 보완 해설집[책속의 책]

이 책의 구성

✓ 문제해결 능력 향상을 위한 단계별 구성

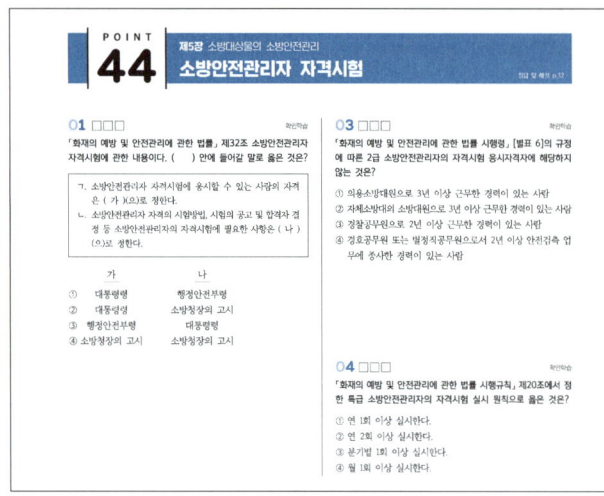

STEP 01   기출문제로 문제해결 능력 키우기

누적된 방대한 양의 기출문제를 단원별로 배치하고 이를 POINT별로 정리하여 수험생의 학습 부담을 줄일 수 있도록 구성하였습니다. 또한 반복하여 출제되는 문제는 빈출문제, 출제경향을 반영한 기출변형 문제로 재구성하여 주요 개념들이 반복·응용되어 재차 출제되는 소방공무원 소방관계법규 시험 출제경향에 적극적인 대비가 가능합니다.

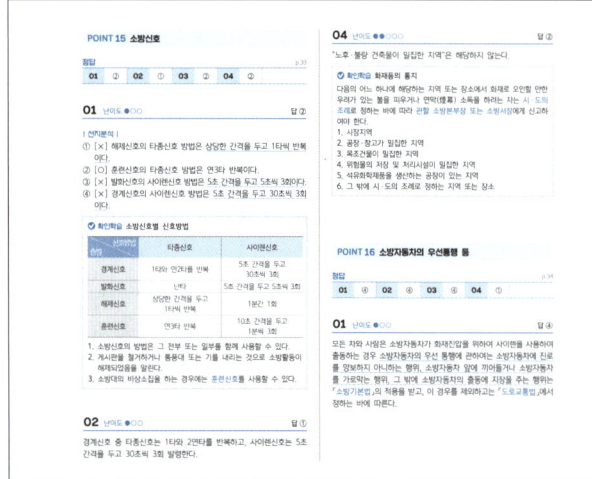

STEP 02   상세한 해설을 통해 다시 한 번 이론 학습하기

단순히 기출문제 풀이에서 끝나지 않고 이론 복습 및 개념 완성으로 이어질 수 있도록 모든 문제에 상세한 해설을 수록하였습니다. 학습에 도움이 되는 관련 이론과 주요 법령 등을 통해 시험에서 묻는 핵심 개념들이 무엇인지 확인하고, 학습한 내용을 다시 한 번 복습할 수 있습니다. 또한 기출문제의 난이도를 분석하여 수험생의 학습 수준을 자가 진단할 수 있도록 단원별 기출문제는 상·중·하로, 연도별 기출문제는 5점 척도로 세분화하여 문제의 난이도를 확인하고 학습방향을 설정할 수 있도록 하였습니다.

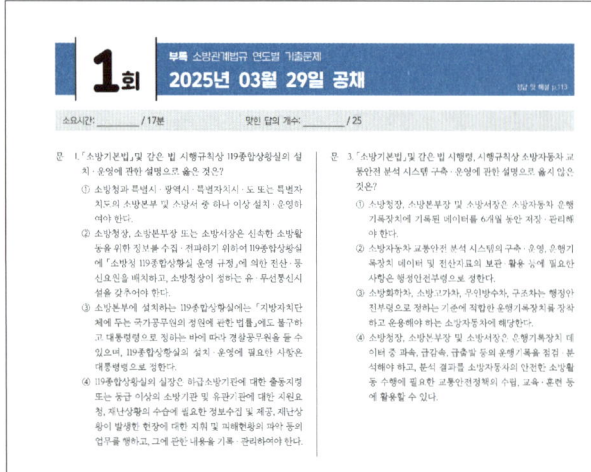

STEP 03   연도별 기출문제를 통해 실전 감각 높이기

소방공무원 시험에서 소방관계법규의 중요도가 높아지면서 시험의 난이도가 상승하고 변별력 있는 문제가 다수 출제될 것으로 예상됩니다. 따라서 학습 마무리 단계에서 소방관계법규 시험의 최신 출제경향 파악 및 문제풀이 연습을 할 수 있도록 최근 8개년 공채 및 경채 기출문제로 구성한 연도별 기출문제 11회분을 수록하였습니다. 연도별 기출문제를 풀어보면서 소방관계법규 시험에 대한 이해도를 높이고, 실전 감각을 키울 수 있습니다.

* 2023~2025년 공채 시험의 전체 문항은 2023~2025년 경채 시험의 일부 문항과 동일하게 출제되었습니다. 학습에 참고해 주시기 바랍니다.

✓ 정답의 근거와 오답의 원인, 관련이론까지 짚어주는 정답 및 해설

제3편 | 소방시설 설치 및 관리에 관한 법률

제1장 총칙

POINT 52 목적 및 소방시설

정답 p.88

01	④	02	②	03	③	04	①	05	④
06	③	07	③	08	③	09	①	10	②
11	③	12	③						

01 난이도 ●●○   답 ④

소방용품이란 소방시설등을 구성하거나 소방용으로 사용되는 제품 또는 기기로서 대통령령으로 정하는 것을 말한다.

| 선지분석 |
① [×] 소방시설이란 소화설비, 경보설비, 피난구조설비, 소화용수설비, 그 밖에 소화활동설비로서 대통령령으로 정하는 것을 말한다.
② [×] 소방시설등이란 소방시설과 비상구, 그 밖에 소방 관련 시설로서 대통령령으로 정하는 것을 말한다.
③ [×] 특정소방대상물이란 건축물 등의 규모·용도 및 수용인원 등을 고려하여 소방시설을 설치하여야 하는 소방대상물로서 대통령령으로 정하는 것을 말한다.

05 난이도 ●○○   답 ④

연소방지설비는 소화활동설비에 해당한다.

✓ 확인학습 소화설비
1. 소화기구(소화기, 간이소화용구, 자동확산소화기)
2. 자동소화장치
3. 옥내소화전설비(호스릴옥내소화전설비를 포함한다)
4. 스프링클러설비등
5. 물분무등소화설비
6. 옥외소화전설비

06 난이도 ●○○   답 ③

고체에어로졸자동소화장치는 자동소화장치에 해당한다.

✓ 확인학습 자동소화장치
1. 주거용 주방자동소화장치
2. 상업용 주방자동소화장치
3. 캐비닛형 자동소화장치
4. 가스자동소화장치
5. 분말자동소화장치
6. 고체에어로졸자동소화장치

---

1. 빠른 정답 확인
- 각 POINT별로 수록된 모든 문제의 정답을 표로 정리
- 쉽고 빠르게 정답 확인

2. 상세한 해설
- 이론을 다시 한 번 복습할 수 있는 자세한 해설
- 오답 지문의 원인과 함정 요인을 확인할 수 있는 선지분석

3. 확인학습
- 문제와 관련된 핵심 개념이나 알아두면 좋은 배경이론 등을 제시
- 주요 개념을 다양한 시각에서 폭넓게 학습

4. 문항별 난이도 제시
- 각 문항별 난이도를 통해 스스로 현재 실력 파악 가능
- 단원별 기출문제 대비 연도별 기출문제는 보다 난이도를 세분화하여 제시

학습 플랜

효율적인 학습을 위하여 DAY별 권장 학습 분량을 제시하였으며, 이를 바탕으로 본인의 학습 진도나 수준에 따라 분량을 조절해 가며 학습하기 바랍니다. 또한 학습한 날은 표 우측의 각 회독 부분에 형광펜이나 색연필 등으로 표시하며 채워나가기 바랍니다.

* 1회독 때에는 40일 학습 플랜을, 2, 3회독 때에는 14일 학습 플랜을 활용하시면 좋습니다.

40일 플랜	14일 플랜	학습 플랜	1회독	2회독	3회독
DAY 1	DAY 1	POINT 01-08	DAY 1	DAY 1	DAY 1
DAY 2		POINT 09-12	DAY 2		
DAY 3		POINT 13-18	DAY 3		
DAY 4	DAY 2	POINT 19-25	DAY 4	DAY 2	DAY 2
DAY 5		POINT 26-31	DAY 5		
DAY 6		POINT 32-36	DAY 6		
DAY 7	DAY 3	POINT 37-39	DAY 7	DAY 3	DAY 3
DAY 8		POINT 40-43	DAY 8		
DAY 9		POINT 44-49	DAY 9		
DAY 10	DAY 4	POINT 50-53	DAY 10	DAY 4	DAY 4
DAY 11		POINT 54-58	DAY 11		
DAY 12		POINT 59-65	DAY 12		
DAY 13	DAY 5	POINT 66-70	DAY 13	DAY 5	DAY 5
DAY 14		POINT 71-74	DAY 14		
DAY 15		POINT 75-78	DAY 15		
DAY 16	DAY 6	POINT 79-83	DAY 16	DAY 6	DAY 6
DAY 17		POINT 84-86	DAY 17		
DAY 18		POINT 87-93	DAY 18		
DAY 19	DAY 7	POINT 94-96	DAY 19	DAY 7	DAY 7
DAY 20		POINT 97-101	DAY 20		

■ 1회독 때에는 '내가 학습한 이론이 주로 이러한 형식의 문제로 출제되는구나!'를 익힌다는 생각으로 접근하는 것이 좋습니다.
■ 2회독 때에는 실전과 동일한 마음으로 기출문제를 풀어보는 단계입니다. 단순히 문제를 풀어보는 것에 그치지 않고, 각각의 지문이 왜 옳은지, 옳지 않다면 어느 부분이 잘못되었는지를 꼼꼼히 따져가며 학습하기 바랍니다.
■ 3회독 때에는 기출문제를 출제자의 시선으로 바라보고, 이를 변형하여 학습하는 연습이 필요합니다. 즉, 기출지문을 중심으로 이론 학습의 범위를 넓혀나가며 학습을 완성하기 바랍니다.

40일 플랜	14일 플랜	학습 플랜	1회독	2회독	3회독
DAY 21	DAY 8	POINT 102-107	DAY 21	DAY 8	DAY 8
DAY 22		POINT 108-115	DAY 22		
DAY 23		POINT 116-118	DAY 23		
DAY 24	DAY 9	POINT 119-121	DAY 24	DAY 9	DAY 9
DAY 25		POINT 122-126	DAY 25		
DAY 26		POINT 127-133	DAY 26		
DAY 27	DAY 10	POINT 134-138	DAY 27	DAY 10	DAY 10
DAY 28		POINT 139-146	DAY 28		
DAY 29		부록 1회 or 2회	DAY 29		
DAY 30	DAY 11	부록 3회 or 4회	DAY 30	DAY 11	DAY 11
DAY 31		부록 5회 or 6회	DAY 31		
DAY 32		부록 7회	DAY 32		
DAY 33	DAY 12	부록 8회	DAY 33	DAY 12	DAY 12
DAY 34		부록 9회	DAY 34		
DAY 35		부록 10회	DAY 35		
DAY 36	DAY 13	부록 11회	DAY 36	DAY 13	DAY 13
DAY 37		제1편, 제2편 복습	DAY 37		
DAY 38		제2편, 제3편 복습	DAY 38		
DAY 39	DAY 14	제4편, 제5편 복습	DAY 39	DAY 14	DAY 14
DAY 40		제6편 복습	DAY 40		

해커스소방 fire.Hackers.com

제1편 소방기본법

제1장 | 총칙
POINT 01 목적 및 정의
POINT 02 소방기관의 설치 등
POINT 03 119종합상황실의 설치와 운영
POINT 04 소방정보통신망 구축·운영
POINT 05 소방기술민원센터의 설치·운영
POINT 06 소방박물관 및 소방체험관
POINT 07 소방업무에 관한 종합계획 등

제2장 | 소방장비 및 소방용수시설
POINT 08 소방력의 기준 등
POINT 09 소방장비 등에 대한 국고보조
POINT 10 소방용수시설의 설치 및 관리 등
POINT 11 소방업무의 응원 및 소방력의 동원

제3장 | 소방활동 등
POINT 12 소방활동·소방지원활동·생활안전활동
POINT 13 소방교육·훈련
POINT 14 소방안전교육사
POINT 15 소방신호
POINT 16 소방자동차의 우선통행 등
POINT 17 소방자동차 전용구역 등
POINT 18 소방활동구역의 설정
POINT 19 소방활동 종사 명령
POINT 20 강제처분 등
POINT 21 피난명령 등

제4장 | 소방산업의 육성·진흥 및 지원 등
POINT 22 소방산업 및 소방기술 등

제5장 | 한국소방안전원
POINT 23 한국소방안전원

제6장 | 보칙
POINT 24 손실보상 등

제7장 | 벌칙
POINT 25 벌칙 및 과태료

POINT 01 | 제1장 총칙
목적 및 정의

정답 및 해설 p.2

01 □□□
기출변형

「소방기본법」상 소방의 목적에 대한 내용이다. ( ) 안에 들어갈 내용으로 가장 옳은 것은?

> 이 법은 화재를 예방, 경계하거나 진압하고, 화재, (가)·재해, 그 밖의 (나)한 상황에서의 구조, 구급 활동 등을 통하여 국민의 생명·신체 및 재산을 보호함으로써 공공의 (다) 및 질서 유지와 복리증진에 이바지함을 목적으로 한다.

	가	나	다
①	재난	위급	안전
②	재난	위급	안녕
③	폭발	위험	안전
④	폭발	위험	안녕

02 □□□
25. 경채

「소방기본법」상 용어의 정의에 대한 설명으로 옳은 것은?

① "관계지역"이란 특정소방대상물이 있는 장소로서 화재의 예방·경계·진압, 구조·구급 등의 활동에 필요한 지역을 말한다.
② "현장지휘관"이란 소방본부장 또는 소방서장 등 화재, 재난·재해, 그 밖의 위급한 상황이 발생한 현장에서 소방대를 지휘하는 사람을 말한다.
③ "소방서장"이란 특별시·광역시·특별자치시·도 또는 특별자치도에서 화재의 예방·경계·진압·조사 및 구조·구급 등의 업무를 담당하는 부서의 장을 말한다.
④ "소방대"란 화재를 진압하고 화재, 재난·재해, 그 밖의 위급한 상황에서 구조·구급 활동 등을 하기 위하여 관련 법령에 따라 소방공무원, 의무소방원 등으로 구성된 조직체를 말한다.

02 □□□
20. 경채

「소방기본법」상 소방대장에 대한 용어의 뜻으로 옳은 것은?

① 소방대상물의 소유자·관리자 또는 점유자
② 소방본부장 또는 소방서장 등 화재, 재난·재해, 그 밖의 위급한 상황이 발생한 현장에서 소방대를 지휘하는 사람
③ 화재를 진압하고 화재, 재난·재해, 그 밖의 위급한 상황에서 구조·구급 활동 등을 하기 위하여 소방공무원, 의무소방원, 의용소방대원으로 구성된 조직체
④ 특별시·광역시·특별자치시·도 또는 특별자치도에서 화재의 예방·경계·진압·조사 및 구조·구급 등의 업무를 담당하는 부서의 장

04 □□□
20. 공채

「소방기본법」상 소방대의 구성원으로 옳은 것은?

> ㄱ. 소방안전관리자 ㄴ. 의무소방원
> ㄷ. 자체소방대원 ㄹ. 의용소방대원
> ㅁ. 자위소방대원

① ㄱ, ㄷ
② ㄴ, ㄹ
③ ㄴ, ㅁ
④ ㄷ, ㅁ

05　18. 하반기 경채

「소방기본법」상 규정하는 용어의 정의를 옳게 연결한 것은?

가. (ㄱ)이란 건축물, 차량, 선박(「선박법」 제1조의2 제1항에 따른 선박으로서 항구에 매어둔 선박만 해당한다), 선박 건조 구조물, 산림, 그 밖의 인공 구조물 또는 물건을 말한다.
나. (ㄴ)이란 소방대상물이 있는 장소 및 그 이웃 지역으로서 화재의 예방·경계·진압, 구조·구급 등의 활동에 필요한 지역을 말한다.
다. (ㄷ)이란 소방대상물의 소유자·관리자 또는 점유자를 말한다.
라. (ㄹ)이란 특별시·광역시·특별자치시·도 또는 특별자치도에서 화재의 예방·경계·진압·조사 및 구조·구급 등의 업무를 담당하는 부서의 장을 말한다.
마. (ㅁ)란 화재를 진압하고 화재, 재난·재해, 그 밖의 위급한 상황에서 구조·구급 활동 등을 하기 위하여 소방공무원, 의무소방원, 의용소방대원으로 구성된 조직체를 말한다.
바. (ㅂ)이란 소방본부장 또는 소방서장 등 화재, 재난·재해, 그 밖의 위급한 상황이 발생한 현장에서 소방대를 지휘하는 사람을 말한다.

	ㄱ	ㄴ	ㄷ	ㄹ	ㅁ	ㅂ
①	소방대상물	관계지역	관계인	소방본부장	소방대	소방조장
②	방호대상물	경계지역	입회인	소방서장	지역대	소방대장
③	방호대상물	경계지역	입회인	소방서장	지역대	소방조장
④	소방대상물	관계지역	관계인	소방본부장	소방대	소방대장

06　19. 경채

「소방기본법」상 용어의 정의로 옳지 않은 것은?

① 소방대상물이란 건축물, 차량, 선박(「선박법」 제1조의2 제1항에 따른 선박으로서 항구에 매어둔 선박만 해당한다), 선박 건조 구조물, 산림, 그 밖의 인공 구조물 또는 물건을 말한다.
② 관계지역이란 소방대상물이 있는 장소 및 그 이웃 지역으로서 화재의 예방·경계·진압, 구조·구급 등의 활동에 필요한 지역을 말한다.
③ 소방본부장이란 특별시·광역시·특별자치시·도 또는 특별자치도에서 화재의 예방·경계·진압·조사 및 구조·구급 등의 업무를 담당하는 부서의 장을 말한다.
④ 소방대란 화재를 진압하고 화재, 재난·재해, 그 밖의 위급한 상황에서 구조·구급 활동 등을 하기 위하여 소방공무원, 의무소방원, 자위소방대원으로 구성된 조직체를 말한다.

07　기출변형

「소방기본법」상 용어의 정의 중 가장 옳은 것은?

① 소방대란 화재를 진압하고 화재, 재난·재해, 그 밖의 위급한 상황에서 구조·구급 활동 등을 하기 위하여 소방공무원, 의무소방원, 자체소방대원으로 구성된 조직체를 말한다.
② 소방대상물이란 건축물, 차량, 항해 중인 선박, 선박 건조 구조물, 산림, 그 밖의 인공 구조물 또는 물건을 말한다.
③ 관계지역이란 소방대상물이 있는 장소 및 이웃 지역으로서 화재의 예방·경계·진압, 구조·구급 등의 활동에 필요한 지역을 말한다.
④ 소방대장이란 소방본부장 또는 소방서장, 경찰서장 등 화재, 재난·재해, 그 밖의 위급한 상황이 발생한 현장에서 소방대를 지휘하는 사람을 말한다.

08　빈출문제

「소방기본법」상 용어의 정의로 가장 옳지 않은 것은?

① 관계인이란 소방대상물의 소유자·관리자 또는 점유자를 말한다.
② 소방대는 소방공무원만을 말한다.
③ 관계지역이란 소방대상물이 있는 장소 및 그 이웃 지역으로서 화재의 예방·경계·진압, 구조·구급 등의 활동에 필요한 지역을 말한다.
④ 소방대장이란 소방본부장 또는 소방서장 등 화재, 재난·재해, 그 밖의 위급한 상황이 발생한 현장에서 소방대를 지휘하는 사람을 말한다.

POINT 02 제1장 총칙 — 소방기관의 설치 등

01 ☐☐☐ 22. 경채

「소방기본법」제3조 소방기관의 설치 등에 대한 내용이다. ( ) 안에 들어갈 말로 옳은 것은?

> 시·도의 화재 예방·경계·진압 및 조사, 소방안전교육·홍보와 화재, 재난·재해, 그 밖의 위급한 상황에서의 구조·구급 등의 업무를 수행하는 소방기관의 설치에 필요한 사항은 ( )(으)로 정한다.

① 대통령령 ② 행정안전부령
③ 시·도의 조례 ④ 소방청훈령

02 ☐☐☐ 21. 경채

「소방기본법」상 소방기관의 설치에 대한 내용으로 옳지 않은 것은?

① 시·도에서 소방업무를 수행하기 위하여 시·도지사 직속으로 소방본부를 둔다.
② 시·도의 소방업무를 수행하는 소방기관의 설치에 필요한 사항은 행정안전부령으로 정한다.
③ 소방업무를 수행하는 소방본부장 또는 소방서장은 그 소재지를 관할하는 시·도지사의 지휘와 감독을 받는다.
④ 소방청장은 화재예방 및 대형 재난 등 필요한 경우 시·도 소방본부장 및 소방서장을 지휘·감독할 수 있다.

03 ☐☐☐ 기출변형

「소방기본법」상 소방기관의 설치 등에 관한 설명이다. ( ) 안에 들어갈 내용으로 옳은 것은?

> ㄱ. 시·도의 화재예방·경계·진압 및 조사, 소방안전교육·홍보와 화재, 재난·재해, 그 밖의 위급한 상황에서의 구조·구급 등의 업무(소방업무)를 수행하는 소방기관의 설치에 필요한 사항은 (가)으로 정한다.
> ㄴ. 소방업무를 수행하는 소방본부장 또는 소방서장은 그 소재지를 관할하는 (나)의 지휘와 감독을 받는다.

	가	나
①	대통령령	시·도지사
②	대통령령	소방청장
③	행정안전부령	시·도지사
④	행정안전부령	소방청장

04 ☐☐☐ 기출변형

「소방기본법」상 위임규정으로 옳지 않은 것은?

① 소방기관이 소방업무를 수행하는 데에 필요한 인력과 장비 등에 관한 기준은 행정안전부령으로 정한다.
② 소방박물관의 설립과 운영에 필요한 사항은 대통령령으로 정한다.
③ 소방기관의 설치에 관하여 필요한 사항은 대통령령으로 한다.
④ 소방자동차 등 소방장비의 분류·표준화와 그 관리 등에 필요한 사항은 따로 법률에서 정한다.

POINT 03 | 제1장 총칙
119종합상황실의 설치와 운영

01 □□□ 21. 공채

「소방기본법」상 119종합상황실의 설치 및 운영목적에 대한 내용으로 옳지 않은 것은?

① 상황관리
② 대응계획 실행 및 평가
③ 현장 지휘 및 조정·통제
④ 정보의 수집·분석과 판단·전파

02 □□□ 25. 공채·경채

「소방기본법」및 같은 법 시행규칙상 119종합상황실의 설치·운영에 관한 설명으로 옳은 것은?

① 소방청과 특별시·광역시·특별자치시·도 또는 특별자치도의 소방본부 및 소방서 중 하나 이상 설치·운영하여야 한다.
② 소방청장, 소방본부장 또는 소방서장은 신속한 소방활동을 위한 정보를 수집·전파하기 위하여 119종합상황실에 「소방청 119종합상황실 운영 규정」에 의한 전산·통신요원을 배치하고, 소방청장이 정하는 유·무선통신시설을 갖추어야 한다.
③ 소방본부에 설치하는 119종합상황실에는 「지방자치단체에 두는 국가공무원의 정원에 관한 법률」에도 불구하고 대통령령으로 정하는 바에 따라 경찰공무원을 둘 수 있으며, 119종합상황실의 설치·운영에 필요한 사항은 대통령령으로 정한다.
④ 119종합상황실의 실장은 하급소방기관에 대한 출동지령 또는 동급 이상의 소방기관 및 유관기관에 대한 지원요청, 재난상황의 수습에 필요한 정보수집 및 제공, 재난상황이 발생한 현장에 대한 지휘 및 피해현황의 파악 등의 업무를 행하고, 그에 관한 내용을 기록·관리하여야 한다.

03 □□□ 빈출문제

「소방기본법 시행규칙」상 종합상황실의 실장이 지체 없이 서면·팩스 또는 컴퓨터통신 등의 방법으로 상급 종합상황실에 보고하여야 하는 사항에 해당하지 않는 것은?

① 사망자가 5명 이상 발생한 화재
② 재산피해액이 50억원 이상 발생한 화재
③ 이재민이 50명 이상 발생한 화재
④ 연면적 1만5천㎡ 이상인 공장에서 발생한 화재

POINT 04 소방정보통신망 구축·운영

제1장 총칙

01 ☐☐☐ 확인학습

「소방기본법」 및 같은 법 시행규칙상 소방정보통신망 구축·운영으로 옳은 것은?

① 소방청장 및 시·도지사는 119종합상황실 등의 효율적 운영을 위하여 소방정보통신망을 구축·운영하여야 한다.
② 소방청장 및 시·도지사는 소방정보통신망이 안정적으로 운영될 수 있도록 월 1회 이상 소방정보통신망을 주기적으로 점검·관리해야 한다.
③ 소방청장 및 시·도지사는 소방정보통신망의 안정적 운영을 위하여 소방정보통신망의 회선을 이중화하여서는 아니 된다.
④ 시행규칙 제1항부터 제3항까지에서 규정한 사항 외에 소방정보통신망의 속도, 점검 주기 등에 관한 세부 사항은 소방청장이 정한다.

POINT 05 | 제1장 총칙
소방기술민원센터의 설치·운영

01 □□□ 22. 공채

「소방기본법 시행령」상 소방기술민원센터의 설치·운영기준으로 옳지 않은 것은?

① 소방청장 및 본부장은 각 소방서에 소방기술민원센터를 설치·운영한다.
② 소방기술민원센터는 소방기술민원과 관련된 현장 확인 및 처리업무를 수행한다.
③ 소방기술민원센터는 소방기술민원과 관련된 질의회신집 및 해설서 발간의 업무를 수행한다.
④ 소방기술민원센터는 소방시설, 소방공사와 위험물 안전관리 등과 관련된 법령해석 등의 민원을 처리한다.

02 □□□ 22. 경채

「소방기본법」 및 같은 법 시행령상 소방기술민원센터에 대한 내용으로 옳지 않은 것은?

① 소방기술민원센터는 센터장을 포함하여 18명 이내로 구성한다.
② 소방기술민원센터는 소방기술민원과 관련된 업무로서 소방청장 또는 소방본부장이 필요하다고 인정하여 지시하는 업무를 수행한다.
③ 소방기술민원센터장은 소방기술민원센터의 업무수행을 위하여 필요하다고 인정하는 경우에는 관계 기관의 장에게 소속 공무원 또는 직원의 파견을 요청할 수 있다.
④ 소방청장은 소방시설, 소방공사 및 위험물 안전관리 등과 관련된 법령해석 등의 민원을 종합적으로 접수하여 처리할 수 있는 소방기술민원센터를 설치·운영할 수 있다.

03 □□□ 25. 공채·경채

「소방기본법」및 같은 법 시행령, 시행규칙상 소방자동차 교통안전 분석 시스템 구축·운영에 관한 설명으로 옳지 않은 것은?

① 소방청장, 소방본부장 및 소방서장은 소방자동차 운행기록장치에 기록된 데이터를 6개월 동안 저장·관리해야 한다.
② 소방자동차 교통안전 분석 시스템의 구축·운영, 운행기록장치 데이터 및 전산자료의 보관·활용 등에 필요한 사항은 행정안전부령으로 정한다.
③ 소방화학차, 소방고가차, 무인방수차, 구조차는 행정안전부령으로 정하는 기준에 적합한 운행기록장치를 장착하고 운용해야 하는 소방자동차에 해당한다.
④ 소방청장, 소방본부장 및 소방서장은 운행기록장치 데이터 중 과속, 급감속, 급출발 등의 운행기록을 점검·분석해야 하고, 분석 결과를 소방자동차의 안전한 소방활동 수행에 필요한 교통안전정책의 수립, 교육·훈련 등에 활용할 수 있다.

POINT 06 | 제1장 총칙
소방박물관 및 소방체험관

정답 및 해설 p.5

01 ☐☐☐
24. 경채

「소방기본법」상 소방박물관 등의 설립과 운영에 관한 내용이다. ( ) 안에 들어갈 내용으로 옳은 것은?

- 소방의 역사와 안전문화를 발전시키고 국민의 안전의식을 높이기 위하여 (ㄱ)은/는 소방박물관을, (ㄴ)은/는 소방체험관을 설립하여 운영할 수 있다.
- 소방박물관의 설립과 운영에 필요한 사항은 (ㄷ)(으)로 정하고, 소방체험관의 설립과 운영에 필요한 사항은 (ㄷ)(으)로 정하는 기준에 따라 (ㄹ)(으)로 정한다.

	ㄱ	ㄴ	ㄷ	ㄹ
①	시·도지사	소방청장	행정안전부령	시·도의 조례
②	시·도지사	소방청장	시·도의 조례	행정안전부령
③	소방청장	시·도지사	시·도의 조례	행정안전부령
④	소방청장	시·도지사	행정안전부령	시·도의 조례

02 ☐☐☐
19. 경채

「소방기본법」상 소방박물관 등의 설립과 운영에 관한 설명이다. ( ) 안의 내용으로 옳은 것은?

소방의 역사와 안전문화를 발전시키고 국민의 안전 의식을 높이기 위하여 (가)은/는 소방박물관을, (나)은/는 소방체험관(화재 현장에서의 피난 등을 체험할 수 있는 체험관을 말한다)을 설립하여 운영할 수 있다.

	가	나
①	소방청장	시·도지사
②	소방청장	소방본부장
③	시·도지사	소방본부장
④	시·도지사	소방청장

03 ☐☐☐
21. 경채

「소방기본법」상 소방 관련 시설 등의 설립 또는 설치에 관한 법적 근거로 옳은 것은?

① 소방체험관: 대통령령
② 119종합상황실: 대통령령
③ 소방박물관: 행정안전부령
④ 비상소화장치: 시·도 조례

POINT 07 제1장 총칙 — 소방업무에 관한 종합계획 등

01 □□□ 17. 경채

「소방기본법」 및 같은 법 시행령상 소방업무에 관한 종합계획 및 세부계획의 수립·시행에 대하여 옳지 않은 것은?

① 시·도지사와 시장·군수·구청장은 종합계획의 시행에 필요한 세부계획을 수립하여 소방청장에게 12월 31일까지 제출하여야 한다.
② 소방청장은 소방업무에 관한 종합계획을 관계 중앙행정기관의 장과의 협의를 거쳐 계획 시행 전년도 10월 31일까지 수립하여야 한다.
③ 소방청장은 화재, 재난·재해, 그 밖의 위급한 상황으로부터 국민의 생명·신체 및 재산을 보호하기 위하여 소방업무에 관한 종합계획을 5년마다 수립·시행하여야 한다.
④ 종합계획의 포함사항으로 소방업무에 필요한 장비의 구비와 소방전문인력 양성에 관한 내용은 포함되어야 한다.

02 □□□ 22. 경채

「소방기본법」 및 같은 법 시행령상 소방업무에 관한 종합계획의 수립·시행 등의 내용으로 옳지 않은 것은?

① 소방청장은 수립한 종합계획을 관계 중앙행정기관의 장, 시·도지사에게 통보하여야 한다.
② 시·도지사는 관할 지역의 특성을 고려하여 종합계획의 시행에 필요한 세부계획을 매년 수립하여 행정안전부장관에게 제출하여야 한다.
③ 종합계획에는 소방업무에 필요한 체계의 구축, 소방기술의 연구·개발 및 보급, 소방전문인력 양성에 대한 사항이 포함되어야 한다.
④ 소방청장은 소방업무에 관한 종합계획을 관계 중앙행정기관의 장과의 협의를 거쳐 계획 시행 전년도 10월 31일까지 수립하여야 한다.

03 □□□ 18. 경채

「소방기본법 시행령」상 소방청장의 소방업무에 관한 종합계획의 수립 기한으로 옳은 것은?

① 계획 시행 연도 10월 31일까지 수립하여야 한다.
② 계획 시행 전년도 10월 31일까지 수립하여야 한다.
③ 계획 시행 연도 12월 31일까지 수립하여야 한다.
④ 계획 시행 전년도 12월 31일까지 수립하여야 한다.

04 □□□ 20. 공채

「소방기본법」상 소방업무에 관한 종합계획의 수립·시행 등에 대한 설명이다. ( ) 안에 들어갈 내용으로 옳은 것은?

> (가)은 화재, 재난·재해, 그 밖의 위급한 상황으로부터 국민의 생명·신체 및 재산을 보호하기 위하여 소방업무에 관한 종합계획을 (나)마다 수립·시행하여야 하고, 이에 필요한 재원을 확보하도록 노력하여야 한다.

	가	나
①	소방청장	3년
②	소방청장	5년
③	행정안전부장관	3년
④	행정안전부장관	5년

POINT 08 제2장 소방장비 및 소방용수시설
소방력의 기준 등

01 □□□
19. 경채

「소방기본법」상 소방력의 기준 등에 관한 설명으로 옳은 것은?

① 소방업무를 수행하는 데에 필요한 소방력에 관한 기준은 대통령령으로 정한다.
② 소방청장은 소방력의 기준에 따라 관할구역의 소방력을 확충하기 위하여 필요한 계획을 수립하여 시행하여야 한다.
③ 소방자동차 등 소방장비의 분류·표준화와 그 관리 등에 필요한 사항은 따로 법률에서 정한다.
④ 국가는 소방장비의 구입 등 시·도의 소방업무에 필요한 경비의 일부를 보조하고, 보조 대상사업의 범위와 기준보조율은 행정안전부령으로 정한다.

02 □□□
기출변형

「소방기본법」상 소방력의 기준 등의 내용이다. 옳은 것만을 모두 고른 것은?

> ㄱ. 소방기관이 소방업무를 수행하는 데에 필요한 인력과 장비 등 소방력에 관한 기준은 대통령령으로 정한다.
> ㄴ. 소방자동차 등 소방장비의 분류·표준화와 그 관리 등에 필요한 사항은 따로 법률에서 정한다.
> ㄷ. 시·도지사는 소방력의 기준에 따라 관할구역의 소방력을 확충하기 위하여 필요한 계획을 수립하여 시행하여야 한다.

① ㄱ
② ㄴ
③ ㄱ, ㄷ
④ ㄴ, ㄷ

03 □□□
기출변형

「소방기본법」상 소방력의 기준 등에 대한 설명이다. ( ) 안에 들어갈 내용으로 옳은 것은?

> ㄱ. 소방기관이 소방업무를 수행하는 데에 필요한 인력과 장비 등에 관한 기준은 (가)으로 정한다.
> ㄴ. (나)은/는 소방력의 기준에 따라 관할구역의 소방력을 확충하기 위하여 필요한 계획을 수립하여 시행하여야 한다.

	가	나
①	대통령령	시·도지사
②	행정안전부령	시·도지사
③	대통령령	소방청장
④	행정안전부령	소방청장

POINT 09 | 제2장 소방장비 및 소방용수시설
소방장비 등에 대한 국고보조

01 □□□ 21. 경채

「소방기본법」 및 같은 법 시행령상 소방장비 등에 대한 국고보조의 내용으로 옳지 않은 것은?

① 보조 대상사업의 범위와 기준보조율은 대통령령으로 정한다.
② 소방활동장비 및 설비의 종류와 규격은 행정안전부령으로 정한다.
③ 국가는 소방장비의 구입 등 시·도의 소방업무에 필요한 경비의 전부를 보조한다.
④ 국고보조 대상사업에 해당하는 소방활동장비로는 소방자동차, 소방헬리콥터 및 소방정 등이 있다.

02 □□□ 20. 경채

「소방기본법 시행령」상 소방장비 등 국고보조 대상사업의 범위에 해당하지 않는 것은?

① 소방자동차 구입
② 소방용수시설 설치
③ 소방헬리콥터 및 소방정 구입
④ 소방전용통신설비 및 전산설비 설치

03 □□□ 기출변형

「소방기본법」상 법률적 위임규정이 다른 하나는?

① 소방활동을 위한 정보를 수집·전파하기 위한 119종합상황실의 설치·운영에 관한 기준
② 국고보조 대상사업의 범위와 기준보조율
③ 소방의 역사와 안전문화를 발전시키고 국민의 안전의식을 높이기 위하여 소방청장의 소방박물관의 설립·운영에 관한 기준
④ 소방기관이 소방업무를 수행하는 데에 필요한 인력과 장비 등에 관한 기준

04 □□□ 18. 경채

다음 중 「소방기본법 시행령」상 국고보조 대상사업의 범위에 해당하지 않는 것은?

① 소방 전기·기계설비 구입 및 설치
② 소방헬리콥터 및 소방정
③ 소방전용통신설비 및 전산설비 구입 및 설치
④ 소방자동차

05 □□□ 기출변형

「소방기본법」상 소방장비 등에 대한 국고보조에 대한 설명이다. ( ) 안에 들어갈 내용으로 옳은 것은?

> ㄱ. 국가는 소방장비의 구입 등 시·도의 소방업무에 필요한 경비의 (가)를 보조한다.
> ㄴ. 국고보조 대상사업의 범위와 기준보조율은 (나)으로 정한다.

	가	나
①	전부	행정안전부령
②	전부	대통령령
③	일부	행정안전부령
④	일부	대통령령

06 □□□ 기출변형

「소방기본법 시행령」상 소방장비 등에 대한 국고보조에 대한 설명이다. ( ) 안에 들어갈 내용으로 옳은 것은?

> ㄱ. 소방활동장비 및 설비의 종류와 규격은 (가)으로 정한다.
> ㄴ. 국고보조 대상사업의 기준보조율은 (나)에서 정하는 바에 따른다.

	가	나
①	행정안전부령	시·도 조례
②	행정안전부령	보조금 관리에 관한 법률 시행령
③	대통령령	시·도 조례
④	대통령령	보조금 관리에 관한 법률 시행령

07 □□□ 23. 공채·경채

「소방기본법 시행규칙」상 국고보조의 대상이 되는 소방활동 장비의 종류와 규격으로 옳지 않은 것은?

① 구조정: 90마력 이상
② 배연차(중형): 170마력 이상
③ 구급차(특수): 90마력 이상
④ 소방헬리콥터: 5~17인승

POINT 10 | 제2장 소방장비 및 소방용수시설
소방용수시설의 설치 및 관리 등

01 □□□ 22. 공채
「소방기본법 시행규칙」상 소방용수시설 및 비상소화장치의 설치 기준으로 옳지 않은 것은?

① 비상소화장치의 설치기준에 관한 세부 사항은 소방청장이 정한다.
② 소방청장은 설치된 소방용수시설에 대하여 소방용수표지를 보기 쉬운 곳에 설치하여야 한다.
③ 소방호스 및 관창은 소방청장이 정하여 고시하는 형식승인 및 제품검사의 기술기준에 적합한 것으로 설치한다.
④ 비상소화장치함은 소방청장이 정하여 고시하는 성능인증 및 제품검사의 기술기준에 적합한 것으로 설치한다.

02 □□□ 20. 공채
「소방기본법」상 시·도지사가 소방활동에 필요하여 설치하고 유지·관리하는 소방용수시설로 옳지 않은 것은?

① 소화전
② 저수조
③ 급수탑
④ 상수도소화용수설비

03 □□□ 21. 공채
「소방기본법 시행규칙」상 소방용수시설의 설치기준으로 옳은 것은?

① 소방용호스와 연결하는 소화전의 연결금속구의 구경은 40mm로 할 것
② 공업지역인 경우 소방대상물과 수평거리를 100m 이하가 되도록 할 것
③ 저수조에 물을 공급하는 방법은 상수도에 연결하여 수동으로 급수되는 구조일 것
④ 급수탑의 개폐밸브는 지상에서 0.8m 이상 1.5m 이하의 위치에 설치하도록 할 것

04 □□□ 19. 공채
「소방기본법」 및 같은 법 시행규칙상 소방용수시설 설치기준 등에 대한 설명으로 옳지 않은 것은?

① 시·도지사는 소방활동에 필요한 소방용수시설을 설치하고 유지·관리하여야 하고, 「수도법」 제45조에 따라 소화전을 설치하는 일반수도사업자는 관할 소방서장과 사전협의를 거친 후 소화전을 설치하여야 하며, 설치 사실을 관할 소방서장에게 통지하고, 그 소화전은 소방서장이 유지·관리하여야 한다.
② 정당한 사유 없이 소방용수시설 또는 비상소화장치를 사용하거나 소방용수시설 또는 비상소화장치의 효용을 해치거나 그 정당한 사용을 방해한 사람에 대해서는 5년 이하의 징역 또는 5천만원 이하의 벌금에 처한다.
③ 소방본부장 또는 소방서장은 원활한 소방활동을 위하여 소방용수시설에 대한 조사, 소방대상물에 인접한 도로의 폭·교통상황, 도로주변의 토지의 고저·건축물의 개황 그 밖의 소방활동에 필요한 지리에 대한 조사를 월 1회 이상 실시하여야 하며, 조사결과는 2년간 보관하여야 한다.
④ 소화전은 상수도와 연결하여 지하식 또는 지상식의 구조로 하고 소방용호스와 연결하는 소화전의 연결 금속구의 구경은 65mm로 하여야 하며, 급수탑은 급수배관의 구경을 100mm 이상으로 하고 개폐 밸브는 지상에서 1.5m 이상 1.7m 이하의 높이에 설치할 수 있다.

05 □□□ 빈출문제
「소방기본법 시행규칙」상 소방용수시설의 설치기준으로 옳지 않은 것은?

① 급수탑 개폐밸브는 1.5m 이상 1.7m 이하에 설치할 것
② 소화전의 연결금속구의 구경은 65mm 이상으로 할 것
③ 저수조 설치기준은 흡수관 투입구가 원형의 경우 지름이 60cm 이상일 것
④ 저수조 설치기준은 지면으로부터 낙차가 4.5m 이하일 것

06　23. 경채

「소방기본법 시행규칙」상 소방용수시설 및 지리조사에 관한 내용으로 옳지 않은 것은?

① 소방본부장 또는 소방서장은 원활한 소방활동을 위하여 소방용수시설 및 지리조사를 월 1회 이상 실시하여야 한다.
② 지리조사는 소방대상물에 인접한 도로의 폭·교통상황, 도로주변의 토지의 고저·건축물의 개황을 제외한 소방활동에 필요한 사항이다.
③ 조사결과는 전자적 처리가 불가능한 특별한 사유가 없으면 전자적 처리가 가능한 방법으로 작성·관리하여야 한다.
④ 소방용수시설 및 지리조사는 소방용수조사부 및 지리조사부 서식에 의하되, 그 조사결과를 2년간 보관하여야 한다.

07　25. 공채·경채

「소방기본법」및 같은 법 시행규칙상 소방용수시설 및 비상소화장치의 설치·관리 등에 관한 설명으로 옳지 않은 것은?

① 소방본부장 또는 소방서장은 원활한 소방활동을 위하여 소방용수시설, 소방대상물에 인접한 도로의 폭·교통상황 등에 대한 조사를 월 1회 이상 실시하여야 한다.
② 소방용수시설 조사결과는 전자적 처리가 불가능한 특별한 사유가 없으면 전자적 처리가 가능한 방법으로 작성·관리하여야 하고, 조사결과는 2년간 보관하여야 한다.
③ 비상소화장치함은 「소방시설 설치 및 관리에 관한 법률」에 따라 소방청장이 정하여 고시하는 형식승인 및 제품검사의 기술기준에 적합한 것으로 설치하여야 한다.
④ 저수조는 지면으로부터의 낙차가 4.5미터 이하로 하고, 흡수관의 투입구가 사각형의 경우에는 한 변의 길이가 60센티미터 이상, 원형의 경우에는 지름이 60센티미터 이상으로 설치하여야 한다.

08　23. 공채·경채

「소방기본법 시행규칙」상 지하에 설치하는 소화전 또는 저수조의 경우 소방용수표지는 다음 기준에 따라 설치하여야 한다. (　) 안에 들어갈 내용으로 옳은 것은?

- 맨홀 뚜껑은 지름 (ㄱ)밀리미터 이상의 것으로 할 것. 다만, 승하강식 소화전의 경우에는 이를 적용하지 않는다.
- 맨홀 뚜껑 부근에는 (ㄴ) 반사도료로 폭 (ㄷ)센티미터의 선을 그 둘레를 따라 칠할 것

	ㄱ	ㄴ	ㄷ
①	648	노란색	15
②	678	붉은색	15
③	648	붉은색	25
④	678	노란색	25

09　22. 경채

「소방기본법」및 같은 법 시행령상 비상소화장치 설치대상 지역을 있는 대로 모두 고른 것은?

ㄱ. 위험물의 저장 및 처리 시설이 밀집한 지역
ㄴ. 석유화학제품을 생산하는 공장이 있는 지역
ㄷ. 소방시설·소방용수시설 또는 소방출동로가 없는 지역
ㄹ. 시·도지사가 비상소화장치의 설치가 필요하다고 인정하는 지역

① ㄱ, ㄴ
② ㄷ, ㄹ
③ ㄱ, ㄴ, ㄷ
④ ㄱ, ㄴ, ㄷ, ㄹ

POINT 11 제2장 소방장비 및 소방용수시설
소방업무의 응원 및 소방력의 동원

01 ☐☐☐ 21. 경채

「소방기본법」상 소방업무의 응원에 대한 내용으로 옳지 않은 것은?

① 소방업무의 응원을 위하여 파견된 소방대원은 응원을 요청한 소방본부장 또는 소방서장의 지휘에 따라야 한다.
② 소방업무의 응원 요청을 받은 소방본부장 또는 소방서장은 정당한 사유 없이 그 요청을 거절하여서는 아니 된다.
③ 소방본부장이나 소방서장은 소방활동을 할 때에 긴급한 경우에는 이웃한 소방본부장 또는 소방서장에게 소방업무의 응원(應援)을 요청할 수 있다.
④ 소방청장은 소방업무의 응원을 요청하는 경우를 대비하여 출동 대상지역 및 규모와 필요한 경비의 부담 등에 관하여 필요한 사항을 행정안전부령으로 정하는 바에 따라 시·도지사와 협의하여 미리 규약(規約)으로 정하여야 한다.

02 ☐☐☐ 18. 경채

다음 중 「소방기본법」상 응원에 대한 설명으로 옳지 않은 것은?

① 시·도지사는 소방업무의 응원을 요청하는 경우를 대비하여 출동 대상지역 및 규모와 필요한 경비의 부담 등에 관하여 필요한 사항을 시·도 조례로 정하는 바에 따라 이웃하는 시·도지사와 협의 하여 미리 규약으로 정하여야 한다.
② 소방업무의 응원 요청을 받은 소방본부장 또는 소방서장은 정당한 사유 없이 그 요청을 거절하여서는 아니 된다.
③ 소방업무의 응원을 위하여 파견된 소방대원은 응원을 요청한 소방본부장 또는 소방서장의 지휘에 따라야 한다.
④ 소방본부장이나 소방서장은 소방활동을 할 때에 긴급한 경우에는 이웃한 소방본부장 또는 소방서장에게 소방업무의 응원을 요청할 수 있다.

03 빈출문제

「소방기본법」상 소방업무의 응원에 대한 설명으로 옳지 않은 것은?

① 소방본부장이나 소방서장은 소방활동을 할 때에 긴급한 경우에는 이웃한 소방본부장 또는 소방서장에게 소방업무의 응원을 요청할 수 있다.
② 시·도지사는 소방업무의 응원을 요청하는 경우를 대비하여 출동 대상지역 및 규모와 필요한 경비의 부담 등에 관하여 필요한 사항을 행정안전부령으로 정하는 바에 따라 이웃하는 시·도지사와 협의하여 미리 규약으로 정하여야 한다.
③ 소방업무의 응원을 위하여 파견된 소방대원은 응원을 요청받은 소방본부장 또는 소방서장의 지휘에 따라야 한다.
④ 소방업무의 응원 요청을 받은 소방본부장 또는 소방서장은 정당한 사유 없이 그 요청을 거절하여서는 아니 된다.

04 기출변형

「소방기본법 시행규칙」상 소방업무의 상호응원협정 포함사항으로 옳지 않은 것은?

① 구조·구급업무의 지원
② 화재의 예방·경계 및 진압활동
③ 응원출동의 요청방법
④ 응원출동훈련 및 평가

05 20. 경채

「소방기본법」상 소방력의 동원에 대한 설명이다. (   ) 안에 들어갈 용어로 옳은 것은?

> (가)은/는 해당 시·도의 소방력만으로는 소방활동을 효율적으로 수행하기 어려운 화재, 재난·재해, 그 밖의 구조·구급이 필요한 상황이 발생하거나 특별히 국가적 차원에서 소방활동을 수행할 필요가 인정될 때에는 각 (나)에게 행정안전부령으로 정하는 바에 따라 소방력을 동원할 것을 요청할 수 있다.

	가	나
①	소방청장	시·도지사
②	소방청장	소방본부장
③	시·도지사	시·도지사
④	시·도지사	소방본부장

POINT 12 소방활동 · 소방지원활동 · 생활안전활동

제3장 소방활동 등

01 □□□ 24. 공채·경채

「소방기본법」 및 같은 법 시행규칙상 소방지원활동으로 옳지 않은 것은?

① 소방시설 오작동 신고에 따른 조치활동
② 낙하 등이 우려되는 고드름 등의 제거활동
③ 자연재해에 따른 제설 등 지원활동
④ 공연 등 각종 행사 시 사고에 대비한 근접대기 등 지원활동

03 □□□ 20. 경채

「소방기본법」상 소방지원활동으로 옳지 않은 것은?

① 붕괴, 낙하 등이 우려되는 고드름 등의 제거활동
② 화재, 재난·재해로 인한 피해복구 지원활동
③ 자연재해에 따른 급수·배수 및 제설 등 지원활동
④ 집회·공연 등 각종 행사 시 사고에 대비한 근접대기 등 지원활동

02 □□□ 18. 하반기 경채

「소방기본법」상 규정하는 소방지원활동과 생활안전활동을 옳게 연결한 것은?

> 가. 산불에 대한 예방·진압 등 지원활동
> 나. 자연재해에 따른 급수·배수 및 제설 등 지원활동
> 다. 집회·공연 등 각종 행사 시 사고에 대비한 근접대기 등 지원활동
> 라. 화재, 재난·재해로 인한 피해복구 지원활동
> 마. 붕괴, 낙하 등이 우려되는 고드름, 나무, 위험 구조물 등의 제거활동
> 바. 위해동물, 벌 등의 포획 및 퇴치활동
> 사. 끼임, 고립 등에 따른 위험제거 및 구출활동
> 아. 단전사고 시 비상전원 또는 조명의 공급

	소방지원활동	생활안전활동
①	가-나-다-라	마-바-사-아
②	가-라-마-사	나-다-바-아
③	마-바-사-아	가-나-다-라
④	나-다-바-아	가-라-마-사

04 □□□ 20. 공채

「소방기본법」상 소방대의 생활안전활동으로 옳지 않은 것은?

① 단전사고 시 비상전원 또는 조명 공급
② 소방시설 오작동 신고에 따른 조치활동
③ 위해동물, 벌 등의 포획 및 퇴치활동
④ 끼임, 고립 등에 따른 위험제거 및 구출활동

05
18. 하반기 공채

「소방기본법」 및 같은 법 시행규칙상 소방지원활동으로 옳지 않은 것은?

① 집회·공연 등 각종 행사 시 사고에 대비한 근접대기 등 지원 활동
② 소방시설 오작동 신고에 따른 조치활동
③ 방송제작 또는 촬영 관련 지원활동
④ 위해동물, 벌 등의 포획 및 퇴치활동

06
18. 경채

「소방기본법」상 소방청장, 소방본부장 또는 소방서장의 생활안전 활동 사항으로 옳지 않은 것은?

① 끼임, 고립 등에 따른 위험제거 및 구출활동
② 자연재해에 따른 급수·배수 및 제설활동
③ 위해동물, 벌 등의 포획 및 퇴치활동
④ 단전사고 시 비상전원 또는 조명의 공급

07
22. 경채

「소방기본법」 제16조의3에서 규정한 소방대의 생활안전활동으로 옳지 않은 것은?

① 위해동물, 벌 등의 포획 및 퇴치 활동
② 단전사고 시 비상전원 또는 조명의 공급
③ 자연재해에 따른 급수·배수 및 제설 등 지원활동
④ 붕괴, 낙하 등이 우려되는 고드름, 나무, 위험 구조물 등의 제거활동

08
기출변형

「소방기본법」상 소방활동 등에 대한 설명으로 옳지 않은 것은?

① 시·도지사는 소방자동차의 공무상 운행 중 교통사고가 발생한 경우 그 운전자의 법률상 분쟁에 소요되는 비용을 지원할 수 있는 보험에 가입하여야 한다.
② 소방공무원이 제16조 제1항에 따른 소방활동으로 인하여 타인을 사상(死傷)에 이르게 한 경우 그 소방활동이 불가피하고 소방공무원에게 고의 또는 중대한 과실이 없는 때에는 그 정상을 참작하여 사상에 대한 형사책임을 감경하거나 면제할 수 있다.
③ 소방청장, 소방본부장 또는 소방서장은 소방공무원이 제16조 제1항에 따른 소방활동, 제16조의2 제1항에 따른 소방지원활동, 제16조의3 제1항에 따른 생활안전활동으로 인하여 민·형사상 책임과 관련된 소송을 수행할 경우 변호인 선임 등 소송수행에 필요한 지원을 할 수 있다.
④ 소방청장·소방본부장 또는 소방서장은 공공의 안녕질서 유지 또는 복리증진을 위하여 필요한 경우 소방활동 외에 소방지원활동을 하게 하여야 한다.

09
확인학습

「소방기본법」상 소방지원활동 등의 기록관리에 관한 내용이다. 빈칸에 들어갈 말로 옳은 것은?

- 소방대원은 법 제16조의2 1항에 따른 소방지원활동 및 법 제16조의3 1항에 따른 생활안전활동(이하 "소방지원활동등"이라 한다)을 한 경우 소방지원활동등 기록지에 해당 활동상황을 상세히 기록하고, 소속 소방관서에 (ㄱ)간 보관해야 한다.
- 소방본부장은 소방지원활동등의 상황을 종합하여 (ㄴ) 소방청장에게 보고해야 한다.

	ㄱ	ㄴ
①	2년	연 1회
②	2년	연 2회
③	3년	연 1회
④	3년	연 2회

POINT 13 제3장 소방활동 등
소방교육·훈련

01 □□□ 24. 공채·경채

「소방기본법 시행규칙」상 현장지휘훈련을 받아야 할 소방공무원의 계급으로 옳은 것은?

① 소방장
② 소방위
③ 소방준감
④ 소방총감

02 □□□ 22. 경채

「소방기본법」제17조 제2항에 따르면 소방청장, 소방본부장 또는 소방서장은 화재를 예방하고 화재 발생 시 인명과 재산피해를 최소화하기 위하여 행정안전부령으로 정하는 바에 따라 소방안전에 관한 교육과 훈련을 실시할 수 있다. 그 대상으로 옳지 않은 것은?

① 「장애인복지법」 제2조에 따른 장애인
② 「유아교육법」 제2조에 따른 유치원의 유아
③ 「초·중등교육법」 제2조에 따른 학교의 학생
④ 「영유아보육법」 제2조에 따른 어린이집의 영유아

✓ 현재는 관련규정이 제·개정됨

POINT 14 소방안전교육사
제3장 소방활동 등

01 □□□ 19. 공채
「소방기본법 시행령」상 소방안전교육사시험 응시자격에 대한 설명으로 옳은 것은?

> ㄱ. 「영유아보육법」 제21조에 따라 보육교사 자격을 취득한 후 2년 이상의 보육업무 경력이 있는 사람
> ㄴ. 「국가기술자격법」 제2조 제3호에 따른 국가기술자격의 직무분야 중 안전관리 분야의 산업기사 자격을 취득한 후 안전관리 분야에 3년 이상 종사한 사람
> ㄷ. 「의료법」 제7조에 따라 간호조무사 자격을 취득한 후 간호업무 분야에 2년 이상 종사한 사람
> ㄹ. 「응급의료에 관한 법률」 제36조 제3항에 따라 2급 응급구조사 자격을 취득한 후 응급의료 업무 분야에 3년 이상 종사한 사람
> ㅁ. 「소방공무원법」 제2조에 따른 소방공무원으로 2년 이상 근무한 경력이 있는 사람
> ㅂ. 「의용소방대 설치 및 운영에 관한 법률」 제3조에 따라 의용소방대원으로 임명된 후 5년 이상 의용소방대 활동을 한 경력이 있는 사람

① ㄱ, ㄷ, ㅁ ② ㄴ, ㄹ, ㅂ
③ ㄷ, ㄹ, ㅁ ④ ㄹ, ㅁ, ㅂ

02 □□□ 20. 경채
「소방기본법」 및 같은 법 시행령상 소방안전교육사와 관련된 규정의 내용으로 옳지 않은 것은?

① 소방안전교육사는 소방안전교육의 기획·진행·분석·평가 및 교수업무를 수행한다.
② 금고 이상의 형의 집행유예를 선고받고 그 유예기간 중에 있는 사람은 소방안전교육사가 될 수 없다.
③ 초등학교 등 교육기관에는 소방안전교육사를 1명 이상 배치하여야 한다.
④ 「유아교육법」에 따라 교원의 자격을 취득한 사람은 소방안전교육사 시험에 응시할 수 있다.

03 □□□ 18. 경채
「소방기본법」 및 같은 법 시행령상 소방안전교육사에 대한 설명으로 옳지 않은 것은?

① 금고 이상의 실형을 선고받고 그 집행이 끝나거나 집행이 면제된 날부터 2년이 지나지 아니한 사람은 결격사유에 해당한다.
② 2급 응급구조사 자격을 취득한 후 응급의료 업무 분야에 2년 이상 종사한 사람은 응시 자격이 있다.
③ 소방안전교육사는 소방안전교육의 기획·진행·분석·평가 및 교수업무를 수행한다.
④ 제1차 시험과목은 소방학개론, 구급·응급처치론, 재난관리론 및 교육학개론 중 응시자가 선택하는 3과목이다.

04 □□□ 빈출문제
「소방기본법」 제17조의3에 해당하는 소방안전교육사의 결격사유 기준으로 옳지 않은 것은?

① 금고 이상의 실형을 선고받아 그 집행이 면제된 날부터 1년이 지나지 아니한 사람
② 금고 이상의 형의 집행유예를 선고받고 그 유예기간 중에 있는 사람
③ 법원의 판결 또는 다른 법률에 의하여 자격이 정지되거나 상실된 사람
④ 피성년후견인

05

기출변형

「소방기본법 시행령」상 소방안전교육사의 응시자격 기준으로 옳지 않은 것은?

① 소방안전교육 관련 교과목을 총 6학점 이상 이수한 사람
② 「유아교육법」에 따라 교원의 자격을 취득한 사람
③ 소방공무원으로 5년 이상 근무한 경력이 있는 사람
④ 중앙소방학교에서 2주 이상의 소방안전교육사 관련 전문교육과정을 이수한 사람

06

빈출문제

「소방기본법 시행령」상 소방안전교육사의 배치대상별 배치기준으로 맞는 것은?

① 소방청: 2명 이상, 소방본부: 1명 이상
② 소방청: 2명 이상, 한국소방산업기술원: 2명 이상
③ 소방청: 2명 이상, 소방서: 2명 이상
④ 소방청: 2명 이상, 한국소방안전원 본회: 1명 이상

POINT 15 | 소방신호
제3장 소방활동 등

01 □□□ 24. 경채
「소방기본법 시행규칙」상 소방신호의 종류 및 방법에 관한 내용으로 옳은 것은?

① 해제신호의 타종신호 방법은 난타이다.
② 훈련신호의 타종신호 방법은 연3타 반복이다.
③ 발화신호의 싸이렌신호 방법은 5초 간격을 두고 30초씩 3회이다.
④ 경계신호의 싸이렌신호 방법은 10초 간격을 두고 30초씩 3회이다.

02 □□□ 18. 상반기 공채
「소방기본법 시행규칙」상 소방신호에 대한 설명으로 옳은 것은?

종류	타종신호	사이렌신호
① 경계신호	1타와 연2타를 반복	5초 간격을 두고 30초씩 3회
② 발화신호	연3타를 반복 후 난타	5초 간격을 두고 5초씩 3회
③ 해제신호	연2타를 반복	1분간 1회
④ 훈련신호	연3타 반복	5초 간격을 두고 1분씩 3회

03 □□□ 빈출문제
「소방기본법 시행규칙」상 소방신호의 종류에 대한 설명으로 옳지 않은 것은?

① 발화신호 - 화재 발생 시
② 예방신호 - 화재예방상 필요 시
③ 훈련신호 - 훈련상 필요하다고 인정될 때
④ 해제신호 - 소화 활동상 필요 없을 시

04 □□□ 24. 공채·경채
「소방기본법」상 화재로 오인할 만한 우려가 있는 불을 피우거나 연막(煙幕) 소독을 하려는 자가 시·도의 조례로 정하는 바에 따라 관할 소방본부장 또는 소방서장에게 신고해야 하는 지역으로 옳지 않은 것은? (단, 각 시·도에서 별도로 정하는 지역은 제외한다)

① 공장·창고가 밀집한 지역
② 노후·불량 건축물이 밀집한 지역
③ 위험물의 저장 및 처리시설이 밀집한 지역
④ 석유화학제품을 생산하는 공장이 있는 지역

POINT 16 소방자동차의 우선통행 등

제3장 소방활동 등

01 □□□ 18. 하반기 경채

「소방기본법」상 규정하고 있는 소방자동차의 우선 통행 등에 대한 설명으로 옳지 않은 것은?

① 모든 차와 사람은 소방자동차가 화재진압 및 구조·구급 활동을 위하여 출동을 할 때에는 이를 방해하여서는 아니 된다.
② 소방자동차의 화재진압 출동을 고의로 방해한 자는 5년 이하의 징역 또는 5천만원 이하의 벌금에 처한다.
③ 소방자동차는 화재진압 및 구조·구급 활동을 위하여 출동하거나 훈련을 위하여 필요할 때에는 사이렌을 사용할 수 있다.
④ 소방자동차의 우선통행에 관하여 「자동차관리법」에서 정하는 바에 따른다.

02 □□□ 20. 경채

「소방기본법」상 소방자동차가 화재진압을 위하여 출동하는 경우 소방자동차의 우선 통행에 관한 내용으로 옳지 않은 것은?

① 모든 차와 사람은 소방자동차가 화재진압을 위하여 출동을 할 때에는 이를 방해하여서는 아니 된다.
② 소방자동차가 화재진압을 위하여 출동하거나 훈련을 위하여 필요할 때에는 사이렌을 사용할 수 있다.
③ 모든 차와 사람은 소방자동차가 화재진압을 위하여 사이렌을 사용하여 출동하는 경우에는 소방자동차에 진로를 양보하지 아니하는 행위를 하여서는 아니 된다.
④ 모든 차와 사람은 소방자동차가 화재진압을 위하여 사이렌을 사용하여 출동하는 경우 소방자동차의 우선 통행에 관하여는 「교통안전법」에서 정하는 바에 따른다.

03 □□□ 기출변형

「소방기본법」상 소방자동차의 우선 통행에 대한 설명으로 옳지 않은 것은?

① 모든 차와 사람은 지휘를 위한 자동차가 구조·구급 활동을 위하여 출동을 할 때에는 이를 방해하여서는 아니 된다.
② 모든 차와 사람은 소방자동차가 화재진압 및 구조·구급활동을 위하여 출동할 때에는 이를 방해하여서는 아니 된다.
③ 모든 차와 사람은 소방자동차가 화재진압을 위하여 사이렌을 사용하여 출동하는 경우 소방자동차에 진로를 양보하지 아니하는 행위를 하여서는 아니 된다.
④ 사이렌은 구조·구급 활동을 위하여 출동하는 경우만 사용한다.

04 □□□ 기출변형

「소방기본법」상 소방대의 긴급통행으로 옳은 것은?

① 소방대는 화재, 재난·재해, 그 밖의 위급한 상황이 발생한 현장에 신속하게 출동하기 위하여 긴급할 때에는 일반적인 통행에 쓰이지 아니하는 도로·빈터 또는 물 위로 통행할 수 있다.
② 모든 차와 사람은 소방자동차가 화재진압을 위하여 사이렌을 사용하여 출동을 경우에는 이를 방해하여서는 아니 된다.
③ 모든 차와 사람은 소방자동차가 구조·구급을 위하여 사이렌을 사용하여 출동을 경우에는 이를 방해하여서는 아니 된다.
④ 소방자동차가 화재진압 및 구조·구급 활동을 위하여 출동하거나 훈련 시에는 사이렌을 사용할 수 있다.

POINT 17 제3장 소방활동 등
소방자동차 전용구역 등

01 □□□ 21. 경채

「소방기본법 시행령」상 소방자동차 전용구역에 대한 내용으로 옳은 것은?

① 「건축법 시행령」상의 모든 아파트는 소방자동차 전용구역 설치 대상이다.
② 「주차장법」 제19조에 따른 부설주차장의 주차구획 내에 주차하는 것은 전용구역 방해행위에 해당한다.
③ 전용구역 노면표지 도료의 색채는 황색을 기본으로 하되, 문자(P, 소방차 전용)는 백색으로 표시한다.
④ 소방자동차 전용구역 설치 대상인 공동주택의 건축주는 각 동별 전면과 후면에 소방자동차 전용구역을 각 1개소 이상 예외 없이 설치하여야 한다.

02 □□□ 19. 경채

「소방기본법」 및 같은 법 시행령상 소방자동차 전용구역의 설치 등에 관한 설명으로 옳지 않은 것은?

① 전용구역 노면표지 도료의 색채는 황색을 기본으로 하되, 문자는 백색으로 표시한다.
② 소방본부장 또는 소방서장은 소방자동차가 접근하기 쉽고 소방활동이 원활하게 수행될 수 있도록 공동주택의 각 동별 전면 또는 후면에 소방자동차 전용구역을 1개소 이상 설치하여야 한다.
③ 기숙사 중 3층 이상의 기숙사에는 소방자동차 전용구역을 설치하여야 한다.
④ 소방자동차 전용구역에 차를 주차하거나 전용구역에의 진입을 가로막는 등의 방해행위를 한 자에게는 100만원 이하의 과태료를 부과한다.

03 □□□ 18. 하반기 경채

「소방기본법 시행령」상 규정하는 소방자동차 전용구역 방해행위 기준으로 옳지 않은 것은?

① 전용구역에 물건 등을 쌓거나 주차하는 행위
② 「주차장법」 제19조에 따른 부설주차장의 주차구획 내에 주차하는 행위
③ 전용구역 진입로에 물건 등을 쌓거나 주차하여 전용구역으로의 진입을 가로막는 행위
④ 전용구역 노면표지를 지우거나 훼손하는 행위

04 ☐☐☐ 22. 공채

「소방기본법」 및 같은 법 시행령상 소방자동차 전용구역 등에 대한 내용으로 옳지 않은 것은?

① 소방자동차 전용구역의 설치 기준·방법, 방해행위의 기준, 그 밖에 필요한 사항은 대통령령으로 정한다.
② 전용구역에 주차하거나 전용구역에의 진입을 가로막는 등의 방해행위를 한 자에게는 200만원 이하의 과태료를 부과한다.
③ 「건축법 시행령」 [별표 1] 제2호 가목의 아파트 중 세대수가 100세대 이상인 아파트의 건축주는 소방활동의 원활한 수행을 위하여 공동주택에 소방자동차 전용구역을 설치하여야 한다.
④ 「건축법 시행령」 [별표 1] 제2호 라목의 기숙사 중 3층인 기숙사가 하나의 대지에 하나의 동(棟)으로 구성되고, 「도로교통법」 제32조 또는 제33조에 따라 정차 또는 주차가 금지된 편도 2차선 이상의 도로에 직접 접하여 소방자동차가 도로에서 직접 소방활동이 가능한 경우 소방자동차 전용구역 설치 대상에서 제외한다.

05 ☐☐☐ 23. 경채

「소방기본법 시행령」상 소방자동차 전용구역의 설치 방법에 관한 내용이다. ( ) 안에 들어갈 내용으로 옳은 것은?

> • 전용구역 노면표지의 외곽선은 빗금무늬로 표시하되, 빗금은 두께를 (ㄱ)센티미터로 하여 (ㄴ)센티미터 간격으로 표시한다.
> • 전용구역 노면표지 도료의 색채는 (ㄷ)을 기본으로 하되, 문자(P, 소방차 전용)는 백색으로 표시한다.

	ㄱ	ㄴ	ㄷ
①	20	40	황색
②	20	40	적색
③	30	50	황색
④	30	50	적색

06 ☐☐☐ 23. 경채

「소방기본법 시행령」상 소방자동차 전용구역 방해행위의 기준에 관한 내용으로 옳지 않은 것은?

① 전용구역의 앞면, 뒷면 또는 양 측면에 물건 등을 쌓거나 주차하는 행위
② 「주차장법」 제19조에 따른 부설주차장의 주차구획 내에 주차하는 행위
③ 전용구역 진입로에 물건 등을 쌓거나 주차하여 전용구역으로의 진입을 가로막는 행위
④ 전용구역 노면표지를 지우거나 훼손하는 행위

POINT 18 소방활동구역의 설정

제3장 소방활동 등

01 □□□ 19. 경채
「소방기본법 시행령」상 소방활동구역의 출입자로 옳지 않은 것은?

① 소방활동구역 안에 있는 소방대상물의 관계인
② 구조·구급업무에 종사하는 사람
③ 수사업무에 종사하는 사람
④ 시·도지사가 출입을 허가한 사람

02 □□□ 18. 경채
「소방기본법 시행령」상 소방활동구역에 출입할 수 없는 사람은?

① 취재인력 등 보도업무에 종사하는 사람
② 소방대상물과 가까운 소방대상물의 관계인
③ 통신·교통의 업무에 종사하는 사람으로 원활한 소방활동을 위하여 필요한 사람
④ 수사업무에 종사하는 사람

POINT 19 제3장 소방활동 등
소방활동 종사 명령

01 □□□ 21. 공채

「소방기본법」상 소방활동 종사명령에 대한 설명으로 옳지 않은 것은?

① 소방본부장 또는 소방서장은 화재 현장에서 소방활동 종사 명령을 할 수 있다.
② 소방활동 종사명령은 관할구역에 사는 사람 또는 그 현장에 있는 사람을 대상으로 할 수 있다.
③ 소방활동에 종사한 사람은 소방본부장 또는 소방서장으로부터 소방활동의 비용을 지급받을 수 있다.
④ 소방본부장 또는 소방서장은 소방활동에 필요한 보호장구를 지급하는 등 안전을 위한 조치를 하여야 한다.

02 □□□ 21. 경채

「소방기본법」상 소방활동 종사명령에 따라 소방활동에 종사한 사람은 시·도지사로부터 소방활동 비용을 지급받을 수 있다. 소방활동 비용을 지급받을 수 있는 사람으로 옳은 것은?

① 과실로 화재를 발생시킨 사람
② 화재 현장에서 물건을 가져간 사람
③ 소방대상물에 화재가 발생한 경우 그 관계인
④ 화재 현장에서 불이 번지지 아니하도록 하는 일을 명령 받은 사람

POINT 20 | 제3장 소방활동 등
강제처분 등

01 □□□ 19. 공채
「소방기본법」상 소방활동에 필요한 처분(강제처분 등)을 할 수 있는 처분권자로 옳은 것은?

ㄱ. 소방서장	ㄴ. 소방본부장
ㄷ. 소방대장	ㄹ. 소방청장
ㅁ. 시·도지사	

① ㄱ, ㄴ, ㄷ
② ㄱ, ㄴ, ㄹ
③ ㄱ, ㄷ, ㅁ
④ ㄱ, ㄹ, ㅁ

02 □□□ 22. 경채
「소방기본법」제25조 제1항에 대한 내용이다. ( ) 안에 들어갈 말로 옳지 않은 것은?

( ), ( ) 또는 ( )은 사람을 구출하거나 불이 번지는 것을 막기 위하여 필요할 때에는 화재가 발생하거나 불이 번질 우려가 있는 소방대상물 및 토지를 일시적으로 사용하거나 그 사용의 제한 또는 소방활동에 필요한 처분을 할 수 있다.

① 소방청장
② 소방본부장
③ 소방서장
④ 소방대장

03 □□□ 18. 하반기 경채
「소방기본법」상 사람을 구출하거나 불이 번지는 것을 막기 위하여 필요한 때에는 강제처분 등을 할 수 있다. 이와 같은 권한을 가진 자로 옳지 않은 것은?

① 행정안전부장관
② 소방본부장
③ 소방서장
④ 소방대장

04 □□□ 20. 경채
「소방기본법」상 강제처분과 위험시설 등에 대한 긴급조치에 관한 내용으로 옳지 않은 것은?

① 소방본부장, 소방서장 또는 소방대장은 사람을 구출하거나 불이 번지는 것을 막기 위하여 필요할 때에는 화재가 발생하거나 불이 번질 우려가 있는 소방대상물 및 토지를 일시적으로 사용하거나 그 사용의 제한 또는 소방활동에 필요한 처분을 할 수 있다.
② 소방본부장, 소방서장 또는 소방대장은 화재 진압 등 소방활동을 위하여 필요할 때에는 소방용수 외에 댐·저수지 또는 수영장 등의 물을 사용하거나 수도(水道)의 개폐장치 등을 조작할 수 있다.
③ 시·도지사는 소방활동에 방해가 되는 주차 또는 정차된 차량의 제거나 이동을 위하여 견인차량과 인력 등을 지원한 자에게 시·도의 조례로 정하는 바에 따라 비용을 지급할 수 있다.
④ 시·도지사는 화재 발생을 막거나 폭발 등으로 화재가 확대되는 것을 막기 위하여 가스·전기 또는 유류 등의 시설에 대하여 위험물질의 공급을 차단하는 등 필요한 조치를 할 수 있다.

05 □□□ 기출변형
「소방기본법」상 강제처분에 대한 설명으로 옳은 것은?

① 소방대장은 화재 진압 등 소방활동을 위하여 필요할 때에는 수도의 개폐장치 등을 조작할 수 있다.
② 소방본부장, 소방서장 또는 소방대장은 불이 번지는 것을 막기 위하여 필요할 때에는 화재가 발생하거나 불이 번질 우려가 있는 소방대상물 및 토지를 일시적으로 사용할 수 있다.
③ 화재로 오인할 만한 우려가 있는 불을 피우거나 연막소독을 하려는 자는 시·도의 조례로 정하는 바에 따라 관할 소방본부장 또는 소방서장에게 신고하여야 한다.
④ 화재가 발생하여 사람의 생명을 위험하게 할 것으로 인정할 때에는 일정한 구역을 지정하여 그 구역에 있는 사람에게 그 구역 밖으로 피난할 것을 명할 수 있다.

POINT 21 | 제3장 소방활동 등
피난명령 등

01 □□□ 기출변형
「소방기본법」상 피난명령권자로 가장 옳은 것은?

① 소방청장, 소방본부장 또는 소방서장
② 시·도지사, 소방본부장 또는 소방서장
③ 소방본부장, 소방서장 또는 소방대장
④ 소방대장

02 □□□ 기출변형
「소방기본법」상 소방대장이 할 수 있는 위험시설 등에 대한 긴급조치에 관한 설명으로 옳은 것은?

① 폭발 등으로 화재가 확대되는 것을 막기 위하여 가스, 전기 또는 유류 등의 시설에 대하여 위험물질의 공급을 차단하는 등 필요한 조치를 할 수 있다.
② 위급한 상황이 발생한 현장에서 소방활동을 위하여 필요할 때에는 그 관할구역에 사는 사람으로 하여금 사람을 구출하는 일을 하게 할 수 있다.
③ 화재, 재난·재해, 그 밖의 위급한 상황이 발생하여 사람의 생명을 위험하게 할 것으로 인정할 때에는 일정한 구역을 지정하여 그 구역에 있는 사람에게 그 구역 밖으로 피난할 것을 명할 수 있다.
④ 소방본부장, 소방서장 또는 소방대장은 소방활동에 방해가 되는 주차 또는 정차된 차량의 제거나 이동을 위하여 관할 지방자치단체 등 관련 기관에 견인차량과 인력 등에 대한 지원을 요청할 수 있다.

03 □□□ 기출변형
「소방기본법」상 소방대장의 권한으로 옳지 않은 것은?

① 소방활동에 필요한 소화전(消火栓)·급수탑(給水塔)·저수조(貯水槽)를 설치하고 유지·관리하여야 한다.
② 소방활동을 위하여 긴급하게 출동할 때에는 소방자동차의 통행과 소방활동에 방해가 되는 주차 또는 정차된 차량 및 물건 등을 제거하거나 이동시킬 수 있다.
③ 화재 발생을 막거나 폭발 등으로 화재가 확대되는 것을 막기 위하여 가스·전기 또는 유류 등의 시설에 대하여 위험물질의 공급을 차단하는 등 필요한 조치를 할 수 있다.
④ 화재, 재난·재해, 그 밖의 위급한 상황이 발생한 현장에서 소방활동을 위하여 필요할 때에는 그 관할구역에 사는 사람 또는 그 현장에 있는 사람으로 하여금 사람을 구출하는 일 또는 불을 끄거나 불이 번지지 아니하도록 하는 일을 하게 할 수 있다.

04 □□□ 기출변형
「소방기본법」상 소방활동 등에 대한 설명으로 옳은 것은?

① 소방대의 긴급통행은 모든 차와 사람은 소방자동차가 화재진압 및 구조·구급 활동을 위하여 출동을 할 때에는 이를 방해하여서는 아니 되는 것을 말한다.
② 소방대장은 화재, 재난·재해, 그 밖의 위급한 상황이 발생한 현장에 소방활동구역을 정하여 소방활동에 필요한 사람으로서 행정안전부령으로 정하는 사람 외에는 그 구역에 출입하는 것을 제한할 수 있다.
③ 소방본부장, 소방서장 또는 경찰서장은 화재, 재난·재해, 그 밖의 위급한 상황이 발생한 현장에서 소방활동을 위하여 필요할 때에는 그 관할구역에 사는 사람 또는 그 현장에 있는 사람으로 하여금 사람을 구출하는 일 또는 불을 끄거나 불이 번지지 아니하도록 하는 일을 하게 할 수 있다.
④ 소방본부장, 소방서장 또는 소방대장은 화재 발생을 막거나 폭발 등으로 화재가 확대되는 것을 막기 위하여 가스·전기 또는 유류 등의 시설에 대하여 위험물질의 공급을 차단하는 등 필요한 조치를 할 수 있다.

POINT 22 | 제4장 소방산업의 육성·진흥 및 지원 등
소방산업 및 소방기술 등

01 ☐☐☐ 17. 경채

「소방기본법」상 소방산업의 육성·진흥 및 지원 등에 대한 내용으로 옳지 않은 것은?

① 국가는 국민의 생명과 재산을 보호하기 위하여 기관이나 단체로 하여금 소방기술의 연구·개발사업을 수행하게 할 수 있다.
② 국가는 소방산업의 육성·진흥을 위하여 필요한 계획의 수립 등 행정상·재정상의 지원시책을 마련하여야 한다.
③ 국가는 소방기술 및 소방산업의 국제경쟁력과 국제적 통용성을 높이는 데에 필요한 기반 조성을 촉진하기 위한 시책을 마련하여야 한다.
④ 국가는 소방산업과 관련된 기술의 개발을 촉진하기 위하여 기술개발을 실시하는 자에게 그 기술개발에 드는 자금의 전부를 출연하여 보조하여야 한다.

POINT 23 제5장 한국소방안전원
한국소방안전원

01 □□□ 24. 경채

「소방기본법」상 한국소방안전원의 업무에 관한 내용으로 옳지 않은 것은?

① 소방안전에 관한 국제협력
② 소방기술과 안전관리에 관한 각종 간행물 발간
③ 화재 예방과 안전관리의식 고취를 위한 대국민 홍보
④ 소방기술과 소방산업의 국외시장 개척에 관한 사업추진

02 □□□ 21. 공채

「소방기본법」상 한국소방안전원이 수행하는 업무에 대한 내용으로 옳지 않은 것은?

① 소방기술과 안전관리에 관한 인·허가 업무
② 소방기술과 안전관리에 관한 각종 간행물 발간
③ 소방기술과 안전관리에 관한 교육 및 조사·연구
④ 화재예방과 안전관리의식 고취를 위한 대국민 홍보

03 □□□ 17. 경채

「소방기본법」상 한국소방안전원에 대한 설명 중 가장 옳지 않은 것은?

① 안전원에 임원으로 원장 1명을 포함한 9명 이내의 이사와 1명의 감사를 둔다.
② 안전원의 운영경비는 국가 보조금으로 충당한다.
③ 소방 분야에 관심이 있거나 학식과 경험이 풍부한 사람으로서 회원이 되려는 사람은 회원이 될 수 있다.
④ 안전원이 정관을 변경하려면 소방청장의 인가를 받아야 한다.

04 □□□ 22. 경채

「소방기본법」제41조에서 정한 한국소방안전원의 업무로 옳지 않은 것은?

① 소방안전에 관한 국제협력
② 소방기술과 안전관리에 관한 교육 및 조사·연구
③ 화재 예방과 안전관리의식 고취를 위한 대국민 홍보
④ 소방장비의 품질 확보, 품질 인증 및 신기술·신제품에 관한 인증 업무

POINT 24 제6장 보칙 — 손실보상 등

01 21. 경채
「소방기본법 시행령」상 손실보상에 대한 내용으로 옳지 않은 것은?

① 손실보상심의위원회 위원의 임기는 2년으로 하며, 한차례만 연임할 수 있다.
② 손실보상심의위원회는 위원장 1명을 포함하여 7명 이상 9명 이하의 위원으로 구성한다.
③ 소방청장등은 보상금을 지급하기로 결정한 경우에는 특별한 사유가 없으면 통지한 날부터 30일 이내에 보상금을 지급하여야 한다.
④ 소방청장등은 손실보상심의위원회의 심사·의결을 거쳐 특별한 사유가 없으면 보상금 지급 청구서를 받은 날부터 60일 이내에 보상금 지급 여부 및 보상금액을 결정하여야 한다.

✓ 현재는 관련규정 제·개정됨

02 19. 공채
「소방기본법」 및 같은 법 시행령상 손실보상에 관한 설명 중 ( ) 안에 들어갈 숫자로 옳은 것은?

> ㄱ. 손실보상을 청구할 수 있는 권리는 손실이 있음을 안 날부터 (가)년, 손실이 발생한 날부터 (나)년간 행사하지 아니하면 시효의 완성으로 소멸한다.
> ㄴ. 소방청장등은 손실보상심의위원회의 심사·의결을 거쳐 특별한 사유가 없으면 보상금 지급 청구서를 받은 날부터 (다)일 이내에 보상금 지급 여부 및 보상금액을 결정하여야 한다.
> ㄷ. 소방청장등은 결정일부터 (라)일 이내에 행정안전 부령으로 정하는 바에 따라 결정 내용을 청구인에게 통지하고, 보상금을 지급하기로 결정한 경우에는 특별한 사유가 없으면 통지한 날부터 (마)일 이내에 보상금을 지급하여야 한다.

	가	나	다	라	마
①	3	5	60	10	30
②	5	3	60	12	20
③	3	5	50	12	30
④	5	3	50	10	20

03 18. 하반기 공채
「소방기본법」상 소방청장 또는 시·도지사가 손실보상심의위원회의 심사·의결에 따라 정당한 손실보상을 하여야 하는 대상으로 옳지 않은 것은?

① 생활안전활동에 따른 조치로 인하여 손실을 입은 자
② 화재가 확대되는 것을 막기 위하여 가스·전기 또는 유류 등의 시설에 대하여 위험물질의 공급을 차단하는 등의 조치로 인하여 손실을 입은 자
③ 소방활동 종사명령으로 인하여 사망하거나 부상을 입은 자
④ 소방활동에 방해가 되는 불법 주차 차량을 제거하거나 이동시키는 처분으로 인하여 손실을 입은 자

04 25. 공채·경채

「소방기본법」및 같은 법 시행령상 소방활동 종사 사상자의 보상금액 등의 기준에 해당하는 것으로 <보기>에서 모두 고른 것은?

<보기>
ㄱ. 보상금의 환수 기준
ㄴ. 의료급여의 지급 기준
ㄷ. 사망자의 보상금액 기준
ㄹ. 부상등급별 보상금액 기준

① ㄱ, ㄷ
② ㄴ, ㄹ
③ ㄱ, ㄷ, ㄹ
④ ㄴ, ㄷ, ㄹ

05 18. 하반기 경채

「소방기본법 시행령」상 규정하고 있는 설명으로 (   ) 안에 들어갈 숫자를 옳게 연결한 것은?

가. 화재경계지구에서 소방본부장 또는 소방서장은 소방상 필요한 훈련 및 교육을 실시하고자 하는 때에는 화재경계지구 안의 관계인에게 훈련 또는 교육 (ㄱ)일 전까지 그 사실을 통보하여야 한다.
나. 특수가연물의 쌓는 높이는 (ㄴ)m 이하가 되도록 하고, 쌓는 부분의 바닥면적은 50㎡(석탄·목탄류의 경우에는 200㎡) 이하가 되도록 할 것. 다만, 살수설비를 설치하거나, 방사능력 범위에 해당 특수가연물이 포함되도록 대형수동식소화기를 설치하는 경우에는 쌓는 높이를 (ㄷ)m 이하, 쌓는 부분의 바닥면적을 200㎡(석탄·목탄류의 경우에는 300㎡) 이하로 할 수 있다.
다. 소방청장등은 손실보상심의위원회의 심사·의결을 거쳐 특별한 사유가 없으면 보상금 지급 청구서를 받은 날부터 (ㄹ)일 이내에 보상금 지급 여부 및 보상금액을 결정하여야 한다.
라. 소방청장등은 보상금 지급여부 및 보상금액 결정 일부터 (ㅁ)일 이내에 행정안전부령으로 정하는 바에 따라 결정 내용을 청구인에게 통지하고, 보상금을 지급하기로 결정한 경우에는 특별한 사유가 없으면 통지한 날부터 (ㅂ)일 이내에 보상금을 지급하여야 한다.

	ㄱ	ㄴ	ㄷ	ㄹ	ㅁ	ㅂ
①	7	7	14	40	15	30
②	7	10	15	60	15	20
③	10	7	14	40	10	20
④	10	10	15	60	10	30

☑ 현재는 "가." "나."의 관련규정이 「화재의 예방 및 안전관리에 관한 법률 시행령」 "제20조", "제19조(영[별표 3])"로 각각 이관됨

POINT 25 · 제7장 벌칙
벌칙 및 과태료

01 □□□
23. 공채·경채

「소방기본법」상 벌칙 중 벌금의 상한이 나머지 셋과 다른 것은?

① 정당한 사유 없이 소방대의 생활안전활동을 방해한 자
② 화재진압 및 구조·구급 활동을 위하여 출동하는 소방자동차의 출동을 방해한 사람
③ 정당한 사유 없이 화재진압 등 소방활동을 위하여 필요할 때 물의 사용이나 수도의 개폐장치의 사용 또는 조작을 하지 못하게 하거나 방해한 자
④ 정당한 사유 없이 소방대가 현장에 도착할 때까지 사람을 구출하는 조치 또는 불을 끄거나 불이 번지지 아니하도록 하는 조치를 하지 아니한 관계인

02 □□□
22. 공채

「소방기본법 시행령」[별표 3]의 과태료 부과 개별기준에 대한 내용 중 위반행위의 횟수에 따라 가중된 과태료 부과처분의 금액으로 옳은 것은?

위반행위	과태료 금액(만원)			
	1회	2회	3회	4회 이상
특수가연물의 저장 및 취급의 기준을 위반한 경우	ㄱ	ㄴ	ㄷ	ㄹ

	ㄱ	ㄴ	ㄷ	ㄹ
①	50	100	150	200
②	20	50	100	100
③	50	100	100	200
④	20	50	100	150

☑ 현재는 관련규정이 「화재의 예방 및 안전관리에 관한 법률 시행령」 [별표 9] 개별기준으로 이관됨

03 □□□
24. 공채·경채

「소방기본법」 및 같은 법 시행령상 과태료 부과기준으로 옳은 것은?

① 정당한 사유 없이 관계인의 소방활동 등에 따른 법을 위반하여 화재, 재난·재해, 그 밖의 위급한 상황을 소방본부, 소방서 또는 관계 행정기관에 알리지 아니한 관계인에게는 200만원 이하의 과태료를 부과한다.
② 소방자동차 전용구역에 차를 주차하거나 전용구역에의 진입을 가로막는 등의 방해행위를 한 자에게는 100만원 이하의 과태료를 부과한다.
③ 위반행위의 횟수에 따른 과태료의 가중된 부과기준은 최근 2년간 같은 위반행위로 과태료 부과처분을 받은 경우에 적용한다.
④ 위반행위자가 법 위반상태를 시정하거나 해소하기 위하여 노력한 사실이 인정되는 경우, 부과권자는 개별기준에 따른 과태료의 3분의 1 범위에서 그 금액을 줄여 부과할 수 있다.

04

25. 경채

「소방기본법」상 벌칙에 관한 설명에서, '가~라'에 들어갈 내용으로 옳은 것은?

- 소방대상물에 화재, 재난·재해, 그 밖의 위급한 상황이 발생한 경우에는 소방본부, 소방서 또는 관계 행정기관에 지체 없이 알려야 하나 이를 위반하여 정당한 사유 없이 화재, 재난·재해, 그 밖의 위급한 상황을 소방본부, 소방서 또는 관계 행정기관에 알리지 아니한 관계인은 (가)만원 이하의 (나)을/를(에) 부과한다(처한다).
- 소방본부장, 소방서장 또는 소방대장은 화재 진압 등 소방활동을 위하여 필요할 때에는 소방용수 외에 댐·저수지 또는 수영장 등의 물을 사용하거나 수도의 개폐장치 등을 조작할 수 있으나 이를 위반하여 정당한 사유 없이 물의 사용이나 수도의 개폐장치의 사용 또는 조작을 하지 못하게 하거나 방해한 자는 (다)만원 이하의 (라)을/를(에) 부과한다(처한다).

	가	나	다	라
①	100	과태료	500	벌금
②	100	벌금	500	과태료
③	500	과태료	100	벌금
④	500	벌금	100	과태료

05

확인학습

「소방기본법 시행령」 [별표 3]의 과태료의 부과기준 중 일반기준에 관한 내용이다. ( ) 안에 들어갈 말을 옳게 연결한 것은?

위반행위의 횟수에 따른 과태료의 가중된 부과기준은 최근 (ㄱ)간 같은 위반행위로 과태료 부과처분을 받은 경우에 적용한다. 이 경우 기간의 계산은 위반행위에 대하여 과태료 부과처분을 (ㄴ)과 그 처분 후 다시 같은 위반행위를 하여 적발된 날을 기준으로 한다.

	ㄱ	ㄴ
①	1년	받은 날
②	1년	받은 다음 날
③	2년	받은 날
④	2년	받은 다음 날

해커스소방 fire.Hackers.com

제2편 화재의 예방 및 안전관리에 관한 법률

제1장 | 총칙
POINT 26 　목적 및 정의

제2장 | 화재의 예방 및 안전관리 기본계획
POINT 27 　기본계획 · 시행계획 · 세부시행계획
POINT 28 　실태조사
POINT 29 　통계의 작성 및 관리

제3장 | 화재안전조사
POINT 30 　화재안전조사
POINT 31 　화재안전조사단 등
POINT 32 　결과 통보 및 조치명령
POINT 33 　손실 보상 및 결과 공개 등

제4장 | 화재의 예방조치 등
POINT 34 　화재의 예방조치 등
POINT 35 　불을 사용하는 설비의 관리기준 등
POINT 36 　특수가연물
POINT 37 　화재예방강화지구
POINT 38 　화재안전영향평가 등

제5장 | 소방대상물의 소방안전관리
POINT 39 　특정소방대상물의 소방안전관리
POINT 40 　소방안전관리업무의 대행
POINT 41 　선임신고 등
POINT 42 　건설현장의 소방안전관리
POINT 43 　소방안전관리자 자격 및 자격증 등
POINT 44 　소방안전관리자 자격시험
POINT 45 　소방안전관리자 등에 대한 교육
POINT 46 　관리의 권원이 분리된 특정소방대상물의 소방안전관리
POINT 47 　피난계획의 수립 및 시행 등

제6장 | 특별관리시설물의 소방안전관리
POINT 48 　소방안전 특별관리시설물의 안전관리
POINT 49 　화재예방안전진단

제7장 | 보칙
POINT 50 　청문 등

제8장 | 벌칙
POINT 51 　벌칙 및 과태료

POINT 26 제1장 총칙 목적 및 정의

01 □□□ 확인학습

「화재의 예방 및 안전관리에 관한 법률」상의 목적으로 옳은 것은?

① 화재의 예방과 안전관리에 필요한 사항을 규정함으로써 화재, 재난·재해, 그 밖에 위급한 상황으로부터 국민의 생명·신체 및 재산을 보호하고 공공의 안전과 복리 증진에 이바지함을 목적으로 한다.
② 화재의 예방과 안전관리에 필요한 사항을 규정함으로써 화재로부터 국민의 생명·신체 및 재산을 보호하고 공공의 안전과 복리 증진에 이바지함을 목적으로 한다.
③ 화재의 예방과 안전관리에 필요한 사항을 규정함으로써 화재, 재난·재해, 그 밖에 위급한 상황으로부터 국민의 생명·신체 및 재산을 보호하고 공공의 안녕, 질서유지 및 복리 증진에 이바지함을 목적으로 한다.
④ 화재의 예방과 안전관리에 필요한 사항을 규정함으로써 화재로부터 국민의 생명·신체 및 재산을 보호하고 공공의 안녕, 질서유지 및 복리 증진에 이바지함을 목적으로 한다.

02 □□□ 24. 경채

「화재의 예방 및 안전관리에 관한 법률」상 용어의 정의로 옳지 않은 것은?

① "예방"이란 화재의 위험으로부터 사람의 생명·신체 및 재산을 보호하기 위하여 화재발생을 사전에 제거하거나 방지하기 위한 모든 활동을 말한다.
② "안전관리"란 화재로 인한 피해를 최소화하기 위한 예방, 대비, 대응 등의 활동을 말한다.
③ "화재예방안전진단"이란 화재가 발생할 경우 사회·경제적으로 피해 규모가 클 것으로 예상되는 소방대상물에 대하여 화재위험요인을 조사하고 그 위험성을 평가하여 개선대책을 수립하는 것을 말한다.
④ "화재안전조사"란 소방청장, 소방본부장 또는 소방서장이 화재원인, 피해상황, 대응활동 등을 파악하기 위하여 자료의 수집, 관계인등에 대한 질문, 현장 확인, 감식, 감정 및 실험 등을 하는 일련의 행위를 말한다.

03 □□□ 확인학습

「화재의 예방 및 안전관리에 관한 법률」 제2조에서 정한 안전관리의 정의로 옳은 것은?

① 화재로 인한 피해를 최소화하기 위한 예방, 대비, 대응 등의 활동을 말한다.
② 화재의 위험으로부터 사람의 생명·신체 및 재산을 보호하기 위하여 화재발생을 사전에 제거하거나 방지하기 위한 모든 활동을 말한다.
③ 소방관서장이 소방대상물, 관계지역 또는 관계인에 대하여 소방시설등이 소방 관계 법령에 적합하게 설치·관리되고 있는지, 소방대상물에 화재의 발생 위험이 있는지 등을 확인하기 위하여 실시하는 현장조사·문서열람·보고요구 등을 하는 활동을 말한다.
④ 화재가 발생할 경우 사회·경제적으로 피해 규모가 클 것으로 예상되는 소방대상물에 대하여 화재위험요인을 조사하고 그 위험성을 평가하여 개선대책을 수립하는 것을 말한다.

04 ☐☐☐ 확인학습

「화재의 예방 및 안전관리에 관한 법률」상 화재안전조사에 대한 설명이다. ( ) 안에 들어갈 말로 옳은 것은?

> 소방청장, 소방본부장 또는 소방서장이 (ㄱ), 관계지역 또는 관계인에 대하여 소방시설등이 소방 관계 법령에 적합하게 설치·관리되고 있는지, (ㄱ)에 화재의 발생 위험이 있는지 등을 확인하기 위하여 실시하는 현장조사·문서열람·(ㄴ) 등을 하는 활동을 말한다.

	ㄱ	ㄴ
①	소방대상물	청문
②	특정소방대상물	청문
③	소방대상물	보고요구
④	특정소방대상물	보고요구

05 ☐☐☐ 확인학습

「화재의 예방 및 안전관리에 관한 법률」상 화재발생 우려가 크거나 화재가 발생할 경우 피해가 클 것으로 예상되는 지역에 대하여 화재의 예방 및 안전관리를 강화하기 위해 지정·관리하는 지역을 무엇이라 하는가?

① 화재성능지구
② 화재위험지구
③ 화재예방강화지구
④ 화재강화방지지구

06 ☐☐☐ 확인학습

「화재의 예방 및 안전관리에 관한 법률」상 화재가 발생할 경우 사회·경제적으로 피해 규모가 클 것으로 예상되는 소방대상물에 대하여 화재위험요인을 조사하고 그 위험성을 평가하여 개선대책을 수립하는 것을 무엇이라 하는가?

① 화재예방안전진단
② 화재안전영향평가
③ 화재성능위주설계
④ 화재위험평가진단

POINT 27

제2장 화재의 예방 및 안전관리 기본계획

기본계획·시행계획·세부시행계획

정답 및 해설 p.20

01 □□□
기출변형

「화재의 예방 및 안전관리에 관한 법률」상 화재의 예방 및 안전관리 기본계획 등의 수립·시행에 관한 내용으로 옳지 않은 것은?

① 소방청장은 화재예방정책을 체계적·효율적으로 추진하고 이에 필요한 기반 확충을 위하여 화재의 예방 및 안전관리에 관한 기본계획을 5년마다 수립·시행하여야 한다.
② 소방청장은 수립된 기본계획과 시행계획을 관계 중앙행정기관의 장과 시·도지사에게 통보하여야 한다.
③ 기본계획은 대통령령으로 정하는 바에 따라 소방청장이 관계 중앙행정기관의 장과 협의하여 수립한다.
④ 소방청장은 기본계획을 시행하기 위하여 5년마다 시행계획을 수립·시행하여야 한다.

02 □□□
확인학습

「화재의 예방 및 안전관리에 관한 법률 시행령」 제2조의 규정에 따른 화재의 예방 및 안전관리 기본계획의 협의기한과 수립기한으로 옳은 것은?

	협의기한	수립기한
①	계획시행전년도 8월 31일	계획시행전년도 9월 30일
②	계획시행전년도 8월 31일	계획시행전년도 10월 31일
③	계획시행전년도 10월 31일	계획시행전년도 11월 30일
④	계획시행전년도 11월 30일	계획시행전년도 12월 31일

03 □□□
25. 공채·경채

「화재의 예방 및 안전관리에 관한 법률」및 같은 법 시행령상 화재의 예방 및 안전관리 기본계획 등의 수립·시행에 관한 설명이다. 'ㄱ, ㄴ'에 들어갈 내용으로 옳은 것은?

- 소방청장은 화재예방정책을 체계적·효율적으로 추진하고 이에 필요한 기반 확충을 위하여 화재의 예방 및 안전관리에 관한 기본계획을 (ㄱ)년마다 수립·시행하여야 한다.
- 소방청장은 기본계획을 시행하기 위한 계획을 계획 시행 전년도 (ㄴ)까지 수립해야 한다.

	ㄱ	ㄴ
①	5	10월 31일
②	5	12월 31일
③	7	10월 31일
④	7	12월 31일

04

22. 경채 - 기출변형

「화재의 예방 및 안전관리에 관한 법률」상 화재의 예방 및 안전관리 기본계획 등의 수립·시행에 대한 내용으로 옳지 않은 것은?

① 소방청장은 화재예방정책을 체계적·효율적으로 추진하고 이에 필요한 기반 확충을 위하여 화재예방 및 안전관리에 관한 기본계획을 10년마다 수립·시행하여야 한다.
② 소방청장은 기본계획을 시행하기 위하여 매년 시행계획을 수립·시행하여야 한다.
③ 기본계획, 시행계획 및 세부시행계획 등의 수립·시행에 관하여 필요한 사항은 대통령령으로 정한다.
④ 소방청장은 기본계획 및 시행계획을 수립하기 위하여 필요한 경우에는 관계 중앙행정기관의 장 또는 시·도지사에게 관련 자료의 제출을 요청할 수 있다.

05

빈출문제

「화재의 예방 및 안전관리에 관한 법률」 및 같은 법 시행령상 화재의 예방 및 안전관리 기본계획 등에 관한 설명으로 옳지 않은 것은?

① 기본계획은 대통령령으로 정하는 바에 따라 소방청장이 관계 중앙행정기관의 장과 협의하여 수립한다.
② 시·도지사는 기본계획을 시행하기 위하여 매년 시행계획을 수립·시행하여야 한다.
③ 소방청장은 관계 중앙행정기관의 장과 시·도지사에게 기본계획 및 시행계획을 계획 시행 전년도 10월 31일까지 통보하여야 한다.
④ 소방청장은 기본계획 및 시행계획을 수립하기 위하여 필요한 경우에는 관계 중앙행정기관의 장 또는 시·도지사에게 관련 자료의 제출을 요청할 수 있다.

POINT 28 실태조사
제2장 화재의 예방 및 안전관리 기본계획

01 □□□ 확인학습
「화재의 예방 및 안전관리에 관한 법률」제5조에서 정한 실태조사의 목적으로 가장 옳은 것은?

① 화재안전조사의 효율적 수행
② 화재안전조사 대상의 공정한 선정
③ 기본계획 및 시행계획의 수립·시행에 필요한 기초자료의 확보
④ 세부시행계획의 수립·시행에 필요한 기초자료의 확보

02 □□□ 확인학습
「화재의 예방 및 안전관리에 관한 법률 시행규칙」제2조의 규정에 따른 실태조사의 방법 및 절차 등에 관한 내용으로 옳지 않은 것은?

① 실태조사는 통계조사, 문헌조사 또는 현장조사 방법으로 하며, 정보통신망 또는 전자적인 방식을 사용할 수 있다.
② 소방청장은 실태조사를 실시하려는 경우 실태조사 시작 14일 전까지 조사 일시, 조사 사유 및 조사 내용 등 조사계획을 조사대상자에게 서면 또는 전자우편 등의 방법으로 미리 알려야 한다.
③ 소방청장은 실태조사의 결과를 인터넷 홈페이지 등에 공표할 수 있다.
④ 소방청장은 실태조사를 전문연구기관·단체나 관계 전문가에게 의뢰하여 실시할 수 있다.

03 □□□ 확인학습
「화재의 예방 및 안전관리에 관한 법률」제5조 규정에 따른 기본계획 및 시행계획의 수립·시행에 필요한 기초자료의 확보를 위한 실태조사에 해당하지 않는 것은?

① 소방대상물의 화재의 예방 및 안전관리 현황
② 소방대상물의 용도별·규모별 현황
③ 소방대상물의 피난시설, 방화구획, 방화시설 등의 현황
④ 소방대상물의 소방시설등 설치·관리 현황

POINT 29 통계의 작성 및 관리

제2장 화재의 예방 및 안전관리 기본계획

01 ☐☐☐ 확인학습

「화재의 예방 및 안전관리에 관한 법률」상 화재의 예방 및 안전관리에 관한 통계의 작성·관리권자는?

① 소방청장
② 시·도지사
③ 한국소방안전원장
④ 소방본부장 또는 소방서장

02 ☐☐☐ 확인학습

「화재의 예방 및 안전관리에 관한 법률 시행규칙」 제3조의 규정에 따라 소방청장이 화재의 예방 및 안전관리에 관한 통계의 작성·관리를 위하여 위탁할 수 있는 기관에 해당하지 않는 것은?

① 한국소방안전원
② 한국소방산업기술원
③ 정부출연연구기관
④ 통계작성지정기관

제3장 화재안전조사
화재안전조사

01 □□□ 19. 경채 - 기출변형

「화재의 예방 및 안전관리에 관한 법률」 및 같은 법 시행령상 화재안전조사에 관한 설명으로 옳지 않은 것은?

① 소방관서장이 소방대상물, 관계지역 또는 관계인에 대하여 소방시설등이 소방 관계 법령에 적합하게 설치·관리되고 있는지, 소방대상물에 화재의 발생 위험이 있는지 등을 확인하기 위하여 실시하는 현장조사·문서열람·보고요구 등을 하는 활동을 말한다.
② 개인의 주거(실제 주거용도로 사용되는 경우에 한정한다)에 대하여는 관계인의 승낙이 있거나 화재발생의 우려가 뚜렷하여 긴급한 필요가 있는 때에 한정하여 화재안전조사를 실시할 수 있다.
③ 국가적 행사 등 주요 행사가 개최되는 장소 및 그 주변의 관계 지역에 대하여 소방안전관리 실태를 점검할 필요가 있는 경우 화재안전조사를 실시할 수 있다.
④ 화재안전조사위원회는 위원장 1명을 제외한 7명 이내의 위원으로 성별을 고려하여 구성한다.

02 □□□ 기출변형

「화재의 예방 및 안전관리에 관한 법률」 및 같은 법 시행령·시행규칙상 화재안전조사에 대한 설명으로 옳지 않은 것은?

① 화재안전조사에 소방기술사, 소방시설관리사, 그 밖에 화재 안전 분야에 전문지식을 갖춘 사람을 화재안전조사에 참여하게 할 수 있다.
② 화재안전조사의 항목은 대통령령으로 정한다. 이 경우 화재안전조사의 항목에는 화재의 예방조치 상황, 소방시설등의 관리 상황 및 소방대상물의 화재 등의 발생 위험과 관련된 사항이 포함되어야 한다.
③ 화재안전조사의 연기를 신청하려는 자는 화재안전조사 시작 5일 전까지 연기신청서에 관련서류를 첨부하여 소방관서장에게 연기신청을 하여야 한다.
④ 소방관서장은 화재안전조사를 조사의 목적에 따라 화재안전조사의 항목 전체에 대하여 종합적으로 실시하거나 특정 항목에 한정하여 실시할 수 있다.

03 □□□ 기출변형

「화재의 예방 및 안전관리에 관한 법률」 및 같은 법 시행령상 화재안전조사의 방법·절차의 내용으로 옳지 않은 것은?

① 소방관서장은 화재안전조사를 조사의 목적에 따라 화재안전조사의 항목 전체에 대하여 종합적으로 실시하거나 특정 항목에 한정하여 실시할 수 있다.
② 소방관서장은 화재안전조사를 실시하려는 경우 사전에 관계인에게 조사대상, 조사기간 및 조사사유 등을 우편, 전화, 전자메일 또는 문자전송 등을 통하여 통지하고 이를 대통령령으로 정하는 바에 따라 인터넷 홈페이지나 전산시스템 등을 통하여 공개하여야 한다.
③ 소방관서장은 화재안전조사의 연기를 승인한 경우라도 연기기간이 끝나기 전에 연기사유가 없어지거나 긴급히 조사를 하여야 할 사유가 발생하였을 때에는 관계인에게 통보하고 화재안전조사를 할 수 있다.
④ 통지를 받은 관계인은 천재지변이나 그 밖에 대통령령으로 정하는 사유로 화재안전조사를 받기 곤란한 경우에는 시·도지사에게 화재안전조사를 연기하여 줄 것을 신청할 수 있다.

04 □□□ 18. 경채 - 기출변형

「화재의 예방 및 안전관리에 관한 법률」 및 같은 법 시행령상 화재안전조사에 관한 설명으로 옳지 않은 것은?

① 개인의 주거(실제 주거용도로 사용되는 경우에 한정한다)에 대한 화재안전조사는 관계인의 승낙이 있거나 화재발생의 우려가 뚜렷하여 긴급한 필요가 있는 때에 한정한다.
② 소방관서장은 화재안전조사를 실시하려는 경우 사전에 관계인에게 조사대상, 조사기간 및 조사사유 등을 우편, 전화, 전자메일 또는 문자전송 등을 통하여 통지하고 이를 대통령령으로 정하는 바에 따라 인터넷 홈페이지나 전산시스템 등을 통하여 공개하여야 한다.
③ 시·도지자는 화재안전조사의 대상을 객관적이고 공정하게 선정하기 위하여 필요한 경우 화재안전조사위원회를 구성하여 화재안전조사의 대상을 선정할 수 있다.
④ 화재안전조사위원회는 위원장 1명을 포함한 7명 이내의 위원으로 성별을 고려하여 구성한다.

POINT 31 제3장 화재안전조사
화재안전조사단 등

01 ☐☐☐ 22. 경채 - 기출변형

「화재의 예방 및 안전관리에 관한 법률」 및 같은 법 시행령상 중앙화재안전조사단의 편성·운영 등에 관한 설명으로 옳지 않은 것은?

① 중앙화재안전조사단은 단장을 포함하여 50명 이내의 단원으로 성별을 고려하여 구성한다.
② 소방청장은 화재안전조사를 효율적으로 수행하기 위하여 대통령령으로 정하는 바에 따라 국립소방연구원에 중앙화재안전조사단을 상시 편성하여 운영하여야 한다.
③ 중앙화재안전조사단의 단장은 단원 중에서 소방청장이 임명 또는 위촉한다.
④ 소방공무원은 중앙화재안전조사단의 단원으로 임명 또는 위촉될 수 있다.

02 ☐☐☐ 22. 경채 - 기출변형

「화재의 예방 및 안전관리에 관한 법률」 제10조 제1항에 대한 내용이다. ( ) 안에 들어갈 말로 가장 옳지 않은 것은?

> ( )은 화재안전조사의 대상을 객관적이고 공정하게 선정하기 위하여 필요한 경우 화재안전조사위원회를 구성하여 화재안전조사의 대상을 선정할 수 있다.

① 소방청장
② 시·도지사
③ 소방본부장
④ 소방서장

03 ☐☐☐ 확인학습

「화재의 예방 및 안전관리에 관한 법률」 제9조 제1항의 화재안전조사단 편성·운영에 대한 내용이다. ( ) 안에 들어갈 말로 옳은 것은?

> 소방관서장은 화재안전조사를 효율적으로 수행하기 위하여 대통령령으로 정하는 바에 따라 (ㄱ)에는 중앙화재안전조사단을, (ㄴ)에는 지방화재안전조사단을 편성하여 운영할 수 있다.

	ㄱ	ㄴ
①	국립소방연구원	시·군·구
②	국립소방연구원	소방본부 및 소방서
③	소방청	시·군·구
④	소방청	소방본부 및 소방서

04 ☐☐☐ 확인학습

「화재의 예방 및 안전관리에 관한 법률 시행령」 제10조에서 정한 화재안전조사단 편성·운영에 대한 내용으로 옳지 않은 것은?

① 중앙화재안전조사단 및 지방화재안전조사단("조사단"이라 한다)은 각각 단장을 포함하여 60명 이내의 단원으로 성별을 고려하여 구성한다.
② 조사단의 단원은 소방관서장이 임명 또는 위촉하고, 단장은 단원 중에서 소방관서장이 임명 또는 위촉한다.
③ 소방관서장은 화재안전조사를 효율적으로 실시하기 위하여 필요한 경우 합동으로 조사단을 편성할 수 있다.
④ 소방공무원은 조사단의 단원으로 임명 또는 위촉될 수 있다.

05

25. 경채

「화재의 예방 및 안전관리에 관한 법률」및 같은 법 시행령상 화재안전조사를 효율적으로 실시하기 위하여 합동으로 조사반을 편성할 수 있는 기관으로 옳지 않은 것은? (단, 소방청장이 정하여 고시하는 소방 관련 법인 또는 단체는 제외한다)

① 「소방기본법」에 따른 한국소방안전원
② 「소방시설공사업법」에 따른 한국소방시설협회
③ 「소방산업의 진흥에 관한 법률」에 따른 한국소방산업기술원
④ 「화재로 인한 재해보상과 보험가입에 관한 법률」에 따른 한국화재보험협회

06

기출변형

「화재의 예방 및 안전관리에 관한 법률」 및 같은 법 시행령상 화재안전조사위원회에 대한 내용으로 옳지 않은 것은?

① 국립소방연구원장은 화재안전조사의 대상을 객관적이고 공정하게 선정하기 위하여 필요한 경우 화재안전조사위원회를 구성하여 화재안전조사의 대상을 선정할 수 있다.
② 화재안전조사위원회의 구성·운영 등에 필요한 사항은 대통령령으로 정한다.
③ 화재안전조사위원회는 위원장 1명을 포함한 7명 이내의 위원으로 성별을 고려하여 구성하고, 위원장은 소방관서장이 된다.
④ 화재안전조사위원회에 출석한 위원에게는 예산의 범위에서 수당, 여비, 그 밖에 필요한 경비를 지급할 수 있다. 다만, 공무원인 위원이 그 소관 업무와 관련하여 위원회에 출석하는 경우는 그렇지 않다.

POINT 32 | 제3장 화재안전조사
결과 통보 및 조치명령

01 ☐☐☐ 기출변형

「화재의 예방 및 안전관리에 관한 법률」 제11조 제1항의 규정에 따라 화재안전조사 전문가로 참여할 수 있는 자에 해당하지 않는 것은?

① 소방기술사
② 소방시설관리사
③ 건축사
④ 화재안전 분야 전문지식을 갖춘 자

02 ☐☐☐ 확인학습

「화재의 예방 및 안전관리에 관한 법률」상 화재안전조사에 대한 내용으로 옳지 않은 것은?

① 화재안전조사 전문가로 조사에 참여하는 외부 전문가에게는 예산의 범위에서 수당, 여비, 그 밖에 필요한 경비를 지급할 수 있다.
② 원칙적으로 소방관서장은 화재안전조사를 마친 때에는 그 조사 결과를 관계인에게 현장 방문하여 설명하고 화재안전조사 결과서를 교부하여야 한다.
③ 화재안전조사 업무를 수행하는 관계 공무원 및 관계 전문가는 그 권한 또는 자격을 표시하는 증표를 지니고 이를 관계인에게 내보여야 한다.
④ 조사업무를 수행하면서 취득한 자료나 알게 된 비밀을 다른 사람 또는 기관에 제공 또는 누설하거나 목적 외의 용도로 사용하여서는 아니 된다.

03 ☐☐☐ 확인학습

「화재의 예방 및 안전관리에 관한 법률」 제14조 제1항의 화재안전조사 결과에 따른 조치명령에 해당하는 것을 모두 고른 것은?

> ㄱ. 소방대상물의 개수(改修)·이전·제거
> ㄴ. 사용의 금지
> ㄷ. 사용의 제한
> ㄹ. 사용폐쇄
> ㅁ. 공사의 정지 또는 중지

① ㄱ, ㄴ, ㄷ
② ㄱ, ㄴ, ㅁ
③ ㄴ, ㄷ, ㄹ, ㅁ
④ ㄱ, ㄴ, ㄷ, ㄹ, ㅁ

04 ☐☐☐ 빈출문제

「화재의 예방 및 안전관리에 관한 법률」상 소방대상물에 대한 화재안전조사의 결과 그 위치, 구조, 설비 또는 관리의 상황에 관하여 화재예방을 위해 필요한 경우의 조치명령권자는?

① 소방청장 또는 시·도지사
② 소방청장, 소방본부장 또는 소방서장
③ 시·도지사, 소방본부장 또는 소방서장
④ 소방본부장 또는 소방서장

POINT 33 제3장 화재안전조사
손실 보상 및 결과 공개 등

01 □□□ 빈출문제

「화재의 예방 및 안전관리에 관한 법률」 제15조의 규정에 따라 화재안전조사 결과에 따른 조치명령으로 인한 손실을 입은 자가 있는 경우의 손실보상권자로 옳은 것은?

① 소방청장 또는 시·도지사
② 소방청장, 소방본부장 또는 소방서장
③ 시·도지사, 소방본부장 또는 소방서장
④ 소방본부장 또는 소방서장

02 □□□ 23. 경채

「화재의 예방 및 안전관리에 관한 법률」 및 같은 법 시행령상 화재안전조사 결과에 따른 조치명령, 손실보상의 내용으로 옳지 않은 것은?

① 화재안전조사 결과에 따른 소방대상물의 조치명령권자는 소방관서장이다.
② 화재안전조사 결과에 따른 조치명령으로 소방청장 또는 시·도지사가 손실을 보상하는 경우에는 시가(時價)의 2배로 보상해야 한다.
③ 소방청장 또는 시·도지사는 보상금액에 관한 협의가 성립되지 않은 경우에는 그 보상금액을 지급하거나 공탁하고 이를 상대방에게 알려야 한다.
④ 소방관서장은 화재안전조사 결과에 따른 소방대상물의 위치·구조·설비 또는 관리의 상황이 화재예방을 위하여 보완될 필요가 있거나 화재가 발생하면 인명 또는 재산의 피해가 클 것으로 예상되는 때에는 행정안전부령으로 정하는 바에 따라 관계인에게 그 소방대상물의 개수(改修)·이전·제거, 사용의 금지 또는 제한, 사용폐쇄, 공사의 정지 또는 중지, 그 밖에 필요한 조치를 명할 수 있다.

03 □□□ 19. 경채

「화재의 예방 및 안전관리에 관한 법률」 및 같은 법 시행령상 화재안전조사 결과에 따른 조치명령과 손실보상에 관한 설명으로 옳지 않은 것은?

① 시·도지사가 손실을 보상하는 경우에는 원가로 보상하여야 한다.
② 손실보상에 관하여는 시·도지사와 손실을 입은 자가 협의해야 한다.
③ 보상금액에 관한 협의가 성립되지 아니한 경우에는 시·도지사는 그 보상금액을 지급하거나 공탁하고 이를 상대방에게 알려야 한다.
④ 보상금의 지급 또는 공탁의 통지에 불복하는 자는 지급 또는 공탁의 통지를 받은 날부터 30일 이내에 관할 토지수용위원회에 재결을 신청할 수 있다.

04 □□□ 확인학습

「화재의 예방 및 안전관리에 관한 법률」 및 같은 법 시행령상 화재안전조사 결과 공개에 대한 내용으로 옳지 않은 것은?

① 소방관서장은 화재안전조사를 실시한 경우 소방대상물의 위치, 연면적, 용도 등 현황과 소방시설등의 설치 및 관리 현황에 대하여 전부 또는 일부를 인터넷 홈페이지에 공개할 수 있다.
② 소방관서장은 화재안전조사 결과를 공개하려는 경우 공개기간, 공개내용 및 공개방법을 시·도지사에게 미리 보고하여야 한다.
③ 소방청장은 화재안전조사 결과를 체계적으로 관리하고 활용하기 위하여 전산시스템을 구축·운영하여야 한다.
④ 소방청장은 건축, 전기 및 가스 등 화재안전과 관련된 정보를 소방활동 등에 활용하기 위하여 전산시스템과 관계 중앙행정기관, 지방자치단체 및 공공기관 등에서 구축·운용하고 있는 전산시스템을 연계하여 구축할 수 있다.

POINT 34 화재의 예방조치 등

제4장 화재의 예방조치 등

01 □□□　21. 공채 - 기출변형

「소방기본법」 및 같은 법 시행령상 화재의 예방조치 등으로 옳지 않은 것은?

① 소방관서장은 보관기간이 종료되는 때에는 보관하고 있는 위험물 또는 물건을 매각해야 한다.
② 위험물 또는 물건의 보관기간은 소방관서의 홈페이지에 공고하는 기간의 종료일 다음 날부터 7일로 한다.
③ 위험물 또는 물건을 보관하는 경우에는 그 날부터 14일 동안 소방관서의 홈페이지에 그 사실을 공고하여야 한다.
④ 시·도지사는 매각되거나 폐기된 옮긴 물건의 소유자가 보상을 요구하는 경우에는 보상금액에 대하여 소유자와 협의를 거쳐 이를 보상하여야 한다.

02 □□□　17. 공채 - 기출변형

「화재의 예방 및 안전관리에 관한 법률」 및 같은 법 시행령상 화재예방조치의 설명으로 옳지 않은 것은?

① 소방관서장은 화재 발생 위험이 크거나 소화 활동에 지장을 줄 수 있다고 인정되는 행위나 물건에 대하여 행위 당사자나 그 물건의 소유자, 관리자 또는 점유자에게 명령을 할 수 있다.
② 소방관서장은 옮긴 물건을 보관하는 경우에는 그 날부터 14일 동안 소방관서의 홈페이지에 그 사실을 공고할 수 있다.
③ 원칙적으로 누구든지 화재예방강화지구 및 이에 준하는 대통령령으로 정하는 장소에서는 모닥불, 흡연 등 화기의 취급 행위를 하여서는 아니 된다.
④ 소방관서장은 목재, 플라스틱 등 가연성이 큰 물건의 소유자, 관리자 또는 점유자를 알 수 없는 경우 소속 공무원으로 하여금 그 물건을 옮기거나 보관하는 등 필요한 조치를 하게 할 수 있다.

03 □□□　18. 경채 - 기출변형

「화재의 예방 및 안전관리에 관한 법률 시행령」 제17조 제1항의 화재의 예방조치 등에 대한 설명이다. (　) 안의 내용으로 옳은 것은?

> 소방관서장은 법 제17조 제2항 각 호 외의 부분 단서에 따라 옮긴 물건 등("옮긴물건등")을 보관하는 경우에는 그날부터 (　) 동안 해당 소방관서의 인터넷 홈페이지에 그 사실을 공고해야 한다.

① 7일　　　　　② 14일
③ 15일　　　　④ 30일

04 □□□　빈출문제

「화재의 예방 및 안전관리에 관한 법률」 및 같은 법 시행령상 화재의 예방조치 등에 대한 설명으로 옳지 않은 것은?

① 소방관서장은 옮긴물건등을 보관하는 경우에는 그 날부터 14일 동안 소방관서의 인터넷 홈페이지에 그 사실을 공고하여야 한다.
② 옮긴물건등의 보관기간은 공고기간의 종료일부터 7일까지로 한다.
③ 소방관서장은 매각되거나 폐기된 옮긴 물건의 소유자가 보상을 요구하는 경우에는 보상금액에 대하여 소유자와 협의를 거쳐 이를 보상해야 한다.
④ 소방관서장은 보관하던 옮긴 물건을 매각한 경우에는 지체 없이 「국가재정법」에 따라 세입조치를 해야 한다.

POINT 35 | 제4장 화재의 예방조치 등
불을 사용하는 설비의 관리기준 등

01 □□□
24. 공채·경채

「화재의 예방 및 안전관리에 관한 법률 시행령」상 불을 사용하는 설비의 관리기준에 관한 내용으로 옳은 것은?

① 경유·등유 등 액체 연료탱크는 보일러 본체로부터 수평거리 0.5미터 이상의 간격을 두어 설치한다.
② 화목(火木) 등 고체연료를 사용하는 연통의 배출구는 보일러 본체보다 1미터 이상 높게 설치한다.
③ 음식조리를 위하여 설치하는 설비의 경우, 열을 발생하는 조리기구로부터 0.15미터 이내의 거리에 있는 가연성 주요구조부는 단열성이 있는 불연재료로 덮어 씌운다.
④ 대통령령에서 규정한 사항 외에 화재 발생 우려가 있는 설비 또는 기구의 종류, 해당 설비 또는 기구의 위치·구조 및 관리와 화재 예방을 위하여 불을 사용할 때 지켜야 하는 사항은 행정안전부령으로 정한다.

02 □□□
23. 경채

「화재의 예방 및 안전관리에 관한 법률 시행령」상 불을 사용하는 설비의 관리기준 등에 관한 내용으로 옳지 않은 것은?

① 보일러: 가연성 벽·바닥 또는 천장과 접촉하는 증기기관 또는 연통의 부분은 규조토 등 난연성 또는 불연성 단열재로 덮어씌워야 한다.
② 난로: 가연성 벽·바닥 또는 천장과 접촉하는 연통의 부분은 규조토 등 난연성 또는 불연성 단열재로 덮어씌워야 한다.
③ 건조설비: 실내에 설치하는 경우에 벽·천장 및 바닥은 준불연재료로 해야 한다.
④ 노·화덕설비: 노 또는 화덕을 설치하는 장소의 벽·천장은 불연재료로 된 것이어야 한다.

03 □□□
21. 경채 - 기출변형

「화재의 예방 및 안전관리에 관한 법률 시행령」 [별표 1]의 보일러 등의 위치·구조 및 관리와 화재예방을 위하여 불의 사용에 있어서 지켜야 하는 사항으로 옳은 것은?

① 고체연료를 사용하는 보일러에 있어서 고체연료는 별도의 실 또는 보일러와 수평거리 1미터 이상 이격하여 보관하여야 한다.
②「공연법」제2조 제4호의 규정에 의한 공연장에서 이동식 난로는 절대 사용하여서는 아니 된다.
③ 보일러를 실내에 설치하는 경우에는 콘크리트바닥 또는 금속 외의 난연재료로 된 바닥 위에 설치하여야 한다.
④ 기체연료를 사용하는 보일러의 경우에는 보일러를 설치하는 장소에는 환기구를 설치하는 등 가연성가스가 머무르지 아니하도록 하여야 한다.

04 □□□
20. 경채 - 기출변형

「화재의 예방 및 안전관리에 관한 법률 시행령」상 일반음식점에서 조리를 위하여 불을 사용하는 설비를 설치할 때 지켜야 할 사항으로 옳지 않은 것은?

① 주방시설에는 동물 또는 식물의 기름을 제거할 수 있는 필터 등을 설치할 것
② 열을 발생하는 조리기구는 반자 또는 선반으로부터 0.5m 이상 떨어지게 할 것
③ 주방설비에 부속된 배기덕트는 0.5mm 이상의 아연도금강판 또는 이와 동등 이상 내식성 불연재료로 설치할 것
④ 열을 발생하는 조리기구로부터 0.15m 이내의 거리에 있는 가연성 주요구조부는 단열성이 있는 불연재료로 덮어씌울 것

05

20. 공채 - 기출변형

「화재의 예방 및 안전관리에 관한 법률 시행령」상 보일러 등의 위치·구조 및 관리와 화재예방을 위하여 불의 사용에 있어서 지켜야 하는 사항으로, 용접 또는 용단 작업장에서 지켜야 할 사항이다. (   ) 안에 들어갈 내용으로 옳은 것은? (단, 「산업안전보건법」 제38조의 적용을 받는 사업장의 경우에는 적용하지 아니한다)

- 용접 또는 용단 작업장 주변 (가) 이내에 소화기를 갖추어 둘 것
- 용접 또는 용단 작업장 주변 (나) 이내에는 가연물을 쌓아두거나 놓아두지 말 것. 다만, 가연물의 제거가 곤란하여 방지포 등으로 방호조치를 한 경우는 제외한다.

	가	나
①	반경 5m	반경 10m
②	반경 6m	반경 12m
③	직경 5m	직경 10m
④	직경 6m	직경 12m

06

19. 공채 - 기출변형

「화재의 예방 및 안전관리에 관한 법률」상 불을 사용하는 설비의 관리기준 등에 대한 설명이다. (   ) 안에 들어갈 숫자로 옳은 것은?

- 보일러: 보일러와 벽·천장 사이의 거리는 (가)m 이상 되도록 하여야 한다.
- 난로: 연통은 천장으로부터 (나)m 이상 떨어지고, 건물 밖으로 0.6m 이상 나오게 설치하여야 한다.
- 건조설비: 건조설비와 벽·천장 사이의 거리는 (다)m 이상 되도록 하여야 한다.
- 음식조리를 위하여 설치하는 설비: 열을 발생하는 조리기구는 반자 또는 선반으로부터 (라)m 이상 떨어지게 해야 한다.

	가	나	다	라
①	0.5	0.6	0.6	0.6
②	0.6	0.6	0.5	0.6
③	0.6	0.5	0.6	0.6
④	0.6	0.6	0.5	0.5

07

19. 경채 - 기출변형

「화재의 예방 및 안전관리에 관한 법률 시행령」상 보일러 등의 위치·구조 및 관리와 화재예방을 위하여 불의 사용에 있어서 지켜야 하는 사항으로 옳지 않은 것은?

① 보일러와 벽·천장 사이의 거리는 0.6m 이상 되도록 하여야 한다.
② 난로 연통은 천장으로부터 0.6m 이상 떨어지고, 건물 밖으로 0.6m 이상 나오게 설치하여야 한다.
③ 건조설비와 벽·천장 사이의 거리는 0.5m 이상 되도록 하여야 한다.
④ 불꽃을 사용하는 용접·용단기구 작업장에서는 용접 또는 용단 작업장 주변 반경 10m 이내에 소화기를 갖추어야 한다.

08

확인학습

「화재의 예방 및 안전관리에 관한 법률령 시행령」 [별표 1]의 규정에 따른 화목 등 고체연료를 사용하는 경우에 있어서 지켜야 하는 사항으로 옳지 않은 것은?

① 보일러와 벽·천장 사이의 거리는 0.6미터 이상 되도록 하여야 한다.
② 고체연료는 별도의 실 또는 보일러와 수평거리 1미터 이상 이격하여 보관해야 한다.
③ 보일러를 실내에 설치하는 경우에는 콘크리트바닥 또는 금속 외의 불연재료로 된 바닥 위에 설치하여야 한다.
④ 연통재질은 불연재료로 사용하고 연결부에 청소구를 설치해야 한다.

09

17. 공채 - 기출변형

「화재의 예방 및 안전관리에 관한 법률 시행령」상 노·화덕 설비의 설치기준으로 옳지 않은 것은?

① 시간당 열량이 30만kcal 이상인 노를 설치하는 경우에는 노 주위에는 1m 이상 공간을 확보한다.
② 실내에 설치하는 경우에는 흙바닥 또는 금속 외의 불연재료로 된 바닥이나 흙바닥에 설치하여야 한다.
③ 노 또는 화덕의 주위에는 녹는 물질이 확산되지 아니하도록 높이 0.1m 이상의 턱을 설치하여야 한다.
④ 시간당 열량이 30만kcal 이상인 노를 설치하는 경우에는 주요구조부는 준불연재료로 한다.

POINT 36 제4장 화재의 예방조치 등
특수가연물

정답 및 해설 p.27

01 □□□
24. 경채

「화재의 예방 및 안전관리에 관한 법률 시행령」상 화재의 확대가 빠른 특수가연물의 저장 및 취급 기준으로 옳은 것은? [단, 석탄·목탄류를 발전용(發電用)으로 저장하는 경우는 제외한다]

① 실외에 쌓아 저장하는 경우 쌓는 부분이 대지경계선, 도로 및 인접 건축물과 최소 6미터 이상 간격을 둘 것. 다만, 쌓는 높이보다 0.9미터 이상 높은 내화구조 벽체를 설치한 경우는 그렇지 않다.
② 실내에 쌓아 저장하는 경우 주요구조부는 불연재료 또는 준불연재료여야 하고, 다른 종류의 특수가연물과 같은 공간에 보관하지 않을 것. 다만, 방화구조의 벽으로 분리하는 경우는 그렇지 않다.
③ 쌓는 부분 바닥면적의 사이는 실내의 경우 1미터 또는 쌓는 높이의 1/2 중 큰 값 이상으로 간격을 둘 것
④ 쌓는 부분 바닥면적의 사이는 실외의 경우 3미터 또는 쌓는 높이의 1/2 중 큰 값 이상으로 간격을 둘 것

02 □□□
18. 경채 - 기출변형

「화재의 예방 및 안전관리에 관한 법률 시행령」상 특수가연물의 저장 및 취급의 기준에 대한 설명으로 옳지 않은 것은?

① 품명별로 구분하여 쌓을 것
② 쌓는 높이는 10m 이하가 되도록 하고, 쌓는 부분의 바닥면적은 500㎡ 이하가 되도록 할 것
③ 특수가연물을 저장 또는 취급하는 장소에는 품명, 최대저장수량, 단위부피당 질량 또는 단위체적당 질량, 관리책임자 성명·직책, 연락처 및 화기취급의 금지표시가 포함된 특수가연물 표지를 설치할 것
④ 석탄·목탄류를 발전용으로 저장하는 경우에는 제외할 것

03 □□□
21. 경채 - 기출변형

「화재의 예방 및 안전관리에 관한 법률 시행령」상 특수가연물의 품명과 수량으로 옳지 않은 것은?

① 넝마 및 종이부스러기: 400kg 이상
② 가연성 고체류: 3천kg 이상
③ 석탄·목탄류: 1만kg 이상
④ 가연성 액체류: 2㎥ 이상

04 □□□
18. 공채 - 기출변형

「화재의 예방 및 안전관리에 관한 법률 시행령」상 특수가연물의 품명과 수량으로 옳지 않은 것은?

① 1천kg인 사류
② 1천kg인 볏짚류
③ 350kg인 나무껍질
④ 200kg인 면화류

05 □□□
20. 경채 - 기출변형

「화재의 예방 및 안전관리에 관한 법률 시행령」상 화재가 발생하는 경우 불길이 빠르게 번지는 고무류·면화류 등 대통령령으로 정하는 특수가연물의 저장 및 취급기준 중 다음 (   ) 안에 들어갈 숫자로 옳은 것은? (단, 석탄·목탄류를 발전용으로 저장하는 경우는 제외한다)

> 살수설비를 설치하거나, 방사능력 범위에 해당 특수가연물이 포함되도록 대형수동식소화기를 설치하는 경우에는 쌓는 높이를 (가)미터 이하, 쌓는 부분의 바닥면적을 200제곱미터[석탄·목탄류의 경우에는 (나)제곱미터] 이하로 쌓아 저장해야 한다.

	가	나		가	나
①	10	300	②	10	500
③	15	300	④	15	500

06 □□□ 확인학습

「화재의 예방 및 안전관리에 관한 법률 시행령」[별표 3]의 특수가연물의 저장 및 취급에 관한 기준으로 옳지 않은 것은?

① 쌓는 높이는 10미터 이하가 되도록 하고, 쌓는 부분의 바닥면적은 50제곱미터(석탄·목탄류의 경우에는 200제곱미터) 이하가 되도록 저장한다.
② 특수가연물을 저장 또는 취급하는 장소에는 품명, 최대저장수량, 단위부피당 질량 또는 단위체적당 질량, 관리책임자 성명·직책, 연락처 및 화기취급의 금지표시가 포함된 특수가연물 표지를 설치할 것
③ 쌓는 부분의 바닥면적 사이는 실외의 경우 1.2미터 또는 쌓는 높이의 1/2 중 큰 값 이상으로 이격해야 하며, 실내의 경우 3미터 또는 쌓는 높이 중 큰 값 이상으로 이격해야 한다.
④ 방사능력 범위에 해당 특수가연물이 포함되도록 대형수동식소화기를 설치하는 경우에는 쌓는 높이를 15미터 이하로 할 수 있다.

07 □□□ 23. 공채·경채

「화재의 예방 및 안전관리에 관한 법률 시행령」상 특수가연물의 저장 및 취급 기준에서 특수가연물 표지에 관한 내용으로 옳지 않은 것은?

① 특수가연물 표지 중 화기엄금 표시 부분의 바탕은 붉은색으로, 문자는 백색으로 할 것
② 특수가연물 표지는 한 변의 길이가 0.3미터 이상, 다른 한 변의 길이가 0.6미터 이상인 직사각형으로 할 것
③ 특수가연물 표지의 바탕은 검은색으로, 문자는 흰색으로 할 것. 다만, "화기엄금" 표시 부분은 제외한다.
④ 특수가연물을 저장 또는 취급하는 장소에는 품명, 최대저장수량, 단위부피당 질량 또는 단위체적당 질량, 관리책임자 성명·직책, 연락처 및 화기취급의 금지표시가 포함된 특수가연물 표지를 설치해야 한다.

08 □□□ 확인학습

「화재의 예방 및 안전관리에 관한 법률 시행령」[별표 2]의 특수가연물에 관한 내용으로 옳은 것은?

① "면화류"라 함은 불연성 또는 조연성이 아닌 면상 또는 팽이 모양의 섬유와 마사(麻絲) 원료를 말한다.
② "사류"라 함은 불연성 또는 난연성이 아닌 실(실부스러기와 솜털을 제외한다)과 누에고치를 말한다.
③ "볏짚류"라 함은 마른 볏짚·북더기와 이들의 제품 및 건초(축산용도로 사용하는 것은 포함한다)를 말한다.
④ 넝마 및 종이부스러기는 불연성 또는 난연성이 아닌 것(동물 또는 식물의 기름이 깊이 스며들어 있는 옷감·종이 및 이들의 제품을 포함한다)으로 한정한다.

09 □□□ 확인학습

「화재의 예방 및 안전관리에 관한 법률 시행령」[별표 3]의 특수가연물의 표지의 내용으로 옳지 않은 것은?

① 표지는 한변의 길이가 0.3미터 이상, 다른 한변의 길이가 0.6미터 이상인 직사각형으로 할 것
② 특수가연물을 저장 또는 취급하는 장소에는 품명, 최대저장수량, 단위부피당 질량 또는 단위체적당 질량, 관리책임자 성명·직책, 연락처 및 화기취급의 금지표시가 포함된 특수가연물 표지를 설치할 것
③ 표지 중 화기엄금 표시부분의 바탕은 백색으로, 문자는 붉은색으로 할 것
④ 특수가연물을 저장 또는 취급하는 장소 중 보기 쉬운 곳에 설치할 것

POINT 37 제4장 화재의 예방조치 등
화재예방강화지구

01 □□□ 24. 경채

「화재의 예방 및 안전관리에 관한 법률」상 화재예방강화지구로 지정할 수 있는 지역으로 옳은 것만을 <보기>에서 있는 대로 고른 것은? (단, 소방관서장이 화재예방강화지구로 지정할 필요가 있다고 인정하는 지역은 제외한다)

<보기>
ㄱ. 시장지역
ㄴ. 목조건물이 밀집한 지역
ㄷ. 전력용 및 통신용 지하구가 있는 지역
ㄹ. 소방시설·소방용수시설 또는 소방출동로가 없는 지역
ㅁ. 「물류시설의 개발 및 운영에 관한 법률」 제2조 제6호에 따른 물류단지

① ㄱ, ㄴ, ㄷ
② ㄱ, ㄷ, ㄹ
③ ㄱ, ㄴ, ㄹ, ㅁ
④ ㄴ, ㄷ, ㄹ, ㅁ

02 □□□ 21. 경채 - 기출변형

「화재의 예방 및 안전관리에 관한 법률 시행령」 제21조의 화재예방강화지구의 관리에 대한 내용으로 옳지 않은 것은?

① 시·도지사는 화재안전조사의 결과 등을 대통령령으로 정하는 화재예방강화지구 관리대장에 작성하고 관리해야 한다.
② 소방관서장은 화재예방강화지구 안의 관계인에 대하여 소방상 필요한 훈련 및 교육을 연 1회 이상 실시할 수 있다.
③ 소방관서장은 화재예방강화지구 안의 소방대상물의 위치·구조 및 설비 등에 대한 화재안전조사를 연 1회 이상 실시해야 한다.
④ 소방관서장은 소방에 필요한 훈련 및 교육을 실시하려는 경우에는 화재예방강화지구 안의 관계인에게 훈련 또는 교육 10일 전까지 그 사실을 통보해야 한다.

03 □□□ 20. 경채 - 기출변형

「화재의 예방 및 안전관리에 관한 법률」상 화재예방강화지구로 지정할 수 있는 대상을 모두 고른 것은?

ㄱ. 시장지역
ㄴ. 목조건물이 밀집한 지역
ㄷ. 위험물의 저장 및 처리 시설이 밀집한 지역
ㄹ. 석유화학제품을 생산하는 공장이 있는 지역

① ㄱ, ㄴ
② ㄷ, ㄹ
③ ㄱ, ㄷ, ㄹ
④ ㄱ, ㄴ, ㄷ, ㄹ

04 □□□ 19. 경채 - 기출변형

「화재의 예방 및 안전관리에 관한 법률 시행령」상 화재예방강화지구에 관한 설명으로 옳은 것은?

① 소방관서장은 화재예방강화지구 안의 소방대상물의 위치·구조 및 설비 등에 대한 화재안전조사를 연 1회 이상 실시할 수 있다.
② 소방관서장은 화재예방강화지구 안의 관계인에 대하여 소방상 필요한 훈련 및 교육을 연 1회 이상 실시할 수 있다.
③ 소방관서장은 소방상 필요한 훈련 및 교육을 실시하고자 하는 때에 화재예방강화지구 안의 관계인에게 훈련 또는 교육 30일 전까지 그 사실을 통보해야 한다.
④ 소방청장은 화재예방강화지구의 지정 현황 등을 화재경계지구 관리대장에 작성하고 관리하여야 한다.

05
18. 공채 - 기출변형

「화재의 예방 및 안전관리에 관한 법률」상 시·도지사가 화재예방강화지구로 지정할 필요가 있는 지역을 화재예방강화지구로 지정하지 아니하는 경우 해당 시·도지사에게 해당 지역의 화재예방강화지구 지정을 요청할 수 있는 사람은 누구인가?

① 행정안전부장관
② 소방청장
③ 국무총리
④ 기획재정부장관

06
17. 경채 - 기출변형

「화재의 예방 및 안전관리에 관한 법률」상 화재예방강화지구 지정에 대한 설명으로 옳지 않은 것은?

① 소방관서장은 화재예방강화지구 안의 소방대상물의 위치, 구조, 설비 등에 대하여 화재안전조사를 하여야 한다.
② 소방관서장은 화재예방강화지구 안의 관계인에 대하여 대통령령으로 정하는 바에 따라 훈련 및 교육을 실시할 수 있다.
③ 시·도지사가 화재예방강화지구를 지정하지 않으면 소방청장이 화재예방강화지구를 지정할 수 있다.
④ 시·도지사는 화재예방강화지구 지정 현황, 화재안전조사의 결과 등 화재예방강화지구에서의 화재 및 경계에 필요한 자료를 매년 작성·관리하여야 한다.

07
확인학습

「화재의 예방 및 안전관리에 관한 법률」 제18조의 화재예방강화지구 지정에 대한 설명으로 옳지 않은 것은?

① 시·도지사는 대통령령으로 정하는 바에 따라 화재예방강화지구의 지정 현황이 포함된 화재예방강화지구에서의 화재예방에 필요한 자료를 매년 작성·관리하여야 한다.
② 시·도지사는 화재예방강화지구를 지정·관리할 수 있다.
③ 시·도지사는 화재안전조사를 한 결과 화재의 예방강화를 위하여 필요하다고 인정할 때에는 관계인에게 소방설비등의 설치를 명할 수 있다.
④ 소방관서장은 화재예방강화지구 안의 관계인에 대하여 대통령령으로 정하는 바에 따라 소방에 필요한 훈련 및 교육을 실시할 수 있다.

08
확인학습

「화재의 예방 및 안전관리에 관한 법률」 제19조 화재의 예방 등에 대한 지원의 내용이다. (   ) 안에 들어갈 말로 옳은 것은?

> (   )은 화재예방강화지구의 화재안전조사를 한 결과 소방설비등의 설치를 명하는 경우 해당 관계인에게 소방설비등의 설치에 필요한 지원을 할 수 있다.

① 소방청장
② 소방관서장
③ 소방본부장 또는 소방서장
④ 행정안전부장관

09
확인학습

「화재의 예방 및 안전관리에 관한 법률」 제20조의 규정에 따라 화재위험경보를 발령하고 그에 따른 필요한 조치를 할 수 있는 자로 가장 적절한 것은?

① 소방청장
② 소방관서장
③ 소방본부장 또는 소방대장
④ 행정안전부장관

POINT 38 화재안전영향평가 등

제4장 화재의 예방조치 등

01
「화재의 예방 및 안전관리에 관한 법률」 제21조에 따른 화재안전영향평가를 실시할 수 있는 자는?

① 소방청장
② 소방관서장
③ 소방본부장 또는 소방서장
④ 시·도지사

02
「화재의 예방 및 안전관리에 관한 법률」 및 시행령상 화재안전영향평가에 대한 설명으로 옳지 않은 것은?

① 소방청장은 화재발생 원인 및 연소과정을 조사·분석하는 등의 과정에서 법령이나 정책의 개선이 필요하다고 인정되는 경우 그 법령이나 정책에 대한 화재 위험성의 유발요인 및 완화 방안에 대한 평가(이하 "화재안전영향평가"라 한다)를 실시할 수 있다.
② 소방청장은 화재안전영향평가를 실시한 경우 그 결과를 해당 법령이나 정책의 소관 기관의 장에게 통보하여야 한다.
③ 화재안전영향평가의 기준과 결과는 중앙화재안전조사단의 심의를 거쳐 확정한다.
④ 소방청장은 화재안전영향평가를 하는 경우 화재현장 및 자료조사 등을 기초로 화재·피난 모의실험 등 과학적인 예측·분석 방법으로 실시할 수 있다.

03
「화재의 예방 및 안전관리에 관한 법률」 제22조 제2항에 따른 화재안전영향평가심의회의 구성으로 옳은 것은?

① 위원장 1명을 포함한 7명 이내의 위원으로 구성한다.
② 위원장 1명을 포함한 12명 이내의 위원으로 구성한다.
③ 위원장 1명을 포함한 5명 이상 7명 이내의 위원으로 구성한다.
④ 위원장 1명을 포함한 7명 이상 12명 이내의 위원으로 구성한다.

04
「화재의 예방 및 안전관리에 관한 법률」 및 같은 법 시행령상 화재안전영향평가심의회의 위원이 될 수 있는 사람 중 옳지 않은 것은?

① 가스안전공사에서 화재안전 관련 업무를 수행하는 사람으로서 가스안전공사 사장이 추천하는 사람
② 소방청에서 화재안전 관련 업무를 수행하는 소방준감 이상의 소방공무원 중에서 소방청장이 지명하는 사람
③ 보건복지부에서 화재안전 관련 법령이나 정책을 담당하는 고위공무원단에 속하는 일반직공무원으로 보건복지부 장관이 지명한 사람
④ 「고등교육법」에 따른 학교 또는 이에 준하는 학교나 공인된 연구기관에서 조교수 이상의 직(職) 또는 이에 상당하는 직에 있거나 있었던 사람으로서 화재안전 또는 관련 법령이나 정책에 전문성이 있는 사람

POINT 39 특정소방대상물의 소방안전관리

제5장 소방대상물의 소방안전관리

01 □□□ 19. 공채

「화재의 예방 및 안전관리에 관한 법률 시행령」상 1급 소방안전관리대상물로 옳은 것은?

① 지하구
② 가연성 가스를 1천톤 이상 저장하는 시설
③ 동·식물원
④ 철강 등 불연성 물품을 저장하는 창고

02 □□□ 확인학습

「화재의 예방 및 안전관리에 관한 법률」 제24조 제1항의 특정소방대상물의 소방안전관리에 대한 설명이다. ( )에 들어갈 내용으로 옳은 것은?

> ㄱ. 특정소방대상물 중 전문적인 안전관리가 요구되는 대통령령으로 정하는 특정소방대상물(소방안전관리대상물)의 관계인은 소방안전관리업무를 수행하기 위하여 제30조 제1항에 따른 소방안전관리자 (가)을 발급받은 사람을 소방안전관리자로 선임하여야 한다.
> ㄴ. 이 경우 소방안전관리자의 업무에 대하여 보조가 필요한 대통령령으로 정하는 소방안전관리대상물의 경우에는 소방안전관리자 외에 (나)를 추가로 선임하여야 한다.

	가	나
①	위촉장	소방안전관리대리자
②	위촉장	소방안전관리보조자
③	자격증	소방안전관리대리자
④	자격증	소방안전관리보조자

03 □□□ 빈출문제

「화재의 예방 및 안전관리에 관한 법률 시행령」 [별표 4]의 소방안전관리자를 두어야 선임대상물의 내용으로 옳지 않은 것은?

① 특급 소방안전관리대상물은 연면적 10만㎡ 이상의 특정소방대상물을 포함한다(아파트 제외).
② 특급 소방안전관리대상물은 지하층을 포함한 30층 이상의 아파트를 포함한다.
③ 1급 소방안전관리대상물은 지하구를 제외한다.
④ 3급 소방안전관리대상물은 자동화재탐지설비를 설치한 특정소방대상물이다.

04 □□□ 빈출문제

「화재의 예방 및 안전관리에 관한 법률 시행령」상 소방안전관리자를 두어야 하는 특정소방대상물 중 1급 소방안전관리대상물로 옳지 않은 것은?(단, 동·식물원, 철강 등 불연성 물품을 저장·취급하는 창고, 위험물 저장 및 처리 시설 중 제조소등과 지하구는 제외한다)

① 30층 이상(지하층 제외)이거나 지상으로부터 높이가 120m 이상인 아파트
② 연면적 1만5천㎡ 이상인 특정소방대상물(아파트 및 연립주택 제외)
③ 지상층의 층수가 6층 이상인 특정소방대상물(아파트 제외)
④ 가연성 가스를 1천톤 이상 저장·취급하는 시설

05

24. 공채·경채

「화재의 예방 및 안전관리에 관한 법률 시행령」상 소방공무원으로 9년간 근무한 경력자가 발급받을 수 있는 최상위의 소방안전관리자 자격으로 선임할 수 있는 소방안전관리대상물로 옳은 것은?

① 가연성 가스를 1천 톤 이상 저장·취급하는 시설
② 지상으로부터 높이가 200미터 이상인 아파트
③ 지상으로부터 높이가 120미터 이상인 업무시설
④ 연면적이 10만 제곱미터 이상인 의료시설

06

20. 공채 - 기출변형

「화재의 예방 및 안전관리에 관한 법률 시행령」상 소방안전관리보조자를 두어야 하는 특정소방대상물에 대한 설명이다. ( ) 안에 들어갈 내용으로 옳은 것은?

> ㄱ. 「건축법 시행령」 [별표 1] 제2호 가목에 따른 아파트[(가) 세대 이상인 아파트만 해당한다]
> ㄴ. 연면적이 (나)㎡ 이상인 특정소방대상물(아파트 및 연립주택은 제외한다)

	가	나
①	150	1만
②	150	1만5천
③	300	1만
④	300	1만5천

07

25. 공채·경채

「화재의 예방 및 안전관리에 관한 법률」및 같은 법 시행령상 소방안전관리보조자의 인원기준에 따른 'ㄱ, ㄴ'의 최소 선임인원은?

> ㄱ. 「건축법 시행령」에 따른 아파트로서 920세대
> ㄴ. 「소방시설 설치 및 관리에 관한 법률」에 따른 판매시설로서 연면적 31,000제곱미터(단, 기타 조건은 제외한다)

	ㄱ	ㄴ
①	3명	2명
②	3명	3명
③	5명	2명
④	5명	3명

08

확인학습

「화재의 예방 및 안전관리에 관한 법률 시행령」 제27조에 따른 소방안전관리업무 전담 대상물에 해당하는 것을 모두 고른 것은?

> ㄱ. 특급 소방안전관리대상물
> ㄴ. 1급 소방안전관리대상물
> ㄷ. 2급 소방안전관리대상물
> ㄹ. 3급 소방안전관리대상물
> ㅁ. 관리의 권원이 분리된 특정소방대상물

① ㄱ, ㄴ
② ㄱ, ㄴ, ㄷ
③ ㄱ, ㄴ, ㅁ
④ ㄱ, ㄴ, ㄷ, ㄹ

09 ☐☐☐
25. 공채·경채

「화재의 예방 및 안전관리에 관한 법률」및 같은 법 시행령상 소방안전관리업무의 전담이 필요한 소방안전관리대상물에 해당하지 않는 것은? (단, 다른 법령에 특별한 규정이 있는 경우는 제외한다)

① 지상 60층인 아파트
② 지하 3층, 지상 12층인 백화점
③ 연면적 11만제곱미터인 국제공항
④ 가연성 가스 1백톤을 저장·취급하는 공장

10 ☐☐☐
확인학습

「화재의 예방 및 안전관리에 관한 법률」상 제24조 특정소방대상물의 소방안전관리에 대한 내용이다. (   ) 안에 들어갈 말로 옳은 것은?

> ㄱ. 소방안전관리대상물의 관계인은 소방안전관리업무를 대행하는 관리업자를 감독할 수 있는 사람을 지정하여 소방안전관리자로 선임할 수 있다. 이 경우 소방안전관리자로 선임된 자는 선임된 날부터 (가) 이내에 제34조에 따른 교육을 받아야 한다.
> ㄴ. 소방안전관리자 및 소방안전관리보조자의 선임 대상별 자격 및 인원기준은 (나)으로 정하고, 선임 절차 등 그 밖에 필요한 사항은 (다)(으)로 정한다.

	가	나	다
①	3개월	대통령령	행정안전부령
②	6개월	대통령령	대통령령
③	6개월	행정안전부령	행정안전부령
④	12개월	행정안전부령	해당 시·도 조례

11 ☐☐☐
20. 경채 - 기출변형

「화재의 예방 및 안전관리에 관한 법률」상 특정소방대상물(소방안전관리대상물은 제외한다) 관계인의 업무로 옳지 않은 것은?

① 소방계획서의 작성 및 시행
② 화기(火氣) 취급의 감독
③ 소방시설이나 그 밖의 소방 관련 시설의 관리
④ 피난시설, 방화구획 및 방화시설의 관리

12 ☐☐☐
11. 간부 - 기출변형

「화재의 예방 및 안전관리에 관한 법률 시행령」상 소방안전관리대상물의 소방계획서 작성 시 포함사항에 해당하지 않는 것은?

① 소방안전관리대상물의 위치·구조·연면적·용도 및 수용인원 등 일반 현황
② 화재예방을 위한 자체점검계획 및 진압대책
③ 소방시설·피난시설 및 방화시설의 점검·정비계획
④ 소방시설공사의 하자를 판단하는 기준에 관한 사항
⑤ 소방훈련 및 교육에 관한 계획

13 ☐☐☐
기출변형

「화재의 예방 및 안전관리에 관한 법률 시행규칙」제11조 제7항의 자위소방대 및 초기대응체계의 구성, 운영 및 교육 등에 관한 설명이다. (   ) 안에 들어갈 내용으로 옳은 것은?

> (가)은/는 자위소방대의 구성, 운영 및 교육, 초기대응체계의 편성·운영 등에 필요한 지침을 작성하여 배포할 수 있으며, (나)은/는 소방안전관리대상물의 소방안전관리자가 해당 지침을 준수하도록 지도할 수 있다.

	가	나
①	소방청장	소방본부장 또는 소방서장
②	시·도지사	소방청장
③	소방본부장 또는 소방서장	시·도지사
④	소방본부장 또는 소방서장	소방청장

POINT 40 소방안전관리업무의 대행

제5장 소방대상물의 소방안전관리

01 확인학습

「화재의 예방 및 안전관리에 관한 법률」 제25조 제1항의 내용이다. 밑줄 친 대통령령으로 정하는 소방안전관리대상물에 해당하지 않는 것은?

> 소방안전관리대상물 중 연면적 등이 일정규모 미만인 <u>대통령령으로 정하는 소방안전관리대상물</u>의 관계인은 관리업자로 하여금 같은 소방안전관리업무 중 대통령령으로 정하는 업무를 대행하게 할 수 있다.

① 연면적 10만제곱미터 이상인 특정소방대상물
② 지상층의 층수가 11층 이상인 1급 소방안전관리대상물(연면적 1만5천제곱미터 이상인 특정소방대상물과 아파트는 제외한다)
③ 2급 소방안전관리대상물
④ 3급 소방안전관리대상물

02 확인학습

「화재의 예방 및 안전관리에 관한 법률」 제25조 제1항의 내용이다. 밑줄 친 대통령령으로 정하는 업무에 해당하는 것은?

> 소방안전관리대상물 중 연면적 등이 일정규모 미만인 대통령령으로 정하는 소방안전관리대상물의 관계인은 관리업자로 하여금 같은 소방안전관리업무 중 <u>대통령령으로 정하는 업무</u>를 대행하게 할 수 있다.

① 자위소방대 및 초기대응체계의 구성·운영·교육
② 소방훈련 및 교육
③ 화기 취급의 감독
④ 피난시설, 방화구획 및 방화시설의 관리

03 확인학습

「화재의 예방 및 안전관리에 관한 법률 시행규칙」 제13조의 소방안전관리 업무대행 등의 대가에 대한 내용이다. ( ) 안에 들어갈 말로 옳은 것은?

> 법 제25조 제3항에서 "행정안전부령으로 정하는 방식"이란 「엔지니어링산업 진흥법」 제31조에 따라 산업통상자원부장관이 고시한 엔지니어링사업대가의 기준 중 ( )을/를 말한다.

① 공사비요율에 의한 방식
② 시공상세도작성비
③ 표준품셈
④ 실비정액가산방식

POINT 41

제5장 소방대상물의 소방안전관리

선임신고 등

정답 및 해설 p.34

01 □□□
빈출문제

「화재의 예방 및 안전관리에 관한 법률」상 소방본부장 또는 소방서장에게 하는 소방안전관리자의 선임신고 기한으로 옳은 것은?

① 선임한 날부터 7일 이내
② 선임한 날부터 14일 이내
③ 선임한 날부터 15일 이내
④ 선임한 날부터 30일 이내

02 □□□
23. 공채·경채

「화재의 예방 및 안전관리에 관한 법률」 및 같은 법 시행규칙상 소방안전관리자의 선임신고 등에 관한 설명이다. ( ) 안에 들어갈 내용으로 옳은 것은?

- 소방안전관리대상물의 관계인이 소방안전관리자를 선임한 경우에는 선임한 날부터 (ㄱ)일 이내에 선임사실을 소방본부장 또는 소방서장에게 신고하여야 한다.
- 소방안전관리대상물의 관계인은 소방안전관리자를 선임사유가 발생한 날부터 (ㄴ)일 이내에 선임해야 한다.

	ㄱ	ㄴ
①	14	30
②	14	60
③	30	30
④	30	60

03 □□□
기출변형

「화재의 예방 및 안전관리에 관한 법률」 및 같은 법 시행규칙상 소방안전관리자의 선임신고 등에 대한 내용으로 옳지 않은 것은?

① 소방안전관리대상물의 관계인이 소방안전관리보조자를 해임한 경우에는 그 관계인 또는 해임된 소방안전관리보조자는 소방본부장이나 소방서장에게 그 사실을 알려 해임한 사실의 확인을 받을 수 있다.
② 특급 또는 1급 소방안전관리대상물의 관계인은 소방안전관리자에 대한 강습교육이나 소방안전관리대상물의 소방안전관리에 관한 시험이 소방안전관리자 선임기간 내에 있지 아니하여 소방안전관리자를 선임할 수 없는 경우에는 소방안전관리자 선임의 연기를 신청할 수 있다.
③ 소방안전관리대상물의 관계인이 소방안전관리자를 선임한 경우에는 소방안전관리대상물의 출입자가 쉽게 알 수 있도록 소방안전관리자의 성명과 그 밖에 행정안전부령으로 정하는 사항을 게시하여야 한다.
④ 특정소방대상물의 관계인은 증축 또는 용도변경으로 해당 특정소방대상물의 소방안전관리자를 신규로 선임하여야 하는 경우에는 해당 특정소방대상물의 사용승인일 또는 용도변경 사실을 건축물관리대장에 기재한 날부터 30일 이내에 소방안전관리자를 선임하여야 한다.

04 24. 공채·경채

「화재의 예방 및 안전관리에 관한 법률」 및 같은 법 시행규칙상 소방안전관리대상물의 관계인이 소방안전관리자를 선임한 경우 소방안전관리대상물의 출입자가 쉽게 알 수 있도록 게시해야 하는 사항으로 옳지 않은 것은?

① 소방안전관리자의 성명 및 선임일자
② 소방안전관리대상물의 명칭 및 등급
③ 소방안전관리대상물의 용도 및 수용인원
④ 소방안전관리자의 근무 위치(화재수신기 또는 종합방재실을 말한다)

05 확인학습

「화재의 예방 및 안전관리에 관한 법률 시행규칙」 제15조에 따른 소방안전관리자 정보의 게시내용에 해당하지 않는 것은?

① 소방안전관리자의 선임일자
② 화재 수신반의 위치
③ 발신기 및 감지기의 위치
④ 종합방재실의 위치

06 기출변형

「화재의 예방 및 안전관리에 관한 법률」 제28조의 특정소방대상물의 소방안전관리에 대한 설명이다. ( ) 안에 들어갈 내용으로 옳은 것은?

> ㄱ. (가)은/는 소방안전관리자를 선임하지 아니한 소방안전관리대상물의 관계인에게 소방안전관리자를 선임하도록 명할 수 있다.
> ㄴ. (나)은/는 소방안전관리 업무를 다하지 아니하는 특정소방대상물의 관계인 또는 소방안전관리자에게 그 업무를 이행하도록 명할 수 있다.

	가	나
①	시·도지사	소방본부장 또는 소방서장
②	시·도지사	소방청장
③	소방본부장 또는 소방서장	시·도지사
④	소방본부장 또는 소방서장	소방본부장 또는 소방서장

POINT 42 건설현장의 소방안전관리

제5장 소방대상물의 소방안전관리

정답 및 해설 p.34

01 □□□
24. 공채·경채

「화재의 예방 및 안전관리에 관한 법률 시행령」상 건설현장 소방안전관리대상물에 관한 내용이다. ( ) 안에 들어갈 내용으로 옳은 것은?

- 신축·증축·개축·재축·이전·용도변경 또는 대수선을 하려는 부분의 연면적의 합계가 (ㄱ) 이상인 것
- 신축·증축·개축·재축·이전·용도변경 또는 대수선을 하려는 부분의 연면적이 (ㄴ) 이상인 것으로서 다음 각 목의 어느 하나에 해당하는 것
  가. 지하층의 층수가 2개 층 이상인 것
  나. 지상층의 층수가 (ㄷ) 이상인 것
  다. 냉동창고, 냉장창고 또는 냉동·냉장창고

	ㄱ	ㄴ	ㄷ
①	1만5천 제곱미터	5천 제곱미터	6층
②	1만5천 제곱미터	5천 제곱미터	11층
③	1만5천 제곱미터	1만 제곱미터	6층
④	1만 제곱미터	5천 제곱미터	11층

02 □□□
확인학습

「화재의 예방 및 안전관리에 관한 법률 시행령」 제30조에 따른 건설현장 소방안전관리대상물에 해당하지 않는 것은? (단, 모두 신축·증축·개축·재축·이전·용도변경 또는 대수선을 하려는 특정소방대상물이다)

① 지하층의 층수가 2개층 이상인 특정소방대상물로서 연면적 5천제곱미터 이상인 것
② 지상층의 층수가 6층 이상인 특정소방대상물로서 연면적 5천제곱미터 이상인 것
③ 냉동 또는 냉장 창고로서 연면적 5천제곱미터 이상인 것
④ 연면적 1만5천제곱미터 이상인 특정소방대상물

03 □□□
23. 공채·경채

「화재의 예방 및 안전관리에 관한 법률」 및 같은 법 시행령상 소방안전관리자를 선임해야 하는 건설현장 소방안전관리대상물에 해당하지 않는 것은?

① 신축을 하려는 부분의 연면적이 5천제곱미터인 냉동·냉장창고
② 신축을 하려는 부분의 연면적의 합계가 2만제곱미터인 복합건축물
③ 증축을 하려는 부분의 연면적의 합계가 3만제곱미터인 업무시설
④ 증축을 하려는 부분의 연면적이 5천제곱미터이고, 지상층의 층수가 10층인 업무시설

04 □□□
확인학습

「화재의 예방 및 안전관리에 관한 법률」상 건설현장 소방안전관리에 대한 설명이다. ( ) 안에 들어갈 내용으로 옳은 것은?

공사시공자가 화재발생 및 화재피해의 우려가 큰 대통령령으로 정하는 특정소방대상물(건설현장 소방안전관리대상물)을 신축하는 경우에는 제24조 제1항에 따른 소방안전관리자로서 제34조에 따른 교육을 받은 사람을 소방시설공사 (가)부터 건축물 사용승인일까지 소방안전관리자로 선임하고 행정안전부령으로 정하는 바에 따라 (나)에게 신고하여야 한다.

	가	나
①	계약일	시·도지사
②	계약일	소방본부장 또는 소방서장
③	착공 신고일	시·도지사
④	착공 신고일	소방본부장 또는 소방서장

05 □□□
23. 공채·경채

「화재의 예방 및 안전관리에 관한 법률」상 건설현장 소방안전관리대상물의 소방안전관리자의 업무에 관한 내용으로 옳지 않은 것은?

① 건설현장의 소방계획서의 작성
② 화기취급의 감독, 화재위험작업의 허가 및 관리
③ 공사진행 단계별 피난안전구역, 피난로 등의 확보와 관리
④ 건설현장 작업자를 제외한 책임자에 대한 소방안전 교육 및 훈련

POINT 43

제5장 소방대상물의 소방안전관리

소방안전관리자 자격 및 자격증 등

정답 및 해설 p.35

01 □□□
22. 경채 - 기출변형

「화재의 예방 및 안전관리에 관한 법률」 및 같은 법 시행령상 특급 소방안전관리대상물의 소방안전관리자 자격증을 발급받을 수 있는 선임자격자로 옳지 않은 것은?

① 소방기술사 또는 소방시설관리사의 자격이 있는 사람
② 소방공무원으로 10년 이상 근무한 경력이 있는 사람
③ 소방설비기사의 자격을 취득한 후 5년 이상 1급 소방안전관리대상물의 소방안전관리자로 근무한 실무경력이 있는 사람
④ 소방설비산업기사의 자격을 취득한 후 7년 이상 1급 소방안전관리대상물의 소방안전관리자로 근무한 실무경력이 있는 사람

02 □□□
확인학습

「화재의 예방 및 안전관리에 관한 법률」 제30조에 따라 소방안전관리자의 자격을 갖춘 사람이 소방안전관리자 자격증 발급을 신청하는 경우 행정안전부령으로 정하는 바에 따라 자격증을 발급하여야 자는?

① 소방청장
② 시·도지사
③ 소방본부장 또는 소방서장
④ 소방관서장

03 □□□
빈출문제

「화재의 예방 및 안전관리에 관한 법률 시행령」 제31조의 규정에 따라 [별표 4]의 1급 소방안전관리자 자격증을 발급받을 수 있는 선임자격자에 해당하지 않는 것은?

① 소방설비기사의 자격이 있는 사람
② 소방설비산업기사의 자격이 있는 사람
③ 소방공무원으로 7년 이상 근무한 경력이 있는 사람
④ 위험물산업기사의 자격이 있는 사람

04 □□□
확인학습

「화재의 예방 및 안전관리에 관한 법률」 제31조에 따라 그 자격을 반드시 취소하여야 하는 경우를 모두 고른 것은?

> ㄱ. 거짓이나 그 밖의 부정한 방법으로 소방안전관리자 자격증을 발급받은 경우
> ㄴ. 소방안전관리업무를 게을리한 경우
> ㄷ. 소방안전관리자 자격증을 다른 사람에게 빌려준 경우
> ㄹ. 실무교육을 받지 아니한 경우
> ㅁ. 이 법에 따른 명령을 위반한 경우

① ㄱ, ㄴ
② ㄱ, ㄷ
③ ㄱ, ㄷ, ㄹ
④ ㄱ, ㄷ, ㄹ, ㅁ

POINT 44 소방안전관리자 자격시험

제5장 소방대상물의 소방안전관리

01 ☐☐☐ 확인학습

「화재의 예방 및 안전관리에 관한 법률」 제32조 소방안전관리자 자격시험에 관한 내용이다. ( ) 안에 들어갈 말로 옳은 것은?

ㄱ. 소방안전관리자 자격시험에 응시할 수 있는 사람의 자격은 (가)(으)로 정한다.
ㄴ. 소방안전관리자 자격의 시험방법, 시험의 공고 및 합격자 결정 등 소방안전관리자의 자격시험에 필요한 사항은 (나)(으)로 정한다.

	가	나
①	대통령령	행정안전부령
②	대통령령	소방청장의 고시
③	행정안전부령	대통령령
④	소방청장의 고시	소방청장의 고시

02 ☐☐☐ 확인학습

「화재의 예방 및 안전관리에 관한 법률 시행령」 [별표 6]의 규정에 따른 특급 소방안전관리자의 자격시험 응시자격자에 해당하지 않는 것은?

① 1급 소방안전관리대상물의 소방안전관리자로 3년 이상 근무한 실무경력이 있는 사람
② 소방설비기사의 자격을 취득 후 1급 소방안전관리대상물의 소방안전관리자로 2년 이상 근무한 실무경력이 있는 사람
③ 소방설비산업기사의 자격을 취득 후 1급 소방안전관리대상물의 소방안전관리자로 3년 이상 근무한 실무경력이 있는 사람
④ 소방공무원으로 10년 이상 근무한 경력이 있는 사람

03 ☐☐☐ 확인학습

「화재의 예방 및 안전관리에 관한 법률 시행령」 [별표 6]의 규정에 따른 2급 소방안전관리자의 자격시험 응시자격자에 해당하지 않는 것은?

① 의용소방대원으로 3년 이상 근무한 경력이 있는 사람
② 자체소방대의 소방대원으로 3년 이상 근무한 경력이 있는 사람
③ 경찰공무원으로 2년 이상 근무한 경력이 있는 사람
④ 경호공무원 또는 별정직공무원으로서 2년 이상 안전검측 업무에 종사한 경력이 있는 사람

04 ☐☐☐ 확인학습

「화재의 예방 및 안전관리에 관한 법률 시행규칙」 제20조에서 정한 특급 소방안전관리자의 자격시험 실시 원칙으로 옳은 것은?

① 연 1회 이상 실시한다.
② 연 2회 이상 실시한다.
③ 분기별 1회 이상 실시한다.
④ 월 1회 이상 실시한다.

05 ☐☐☐ 확인학습

「화재의 예방 및 안전관리에 관한 법률 시행규칙」상 소방안전관리자의 자격시험에 관한 내용으로 옳지 않은 것은?

① 1급 소방안전관리자 자격시험은 월 1회 이상 실시한다.
② 소방청장은 특급 소방안전관리자 자격시험을 연 2회 이상 실시한다.
③ 소방청장은 소방안전관리자시험을 실시하고자 하는 때에는 응시자격·시험과목·일시·장소 및 응시절차 등에 관하여 필요한 사항을 모든 응시 희망자가 알 수 있도록 시험 시행일 90일 전에 인터넷 홈페이지에 공고해야 한다.
④ 시험의 부정행위 기준과 관련하여 감독관의 본인 확인 및 소지품 검색 요구에 따르지 않는 행위를 하는 경우에는 당해 시험만을 무효로 처리한다.

POINT 45 — 제5장 소방대상물의 소방안전관리
소방안전관리자 등에 대한 교육

정답 및 해설 p.36

01 ☐☐☐ 확인학습

「화재의 예방 및 안전관리에 관한 법률」 제34조에 따른 소방안전관리자 등에 대한 교육에 대한 내용이다. ( ) 안에 들어갈 말로 옳은 것은?

> 소방안전관리자가 되려고 하는 사람 또는 소방안전관리자(소방안전관리보조자를 포함한다)로 선임된 사람은 소방안전관리 업무에 관한 능력의 습득 또는 향상을 위하여 행정안전부령으로 정하는 바에 따라 (가)이 실시하는 강습교육 또는 (나)을 받아야 한다.

	가	나
①	소방본부장 또는 소방서장	전문교육
②	소방본부장 또는 소방서장	실무교육
③	소방청장	전문교육
④	소방청장	실무교육

02 ☐☐☐ 확인학습

「화재의 예방 및 안전관리에 관한 법률 시행규칙」 제29조에 따른 소방안전관리자에 대한 실무교육의 내용이다. ( ) 안에 들어갈 말로 옳은 것은?

> ㄱ. 소방안전관리자는 그 선임된 날부터 (가) 이내에 실무교육을 받아야 하며, 그 후에는 2년마다(최초 실무교육을 받은 날을 기준일로 하여 매 2년이 되는 해의 기준일과 같은 날 전까지를 말한다) 1회 이상 실무교육을 받아야 한다.
> ㄴ. 다만, 소방안전관리 강습교육 또는 실무교육을 받은 후 (나) 이내에 소방안전관리자로 선임된 사람은 해당 강습교육 또는 실무교육을 받은 날에 실무교육을 받은 것으로 본다.

	가	나
①	6개월	6개월
②	6개월	1년
③	1년	6개월
④	1년	1년

POINT 46 제5장 소방대상물의 소방안전관리
관리의 권원이 분리된 특정소방대상물의 소방안전관리

01 □□□ 21. 공채 – 기출변형

「화재의 예방 및 안전관리에 관한 법률」 및 같은 법 시행령상 그 관리의 권원이 분리되어 있는 특정소방대상물의 경우 그 관리의 권원별 관계인이 대통령령으로 정하는 바에 따라 소방안전관리자를 선임하여야 하는 특정소방대상물로 옳지 않은 것은?

① 판매시설 중 도매시장 및 소매시장
② 복합건축물로서 지하층을 제외한 층수가 11층 이상인 것
③ 복합건축물로서 연면적 1만5천㎡ 이상인 것
④ 지하가(지하의 인공구조물 안에 설치된 상점 및 사무실, 그 밖에 이와 비슷한 시설이 연속하여 지하도에 접하여 설치된 것과 그 지하도를 합한 것을 말한다)

02 □□□ 18. 공채 – 기출변형

「화재의 예방 및 안전관리에 관한 법률」 및 같은 법 시행령상 그 관리의 권원이 분리되어 있는 특정소방대상물의 경우 그 관리의 권원별 관계인이 대통령령으로 정하는 바에 따라 소방안전관리자를 선임하여야 하는 특정소방대상물로 옳지 않은 것은?

① 복합건축물로서 지하층을 제외한 층수가 11층 이상인 것
② 지하가(지하의 인공구조물 안에 설치된 상점 및 사무실, 그 밖에 이와 비슷한 시설이 연속하여 지하도에 접하여 설치된 것과 그 지하도를 합한 것을 말한다)
③ 복합건축물로서 연면적 4천㎡인 것
④ 판매시설 중 도매시장 및 소매시장

03 □□□ 확인학습

「화재의 예방 및 안전관리에 관한 법률」 제35조에 따른 관리의 권원이 분리된 특정소방대상물의 소방안전관리에 대한 내용으로 옳지 않은 것은?

① 복합건축물(지하층을 제외한 층수가 11층 이상 또는 연면적 3만 제곱미터 이상인 건축물)에 해당하는 특정소방대상물로서 그 관리의 권원(權原)이 분리되어 있는 특정소방대상물의 경우 그 관리의 권원별 관계인은 대통령령으로 정하는 바에 따라 소방안전관리자를 선임하여야 한다.
② 선임된 소방안전관리자 및 총괄소방안전관리자는 해당 특정소방대상물의 소방안전관리를 효율적으로 수행하기 위하여 공동소방안전관리협의회를 구성하고, 해당 특정소방대상물에 대한 소방안전관리를 공동으로 수행하여야 한다.
③ 시·도지사는 관리의 권원이 많아 효율적인 소방안전관리가 이루어지지 아니한다고 판단되는 경우 행정안전부령으로 정하는 바에 따라 관리의 권원을 조정하여 소방안전관리자를 선임하도록 할 수 있다.
④ 관리의 권원별 관계인은 상호 협의하여 특정소방대상물의 전체에 걸쳐 소방안전관리상 필요한 업무를 총괄하는 소방안전관리자(총괄소방안전관리자)를 선임된 소방안전관리자 중에서 선임하거나 별도로 선임하여야 한다.

POINT 47 | 제5장 소방대상물의 소방안전관리
피난계획의 수립 및 시행 등

01 □□□ 21. 공채

「화재의 예방 및 안전관리에 관한 법률 시행규칙」상 소방안전관리대상물의 관계인이 피난시설의 위치, 피난경로 또는 대피요령이 포함된 피난유도 안내정보를 근무자 또는 거주자에게 정기적으로 제공해야 하는 방법으로 옳지 않은 것은?

① 연 1회 피난안내 교육을 실시하는 방법
② 분기별 1회 이상 피난안내방송을 실시하는 방법
③ 피난안내도를 층마다 보기 쉬운 위치에 게시하는 방법
④ 엘리베이터, 출입구 등 시청이 용이한 지역에 피난안내영상을 제공하는 방법

02 □□□ 24. 공채·경채

「화재의 예방 및 안전관리에 관한 법률」 및 같은 법 시행령, 시행규칙상 소방안전관리대상물 근무자 및 거주자 등에 대한 소방훈련 등에 관한 내용으로 옳지 않은 것은?

① 소방안전관리대상물의 관계인은 소방훈련과 교육을 연 1회 이상 실시해야 한다.
② 1급 소방안전관리대상물의 관계인은 소방훈련 및 교육을 한 날부터 30일 이내에 소방훈련 및 교육 결과를 행정안전부령으로 정하는 바에 따라 소방본부장 또는 소방서장에게 제출해야 한다.
③ 소방서장은 특급 소방안전관리대상물의 관계인으로 하여금 소방훈련과 교육을 소방기관과 합동으로 실시하게 할 수 있다.
④ 소방안전관리대상물의 관계인은 소방훈련과 교육을 실시했을 때에는 그 실시 결과를 소방훈련·교육 실시 결과 기록부에 기록하고, 이를 소방훈련 및 교육을 실시한 날부터 1년간 보관해야 한다.

03 □□□ 확인학습

「화재의 예방 및 안전관리에 관한 법률 시행령」 제40조 규정에 따른 불시 소방훈련 및 교육 대상 특정소방대상물에 해당하지 않는 것은?

① 의료시설
② 교육연구시설
③ 노유자시설
④ 숙박시설

04 □□□ 25. 공채·경채

「화재의 예방 및 안전관리에 관한 법률」및 같은 법 시행령상 불특정 다수인이 이용하는 특정소방대상물의 근무자등에게 불시에 소방훈련과 교육을 실시할 수 있는 소방안전관리대상물을 <보기>에서 고른 것은? (단, 소방본부장 또는 소방서장이 소방훈련·교육이 필요하다고 인정하는 특정소방대상물은 제외한다)

<보기>
ㄱ. 「소방시설 설치 및 관리에 관한 법률 시행령」에 따른 의료시설 중 한방병원
ㄴ. 「소방시설 설치 및 관리에 관한 법률 시행령」에 따른 수련시설 중 유스호스텔
ㄷ. 「소방시설 설치 및 관리에 관한 법률 시행령」에 따른 교육연구시설 중 특수학교
ㄹ. 「소방시설 설치 및 관리에 관한 법률 시행령」에 따른 교정시설 및 군사시설 중 교도소

① ㄱ, ㄷ
② ㄱ, ㄹ
③ ㄴ, ㄷ
④ ㄴ, ㄹ

05 □□□ 확인학습

「화재의 예방 및 안전관리에 관한 법률 시행규칙」상 소방훈련과 교육에 대한 설명으로 옳지 않은 것은?

① 소방안전관리대상물의 관계인은 소방훈련과 교육을 월 1회 이상 실시하여야 한다. 다만, 소방본부장 또는 소방서장이 화재예방을 위하여 필요하다고 인정하여 2회의 범위에서 추가로 실시할 것을 요청하는 경우에는 소방훈련과 교육을 실시하여야 한다.
② 소방본부장 또는 소방서장은 특급 및 1급 소방안전관리대상물의 관계인으로 하여금 소방훈련을 소방기관과 합동으로 실시하게 할 수 있다.
③ 소방안전관리대상물의 관계인은 소방훈련과 교육을 실시하였을 때에는 그 실시 결과를 소방훈련·교육 실시 결과 기록부에 기록하고, 이를 소방훈련과 교육을 실시한 날로부터 2년간 보관하여야 한다.
④ 소방본부장 또는 소방서장은 불시 소방훈련을 실시하고자 하는 때에는 소방안전관리대상물의 관계인에게 소방훈련과 교육의 내용, 방법 및 절차 등을 불시 소방훈련 실시 10일 전까지 통지해야 한다.

POINT 48 소방안전 특별관리시설물의 안전관리

제6장 특별관리시설물의 소방안전관리

01 □□□ 21. 경채

「화재의 예방 및 안전관리에 관한 법률」상 소방안전 특별관리시설물로 옳지 않은 것은?

① 「위험물안전관리법」 제2조 제1항 제3호의 제조소
② 「전통시장 및 상점가 육성을 위한 특별법」 제2조 제1호의 전통시장으로서 대통령령으로 정하는 전통시장
③ 「영화 및 비디오물의 진흥에 관한 법률」 제2조 제10호의 영화상영관 중 수용인원 1천명 이상인 영화상영관
④ 「문화재보호법」 제2조 제3항의 지정문화재인 시설(시설이 아닌 지정문화재를 보호하거나 소장하고 있는 시설을 포함한다)

02 □□□ 16. 통합

「화재의 예방 및 안전관리에 관한 법률」상 소방안전 특별관리시설물로 옳지 않은 것은?

① 도시철도시설
② 영화상영관이 10개 이상인 특정소방대상물
③ 석유비축시설
④ 천연가스 인수기지 및 공급망

03 □□□ 기출변형

「화재의 예방 및 안전관리에 관한 법률」상 소방안전 특별관리시설물의 안전관리에 대한 내용이다. ( ) 안에 들어갈 말로 옳은 것은?

> ㄱ. 소방청장은 소방안전 특별관리시설물의 소방안전 특별관리를 체계적이고 효율적으로 하기 위하여 (가)와/과 협의하여 소방안전 특별관리기본계획을 제4조 제1항에 따른 기본계획에 포함하여 수립 및 시행하여야 한다.
> ㄴ. (나)은/는 소방안전 특별관리기본계획에 저촉되지 아니하는 범위에서 관할 구역에 있는 소방안전 특별관리시설물의 안전관리에 적합한 소방안전 특별관리시행계획을 제6조 제6항에 따른 세부시행계획에 포함하여 수립 및 시행하여야 한다.

	가	나
①	시·도지사	시·도지사
②	관계 중앙행정기관의 장	시장·군수·구청장
③	시·도지사	소방청장
④	소방청장	시장·군수·구청장

04 □□□ 기출변형

「화재의 예방 및 안전관리에 관한 법률 시행령」상 소방안전 특별관리기본계획·시행계획의 수립·시행에 관한 내용으로 옳지 않은 것은?

① 소방청장은 소방안전 특별관리기본계획을 5년마다 수립·시행하여야 한다.
② 시·도지사는 특별관리기본계획을 시행하기 위하여 매년 소방안전 특별관리시행계획을 수립·시행하고, 그 결과를 계획 시행 연도 12월 31일까지 소방청장에게 통보해야 한다.
③ 소방안전 특별관리기본계획에는 화재예방을 위한 중기·장기 안전관리정책이 포함되어야 한다.
④ 소방청장 및 시·도지사는 소방안전 특별관리기본계획 및 특별관리시행계획을 수립하는 경우 성별, 연령별, 화재안전취약자별 화재 피해현황 및 실태 등에 관한 사항을 고려해야 한다.

POINT 49 | 제6장 특별관리시설물의 소방안전관리
화재예방안전진단

01 □□□ 24. 공채·경채

「화재의 예방 및 안전관리에 관한 법률 시행령」상 화재예방안전진단 대상의 시설기준으로 옳지 않은 것은?

① 발전소 중 연면적이 5천제곱미터 이상인 발전소
② 항만시설 중 여객이용시설 및 지원시설의 연면적이 5천제곱미터 이상인 항만시설
③ 철도시설 중 역 시설의 연면적이 5천제곱미터 이상인 철도시설
④ 가스공급시설 중 가연성 가스 탱크의 저장용량의 합계가 30톤 이상이거나 저장용량이 10톤 이상인 가연성 가스 탱크가 있는 가스공급시설

02 □□□ 25. 경채

「화재의 예방 및 안전관리에 관한 법률」및 같은 법 시행령상 화재 등 재난이 발생할 경우 사회·경제적으로 피해가 큰 시설에 대하여 소방안전 특별관리를 하여야 하는 시설물 기준에 해당하지 않는 것은?

① 「도시가스사업법」에 따른 가스공급시설
② 「전통시장 및 상점가 육성을 위한 특별법」에 따른 전통시장으로서 점포가 500개 이상인 것
③ 「물류시설의 개발 및 운영에 관한 법률」에 따른 물류창고로서 연면적 1만5천제곱미터 이상인 것
④ 「영화 및 비디오물의 진흥에 관한 법률」에 따른 영화상영관 중 수용인원 1천명 이상인 영화상영관

03 □□□ 확인학습

「화재의 예방 및 안전관리에 관한 법률」상 제41조 화재예방안전진단에 관한 내용이다. (   ) 안에 들어갈 말로 옳은 것은?

> 대통령령으로 정하는 소방안전 특별관리시설물의 관계인은 화재의 예방 및 안전관리를 체계적·효율적으로 수행하기 위하여 대통령령으로 정하는 바에 따라 (가) 또는 (나)이/가 지정하는 화재예방안전진단기관으로부터 정기적으로 화재예방안전진단을 받아야 한다.

	가	나
①	한국소방안전원	시·도지사
②	한국소방안전원	소방청장
③	한국소방산업기술원	시·도지사
④	한국소방산업기술원	소방청장

04 □□□ 확인학습

「화재의 예방 및 안전관리에 관한 법률 시행령」상 화재예방안전진단 대상 시설물에 해당하지 않는 것은?

① 「공항시설법」 제2조 제7호의 공항시설 중 여객터미널의 연면적이 1천제곱미터 이상인 공항시설
② 「철도산업발전기본법」 제3조 제2호의 철도시설 중 역 시설의 연면적이 5천제곱미터 이상인 철도시설
③ 「도시철도법」 제2조 제3호의 도시철도시설 중 역사 및 역 시설의 연면적이 5천제곱미터 이상인 도시철도시설
④ 「영화 및 비디오물의 진흥에 관한 법률」 제2조 제10호의 영화상영관 중 수용인원 1천명 이상인 영화상영관

05　23. 공채·경채

「화재의 예방 및 안전관리에 관한 법률」상 화재예방안전진단의 범위에 해당하는 것만을 <보기>에서 있는 대로 고른 것은?

<보기>
ㄱ. 소방계획 및 피난계획 수립에 관한 사항
ㄴ. 소방시설등의 유지·관리에 관한 사항
ㄷ. 비상대응조직 및 교육훈련에 관한 사항
ㄹ. 화재 위험성 평가에 관한 사항

① ㄱ
② ㄱ, ㄴ
③ ㄱ, ㄴ, ㄷ
④ ㄱ, ㄴ, ㄷ, ㄹ

06　25. 공채·경채

「화재의 예방 및 안전관리에 관한 법률」및 같은 법 시행령상 소방안전 특별관리시설물의 관계인은 화재의 예방 및 안전관리를 체계적·효율적으로 수행하기 위하여 화재예방안전진단을 받아야 한다. 화재예방안전진단의 범위에 해당하는 것만을 <보기>에서 고른 것은?

<보기>
ㄱ. 화재 위험성 평가에 관한 사항
ㄴ. 소방시설등의 유지·관리에 관한 사항
ㄷ. 화재안전 경영계획 수립과 시행에 관한 사항
ㄹ. 피난시설, 방화구획 및 방화시설의 관리에 관한 사항
ㅁ. 화재 등의 재난 발생 후 재발방지 대책의 수립 및 그 이행에 관한 사항

① ㄱ, ㄴ, ㅁ
② ㄱ, ㄷ, ㄹ
③ ㄴ, ㄷ, ㄹ
④ ㄴ, ㄹ, ㅁ

07　확인학습

「화재의 예방 및 안전관리에 관한 법률 시행령」 [별표 7]에 따른 화재안전예방진단 대상물의 상태가 '화재위험요인의 조사 및 평가 결과 문제점이 다수 발견되었으나 대상물의 전반적인 화재안전에는 이상이 없으며 다수의 시정·보완조치 또는 권고사항 등의 이행이 필요한 상태'인 경우의 안전등급으로 옳은 것은?

① B등급(양호)
② C등급(보통)
③ D등급(미흡)
④ E등급(불량)

08　25. 경채

「화재의 예방 및 안전관리에 관한 법률」및 같은 법 시행령, 시행규칙상 화재예방안전진단 실시 절차 등에 대한 설명으로 옳은 것은?

① 화재예방안전진단 결과에 따른 안전등급은 매우 우수, 우수, 양호, 보통, 미흡 및 불량으로 구분한다.
② 안전등급이 양호·보통인 경우 안전등급을 통보받은 날부터 5년이 경과한 날이 속하는 해의 다음 해에 화재예방안전진단을 받아야 한다.
③ 화재예방안전진단 신청을 받은 안전원 또는 진단기관은 위험요인 조사, 위험성 평가, 위험성 감소대책 수립의 절차에 따라 화재예방안전진단을 실시한다.
④ 소방안전 특별관리시설물의 관계인은 「건축법」에 따른 사용승인 또는 「소방시설공사업법」에 따른 완공검사를 받은 날부터 7년이 경과한 날이 속하는 해에 최초의 화재예방안전진단을 받아야 한다.

POINT 50 제7장 보칙 — 청문 등

01 ☐☐☐ 확인학습

「화재의 예방 및 안전관리에 관한 법률」 제43조에 따른 화재의 예방과 안전문화 진흥을 위한 시책의 추진 사항으로 가장 적절하지 않은 것은?

① 국가와 지방자치단체는 지방자치단체 또는 그 밖의 기관·단체에서 추진하는 화재의 예방과 안전문화활동을 위하여 필요한 예산을 지원할 수 있다.
② 시·도지사는 국민이 화재의 예방과 안전문화를 실천하고 체험할 수 있는 체험시설을 설치·운영할 수 있다.
③ 소방관서장은 국민의 화재 예방과 안전에 관한 의식을 높이고 화재의 예방과 안전문화를 진흥시키기 위한 소방대상물 특성별 화재의 예방과 안전관리에 필요한 행동요령의 개발·보급의 활동을 적극 추진하여야 한다.
④ 소방관서장은 화재의 예방과 안전문화 활동에 국민 또는 주민이 참여할 수 있는 제도를 마련하여 시행할 수 있다

02 ☐☐☐ 확인학습

「화재의 예방 및 안전관리에 관한 법률」상 우수 소방대상물 관계인에 대한 포상 관련 내용이다. (   ) 안에 들어갈 말로 옳은 것은?

> ㄱ. (가)은/는 소방대상물의 자율적인 안전관리를 유도하기 위하여 안전관리 상태가 우수한 소방대상물을 선정하여 우수 소방대상물 표지를 발급하고, 소방대상물의 관계인을 포상할 수 있다.
> ㄴ. 우수 소방대상물의 선정 방법, 평가 대상물의 범위 및 평가 절차 등에 필요한 사항은 (나)(으)로 정한다.

	가	나
①	소방청장	행정안전부령
②	시·도지사	행정안전부령
③	소방본부장 또는 소방서장	시·도 조례
④	소방본부장 또는 소방서장	대통령령

03 ☐☐☐ 빈출문제

「화재의 예방 및 안전관리에 관한 법률」상 소방청장 또는 시·도지사가 행정 처분을 하려면 청문을 하여야 하는 것으로 옳은 것을 모두 고른 것은?

> ㄱ. 소방안전관리자의 자격 취소
> ㄴ. 소방안전관리보조자의 자격 취소
> ㄷ. 화재예방안전진단의 지정 취소
> ㄹ. 화재예방안전진단의 업무 정지 처분

① ㄱ, ㄴ
② ㄱ, ㄷ
③ ㄱ, ㄴ, ㄷ
④ ㄱ, ㄴ, ㄷ, ㄹ

POINT 51 | 제8장 벌칙
벌칙 및 과태료

정답 및 해설 p.41

01 □□□ 확인학습

「화재의 예방 및 안전관리에 관한 법률」화재안전조사 결과에 따른 조치명령을 정당한 사유 없이 위반한 자의 벌칙으로 옳은 것은?

① 5년 이하의 징역 또는 5천만원 이하의 벌금
② 3년 이하의 징역 또는 3천만원 이하의 벌금
③ 1년 이하의 징역 또는 1천만원 이하의 벌금
④ 300만원 이하의 벌금

02 □□□ 확인학습

「화재의 예방 및 안전관리에 관한 법률」상 벌칙 기준이 다른 하나는?

① 화재예방안전진단 결과에 따른 보수·보강 등의 조치명령을 정당한 사유 없이 위반한 자
② 규정을 위반하여 소방안전관리자 자격증을 다른 사람에게 빌려준 자
③ 규정을 위반하여 화재예방진단기관으로부터 화재예방안전진단을 받지 아니한 자
④ 화재안전조사 업무를 수행하면서 취득한 자료나 알게 된 비밀을 다른 사람 또는 기관에게 제공 또는 누설하거나 목적 외의 용도로 사용한 자

03 □□□ 확인학습

「화재의 예방 및 안전관리에 관한 법률」상 300만원 이하의 벌금에 해당하지 않는 것은?

① 화재안전조사를 정당한 사유 없이 거부·방해 또는 기피한 자
② 규정을 위반하여 소방안전관리자를 선임하지 아니한 자
③ 규정을 위반하여 총괄 소방안전관리자를 선임하지 아니한 자
④ 건설현장 소방안전관리대상물의 소방안전관리자의 업무를 하지 아니한 소방안전관리자

04 □□□ 확인학습

「화재의 예방 및 안전관리에 관한 법률」상 300만원 이하의 과태료 부과 대상에 해당하지 않는 것은?

① 불을 사용할 때 지켜야 하는 사항을 위반한 자
② 규정을 위반하여 피난유도 안내정보를 제공하지 아니한 자
③ 규정을 위반하여 화재예방안전진단 결과를 제출하지 아니한 자
④ 건설현장 소방안전관리대상물의 소방안전관리자의 업무를 하지 아니한 소방안전관리자

05 □□□ 확인학습

「화재의 예방 및 안전관리에 관한 법률」상 실무교육을 받지 아니한 소방안전관리자 및 소방안전관리보조자의 과태료 부과기준으로 옳은 것은?

① 300만원 이하의 과태료 ② 200만원 이하의 과태료
③ 100만원 이하의 과태료 ④ 20만원 이하의 과태료

06 □□□ 25. 공채·경채

「화재의 예방 및 안전관리에 관한 법률」상 과태료 부과기준을 <보기>에서 찾아 옳게 짝지은 것은?

<보기>
ㄱ. 실무교육을 받지 아니한 소방안전관리자 및 소방안전관리보조자
ㄴ. 소방안전관리업무를 성실하게 수행할 수 있도록 지도·감독하지 아니한 소방안전관리대상물의 관계인
ㄷ. 피난유도 안내정보를 근무자 또는 거주자에게 정기적으로 제공하지 아니한 소방안전관리대상물의 관계인
ㄹ. 소방안전관리자 또는 소방안전관리보조자를 기간 내에 선임신고를 하지 아니한 소방안전관리대상물의 관계인
ㅁ. 소방훈련 및 교육을 한 날부터 30일 이내에 소방훈련 및 교육 결과를 행정안전부령으로 정하는 바에 따라 소방본부장 또는 소방서장에게 제출하지 아니한 소방안전관리대상물의 관계인

	300만원 이하 과태료	200만원 이하 과태료
①	ㄱ	ㄴ
②	ㄴ	ㄷ
③	ㄷ	ㄹ
④	ㄹ	ㅁ

해커스소방 fire.Hackers.com

제3편 소방시설 설치 및 관리에 관한 법률

제1장 | 총칙
POINT 52 목적 및 소방시설
POINT 53 특정소방대상물
POINT 54 소방용품 등
POINT 55 무창층

제2장 | 소방시설등의 설치·관리 및 방염
POINT 56 건축허가등의 동의 등
POINT 57 내진설계
POINT 58 성능위주설계
POINT 59 주택에 설치하는 소방시설
POINT 60 자동차에 설치 또는 비치하는 소화기
POINT 61 특정소방대상물에 설치하는 소방시설의 관리 등
POINT 62 수용인원의 산정
POINT 63 관계인이 갖추어야 하는 소방시설의 종류(소화설비)
POINT 64 관계인이 갖추어야 하는 소방시설의 종류(경보설비)
POINT 65 관계인이 갖추어야 하는 소방시설의 종류(피난구조설비)
POINT 66 관계인이 갖추어야 하는 소방시설의 종류(소화활동설비)
POINT 67 강화된 소방시설 기준의 적용
POINT 68 유사한 소방시설의 설치 면제의 기준
POINT 69 증축 또는 용도변경 시의 소방시설기준 적용의 특례
POINT 70 소방시설을 설치하지 않을 수 있는 특정소방대상물 및 소방시설의 범위
POINT 71 임시소방시설 등
POINT 72 소방용품의 내용연수등
POINT 73 소방기술심의위원회 등
POINT 74 소방대상물의 방염

제3장 | 소방시설등의 자체점검
POINT 75 자체점검

제4장 | 소방시설관리사 및 소방시설관리업
POINT 76 소방시설관리사
POINT 77 소방시설관리업

제5장 | 소방용품의 품질관리
POINT 78 소방용품의 형식승인 등

제6장 | 보칙
POINT 79 청문 및 권한의 위임 등

제7장 | 벌칙
POINT 80 벌칙 및 과태료

POINT 52 제1장 총칙 목적 및 소방시설

01 □□□ 기출변형
「소방시설 설치 및 관리에 관한 법률」상 용어의 정의에 대한 설명으로 옳은 것은?

① 소방시설이란 소화설비, 경보설비, 피난구조설비, 소화용수설비, 그 밖에 소화활동설비로서 행정안전부령으로 정하는 것을 말한다.
② 소방시설등이란 소방시설과 비상구, 그 밖에 소방 관련 시설로서 행정안전부령으로 정하는 것을 말한다.
③ 특정소방대상물이란 건축물 등의 규모·용도 및 수용인원 등을 고려하여 소방시설을 설치하여야 하는 소방대상물로서 행정안전부령으로 정하는 것을 말한다.
④ 소방용품이란 소방시설등을 구성하거나 소방용으로 사용되는 제품 또는 기기로서 대통령령으로 정하는 것을 말한다.

02 □□□ 빈출문제
「소방시설 설치 및 관리에 관한 법률」상 소방시설에 대한 설명으로 옳지 않은 것은?

① 경보설비는 화재 발생 사실을 통보하는 기계·기구 또는 설비를 말한다.
② 소화설비는 물 또는 그 밖의 소화약제를 사용하여 소화하는 기계·기구 또는 피난설비를 말한다.
③ 소화용수설비는 화재를 진압하는 데 필요한 물을 공급하거나 저장하는 설비를 말한다.
④ 소화활동설비는 화재를 진압하거나 인명구조활동을 위하여 사용하는 설비를 말한다.

03 □□□ 빈출문제
「소방시설 설치 및 관리에 관한 법률 시행령」상 소방시설의 분류와 그 설비의 종류의 연결이 옳지 않은 것은?

① 소화설비 - 소화기구
② 경보설비 - 시각경보기
③ 피난구조설비 - 제연설비
④ 소화활동설비 - 무선통신보조설비

04 □□□ 빈출문제
「소방시설 설치 및 관리에 관한 법률 시행령」상 소방시설에 해당하지 않는 것은?

① 누전차단기
② 캐비닛형 자동소화장치
③ 연소방지설비
④ 통합감시시설

05 □□□ 15. 통합

「소방시설 설치 및 관리에 관한 법률 시행령」상 소화설비에 해당하지 않는 것은?

① 고체에어로졸 자동소화장치
② 캐비닛형 자동소화장치
③ 분말소화설비
④ 연소방지설비

06 □□□ 빈출문제

「소방시설 설치 및 관리에 관한 법률 시행령」상 소화기구에 해당하지 않는 것은?

① 소화기
② 자동확산소화기
③ 고체에어로졸자동소화장치
④ 간이소화용구

07 □□□ 11. 통합

「소방시설 설치 및 관리에 관한 법률 시행령」상 물분무등소화설비가 아닌 것은?

① 이산화탄소소화설비
② 미분무소화설비
③ 간이스프링클러설비
④ 할론소화설비

08 □□□ 20. 공채

「소방시설 설치 및 관리에 관한 법률 시행령」상 피난구조설비로 옳지 않은 것은?

① 구조대
② 방열복
③ 시각경보기
④ 비상조명등

09

18. 하반기 경채

「소방시설 설치 및 관리에 관한 법률 시행령」상 피난구조설비 중 인명구조기구로 옳지 않은 것은?

① 구조대
② 방열복
③ 공기호흡기
④ 인공소생기

10

빈출문제

「소방시설 설치 및 관리에 관한 법률 시행령」상 소방시설 중 화재를 진압하거나 인명구조활동을 위하여 사용하는 설비로 옳지 않은 것은?

① 비상콘센트설비
② 상수도소화용수설비
③ 연결살수설비
④ 무선통신보조설비

11

빈출문제

다음 중 피난층의 정의로 가장 올바른 것은?

① 곧바로 옥상으로 갈 수 있는 출입구가 있는 층
② 곧바로 옥상으로 갈 수 있는 비상구가 있는 층
③ 곧바로 지상으로 갈 수 있는 출입구가 있는 층
④ 곧바로 지상으로 갈 수 있는 비상구가 있는 층

12

빈출문제

다음 중 경보설비의 종류가 아닌 것은?

① 자동화재탐지설비
② 자동화재속보설비
③ 자동화재통보설비
④ 시각경보기

POINT 53 특정소방대상물

제1장 총칙

01 □□□
20. 경채 - 기출변형

「소방시설 설치 및 관리에 관한 법률」상 및 같은 법 시행령상 특정소방대상물에 대한 내용으로 옳은 것은?

① 특정소방대상물이란 건축물 등의 규모·용도 및 수용인원 등을 고려하여 소방시설을 설치하여야 하는 소방대상물로서 행정안전부령으로 정하는 것을 말한다.
② 전력 또는 통신사업용 지하 인공구조물로서 전력구(케이블 접속부가 없는 경우에는 제외한다) 또는 통신구 방식으로 설치된 것과, 그 것 외의 지하 인공구조물로서 사람이 점검 또는 보수를 하기 위하여 출입이 가능한 것으로 폭 1.5m, 높이 1.8m, 길이 50m 이상인 것은 지하구에 해당한다.
③ 하나의 건축물이 근린생활시설, 판매시설, 업무시설, 숙박시설 또는 위락시설의 용도와 주택의 용도로 함께 사용되는 것은 복합건축물에 해당한다.
④ 다중이용업 중 고시원업의 시설로서 독립된 주거의 형태를 갖추지 않은 것으로서 같은 건축물에 해당 용도로 쓰는 바닥면적의 합계가 450㎡인 고시원은 숙박시설에 해당한다.

02 □□□
25. 공채·경채

「소방시설 설치 및 관리에 관한 법률」및 같은 법 시행령상 특정소방대상물 중 근린생활시설에 해당하지 않는 것은?

① 의원, 치과의원, 한의원, 침술원, 접골원, 조산원, 산후조리원
② 단란주점은 같은 건축물에 해당 용도로 쓰는 바닥면적의 합계가 200제곱미터인 것
③ 의약품 판매소, 의료기기 판매소 및 자동차영업소로서 같은 건축물에 해당 용도로 쓰는 바닥면적의 합계가 500제곱미터인 것
④ 금융업소, 사무소, 부동산중개사무소, 결혼상담소 등 소개업소, 출판사, 서점, 그 밖에 이와 비슷한 것으로서 같은 건축물에 해당 용도로 쓰는 바닥면적의 합계가 300제곱미터인 것

03 □□□
18. 하반기 공채

특정소방대상물의 구분으로 옳은 것은?

① 운동시설: 관람석의 바닥면적의 합계가 1천㎡ 이상인 체육관
② 관광·휴게시설: 어린이회관
③ 교육연구시설: 자동차운전학원
④ 동물 및 식물 관련 시설: 식물원

04 □□□
18. 하반기 경채

「소방시설 설치 및 관리에 관한 법률 시행령」상 특정소방대상물의 분류로 옳지 않은 것은?

① 근린생활시설: 한의원, 치과의원
② 문화 및 집회시설: 동물원, 식물원
③ 항공기 및 자동차 관련 시설: 항공기격납고
④ 숙박시설: 「청소년활동 진흥법」에 따른 유스호스텔

05 □□□
17. 경채

「소방시설 설치 및 관리에 관한 법률 시행령」상 특정소방대상물의 종류로 알맞게 짝지어진 것은?

① 교육연구시설: 도서관, 직업훈련소
② 의료시설: 치과의원, 격리병원
③ 운수시설: 자동차검사장, 여객자동차터미널
④ 묘지 관련 시설: 장례식장, 봉안당

06 기출변형

「소방시설 설치 및 관리에 관한 법률 시행령」상 특정소방대상물의 분류가 잘못 연결된 것은?

① 항공관제탑: 운수시설
② 동·식물원: 동·식물 관련 시설
③ 유스호스텔: 수련시설
④ 오피스텔: 업무시설

07 21. 경채

「소방시설 설치 및 관리에 관한 법률 시행령」상 특정소방대상물 중 근린생활시설로 옳지 않은 것은?

① 같은 건축물에 금융업소로 쓰는 바닥면적의 합계가 200㎡인 것
② 같은 건축물에 단란주점으로 쓰는 바닥면적의 합계가 300㎡인 것
③ 같은 건축물에 골프연습장으로 쓰는 바닥면적의 합계가 450㎡인 것
④ 같은 건축물에 미용원으로 쓰는 바닥면적의 합계가 800㎡인 것

08 12. 중앙

다음 중 특정소방대상물 중 동·식물 관련 시설은 모두 몇 개인가?

ㄱ. 동물원	ㄴ. 도계장
ㄷ. 식물원	ㄹ. 도축장
ㅁ. 수족관	ㅂ. 경마장

① 2개 ② 3개
③ 4개 ④ 5개

09 20. 공채

「소방시설 설치 및 관리에 관한 법률 시행령」상 의료시설에 해당되는 특정소방대상물을 모두 고른 것은?

ㄱ. 노인의료복지시설   ㄴ. 정신의료기관
ㄷ. 마약진료소   ㄹ. 한방의원

① ㄱ, ㄷ
② ㄱ, ㄹ
③ ㄴ, ㄷ
④ ㄷ, ㄹ

10 24. 경채

「소방시설 설치 및 관리에 관한 법률 시행령」상 특정소방대상물 중 지하구에 관한 설명이다. ( ) 안에 들어갈 내용으로 옳은 것은?

전력·통신용의 전선이나 가스·냉난방용의 배관 또는 이와 비슷한 것을 집합 수용하기 위하여 설치한 지하 인공구조물로서 사람이 점검 또는 보수를 하기 위하여 출입이 가능한 것 중 다음의 어느 하나에 해당하는 것
1) 전력 또는 통신사업용 지하 인공구조물로서 전력구(케이블 접속부가 없는 경우는 제외한다) 또는 통신구 방식으로 설치된 것
2) 1) 외의 지하 인공구조물로서 폭이 (ㄱ)m 이상이고 높이가 (ㄴ)m 이상이며 길이가 (ㄷ)m 이상인 것

	ㄱ	ㄴ	ㄷ
①	1.2	1.5	50
②	1.2	1.5	100
③	1.8	2	50
④	1.8	2	100

11   21. 경채

「소방시설 설치 및 관리에 관한 법률 시행령」상 <보기>는 둘 이상의 특정소방대상물이 내화구조로 된 연결통로로 연결된 경우 이를 하나의 특정소방대상물로 보는 기준에 대한 설명이다. (   ) 안에 들어갈 내용으로 옳은 것은?

<보기>
ㄱ. 벽이 없는 구조로서 그 길이가 (가) 이하인 경우
ㄴ. 벽이 있는 구조로서 그 길이가 (나) 이하인 경우
ㄷ. 다만, 벽 높이가 바닥에서 천장까지의 높이의 (다) 이상인 경우에는 벽이 있는 구조로 보고, 벽 높이가 바닥에서 천장까지의 높이의 (다) 미만인 경우에는 벽이 없는 구조로 본다.

	가	나	다
①	6m	10m	2분의 1
②	7m	12m	3분의 1
③	8m	10m	2분의 1
④	9m	12m	3분의 1

12   기출변형

둘 이상의 특정소방대상물이 복도 또는 통로로 연결된 경우 하나의 특정소방대상물로 보지 않는 것은?

① 방화셔터 또는 60분+ 방화문이 설치되지 않은 피트로 연결된 경우
② 연결통로 또는 지하구와 특정소방대상물의 양쪽에 화재 시 자동으로 방수되는 방식의 드렌처 설비 또는 개방형 스프링클러 헤드가 설치된 경우
③ 컨베이어로 연결되거나 플랜트설비의 배관 등으로 연결되어 있는 경우
④ 지하보도, 지하상가, 터널로 연결된 경우

13   18. 경채 - 기출변형

「소방시설 설치 및 관리에 관한 법률 시행령」상 둘 이상의 특정소방대상물이 복도 또는 통로로 연결된 경우에 이를 하나의 특정소방대상물로 보는 구조에 해당하지 않는 것은?

① 내화구조가 아닌 연결통로로 연결된 경우
② 컨베이어로 연결되거나 플랜트설비의 배관 등으로 연결되어 있는 경우
③ 방화셔터 또는 60분+ 방화문이 설치되지 않은 피트로 연결된 경우
④ 내화구조로 된 연결통로가 벽이 없는 구조로서 그 길이가 10m 이하인 경우

POINT 54 제1장 총칙
소방용품 등

01 □□□ 21. 공채
「소방시설 설치 및 관리에 관한 법률 시행령」상 소방용품 중 경보설비를 구성하는 제품 또는 기기로 옳지 않은 것은?

① 수신기
② 감지기
③ 누전차단기
④ 가스누설경보기

02 □□□ 14. 중앙
「소방시설 설치 및 관리에 관한 법률 시행령」상 소방용품으로 옳지 않은 것은?

① 소화설비를 구성하는 제품 또는 기기 중 자동소화장치
② 경보설비를 구성하는 제품 또는 기기 중 가스누설경보기 및 누전경보기
③ 피난구조설비를 구성하는 제품 또는 기기 중 피난유도선
④ 소화용으로 사용하는 제품 또는 기기 중 방염도료

03 □□□ 빈출문제
「소방시설 설치 및 관리에 관한 법률 시행령」상 소방용품으로 옳지 않은 것은?

① 유수제어밸브
② 가스관선택밸브
③ 경보설비를 구성하는 음향장치(사이렌만 해당한다)
④ 공기호흡기(충전기를 포함한다)

04 □□□ 기출변형
「소방시설 설치 및 관리에 관한 법률 시행령」상 소방용품으로 옳지 않은 것은?

① 자동소화장치
② 완강기(간이완강기 및 지지대를 제외한다)
③ 기동용 수압개폐장치
④ 가스관선택밸브

POINT 55 제1장 총칙 무창층

01 □□□ 23. 경채

「소방시설 설치 및 관리에 관한 법률 시행령」상 무창층의 개구부 요건을 설명한 것으로 옳지 않은 것은?

① 도로 또는 차량이 진입할 수 있는 빈터를 향해야 한다.
② 내부 또는 외부에서 쉽게 열리지 않는 구조여야 한다.
③ 크기는 지름 50센티미터 이상의 원이 통과할 수 있어야 한다.
④ 해당 층의 바닥면으로부터 개구부 밑부분까지의 높이가 1.2미터 이내여야 한다.

02 □□□ 19. 경채 - 기출변형

「소방시설 설치 및 관리에 관한 법률 시행령」상 무창층이 되기 위한 개구부의 요건 중 일부를 나타낸 것이다. ( ) 안의 내용으로 옳은 것은?

> ㄱ. 크기는 지름 (가)cm 이상의 원이 통과할 수 있는 크기일 것
> ㄴ. 해당 층의 바닥면으로부터 개구부 (나)까지의 높이가 (다)m 이내일 것

	가	나	다
①	50	윗부분	1.2
②	50	밑부분	1.2
③	50	밑부분	1.5
④	60	밑부분	1.2

03 □□□ 빈출문제

다음 중 무창층에 대한 설명으로 옳지 않은 것은?

① 개구부는 도로 또는 차량이 진입할 수 있는 빈터를 향할 것
② 해당 층의 바닥면으로부터 개구부 밑부분까지의 높이가 1.2m 이내일 것
③ 무창층 개구부의 크기는 지름 40cm의 원이 통과할 수 있는 크기일 것
④ 무창층이란 지상층 중 개구부의 요건을 충족한 면적의 합계가 해당 층의 바닥면적의 1/30 이하가 되는 층을 말한다.

04 □□□ 21. 간부

「소방시설 설치 및 관리에 관한 법률 시행령」상 무창층(無窓層)이란 지상층 중 개구부 면적의 합계가 해당 층 바닥면적의 30분의 1 이하가 되는 층을 말한다. 이때 개구부가 갖추어야 할 요건으로 옳지 않은 것은?

① 크기는 지름 50cm 이상의 원이 통과할 수 있는 크기일 것
② 해당 층의 바닥면으로부터 개구부 밑부분까지의 높이가 0.8m 이내일 것
③ 도로 또는 차량이 진입할 수 있는 빈터를 향할 것
④ 화재 시 건축물로부터 쉽게 피난할 수 있도록 창살이나 그 밖의 장애물이 설치되지 아니할 것
⑤ 내부 또는 외부에서 쉽게 부수거나 열 수 있을 것

POINT 56 제2장 소방시설등의 설치·관리 및 방염
건축허가등의 동의 등

01 ☐☐☐ 24. 공채·경채
「소방시설 설치 및 관리에 관한 법률 시행령」상 건축허가등의 동의대상물에 해당하지 않는 것은?

① 층수가 6층인 건축물
② 연면적 400제곱미터인 건축물
③ 지하층이 있는 건축물로서 바닥면적이 150제곱미터 이상인 층이 있는 것
④ 특정소방대상물 중 노유자(老幼者)시설로서 연면적 100제곱미터인 건축물

02 ☐☐☐ 20. 경채 - 기출변형
「소방시설 설치 및 관리에 관한 법률」 및 같은 법 시행령상 건축허가등의 동의 등에 대한 설명으로 옳지 않은 것은?

① 건축허가등의 권한이 있는 행정기관은 건축허가등을 할 때 미리 그 건축물 등의 시공지 또는 소재지를 관할하는 소방본부장이나 소방서장의 동의를 받아야 한다.
② 건축허가등을 할 때에 소방본부장이나 소방서장의 동의를 받아야 하는 건축물 등의 범위는 행정안전부령으로 정한다.
③ 건축물의 증축 또는 용도변경으로 인하여 해당 특정소방대상물에 추가로 소방시설이 설치되지 아니하는 경우(「소방시설공사업법 시행령」 제4조 제1호에 해당하지 않는 경우) 그 특정소방대상물은 소방본부장 또는 소방서장의 건축허가등의 동의대상에서 제외한다.
④ 관할 소방본부장이나 소방서장에게 건축허가등을 하거나 신고를 수리할 때 건축물의 내부구조를 알 수 있는 설계도면을 제출하여야 한다.

03 ☐☐☐ 23. 공채·경채
「소방시설 설치 및 관리에 관한 법률 시행령」상 건축물등의 신축·증축·개축·재축·이전·용도변경 또는 대수선의 허가·협의 및 사용승인을 할 때 미리 소방본부장 또는 소방서장의 동의를 받아야 하는 건축물 등의 범위로 옳지 않은 것은?

① 연면적 100제곱미터 이상인 특정소방대상물 중 노유자(老幼者) 시설 및 수련시설
② 「학교시설사업 촉진법」에 따라 건축등을 하려는 연면적 100제곱미터 이상의 학교시설
③ 지하층 또는 무창층이 있는 건축물로서 바닥면적이 150제곱미터(공연장의 경우에는 100제곱미터) 이상인 층이 있는 것
④ 차고·주차장 또는 주차 용도로 사용되는 시설로서 차고·주차장으로 사용되는 바닥면적이 200제곱미터 이상인 층이 있는 건축물이나 주차시설

04 ☐☐☐ 18. 공채 - 기출변형
「소방시설 설치 및 관리에 관한 법률 시행령」상 건축허가등을 할 때 미리 소방본부장 또는 소방서장의 동의를 받아야 하는 건축물 등의 범위로 옳지 않은 것은?

① 연면적 200㎡ 이상인 장애인 의료재활시설
② 지하층 또는 무창층이 있는 건축물로서 바닥면적이 150㎡(공연장의 경우에는 100㎡) 이상인 층이 있는 것
③ 차고·주차장으로 사용되는 바닥면적이 200㎡ 이상인 층이 있는 건축물이나 주차시설
④ 결핵환자나 한센인이 24시간 생활하는 노유자시설(단독주택 또는 공동주택에 설치되는 시설 제외)

05 ☐☐☐
19. 경채 - 기출변형

「소방시설 설치 및 관리에 관한 법률 시행령」상 건축허가등의 동의대상물의 범위에 해당하는 것으로 옳은 것은?

> ㄱ. 항공기격납고, 관망탑, 방송용 송수신탑
> ㄴ. 「학교시설사업 촉진법」 제5조의2 제1항에 따라 건축 등을 하려는 학교시설은 100㎡ 이상인 건축물
> ㄷ. 차고·주차장으로 사용되는 바닥면적이 150㎡ 이상인 층이 있는 건축물이나 주차시설
> ㄹ. 연면적 300㎡ 이상인 장애인 의료재활시설

① ㄱ, ㄴ, ㄷ
② ㄱ, ㄴ, ㄹ
③ ㄱ, ㄷ, ㄹ
④ ㄴ, ㄷ, ㄹ

06 ☐☐☐
기출변형

「소방시설 설치 및 관리에 관한 법률 시행령」상 연면적 200제곱미터 이상인 건축물이나 시설에 해당하지 않는 노유자 시설 중 건축허가등의 동의를 받아야 하는 것은? (단, 노유자시설은 「건축법 시행령」 [별표 1]의 단독주택 또는 공동주택에 설치되는 시설에 한한다)

① 결핵환자나 한센인이 24시간 생활하는 노유자시설
② 「장애인복지법」 제58조 제1항 제1호에 따른 장애인 거주시설
③ 「노인복지법」 제31조 제7호에 따른 학대피해노인 전용쉼터
④ 「노인복지법」 제31조 제1호에 따른 노인주거복지시설

07 ☐☐☐
확인학습

「소방시설 설치 및 관리에 관한 법률 시행령」상 건축허가등의 동의대상물의 범위에 해당하는 것으로 옳은 것은?

① 층수가 5층 이상인 건축물
② 차고·주차장으로 사용되는 층 중 바닥면적이 150㎡ 이상인 층이 있는 건축물이나 주차시설
③ 지하층 또는 무창층이 있는 건물로서 바닥면적이 150㎡ 이상인 층이 있는 것
④ 승강기 등 기계장치에 의한 주차시설로서 자동차 10대 이상 주차할 수 있는 시설

08 ☐☐☐
빈출문제

「소방시설 설치 및 관리에 관한 법률 시행령」상 건축허가등의 동의대상물이 아닌 것은?

① 승강기 등 기계장치에 의한 주차시설로서 자동차 10대 이상 주차시설
② 연면적 400㎡ 이상(학교시설은 100㎡ 이상)인 건축물
③ 지하층 또는 무창층 건물로서 바닥면적 150㎡ 이상(공연장 100㎡ 이상)인 건축물
④ 항공기격납고, 항공기관제탑, 관망탑, 방송용 송·수신탑

09 기출변형

「소방시설 설치 및 관리에 관한 법률 시행규칙」상 건축허가등의 동의요구에 내용이다. ( ) 안의 들어갈 말로 옳은 것은?

> ㄱ. 동의요구를 받은 소방본부장 또는 소방서장은 건축허가등의 동의요구서류를 접수한 날부터 (가)[허가를 신청한 건축물 등이 특급 소방안전관리대상물에 해당하는 경우에는 (나)] 이내에 건축허가등의 동의여부를 회신하여야 한다.
> ㄴ. 소방본부장 또는 소방서장은 동의 요구서 및 첨부서류의 보완이 필요한 경우에는 (다) 이내의 기간을 정하여 보완을 요구할 수 있다.

	가	나	다
①	3일	5일	5일
②	3일	5일	4일
③	5일	10일	5일
④	5일	10일	4일

10 확인학습

「소방시설 설치 및 관리에 관한 법률 시행규칙」상 건축허가등의 동의요구 시 첨부 서류가 아닌 것은?

① 소방시설 설치계획표
② 소방시설을 설계한 기술인력자의 기술자격증 사본
③ 소방시설공사업등록증 사본
④ 소방시설별 층별 평면도

POINT 57 내진설계

제2장 소방시설등의 설치·관리 및 방염

01 □□□ 24. 공채·경채

「소방시설 설치 및 관리에 관한 법률」 및 같은 법 시행령상 소방청장이 정하는 내진설계 기준에 맞게 설치해야 하는 소방시설로 옳은 것만을 나열한 것은?

① 옥내소화전설비, 옥외소화전설비
② 스프링클러설비, 간이스프링클러설비
③ 포소화설비, 이산화탄소소화설비
④ 연결송수관설비, 연결살수설비

02 □□□ 18. 하반기 공채

특정소방대상물에 소방시설을 설치하려는 자는 지진이 발생할 경우 소방시설이 정상적으로 작동될 수 있도록 소방청장이 정하는 내진설계기준에 맞게 소방시설을 설치하여야 한다. 이에 해당하는 소방시설로 옳은 것은?

① 자동화재탐지설비, 옥외소화전설비, 스프링클러설비
② 자동화재탐지설비, 옥내소화전설비, 스프링클러설비
③ 옥내소화전설비, 옥외소화전설비, 물분무등소화설비
④ 옥내소화전설비, 스프링클러설비, 물분무등소화설비

03 □□□ 17. 경채

「소방시설 설치 및 관리에 관한 법률 시행령」상 소방청장이 정하는 내진설계기준에 맞게 소방시설을 설치하여야 대상으로 가장 옳지 않은 것은?

① 옥내소화전설비
② 옥외소화전설비
③ 스프링클러설비
④ 물분무소화설비

04 □□□ 17. 공채

「소방시설 설치 및 관리에 관한 법률 시행령」상 소방청장이 정하는 내진설계기준에 맞게 소방시설을 설치하여야 대상으로 옳은 것은?

① 스프링클러설비
② 옥외소화전설비
③ 소화용수설비
④ 제연설비

POINT 58 제2장 소방시설등의 설치·관리 및 방염
성능위주설계

01 □□□ 25. 경채

「소방시설 설치 및 관리에 관한 법률」및 같은 법 시행령상 성능위주설계를 해야 하는 특정소방대상물의 범위에 해당하는 것은?

① 연면적 10만제곱미터 이상인 특정소방대상물
② 하나의 건축물에 영화상영관이 10개 이상인 특정소방대상물 (다만, 대통령령으로 정하는 비상설상영장은 제외)
③ 50층 이상(지하층은 제외한다)이거나 지상으로부터 높이가 150미터 이상인 아파트
④ 철도 및 도시철도 시설로 연면적 2만제곱미터 이상인 특정소방대상물

02 □□□ 21. 경채

「화재예방, 소방시설 설치·유지 및 안전관리에 관한 법률 시행령」상 성능위주설계를 하여야 하는 특정소방대상물로 옳은 것은? (단, 신축하는 것만 해당한다)

① 높이 120m인 아파트
② 연면적 2만㎡인 철도역사
③ 연면적 10만㎡인 특정소방대상물(단, 아파트등은 제외)
④ 하나의 건축물에 「영화 및 비디오물의 진흥에 관한 법률」 제2조 제10호에 따른 영화상영관이 10개인 특정소방대상물

03 □□□ 20. 경채 - 기출변형

「소방시설 설치 및 관리에 관한 법률 시행령」상 성능위주설계를 하여야 하는 특정소방대상물의 범위에 해당하는 것은? (단, 신축하는 것만 해당한다)

① 연면적 30만㎡의 아파트
② 연면적 2만5천㎡의 철도시설
③ 지하층을 포함한 층수가 30층인 복합건축물
④ 연면적 3만㎡, 높이 90m, 지하층 포함 25층인 종합병원

04 □□□ 19. 경채 - 기출변형

「소방시설 설치 및 관리에 관한 법률 시행령」상 신축 건축물로서 성능위주설계를 하여야 하는 특정소방대상물의 범위로 옳은 것은?

① 연면적 10만㎡ 이상인 특정소방대상물로서 기숙사
② 건축물의 높이가 100m 이상인 아파트
③ 지하층을 포함한 층수가 20층 이상인 특정소방대상물로서 복합건축물
④ 연면적 3만㎡ 이상인 특정소방대상물로서 공항시설

05

「소방시설 설치 및 관리에 관한 법률」상 성능위주설계에 대한 설명이다. ( ) 안에 들어갈 내용으로 옳은 것은?

> ㄱ. 성능위주설계에 대한 전문적·기술적인 검토 및 평가를 위하여 (가)에 성능위주설계 평가단을 둔다.
> ㄴ. 성능위주설계 평가단의 구성 및 운영 등에 필요한 사항은 (나)으로 정한다.

	가	나
①	소방청	행정안전부령
②	소방청 또는 소방본부	행정안전부령
③	소방본부 또는 소방서	대통령령
④	소방청 또는 한국소방안전원	대통령령

06

「소방시설 설치 및 관리에 관한 법률」 제8조에 따른 성능위주설계에 대한 설명으로 옳지 않은 것은?

① 연면적·높이·층수 등이 일정 규모 이상인 대통령령으로 정하는 특정소방대상물(증축하는 것만 해당한다)에 소방시설을 설치하려는 자는 성능위주설계를 하여야 한다.
② 소방시설을 설치하려는 자가 성능위주설계를 한 경우에는 「건축법」 제11조에 따른 건축허가를 신청하기 전에 해당 특정소방대상물의 시공지 또는 소재지를 관할하는 소방서장에게 신고하여야 한다.
③ 해당 특정소방대상물의 연면적·높이·층수의 변경 등 행정안전부령으로 정하는 사유로 신고한 성능위주설계를 변경하려는 경우에는 해당 특정소방대상물의 시공지 또는 소재지를 관할하는 소방서장에게 신고하여야 한다.
④ 성능위주설계의 신고 또는 변경신고를 하려는 자는 해당 특정소방대상물이 「건축법」 제4조의2에 따른 건축위원회의 심의를 받아야 하는 건축물인 경우에는 그 심의를 신청하기 전에 성능위주설계의 기본설계도서(基本設計圖書) 등에 대해서 해당 특정소방대상물의 시공지 또는 소재지를 관할하는 소방서장의 사전검토를 받아야 한다.

07

「소방시설 설치 및 관리에 관한 법률」 제8조 제5항에 따른 성능위주설계에 대한 대한 설명이다. ( ) 안에 들어갈 내용으로 옳은 것은?

> ㄱ. 소방서장은 성능위주설계의 신고, 변경신고 또는 사전검토 신청을 받은 경우에는 소방청 또는 관할 소방본부에 설치된 (가)의 검토·평가를 거쳐야 한다.
> ㄴ. 다만, 소방서장은 신기술·신공법 등 검토·평가에 고도의 기술이 필요한 경우에는 (나)에 심의를 요청할 수 있다.

	가	나
①	성능위주설계평가단	중앙소방기술심의위원회
②	성능위주설계심의회	지방소방기술심의위원회
③	중앙소방기술심의위원회	성능위주설계평가단
④	중앙소방기술심의위원회	성능위주설계심의회

08

「소방시설 설치 및 관리에 관한 법률 시행규칙」 제6조 제3항에 따라 소방서장은 성능위주설계 대상 및 자격 여부 등을 확인한 결과 첨부서류의 보완이 필요한 경우에는 며칠 이내의 보완기간을 정하여 보완을 요청할 수 있는가?

① 4일 이내
② 7일 이내
③ 10일 이내
④ 15일 이내

09

「소방시설 설치 및 관리에 관한 법률 시행규칙」 제11조에 따른 성능위주설계평가단의 구성으로 옳은 것은?

① 평가단장 1명을 포함하여 50명 이내의 단원으로 구성
② 평가단장 1명을 포함하여 60명 이내의 단원으로 구성
③ 평가단장 1명을 제외하고 50명 이내의 단원으로 구성
④ 평가단장 1명을 포함하여 60명 이내의 단원으로 구성

POINT 59

제2장 소방시설등의 설치·관리 및 방염

주택에 설치하는 소방시설

정답 및 해설 p.51

01 □□□ 18. 공채

「소방시설 설치 및 관리에 관한 법률」 및 같은 법 시행령상 단독주택이나 공동주택(아파트 및 기숙사는 제외한다)의 소유자가 의무적으로 설치하여야 하는 소방시설로 옳은 것을 <보기>에서 있는 대로 고른 것은?

<보기>
ㄱ. 소화기
ㄴ. 주거용 주방자동소화장치
ㄷ. 가스자동소화장치
ㄹ. 단독경보형감지기
ㅁ. 가스누설경보기

① ㄱ, ㄹ
② ㄴ, ㅁ
③ ㄱ, ㄴ, ㄹ
④ ㄴ, ㄷ, ㅁ

02 □□□ 18. 경채

「소방시설 설치 및 관리에 관한 법률」 및 같은 법 시행령상 다음에서 설명하는 '대통령령으로 정하는 소방시설'로 옳은 것은?

제8조【주택에 설치하는 소방시설】 다음 각 호의 주택의 소유자는 대통령령으로 정하는 소방시설을 설치하여야 한다.
1. 「건축법」 제2조 제2항 제1호의 단독주택
2. 「건축법」 제2조 제2항 제2호의 공동주택(아파트 및 기숙사는 제외한다)

① 소화기 및 시각경보기
② 소화기 및 간이소화용구
③ 소화기 및 자동확산소화기
④ 소화기 및 단독경보형감지기

POINT 60 자동차에 설치 또는 비치하는 소화기

제2장 소방시설등의 설치·관리 및 방염

01 □□□
25. 공채·경채

「소방시설 설치 및 관리에 관한 법률」및 같은 법 시행규칙상 차량용 소화기의 설치 또는 비치기준으로 옳은 것만을 <보기>에서 모두 고른 것은?

<보기>
ㄱ. 대형 이상의 특수자동차는 능력단위 2 이상인 소화기 1개 이상 또는 능력단위 1 이상인 소화기 2개 이상을 사용하기 쉬운 곳에 설치한다.
ㄴ. 중형 이하의 특수자동차는 능력단위 1 이상인 소화기 1개 이상을 사용하기 쉬운 곳에 설치한다.
ㄷ. 경형승합자동차는 능력단위 1 이상의 소화기 1개 이상을 사용하기 쉬운 곳에 설치 또는 비치한다.
ㄹ. 승용자동차는 능력단위 1 이상의 소화기 1개 이상을 사용하기 쉬운 곳에 설치 또는 비치한다.

① ㄱ, ㄴ
② ㄷ, ㄹ
③ ㄱ, ㄴ, ㄷ
④ ㄱ, ㄴ, ㄷ, ㄹ

POINT 61 | 제2장 소방시설등의 설치·관리 및 방염
특정소방대상물에 설치하는 소방시설의 관리 등

01 □□□ 기출변형

「소방시설 설치 및 관리에 관한 법률」상 특정소방대상물에 설치하는 소방시설의 관리 등에 대한 설명이다. ( ) 안의 내용으로 옳게 연결된 것은?

> ㄱ. 특정소방대상물의 (가)은/는 대통령령으로 정하는 소방시설을 화재안전기준에 따라 설치·관리하여야 한다.
> ㄴ. 이 경우 「장애인·노인·임산부 등의 편의증진 보장에 관한 법률」 제2조 제1호에 따른 장애인등이 사용하는 소방시설 (나)는 대통령령으로 정하는 바에 따라 장애인등에 적합하게 설치·관리하여야 한다.

	가	나
①	관계인	소화설비 및 경보설비
②	관계인	경보설비 및 피난구조설비
③	소방안전관리자	경보설비 및 피난구조설비
④	소방안전관리자	소화설비 및 경보설비

02 □□□ 기출변형

「소방시설 설치 및 관리에 관한 법률」상 소방시설이 화재안전기준에 따라 설치·관리되어 있지 아니할 때에는 해당 특정소방대상물의 관계인에게 필요한 조치를 명할 수 있는 자를 모두 고른 것은?

> ㄱ. 시·도지사 ㄴ. 소방청장
> ㄷ. 소방본부장 ㄹ. 소방서장

① ㄱ, ㄴ
② ㄷ, ㄹ
③ ㄱ, ㄷ, ㄹ
④ ㄴ, ㄷ, ㄹ

03 □□□ 기출변형

「소방시설 설치 및 관리에 관한 법률」상 특정소방대상물의 관계인은 소방시설을 설치·관리할 때 소방시설의 기능과 성능에 지장을 줄 수 있는 폐쇄(잠금을 포함한다)·차단 등의 행위를 하여서는 아니 된다. 이를 위반하여 소방시설에 폐쇄·차단 등의 행위를 한 자의 벌칙으로 옳은 것은?

① 3년 이하의 징역 또는 3천만원 이하의 벌금에 처한다.
② 5년 이하의 징역 또는 5천만원 이하의 벌금에 처한다.
③ 7년 이하의 징역 또는 7천만원 이하의 벌금에 처한다.
④ 10년 이하의 징역 또는 1억원 이하의 벌금에 처한다.

POINT 62 수용인원의 산정

제2장 소방시설등의 설치·관리 및 방염

01 □□□
23. 공채·경채

특정소방대상물의 바닥면적이 다음과 같을 때 「소방시설 설치 및 관리에 관한 법률 시행령」에 따른 수용인원은 총 몇 명인가? (단, 바닥면적을 산정할 때에는 복도, 계단 및 화장실을 포함하지 않으며, 계산 결과 소수점 이하의 수는 반올림한다)

- 관람석이 없는 강당 1개, 바닥면적 460㎡
- 강의실 10개, 각 바닥면적 57㎡
- 휴게실 1개, 바닥면적 38㎡

① 380
② 400
③ 420
④ 440

02 □□□
19. 공채

「소방시설 설치 및 관리에 관한 법률 시행령」상 수용인원 산정방법으로 옳지 않은 것은?

① 침대가 있는 숙박시설은 해당 특정소방대상물의 종사자 수에 침대 수(2인용 침대는 2개로 산정)를 합한 수로 한다.
② 침대가 없는 숙박시설은 해당 특정소방대상물의 종사자 수에 바닥면적의 합계를 3㎡로 나누어 얻은 수를 합한 수로 한다.
③ 강의실 용도로 쓰이는 특정소방대상물은 해당 용도로 사용하는 바닥면적의 합계를 1.9㎡로 나누어 얻은 수로 한다.
④ 문화 및 집회시설은 해당 용도로 사용하는 바닥면적의 합계를 3㎡로 나누어 얻은 수로 한다.

03 □□□
18. 경채

「소방시설 설치 및 관리에 관한 법률 시행령」상 수용인원의 산정방법에서 수용인원이 제일 적은 것은?

① 종사자 3명, 침대가 110개(2인용 90개, 1인용 20개) 있는 숙박시설
② 종사자 3명, 침대가 없고 바닥면적이 600㎡인 숙박시설
③ 강의실·교무실·상담실 용도로 사용하는 바닥면적 합계가 600㎡인 특정소방대상물
④ 강당으로 사용하는 바닥면적 합계가 900㎡인 특정소방대상물(관람석 의자는 없다)

04

「소방시설 설치 및 관리에 관한 법률 시행령」상 수용인원의 산정방법으로 옳지 않은 것은?

① 강의실·휴게실 등의 용도로 쓰이는 특정소방대상물은 해당 용도로 사용하는 바닥면적의 합계를 1.9㎡로 나누어 얻은 수
② 강당, 종교시설은 해당 용도로 사용하는 바닥면적의 합계를 4.6㎡로 나누어 얻은 수
③ 바닥면적을 산정하는 때에는 복도, 계단 및 화장실의 바닥면적을 포함하지 않는다. 계산 결과 소수점 이하의 수는 반올림한다.
④ 침대가 없는 숙박시설은 해당 특정소방대상물의 바닥면적의 합계를 3㎡로 나누어 얻은 수

05

「소방시설 설치 및 관리에 관한 법률 시행령」상 수용인원의 산정방법에 관한 설명이다. ( ) 안의 내용으로 옳은 것은?

> ㄱ. 침대가 없는 숙박시설: 해당 특정소방대상물의 종사자 수에 숙박시설 바닥면적의 합계를 (가)로 나누어 얻은 수를 합한 수
> ㄴ. 문화 및 집회시설, 운동시설, 종교시설: 해당 용도로 사용하는 바닥면적의 합계를 (나)로 나누어 얻은 수

	가	나
①	3㎡	1.9㎡
②	3㎡	4.6㎡
③	5㎡	1.9㎡
④	5㎡	4.6㎡

06

「소방시설 설치 및 관리에 관한 법률 시행령」상 수용인원의 산정방법에 관한 설명이다. ( ) 안의 내용으로 옳은 것은?

> ㄱ. 바닥면적을 산정할 때에는 복도(「건축법 시행령」 제2조 제11호에 따른 (가) 이상의 것을 사용하여 바닥에서 천장까지 벽으로 구획한 것을 말한다), 계단 및 화장실의 바닥면적을 포함하지 않는다.
> ㄴ. 계산 결과 소수점 이하의 수는 (나)한다.

	가	나
①	준불연재료	반올림
②	준불연재료	올림
③	불연재료	반올림
④	불연재료	올림

POINT 63 제2장 소방시설등의 설치·관리 및 방염
관계인이 갖추어야 하는 소방시설의 종류(소화설비)

정답 및 해설 p.53

01 □□□ 기출변형

「소방시설 설치 및 관리에 관한 법률 시행령」상 화재안전기준에 따라 소화기구를 설치하여야 하는 특정소방대상물에 관한 설명이다. ( ) 안의 내용으로 옳은 것은?

> 연면적 (가) 이상인 것. 다만, 노유자시설의 경우에는 투척용 소화용구 등을 화재안전기준에 따라 산정된 소화기 수량의 (나) 이상으로 설치할 수 있다.

	가	나
①	33㎡	2분의 1
②	33㎡	3분의 1
③	100㎡	2분의 1
④	100㎡	3분의 1

02 □□□ 23. 공채·경채

「소방시설 설치 및 관리에 관한 법률 시행령」상 스프링클러설비를 설치해야 하는 특정소방대상물에 해당하는 것만을 <보기>에서 고른 것은?

> <보기>
> ㄱ. 수련시설 내에 있는 학생 수용을 위한 기숙사로서 연면적 5천㎡인 경우
> ㄴ. 교육연구시설 내에 있는 합숙소로서 연면적 100㎡인 경우
> ㄷ. 숙박시설로 사용되는 바닥면적의 합계가 500㎡인 경우
> ㄹ. 영화상영관의 용도로 쓰는 4층의 바닥면적이 1천㎡인 경우

① ㄱ, ㄴ
② ㄱ, ㄹ
③ ㄴ, ㄷ
④ ㄷ, ㄹ

03 □□□ 21. 간부

「소방시설 설치 및 관리에 관한 법률 시행령」상 스프링클러설비를 설치하여야 하는 특정소방대상물이 아닌 것은?

① 수용인원이 200명인 박물관
② 지하층에 있는 바닥면적이 300㎡인 영화상영관
③ 바닥면적 합계가 1천㎡인 한방병원
④ 바닥면적 합계가 6천㎡인 물류터미널
⑤ 바닥면적 합계가 1만㎡인 농·수산물공판장

04 □□□ 기출변형

「소방시설 설치 및 관리에 관한 법률 시행령」상 스프링클러를 설치해야 하는 특정소방대상물의 기준으로 가장 옳은 것은? (단, 위험물 저장 및 처리시설 중 가스시설 및 지하구는 제외한다)

① 판매시설, 운수시설 및 창고시설(물류터미널에 한정한다)로서 바닥면적의 합계가 3천㎡ 이상
② 판매시설, 운수시설 및 창고시설(물류터미널에 한정한다)로서 수용인원이 100명 이상인 경우에는 모든 층
③ 문화 및 집회시설 중 영화상영관의 용도로 쓰이는 층의 바닥면적이 지하층 또는 무창층인 경우에는 300㎡ 이상, 그 밖의 층의 경우에는 500㎡ 이상인 것
④ 문화 및 집회시설 중 무대부가 지하층·무창층 또는 4층 이상의 층에 있는 경우에는 무대부의 면적이 300㎡ 이상인 것

05 기출변형

「소방시설 설치 및 관리에 관한 법률 시행령」상 스프링클러를 설치해야 하는 특정소방대상물의 기준으로 가장 옳은 것은? (단, 위험물 저장 및 처리시설 중 가스시설 및 지하구는 제외한다)

① 층수가 6층 이상인 특정소방대상물의 경우에는 6층 이상의 층
② 층수가 6층 이상인 특정소방대상물의 경우에는 모든 층
③ 층수가 11층 이상인 특정소방대상물의 경우에는 11층 이상의 층
④ 층수가 11층 이상인 특정소방대상물의 경우에는 모든 층

06 기출변형

「소방시설 설치 및 관리에 관한 법률 시행령」상 스프링클러를 설치해야 하는 특정소방대상물의 기준에 대한 설명이다. ( ) 안의 내용으로 옳은 것은?

> ㄱ. 랙식 창고(rack warehouse): 천장 또는 반자(반자가 없는 경우에는 지붕의 옥내에 면하는 부분)의 높이가 10m를 초과하고, 그 랙이 설치된 부분의 바닥면적의 합계가 (가) 이상인 경우에는 모든 층
> ㄴ. 지하상가로서 연면적 (나) 이상인 것

	가	나
①	1천500㎡	1천㎡
②	1천㎡	1천500㎡
③	1천500㎡	1천500㎡
④	1천㎡	1천㎡

07 25. 공채·경채

「소방시설 설치 및 관리에 관한 법률」및 같은 법 시행령상 간이스프링클러설비를 설치해야 하는 특정소방대상물의 기준으로 옳은 것은?

① 숙박시설로 사용되는 바닥면적의 합계가 300제곱미터 이상 600제곱미터 미만인 시설
② 교육연구시설 내에 합숙소로서 바닥면적 50제곱미터 이상인 경우에는 모든 층
③ 근린생활시설 중 조산원 및 산후조리원으로서 연면적 660제곱미터 미만인 시설
④ 의료시설 중 정신의료기관 또는 의료재활시설로 사용되는 바닥면적의 합계가 200제곱미터 이상 600제곱미터 미만인 시설

08 21. 공채 - 기출변형

「소방시설 설치 및 관리에 관한 법률 시행령」상 간이스프링클러설비를 설치하여야 하는 특정소방대상물로 옳지 않은 것은?

① 교육연구시설 내에 합숙소로서 연면적 100㎡ 이상인 것
② 근린생활시설 중 의원, 치과의원 및 한의원으로서 입원실이 있는 시설
③ 근린생활시설 중 근린생활시설로 사용하는 부분의 바닥면적 합계가 1천㎡ 이상인 것은 모든 층
④ 숙박시설로서 해당 용도로 사용되는 바닥면적의 합계가 200㎡ 이상인 것

09

21. 경채 – 기출변형

「소방시설 설치 및 관리에 관한 법률 시행령」상 간이스프링클러를 설치하여야 하는 특정소방대상물로 옳지 않은 것은?

① 한의원으로서 입원실이 있는 시설
② 교육연구시설 내에 합숙소로서 연면적 100㎡ 이상인 것
③ 숙박시설로서 해당 용도로 사용되는 바닥면적의 합계가 200㎡ 이상인 것
④ 건물을 임차하여 「출입국관리법」 제52조 제2항에 따른 보호시설로 사용하는 부분

10

18. 하반기 경채

「소방시설 설치 및 관리에 관한 법률 시행령」상 물분무등소화설비를 설치하여야 하는 특정소방대상물로 옳지 않은 것은?

① 항공기격납고
② 연면적 600㎡ 이상인 주차용 건축물
③ 특정소방대상물에 설치된 바닥면적 300㎡ 이상인 전산실
④ 20대 이상의 차량을 주차할 수 있는 기계장치에 의한 주차시설

11

빈출문제

「소방시설 설치 및 관리에 관한 법률 시행령」상 물분무등소화설비를 설치하여야 하는 특정소방대상물로 옳은 것은?

① 지정문화재 중 소방청장이 행정안전부장관과 협의하여 정하는 것
② 기계장치에 의한 주차시설을 이용하여 10대 이상의 차량을 주차할 수 있는 것
③ 건축물 내부에 설치된 주차장으로서 주차의 용도로 사용되는 부분의 바닥면적이 100㎡ 이상인 층
④ 철골 조립식 주차시설로서 연면적 800㎡ 이상인 것

12

기출변형

「소방시설 설치 및 관리에 관한 법률 시행규칙」 제18조 연소 우려가 있는 건축물의 구조에 대한 설명이다. (   ) 안에 들어갈 말로 옳은 것은?

> 건축물대장의 건축물현황도에 표시된 대지경계선 안에 둘 이상의 건축물이 있는 경우로서 각각의 건축물이 다른 건축물의 외벽으로부터 (ㄱ)거리가 1층 (ㄴ) 이하, 2층 (ㄷ) 이하로서 개구부가 다른 건축물을 향하여 설치된 구조를 말한다.

	ㄱ	ㄴ	ㄷ
①	수평	6m	10m
②	수평	3m	10m
③	보행	6m	10m
④	보행	6m	2m

POINT 64 제2장 소방시설등의 설치·관리 및 방염
관계인이 갖추어야 하는 소방시설의 종류(경보설비)

01 □□□ 기출변형
「소방시설 설치 및 관리에 관한 법률 시행령」상 비상경보설비를 설치하여야 할 특정소방대상물로 옳지 않은 것은?

① 50명 이상의 근로자가 작업하는 옥내 작업장
② 터널로서 길이가 500m 이상인 것
③ 연면적 400㎡(지하가 중 터널 또는 사람이 거주하지 않거나 벽이 없는 축사 등 동·식물 관련 시설은 제외한다) 이상인 것
④ 지하층 또는 무창층의 바닥면적이 100㎡(공연장의 경우 150㎡) 이상인 것

02 □□□ 기출변형
「소방시설 설치 및 관리에 관한 법률 시행령」상 자동화재탐지설비를 설치하여야 할 특정소방대상물로 옳지 않은 것은?

① 근린생활시설(목욕장은 제외한다)로서 연면적 600㎡ 이상인 것
② 복합건축물로서 연면적 600㎡ 이상인 것
③ 의료시설(정신의료기관 또는 요양병원은 제외한다)로서 연면적 600㎡ 이상인 것
④ 교육연구시설로서 연면적 600㎡ 이상인 것

03 □□□ 기출변형
「소방시설 설치 및 관리에 관한 법률 시행령」상 자동화재탐지설비를 설치하여야 할 특정소방대상물로 옳은 것은?

① 터널로서 길이가 1천m 이상인 것
② 근린생활시설 중 목욕장으로서 연면적 600㎡ 이상인 것
③ 문화 및 집회시설로서 연면적 600㎡ 이상인 것
④ 창고시설로서 연면적 600㎡ 이상인 것

04 □□□ 20. 공채 - 기출변형
「소방시설 설치 및 관리에 관한 법률 시행령」상 특정소방대상물의 관계인이 특정소방대상물의 규모·용도 및 수용인원 등을 고려하여 갖추어야 하는 소방시설의 종류 중 단독경보형감지기를 설치하여야 하는 특정소방대상물로 옳은 것은?

① 연면적 1천㎡인 숙박시설이 있는 수련시설
② 연면적 600㎡인 유치원
③ 교육연구시설 또는 수련시설 내에 있는 합숙소로서 연면적 3천㎡인 것
④ 교육연구시설 또는 수련시설 내에 있는 기숙사로서 연면적 3천㎡인 것

POINT 65 제2장 소방시설등의 설치·관리 및 방염
관계인이 갖추어야 하는 소방시설의 종류(피난구조설비)

01
21. 경채 - 기출변형

「소방시설 설치 및 관리에 관한 법률 시행령」상 피난구조설비 중 공기호흡기를 설치하여야 하는 특정소방대상물로 옳지 않은 것은?

① 지하가 중 지하상가
② 운수시설 중 지하역사
③ 판매시설 중 대규모점포
④ 호스릴이산화탄소소화설비를 설치하여야 하는 특정소방대상물

02
18. 경채

「소방시설 설치 및 관리에 관한 법률 시행령」상 인명구조기구를 모두 설치해야 하는 특정소방대상물로 옳은 것은?

① 지하층을 포함하는 층수가 7층 이상인 관광호텔
② 지하층을 포함하는 층수가 5층 이상인 병원
③ 수용인원 100명 이상인 문화 및 집회시설 중 영화상영관
④ 판매시설 중 대규모 점포

POINT 66 | 제2장 소방시설등의 설치·관리 및 방염
관계인이 갖추어야 하는 소방시설의 종류(소화활동설비)

01 □□□ 기출변형

「소방시설 설치 및 관리에 관한 법률 시행령」상 제연설비의 설치 특정대상물로서 옳지 않은 것은?

① 문화 및 집회시설 중 영화상영관으로서 수용인원 50명 이상인 것
② 문화 및 집회시설, 종교시설, 운동시설로서 무대부의 바닥면적이 200㎡ 이상인 것
③ 지하층이나 무창층에 설치된 숙박시설로서 해당 용도로 사용되는 바닥면적의 합계가 1천㎡ 이상인 것
④ 지하상가로서 연면적 1천㎡ 이상인 것

02 □□□ 기출변형

「소방시설 설치 및 관리에 관한 법률 시행령」[별표 5]의 제연설비를 설치하여야 하는 특정소방대상물에 대한 내용이다. ( ) 안에 들어갈 말로 옳은 것은?

> 지하층이나 무창층에 설치된 근린생활시설, 판매시설, 운수시설, 의료시설, 노유자시설, 숙박시설, 위락시설, 창고시설(물류터미널만 해당한다)로서 해당 용도로 사용되는 바닥면적의 합계가 ( ) 이상인 경우 해당 부분

① 1천㎡
② 2천㎡
③ 3천㎡
④ 4천㎡

03 □□□ 12. 중앙

「소방시설 설치 및 관리에 관한 법률 시행령」상 연면적 1천㎡ 이상 지하상가에 설치해야 할 소방시설에 해당하지 않는 것은?

① 무선통신보조설비
② 제연설비
③ 연소방지설비
④ 스프링클러설비

POINT 67 강화된 소방시설 기준의 적용

제2장 소방시설등의 설치·관리 및 방염

01 □□□ 25. 공채·경채

「소방시설 설치 및 관리에 관한 법률」상 특정소방대상물에 설치하는 소방시설의 관리 등에 관한 내용으로 옳은 것만을 <보기>에서 모두 고른 것은?

<보기>
ㄱ. 소방본부장이나 소방서장은 소방시설이 화재안전기준에 따라 설치·관리되고 있지 아니할 때에는 해당 특정소방대상물의 관계인에게 필요한 조치를 명할 수 있다.
ㄴ. 소방본부장이나 소방서장은 기존의 특정소방대상물이 증축되거나 용도변경되는 경우에는 대통령령으로 정하는 바에 따라 증축 또는 용도변경 당시의 소방시설의 설치에 관한 대통령령 또는 화재안전기준을 적용한다.
ㄷ. 소방본부장이나 소방서장은 특정소방대상물에 설치하여야 하는 소방시설 가운데 기능과 성능이 유사한 스프링클러설비, 물분무등소화설비, 비상경보설비 및 비상방송설비 등의 소방시설의 경우에는 대통령령으로 정하는 바에 따라 유사한 소방시설의 설치를 면제할 수 있다.
ㄹ. 소방본부장이나 소방서장은 대통령령 또는 화재안전기준이 변경되어 그 기준이 강화되는 경우 기존의 특정소방대상물(건축물의 신축·개축·재축·이전 및 대수선 중인 특정소방대상물을 포함한다)의 소방시설에 대하여는 변경 전의 대통령령 또는 화재안전기준을 적용한다. 다만, 자동화재탐지설비의 경우에는 대통령령 또는 화재안전기준의 변경으로 강화된 기준을 적용할 수 있다.

① ㄱ, ㄴ
② ㄴ, ㄷ
③ ㄱ, ㄷ, ㄹ
④ ㄱ, ㄴ, ㄷ, ㄹ

02 □□□ 19. 경채

「소방시설 설치 및 관리에 관한 법률」 및 같은 법 시행령상 노유자시설 및 의료시설의 경우 강화된 소방시설기준의 적용대상이다. 이에 해당하는 소방시설의 연결이 옳지 않은 것은?

① 노유자시설에 설치하는 간이스프링클러설비
② 노유자시설에 설치하는 비상방송설비
③ 의료시설에 설치하는 스프링클러설비
④ 의료시설에 설치하는 자동화재탐지설비

03 □□□ 기출변형

「소방시설 설치 및 관리에 관한 법률 시행령」 제13조의 강화된 소방시설기준의 적용대상으로 기존의 노유자시설에 강화된 기준을 적용하는 소방시설에 해당하지 않는 것은 것은?

① 간이스프링클러설비
② 자동화재탐지설비
③ 단독경보형 감지기
④ 연결송수관설비

04 □□□ 기출변형

「소방시설 설치 및 관리에 관한 법률」 제13조 제1항의 규정에 따라 기존의 특정소방대상물의 대하여 대통령령 또는 화재안전기준의 변경으로 강화된 기준을 적용하여야 하는 소방시설에 해당하지 않는 것은?

① 소화기구
② 비상경보설비
③ 자동화재속보설비
④ 옥내소화전설비

POINT 68 유사한 소방시설의 설치 면제의 기준

제2장 소방시설등의 설치·관리 및 방염

정답 및 해설 p.59

01 □□□
24. 공채·경채

「소방시설 설치 및 관리에 관한 법률 시행령」상 특정소방대상물의 간이스프링클러설비 설치면제 기준이다. ( ) 안에 들어갈 설비에 해당하지 않는 것은?

> 간이스프링클러설비를 설치해야 하는 특정소방대상물에 ( ), ( ) 또는 ( )를 화재안전기준에 적합하게 설치한 경우에는 그 설비의 유효범위에서 설치가 면제된다.

① 옥내소화전설비
② 스프링클러설비
③ 물분무소화설비
④ 미분무소화설비

02 □□□
기출변형

「소방시설 설치 및 관리에 관한 법률 시행령」상 비상경보설비 또는 단독경보형감지기를 설치하여야 하는 특정소방대상물의 설치면제기준으로 옳은 것은? (단, 화재안전기준에 적합하게 설치한 경우에 한한다)

① 옥내소화전설비
② 스프링클러설비
③ 자동화재속보설비
④ 자동화재탐지설비

03 □□□
20. 경채

「소방시설 설치 및 관리에 관한 법률 시행령」상 특정소방대상물의 소방시설 설치면제기준으로 옳지 않은 것은?

① 간이스프링클러설비를 설치하여야 하는 특정소방대상물에 분말소화설비를 화재안전기준에 적합하게 설치한 경우에는 그 설비의 유효범위에서 설치가 면제된다.
② 비상경보설비를 설치하여야 할 특정소방대상물에 단독경보형감지기를 2개 이상의 단독경보형감지기와 연동하여 설치하는 경우에는 그 설비의 유효범위에서 설치가 면제된다.
③ 비상조명등을 설치하여야 하는 특정소방대상물에 피난구유도등 또는 통로유도등을 화재안전기준에 적합하게 설치한 경우에는 그 유도등의 유효범위에서 설치가 면제된다.
④ 누전경보기를 설치하여야 하는 특정소방대상물 또는 그 부분에 아크경보기 또는 전기 관련 법령에 따른 지락차단장치를 설치한 경우에는 그 설비의 유효범위에서 설치가 면제된다.

POINT 69 | 제2장 소방시설등의 설치·관리 및 방염
증축 또는 용도변경 시의 소방시설기준 적용의 특례

정답 및 해설 p.59

01 ☐☐☐
기출변형

「소방시설 설치 및 관리에 관한 법률 시행령」 제15조 규정에 따라 특정소방대상물의 증축 또는 용도변경 시의 소방시설기준 적용의 특례에 대한 내용이다. 다음 설명 중 (   ) 안에 공통으로 들어갈 내용으로 알맞은 것은?

> 소방본부장 또는 소방서장은 특정소방대상물이 (   )되는 경우에는 기존 부분을 포함한 특정소방대상물의 전체에 대하여 (   ) 당시의 소방시설의 설치에 관한 대통령령 또는 화재안전기준을 적용하여야 한다.

① 대수선
② 증축
③ 개축
④ 용도변경

03 ☐☐☐
19. 경채 - 기출변형

「소방시설 설치 및 관리에 관한 법률 시행령」상 밑줄 친 각 호에 해당하지 않는 것은?

> 소방본부장 또는 소방서장은 기존의 특정소방대상물이 증축되는 경우에는 기존 부분을 포함한 특정소방대상물의 전체에 대하여 증축 당시의 소방시설의 설치에 관한 대통령령 또는 화재안전기준을 적용하여야 한다. 다만, 다음 각 호의 어느 하나에 해당하는 경우에는 기존 부분에 대해서는 증축 당시의 소방시설의 설치에 관한 대통령령 또는 화재안전기준을 적용하지 아니한다.

① 기존 부분과 증축 부분이 내화구조로 된 바닥과 벽으로 구획된 경우
② 기존 부분과 증축 부분이 「건축법 시행령」 제64조 제1항 제1호에 따른 60분+ 방화문(국토교통부장관이 정하는 기준에 적합한 자동방화셔터를 포함한다)으로 구획되어 있는 경우
③ 특정소방대상물의 구조·설비가 화재연소 확대 요인이 적어지거나 피난 또는 화재진압활동이 쉬워지도록 변경되는 경우
④ 자동차 생산공장 등 화재 위험이 낮은 특정소방대상물 내부에 연면적 33제곱미터 이하의 직원 휴게실을 증축하는 경우

02 ☐☐☐
20. 공채

「소방시설 설치 및 관리에 관한 법률 시행령」상 특정소방대상물이 증축되는 경우, 원칙적으로 소방시설기준 적용에 관한 설명으로 옳은 것은?

① 기존 부분을 포함한 특정소방대상물의 전체에 대하여 증축 전 소방시설의 설치에 관한 대통령령 또는 화재안전기준을 적용하여야 한다.
② 기존 부분은 증축 전에 적용되던 소방시설의 설치에 관한 대통령령 또는 화재안전기준을 적용하고 증축 부분은 증축 당시의 소방시설의 설치에 관한 대통령령 또는 화재안전기준을 적용하여야 한다.
③ 증축 부분은 증축 전에 적용되던 소방시설의 설치에 관한 대통령령 또는 화재안전기준을 적용하고 기존 부분은 증축 당시의 소방시설의 설치에 관한 대통령령 또는 화재안전기준을 적용하여야 한다.
④ 기존 부분을 포함한 특정소방대상물의 전체에 대하여 증축 당시의 소방시설의 설치에 관한 대통령령 또는 화재안전기준을 적용하여야 한다.

04 ☐☐☐
18. 경채 - 기출변형

「소방시설 설치 및 관리에 관한 법률 시행령」 제15조의 규정에 따른 소방시설기준 적용의 특례에 대한 설명으로 옳지 않은 것은?

① 특정소방대상물이 증축되는 경우에는 기존 부분을 포함한 특정소방대상물의 전체에 대하여 증축 당시의 소방시설의 설치에 관한 대통령령 또는 화재안전기준을 적용하여야 한다.
② 기존 부분과 증축 부분이 내화구조로 된 바닥과 벽으로 구획된 경우에는 기존 부분에 대해서는 증축 당시의 소방시설의 설치에 관한 대통령령 또는 화재안전기준을 적용하지 아니한다.
③ 용도변경되는 경우에는 건물 전체에 용도변경 당시의 소방시설의 설치에 관한 대통령령 또는 화재안전기준을 적용한다.
④ 용도변경으로 인하여 천장·바닥·벽 등에 고정되어 있는 가연성 물질의 양이 줄어드는 경우에는 특정소방대상물 전체에 대하여 용도변경 전에 해당 특정소방대상물에 적용되던 소방시설의 설치에 관한 대통령령 또는 화재안전기준을 적용한다.

POINT 70 소방시설을 설치하지 않을 수 있는 특정소방대상물 및 소방시설의 범위

제2장 소방시설등의 설치·관리 및 방염

01
18. 경채 - 기출변형

「소방시설 설치 및 관리에 관한 법률 시행령」상 화재안전기준을 적용하기 어려운 정수장, 수영장, 목욕장, 어류양식용 시설등 이와 비슷한 용도로 사용되는 특정소방대상물에 대하여 소방시설을 설치하지 아니할 수 있는 것으로 옳은 것은?

① 옥내소화전설비
② 비상방송설비
③ 연결살수설비
④ 연결송수관설비

02
17. 공채 - 기출변형

「소방시설 설치 및 관리에 관한 법률 시행령」상 소방시설을 설치하지 아니할 수 있는 특정소방대상물과 그 구분이 옳게 연결되지 않은 것은?

① 불연성 물품을 저장하는 창고 - 화재 위험도가 낮은 특정소방대상물
② 정수장·수영장·목욕장·어류양식용시설 - 화재안전기준을 적용하기 어려운 특정소방대상물
③ 원자력 발전소 - 화재안전기준을 달리 적용하여야 하는 특수한 용도 또는 구조를 가진 특정소방대상물
④ 음료수 공장의 세정 또는 충전을 하는 작업장 - 화재 위험도가 낮은 특정소방대상물

03
기출변형

「소방시설 설치 및 관리에 관한 법률 시행령」상 소방시설을 설치하지 아니할 수 있는 특정소방대상물 및 소방시설의 범위에 관한 규정으로 옳지 않은 것은?

① 불연성 건축재료 등의 가공공장은 옥외소화전 및 연결살수설비를 설치하지 아니할 수 있다.
② 어류양식용 시설은 화재 위험도가 낮은 특정소방대상물에 해당된다.
③ 정수장은 자동화재탐지설비를 설치하지 아니할 수 있다.
④ 원자력발전소는 연결송수관설비 및 연결살수설비를 설치하지 아니할 수 있다.

04 ☐☐☐ 기출변형

「소방시설 설치 및 관리에 관한 법률 시행령」상 음료수 공장의 세정 또는 충전을 하는 작업장에 소방시설을 설치하지 아니할 수 있는 것으로 옳은 것은?

① 옥내소화전설비, 상수도소화용수설비 및 연결살수설비
② 스프링클러설비, 상수도소화용수설비 및 제연설비
③ 스프링클러설비, 상수도소화용수설비 및 연결살수설비
④ 자동화재탐지설비, 자동화재속보설비

05 ☐☐☐ 빈출문제

「소방시설 설치 및 관리에 관한 법률」 제13조 제4항의 규정에 따라 대통령령으로 정하는 특정소방대상물에서 대통령령으로 정하는 소방시설을 설치하지 아니할 수 있는 대상에 해당하지 않는 것은?

① 화재연소 위험이 다소 적은 특정소방대상물
② 화재안전기준을 적용하기 어려운 특정소방대상물
③ 「위험물안전관리법」 제19조에 따른 자체소방대가 설치된 특정소방대상물
④ 화재안전기준을 달리 적용하여야 하는 특수한 용도 또는 구조를 가진 특정소방대상물

06 ☐☐☐ 확인학습

「소방시설 설치 및 관리에 관한 법률」 및 같은 법 시행령 상 소방시설기준 적용의 특례에 대한 설명으로 가장 적절하지 않은 것은?

① 소방본부장이나 소방서장은 화재안전기준이 변경되어 그 기준이 강화되는 경우 기존의 특정소방대상물(건축물의 신축·개축·재축·이전 및 대수선 중인 특정소방대상물을 포함한다)의 소방시설에 대하여는 변경 전의 대통령령 또는 화재안전기준을 적용한다.
② 소방본부장이나 소방서장은 특정소방대상물에 설치하여야 하는 소방시설 가운데 기능과 성능이 유사한 스프링클러설비, 물분무등소화설비, 비상경보설비 및 비상방송설비 등의 소방시설의 경우에는 대통령령으로 정하는 바에 따라 유사한 소방시설의 설치를 면제할 수 있다.
③ 소방본부장이나 소방서장은 기존의 특정소방대상물이 증축되거나 용도변경되는 경우에는 대통령령으로 정하는 바에 따라 증축 또는 용도변경 당시의 소방시설의 설치에 관한 대통령령 또는 화재안전기준을 적용한다.
④ 용도변경으로 인하여 천장·바닥·벽 등에 고정되어 있는 가연성 물질의 양이 줄어드는 경우에는 특정소방대상물 전체에 대하여 용도변경 당시의 소방시설의 설치에 관한 대통령령 또는 화재안전기준을 적용한다.

POINT 71 임시소방시설 등

제2장 소방시설등의 설치·관리 및 방염

01 □□□
21. 경채 - 기출변형

「소방시설 설치 및 관리에 관한 법률」상 특정소방대상물별로 설치하여야 하는 소방시설의 정비 등에 대한 설명이다. ( ) 안에 들어갈 내용으로 옳은 것은?

> ㄱ. 제12조 제1항에 따라 대통령령으로 소방시설을 정할 때에는 특정소방대상물의 (가) 등을 고려하여야 한다.
> ㄴ. 소방청장은 건축 환경 및 화재위험특성 변화사항을 효과적으로 반영할 수 있도록 소방시설 규정을 (나) 이상 정비하여야 한다.

	가	나
①	규모·용도·수용인원 및 이용자 특성	3년에 1회
②	규모·용도·수용인원 및 이용자 특성	4년에 1회
③	규모·용도 및 가연물의 종류 및 양	5년에 1회
④	위치·구조 및 가연물의 종류 및 양	10년에 1회

02 □□□
기출변형

「소방시설 설치 및 관리에 관한 법률」상 특정소방대상물의 공사현장에 설치하는 임시소방시설의 유지·관리 등에 대한 설명이다. ( ) 안의 내용으로 옳은 것은?

> ㄱ. 공사시공자는 특정소방대상물의 신축등을 위한 공사 현장에서 인화성 물품을 취급하는 작업 등 (가)으로 정하는 작업을 하기 전에 설치 및 철거가 쉬운 화재대비시설(임시소방시설)을 설치하고 관리하여야 한다.
> ㄴ. 소방시설공사업자가 화재위험작업 현장에 소방시설 중 임시소방시설과 기능 및 성능이 유사한 것으로서 (나)으로 정하는 소방시설을 화재안전기준에 맞게 설치 및 관리하고 있는 경우에는 공사시공자가 임시소방시설을 설치하고 관리한 것으로 본다.

	가	나
①	대통령령	행정안전부령
②	대통령령	대통령령
③	행정안전부령	행정안전부령
④	행정안전부령	대통령령

03 □□□
18. 경채 - 기출변형

「소방시설 설치 및 관리에 관한 법률 시행령」상 인화성 물품을 취급하는 작업 등 대통령령으로 정하는 작업으로 옳지 않은 것은?

① 인화성·가연성·폭발성 물질을 취급하거나 가연성 가스를 발생시키는 작업
② 전열기구, 가열전선 등 열을 발생시키는 기구를 취급하는 작업
③ 용접·용단 등 불꽃을 발생시키거나 화기를 취급하는 작업
④ 알루미늄, 마그네슘 등을 운반하는 작업

04 □□□
18. 공채

「소방시설 설치 및 관리에 관한 법률 시행령」상 임시소방시설의 종류로 옳지 않은 것은?

① 소화기
② 스프링클러설비
③ 비상경보장치
④ 간이소화장치

05   20. 경채

연면적 2천500㎡인 신축공사작업 현장의 바닥면적 200㎡인 지하층에서 용접작업을 하려고 한다. 「소방시설 설치 및 관리에 관한 법률 시행령」상 해당 작업 현장에 설치하여야 할 임시소방시설로 옳지 않은 것은?

① 소화기
② 간이소화장치
③ 비상경보장치
④ 간이피난유도선

06   25. 공채·경채

「소방시설 설치 및 관리에 관한 법률」및 같은 법 시행령상 임시소방시설의 종류와 설치기준으로 옳은 것은?

① 간이소화장치는 연면적 2천제곱미터 이상인 공사의 화재위험작업현장에 설치한다.
② 가스누설경보기는 바닥면적이 100제곱미터 이상인 지하층 또는 무창층의 화재위험작업현장에 설치한다.
③ 비상경보장치는 연면적 300제곱미터 이상인 공사의 화재위험작업현장에 설치한다.
④ 방화포는 용접·용단 등의 작업 시 발생하는 불티로부터 가연물이 점화되는 것을 방지해주는 천 또는 불연성 물품으로서 소방청장이 정하는 성능을 갖추고 있어야 한다.

07   20. 경채

「소방시설 설치 및 관리에 관한 법률 시행령」 및 같은 법 시행령상 임시소방시설을 설치하여야 하는 공사와 임시소방시설의 설치기준으로 옳지 않은 것은?

① 특정소방대상물의 용도변경을 위한 공사를 시공하는 자는 공사 현장에서 인화성(引火性) 물품을 취급하는 작업을 하기 전에 설치 및 철거가 쉬운 임시소방시설을 설치하고 유지·관리하여야 한다.
② 옥내소화전이 설치된 특정소방대상물의 용도변경을 위한 내부 인테리어 변경공사를 시공하는 자는 간이소화장치를 설치해야만 한다.
③ 무창층으로서 바닥면적 150㎡의 증축 작업 현장에는 간이피난유도선을 설치해야 한다.
④ 소방서장은 용접·용단 등 불꽃을 발생시키는 작업 현장에 임시소방시설이 설치·유지 및 관리되지 아니할 때에는 해당 시공자에게 필요한 조치를 하도록 명할 수 있다.

08   18. 하반기 경채

「소방시설 설치 및 관리에 관한 법률 시행령」상 건축허가등의 동의대상물 중 화재위험작업 공사 현장에 설치하여야 하는 임시소방시설의 종류와 설치기준으로 옳지 않은 것은?

① 가연성 가스를 발생시키는 화재위험작업 현장에는 소화기를 설치하여야 한다.
② 바닥면적 150㎡ 이상의 지하층 또는 무창층의 화재위험 작업 현장에는 간이소화장치를 설치하여야 한다.
③ 바닥면적 150㎡ 이상의 지하층 또는 무창층의 화재위험 작업 현장에는 비상경보장치를 설치하여야 한다.
④ 바닥면적 150㎡ 이상의 지하층 또는 무창층의 화재위험 작업 현장에는 간이피난유도선을 설치하여야 한다.

POINT 72 제2장 소방시설등의 설치·관리 및 방염
소방용품의 내용연수등

01 ☐☐☐ 24. 경채

「소방시설 설치 및 관리에 관한 법률」 및 같은 법 시행령상 내용연수 설정대상 소방용품에 관한 설명이다. ( ) 안에 들어갈 내용으로 옳은 것은?

> 특정소방대상물의 관계인은 내용연수가 경과한 소방용품을 교체해야 한다. 이 경우 내용연수를 설정해야 하는 소방용품은 (ㄱ)를 사용하는 소화기로 하며, 내용연수는 (ㄴ)년으로 한다.

	ㄱ	ㄴ
①	분말형태의 소화약제	10
②	강화액 소화약제	10
③	분말형태의 소화약제	7
④	강화액 소화약제	7

02 ☐☐☐ 18. 하반기 공채

「소방시설 설치 및 관리에 관한 법률 시행령」상 소방용품인 분말형태의 소화약제를 사용하는 소화기의 내용연수로 옳은 것은?

① 10년
② 15년
③ 20년
④ 25년

POINT 73 제2장 소방시설등의 설치·관리 및 방염
소방기술심의위원회 등

01 ☐☐☐ 23. 공채·경채

「소방시설 설치 및 관리에 관한 법률」상 중앙소방기술심의위원회의 심의사항으로 옳지 않은 것은?

① 화재안전기준에 관한 사항
② 소방시설에 하자가 있는지의 판단에 관한 사항
③ 소방시설의 설계 및 공사감리의 방법에 관한 사항
④ 소방시설의 구조 및 원리 등에서 공법이 특수한 설계 및 시공에 관한 사항

02 ☐☐☐ 18. 하반기 경채

「소방시설 설치 및 관리에 관한 법률」 및 같은 법 시행령상 중앙소방기술심의위원회의 심의사항에 관한 내용 중 옳지 않은 것은?

① 화재안전기준 및 공법이 특수한 설계 및 시공에 관한 사항
② 소방시설공사의 하자를 판단하는 기준에 관한 사항
③ 연면적 10만㎡ 이상의 특정소방대상물에 설치된 소방시설의 설계·시공·감리의 하자 유무에 관한 사항
④ 소방본부장 또는 소방서장이 심의에 부치는 사항

03 ☐☐☐ 17. 경채

「소방시설 설치 및 관리에 관한 법률」상 중앙소방기술심의위원회의 심의사항으로 가장 적절하지 않은 것은?

① 화재안전기준에 관한 사항
② 소방시설의 구조 및 원리 등에서 공법이 특수한 설계 및 시공에 관한 사항
③ 소방시설의 설계 및 공사감리의 방법에 관한 사항
④ 소방시설에 하자가 있는지의 판단에 관한 사항

04 ☐☐☐ 19. 경채

「소방시설 설치 및 관리에 관한 법률」 및 같은 법 시행령상 지방소방기술심의위원회의 심의사항으로 옳은 것은?

① 화재안전기준에 관한 사항
② 소방시설의 구조 및 원리 등에서 공법이 특수한 설계 및 시공에 관한 사항
③ 소방시설의 설계 및 공사감리의 방법에 관한 사항
④ 연면적 10만㎡ 미만의 특정소방대상물에 설치된 소방시설의 설계·시공·감리의 하자 유무에 관한 사항

POINT 74 소방대상물의 방염

제2장 소방시설등의 설치·관리 및 방염

01 □□□ 18. 하반기 경채

「소방시설 설치 및 관리에 관한 법률」및 같은 법 시행령상 규정하고 있는 소방대상물의 방염에 대한 설명으로 옳지 않은 것은?

① 「건축법 시행령」에 따라 산정한 층수가 11층 이상인 특정소방대상물(아파트는 제외)은 방염성능기준 이상의 실내장식물 등을 설치하여야 한다.
② 창문에 설치하는 커튼류(블라인드 포함)는 제조 또는 가공 공정에서 방염처리를 한 물품에 해당한다.
③ 방염성능검사 합격표시를 위조하거나 변조하여 사용한 자는 300만원 이하의 과태료에 처한다.
④ 대통령령에서 규정하는 방염성능기준 범위는 탄화한 면적의 경우 50cm² 이내, 탄화한 길이는 20cm 이내이다.

02 □□□ 20. 경채

「소방시설 설치 및 관리에 관한 법률 시행령」상 방염성능기준 이상의 실내장식물 등을 설치하여야 하는 특정소방대상물을 모두 고른 것은?

> ㄱ. 근린생활시설 중 의원
> ㄴ. 방송통신시설 중 방송국 및 촬영소
> ㄷ. 근린생활시설 중 체력단련장

① ㄱ
② ㄱ, ㄴ
③ ㄴ, ㄷ
④ ㄱ, ㄴ, ㄷ

03 □□□ 빈출문제

「소방시설 설치 및 관리에 관한 법률 시행령」상 방염성능기준 이상의 실내장식물 등을 설치하여야 하는 특정소방대상물로 옳지 않은 것은?

① 숙박시설
② 의료시설
③ 노유자시설
④ 운동시설 중 수영장

04 □□□ 20. 경채

「소방시설 설치 및 관리에 관한 법률 시행령」상 방염성능기준에 대한 설명이다. ( ) 안에 들어갈 숫자로 옳은 것은?

> ㄱ. 버너의 불꽃을 제거한 때부터 불꽃을 올리며 연소하는 상태가 그칠 때까지 시간은 (가)초 이내일 것
> ㄴ. 버너의 불꽃을 제거한 때부터 불꽃을 올리지 아니하고 연소하는 상태가 그칠 때까지 시간은 (나)초 이내일 것

	가	나
①	10	30
②	10	50
③	20	30
④	20	50

05 □□□ 기출변형

「소방시설 설치 및 관리에 관한 법률 시행령」상 방염성능기준 이상의 실내장식물 등을 설치하여야 하는 특정소방대상물로 옳지 않은 것은?

① 숙박시설
② 노유자시설
③ 의료시설
④ 층수가 11층 이상인 모든 특정소방대상물

06 □□□ 빈출문제

「소방시설 설치 및 관리에 관한 법률 시행령」상 방염성능기준 이상의 실내장식물 등을 설치하여야 하는 특정소방대상물이 아닌 것은?

① 근린생활시설 중 목욕장
② 교육연구시설 중 합숙소
③ 다중이용업소
④ 숙박이 가능한 수련시설

07 □□□ 17. 경채

「소방시설 설치 및 관리에 관한 법률 시행령」상 방염성능기준 이상의 실내장식물 등을 설치하여야 하는 특정소방대상물로 옳지 않은 것은?

① 문화 및 집회시설
② 의료시설
③ 노유자시설
④ 운동시설 중 수영장

08 □□□ 18. 공채

「소방시설 설치 및 관리에 관한 법률 시행령」상 방염성능기준에 대한 설명이다. ( ) 안에 들어갈 내용으로 옳은 것은?

> 가. 버너의 불꽃을 제거한 때부터 불꽃을 올리며 연소하는 상태가 그칠 때까지 시간은 (ㄱ)초 이내일 것
> 나. 버너의 불꽃을 제거한 때부터 불꽃을 올리지 아니하고 연소하는 상태가 그칠 때까지 시간은 (ㄴ)초 이내일 것
> 다. 탄화한 면적은 (ㄷ)cm² 이내, 탄화한 길이는 (ㄹ)cm 이내일 것
> 라. 불꽃에 의하여 완전히 녹을 때까지 불꽃의 접촉 횟수는 (ㅁ)회 이상일 것
> 마. 소방청장이 정하여 고시한 방법으로 발연량을 측정하는 경우 최대연기밀도는 (ㅂ) 이하일 것

	ㄱ	ㄴ	ㄷ	ㄹ	ㅁ	ㅂ
①	30	20	20	50	3	400
②	20	30	50	20	3	400
③	20	30	20	50	3	400
④	30	20	20	50	2	300

09
25. 경채

「소방시설 설치 및 관리에 관한 법률」및 같은 법 시행령상 방염성능기준으로 옳은 것은? (단, 소방청장이 정하여 고시하는 구체적인 방염성능기준은 제외한다)

① 불꽃에 의하여 완전히 녹을 때까지 불꽃의 접촉 횟수는 2회 이상일 것
② 탄화한 면적은 50제곱센티미터 이내, 탄화한 길이는 30센티미터 이내일 것
③ 소방청장이 정하여 고시한 방법으로 발연량을 측정하는 경우 최대연기밀도는 500 이하일 것
④ 버너의 불꽃을 제거한 때부터 불꽃을 올리며 연소하는 상태가 그칠 때까지 시간은 20초 이내일 것

10
17. 중앙

「소방시설 설치 및 관리에 관한 법률 시행령」상 방염성능기준으로 옳지 않은 것은?

① 불꽃에 의해 완전히 녹을 때까지 불꽃의 접촉횟수는 3회 이상일 것
② 버너의 불꽃을 제거한 때부터 불꽃을 올리고 연소상태가 그칠 때까지의 시간은 20초 이내일 것
③ 버너의 불꽃을 제거한 때부터 불꽃을 올리지 아니하고 연소상태가 그칠 때까지 시간은 30초 이내일 것
④ 탄화한 면적은 50cm² 이내, 탄화한 길이는 30cm 이내일 것

11
기출변형

「소방시설 설치 및 관리에 관한 법률 시행령」상 소방본부장 또는 소방서장은 다중이용업소, 의료시설, 노유자시설, 숙박시설 또는 장례시설 중 장례식장에서 사용하는 물품의 경우에는 방염 처리된 물품을 사용하도록 권장할 수 있다. 이 물품에 해당하지 않는 것은?

① 의자
② 소파
③ 섬유판
④ 침구류

POINT 75 — 제3장 소방시설등의 자체점검: 자체점검

01 □□□   24. 공채·경채

「소방시설 설치 및 관리에 관한 법률 시행령」상 소화펌프 고장 등 대통령령으로 정하는 중대위반사항으로 옳지 않은 것은?

① 화재수신기의 고장으로 화재경보음이 자동으로 울리지 않거나 화재수신기와 연동된 소방시설의 작동이 불가능한 경우
② 소화배관 등이 폐쇄·차단되어 소화수(消火水) 또는 소화약제가 자동 방출되지 않는 경우
③ 소화용수설비 주변 불법 주정차로 인하여 화재를 진압하는 데 필요한 물을 공급하기 어려운 경우
④ 방화문 또는 자동방화셔터가 훼손되거나 철거되어 본래의 기능을 못 하는 경우

02 □□□   기출변형

「소방시설 설치 및 관리에 관한 법률 시행규칙」상 소방시설등에 대한 자체점검에 대한 설명이다. ( ) 안의 내용으로 옳은 것은?

> - (ㄱ): 소방시설등을 인위적으로 조작하여 소방시설이 정상적으로 작동하는지를 소방청장이 정하여 고시하는 소방시설등 작동점검표에 따라 점검하는 것을 말한다.
> - 종합점검: 소방시설등의 작동점검을 포함하여 소방시설등의 설비별 주요 구성 부품의 구조기준이 화재안전기준과 「건축법」 등 관련 법령에서 정하는 기준에 적합한 지 여부를 소방청장이 정하여 고시하는 소방시설등 종합점검표에 따라 점검하는 것을 말하며, 다음과 같이 구분한다.
>   1) (ㄴ): 법 제22조 제1항 제1호에 따라 소방시설이 새로 설치되는 경우 「건축법」 제22조에 따라 건축물을 사용할 수 있게 된 날부터 60일 이내 점검하는 것을 말한다.
>   2) 그 밖의 종합점검: 최초점검을 제외한 종합점검을 말한다.

	가	나
①	작동점검	정기검사
②	작동점검	최초점검
③	정기점검	정기검사
④	정기점검	최초점검

03 □□□   21. 공채 – 기출변형

「소방시설 설치 및 관리에 관한 법률 시행규칙」상 종합점검에 대한 설명으로 옳은 것은?

① 소방시설관리업에 등록된 기술인력 중 소방시설관리사만 할 수 있다.
② 소방시설등의 작동점검은 포함하지 않는다.
③ 건축물의 사용승인일이 속하는 달에 연 2회 이상(특급 소방안전관리대상물은 연 4회 이상) 실시한다.
④ 스프링클러설비가 설치된 특정소방대상물은 종합점검을 받아야 한다.

04 □□□   기출변형

「소방시설 설치 및 관리에 관한 법률 시행규칙」상 종합점검 대상으로 옳은 것은?

① 옥내소화전설비가 설치된 연면적 4천㎡인 특정소방대상물
② 물분무등소화설비[호스릴(Hose reel) 방식의 물분무등소화설비만을 설치한 경우를 포함한다]가 설치된 연면적 5천㎡ 이상인 특정소방대상물
③ 제연설비가 설치된 터널
④ 공공기관 중 연면적이 600㎡ 이상이고 자동화재탐지설비가 설치된 것

05

「소방시설 설치 및 관리에 관한 법률 시행규칙」상 자체점검 중 종합점검에 대한 설명으로 옳지 않은 것은?

① 물분무등소화설비가 설치된 연면적 5천㎡ 이상인 특정소방대상물(위험물 제조소등은 제외)은 종합점검 대상이다.
② 종합점검의 점검횟수는 연 1회 이상(특급소방대상물의 경우에는 반기에 1회 이상) 실시한다.
③ 소방시설관리업자 또는 하자보수를 담당한 소방시설공사업자가 종합점검을 실시할 수 있다.
④ 자체점검의 면제 또는 연기 신청서를 제출받은 소방본부장 또는 소방서장은 자체점검의 면제 또는 연기 여부를 결정하여 자체점검 면제 또는 연기신청 결과 통지서를 신청받은 날부터 3일 이내에 연기신청을 한 자에게 통보하여야 한다.

06

「소방시설 설치 및 관리에 관한 법률」및 같은 법 시행규칙상 관리업자가 점검하는 경우 50층 이상 또는 성능위주설계를 한 특정소방대상물의 규모 등에 따른 점검인력의 배치로 옳은 것만을 <보기>에서 고른 것은?

<보기>
ㄱ. 주된 점검인력: 소방시설관리사 경력 5년인 특급점검자 1명
ㄴ. 주된 점검인력: 소방시설관리사 경력 3년인 특급점검자 1명
ㄷ. 보조 점검인력: 고급점검자 1명 및 중급점검자 1명
ㄹ. 보조 점검인력: 고급점검자 1명 및 초급점검자 1명

① ㄱ, ㄷ
② ㄱ, ㄹ
③ ㄴ, ㄷ
④ ㄴ, ㄹ

POINT 76 소방시설관리사

제4장 소방시설관리사 및 소방시설관리업

01 ☐☐☐ 기출변형

「소방시설 설치 및 관리에 관한 법률」상 소방시설관리사에 대한 설명이다. ( ) 안의 내용으로 옳은 것은?

> ㄱ. 소방시설관리사가 되려는 사람은 (가)이/가 실시하는 관리사시험에 합격하여야 한다.
> ㄴ. 소방시설관리사 시험의 응시자격, 시험 방법, 시험 과목, 시험 위원, 그 밖에 관리사시험에 필요한 사항은 (나)으로 정한다.

	가	나
①	소방청장	행정안전부령
②	소방청장	대통령령
③	시·도지사	행정안전부령
④	시·도지사	대통령령

02 ☐☐☐ 19. 공채

「소방시설 설치 및 관리에 관한 법률」상 소방시설관리사의 자격의 취소·정지 사유로 옳지 않은 것은?

① 동시에 둘 이상의 업체에 취업한 경우
② 등록사항의 변경신고를 하지 아니한 경우
③ 소방시설관리사증을 다른 자에게 빌려준 경우
④ 소방안전관리 업무를 하지 아니하거나 거짓으로 한 경우

03 ☐☐☐ 17. 공채 - 기출변형

「소방시설 설치 및 관리에 관한 법률」 및 같은 법 시행령상 소방시설관리사 또는 소방시설관리업에 대한 설명이다. 가장 옳지 않은 것은?

① 소방시설관리사가 되려는 사람은 소방청장이 실시하는 관리사시험에 합격하여야 한다.
② 소방시설관리업의 등록이 취소된 날부터 1년이 지난 경우는 관리업을 등록할 수 있다.
③ 기술 인력, 장비 등 관리업의 등록기준에 관하여 필요한 사항은 대통령령으로 정한다.
④ 소방기술사는 소방시설관리사 시험에 응시할 수 있다.

POINT 77 제4장 소방시설관리사 및 소방시설관리업
소방시설관리업

01 □□□ 23. 공채·경채

「소방시설 설치 및 관리에 관한 법률 시행령」상 전문소방시설관리업의 보조 기술인력 등록기준으로 옳은 것은?

① 특급점검자 이상의 기술인력: 2명 이상
② 중급·고급점검자 이상의 기술인력: 각 1명 이상
③ 초급·중급점검자 이상의 기술인력: 각 1명 이상
④ 초급·중급·고급점검자 이상의 기술인력: 각 2명 이상

02 □□□ 기출변형

「소방시설 설치 및 관리에 관한 법률」상 소방시설관리업에 대한 설명이다. ( ) 안의 내용으로 옳은 것은?

> ㄱ. 업종별 기술인력 등 소방시설관리업의 등록기준 및 영업 범위 등에 필요한 사항은 (가)으로 정한다.
> ㄴ. 소방시설관리업의 등록신청과 등록증·등록수첩의 발급·재발급 신청, 그 밖에 관리업의 등록에 필요한 사항은 (나)으로 정한다.

	가	나
①	대통령령	행정안전부령
②	행정안전부령	대통령령
③	대통령령	대통령령
④	행정안전부령	행정안전부령

03 □□□ 기출변형

「소방시설 설치 및 관리에 관한 법률 시행규칙」 제35조 등록사항의 변경신고 사항 규정에 따른 행정안전부령으로 정하는 중요 사항에 해당하지 않는 것은?

① 대표자
② 기술인력
③ 시공능력평가액
④ 영업소소재지

04 □□□ 21. 경채

「소방시설 설치 및 관리에 관한 법률」상 소방시설관리업의 등록을 반드시 취소하여야 하는 사유로 옳지 않은 것은?

① 자체점검 등을 하지 아니한 경우
② 소방시설관리업자가 피성년후견인인 경우
③ 거짓이나 그 밖의 부정한 방법으로 등록한 경우
④ 다른 자에게 등록증이나 등록수첩을 빌려준 경우

05 ☐☐☐ 기출변형

「소방시설 설치 및 관리에 관한 법률」상 소방시설관리업의 운영에 대한 설명으로 가장 적절하지 않은 것은?

① 관리업자는 관리업의 등록증이나 등록수첩을 다른 자에게 빌려주거나 빌려서는 아니 되며, 이를 알선하여서도 아니 된다.
② 관리업자의 지위를 승계한 경우 관리업자는 「화재의 예방 및 안전관리에 관한 법률」 제25조에 따라 소방안전관리업무를 대행하게 하거나 소방시설등의 점검업무를 수행하게 한 특정소방대상물의 관계인에게 지체 없이 그 사실을 알려야 한다.
③ 관리업자는 자체점검을 하거나 「화재의 예방 및 안전관리에 관한 법률」 제25조에 따른 소방안전관리업무의 대행을 하는 때에는 행정안전부령으로 정하는 바에 따라 소속 기술인력을 참여시켜야 한다.
④ 등록취소 또는 영업정지 처분을 받은 관리업자는 그 다음 날부터 소방안전관리업무를 대행하거나 소방시설등에 대한 점검을 하여서는 아니 된다. 다만, 등록취소의 경우 도급계약이 해지되지 아니한 때에는 대행 또는 점검 중에 있는 특정소방대상물의 소방안전관리업무 대행과 자체점검은 할 수 있다.

06 ☐☐☐ 빈출문제

「소방시설 설치 및 관리에 관한 법률」상 과징금은 영업정지처분에 갈음하여 최대 얼마까지 부과할 수 있는가?

① 1천만원
② 2천만원
③ 3천만원
④ 4천만원

07 ☐☐☐ 23. 공채·경채

「소방시설 설치 및 관리에 관한 법률 시행규칙」상 행정처분 시 감경사유로 옳지 않은 것은?

① 경미한 위반사항으로, 유도등이 일시적으로 점등되지 않는 경우
② 경미한 위반사항으로, 스프링클러설비 헤드가 살수반경에 미치지 못하는 경우
③ 위반행위가 사소한 부주의나 오류가 아닌 고의에 의한 것으로 인정되는 경우
④ 위반 행위자가 처음 해당 위반행위를 한 경우로서 5년 이상 소방시설관리사의 업무, 소방시설관리업 등을 모범적으로 해온 사실이 인정되는 경우

POINT 78 | 제5장 소방용품의 품질관리
소방용품의 형식승인 등

01 □□□ 25. 경채

「소방시설 설치 및 관리에 관한 법률」상 소방용품의 형식승인 및 성능인증 등에 관한 설명으로 옳지 않은 것은?

① 형식승인을 받은 자는 그 소방용품에 대하여 소방청장이 실시하는 제품검사를 받아야 한다.
② 형식승인의 방법·절차 등과 제품검사의 구분·방법·순서·합격표시 등에 필요한 사항은 행정안전부령으로 정한다.
③ 하나의 소방용품에 성능인증 사항이 두 가지 이상 결합된 경우에는 해당 성능인증 시험을 일부 실시하고 하나의 성능인증을 할 수 있다.
④ 외국의 공인기관으로부터 인정받은 신기술 제품은 형식승인을 위한 시험 중 일부를 생략하여 형식승인을 할 수 있다.

03 □□□ 기출변형

「소방시설 설치 및 관리에 관한 법률」상 소방용품의 형식승인 등에 관하여 옳지 않은 것은?

① 대통령령으로 정하는 소방용품을 제조하거나 수입하려는 자는 소방청장의 형식승인을 받아야 한다.
② 형식승인을 받으려는 자는 행정안전부령으로 정하는 기준에 따라 형식승인을 위한 시험시설을 갖추고 시·도지사의 심사를 받아야 한다.
③ 형식승인을 받은 자는 그 소방용품에 대하여 소방청장이 실시하는 제품검사를 받아야 한다.
④ 소방용품을 수입하는 자가 판매를 목적으로 하지 아니하고 자신의 건축물에 직접 설치하거나 사용하려는 경우 등 행정안전부령으로 정하는 경우에는 시험시설을 갖추지 아니할 수 있다.

02 □□□ 24. 경채

「소방시설 설치 및 관리에 관한 법률」 및 같은 법 시행령상 소방청장의 형식승인을 받아야 하는 소방용품으로 옳지 않은 것은?

① 분말자동소화장치
② 주거용 주방자동소화장치
③ 상업용 주방자동소화장치
④ 캐비닛형 자동소화장치

04 □□□ 17. 공채

「소방시설 설치 및 관리에 관한 법률」상 형식승인에 대한 설명이다. ( ) 안에 들어갈 내용으로 옳은 것은?

> 형식승인을 받지 아니한 소방용품을 (ㄱ)하거나 (ㄴ) 목적으로 (ㄷ)하거나 소방시설공사에 (ㄹ)할 수 없다.

	ㄱ	ㄴ	ㄷ	ㄹ
①	제조	제조	수입	사용
②	판매	판매	진열	사용
③	사용	사용	수입	설치
④	판매	진열	수입	설치

05 ☐☐☐ 확인학습

「소방시설 설치 및 관리에 관한 법률」상 소방용품 형식승인에 대한 설명으로 옳지 않은 것은?

① 대통령령으로 정하는 소방용품을 제조하거나 수입하려는 자는 소방청장의 형식승인을 받아야 하며, 연구개발 목적으로 제조하거나 수입하는 소방용품 역시 시·도지사의 형식승인을 받아야 한다.
② 누구든지 형상등을 임의로 변경한 것에 해당하는 소방용품을 판매하거나 판매 목적으로 진열하거나 소방시설공사에 사용할 수 없다.
③ 하나의 소방용품에 두 가지 이상의 형식승인 사항 또는 형식승인과 성능인증 사항이 결합된 경우에는 두 가지 이상의 형식승인 또는 형식승인과 성능인증 시험을 함께 실시하고 하나의 형식승인을 할 수 있다.
④ 형식승인을 받으려는 자는 행정안전부령으로 정하는 기준에 따라 형식승인을 위한 시험시설을 갖추고 소방청장의 심사를 받아야 한다.

06 ☐☐☐ 기출변형

「소방시설 설치 및 관리에 관한 법률」 및 같은 법 시행령상 소방용품의 형식승인에 대한 설명으로 옳지 않은 것은?

① 소화기구 중 소화약제 외의 것을 이용한 간이소화용구는 소방청장의 형식승인을 받아야 한다.
② 소화약제의 형식승인을 받으려는 자는 행정안전부령으로 정하는 기준에 따라 형식승인을 위한 시험시설을 갖추고 소방청장의 심사를 받아야 한다.
③ 소화전 형식승인을 받은 자는 그 소방용품에 대하여 소방청장이 실시하는 제품검사를 받아야 한다.
④ 자동소화장치의 형상, 구조, 재질, 성분, 성능 등의 형식승인 및 제품검사의 기술기준등에 관한 사항은 소방청장이 정하여 고시한다.

07 ☐☐☐ 11. 중앙

「소방시설 설치 및 관리에 관한 법률 시행령」상 소방청장의 형식승인을 받아야 하는 소방용품이 아닌 것은?

① 자동소화장치
② 가스누설경보기 및 누전경보기
③ 음향장치(경종 제외)
④ 공기호흡기(충전기 포함)

POINT 79 제6장 보칙 — 청문 및 권한의 위임 등

01
21. 경채

「소방시설 설치 및 관리에 관한 법률」상 청문 사유로 옳지 않은 것은?

① 성능인증의 취소
② 전문기관의 지정취소 및 업무정지
③ 소방용품의 형식승인 취소 및 제품검사 중지
④ 소방시설설계업 및 방염업의 등록취소 및 영업정지

02
16. 통합

「소방시설 설치 및 관리에 관한 법률」상 청문대상으로 옳지 않은 것은?

① 소방용품에 대한 성능인증의 중지
② 소방시설관리업의 등록취소 및 영업정지
③ 소방용품에 대한 우수품질인증의 취소
④ 전문기관의 지정취소 및 업무정지

03
빈출문제

「소방시설 설치 및 관리에 관한 법률」상 소방청장 또는 시·도지사가 청문을 하여야 하는 경우가 아닌 것은?

① 우수품질인증의 중지
② 소방시설관리자 자격취소
③ 소방용품의 형식승인취소
④ 소방시설관리업의 영업정지

제7장 벌칙
벌칙 및 과태료

01
25. 경채

「소방시설 설치 및 관리에 관한 법률」상 벌칙으로 옳은 것은?

① 소방용품에 대하여 형식승인의 변경승인을 받지 아니한 자는 3년 이하의 징역 또는 1천5백만원 이하의 벌금에 처한다.
② 소방시설에 폐쇄·차단 등의 행위를 한 자는 5년 이하의 징역 또는 5천만원 이하의 벌금에 처한다.
③ 방염성능의 검사를 위반하여 방염성능검사에 합격하지 아니한 물품에 합격표시를 하거나 합격표시를 위조하거나 변조하여 사용한 자는 500만원 이하의 벌금에 처한다.
④ 성능위주설계평가단의 업무를 수행하면서 알게 된 비밀을 이 법에서 정한 목적 외의 용도로 사용하거나 다른 사람 또는 기관에 제공하거나 누설한 자는 500만원 이하의 벌금에 처한다.

02
19. 경채 - 기출변형

「소방시설 설치 및 관리에 관한 법률」상 과태료 부과대상으로 옳은 것은?

① 소방시설관리사증을 다른 사람에게 빌려주거나 빌리거나 이를 알선한 자
② 형식승인의 변경승인을 받지 아니한 자
③ 특정소방대상물에 화재안전기준을 위반하여 소방시설을 설치 또는 유지·관리한 자
④ 방염성능검사에 합격하지 아니한 물품에 합격표시를 하거나 합격표시를 위조하거나 변조하여 사용한 자

03
20. 경채

「소방시설 설치 및 관리에 관한 법률」상 방염성능검사에 합격하지 아니한 물품에 합격표시를 하거나 합격표시를 위조하거나 변조하여 사용한 자에 대한 벌칙의 기준으로 옳은 것은?

① 300만원 이하의 벌금
② 1년 이하의 징역 또는 1천만원 이하의 벌금
③ 1천만원 이하의 벌금
④ 3년 이하의 징역 또는 3천만원 이하의 벌금

04
빈출문제

「소방시설 설치 및 관리에 관한 법률」상 소방시설관리업의 등록을 하지 않고 영업을 했을 때의 벌칙은?

① 5년 이하의 징역 또는 5천만원 이하의 벌금
② 3년 이하의 징역 또는 3천만원 이하의 벌금
③ 1년 이하의 징역 또는 1천만원 이하의 벌금
④ 300만원 이하의 벌금

05 ☐☐☐ 빈출문제

「소방시설 설치 및 관리에 관한 법률」상 벌칙 중 그 부과의 범위가 다른 것은?

① 소방용품의 형식승인을 받지 아니하고 소방용품을 제조하거나 수입한 자
② 피난·방화시설, 방화구획의 유지관리 조치명령 위반자
③ 소방시설의 기능과 성능에 지장을 초래하도록 소방시설에 폐쇄·차단 등 행위를 한 자
④ 제품검사를 받지 아니하거나 합격표시를 하지 아니한 소방용품을 판매·진열하거나 소방시설공사에 사용한 자

06 ☐☐☐ 빈출문제

「소방시설 설치 및 관리에 관한 법률」상 과태료 처분 대상으로 옳지 않은 것은?

① 피난시설, 방화구획 또는 방화시설의 폐쇄·훼손·변경 등의 행위를 한 경우
② 점검인력의 배치기준 등 자체점검 시 준수사항을 위반한 자
③ 화재안전기준에 따른 설치 또는 유지·관리를 위반한 경우
④ 영업정지처분을 받고 그 영업정지기간 중에 관리업의 업무를 한 자

07 ☐☐☐ 기출변형

「소방시설 설치 및 관리에 관한 법률」상 소방용품의 형식소방용품의 형식승인을 받지 아니하고 소방용품을 제조하거나 수입한 자에 대한 벌칙으로 옳은 것은?

① 5년 이하의 징역 또는 5천만원 이하의 벌금
② 3년 이하의 징역 또는 3천만원 이하의 벌금
③ 1년 이하의 징역 또는 1천만원 이하의 벌금
④ 1천500만원 이하의 벌금

fire.Hackers.com

해커스소방 fire.Hackers.com

제4편 소방의 화재조사에 관한 법률

제1장 | 총칙
POINT 81　목적 및 정의

제2장 | 화재조사의 실시 등
POINT 82　화재조사의 실시 등

제3장 | 화재조사 결과의 공표 등
POINT 83　화재조사 결과의 공표 등

제4장 | 화재조사 기반구축
POINT 84　화재조사 기반구축 등

제5장 | 벌칙
POINT 85　벌칙

POINT 81 — 제1장 총칙: 목적 및 정의

01 □□□ 23. 경채
「소방의 화재조사에 관한 법률」상 화재의 정의에 관한 설명으로 옳지 않은 것은?

① 사람의 의도에 반하여 발생하거나 확대된 물리적 폭발현상
② 고의에 의하여 발생한 연소 현상으로서 소화할 필요가 있는 현상
③ 과실에 의하여 발생한 연소 현상으로서 소화할 필요가 있는 현상
④ 사람의 의도에 반하여 발생한 연소 현상으로서 소화할 필요가 있는 현상

02 □□□ 확인학습
「소방의 화재조사에 관한 법률」상 용어의 뜻으로 옳지 않은 것은?

① "화재조사관"이란 화재조사에 전문성을 인정받아 화재조사를 수행하는 소방공무원을 말한다.
② "화재"란 사람의 의도에 반하거나 고의 또는 과실에 의하여 발생하는 연소 현상으로서 소화할 필요가 있는 현상 또는 사람의 의도에 반하여 발생하거나 확대된 화학적 폭발현상을 말한다.
③ "화재조사"란 시·도지사, 소방본부장 또는 소방서장이 화재원인, 피해상황, 대응활동 등을 파악하기 위하여 자료의 수집, 관계인등에 대한 질문, 현장 확인, 감식, 감정 및 실험 등을 하는 일련의 행위를 말한다.
④ "관계인등"이란 화재가 발생한 소방대상물의 소유자·관리자 또는 점유자, 화재 현장을 발견하고 신고한 사람, 화재 현장을 목격한 사람, 소화활동을 행하거나 인명구조활동(유도대피 포함)에 관계된 사람 및 화재를 발생시키거나 화재발생과 관계된 사람을 말한다.

03 □□□ 확인학습
「소방의 화재조사에 관한 법률」상 용어에 대한 설명이다. ( ) 안에 들어갈 말로 옳은 것은?

- "화재조사"란 (ㄱ), 소방본부장 또는 소방서장이 화재원인, 피해상황, 대응활동 등을 파악하기 위하여 자료의 수집, 관계인등에 대한 질문, 현장 확인, 감식, 감정 및 실험 등을 하는 일련의 행위를 말한다.
- "화재조사관"이란 화재조사에 전문성을 인정받아 화재조사를 수행하는 (ㄴ)을/를 말한다.

	ㄱ	ㄴ
①	소방청장	소방기술자
②	소방청장	소방공무원
③	시·도지사	소방기술자
④	시·도지사	소방공무원

POINT 82 화재조사의 실시 등

제2장 화재조사의 실시 등

01 ☐☐☐ 24. 경채

「소방의 화재조사에 관한 법률 시행령」상 화재조사 절차로 옳지 않은 것은?

① 현장출동 중 조사
② 화재현장 조사
③ 사전조사
④ 정밀조사

02 ☐☐☐ 23. 경채

「소방의 화재조사에 관한 법률」에 관한 내용으로 옳지 않은 것은?

① 소방공무원과 경찰공무원은 화재조사에 필요한 증거물의 수집 및 보존에 관한 사항에 대하여 서로 협력하여야 한다.
② 소방관서장은 화재조사 결과의 공표 시 수사가 진행 중이거나 수사의 필요성이 인정되는 경우에는 관계 수사기관의 장과 공표 여부에 관하여 사전에 협의하여야 한다.
③ 화재조사를 하는 화재조사관은 관계인의 정당한 업무를 방해하거나 화재조사를 수행하면서 알게 된 비밀을 다른 용도로 사용하거나 다른 사람들에게 누설하여서는 아니 된다.
④ 소방청장, 소방본부장 또는 소방서장이 화재원인, 피해상황, 대응활동 등을 파악하기 위하여 자료의 수집, 감정 및 실험을 하는 행위는 화재조사에 포함되지 않는다.

03 ☐☐☐ 24. 경채

「소방의 화재조사에 관한 법률 시행령」상 화재조사전담부서에 배치해야 하는 화재조사관의 최소 기준인원으로 옳은 것은?

① 1명
② 2명
③ 3명
④ 4명

04 ☐☐☐ 25. 공채·경채

「소방의 화재조사에 관한 법률」및 같은 법 시행령상 화재조사 사항에 해당하는 것으로 <보기>에서 모두 고른 것은?

<보기>
ㄱ. 화재조사 증거물 수집에 관한 사항
ㄴ. 소방시설 등의 설치·관리에 관한 사항
ㄷ. 화재안전조사의 실시 결과에 관한 사항
ㄹ. 화재현장 보존조치 및 통제구역 설정에 관한 사항

① ㄱ, ㄴ
② ㄴ, ㄷ
③ ㄱ, ㄷ, ㄹ
④ ㄴ, ㄷ, ㄹ

05
25. 공채·경채

「소방의 화재조사에 관한 법률」및 같은 법 시행령, 시행규칙상 (　) 안에 들어갈 수의 합으로 옳은 것은?

- 소방관서장은 화재조사의 필요성으로 관계인등의 출석을 요구하려면 출석일 (　)일 전까지 출석 일시와 장소 등을 관계인등에게 알려야 한다.
- 소방청장이 화재조사에 관한 시험을 실시하는 경우에는 시험의 과목·일시·장소 및 응시 자격·절차 등을 시험 실시 (　)일 전까지 소방청의 인터넷 홈페이지에 공고해야 한다.
- 소방청장은 화재감정기관 지정 절차에서 화재감정기관 지정 신청서 또는 첨부서류에 보완이 필요하다고 판단되면 (　)일 이내의 기간을 정하여 보완을 요구할 수 있다.

① 40
② 43
③ 47
④ 50

06
확인학습

「소방의 화재조사에 관한 법률」에 관한 내용으로 옳지 않은 것은?

① 소방청장, 소방본부장 또는 소방서장(이하 "소방관서장"이라 한다)은 화재발생 사실을 알게 된 때에는 지체 없이 화재조사를 하여야 한다. 이 경우 수사기관의 범죄수사에 지장을 주어서는 아니 된다.
② 소방관서장은 전문성에 기반하는 화재조사를 위하여 화재조사전담부서(이하 "전담부서"라 한다)를 설치·운영할 수 있다.
③ 소방관서장은 사상자가 많거나 사회적 이목을 끄는 화재 등 대통령령으로 정하는 대형화재 등이 발생한 경우 종합적이고 정밀한 화재조사를 위하여 유관기관 및 관계 전문가를 포함한 화재합동조사단을 구성·운영할 수 있다.
④ 소방관서장은 화재조사를 위하여 필요한 범위에서 화재현장 보존조치를 하거나 화재현장과 그 인근 지역을 통제구역으로 설정할 수 있다. 다만, 방화(放火) 또는 실화(失火)의 혐의로 수사의 대상이 된 경우에는 관할 경찰서장 또는 해양경찰서장(이하 "경찰서장"이라 한다)이 통제구역을 설정한다.

07
23. 경채

「소방의 화재조사에 관한 법률」 및 같은 법 시행규칙상 화재조사전담부서에서 갖추어야 할 장비와 시설 중 감식기기(16종)에 해당하지 않는 것은?

① 금속현미경
② 절연저항계
③ 내시경현미경
④ 휴대용디지털현미경

08
25. 경채

「소방의 화재조사에 관한 법률」및 같은 법 시행령, 시행규칙상 화재조사 증거물 수집 등에 관한 설명으로 옳지 않은 것은?

① 화재조사 증거물을 수집하는 경우 증거물의 수집과정을 사진 촬영 또는 영상 녹화의 방법으로 기록해야 한다.
② 소방관서장은 화재조사를 위하여 필요한 최소한의 범위에서 화재조사관에게 증거물을 수집하여 검사·시험·분석 등을 하게 할 수 있다.
③ 소방관서장은 수집한 증거물이 화재와 관련이 없다고 인정되는 경우와 화재조사가 완료되는 등 증거물을 보관할 필요가 없게 된 경우에는 증거물을 반환할 수 있다.
④ 소방관서장은 화재조사를 위하여 필요한 경우 증거물을 수집하여 검사·시험·분석 등을 할 수 있다. 다만, 범죄수사와 관련된 증거물인 경우에는 수사기관의 장과 협의하여 수집할 수 있다.

POINT 83 화재조사 결과의 공표 등

제3장 화재조사 결과의 공포 등

01 □□□
25. 경채

「소방의 화재조사에 관한 법률」및 같은 법 시행규칙상 화재조사 결과의 공표에 관한 설명으로 옳은 것은?

① 화재조사 결과의 공표는 관보에 공고하거나, 「신문 등의 진흥에 관한 법률」에 따른 신문 또는 「방송법」에 따른 방송을 이용하는 등 일반인이 쉽게 알 수 있는 방법으로 한다.
② 소방관서장은 화재조사 결과를 공표하는 경우 수사가 진행중이거나 수사의 필요성이 인정되는 경우에는 관계 수사기관의 장과 공표 여부에 관하여 사전에 협의하여야 한다.
③ 소방관서장이 국민이 유사한 화재로부터 피해를 입지 않도록 하기 위하여 화재조사 결과를 공표하는 경우, 공표의 범위·방법 및 절차 등에 관하여 필요한 사항은 대통령령으로 정한다.
④ 소방관서장은 사회적 관심이 집중되어 국민의 알 권리 충족 등 공공의 이익을 위해 필요한 경우와 소방정책에 활용하기 위해 과학적·전문적인 화재조사가 필요한 경우에는 화재조사 결과를 공표하여야 한다.

POINT 84 화재조사 기반구축 등

제4장 화재조사 기반구축

01 □□□ 24. 공채·경채

「소방의 화재조사에 관한 법률 시행령」상 화재감정기관의 지정기준에서 전문인력 중 주된 기술인력 기준으로 옳지 않은 것은?

① 국가기술자격의 직무분야 중 화재감식평가 분야의 기사 자격 취득 후 화재조사 관련 분야에서 5년 이상 근무한 사람
② 화재조사관 자격 취득 후 화재조사 관련 분야에서 5년 이상 근무한 사람
③ 이공계 분야의 박사학위 취득 후 화재조사 관련 분야에서 2년 이상 근무한 사람
④ 소방청장이 인정하는 화재조사 관련 국제자격증을 소지한 사람

02 □□□ 24. 공채·경채

「소방의 화재조사에 관한 법률」 및 같은 법 시행령상 화재정보를 수집·관리할 때 활용하는 국가화재정보시스템의 운영에 관한 설명으로 옳은 것은?

① 시·도지사는 화재예방과 소방활동에 활용할 수 있는 국가화재정보시스템을 구축해 운영하여야 한다.
② 국가화재정보시스템을 활용하여 수집·관리해야 하는 화재정보는 화재원인, 화재피해상황, 화재유형별 화재위험성에 관한 사항 등이다.
③ 화재정보의 수집·관리 및 활용 등에 필요한 사항은 행정안전부령으로 정한다.
④ 국가화재정보시스템의 운영 및 활용 등에 필요한 사항은 시·도의 조례로 정한다.

POINT 85 | 제5장 벌칙
벌칙

01 □□□
23. 경채

「소방의 화재조사에 관한 법률」상 벌칙에 관한 내용이다. ( ) 안에 들어갈 내용으로 옳은 것은?

> 소방관서장은 화재조사를 위하여 필요한 경우에 관계인에게 보고 또는 자료 제출을 명하거나 화재조사관으로 하여금 해당 장소에 출입하여 화재조사를 하게 하거나 관계인등에게 질문하게 할 수 있다. 이에 따른 명령을 위반하여 보고 또는 자료 제출을 하지 아니하거나 거짓으로 보고 또는 자료를 제출한 사람은 (ㄱ)만원 이하의 (ㄴ)을/를 부과한다.

	ㄱ	ㄴ
①	200	벌금
②	200	과태료
③	300	벌금
④	300	과태료

해커스소방 **fire.Hackers.com**

제5편 소방시설공사업법

제1장 | 총칙
POINT 86   목적 및 정의

제2장 | 소방시설업
POINT 87   소방시설업의 등록
POINT 88   등록의 결격사유
POINT 89   등록사항의 변경신고 등
POINT 90   소방시설업자의 지위승계
POINT 91   소방시설업의 운영 등
POINT 92   등록취소와 영업정지 등
POINT 93   과징금 처분

제3장 | 소방시설공사등
POINT 94   설계
POINT 95   시공
POINT 96   착공신고 등
POINT 97   완공검사
POINT 98   공사의 하자보수 등
POINT 99   감리 등
POINT 100   공사감리자의 지정 등
POINT 101   감리원의 배치 등
POINT 102   공사감리 결과의 통보 등
POINT 103   방염처리능력 평가 및 공시
POINT 104   소방시설공사의 도급
POINT 105   임금에 대한 압류의 금지 등
POINT 106   공사대금의 지급보증 등
POINT 107   하도급의 제한 등
POINT 108   도급계약의 해지 등
POINT 109   시공능력 평가 및 공시

제4장 | 소방기술자
POINT 110   소방기술 경력 등의 인정 등
POINT 111   소방기술자의 양성 및 교육 등
POINT 112   소방기술자의 실무교육

제5장 | 소방시설업자협회
POINT 113   소방시설업자협회

제6장 | 보칙
POINT 114   청문 등
POINT 115   권한의 위임·위탁 등

제7장 | 벌칙
POINT 116   벌칙 및 과태료

POINT 86 | 제1장 총칙
목적 및 정의

01
18. 하반기 공채

「소방시설공사업법」상 소방시설업의 영업에 해당하지 않는 것은?

① 소방시설공사에 기본이 되는 공사계획, 설계도면, 설계설명서, 기술계산서 및 이와 관련된 서류를 작성하는 영업
② 설계도서에 따라 소방시설을 신설, 증설, 개설, 이전 및 정비하는 영업
③ 소방안전관리 업무의 대행 또는 소방시설등의 점검 및 유지·관리하는 영업
④ 방염대상물품에 대하여 방염처리하는 영업

02
18. 공채

「소방시설공사업법」상 용어의 정의로 옳지 않은 것은?

① 감리원이란 소방공사감리업자에 소속된 소방기술자로서 해당 소방시설공사를 감리하는 사람을 말한다.
② 발주자란 소방시설공사 등을 소방시설업자에게 도급하는 자를 말한다. 다만, 수급인으로서 도급받은 공사를 하도급하는 자는 제외한다.
③ 소방시설공사업이란 설계도서에 따라 소방시설을 신설, 증설, 개설, 이전 및 정비하는 영업을 말한다.
④ 소방시설설계업이란 소방시설공사에 관한 발주자의 권한을 대행하여 소방시설공사가 설계도서와 관계 법령에 따라 적법하게 시공되는지를 확인하는 영업을 말한다.

03
22. 공채

「소방시설공사업법」에서 규정한 용어의 정의로 옳지 않은 것은?

① "소방시설공사업"이란 설계도서에 따라 소방시설을 신설, 증설, 개설, 이전 및 정비하는 영업을 말한다.
② "소방시설설계업"이란 소방시설공사에 기본이 되는 공사계획, 설계도면, 설계 설명서, 기술계산서 및 이와 관련된 서류를 작성하는 영업을 말한다.
③ "발주자"란 소방시설의 설계, 시공, 감리 및 방염을 소방시설업자에게 도급한 자 및 도급받은 공사를 하도급하는 자를 말한다.
④ "소방공사감리업"이란 소방시설공사에 관한 발주자의 권한을 대행하여 소방시설공사가 설계도서와 관계법령에 따라 적법하게 시공되는지를 확인하고, 품질·시공 관리에 대한 기술지도를 하는 영업을 말한다.

04
18. 공채

「소방시설공사업법」상 소방시설업의 종류로 옳은 것을 모두 고르면?

가. 소방공사감리업	나. 소방시설관리업
다. 소방시설공사업	라. 소방시설설계업
마. 소방시설점검업	바. 방염처리업

① 가, 다, 라
② 나, 마, 바
③ 가, 나, 다, 라
④ 가, 다, 라, 바

05

15. 통합

「소방시설공사업법」의 목적이다. (   ) 안에 들어갈 내용으로 가장 옳은 것은?

> 이 법은 소방시설공사 및 소방기술의 관리에 필요한 사항을 규정함으로써 소방시설업을 건전하게 발전시키고 (ㄱ)시켜 화재로부터 (ㄴ)하고 국민경제에 이바지함을 목적으로 한다.

	ㄱ	ㄴ
①	소방산업을 혁신	공공의 안전을 확보
②	소방기술을 진흥	국민의 생명·신체를 보호
③	소방기술을 진흥	공공의 안전을 확보
④	소방산업을 혁신	국민의 생명·신체를 보호

06

기출변형

「소방시설공사업법」상 용어의 정의로 옳지 않은 것은?

① 소방시설공사업은 설계도서에 따라 소방시설을 시공하는 영업을 한다.
② 감리원은 소방시설설계업에 소속된 자로서 해당 소방시설을 설계하는 사람을 말한다.
③ 소방시설업자는 소방시설업 경영을 위하여 소방시설업을 등록한 자를 말한다.
④ 소방시설설계업은 공사의 기본이 되는 설계도서를 작성한다.

07

기출변형

「소방시설공사업법」상의 목적으로 가장 옳지 않은 것은?

① 소방시설업을 건전하게 발전시키기 위함
② 건설공사 및 소방산업의 관리에 필요한 사항을 규정하기 위함
③ 국민경제에 이바지하기 위함
④ 화재로부터 공공의 안전을 확보함

08

기출변형

「소방시설공사업법」상 용어의 정의로 옳지 않은 것은?

① 소방시설업은 소방시설설계업, 소방시설공사업, 소방시설감리업 및 방염처리업을 말한다.
② 소방시설업자란 소방시설업을 경영하기 위하여 소방시설업을 등록한 자를 말한다.
③ 발주자란 소방시설의 설계, 시공, 감리 및 방염을 소방시설업자에게 도급하는 자를 말한다. 다만, 수급인으로서 도급받은 공사를 하도급하는 자는 제외한다.
④ 감리원이란 소방공사감리업자에 소속된 소방기술자로서 해당 소방시설공사를 감리하는 사람을 말한다.

POINT 87 제2장 소방시설업
소방시설업의 등록

정답 및 해설 p.76

01 ☐☐☐ 빈출문제

「소방시설공사업법」상 소방시설업의 등록에 대한 내용이다. ( ) 안에 들어갈 내용으로 옳은 것은?

> 특정소방대상물의 소방시설등을 하려는 자는 (ㄱ)로 대통령령으로 정하는 (ㄴ), (ㄷ) 등을 갖추어 시·도지사에게 소방시설업의 등록을 하여야 한다.

	ㄱ	ㄴ	ㄷ
①	유형별	신용평가액	실적평가신고서
②	유형별	자본금	실적평가신고서
③	업종별	기술인력	자본금
④	업종별	신용평가액	기술인력

02 ☐☐☐ 18. 공채

「소방시설공사업법 시행령」상 소방시설공사업의 등록기준으로 옳은 것은?

① 자본금 및 시공능력평가액
② 기술인력 및 자본금(개인인 경우는 자산평가액)
③ 기술인력, 장비 및 도급금액
④ 기술인력, 장비 및 시공능력평가액

03 ☐☐☐ 기출변형

「소방시설공사업법 시행령」상 소방시설설계업의 업종별 등록기준 및 영업범위로 옳지 않은 것은?

① 전문 소방시설설계업의 영업범위는 모든 특정소방대상물에 설치되는 소방시설의 설계이다.
② 기계분야 일반 소방시설설계업의 영업범위로 위험물 제조소 등에 설치되는 기계분야 소방시설의 설계는 해당한다.
③ 전기분야 일반 소방시설설계업의 영업범위로 연면적 3만㎡(공장의 경우에는 1만㎡) 미만의 특정소방대상물에 설치되는 전기분야 소방시설의 설계는 해당한다.
④ 전문 소방시설설계업의 주된 기술인력은 소방기술사 1명 이상 또는 기계분야와 전기분야의 소방설비기사 각 1명(기계분야 및 전기분야의 자격을 함께 취득한 사람 1명) 이상이다.

04 ☐☐☐ 기출변형

「소방시설공사업법 시행령」상 기계분야 일반 소방공사감리업의 영업범위로 옳지 않은 것은?

① 공장을 제외한 연면적 3만㎡ 미만의 특정소방대상물(제연설비가 설치되는 특정소방대상물은 제외한다)에 설치되는 기계분야 소방시설의 감리
② 공장의 경우에는 연면적 1만5천㎡ 미만의 특정소방대상물(제연설비가 설치되는 특정소방대상물은 제외한다)에 설치되는 기계분야 소방시설의 감리
③ 위험물 제조소등에 설치되는 기계분야 소방시설의 감리
④ 아파트에 설치되는 기계분야 소방시설(제연설비는 제외한다)의 감리

05 □□□
기출변형

「소방시설공사업법」 및 같은 법 시행령상 소방시설업의 등록에 대한 설명으로 옳은 것은 모두 몇 개 인가?

> ㄱ. 소방시설업의 업종별 영업범위는 행정안전부령으로 정한다.
> ㄴ. 소방시설업의 등록신청과 등록증·등록수첩의 발급·재발급 신청, 그 밖에 소방시설업 등록에 필요한 사항은 대통령령으로 정한다.
> ㄷ. 특정소방대상물의 소방시설공사등을 하려는 자는 업종별로 자본금(개인인 경우에는 자산 평가액을 말한다), 기술인력 등 대통령령으로 정하는 요건을 갖추어 소방청장에게 소방시설업을 등록하여야 한다.
> ㄹ. 소방시설공사업의 등록을 하려는 자는 영 [별표 1]의 기준을 갖추어 소방청장이 지정하는 금융회사 또는 「소방산업의 진흥에 관한 법률」 제23조에 따른 소방산업공제조합이 [별표 1]에 따른 자본금 기준금액의 100분의 50 이상에 해당하는 금액의 담보를 제공받거나 현금의 예치 또는 출자를 받은 사실을 증명하여 발행하는 확인서를 시·도지사에게 제출하여야 한다.
> ㅁ. 전문소방시설설계업의 영업범위는 연면적 3만제곱미터 이상의 특정소방대상물에 설치하는 소방시설의 설계이다.

① 2개   ② 3개
③ 4개   ④ 없음

06 □□□
빈출문제

「소방시설공사업법 시행령」상 전문 소방시설공사업에서 보조기술인력은 몇 명 이상이어야 하는가?

① 1명   ② 2명
③ 3명   ④ 4명

07 □□□
13. 중앙특채

「소방시설공사업법」상 방염처리업의 종류가 아닌 것은?

① 섬유류 방염업   ② 가구류 방염업
③ 합성수지류 방염업   ④ 합판·목재류 방염업

08 □□□
기출변형

「소방시설공사업법 시행규칙」상 소방시설업 등록증 발급은 시·도지사가 접수일로부터 며칠 이내에 협회를 경유하여 신청인에게 발급해야 하는가?

① 5일   ② 10일
③ 15일   ④ 30일

09 □□□
기출변형

「소방시설공사업법 시행규칙」상 등록신청 등에 관한 설명이다. ( ) 안의 내용으로 옳은 것은?

> ㄱ. 협회는 소방시설업의 등록신청 첨부서류가 첨부되지 아니한 경우에는 (가) 이내의 기간을 정하여 이를 보완하게 할 수 있다.
> ㄴ. 협회는 등록신청 서류의 검토·확인을 마쳤을 때에는 소방시설업 등록신청 서류에 그 결과를 기재한 소방시설업 등록신청서 서면심사 및 확인 결과를 첨부하여 접수일 부터 (나) 이내에 신청인의 주된 영업소 소재지를 관할하는 시·도지사에게 보내야 한다.

	가	나
①	5일	10일
②	5일	7일
③	10일	10일
④	10일	7일

POINT 88 제2장 소방시설업 등록의 결격사유

01 ☐☐☐ 13. 중앙

「소방시설공사업법 시행규칙」상 소방시설업자가 시·도지사에게 신고하여야 할 등록사항의 변경신고사항이 아닌 것은?

① 기술인력
② 대표자
③ 명칭·상호 또는 영업소 소재지
④ 자본금 및 자산평가액

02 ☐☐☐ 22. 공채

「소방시설공사업법」상 소방시설업 등록의 결격사유에 해당하지 않는 사람은?

① 피성년후견인
② 등록하려는 소방시설업 등록이 취소된 날부터 3년이 지난 사람
③ 「소방기본법」에 따른 금고 이상의 형의 집행유예를 선고받고 그 유예기간 중에 있는 사람
④ 「위험물안전관리법」에 따른 금고 이상의 실형을 선고받고, 그 집행이 끝나거나(집행이 끝난 것으로 보는 경우를 포함한다) 면제된 날부터 1년이 지난 사람

POINT 89 제2장 소방시설업
등록사항의 변경신고 등

01 ☐☐☐ 확인학습

「소방시설공사업법」상 제6조에 따른 등록사항의 변경신고에 대한 내용이다. ( )에 들어갈 내용으로 옳은 것은?

> 소방시설업자는 등록한 사항 중 (ㄱ)으로 정하는 중요 사항을 변경할 때에는 (ㄴ)이/으로 정하는 바에 따라 시·도지사에게 신고하여야 한다.

	ㄱ	ㄴ
①	행정안전부령	소방본부장 또는 소방서장
②	행정안전부령	행정안전부령
③	대통령령	대통령령
④	대통령령	대통령령

02 ☐☐☐ 빈출문제

「소방시설공사업법 시행규칙」상 제5조의 규정에 따른 등록사항의 변경신고에 해당하는 사항은 모두 몇 개인가?

> ㄱ. 상호(명칭)
> ㄴ. 영업소 소재지
> ㄷ. 영업소 면적
> ㄹ. 대표자의 주소
> ㅁ. 기술인력

① 2개
② 3개
③ 4개
④ 5개

03 ☐☐☐ 확인학습

「소방시설공사업법 시행규칙」 제6조의2의 규정에 따라 재개업 신고를 하려면 재개업일부터 며칠 이내에 재개업신고서에 해당서류를 첨부하여 협회를 경유하여 시·도지사에게 제출하여야 하는가?

① 7일 이내
② 14일 이내
③ 15일 이내
④ 30일 이내

POINT 90 제2장 소방시설업
소방시설업자의 지위승계

01 □□□ 22. 공채

「소방시설공사업법」상 소방시설업의 등록, 휴·폐업과 소방시설업자의 지위승계에 대한 내용으로 옳지 않은 것은?

① 특정소방대상물의 소방시설공사등을 하려는 자는 업종별로 자본금, 기술인력 등 행정안전부령으로 정하는 요건을 갖추어 시·도지사에게 소방시설업을 등록하여야 한다.
② 소방시설업자가 사망하여 그 상속인이 종전의 소방시설업자의 지위를 승계하려는 경우에는 그 상속일, 양수일 또는 합병일부터 30일 이내에 행정안전부령으로 정하는 바에 따라 그 사실을 시·도지사에게 신고하여야 한다.
③ 소방시설업자는 소방시설업을 폐업하는 때에는 행정안전부령으로 정하는 바에 따라 시·도지사에게 신고하여야 하고 폐업신고를 받은 시·도지사는 소방시설업 등록을 말소하고 그 사실을 행정안전부령으로 정하는 바에 따라 공고하여야 한다.
④ 「민사집행법」에 따른 경매에 따라 소방시설업자의 소방시설의 전부를 인수한 자가 종전의 소방시설업자의 지위를 승계하려는 경우에는 그 인수일부터 30일 이내에 행정안전부령으로 정하는 바에 따라 그 사실을 시·도지사에게 신고하여야 한다.

02 □□□ 기출변형

「소방시설공사업법」 제7조의 규정에 따른 소방시설업자의 지위승계에 대한 내용으로 옳지 않은 것은?

① 소방시설업자가 그 영업을 양도한 경우 그 양수인이 종전의 소방시설업자의 지위를 승계하려는 경우에는 양수일부터 30일 이내에 행정안전부령으로 정하는 바에 따라 그 사실을 시·도지사에게 신고하여야 한다.
② 「민사집행법」에 따른 경매 절차에 따라 소방시설업자의 소방시설의 전부 또는 일부를 인수한 자가 종전의 소방시설업자의 지위를 승계하려는 경우에는 그 인수일부터 30일 이내에 행정안전부령으로 정하는 바에 따라 그 사실을 시·도지사에게 신고하여야 한다.
③ 시·도지사는 지위승계 신고를 받은 경우 그 내용을 검토하여 이 법에 적합하면 신고를 수리하여야 한다.
④ 지위신고가 수리된 경우에는 상속인, 양수인, 존속하는 법인이나 합병으로 설립되는 법인에 해당하는 자 또는 소방시설업자의 소방시설의 전부를 인수한 자는 그 상속일, 양수일, 합병일 또는 인수일부터 종전의 소방시설업자의 지위를 승계한다.

POINT 91 제2장 소방시설업 — 소방시설업의 운영 등

01 □□□ 기출변형

「소방시설공사업법」 제8조의 규정에 따른 소방시설업의 운영에 대한 내용으로 옳지 않은 것은?

① 소방시설업자는 행정안전부령으로 정하는 관계 서류를 하자보수 보증기간 동안 보관하여야 한다.
② 소방시설업자는 영업정지처분을 받은 경우에는 소방시설공사등을 맡긴 특정소방대상물의 관계인에게 지체 없이 그 사실을 알려야 한다.
③ 소방시설업자는 다른 자에게 자기의 성명이나 상호를 사용하여 소방시설공사등을 수급 또는 시공하게 하여서는 아니된다. 다만, 친족의 경우에 한하여 소방시설업의 등록증 또는 등록수첩을 빌려줄 수 있다.
④ 원칙적으로 영업정지처분이나 등록취소처분을 받은 소방시설업자는 그 날부터 소방시설공사등을 하여서는 아니 된다.

02 □□□ 기출변형

「소방시설공사업법」상 소방시설업의 등록 등에 대한 내용으로 옳지 않은 것은?

① 영업정지처분이나 등록취소처분을 받은 소방시설업자는 그 날부터 소방시설공사등을 하여서는 아니 된다. 다만, 소방시설의 착공신고가 수리(受理)되지 아니하여 공사를 하고 있지 않은 자로서 도급계약이 해지되지 아니한 소방시설공사업자 또는 소방공사감리업자가 그 공사를 하는 동안에는 그러하지 아니하다.
② 피한정후견인은 소방시설업 등록의 결격사유에 해당하지 아니한다.
③ 소방시설업자가 사망한 경우 그 상속인은 종전의 지위를 승계하려는 경우에는 상속일부터 30일 이내에 시·도지사에게 신고하여야 한다.
④ 거짓 그 밖의 부정한 방법으로 등록을 한 때는 등록을 취소하여야 한다.

03 □□□ 19. 공채

「소방시설공사업법」상 소방시설업자가 소방시설공사등을 맡긴 특정소방대상물의 관계인에게 지체 없이 그 사실을 알려야 하는 사항으로 옳지 않은 것은?

① 소방시설업을 휴업한 경우
② 소방시설업자의 지위를 승계한 경우
③ 소방시설업에 대한 행정처분 중 등록취소 처분을 받은 경우
④ 소방시설업에 대한 행정처분 중 영업정지 또는 경고처분을 받은 경우

04 □□□ 10. 서울

「소방시설공사업법 시행규칙」 제8조의 규정에 따라 업종별로 소방시설업자가 보관하여야 하는 관계 서류에 해당하지 않는 것은?

① 소방시설설계업: 소방시설 설계기록부 및 소방시설 설계도서
② 소방시설공사업: 소방시설공사 기록부
③ 소방시설관리업: 소방시설관리 기록부
④ 소방공사감리업: 소방공사감리 기록부, 소방공사 감리일지, 소방시설 완공 당시 설계도서

POINT 92 제2장 소방시설업
등록취소와 영업정지 등

01 □□□ 17. 공채
「소방시설공사업법」 및 같은 법 시행규칙상 소방시설업의 운영과 영업정지처분에 대한 설명 중 가장 옳은 것은?

① 소방시설업의 영업정지처분을 받은 경우 지체 없이 감리업자에 알려야 한다.
② 소방시설업 등록의 취소권자는 소방본부장 또는 소방서장이 한다.
③ 소방시설업자는 소방시설업자의 지위를 승계한 경우 시·도지사에게 지체 없이 그 사실을 알려야 한다.
④ 영업정지처분기간 중 영업정지에 해당하는 위반사항이 있는 경우에는 종전의 처분기간 만료일의 다음날부터 새로운 위반사항에 대한 영업정지의 행정처분을 한다.

02 □□□ 16. 통합
「소방시설공사업법」상 시·도지사는 반드시 그 등록을 취소하여야 하는 것으로 옳은 것은?

① 등록기준에 미달하게 된 후 30일이 경과한 경우
② 등록을 한 후 정당한 사유 없이 1년이 지날 때까지 영업을 시작하지 아니한 때
③ 규정을 위반하여 영업정지 기간 중에 소방시설공사등을 한 경우
④ 다른 자에게 등록증 또는 등록수첩을 빌려준 경우

03 □□□ 기출변형
「소방시설공사업법」 및 같은 법 시행령상 등록취소와 영업정지 등에 관한 내용이다. ( ) 안에 들어갈 말로 옳은 것은?

> ㄱ. 「소방시설공사업법」: 제4조 제1항에 따른 등록기준에 미달하게 된 후 (가)이 경과한 경우. 다만, 자본금기준에 미달한 경우 중 ㉠「채무자 회생 및 파산에 관한 법률」에 따라 법원이 회생절차의 개시의 결정을 하고 그 절차가 진행 중인 경우 등 대통령령으로 정하는 경우는 (가)이 경과한 경우에도 예외로 한다.
> ㄴ. 「소방시설공사업법 시행령」: ㉠에 해당하는 경우란 「상법」 제542조의8 제1항 단서의 적용 대상인 상장회사가 최근 사업연도 말 현재의 자산 총액 감소에 따라 등록기준에 미달하는 기간이 (나) 이내인 경우를 말한다.

	가	나
①	15일	50일
②	15일	60일
③	30일	50일
④	30일	60일

04 빈출문제

「소방시설공사업법」 제9조의 규정에 따라 시·도지사가 행정안전부령으로 정하는 바에 따라 등록취소와 영업정지를 명할 수 있는 경우에 해당하지 않는 것은?

① 원칙적으로 등록기준에 미달하게 된 후 30일이 경과한 경우
② 규정을 위반하여 소속 소방기술자를 공사현장에 배치하지 아니하거나 거짓으로 한 경우
③ 등록 결격사유에 해당하게 된 경우
④ 등록을 한 후 정당한 사유 없이 6개월이 지날 때까지 영업을 시작하지 아니하거나 계속하여 6개월 이상 휴업한 때

05 25. 공채·경채

「소방시설공사업법」 및 같은 법 시행규칙상 소방시설업의 위반사항에 따른 2차 행정처분 기준이 같은 것만을 <보기>에서 모두 고른 것은? (단, 일반기준에 따른 처분의 가중 및 감경은 고려하지 않는다)

<보기>
ㄱ. 도급받은 소방시설의 설계를 하도급한 경우
ㄴ. 동일한 특정소방대상물에 대한 시공과 감리를 함께한 경우
ㄷ. 공사업자가 시공능력 평가에 관한 서류를 거짓으로 제출한 경우
ㄹ. 관계 공무원이 특정소방대상물에 출입하여 시설 등을 검사하고자 할 때 정당한 사유 없이 관계 공무원의 출입을 방해한 경우

① ㄱ, ㄴ
② ㄷ, ㄹ
③ ㄱ, ㄷ, ㄹ
④ ㄴ, ㄷ, ㄹ

POINT 93 과징금 처분

제2장 소방시설업

정답 및 해설 p.80

01 ☐☐☐ 기출변형

「소방시설공사업법」상 ( ) 안에 들어갈 내용으로 옳은 것은?

> 시·도지사는 소방시설공사업자가 소방시설 공사현장에 감리원 배치기준을 위반한 경우로서 영업정지가 그 이용자에게 불편을 주거나 그 밖에 공익을 해칠 우려가 있을 때에는 영업정지처분을 갈음하여 ( ) 이하의 과징금을 부과할 수 있다.

① 2억원
② 2억 5천만원
③ 3억원
④ 3억 5천만원

02 ☐☐☐ 18. 공채

「소방시설공사업법 시행규칙」상 소방시설업에 대한 행정처분에 대한 설명이다. ( ) 안에 들어갈 내용으로 옳은 것은?

> 위반행위의 차수에 따른 행정처분기준은 최근 (ㄱ)간 같은 위반행위로 행정처분을 받은 경우에 적용한다. 이 경우 기준 적용일은 위반사항에 대한 (ㄴ)과 그 처분 후 다시 적발한 날을 기준으로 한다.

	ㄱ	ㄴ
①	6개월	행위일
②	6개월	행위처분일
③	1년	행정처분일
④	1년	행위일

POINT 94 제3장 소방시설공사등 설계

01 □□□ 24. 경채

「소방시설공사업법」 및 같은 법 시행령상 소방시설설계에 관한 내용으로 옳지 않은 것은?

① 소방시설설계업을 등록한 자는 이 법이나 이 법에 따른 명령과 화재안전기준에 맞게 소방시설을 설계하여야 한다.
② 지방소방기술심의위원회의 심의를 거쳐 소방시설의 구조와 원리 등에서 특수 한 특정소방대상물로 인정된 경우는 화재안전기준을 따르지 아니할 수 있다.
③ 소방기술사 2명을 기술인력으로 보유한 전문소방시설설계업을 등록한 자는 성능위주설계를 할 수 있다.
④ 일반소방시설설계업(기계분야)을 등록한 자는 위험물제조소 등에 설치되는 기계분야 소방시설을 설계할 수 있다.

02 □□□ 기출변형

「소방시설공사업법」 제11조 규정에 따른 설계에 대한 설명으로 옳지 않은 것은?

① 「소방시설 설치 및 관리에 관한 법률」 제8조 제1항에 따른 소방안전관리대상물(신축하는 것은 제외한다)에 대해서는 그 용도, 위치, 구조, 수용 인원, 가연물(可燃物)의 종류 및 양 등을 고려하여 설계하여야 한다.
② 소방시설설계업을 등록한 자는 이 법이나 이 법에 따른 명령과 화재안전기준에 맞게 소방시설을 설계하여야 한다.
③ 「소방시설 설치 및 관리에 관한 법률」 제18조 제1항에 따른 중앙소방기술심의위원회의 심의를 거쳐 소방시설의 구조와 원리 등에서 특수한 설계로 인정된 경우는 화재안전기준을 따르지 아니할 수 있다.
④ 성능위주설계를 할 수 있는 자의 자격, 기술인력 및 자격에 따른 설계의 범위와 그 밖에 필요한 사항은 대통령령으로 정한다.

03 □□□ 빈출문제

「소방시설공사업법 시행령」상 성능위주설계의 기술인력으로 옳은 것은?

① 소방기술사 2명 이상
② 소방기술사 3명 이상
③ 소방시설관리사 2명 이상
④ 소방시설관리사 3명 이상

04 □□□ 기출변형

「소방시설공사업법」 및 같은 법 시행령상 성능위주설계에 대한 설명으로 옳지 않은 것은?

① 성능위주설계를 할 수 있는 자의 자격·기술인력 및 자격에 따른 설계의 범위와 그 밖에 필요한 사항은 대통령령으로 정한다.
② 성능위주설계자의 기술인력은 소방시설관리사 2명 이상 필요하다.
③ 성능위주설계는 그 용도, 위치, 구조, 수용 인원, 가연물의 종류 및 양 등을 고려하여 설계하여야 한다.
④ 전문 소방시설설계업을 등록한 자는 성능위주설계자의 자격에 해당된다.

POINT 95 제3장 소방시설공사등
시공

01 □□□ 기출변형

다음은 「소방시설공사업법」 제12조에 따른 시공에 대한 설명이다. ( ) 안에 들어갈 말로 옳은 것은?

> 소방시설공사업을 등록한 자는 이 법이나 이 법에 따른 명령과 (ㄱ)에 맞게 시공하여야 한다. 다만, 「소방시설 설치 및 관리에 관한 법률」 제18조 제1항에 따른 (ㄴ)의 심의를 거쳐 소방시설의 구조와 원리 등에서 특수한 시공으로 인정된 경우는 (ㄱ)을/를 따르지 아니할 수 있다.

	ㄱ	ㄴ
①	화재안전기준	중앙소방기술심의위원회
②	화재안전기준	성능위주설계심의회
③	성능위주설계	중앙소방기술심의위원회
④	성능위주설계	성능위주설계 심의회

02 □□□ 기출변형

「소방시설공사업법 시행령」 [별표 2]에 따른 공사업자의 소방기술자 배치기간으로 옳은 것은?

① 공사업자는 규정에 따른 소방기술자를 소방시설공사의 착공일부터 소방시설 완공검사증명서 발급일까지 배치한다.
② 공사업자는 규정에 따른 소방기술자를 소방시설공사의 계약일부터 소방시설 완공검사증명서 발급일까지 배치한다.
③ 공사업자는 규정에 따른 소방기술자를 소방시설공사의 착공일부터 소방시설 공사 완료일까지 배치한다.
④ 공사업자는 규정에 따른 소방기술자를 소방시설공사의 계약일부터 소방시설 공사 완료일까지 배치한다.

03 □□□ 기출변형

「소방시설공사업법 시행령」 [별표 2]의 규정에 따라 공사업자는 원칙적으로 1명의 소방기술자를 몇 개의 공사 현장을 초과하여 배치해서는 안 되는가?

① 2개
② 3개
③ 5개
④ 10개

04 □□□ 21. 공채

「소방시설공사업법」 및 같은 법 시행령상 소방공사업자는 소방기술자를 소방공사 현장에 배치하는 것이 원칙이지만, 발주자가 서면으로 승낙하는 경우에는 해당 공사가 중단된 기간 동안 소방기술자를 공사 현장에 배치하지 않을 수 있도록 되어 있는 예외사항이 있다. 다음 중 예외사항으로 옳지 않은 것은?

① 발주자가 공사 중단을 요청하는 경우
② 소방공사감리원이 공사 중단을 요청하는 경우
③ 민원 또는 계절적 요인 등으로 해당 공정의 공사가 일정기간 중단된 경우
④ 예산 부족 등 발주자의 책임 있는 사유 또는 천재지변 등 불가항력으로 공사가 일정 기간 중단된 경우

05 □□□ 23. 공채·경채

「소방시설공사업법 시행령」상 소방기술자의 배치기준을 설명한 것으로 옳지 않은 것은?

① 연면적 20만제곱미터 이상인 특정소방대상물의 공사 현장에는 행정안전부령으로 정하는 특급기술자인 소방기술자(기계분야 및 전기분야)를 배치하여야 한다.
② 지하층을 포함한 층수가 16층 이상 40층 미만인 특정소방대상물의 공사 현장에는 행정안전부령으로 정하는 고급기술자 이상의 소방기술자(기계분야 및 전기분야)를 배치하여야 한다.
③ 연면적 5천제곱미터 이상 3만제곱미터 미만인 특정소방대상물(아파트는 제외)의 공사 현장에는 행정안전부령으로 정하는 중급기술자 이상의 소방기술자(기계분야 및 전기분야)를 배치하여야 한다.
④ 물분무등소화설비(호스릴 방식의 소화설비는 제외) 또는 제연설비가 설치되는 특정소방대상물의 공사 현장에는 행정안전부령으로 정하는 초급기술자 이상의 소방기술자(기계분야 및 전기분야)를 배치하여야 한다.

06 ☐☐☐ 기출변형

「소방시설공사업법 시행령」상 행정안전부령으로 정하는 특급기술자인 소방기술자(기계분야 및 전기분야)의 소방시설공사 현장의 배치기준으로 옳은 것은?

① 연면적 40만㎡ 이상인 특정소방대상물의 공사현장
② 연면적 10만㎡ 이상인 특정소방대상물의 공사현장
③ 지하층을 포함한 층수가 40층 이상인 특정소방대상물의 공사현장
④ 지하층을 제외한 층수가 40층 이상인 특정소방대상물의 공사현장

07 ☐☐☐ 기출변형

「소방시설공사업법 시행령」상 행정안전부령으로 정하는 중급기술자인 소방기술자(기계분야 및 전기분야)의 소방시설공사 현장의 배치기준으로 옳지 않은 것은?

① 물분무등소화설비(호스릴 방식의 소화설비는 제외한다) 또는 제연설비가 설치되는 특정소방대상물의 공사현장
② 연면적 5천㎡ 이상 3만㎡ 미만인 특정소방대상물(아파트는 제외한다)의 공사현장
③ 연면적 1만㎡ 이상 20만㎡ 미만인 아파트의 공사현장
④ 지하구(地下溝)의 공사현장

08 ☐☐☐ 기출변형

「소방시설공사업법 시행령」상 연면적 3만㎡ 이상 20만㎡ 미만인 특정소방대상물(아파트는 제외한다)의 공사현장의 소방기술자의 배치기준으로 옳은 것은?

① 행정안전부령으로 정하는 특급기술자인 소방기술자 중 소방기술사
② 행정안전부령으로 정하는 특급기술자인 소방기술자
③ 행정안전부령으로 정하는 고급기술자인 소방기술자
④ 행정안전부령으로 정하는 중급기술자인 소방기술자

09 ☐☐☐ 확인학습

「소방시설공사업법 시행령」상 소방기술자의 배치기준에 관한 설명이다. ( ) 안의 내용으로 옳은 것은? (단, 초과배치 예외사항은 제외한다)

> 공사업자는 1명의 소방기술자를 (가)의 공사현장을 초과하여 배치해서는 안 된다. 다만, 연면적 3만㎡ 이상의 특정소방대상물(아파트는 제외한다)이거나 지하층을 포함한 층수가 16층 이상으로서 (나) 이상인 아파트에 대한 소방시설 공사의 경우에는 1개의 공사현장에만 배치해야 한다.

	가	나
①	1개	100세대
②	2개	300세대
③	3개	300세대
④	2개	500세대

10 ☐☐☐ 확인학습

「소방시설공사업법 시행령」 [별표 2]의 규정에 따르면 공사업자는 1명의 소방기술자를 2개의 공사 현장을 초과하여 배치해서는 안 되는 것이 원칙이 있지만, 2개 현장을 초과하여 배치할 수 있는 예외사항이 있다. 다음 중 예외사항에 해당하는 것은?

① 건축물의 연면적이 5천제곱미터 미만인 공사 현장에만 배치하는 경우. 다만, 그 연면적의 합계는 2만제곱미터를 초과해서는 안 된다.
② 건축물의 연면적이 1만제곱미터 미만인 공사 현장에만 배치하는 경우. 다만, 그 연면적의 합계는 2만제곱미터를 초과해서는 안 된다.
③ 건축물의 연면적이 5천제곱미터 미만인 공사 현장에만 배치하는 경우. 다만, 그 연면적의 합계는 3만제곱미터를 초과해서는 안 된다.
④ 건축물의 연면적이 1만제곱미터 미만인 공사 현장에만 배치하는 경우. 다만, 그 연면적의 합계는 3만제곱미터를 초과해서는 안 된다.

POINT 96 제3장 소방시설공사등
착공신고 등

01
빈출문제

「소방시설공사업법」 제13조의 규정에 따르면 공사업자는 소방시설공사를 하려면 착공신고를 누구에게 신고하여야 하는가?

① 시·도지사, 소방본부장 또는 소방서장
② 소방청장, 소방본부장 또는 소방서장
③ 소방본부장 또는 소방서장
④ 소방청장

02
18. 하반기 공채

「소방시설공사업법 시행령」상 소방시설공사의 착공신고대상으로 옳지 않은 것은?

① 비상경보설비를 신설하는 특정소방대상물 신축공사
② 자동화재속보설비를 신설하는 특정소방대상물 신축공사
③ 연결송수관설비의 송수구역을 증설하는 특정소방대상물의 증축공사
④ 자동화재탐지설비의 경계구역을 증설하는 특정소방대상물 증축공사

03
17. 중앙

「소방시설공사업법 시행령」상 소방시설공사의 착공신고대상으로 옳은 것은?

① 비상방송설비(소방용 외의 용도와 겸용되는 정보통신공사업자가 공사하는 경우는 포함한다)를 신설하는 특정소방대상물의 공사
② 대형유도등을 신설하는 특정소방대상물의 공사
③ 자동화재탐지설비 경계구역을 증설하는 특정소방대상물의 공사
④ 비상방송설비를 증설하는 특정소방대상물의 공사

04
확인학습

「소방시설공사업법」 제13조 규정에 따른 착공신고에 대한 설명이다. ( ) 안에 들어갈 내용으로 옳은 것은?

> ㄱ. 공사업자는 (가)이/으로 정하는 소방시설공사를 하려면 행정안전부령으로 정하는 바에 따라 그 공사의 내용, 시공장소, 그 밖에 필요한 사항을 소방본부장이나 소방서장에게 신고하여야 한다.
> ㄴ. 소방본부장 또는 소방서장은 착공신고 또는 변경신고를 받은 날부터 (나) 이내에 신고수리 여부를 신고인에게 통지하여야 한다.

	가	나
①	소방본부장 또는 소방서장	2일
②	소방본부장 또는 소방서장	7일
③	대통령령	2일
④	대통령령	7일

05 기출변형

「소방시설공사업법 시행규칙」 제12조 제2항에 따른 공사업자가 착공신고한 사항 가운데 중요한 사항이 변경하였을 때 소방본부장이나 소방서장에게 변경신고를 하여야 하는 사항에 해당하지 않는 것은?

① 시공자
② 설치되는 소방시설의 종류
③ 책임시공 및 기술관리 소방기술자
④ 공사 계약금액의 변경

06 25. 경채

「소방시설공사업법」및 같은 법 시행령, 시행규칙상 공사업자가 착공신고 후 변경신고를 하여야 하는 행정안전부령으로 정하는 중요한 사항에 해당하지 않는 것은?

① 시공자
② 소방공사 감리원
③ 설치되는 소방시설의 종류
④ 책임시공 및 기술관리 소방기술자

07 22. 공채

「소방시설공사업법 시행령」상 소방시설공사의 착공신고대상으로 옳지 않은 것은?

① 창고시설에 스프링클러설비의 방호구역을 증설하는 공사
② 공동주택에 자동화재탐지설비의 경계구역을 증설하는 공사
③ 위험물 제조소에 할로겐화합물 및 불활성기체 소화설비를 신설하는 공사
④ 업무시설에 옥내소화전설비(호스릴옥내소화전설비를 포함한다)를 신설하는 공사

POINT 97 | 제3장 소방시설공사등
완공검사

01 □□□   24. 공채·경채
「소방시설공사업법 시행령」상 완공검사를 위한 현장확인 대상 특정소방대상물의 범위로 옳지 않은 것은?

① 스프링클러설비등이 설치되는 특정소방대상물
② 지하상가 및 「다중이용업소의 안전관리에 관한 특별법」에 따른 다중이용업소
③ 물분무등소화설비(호스릴 방식의 소화설비 제외)가 설치되는 특정소방대상물
④ 연면적 5천 제곱미터 이상이거나 10층 이상인 특정소방대상물(아파트는 제외)

02 □□□   20. 공채
「소방시설공사업법 시행령」상 소방본부장 또는 소방서장의 소방시설공사 완공검사를 위한 현장확인 대상 특정소방대상물로 옳지 않은 것은?

① 창고시설
② 스프링클러설비등이 설치되는 특정소방대상물
③ 연면적 1만㎡ 이상이거나 11층 이상인 아파트
④ 가연성 가스를 제조·저장 또는 취급하는 시설 중 지상에 노출된 가연성 가스탱크의 저장용량 합계가 1천t 이상인 시설

03 □□□   19. 공채
「소방시설공사업법 시행령」상 소방시설공사가 공사감리결과보고서대로 완공되었는지를 현장에서 확인할 수 있는 대상으로 옳은 것은?

① 창고시설 또는 수련시설
② 호스릴소화설비를 설치하는 소방시설공사
③ 연면적 1만㎡ 이상의 아파트에 설치하는 소방시설공사
④ 가연성 가스를 제조·저장 또는 취급하는 시설 중 지하에 매립된 가연성 가스탱크의 저장용량의 합계가 1천t 이상인 시설

04 □□□   16. 통합
「소방시설공사업법 시행령」상 소방본부장 또는 소방서장이 완공검사를 위한 현장확인대상 특정소방대상물의 범위로 옳지 않은 것은?

① 운동시설, 숙박시설, 창고시설, 지하상가, 다중이용업소, 업무시설
② 문화 및 집회시설, 종교시설, 판매시설, 노유자시설, 수련시설
③ 연면적 1만㎡ 이상이거나 11층 이상인 특정소방대상물(아파트는 제외)
④ 가연성 가스를 제조·저장 또는 취급하는 시설 중 지상에 노출된 가연성 가스탱크의 저장용량 합계가 1천t 이상인 시설

05

15. 통합

「소방시설공사업법 시행령」상 소방본부장 또는 소방서장의 소방시설공사가 공사감리결과보고서대로 완공되었는지 현장확인할 수 있는 대상으로 옳지 않은 것은?

① 다중이용업소
② 가연성 가스를 제조·저장 또는 취급하는 시설 중 지상에 노출된 가연성 가스탱크의 저장용량 합계가 1천톤 이상인 시설
③ 연면적 1천m^2인 업무시설
④ 지하상가

06

빈출문제

「소방시설공사업법」상 완공검사에 대한 내용으로 옳지 않은 것은?

① 소방본부장이나 소방서장은 완공검사를 하였을 때에는 완공검사증명서를 발급하여야 한다.
② 소방본부장이나 소방서장은 부분완공검사를 하였을 때에는 부분완공검사증명서를 발급하여야 한다.
③ 공사감리자가 지정되어 있는 경우에는 특정소방대상물의 관계인이 완공검사를 자체적으로 실시한다.
④ 대통령령으로 정하는 특정소방대상물의 경우에는 소방본부장이나 소방서장이 소방시설공사가 공사감리 결과보고서대로 완공되었는지를 현장에서 확인할 수 있다.

POINT 98 제3장 소방시설공사등
공사의 하자보수 등

정답 및 해설 p.84

01 □□□
24. 경채

「소방시설공사업법」상 소방시설공사의 하자보수에 관한 설명이다. ( ) 안에 들어갈 내용으로 옳은 것은?

(ㄱ)은/는 정해진 기간에 소방시설의 하자가 발생하였을 때에는 공사업자에게 그 사실을 알려야 하며, 통보를 받은 공사업자는 (ㄴ)일 이내에 하자를 보수하거나 보수 일정을 기록한 하자보수계획을 (ㄱ)에게 (ㄷ)(으)로 알려야 한다.

	ㄱ	ㄴ	ㄷ
①	소방본부장 또는 소방서장	5	서면
②	감리업자	3	서면
③	관계인	5	구두
④	관계인	3	서면

02 □□□
20. 공채

「소방시설공사업법 시행령」상 하자보수대상 소방시설 중 하자보수 보증기간이 다른 것은?

① 비상조명등
② 비상방송설비
③ 비상콘센트설비
④ 무선통신보조설비

03 □□□
23. 경채

「소방시설공사업법 시행령」상 하자보수 대상 소방시설과 하자보수 보증기간으로 옳지 않은 것은?

① 피난기구, 유도등, 유도표지: 2년
② 비상경보설비, 비상조명등, 비상방송설비 및 무선통신보조설비: 2년
③ 옥내소화전설비, 스프링클러설비, 간이스프링클러설비, 자동화재탐지설비: 3년
④ 상수도소화용수설비 및 소화활동설비(무선통신보조설비는 제외한다): 4년

✅ 현재는 관련규정이 제·개정됨

04 □□□
19. 공채

「소방시설공사업법 시행령」상 소방시설공사 결과 하자보수대상과 하자보수 보증기간의 연결이 옳은 것은?

	하자보수대상 소방시설	하자보수 보증기간
①	비상경보설비, 자동소화장치	2년
②	무선통신보조설비, 비상조명등	2년
③	피난기구, 소화활동설비	3년
④	비상방송설비, 간이스프링클러설비	3년

05 ☐☐☐ 기출변형

「소방시설공사업법」 및 같은 법 시행령상 공사의 하자보수 등에 대한 설명으로 옳지 않은 것은?

① 관계인은 하자보수 보증기간에 소방시설의 하자가 발생하였을 때에는 공사업자에게 그 사실을 알려야 하며, 통보를 받은 공사업자는 3일 이내에 하자를 보수하거나 보수 일정을 기록한 하자보수계획을 관계인에게 서면으로 알려야 한다.
② 유도등, 비상경보설비, 비상조명등, 비상방송설비, 무선통신보조설비 및 자동소화장치의 하자보수 보증기간은 2년이다.
③ 관계인은 공사업자가 3일 이내에 하자보수를 이행하지 아니한 경우에는 소방본부장이나 소방서장에게 그 사실을 알릴 수 있다.
④ 공사업자는 소방시설공사 결과 자동화재탐지설비 등 대통령령으로 정하는 소방시설에 하자가 있을 때에는 대통령령으로 정하는 기간 동안 그 하자를 보수하여야 한다.

06 ☐☐☐ 기출변형

「소방시설공사업법」 제15조의 규정에 따라 하자관련 통보를 받은 공사업자는 며칠 이내에 하자를 보수하거나 보수 일정을 기록한 하자보수계획을 관계인에게 서면으로 알려야 하는가?

① 3일 이내
② 7일 이내
③ 14일 이내
④ 30일 이내

07 ☐☐☐ 빈출문제

「소방시설공사업법 시행령」 제6조의 규정에 따른 소방시설별 하자보수 보증기간이 다른 하나는?

① 자동소화장치
② 피난기구
③ 무선통신보조설비
④ 비상방송설비

POINT 99 | 제3장 소방시설공사등
감리 등

01 □□□ 21. 공채
「소방시설공사업법」상 소방공사감리업자의 업무범위로 옳지 않은 것은?

① 완공된 소방시설등의 성능시험
② 소방시설등의 설치계획표의 적법성 검토
③ 소방시설등 설계 변경 사항의 적합성 검토
④ 설계업자가 작성한 시공 상세 도면의 적합성 검토

02 □□□ 17. 하반기 공채
「소방시설공사업법」상 감리업자의 업무내용으로 옳지 않은 것은?

① 소방시설등의 설치계획표의 적법성 검토
② 소방시설등 설계 변경 사항의 적합성 검토
③ 완공된 소방시설등의 성능시험
④ 피난시설 및 방화시설의 유지·관리

03 □□□ 빈출문제
「소방시설공사업법」상 소방공사 감리업자의 업무로서 맞는 것은?

① 방염물품의 적합성 검토
② 소방시설등의 설치계획표의 적합성 검토
③ 소방용품 등의 위치·규격 및 사용자재에 대한 적합성 검토
④ 설계업자가 한 소방시설등의 시공이 설계도서와 화재안전기준에 맞는지에 대한 지도·감독

04 □□□ 24. 공채·경채
「소방시설공사업법 시행령」상 상주 공사감리를 해야 하는 대상으로 옳은 것만을 <보기>에서 고른 것은?

<보기>
ㄱ. 연면적 3만 제곱미터인 의료시설
ㄴ. 지하층을 포함한 층수가 20층이고 1,000세대인 아파트
ㄷ. 연면적 1만 제곱미터인 복합건축물
ㄹ. 연면적 2만 제곱미터인 판매시설

① ㄱ, ㄴ
② ㄱ, ㄷ
③ ㄴ, ㄹ
④ ㄷ, ㄹ

05
23. 공채·경채

「소방시설공사업법 시행령」상 상주 공사감리 대상을 설명한 것이다. ( ) 안에 들어갈 내용으로 옳은 것은?

- 연면적 (ㄱ) 이상의 특정소방대상물(아파트는 제외한다)에 대한 소방시설의 공사
- 지하층을 포함한 층수가 (ㄴ) 이상인 아파트에 대한 소방시설의 공사

	ㄱ	ㄴ
①	3만제곱미터	16층 이상으로서 300세대
②	3만제곱미터	16층 이상으로서 500세대
③	5만제곱미터	16층 이상으로서 300세대
④	5만제곱미터	16층 이상으로서 500세대

06
기출변형

「소방시설공사업법 시행령」 [별표 3]의 규정에 따른 상주 공사감리의 방법에 대한 설명이다. ( ) 안에 들어갈 내용으로 옳은 것은?

감리원이 행정안전부령으로 정하는 기간 중 부득이한 사유로 ( ) 이상 현장을 이탈하는 경우에는 감리일지 등에 기록하여 발주청 또는 발주자의 확인을 받아야 한다. 이 경우 감리업자는 감리원의 업무를 대행할 사람을 감리현장에 배치하여 감리업무에 지장이 없도록 해야 한다.

① 1일 ② 3일
③ 5일 ④ 14일

07
기출변형

「소방시설공사업법 시행령」 [별표 3]의 규정에 따른 일반 공사감리에 대한 내용이다. ( ) 안에 들어갈 내용으로 옳은 것은?

ㄱ. 감리원은 행정안전부령으로 정하는 기간 중에는 (가) 이상 공사 현장에 배치되어 감리 업무를 수행하고 감리일지에 기록해야 한다.
ㄴ. 지정된 업무대행자는 (나) 이상 공사 현장에 배치되어 감리 업무를 수행하며, 그 업무수행 내용을 감리원에게 통보하고 감리일지에 기록해야 한다.

	가	나
①	주 1회	주 2회
②	주 1회	월 1회
③	주 2회	월 1회
④	월 1회	월 2회

제3장 소방시설공사등
공사감리자의 지정 등

01 □□□ 기출변형

「소방시설공사업법」 제17조 규정에 따른 공사감리자 지정 등에 관한 내용이다. ( ) 안에 들어갈 내용으로 옳은 것은?

> ㄱ. 대통령령으로 정하는 특정소방대상물의 관계인이 특정소방대상물에 대하여 자동화재탐지설비, 옥내소화전설비 등 대통령령으로 정하는 소방시설을 시공할 때에는 소방시설공사의 감리를 위하여 (가)를 공사감리자로 지정하여야 한다.
> ㄴ. 관계인은 공사감리자를 지정하였을 때에는 행정안전부령으로 정하는 바에 따라 (나)에게 신고하여야 한다.

	가	나
①	건축사	소방본부장 또는 소방서장
②	감리업자	소방본부장 또는 소방서장
③	건축사	감리업자
④	감리업자	설계업자

02 □□□ 기출변형

「소방시설공사업법 시행령」 제10조 규정에 따라 공사감리자 지정대상 특정소방대상물에 대하여 소방시설을 시공할 때에 소방시설공사의 감리를 위하여 감리업자를 공사감리자로 지정하여야 하는 경우로 옳지 않은 것은?

① 자동화재탐지설비를 신설·개설할 때
② 옥내소화전설비를 신설·개설·증설할 때
③ 캐비닛형 간이스프링클러설비를 신설·개설할 때
④ 소화용수설비 및 통합감시시설을 신설·개설할 때

03 □□□ 기출변형

「소방시설공사업법 시행령」 제10조 규정에 따라 공사감리자 지정대상 특정소방대상물에 대하여 소방시설을 시공할 때에 소방시설공사의 감리를 위하여 감리업자를 공사감리자로 지정하여야 하는 경우로 옳지 않은 것은?

① 물분무등소화설비를 신설할 때(단, 호스릴방식 소화설비 제외)
② 비상경보설비의 신설할 때
③ 자동화재탐지설비를 개설할 때
④ 옥외소화전설비를 증설할 때

POINT 101 제3장 소방시설공사등
감리원의 배치 등

01 □□□ 21. 공채

「소방시설공사업법」 및 같은 법 시행령, 시행규칙상 공사감리에 관한 내용으로 옳은 것은?

① 감리업자가 감리원을 배치하였을 때에는 소방본부장 또는 소방서장의 동의를 받아야 한다.
② 소방본부장 또는 소방서장은 특정소방대상물에 대해서 감리업자를 공사감리자로 지정하여야 한다.
③ 지하층을 포함한 층수가 16층 이상으로서 300세대 이상인 아파트에 대한 소방시설 공사는 상주공사감리 대상이다.
④ 상주공사감리 대상인 경우 소방시설용 배관을 설치하거나 매립하는 때부터 완공검사증명서를 발급받을 때까지 소방공사감리현장에 감리원을 배치하여야 한다.

02 □□□ 18. 공채

「소방시설공사업법 시행령」상 책임감리원으로 고급감리원을 배치할 수 있는 공사현장으로 옳은 것은?

① 지하층을 포함한 층수가 40층 이상인 특정소방대상물의 공사현장
② 연면적 20만㎡ 이상인 특정소방대상물의 공사현장
③ 제연설비가 설치되는 특정소방대상물의 공사현장
④ 지하층을 포함한 층수가 16층 이상 40층 미만인 특정소방대상물의 공사현장

03 □□□ 16. 통합

「소방시설공사업법 시행규칙」상 감리자의 세부배치기준 중 일반공사감리에 대한 설명으로 옳지 않은 것은?

① 감리원은 주 1회 이상 소방공사감리현장을 배치되어 감리한다.
② 일반공사감리 대상인 아파트의 경우에는 연면적의 합계에 관계없이 1명의 감리원이 10개 이내의 공사현장을 감리할 수 있다.
③ 1명의 감리원이 담당하는 소방공사감리현장은 5개 이하로서 감리현장 연면적의 총 합계가 10만㎡ 이하이어야 한다.
④ 기계분야의 감리원 자격을 취득한 사람과 전기분야의 감리원 자격을 취득한 사람 각 1명 이상을 감리원으로 배치한다.

04 □□□ 기출변형

「소방시설공사업법」 및 같은 법 시행령·시행규칙상 소방공사감리원에 대한 설명으로 옳은 것은?

① 규정을 위반하여 소방시설 공사현장에 감리원을 배치하지 않은 경우에는 200만원 이하의 벌금에 처한다.
② 연면적 5천㎡ 미만의 특정소방대상물 또는 지하구의 경우 초급 이상의 소방공사감리원 1명 이상을 배치해야 한다.
③ 소방공사감리업자는 감리원 배치변경 30일 이내에 통보서에 서류를 첨부하여 소방청장 또는 소방서장에게 통보하여야 한다.
④ 소방공무원으로서 1년 이상 소방관련업무에 근무한 경력이 있는 사람은 초급감리가 가능하다.

05 □□□
18. 하반기 공채

「소방시설공사업법」상 감리업자가 소방공사의 감리를 마쳤을 때, 소방공사감리 결과보고(통보)서를 알려야 하는 대상으로 옳지 않은 것은?

① 소방시설공사의 도급인
② 특정소방대상물의 관계인
③ 소방시설설계업의 설계사
④ 특정소방대상물의 공사를 감리한 건축사

06 □□□
20. 공채

「소방시설공사업법」상 감리업자가 감리를 할 때 위반사항에 대하여 조치하여야 할 사항이다. (　) 안에 들어갈 용어로 옳은 것은?

> 감리업자는 감리를 할 때 소방시설공사가 설계도서나 화재안전기준에 맞지 아니할 때에는 (가)에게 알리고, (나)에게 그 공사의 시정 또는 보완 등을 요구하여야 한다.

	가	나
①	관계인	공사업자
②	관계인	소방서장
③	소방본부장	공사업자
④	소방본부장	소방서장

07 □□□
22. 공채

「소방시설공사업법 시행령」[별표 4] 소방공사 감리원의 배치기준 및 배치기간에 따라 복합건축물(지하 5층, 지상 35층 규모)인 특정소방대상물 소방시설 공사현장의 소방공사 책임감리원으로 옳은 것은?

① 특급감리원 중 소방기술사
② 특급감리원 이상의 소방공사 감리원(기계분야 및 전기분야)
③ 고급감리원 이상의 소방공사 감리원(기계분야 및 전기분야)
④ 중급감리원 이상의 소방공사 감리원(기계분야 및 전기분야)

공사감리 결과의 통보 등

제3장 소방시설공사등

01 ☐☐☐ 23. 공채·경채

「소방시설공사업법 시행규칙」상 감리업자가 소방공사의 감리를 마쳤을 때 소방공사감리 결과보고(통보)서에 첨부하는 서류가 아닌 것은?

① 착공신고 후 변경된 건축설계도면 1부
② 소방청장이 정하여 고시하는 소방시설 성능시험조사표 1부
③ 소방공사 감리일지(소방본부장 또는 소방서장에게 보고하는 경우에만 첨부) 1부
④ 특정소방대상물의 사용승인 신청서 등 사용승인 신청을 증빙할 수 있는 서류 1부

POINT 103 제3장 소방시설공사등
방염처리능력 평가 및 공시

01 확인학습
「소방시설공사업법」 제20조의3의 규정에 따른 방염처리능력 평가 및 공시권자로 옳은 것은?

① 시·도지사
② 소방본부장 또는 소방서장
③ 소방청장
④ 시·도지사 또는 소방청장

02 확인학습
「소방시설공사업법 시행규칙」 제19조2의 규정에 따라 협회는 방염처리업자가 첨부해야 할 서류를 갖추지 못한 경우에는 며칠의 보완기간을 부여하여 보완하게 해야 하는가?

① 7일
② 14일
③ 15일
④ 30일

03 확인학습
「소방시설공사업법 시행규칙」 제19조3의 규정에 따른 방염처리능력 평가의 유효기간은 공시일로부터 몇 년인가?

① 1년
② 3년
③ 5년
④ 10년

04 확인학습
「소방시설공사업법 시행규칙」 [별표 3의2]에 규정에 따른 방염처리업자의 방염처리능력 평가 계산식으로 옳은 것은?

① 방염처리능력평가액 = 실적평가액 + 자산평가액 + 기술력평가액 + 경력평가액 + 신인도평가액
② 방염처리능력평가액 = 실적평가액 + 자산평가액 + 기술력평가액 + 경력평가액 ± 신인도평가액
③ 방염처리능력평가액 = 실적평가액 + 자본금평가액 + 기술력평가액 + 경력평가액 + 신인도평가액
④ 방염처리능력평가액 = 실적평가액 + 자본금평가액 + 기술력평가액 + 경력평가액 ± 신인도평가액

05 확인학습
「소방시설공사업법 시행규칙」 [별표 3의2]에 규정에 따른 신인도 평가액에 대한 설명이다. ( ) 안에 들어갈 내용으로 옳은 것은?

> 신인도평가액은 다음 계산식으로 산정하되, 신인도평가액은 실적평가액·자본금평가액·기술력평가액·경력평가액을 합친 금액의 ±( )의 범위를 초과할 수 없으며, 가점요소와 감점요소가 있는 경우에는 이를 상계한다.
>
> 신인도평가액 = (실적평가액 + 자본금평가액 + 기술력평가액 + 경력평가액) × 신인도 반영비율 합계

① 3퍼센트
② 5퍼센트
③ 10퍼센트
④ 30퍼센트

제3장 소방시설공사등
소방시설공사의 도급

01 □□□ 20. 공채

「소방시설공사업법」상 공사의 도급에 관한 사항으로 옳지 않은 것은?

① 특정소방대상물의 관계인 또는 발주자는 소방시설공사등을 도급할 때에는 해당 소방시설업자에게 도급하여야 한다.
② 공사업자가 도급받은 소방시설공사의 도급금액 중 그 공사(하도급한 공사를 포함한다)의 근로자에게 지급하여야 할 노임(勞賃)에 해당하는 금액은 압류할 수 없다.
③ 시공의 경우에는 대통령령으로 정하는 바에 따라 도급받은 소방시설공사의 전부를 다른 공사업자에게 하도급할 수 있다.
④ 도급을 받은 자가 해당 소방시설공사등을 하도급할 때에는 행정안전부령으로 정하는 바에 따라 미리 관계인과 발주자에게 알려야 한다.

02 □□□ 23. 공채·경채

「소방시설공사업법 시행령」상 소방시설공사 분리 도급의 예외에 해당하는 것만을 <보기>에서 고른 것은?

<보기>
ㄱ. 「재난 및 안전관리 기본법」에 따른 재난의 발생으로 긴급하게 착공해야 하는 공사인 경우
ㄴ. 국방 및 국가안보 등과 관련하여 기밀을 유지해야 하는 공사인 경우
ㄷ. 연면적이 3천제곱미터 이하인 특정소방대상물에 비상경보설비를 설치하는 공사인 경우
ㄹ. 「국가를 당사자로 하는 계약에 관한 법률 시행령」 및 「지방자치단체를 당사자로 하는 계약에 관한 법률 시행령」에 따른 원안입찰 또는 일부입찰
ㅁ. 「국가를 당사자로 하는 계약에 관한 법률 시행령」 및 「지방자치단체를 당사자로 하는 계약에 관한 법률 시행령」에 따른 실시설계 기술제안입찰 또는 기본설계 기술제안입찰
ㅂ. 문화재수리 및 재개발·재건축 등의 공사로서 공사의 성질상 분리하여 도급하는 것이 곤란하다고 시·도지사가 인정하는 경우

① ㄱ, ㄴ, ㄷ
② ㄱ, ㄴ, ㅁ
③ ㄴ, ㄷ, ㅁ
④ ㄹ, ㅁ, ㅂ

⊘ 현재는 관련규정이 제·개정됨

03 □□□ 확인학습

「소방시설공사업법 시행령」 제11조의2의 규정에 따른 소방시설공사 분리 도급의 예외 대상에 해당하지 않는 것은?

① 「재난 및 안전관리 기본법」 제3조 제1호에 따른 재난의 발생으로 긴급하게 착공해야 하는 공사인 경우
② 국방 및 국가안보 등과 관련하여 기밀을 유지해야 하는 공사인 경우
③ 소방시설공사의 착공신고 대상에 해당하지 않는 공사인 경우
④ 연면적이 1천제곱미터 이상인 특정소방대상물에 비상경보설비를 설치하는 공사인 경우

04 □□□ 기출변형

「소방시설공사업법」에 규정한 내용으로 옳지 않은 것은?

① 특정소방대상물의 관계인 또는 발주자는 소방시설공사등을 도급할 때에는 해당 소방시설업자에게 도급하여야 한다.
② 소방본부장이나 소방서장은 완공검사나 부분완공검사를 하였을 때에는 완공검사증명서나 부분완공검사증명서를 발급하여야 한다.
③ 관계인은 하자보수 보증기간에 소방시설의 하자가 발생하였을 때에는 공사업자에게 그 사실을 알려야 하며, 통보를 받은 공사업자는 7일 이내에 하자를 보수하거나 보수 일정을 기록한 하자보수계획을 관계인에게 서면으로 알려야 한다.
④ 소방시설업의 등록을 한 후 정당한 사유 없이 1년이 지날 때까지 영업을 시작하지 아니하거나 계속하여 1년 이상 휴업함으로써 그 이용자에게 불편을 줄 때에는 영업정지처분을 갈음하여 2억원 이하의 과징금을 부과할 수 있다.

POINT 105 제3장 소방시설공사등
임금에 대한 압류의 금지 등

01 □□□ 확인학습

「소방시설공사업법」 및 같은 법 시행령상 임금에 대한 압류의 금지에 대한 설명으로 옳은 것은?

① 공사업자가 도급받은 소방시설공사의 도급금액 중 그 공사(하도급한 공사를 포함한다)의 근로자에게 지급하여야 할 임금에 해당하는 금액은 압류할 수 없다.
② 임금에 해당하는 금액의 범위와 산정방법은 대통령령으로 정하는 기준에 따른 시·도의 조례로 정한다.
③ 압류할 수 없는 노임(勞賃)에 해당하는 금액은 해당 소방시설공사의 도급 중 설계도서에 기재된 직접노무비로 산정한다.
④ 압류할 수 없는 노임(勞賃)에 해당하는 금액은 해당 소방시설공사의 하도급 중 설계도서에 기재된 간접노무비로 산정한다.

02 □□□ 기출변형

「소방시설공사업법」상 도급의 원칙에 관한 설명으로 옳지 않은 것은?

① 소방시설공사등의 도급 또는 하도급의 계약당사자는 서로 대등한 입장에서 합의에 따라 공정하게 계약을 체결하고, 신의에 따라 성실하게 계약을 이행하여야 한다.
② 소방시설공사등의 도급 또는 하도급의 계약당사자는 그 계약을 체결할 때 도급 또는 하도급 금액, 공사기간, 그 밖에 대통령령으로 정하는 사항을 계약서에 분명히 밝혀야 하며, 서명날인한 계약서를 서로 내주고 보관하여야 한다.
③ 수급인은 하수급인에게 하도급과 관련하여 자재구입처의 지정 등 하수급인에게 불리하다고 인정되는 행위를 강요하여서는 아니 된다.
④ 도급을 받은 자가 해당 소방시설공사등을 하도급할 때에는 소방본부장 또는 소방서장이 정하는 바에 따라 미리 관계인과 발주자에게 알려야 한다.

제3장 소방시설공사등
공사대금의 지급보증 등

01 ☐☐☐

「소방시설공사업법 시행령」 제11조의6에 따른 공사대금의 지급보증 등의 예외가 되는 소방시설공사의 범위로 옳은 것은?

① 공사 1건의 도급금액이 1천만원 미만인 소규모 소방시설공사
② 공사 1건의 도급금액이 3천만원 미만인 소규모 소방시설공사
③ 공사기간이 6개월 이내인 단기의 소방시설공사
④ 소방시설공사의 착공신고 대상에 해당하지 아니하는 소방시설공사

02 ☐☐☐

「소방시설공사업법 시행규칙」 제20조의2에 따른 공사대금의 지급보증 등의 방법 및 절차의 규정에서 공사기간이 4개월 이내인 경우 발주자가 수급인에게 공사대금의 지급을 보증하거나 담보를 제공해야 하는 금액으로 옳은 것은?

① 도급금액에서 계약상 선급금을 제외한 금액
② 도급금액에서 계약상 선급금을 포함한 금액
③ 설계도서에 기재된 노임의 합산금액
④ 설계도서에 기재된 직접노무비와 간접노무비의 합산금액

POINT 107 제3장 소방시설공사등
하도급의 제한 등

01 □□□ 기출변형

「소방시설공사업법」상 하도급의 제한에 대한 설명이다. ( ) 안의 내용으로 옳은 것은?

> 도급을 받은 자는 소방시설의 설계, 시공, 감리를 제3자에게 하도급할 수 없다. 다만, (가)의 경우에는 (나)으로 정하는 바에 따라 도급받은 소방시설공사의 일부를 다른 공사업자에게 하도급할 수 있다.

	가	나
①	설계	대통령령
②	설계	행정안전부령
③	시공	대통령령
④	감리	행정안전부령

02 □□□ 확인학습

「소방시설공사업법 시행령」 제12조 규정에 따라 소방시설공사의 시공을 하도급할 수 있는 경우에 대한 내용이다. 밑줄 친 다음 각 호의 어느 하나에 해당하는 사업에 해당하지 않는 것은?

> 소방시설공사업과 <u>다음 각 호의 어느 하나에 해당하는 사업</u>을 함께 하는 공사업자가 소방시설공사와 해당 사업의 공사를 함께 도급받은 경우에는 도급받은 소방시설공사의 일부를 다른 공사업자에게 하도급할 수 있다.

① 「주택법」 제4조에 따른 주택건설사업
② 「소방시설 설치 및 관리에 관한 법률」 제29조에 따른 소방시설관리업
③ 「전기공사업법」 제4조에 따른 전기공사업
④ 「건설산업기본법」 제9조에 따른 건설업

03 □□□
기출변형

「소방시설공사업법」상 하도급계약의 적정성 심사 등에 관한 설명으로 옳지 않은 것은?

① 발주자는 하수급인이 계약내용을 수행하기에 현저하게 부적당하다고 인정되거나 하도급계약금액이 대통령령으로 정하는 비율에 따른 금액에 미달하는 경우에는 하수급인의 시공 및 수행능력, 하도급계약 내용의 적정성 등을 심사할 수 있다.
② 발주자는 하도급계약의 적정성을 심사한 결과 하수급인의 시공 및 수행능력 또는 하도급계약 내용이 적정하지 아니한 경우에는 그 사유를 분명하게 밝혀 수급인에게 하수급인 또는 하도급계약 내용의 변경을 요구할 수 있다.
③ 발주자는 수급인이 정당한 사유 없이 하도급계약의 적정성 심사에 따른 변경 요구에 따르지 아니하여 공사 등의 결과에 중대한 영향을 끼칠 우려가 있는 경우에는 해당 소방시설공사등의 도급계약을 해지할 수 있다.
④ 하도급계약의 적정성 심사기준, 하수급인 또는 하도급계약 내용의 변경 요구 절차, 그 밖에 필요한 사항 및 하도급계약 심사위원회의 설치·구성 및 심사방법 등에 관하여 필요한 사항은 행정안전부령으로 정한다.

04 □□□
기출변형

「소방시설공사업법 시행령」상 하도급계약의 적정성 심사에 관한 내용 중 하도급계약금액이 대통령령으로 정하는 비율에 따른 금액에 미달하는 경우에 해당하는 것은?

① 하도급계약금액이 소방시설공사등에 대한 발주자의 기초가격의 100분의 82에 해당하는 금액에 미달하는 경우
② 하도급계약금액이 소방시설공사등에 대한 발주자의 기초가격의 100분의 60에 해당하는 금액에 미달하는 경우
③ 하도급계약금액이 도급금액 중 하도급부분에 상당하는 금액의 100분의 82에 해당하는 금액에 미달하는 경우
④ 하도급계약금액이 도급금액 중 하도급부분에 상당하는 금액의 100분의 60에 해당하는 금액에 미달하는 경우

05 □□□
확인학습

「소방시설공사업법」 제22조의3의 규정에 따른 하도급대금의 지급 등에 대한 설명으로 옳은 것은?

① 수급인은 발주자로부터 도급받은 소방시설공사등에 대한 준공금(竣工金)을 받은 경우에는 하도급대금을 지급받은 날(수급인이 발주자로부터 대금을 어음으로 받은 경우에는 그 날부터를 말한다)부터 15일 이내에 하수급인에게 현금으로 지급하여야 한다.
② 수급인은 발주자로부터 도급받은 소방시설공사등에 대한 기성금(旣成金)을 받은 경우에는 하수급인이 시공하거나 수행한 부분에 상당한 금액을 각각 지급받은 날(수급인이 발주자로부터 대금을 어음으로 받은 경우에는 그 날부터를 말한다)부터 15일 이내에 하수급인에게 현금으로 지급하여야 한다.
③ 수급인은 발주자로부터 선급금을 받은 경우에는 하수급인이 자재의 구입, 현장근로자의 고용, 그 밖에 하도급 공사 등을 시작할 수 있도록 그가 받은 선급금의 내용과 비율에 따라 하수급인에게 선금을 받은 날(하도급 계약을 체결하기 전에 선급금을 받은 경우에는 하도급 계약을 체결한 날을 말한다)부터 15일 이내에 선급금을 지급하여야 한다. 이 경우 수급인은 하수급인이 선급금을 반환하여야 할 경우에 대비하여 하수급인에게 보증을 요구할 경우 이에 따른 비용을 지급하여야 한다.
④ 수급인은 하도급을 한 후 설계변경 또는 물가변동 등의 사정으로 도급금액이 조정되는 경우에는 조정된 금액과 비율에 따라 하수급인에게 하도급 금액을 증액하거나 감액하여 지급할 수 있다.

POINT 108 제3장 소방시설공사등
도급계약의 해지 등

01 □□□ 기출변형

「소방시설공사업법」상 도급계약의 해지 기준으로 옳지 않은 것은?

① 소방시설업의 등록이 취소되거나 영업 정지된 경우
② 경고를 받았을 때
③ 소방시설업을 휴업하거나 폐업한 경우
④ 정당한 사유 없이 30일 이상 소방시설공사를 계속하지 않는 경우

02 □□□ 17. 중앙

「소방시설공사업법」 제23조 규정에 따라 정당한 사유 없이 며칠 이상 소방시설공사를 계속하지 아니하는 경우에는 관계인은 수급인에게 도급계약을 해지할 수 있는가?

① 7일
② 14일
③ 30일
④ 90일

03 □□□ 확인학습

「소방시설공사업법」 제24조 규정에 따른 공사업자의 감리 제한에 따라 동일한 특정소방대상물의 소방시설에 대한 시공과 감리를 함께 할 수 없는 경우에 해당하지 않는 것은?

① 공사업자와 감리업자가 같은 특정소방대상물에 거주하는 경우
② 공사업자와 감리업자가 같은 자인 경우
③ 독점규제 및 공정거래에 관한 법률」 제2조 제11호에 따른 기업집단의 관계인 경우
④ 「민법」 제777조에 따른 친족관계인 경우

POINT 109 제3장 소방시설공사등
시공능력 평가 및 공시

01 □□□ 16. 통합

「소방시설공사업법」상 관계인 또는 발주자가 적절한 공사업자를 선정할 수 있도록 하기 위하여 공사업자의 신청이 있으면 그 공사업자의 소방시설공사 실적, 자본금 등에 따라 시공능력을 평가하여 공시할 수 있는 사람은 누구인가?

① 행정안전부장관
② 소방청장
③ 시·도지사
④ 소방본부장 또는 소방서장

02 □□□ 기출변형

「소방시설공사업법」상 소방기술자의 의무에 관한 내용으로 옳지 않은 것은?

① 소방기술자는 이 법과 이 법에 따른 명령과 「소방시설 설치 및 관리에 관한 법률」 및 같은 법에 따른 명령에 따라 업무를 수행하여야 한다.
② 소방기술자는 다른 사람에게 자격증(자격수첩과 경력수첩)을 빌려주어서는 아니 된다.
③ 소방기술자는 동시에 둘 이상의 업체에 취업하여서는 아니 된다.
④ 소방기술자는 소방기술자 업무에 영향을 미치지 아니하는 범위에서 근무시간 외에 소방시설업에 종사할 수 있다.

03 □□□ 25. 공채·경채

「소방시설공사업법」및 같은 법 시행규칙상 소방시설공사 시공능력평가신청서에 첨부하여야 하는 서류로 옳지 않은 것은?

① 국가 또는 지방자치단체가 발주한 국내 소방시설공사의 경우: 소득세법령에 따른 계산서(공급자 보관용) 사본
② 공사업자의 자기수요에 따른 소방시설공사의 경우: 그 공사의 감리자가 확인한 별지 서식에 따른 소방시설공사 실적증명서
③ 주한국제연합군으로부터 도급받은 소방시설공사의 경우: 거래하는 외국환은행이 발행한 외화입금증명서 및 도급계약서 사본
④ 해외 소방시설공사의 경우: 재외공관장이 발행한 해외공사 실적증명서 또는 공사계약서 사본이 첨부된 외국환은행이 발행한 외화입금증명서

POINT 110 제4장 소방기술자
소방기술 경력 등의 인정 등

01 □□□ 　　　　23. 공채·경채

「소방시설공사업법」상 소방기술 경력 등의 인정 등에 관한 내용으로 옳은 것은?

① 소방본부장, 소방서장은 소방기술의 효율적인 활용과 소방기술의 향상을 위하여 소방기술과 관련된 자격·학력 및 경력을 가진 사람을 소방기술자로 인정할 수 있다.
② 소방본부장, 소방서장은 소방기술과 관련된 자격·학력 및 경력을 인정받은 사람에게 소방기술 인정 자격수첩과 경력수첩을 발급할 수 있다.
③ 소방기술과 관련된 자격·학력 및 경력의 인정 범위와 자격수첩 및 경력수첩의 발급 절차 등에 관하여 필요한 사항은 대통령령으로 정한다.
④ 소방청장은 자격수첩 또는 경력수첩을 발급받은 사람이 거짓이나 그 밖의 부정한 방법으로 자격수첩 또는 경력수첩을 발급받은 경우에 그 자격을 취소하여야 한다.

02 □□□ 　　　　기출변형

「소방시설공사업법」상 소방기술 경력 등의 인정에 관한 설명이다. ( ) 안에 들어갈 내용으로 옳은 것은?

> ㄱ. (가)은/는 소방기술의 효율적인 활용과 소방기술의 향상을 위하여 소방기술과 관련된 자격·학력 및 경력을 가진 사람을 소방기술자로 인정할 수 있다.
> ㄴ. 소방기술과 관련된 자격·학력 및 경력의 인정 범위와 자격수첩 및 경력수첩의 발급 절차 등에 관하여 필요한 사항은 (나)으로 정한다.

	가	나
①	소방청장	대통령령
②	소방청장	행정안전부령
③	시·도지사	대통령령
④	시·도지사	행정안전부령

03 □□□ 　　　　기출변형

「소방시설공사업법」상 소방청장이 자격수첩 또는 경력수첩을 발급받은 사람에게 그 자격을 취소하여야 하는 경우에 해당하는 것을 모두 고른 것은?

> ㄱ. 거짓이나 그 밖의 부정한 방법으로 자격수첩 또는 경력수첩을 발급받은 경우
> ㄴ. 규정을 위반하여 자격수첩 또는 경력수첩을 다른 사람에게 빌려준 경우
> ㄷ. 규정을 위반하여 동시에 둘 이상의 업체에 취업한 경우
> ㄹ. 이 법 또는 이 법에 따른 명령을 위반한 경우

① ㄱ
② ㄱ, ㄴ
③ ㄱ, ㄴ, ㄷ
④ ㄱ, ㄴ, ㄷ, ㄹ

04 □□□ 　　　　21. 공채

「소방시설공사업법 시행규칙」상 소방기술과 관련된 자격·학력 및 경력의 인정범위에 관한 내용으로 옳은 것은?

① 소방공무원으로서 3년간 근무한 경력이 있는 사람은 중급감리원의 업무를 수행할 수 있다.
② 학사학위를 취득한 후 소방 관련 업무를 10년간 수행한 사람은 특급기술자 업무를 수행할 수 있다.
③ 소방시설관리사 자격을 취득한 후 소방 관련 업무를 3년간 수행한 사람은 특급기술자 업무를 수행할 수 있다.
④ 소방설비기사 기계분야 자격을 취득한 후 소방 관련 업무를 8년간 수행한 사람은 해당분야 특급감리원의 업무를 수행할 수 있다.

05 기출변형

「소방시설공사업법 시행규칙」상 소방기술자의 기술등급 중 특급기술자 자격(기계분야)으로 옳지 않은 것은?

① 소방기술사
② 소방시설관리사 자격을 취득한 후 5년 이상 소방 관련 업무를 수행한 사람
③ 건축사 자격을 취득한 후 5년 이상 소방 관련 업무를 수행한 사람
④ 소방설비기사 기계분야의 자격을 취득한 후 5년 이상 소방 관련 업무를 수행한 사람

06 기출변형

「소방시설공사업법 시행규칙」상 소방공사감리원의 기술등급 중 특급감리원 자격(기계분야)으로 옳지 않은 것은?

① 소방기술사 자격을 취득한 사람
② 소방시설관리사 자격을 취득한 후 5년 이상 소방 관련 업무를 수행한 사람
③ 소방설비기사 기계분야 자격을 취득한 후 8년 이상 소방 관련 업무를 수행한 사람
④ 소방설비산업기사 기계분야 자격을 취득한 후 12년 이상 소방 관련 업무를 수행한 사람

POINT 111 제4장 소방기술자
소방기술자의 양성 및 교육 등

01 ☐☐☐ 확인학습

「소방시설공사업법」 제28조의2의 규정에 따른 소방기술자 양성 및 교육훈련 실시권자는?

① 소방청장
② 시·도지사
③ 소방본부장 또는 소방서장
④ 특정소방대상물의 관계인

02 ☐☐☐ 23. 경채

「소방시설공사업법 시행규칙」상 소방기술자 양성·인정 교육훈련 기관의 지정 요건으로 옳지 않은 것은?

① 교육과목별 교재 및 강사 매뉴얼을 갖출 것
② 소방기술자 양성·인정 교육훈련을 실시할 수 있는 전담인력을 6명 이상 갖출 것
③ 전국 2개 이상의 시·도에 이론교육과 실습교육이 가능한 교육·훈련장을 갖출 것
④ 교육훈련의 신청·수료, 성과측정, 경력관리 등에 필요한 교육훈련 관리시스템을 구축·운영할 것

제4장 소방기술자
소방기술자의 실무교육

01 □□□ 10. 중앙

「소방시설공사업법 시행규칙」 제26조의 규정에 따라 소방기술자의 실무 교육 횟수로 옳은 것은?

① 1년마다 1회 이상
② 2년마다 1회 이상
③ 3년마다 1회 이상
④ 기술자 등급 승급 시

02 □□□ 기출변형

「소방시설공사업법」상 소방기술자의 실무교육에 관한 설명이다. ( ) 안의 내용으로 옳은 것은?

> ㄱ. 화재예방, 안전관리의 효율화, 새로운 기술 등 소방에 관한 지식의 보급을 위하여 소방시설업 또는 「소방시설의 설치 및 관리에 관한 법률」 제29조에 따른 소방시설관리업의 기술인력으로 등록된 소방기술자는 (가)으로 정하는 바에 따라 실무교육을 받아야 한다.
> ㄴ. (나)은/는 소방기술자에 대한 실무교육을 효율적으로 하기 위하여 실무교육기관을 지정할 수 있다.

	가	나
①	행정안전부령	소방청장
②	대통령령	소방청장
③	행정안전부령	시·도지사
④	대통령령	시·도지사

03 □□□ 확인학습

「소방시설공사업법 시행규칙」 제26조 규정에 따라 「소방기본법」 제40조에 따른 한국소방안전원의 장은 소방기술자에 대한 실무교육을 실시하려면 교육일정 등 교육에 필요한 계획을 수립하여 소방청장에게 보고한 후 교육 며칠 전까지 교육대상자에게 알려야 하는가?

① 교육 7일 전까지
② 교육 10일 전까지
③ 교육 14일 전까지
④ 교육 30일 전까지

제5장 소방시설업자협회

POINT 113 소방시설업자협회

01 □□□ 기출변형

「소방시설공사업법」 제30조3의 규정에 따른 소방시설업자협회의 업무로 옳지 않은 것은?

① 소방시설업의 기술발전과 관련된 국제교류·활동 및 행사의 유치
② 화재예방과 안전관리의식 고취를 위한 대국민 홍보
③ 소방시설업의 기술발전과 소방기술의 진흥을 위한 조사·연구·분석 및 평가
④ 소방산업의 발전 및 소방기술의 향상을 위한 지원

02 □□□ 확인학습

「소방시설공사업법」상 소방시설업자협회(협회)에 대한 내용으로 옳지 않은 것은?

① 협회에 관하여 이 법에 규정되지 아니한 사항은 「민법」 중 사단법인에 관한 규정을 준용한다.
② 협회는 소방시설업의 기술발전과 관련된 국제교류·활동 및 행사의 유치 업무를 수행한다.
③ 협회의 설립인가 절차, 정관의 기재사항 및 협회에 대한 감독에 관하여 필요한 사항은 소방청장이 정한다.
④ 소방시설업자는 소방시설업자의 권익보호와 소방기술의 개발 등 소방시설업의 건전한 발전을 위하여 협회를 설립할 수 있다.

POINT 114 청문 등

01 ☐☐☐ 19. 공채

「소방시설공사업법」상 행정처분 전에 청문을 하여야 하는 대상으로 옳지 않은 것은?

① 소방시설업의 등록취소처분
② 소방기술 인정 자격취소처분
③ 소방시설업의 영업정지처분
④ 소방기술 인정 자격정지처분

POINT 115 제6장 보칙
권한의 위임·위탁 등

01 □□□ 24. 공채·경채

「소방시설공사업법 시행령」상 시·도지사가 소방시설업자협회에 위탁하는 업무로 옳은 것만을 <보기>에서 고른 것은?

<보기>
ㄱ. 소방시설업 등록신청의 접수 및 신청내용의 확인
ㄴ. 소방시설업 등록사항 변경신고의 접수 및 신고내용의 확인
ㄷ. 시공능력 평가 및 공시에 관한 업무
ㄹ. 소방시설업자의 지위승계 신고의 접수 및 신고내용의 확인
ㅁ. 소방시설업 휴업·폐업 또는 재개업 신고의 접수 및 신고내용의 확인
ㅂ. 방염처리능력 평가 및 공시에 관한 업무

① ㄱ, ㄴ, ㄹ, ㅁ
② ㄱ, ㄴ, ㅁ, ㅂ
③ ㄱ, ㄷ, ㄹ, ㅁ
④ ㄴ, ㄷ, ㄹ, ㅂ

02 □□□ 기출변형

「소방시설공사업법」 제33조 규정에 따라 소방청장은 소방기술자의 실무교육에 관한 업무를 대통령령으로 정하는 바에 따라 어디에 위탁교육을 실시할 수 있는가?

① 실무교육기관 및 소방체험관
② 한국소방안전원 및 한구소방산업기술원
③ 중앙소방학교 및 지방소방학교
④ 실무교육기관 및 한국소방안전원

03 □□□ 18. 하반기 공채

「소방시설공사업법 시행령」상 업무의 위탁에 대한 설명으로 옳지 않은 것은?

① 시·도지사는 소방시설업 등록신청의 접수 및 신청내용의 확인에 관한 업무를 소방시설업자협회에 위탁한다.
② 소방청장은 소방기술과 관련된 자격·학력·경력의 인정 업무를 소방시설업자협회, 소방기술과 관련된 법인 또는 단체에 위탁한다.
③ 소방청장은 소방시설공사업을 등록한 자의 시공능력평가 및 공시에 관한 업무를 소방시설업자협회에 위탁한다.
④ 소방청장은 소방기술자 실무교육에 관한 업무를 소방청장이 지정하는 실무교육기관 또는 대한소방공제회에 위탁한다.

04 □□□ 기출변형

「소방시설공사업법 시행령」 제20조 제2항에 따라 소방청장의 업무를 협회에 위탁할 수 있는 대상에 해당하지 않는 것은?

① 소방시설업자의 지위승계 신고의 접수 및 신고내용의 확인
② 시공능력 평가 및 공시에 관한 업무
③ 방염처리능력 평가 및 공시에 관한 업무
④ 소방시설업 종합정보시스템의 구축·운영

POINT 116 제7장 벌칙 — 벌칙 및 과태료

01　　　　　　　　　　　　　　　　20. 공채
「소방시설공사업법」상 벌칙 중 1년 이하의 징역 또는 1천만원 이하의 벌금에 해당하는 자로 옳지 않은 것은?

① 소방시설업 등록을 하지 아니하고 영업을 한 자
② 영업정지처분을 받고 그 영업정지 기간에 영업을 한 자
③ 소방시설업자가 아닌 자에게 소방시설공사등을 도급한 자
④ 공사감리결과의 통보 또는 공사감리결과보고서의 제출을 거짓으로 한 자

02　　　　　　　　　　　　　　　　빈출문제
다음 중 「소방시설공사업법」상 벌금 중 그 성격이 다른 것은?

① 공사업자가 아닌 자에게 소방시설공사를 도급한 자
② 공사감리업자를 지정하지 아니한 관계인
③ 소방시설공사현장에 감리원을 배치하지 아니한 자
④ 규정을 위반하여 설계나 시공을 한 자

03　　　　　　　　　　　　　　　　빈출문제
다음 중 「소방시설공사업법」상 벌칙이 다른 하나는?

① 소방시설업 등록을 하지 아니하고 영업을 한 자
② 규정을 위반하여 감리를 한 자
③ 규정을 위반하여 설계를 한 자
④ 영업정지처분을 받고 그 기간 동안 소방시설업의 업무를 한 자

04　　　　　　　　　　　　　　　　기출변형
「소방시설공사업법」상 과태료 부과·징수권자에 해당하지 않는 자는?

① 시·도지사
② 소방청장
③ 소방본부장
④ 소방서장

05　　　　　　　　　　　　　　　　빈출문제
「소방시설공사업법」상 규정을 위반하여 소방기술자를 공사현장에 배치하지 아니한 자의 행정벌은?

① 200만원 이하 과태료
② 3년 이하의 징역 또는 1천500만원 이하의 벌금
③ 300만원 이하 벌금
④ 1년 이하의 징역 또는 1천만원 이하의 벌금

해커스소방 fire.Hackers.com

제6편 위험물안전관리법

제1장 | 총칙
POINT 117 목적 및 정의
POINT 118 위험물 품명 및 지정수량
POINT 119 시행령 [별표 1] 비고
POINT 120 위험물의 저장 및 취급의 제한 등

제2장 | 위험물시설의 설치
POINT 121 위험물시설의 설치 및 변경
POINT 122 탱크안전성능검사
POINT 123 완공검사
POINT 124 제조소등의 폐지 등
POINT 125 제조소등의 사용 중지 등

제3장 | 위험물시설의 안전관리
POINT 126 위험물안전관리자 등
POINT 127 탱크시험자의 등록
POINT 128 예방규정
POINT 129 정기점검 및 정기검사
POINT 130 자체소방대

제4장 | 위험물의 운반 등
POINT 131 위험물의 운반
POINT 132 위험물의 운송

제5장 | 감독 및 조치명령
POINT 133 위험물 누출 등의 사고조사 등

제6장 | 보칙
POINT 134 안전교육 등
POINT 135 청문 및 권한의 위임·위탁

제7장 | 벌칙
POINT 136 벌칙 및 과태료

제8장 | 위험물 제조소등의 위치·구조 및 설비의 기준
POINT 137 제조소
POINT 137 옥외탱크저장소
POINT 138 지하탱크저장소
POINT 140 이동탱크저장소
POINT 141 옥내저장소
POINT 142 주유취급소
POINT 143 이송취급소 등
POINT 144 소화설비, 경보설비 및 피난설비의 기준
POINT 145 위험물의 저장 및 취급에 관한 기준
POINT 146 위험물 운반에 관한 기준

POINT 117 제1장 총칙 — 목적 및 정의

01 □□□   17. 하반기 공채

「위험물안전관리법」의 목적에 대한 설명이다. 빈칸에 들어갈 단어로 옳은 것은?

> 「위험물안전관리법」은 위험물의 (ㄱ)·(ㄴ) 및 (ㄷ)과 이에 따른 안전관리에 관한 사항을 규정함으로써 위험물로 인한 위해를 방지하여 공공의 안전을 확보함을 목적으로 한다.

	ㄱ	ㄴ	ㄷ
①	저장	취급	운반
②	제조	취급	운반
③	제조	저장	이송
④	저장	취급	이송

02 □□□   20. 공채

「위험물안전관리법」상 위험물에 대한 정의이다. ( ) 안에 들어갈 용어로 옳은 것은?

> "위험물"이라 함은 (가) 또는 (나) 등의 성질을 가지는 것으로서 (다)이 정하는 물품을 말한다.

	가	나	다
①	인화성	가연성	대통령령
②	인화성	발화성	대통령령
③	휘발성	가연성	행정안전부령
④	인화성	휘발성	행정안전부령

03 □□□   빈출문제

「위험물안전관리법」상 위험물을 제조할 목적으로 지정수량 이상의 위험물을 취급하기 위하여 규정에 따른 허가를 받은 장소를 말하는 것은?

① 일반 취급소
② 위험물 저장소
③ 위험물 제조소
④ 위험물 취급소

04 □□□   20. 공채

「위험물안전관리법」상 용어의 정의에 대한 설명으로 옳지 않은 것은?

① "취급소"라 함은 지정수량 이상의 위험물을 제조외의 목적으로 취급하기 위한 대통령령이 정하는 장소로서 「위험물안전관리법」에 따른 허가를 받은 장소를 말한다.
② "지정수량"이라 함은 위험물의 종류별로 위험성을 고려하여 대통령령이 정하는 수량으로서 제조소등의 설치허가등에 있어서 최대의 기준이 되는 수량을 말한다.
③ "제조소등"이라 함은 제조소·저장소 및 취급소를 말한다.
④ "저장소"라 함은 지정수량 이상의 위험물을 저장하기 위하여 대통령령이 정하는 장소로서 「위험물안전관리법」에 따른 허가를 받은 장소를 말한다.

05

「위험물안전관리법 시행령」상 고정된 주유설비에 의하여 자동차, 항공기 또는 선박 등의 연료탱크에 직접 주유하기 위하여 위험물을 취급하는 장소는?

① 판매취급소
② 주유취급소
③ 이송취급소
④ 일반취급소

06

「위험물안전관리법 시행령」상 지정수량 이상의 위험물을 옥외저장소에 저장할 수 있는 것으로 옳지 않은 것은? [단, 「국제해사기구에 관한 협약」에 의하여 설치된 국제해사기구가 채택한 「국제해상위험물규칙」(IMDG Code)에 적합한 용기에 수납된 위험물은 제외한다]

① 제1류 위험물 중 염소산염류
② 제2류 위험물 중 유황(황)
③ 제4류 위험물 중 알코올류
④ 제6류 위험물

07

「위험물안전관리법」상 지정수량에 대한 정의이다. ( ) 안에 들어갈 용어로 옳은 것은?

> "지정수량"이라 함은 위험물의 종류별로 위험성을 고려하여 (가)이 정하는 수량으로서 제조소의 규정에 의한 제조소등의 설치허가 등에 있어서 (나)의 기준이 되는 수량을 말한다.

	가	나
①	행정안전부령	최대
②	대통령령	최저
③	소방본부장 또는 소방서장	최저
④	소방본부장 또는 소방서장	최대

08

「위험물안전관리법」 제3조의2의 규정에 따른 위험물에 의한 사고를 예방하기 위한 국가의 시책을 수립·시행 시의 포함사항으로 옳지 않은 것은?

① 위험물의 유통실태 분석
② 사고 예방을 위한 안전기술 개발
③ 위험물 운송자의 학력, 나이, 경력 등의 통계자료 작성
④ 위험물에 의한 사고 유형의 분석

POINT 118 제1장 총칙
위험물 품명 및 지정수량

01 □□□ 21. 공채
「위험물안전관리법 시행령」 및 같은 법 시행규칙상 위험물의 성질과 품명이 옳지 않은 것은?

① 가연성 고체: 적린, 금속분
② 산화성 액체: 과염소산, 질산
③ 산화성 고체: 요오드산염류(아이오딘산염류), 과요오드산(과아이오딘산)
④ 자연발화성 및 금수성 물질: 황린, 아조화합물

02 □□□ 23. 경채
「위험물안전관리법 시행령」상 제1류 위험물의 품명으로 옳은 것은?

① 질산
② 과염소산
③ 과산화수소
④ 과염소산염류

03 □□□ 빈출문제
「위험물안전관리법 시행령」상 위험물 유별에 따른 성질의 연결이 옳지 않은 것은?

① 제1류 위험물 – 산화성 액체
② 제5류 위험물 – 자기반응성 물질
③ 제4류 위험물 – 인화성 액체
④ 제2류 위험물 – 가연성 고체

04 □□□ 19. 공채 - 기출변형
「위험물안전관리법 시행령」상 위험물의 지정수량이 가장 큰 것은?

① 브로민산염류
② 아염소산염류
③ 과염소산염류
④ 다이크로뮴산염류

05 □□□ 빈출문제
「위험물안전관리법 시행령」상 위험물의 분류 중 제2류 위험물인 가연성 고체에 해당하는 것은?

① 적린, 황린
② 마그네슘, 질산
③ 철분, 금속분
④ 황화인, 황린

06 □□□ 확인학습
「위험물안전관리법 시행령」 [별표 1]의 규정에 따른 자기반응성 물질에 해당하는 것을 모두 고른 것은?

ㄱ. 무기과산화물
ㄴ. 마그네슘
ㄷ. 유기금속화합물
ㄹ. 금속의 인화물
ㅁ. 알루미늄의 탄화물
ㅂ. 과염소산

① ㄱ, ㄷ, ㄹ
② ㄴ, ㅁ, ㅂ
③ ㄷ, ㅁ, ㅂ
④ 없음

07 □□□ 25. 공채·경채
「위험물안전관리법」및 같은 법 시행령, 시행규칙상 위험물의 품명이 제3류 위험물에 해당하는 것은?

① 질산구아니딘
② 염소화규소화합물
③ 아이오딘의 산화물
④ 염소화아이소사이아누르산

POINT 119 시행령 [별표 1] 비고

제1장 총칙

01 □□□
18. 하반기 공채

「위험물안전관리법 시행령」상 용어에 대한 설명으로 옳지 않은 것은?

① 특수인화물: 이황화탄소, 디에틸에테르 그 밖에 1기압에서 발화점이 100℃ 이하인 것 또는 인화점이 -20℃ 이하이고 비점이 40℃ 이하인 것
② 제1석유류: 아세톤, 휘발유 그 밖에 1기압에서 인화점이 70℃ 미만인 것
③ 제3석유류: 중유, 클로오소트유 그 밖에 1기압에서 인화점이 70℃ 이상 200℃ 미만인 것
④ 동·식물유류: 동물의 지육 등 또는 식물의 종자나 과육으로부터 추출한 것으로 1기압에서 인화점이 250℃ 미만인 것

02 □□□
빈출문제

「위험물안전관리법 시행령」상 위험물에 대한 설명으로 옳은 것은?

① 제3류 위험물인 황은 순도가 60% 이상 것을 말한다.
② 제1석유류 중 휘발유의 지정수량은 400L이다.
③ 제3석유류의 비수용성에는 등유 및 경유 등이 있다.
④ 제4류 위험물에는 동·식물유류가 포함된다.

03 □□□
15. 통합

「위험물안전관리법 시행령」상 위험물에 관한 용어 중 옳지 않은 것은?

① 철분이라 함은 철의 분말로서 53㎛의 표준체를 통과하는 것이 50wt.% 미만인 것은 제외한다.
② 마그네슘은 2mm의 체를 통과하지 아니하는 덩어리 상태의 것을 말한다.
③ 황은 순도가 60wt.% 이상인 것을 말한다.
④ 알코올류라 함은 1분자를 구성하는 탄소원자의 수가 1개부터 3개까지인 포화1가 알코올(변성알코올을 포함한다)을 말한다.

04 □□□
빈출문제

「위험물안전관리법 시행령」상 용어의 정의로 옳지 않은 것은?

① 철분이라 함은 철의 분말로서 53㎛의 표준체를 통과하는 것이 50wt.% 미만인 것은 제외한다.
② 자연발화성 물질 및 금수성 물질이란 고체 또는 액체로서 공기 중에서 발화의 위험성이 있거나 물과 접촉하여 발화하거나 가연성 가스를 발생하는 위험성이 있는 것을 말한다.
③ 특수인화물이라 함은 이황화탄소, 디에틸에테르 그 밖에 1기압에서 발화점이 100℃ 이하인 것 또는 인화점이 -20℃ 이하이고 비점이 40℃ 이하인 것을 말한다.
④ 황은 순도가 60wt.% 이하인 것을 말한다. 이 경우 순도측정에 있어서 불순물은 활석 등 불연성 물질과 수분에 한한다.

05 빈출문제

「위험물안전관리법 시행령」상 특수인화물에 대한 내용으로 옳지 않은 것은?

① 인화점이 100°C 이하인 것을 말한다.
② 이황화탄소 및 디에틸에테르 등이 있다.
③ 지정수량은 50L이다.
④ 제4류 위험물에 해당한다.

06 기출변형

「위험물안전관리법 시행령」상 "제4석유류"의 정의로 가장 옳은 것은?

① 기어유, 실린더유 그 밖에 1기압에서 인화점이 200°C 이상 250°C 미만의 것을 말한다. 다만 도료류 그 밖의 물품은 가연성 액체량이 40wt.% 이상인 것은 제외한다.
② 기어유, 실린더유 그 밖에 1기압에서 인화점이 200°C 이상 250°C 미만의 것을 말한다. 다만 도료류 그 밖의 물품은 가연성 액체량이 40wt.% 이하인 것은 제외한다.
③ 기어유, 실린더유 그 밖에 1기압에서 인화점이 70°C 이상 200°C 미만의 것을 말한다. 다만 도료류 그 밖의 물품은 가연성 액체량이 40wt.% 이상인 것은 제외한다.
④ 기어유, 실린더유 그 밖에 1기압에서 인화점이 70°C 이상 200°C 미만의 것을 말한다. 다만 도료류 그 밖의 물품은 가연성 액체량이 40wt.% 이하인 것은 제외한다.

07 22. 공채

「위험물안전관리법 시행령」[별표 1]에서 규정한 내용으로 옳지 않은 것은?

① 황: 순도가 60중량퍼센트 이상인 것을 말한다.
② 인화성고체: 고형알코올 그 밖에 1기압에서 인화점이 섭씨 40도 미만인 고체를 말한다.
③ 철분: 철의 분말로서 53마이크로미터의 표준체를 통과하는 것이 50중량퍼센트 미만인 것을 말한다.
④ 가연성고체: 고체로서 화염에 의한 발화의 위험성 또는 인화의 위험성을 판단하기 위하여 고시로 정하는 시험에서 고시로 정하는 성질과 상태를 나타내는 것을 말한다.

08 확인학습

「위험물안전관리법 시행령」[별표 1]에 따른 위험물의 정의에 대한 내용이다. ( ) 안에 들어갈 말로 옳은 것은?

> ㄱ. (가)라 함은 액체로서 산화력의 잠재적인 위험성을 판단하기 위하여 고시로 정하는 시험에서 고시로 정하는 성질과 상태를 나타내는 것을 말한다.
> ㄴ. "알코올류"라 함은 1분자를 구성하는 (나)원자의 수가 1개부터 3개까지인 포화1가 알코올(변성알코올을 포함한다)을 말한다.

	가	나
①	인화성 액체	탄소
②	인화성 액체	수소
③	산화성 액체	탄소
④	산화성 액체	수소

09 확인학습

「위험물안전관리법 시행령」[별표 1]의 규정에 따라 <보기>의 위험물의 품명으로 옳은 것은?

> <보기>
> 알칼리금속·알칼리토류금속·철 및 마그네슘외의 금속의 분말을 말하고, 구리분·니켈분 및 150마이크로미터의 체를 통과하는 것이 50중량퍼센트 미만인 것은 제외한다.

① 마그네슘
② 철분
③ 금속분
④ 알킬리튬

제1장 총칙
위험물의 저장 및 취급의 제한 등

01 □□ 빈출문제

「위험물안전관리법」 제4조의 규정에 따라 지정수량 미만인 위험물의 저장·취급에 관한 기술상의 기준은 무엇으로 정하는가?

① 시·도의 규칙
② 대통령령
③ 「위험물안전관리법」
④ 시·도의 조례

02 □□□ 확인학습

「위험물안전관리법」 제5조 제2항의 규정에 따라 제조소등이 아닌 장소에서 지정수량 이상의 위험물을 취급할 수 있는 기준으로 옳은 것은?

① 시·도의 조례가 정하는 바에 따라 관할소방서장의 승인을 받아 지정수량 이상의 위험물을 30일 이내의 기간동안 임시로 저장 또는 취급하는 경우
② 시·도의 조례가 정하는 바에 따라 관할소방서장의 승인을 받아 지정수량 이상의 위험물을 90일 이내의 기간동안 임시로 저장 또는 취급하는 경우
③ 행정안전부령으로 정하는 바에 따라 관할소방서장의 승인을 받아 지정수량 이상의 위험물을 30일 이내의 기간동안 임시로 저장 또는 취급하는 경우
④ 행정안전부령으로 정하는 바에 따라 관할소방서장의 승인을 받아 지정수량 이상의 위험물을 90일 이내의 기간동안 임시로 저장 또는 취급하는 경우

03 □□□ 21. 공채

「위험물안전관리법 시행규칙」상 제조소등에 설치하는 소방시설 설치에 대한 내용으로 옳지 않은 것은?

① 제조소등에는 화재 발생 시 소화가 곤란한 정도에 따라 그 소화에 적응성이 있는 소화설비를 설치하여야 한다.
② 제조소등에는 화재 발생 시 소방공무원이 화재를 진압하거나 인명구조 활동을 할 수 있도록 소화활동설비를 설치하여야 한다.
③ 주유취급소 중 건축물의 2층 이상의 부분을 점포·휴게음식점 또는 전시장의 용도로 사용하는 것과 옥내주유취급소에는 피난설비를 설치하여야 한다.
④ 지정수량의 10배 이상의 위험물을 저장 또는 취급하는 제조소등(이동탱크저장소 제외)에는 화재 발생 시 이를 알릴 수 있는 경보설비를 설치하여야 한다.

04 □□□ 확인학습

「위험물안전관리법」 제5조 제4항의 규정에 따라 제조소등의 위치·구조 및 설비의 기술기준은 무엇으로 정하는가?

① 해당 시·도의 조례
② 대통령령
③ 행정안전부령
④ 행정안전부령으로 정하는 바에 따라 해당 시·도의 조례

05
「위험물안전관리법」 제5조 제5항의 규정에 관한 내용이다. ( ) 안에 들어갈 말로 옳은 것은?

> 둘 이상의 위험물을 같은 장소에서 저장 또는 취급하는 경우에 있어서 당해 장소에서 저장 또는 취급하는 각 위험물의 수량을 그 위험물의 (가)으로 각각 나누어 얻은 수의 합계가 (나) 이상인 경우 당해 위험물은 지정수량 이상의 위험물로 본다.

	가	나
①	저장최대수량	1
②	저장최대수량	10
③	지정수량	1
④	지정수량	10

06
20. 공채

「위험물안전관리법 시행규칙」상 위험물 제조소등(이동탱크저장소를 제외한다)에 설치하는 경보설비로 옳지 않은 것은?

① 확성장치
② 비상방송설비
③ 비상경보설비
④ 자동화재속보설비

✓ 현재는 관련규정이 제·개정됨

07
「위험물안전관리법 시행규칙」 제2조의 정의로 옳지 않은 것은?

① "불연재료"란 「건축법 시행령」 제2조 제10호에 따른 불연재료 중 준불연재료 외의 것을 말한다.
② "고속국도"란 「도로법」 제10조 제1호에 따른 고속국도를 말한다.
③ "하천"이란 「하천법」 제2조 제1호에 따른 하천을 말한다.
④ "내화구조"란 「건축법 시행령」 제2조 제7호에 따른 내화구조를 말한다.

08
「위험물안전관리법 시행규칙」 제42조 및 제43조에 규정에 따른 경보설비 및 피난설비의 설치기준에 대한 내용이다. ( ) 안에 들어갈 말로 옳은 것은?

> ㄱ. 규정에 의한 지정수량의 (가) 이상의 위험물을 저장 또는 취급하는 제조소등(이동탱크저장소를 제외한다)에는 화재발생시 이를 알릴 수 있는 경보설비를 설치하여야 한다.
> ㄴ. 주유취급소 중 건축물의 (나) 이상의 부분을 점포·휴게음식점 또는 전시장의 용도로 사용하는 것과 옥내주유취급소에는 피난설비를 설치하여야 한다.

	가	나
①	10배	2층
②	10배	3층
③	30배	2층
④	30배	3층

09
「위험물안전관리법 시행규칙」 제5조 규정에 따른 위험물을 저장 또는 취급하는 탱크용량 산정기준으로 옳은 것은?

① 내용적 - 공간용적 = 산정용적
② 공간용적 - 산정용적 = 내용적
③ 공간용적 - 내용적 = 산정용적
④ 산정용적 - 공간용적 = 내용적

POINT 121 제2장 위험물시설의 설치
위험물시설의 설치 및 변경

01 □□□ 18. 공채
「위험물안전관리법」상 위험물시설의 설치 및 변경에 관한 내용으로 옳지 않은 것은?

① 제조소등을 설치하고자 하는 자는 그 설치장소를 관할하는 시·도지사의 허가를 받아야 한다.
② 제조소등의 위치·구조 또는 설비 가운데 행정안전부령이 정하는 사항을 변경하고자 하는 때에는 그 설치장소를 관할하는 시·도지사에게 신고하여야 한다.
③ 제조소등의 위치·구조 또는 설비의 변경 없이 지정수량의 배수를 변경하고자 하는 자는 변경하고자 하는 날의 1일 전까지 시·도지사에게 신고하여야 한다.
④ 농예용으로 필요한 난방시설을 위한 지정수량 20배 이하의 저장소는 허가를 받지 아니하고 설치할 수 있다.

02 □□□ 기출변형
「위험물안전관리법」상 위험물 시설의 설치 및 변경 등 설명으로 옳지 않은 것은?

① 위험물 품명·수량 또는 지정수량의 배수를 변경하고자 하는 경우에는 1일 전까지 시·도지사에게 신고하여야 한다.
② 주택의 난방시설을 위한 저장소는 허가를 받지 아니하고 위험물의 품명·수량 또는 지정수량의 배수를 변경할 수 있다.
③ 농예용·축산용 또는 수산용으로 필요한 난방시설 또는 건조시설을 위한 지정수량 30배 이하의 저장소의 경우는 허가를 받지 아니하고 해당 제조소등을 설치하거나 그 위치·구조 또는 설비를 변경할 수 있으며, 신고를 하지 아니하고 위험물의 품명·수량 또는 지정수량의 배수를 변경할 수 있다.
④ 제조소등을 설치하고자 하는 자는 대통령령이 정하는 바에 따라 그 설치장소를 관할하는 시·도지사의 허가를 받아야 한다.

03 □□□ 빈출문제
「위험물안전관리법」상 위험물 설치 및 변경 등에 관한 설명으로 옳지 않은 것은?

① 농예용·축산용 또는 수산용으로 필요한 난방시설 또는 건조시설을 위한 지정수량 20배 이하의 저장소는 변경신고를 하지 않아도 된다.
② 제조소등의 위치·구조 또는 설비의 변경 없이 당해 제조소등에서 저장하거나 취급하는 위험물의 품명·수량 또는 지정수량의 배수를 변경하고자 하는 자는 변경하고자 하는 날의 1일 전까지 행정안전부령이 정하는 바에 따라 시·도지사에게 신고하여야 한다.
③ 위험물 제조소등의 설치 허가는 관할 시·도지사에게 받아야 한다.
④ 주택의 난방시설(공동주택의 중앙난방시설은 제외한다)을 위한 저장소 또는 취급소는 시·도지사에게 허가를 받고서 설치하여야 한다.

04 □□□ 25. 경채
「위험물안전관리법」상 제조소등의 위치·구조 또는 설비의 변경 없이 취급하는 위험물의 품명을 변경하고자 할 때 시·도지사에게 신고하여야 하는 기준으로 옳은 것은?

① 변경한 날부터 14일 이내
② 변경한 날부터 30일 이내
③ 변경하고자 하는 날의 1일 전까지
④ 변경하고자 하는 날의 14일 전까지

05

「위험물안전관리법」상 제조소등의 위치·구조 또는 설비의 변경 없이 당해 제조소등에서 저장하거나 취급하는 위험물의 품명·수량 또는 지정수량의 배수를 변경하고자 하는 자는 어떻게 해야 하는가?

① 변경하고자 하는 날의 1일 전까지 시·도지사에게 신고하여야 한다.
② 변경하고자 하는 날의 1일 전까지 소방본부장 또는 소방서장에게 신고하여야 한다.
③ 변경하고자 하는 날의 3일 전까지 소방본부장 또는 소방서장에게 신고하여야 한다.
④ 변경하고자 하는 날의 3일 전까지 시·도지사에게 신고하여야 한다.

06

「위험물안전관리법」상 신고를 하지 아니하고 위험물의 품명·수량 또는 지정수량의 배수를 변경할 수 있는 경우로 옳은 것은?

① 농예용으로 필요한 건조시설을 위한 지정수량 20배 이하의 취급소
② 축산용으로 필요한 난방시설을 위한 지정수량 20배 이하의 저장소
③ 수산용으로 필요한 건조시설을 위한 지정수량 30배 이하의 저장소
④ 공동주택의 중앙난방시설을 위한 지정수량 30배 이하의 취급소

07

「위험물안전관리법」 제6조 규정에 따른 위험물시설의 설치 및 변경 등에 대한 내용이다. ( ) 안에 들어갈 말로 옳은 것은?

> 제조소등을 설치하고자 하는 자는 (ㄱ)이 정하는 바에 따라 그 설치장소를 관할하는 특별시장·광역시장·특별자치시장·도지사 또는 특별자치도지사의 허가를 받아야 한다. 제조소등의 위치·구조 또는 설비 가운데 (ㄴ)이 정하는 사항을 변경하고자 하는 때에도 또한 같다.

	ㄱ	ㄴ
①	행정안전부령	행정안전부령
②	행정안전부령	대통령령
③	대통령령	행정안전부령
④	대통령령	대통령령

08

「위험물안전관리법 시행규칙」 [별표 1의2]의 규정에 따라 제조소 또는 일반취급소의 경우 변경허가를 받아야 하는 경우에 해당하지 않는 것은?

① 불활성기체(다른 원소와 화학 반응을 일으키기 어려운 기체)의 봉입장치를 신설하는 경우
② 100m(지상에 설치하지 아니하는 배관의 경우에는 30m)를 초과하는 위험물배관을 신설·교체·철거 또는 보수(배관을 절개하는 경우에 한한다)하는 경우
③ 위험물취급탱크의 방유제의 높이 또는 방유제 내의 면적을 변경하는 경우
④ 위험물취급탱크의 노즐 또는 맨홀을 신설하는 경우(노즐 또는 맨홀의 지름이 250mm를 초과하는 경우에 한한다)

09 ☐☐☐ 확인학습

「위험물안전관리법 시행령」 제6조의 규정에 따라 시·도지사가 설치허가 또는 변경허가 신청 내용이 허가 기준에 적합한 경우에 허가하여야 한다. 허가 기준으로 옳지 않은 것은?

① 제조소등의 위치·구조 및 설비가 법 제5조 제4항의 규정에 의한 기술기준에 적합할 것
② 제조소등에서의 위험물의 저장 또는 취급이 공공의 안전유지 또는 재해의 발생방지에 지장을 줄 우려가 없다고 인정될 것
③ 지정수량의 1천배 이상의 위험물을 취급하는 제조소 또는 일반취급소의 구조·설비에 관한 사항에 대하여 기술원의 기술검토를 받고 그 결과가 행정안전부령으로 정하는 기준에 적합한 것으로 인정될 것
④ 옥외탱크저장소(저장용량이 50만 리터 이상인 것만 해당한다) 또는 암반탱크저장소의 위험물탱크의 기초·지반, 탱크본체 및 소화설비에 관한 사항에 대하여 한국소방안전원의 기술검토를 받고 그 결과가 행정안전부령으로 정하는 기준에 적합한 것으로 인정될 것

10 ☐☐☐ 확인학습

「위험물안전관리법」 제7조에 따른 군용위험물시설의 설치 및 변경에 대한 특례의 내용으로 옳지 않은 것은?

① 군부대시설을 위한 제조소등을 설치하고자 하는 군부대의 장은 대통령령이 정하는 바에 따라 미리 제조소등의 소재지를 관할하는 시·도지사와 협의하여야 한다.
② 군사목적으로 제조소등의 위치·구조 또는 설비를 변경하고자 하는 군부대의 장은 행정안전부령이 정하는 바에 따라 미리 제조소등의 소재지를 관할하는 소방본부장 또는 소방서장과 협의하여야 한다.
③ 군부대의 장이 규정에 따라 제조소등의 소재지를 관할하는 시·도지사와 협의한 경우에는 허가를 받은 것으로 본다.
④ 군부대의 장은 규정에 따라 협의한 제조소등에 대하여는 탱크안전성능검사와 완공검사를 자체적으로 실시할 수 있다.

POINT 122 제2장 위험물시설의 설치
탱크안전성능검사

01 □□□ 빈출문제
「위험물안전관리법 시행령」상 위험물탱크안전성능검사로 옳지 않은 것은?

① 기초·지반공사
② 충수·수압검사
③ 재질·강도검사
④ 암반탱크검사

02 □□□ 빈출문제
「위험물안전관리법 시행령」상 탱크안전성능검사의 대상이 되는 탱크 등에 있어서 기초·지반검사의 대상인 것은?

① 옥외탱크저장소의 액체위험물탱크 중 그 용량이 100만L 이상인 탱크
② 옥외탱크저장소의 고체위험물탱크 중 그 용량이 100만L 이상인 탱크
③ 옥외탱크저장소의 고체위험물탱크 중 그 용량이 200만L 이상인 지하탱크저장소
④ 옥외탱크저장소의 액체위험물탱크 중 그 용량이 200만L 이상인 지하탱크저장소

03 □□□ 빈출문제
「위험물안전관리법 시행규칙」상 위험물탱크안전성능검사의 신청 등에 관한 설명으로 옳지 않은 것은?

① 기초·지반검사: 위험물탱크의 기초 및 지반에 관한 공사의 개시 전
② 충수·수압검사: 위험물을 저장 또는 취급하는 탱크에 배관 또는 그 밖의 부속설비를 부착하기 전
③ 암반탱크검사: 암반탱크의 본체에 관한 공사의 개시 전
④ 용접부검사: 탱크본체에 관한 공사를 완료한 후

04 □□□ 확인학습
「위험물안전관리법」제8조에 따른 탱크안전성능검사에 대한 내용이다. ( ) 안에 들어갈 말로 옳은 것은?

> 위험물탱크가 있는 제조소등의 설치에 관하여 규정에 따른 허가를 받은 자가 위험물탱크의 설치를 하는 때에는 (ㄱ)를 받기 전에 기술기준에 적합한지의 여부를 확인하기 위하여 (ㄴ)이/가 실시하는 탱크안전성능검사를 받아야 한다.

	ㄱ	ㄴ
①	완공검사	시·도지사
②	완공검사	소방청장
③	정기검사	시·도지사
④	정기검사	소방청장

05 □□□ 확인학습
「위험물안전관리법 시행규칙」제18조 제2항에 따른 충수·수압검사 신청시기로 옳은 것은?

① 위험물을 저장 또는 취급하는 탱크에 배관 또는 그 밖의 부속설비를 부착하기 전
② 위험물탱크의 기초 및 지반에 관한 공사의 개시 전
③ 탱크본체에 관한 공사를 완료한 후
④ 암반탱크의 본체에 관한 공사의 개시 전

POINT 123 제2장 위험물시설의 설치
완공검사

01 □□□ 기출변형

「위험물안전관리법」상 완공검사에 관한 설명으로 옳지 않은 것은?

① 허가를 받은 자가 제조소등의 설치 마친 때에는 시·도지사가 행하는 완공검사를 받아야 한다.
② 허가를 받은 자가 제조소등의 위치·구조 또는 설비의 변경을 마친 때에는 당해 제조소등마다 소방본부장 또는 소방서장이 행하는 완공검사를 받아야 한다.
③ 제조소등의 위치·구조 또는 설비를 변경함에 있어서 변경허가를 신청하는 때에 화재예방에 관한 조치사항을 기재한 서류를 제출하는 경우에는 당해 변경공사와 관계가 없는 부분은 완공검사를 받기 전에 미리 사용할 수 있다.
④ 완공검사를 받고자 하는 자가 제조소등의 일부에 대한 설치 또는 변경을 마친 후 그 일부를 미리 사용하고자 하는 경우에는 당해 제조소등의 일부에 대하여 완공검사를 받을 수 있다.

02 □□□ 확인학습

「위험물안전관리법」제9조에 따른 완공검사에 대한 설명으로 옳지 않은 것은?

① 허가를 받은 자가 제조소등의 설치를 마친 때에는 당해 제조소등마다 시·도지사가 행하는 완공검사를 기술기준에 적합하다고 인정받은 후가 아니면 이를 사용하여서는 아니된다.
② 허가를 받은 자가 제조소등의 위치·구조 또는 설비의 변경을 마친 때에는 당해 제조소등마다 시·도지사가 행하는 정기점검 또는 정기검사의 기술기준에 적합하다고 인정받은 후가 아니면 이를 사용하여서는 아니된다.
③ 제조소등의 위치·구조 또는 설비를 변경함에 있어서 규정에 따른 변경허가를 신청하는 때에 화재예방에 관한 조치사항을 기재한 서류를 제출하는 경우에는 당해 변경공사와 관계가 없는 부분은 완공검사를 받기 전에 미리 사용할 수 있다.
④ 완공검사를 받고자 하는 자가 제조소등의 일부에 대한 설치 또는 변경을 마친 후 그 일부를 미리 사용하고자 하는 경우에는 당해 제조소등의 일부에 대하여 완공검사를 받을 수 있다.

03 □□□ 확인학습

「위험물안전관리법」제10조의 규정에 따라 제조소등의 설치자의 지위를 승계한 자는 행정안전부령이 정하는 바에 따라 승계한 날부터 며칠 이내에 시·도지사에게 그 사실을 신고하여야 하는가?

① 7일
② 14일
③ 15일
④ 30일

POINT 124 제2장 위험물시설의 설치
제조소등의 폐지 등

01 □□□ 기출변형

「위험물안전관리법」상 해당 제조소등의 용도를 폐지한 때에는 며칠 이내 시·도지사에게 신고하여야 하는가?

① 7일 이내
② 14일 이내
③ 10일 이내
④ 30일 이내

02 □□□ 기출변형

다음은 「위험물안전관리법」상 제조소등의 폐지에 대한 설명이다. ( ) 안의 내용으로 옳은 것은?

> 제조소등의 관계인은 당해 제조소등의 용도를 폐지(장래에 대하여 위험물시설로서의 기능을 완전히 상실시키는 것을 말한다)한 때에는 (가)이 정하는 바에 따라 제조소등의 용도를 폐지한 날부터 14일 이내에 (나)에게 신고하여야 한다.

	가	나
①	행정안전부령	시·도지사
②	소방본부장 또는 소방서장	시·도지사
③	대통령령	시·도지사
④	소방본부장 또는 소방서장	소방청장

POINT 125 제2장 위험물시설의 설치
제조소등의 사용 중지 등

01 □□□ 확인학습

「위험물안전관리법」 제11조의2에 따른 제조소등의 사용 중지 등에 대한 내용으로 옳지 않은 것은?

① 제조소등의 관계인은 사용 중지신고에 따라 제조소등의 사용을 중지하는 기간 동안에는 위험물안전관리자를 선임하지 아니할 수 있다.
② 제조소등의 관계인은 제조소등의 사용을 중지(경영상 형편, 대규모 공사 등의 사유로 3개월 이상 위험물을 저장하지 아니하거나 취급하지 아니하는 것을 말한다)하려는 경우에는 위험물의 제거 및 제조소등에의 출입통제 등 행정안전부령으로 정하는 안전조치를 하여야 한다.
③ 제조소등의 관계인은 제조소등의 사용을 중지하려는 경우에는 해당 제조소등의 사용을 중지하려는 날의 14일 전까지 행정안전부령으로 정하는 바에 따라 제조소등의 사용 중지 또는 재개를 시·도지사에게 신고하여야 한다.
④ 소방본부장 또는 소방서장은 신고를 받으면 제조소등의 관계인이 안전조치를 적합하게 하였는지를 확인하고 위험물안전관리자가 직무를 적합하게 수행하는지를 확인하고 위해 방지를 위하여 필요한 안전조치의 이행을 명할 수 있다.

02 □□□ 기출변형

「위험물안전관리법」상 제조소등 설치허가의 취소와 사용정지 등에 관한 내용이다. 시·도지사는 제조소등의 관계인이 행정안전부령이 정하는 바에 따라 허가를 취소하거나 6개월 이내의 기간을 정하여 제조소등의 전부 또는 일부의 사용정지를 명할 수 있는 위반사항에 해당하지 않는 것은?

① 규정에 따른 변경허가를 받지 아니하고 제조소등의 위치·구조 또는 설비를 변경한 때
② 규정에 따른 완공검사를 받지 아니하고 제조소등을 사용한 때
③ 규정에 따른 위험물안전관리자를 선임하지 아니한 때
④ 규정에 따른 위험물안전관리보조자를 선임하지 아니한 때

03 □□□ 빈출문제

「위험물안전관리법」상 규정에 따른 완공검사를 받지 아니하고 제조소등을 사용한 경우로서 제조소등에 대한 사용의 정지가 그 이용자에게 심한 불편을 주는 때에는 사용정지처분에 갈음하여 2억원 이하의 과징금을 부과할 수 있는 자는?

① 시·도지사
② 소방청장
③ 소방청장 또는 시·도지사
④ 소방본부장 또는 소방서장

POINT 126 제3장 위험물시설의 안전관리
위험물안전관리자 등

01 □□□ 20. 공채
「위험물안전관리법」상 위험물안전관리자의 선임 등에 관한 사항이다. ( ) 안에 들어갈 숫자로 옳은 것은?

- 위험물안전관리자를 선임한 제조소등의 관계인은 그 위험물안전관리자를 해임하거나 위험물안전관리자가 퇴직한 때에는 해임하거나 퇴직한 날부터 (가)일 이내에 다시 위험물안전관리자를 선임하여야 한다.
- 제조소등의 관계인은 위험물안전관리자를 선임한 경우에는 선임한 날부터 (나)일 이내에 행정안전부령으로 정하는 바에 따라 소방본부장 또는 소방서장에게 신고하여야 한다.

	가	나
①	15	14
②	15	30
③	30	14
④	30	30

02 □□□ 21. 간부
「위험물안전관리법」상 위험물안전관리자에 대한 내용으로 옳지 않은 것은?

① 안전관리자를 선임한 제조소등의 관계인은 그 안전관리자를 해임하거나 안전관리자가 퇴직한 때에는 해임하거나 퇴직한 날부터 30일 이내에 다시 안전관리자를 선임하여야 한다.
② 제조소등의 관계인은 관련 법령에 따라 안전관리자를 선임한 경우에는 선임한 날부터 14일 이내에 행정안전부령으로 정하는 바에 따라 소방본부장 또는 소방서장에게 신고하여야 한다.
③ 제조소등의 관계인이 안전관리자를 해임하거나 안전관리자가 퇴직한 경우 그 관계인 또는 안전관리자는 소방본부장이나 소방서장에게 그 사실을 알려 해임되거나 퇴직한 사실을 확인받을 수 있다.
④ 안전관리자를 선임한 제조소등의 관계인은 안전관리자의 해임 또는 퇴직과 동시에 다른 안전관리자를 선임하지 못하는 경우에는 「국가기술자격법」에 따른 위험물의 취급에 관한 자격취득자 또는 위험물안전에 관한 기본지식과 경험이 있는 자로서 소방본부장이나 소방서장이 정하는 자를 대리자(代理者)로 지정하여 그 직무를 대행하게 하여야 한다.
⑤ 제조소등의 종류 및 규모에 따라 선임하여야 하는 안전관리자의 자격은 대통령령으로 정한다.

03 □□□ 빈출문제
「위험물안전관리법」 및 같은 법 시행규칙상 위험물안전관리자에 대한 설명 중 옳지 않은 것은?

① 다수의 제조소등을 동일인이 설치한 경우에는 관계인은 1인의 안전관리자를 중복하여 선임할 수 있다.
② 안전관리자가 직무를 수행할 수 없거나 다른 안전관리자를 선임하지 못하는 경우 경험이 있는 자를 대리자로 지정하여 직무를 대행하게 하여야 한다.
③ 안전관리자를 해임하거나 안전관리자가 퇴직한 때에는 해임하거나 퇴직한 날부터 14일 이내에 다시 선임하여야 한다.
④ 안전관리자를 선임한 때에는 14일 이내에 소방본부장·소방서장에게 신고하여야 한다.

04 □□□ 빈출문제
「위험물안전관리법」상 위험물안전관리자에 대한 설명으로 옳지 않은 것은?

① 제조소등의 종류 및 규모에 따라 선임하여야 하는 안전관리자의 자격은 대통령령으로 정한다.
② 다수의 제조소등을 동일인이 설치한 경우에는 관계인은 대통령령이 정하는 바에 따라 1인의 안전관리자를 중복하여 선임할 수 있다.
③ 제조소등의 관계인은 안전관리에 관한 직무를 수행하기 위하여 제조소등마다 위험물취급자격자를 위험물안전관리자를 선임하여야 한다.
④ 대리자가 안전관리자의 직무를 대행하는 기간은 20일을 초과할 수 없다.

05 빈출문제

「위험물안전관리법 시행규칙」상 1인의 안전관리자를 중복해서 선임할 수 있는 대상기준으로 옳지 않은 것은?

① 10개 이하의 옥내저장소
② 30개 이하의 암반탱크저장소
③ 30개 이하의 옥외탱크저장소
④ 지하탱크저장소

06 빈출문제

「위험물안전관리법」상 위험물안전관리자의 선임사유가 발행한 날로부터 며칠 이내에 선임하여야 하는가?

① 7일
② 14일
③ 20일
④ 30일

07 기출변형

「위험물안전관리법 시행령」상 위험물 취급자의 자격에 관한 사항이다. 위험물을 관리할 때 유별에 관계없이 모든 위험물을 취급할 수 있는 자로 옳은 것은?

① 소방시설관리사 및 건축사
② 위험물기능장, 위험물산업기사, 위험물기능사
③ 소방기술사
④ 소방공무원 3년 이상 경력이 있는 자

08 빈출문제

「위험물안전관리법」 및 같은 법 시행령·시행규칙상 위험물취급자격자의 구분에 따른 취급 위험물에 대한 설명으로 옳지 않은 것은?

① 소방공무원으로 근무한 경력이 3년 이상인 자는 제4류 위험물의 취급 자격이 있다.
② 위험물기능장, 위험물산업기사는 모든 위험물을 취급할 수 있다.
③ 위험물기능사는 제4류 위험물만 취급할 수 있다.
④ 안전관리자교육이수자는 제4류 위험물만 취급할 수 있다.

POINT 127 제3장 위험물시설의 안전관리
탱크시험자의 등록

01 ☐☐☐ 24. 경채

「위험물안전관리법 시행규칙」상 탱크안전성능시험자가 변경사항을 신고해야 하는 중요사항으로 옳지 않은 것은?

① 영업소 소재지의 변경
② 기술능력의 변경
③ 보유장비의 변경
④ 상호 또는 명칭의 변경

02 ☐☐☐ 25. 공채·경채

「위험물안전관리법」및 같은 법 시행령상 탱크시험자가 갖추어야 하는 필수장비의 종류에 해당하지 않는 것은?

① 자기탐상시험기
② 진공누설시험기
③ 초음파두께측정기
④ 영상초음파시험기

POINT 128 예방규정

제3장 위험물시설의 안전관리

01 □□□ 빈출문제

「위험물안전관리법」 및 같은 법 시행령상 위험물 예방규정에 대한 설명으로 옳지 않은 것은?

① 대통령령이 정하는 제조소등의 관계인은 행정안전부령이 정하는 바에 따라 예방규정을 정하여 당해 제조소등의 사용을 시작하기 전에 시·도지사에게 제출하여야 한다.
② 관계인이 예방규정을 정하여야 하는 제조소등에 암반탱크저장소는 해당하지 않는다.
③ 대통령령이 정하는 제조소등의 관계인은 예방규정 변경한 때에도 시·도지사에게 제출하여야 한다.
④ 지정수량의 100배 이상의 위험물을 저장하는 옥외저장소는 예방규정을 정하여야 하는 대상이다.

02 □□□ 23. 공채·경채

「위험물안전관리법」 및 같은 법 시행령상 관계인이 예방규정을 정하여야 하는 제조소등에 해당하지 않는 것은?

① 4,000L의 알코올류를 취급하는 제조소
② 30,000kg의 유황(황)을 저장하는 옥외저장소
③ 2,500kg의 질산에스테르류(질산에스터류)를 저장하는 옥내저장소
④ 150,000L의 경유를 저장하는 옥외탱크저장소

03 □□□ 18. 하반기 공채

「위험물안전관리법 시행령」상 관계인이 예방규정을 정하여야 하는 제조소등으로 옳지 않은 것은?

① 지정수량의 10배 이상의 위험물을 취급하는 제조소
② 지정수량의 50배 이상의 위험물을 저장하는 옥외저장소
③ 지정수량의 150배 이상의 위험물을 저장하는 옥내저장소
④ 암반탱크저장소

04 □□□ 17. 중앙

「위험물안전관리법 시행령」상 관계인이 예방규정을 정해야 하는 제조소등의 기준으로 옳은 것은?

① 지정수량 10배 이상의 위험물을 취급하는 제조소
② 지정수량 100배 이상의 위험물을 취급하는 옥내저장소
③ 지정수량 150배 이상의 위험물을 취급하는 옥외탱크저장소
④ 지정수량 150배 이상의 위험물을 취급하는 옥내탱크저장소

05 ☐☐☐ 16. 통합

「위험물안전관리법 시행령」상 관계인이 예방규정을 정해야 하는 제조소등의 기준으로 옳지 않은 것은?

① 10배 이상의 제조소
② 100배 이상의 옥외저장소
③ 150배 이상의 옥내저장소
④ 200배 이상의 암반탱크저장소

06 ☐☐☐ 15. 통합

「위험물안전관리법 시행령」상 관계인이 예방규정을 작성하여야 하는 제조소등의 기준이 아닌 것은?

① 지정수량의 10배 이상을 취급하는 제조소
② 지정수량의 100배 이상의 위험물을 저장하는 옥내저장소
③ 지정수량의 200배 이상의 위험물을 저장하는 옥외탱크저장소
④ 암반탱크저장소

07 ☐☐☐ 22. 공채

「위험물안전관리법 시행령」상 관계인이 예방규정을 정하여야 하는 제조소등에 대한 기준이다. ( ) 안에 들어갈 내용으로 옳은 것은?

- 지정수량의 (ㄱ)배 이상의 위험물을 취급하는 제조소
- 지정수량의 (ㄴ)배 이상의 위험물을 저장하는 옥내저장소
- 지정수량의 (ㄷ)배 이상의 위험물을 저장하는 옥외저장소
- 지정수량의 (ㄹ)배 이상의 위험물을 저장하는 옥외탱크저장소

	ㄱ	ㄴ	ㄷ	ㄹ
①	10	150	100	200
②	50	150	100	200
③	10	100	150	200
④	50	100	150	250

POINT 129 정기점검 및 정기검사

제3장 위험물시설의 안전관리

01
25. 공채·경채

「위험물안전관리법」 및 같은 법 시행령상 정기점검을 하여야 하는 제조소등에 해당하지 않는 것은?

① 지정수량의 10배의 위험물을 취급하는 제조소
② 지정수량의 100배의 위험물을 저장하는 옥내저장소
③ 지정수량의 150배의 위험물을 저장하는 옥외저장소
④ 지정수량의 5배의 위험물을 저장하는 이동탱크저장소

02
21. 공채

「위험물안전관리법 시행령」상 정기점검대상인 저장소로 옳지 않은 것은?

① 옥내탱크저장소
② 지하탱크저장소
③ 이동탱크저장소
④ 암반탱크저장소

03
18. 공채

「위험물안전관리법 시행령」상 정기점검 대상에 해당하지 않는 것은?

① 간이탱크저장소
② 지하탱크저장소
③ 이동탱크저장소
④ 암반탱크저장소

04
17. 하반기 공채

「위험물안전관리법 시행령」상 정기점검대상으로 옳지 않은 것은?

① 지정수량 50배 옥외저장소
② 이동탱크저장소
③ 암반탱크저장소
④ 지정수량 210배 옥외탱크저장소

05
확인학습

「위험물안전관리법」 제18조 제1항의 규정에 따른 정기점검에 대한 내용으로 옳은 것은?

① 대통령령이 정하는 제조소등의 관계인은 그 제조소등에 대하여 행정안전부령이 정하는 바에 따라 규정에 따른 기술기준에 적합한지의 여부를 정기적으로 점검하고 점검결과를 기록하여 보존하여야 한다.
② 소방본부장 또는 소방서장이 정하는 제조소등의 관계인은 그 제조소등에 대하여 대통령령이 정하는 바에 따라 규정에 따른 기술기준에 적합한지의 여부를 정기적으로 점검하고 점검결과를 기록하여 보존하여야 한다.
③ 대통령령이 정하는 제조소등의 관계인은 그 제조소등에 대하여 소방본부장 또는 소방서장이 정하는 바에 따라 규정에 따른 기술기준에 적합한지의 여부를 정기적으로 점검하고 점검결과를 기록하여 보존할 수 있다.
④ 소방본부장 또는 소방서장이 정하는 제조소등의 관계인은 그 제조소등에 대하여 대통령령이 정하는 바에 따라 규정에 따른 기술기준에 적합한지의 여부를 부정기적으로 점검하고 점검결과를 기록하여 보존할 수 있다.

06
「위험물안전관리법 시행규칙」상 정기점검에 대한 내용으로 옳은 것은?

① 제조소등의 관계인은 당해 제조소등에 대하여 월 1회 이상 정기점검을 실시하여야 한다.
② 옥외탱크저장소 중 저장 또는 취급하는 액체위험물의 최대수량이 100만리터 이상인 것에 대해서는 정기점검 외에 규정에 따른 기간 이내에 1회 이상 특정·준특정옥외저장탱크의 구조안전점검을 해야 한다.
③ 제조소등의 위치·구조 및 설비가 기술기준에 적합한지를 점검하는데 필요한 정기점검의 내용·방법 등에 관한 기술상의 기준과 그 밖의 점검에 관하여 필요한 사항은 한국소방산업기술원장이 정하여 고시한다.
④ 제조소등의 관계인은 규정에 의하여 당해 제조소등의 정기점검을 안전관리자 또는 위험물운송자(이동탱크저장소의 경우에 한한다)로 하여금 실시하도록 하여야 한다.

07
「위험물안전관리법」제18조 제2항의 규정에 따라 정기점검을 한 제조소의 관계인은 점검을 한 날로부터 며칠 이내에 점검결과를 시·도지사에게 제출하여야 하는가?

① 4일 이내
② 14일 이내
③ 15일 이내
④ 30일 이내

08
「위험물안전관리법 시행규칙」제17조 규정에 따른 정기검사의 대상인 제조소등으로 옳은 것은?

① 액체위험물을 저장 또는 취급하는 50만리터 이상의 옥외탱크저장소
② 액체위험물을 저장 또는 취급하는 100만리터 이상의 옥외탱크저장소
③ 액체위험물을 저장 또는 취급하는 50만리터 이상의 주유취급소
④ 액체위험물을 저장 또는 취급하는 100만리터 이상의 주유취급소

09
「위험물안전관리법 시행규칙」제70조 제1항에 따른 정밀정기검사에 대한 내용이다. ( ) 안에 들어갈 말로 옳은 것은?

> 정밀정기검사: 다음의 어느 하나에 해당하는 기간 내에 1회
> • 특정·준특정옥외탱크저장소의 설치허가에 따른 (가)부터 12년
> • 최근의 (나)을/를 받은 날부터 11년

	가	나
①	완공검사합격확인증을 발급받은 날	정밀정기검사
②	완공검사합격확인증을 발급받은 날	구조안전점검
③	완공검사를 받은 날	정밀정기검사
④	완공검사를 받은 날	구조안전점검

10
「위험물안전관리법 시행규칙」제70조 제1항 제2호에 따라 특정·준특정옥외탱크저장소의 설치허가에 따른 완공검사합격확인증을 발급받은 날부터(최근 정밀정기검사 또는 중간정기검사를 받은 날부터) 몇 년 내에 중간정기검사를 받아야 하는가?

① 1년 이내
② 4년 이내
③ 11년 이내
④ 12년 이내

POINT 130 자체소방대

제3장 위험물시설의 안전관리

01 □□□ · 18. 공채

「위험물안전관리법 시행령」상 자체소방대에 두는 화학소방자동차와 자체소방대원의 수에 관한 규정이다. ( ) 안에 들어갈 숫자가 바르게 짝지어진 것은?

> 제조소 또는 일반취급소에서 취급하는 제4류 위험물의 최대수량의 합이 지정수량의 24만 배 이상 48만 배 미만인 사업소에는 화학소방자동차 (ㄱ)대와 자체소방대원 (ㄴ)인을 두어야 한다.

	ㄱ	ㄴ
①	2	10
②	2	15
③	3	10
④	3	15

02 □□□ · 23. 공채·경채

「위험물안전관리법 시행규칙」상 화학소방자동차에 갖추어야 하는 소화능력 또는 설비의 기준으로 옳은 것은?

① 포수용액 방사차: 포수용액의 방사능력이 매분 1,000L 이상일 것
② 분말 방사차: 1,000kg 이상의 분말을 비치할 것
③ 할로겐화합물 방사차: 할로겐화합물의 방사능력이 매초 40kg 이상일 것
④ 이산화탄소 방사차: 1,000kg 이상의 이산화탄소를 비치할 것

03 □□□ · 빈출문제

「위험물안전관리법 시행령」제18조의 규정에 따른 자체소방대를 설치하여야 하는 사업소에 해당하지 않는 것은?

① 제4류 위험물을 취급하는 제조소의 경우 제4류 위험물의 최대수량의 합이 지정수량의 3천배 이상인 것
② 제4류 위험물을 취급하는 일반취급소의 경우 제4류 위험물의 최대수량의 합이 지정수량의 3천배 이상인 것
③ 제4류 위험물을 저장하는 옥외탱크저장소의 경우 옥외탱크저장소에 저장하는 제4류 위험물의 최대수량이 지정수량의 50만배 이상인 것
④ 제4류 위험물을 취급하는 주유취급소의 경우 제4류 위험물의 최대수량의 합이 지정수량의 3천배 이상인 것

04 □□□ · 기출변형

「위험물안전관리법 시행령」상 화학소방자동차에 갖추어야 하는 소화능력 및 설비의 기준으로 옳지 않은 것은?

① 포수용액 방사차는 포수용액의 방사능력이 매분 2천L 이상일 것
② 분말 방사차는 분말의 방사능력이 매초 35kg 이상일 것
③ 이산화탄소의 방사차는 이산화탄소의 방사능력이 매초 40kg 이상일 것
④ 제독차는 가성소오다 및 규조토를 각각 30kg 이상 비치할 것

05 □□□ 빈출문제

「위험물안전관리법」상 다량의 위험물을 저장·취급하는 제조소등으로서 대통령령이 정하는 제조소등이 있는 동일한 사업소에서 대통령령이 정하는 수량 이상의 위험물을 저장 또는 취급하는 경우 당해 사업소 관계인이 설치해야 하는 것은?

① 의용소방대
② 자체소방대
③ 자위소방대
④ 의무소방대

06 □□□ 11. 간부

「위험물안전관리법 시행령」상 제4류 위험물 중 알코올 8천만L에 갖추어야 할 화학소방차의 대수와 필요한 자체소방대의 인원수는?

① 1대 - 5인
② 1대 - 10인
③ 2대 - 10인
④ 2대 - 15인
⑤ 3대 - 15인

07 □□□ 22. 공채

「위험물안전관리법 시행령」상 다량의 위험물을 저장·취급하는 제조소등에서 자체소방대를 설치하여야 하는 사업소로 옳지 않은 것은?

① 최대수량의 합이 지정수량의 3천배 이상인 제4류 위험물을 취급하는 제조소
② 최대수량의 합이 지정수량의 3천배 이상인 제4류 위험물을 취급하는 일반취급소
③ 최대수량이 지정수량의 50만배 이상인 제4류 위험물을 저장하는 옥내탱크저장소
④ 최대수량이 지정수량의 50만배 이상인 제4류 위험물을 저장하는 옥외탱크저장소

POINT 131

제4장 위험물의 운반 등

위험물의 운반

01 □□□ 확인학습

「위험물안전관리법」상 운반용기를 제작하거나 수입한 자 등의 신청에 따라 운반용기의 검사권자로 옳은 것은?

① 소방본부장 또는 소방서장
② 소방청장
③ 시·도지사
④ 한국소방안전원 또는 한국소방산업기술원

02 □□□ 기출변형

「위험물안전관리법」상 위험물 운반에 관한 설명이다. ( ) 안의 내용으로 옳은 것은?

> ㄱ. (가)은/는 운반용기를 제작하거나 수입한 자 등의 신청에 따라 운반용기를 검사할 수 있다.
> ㄴ. 다만, 기계에 의하여 하역하는 구조로 된 대형의 운반용기로서 행정안전부령이 정하는 것을 제작하거나 수입한 자 등은 행정안전부령이 정하는 바에 따라 당해 용기를 사용하거나 유통시키기 전에 (나)이/가 실시하는 운반용기에 대한 검사를 받아야 한다.

	가	나
①	시·도지사	소방청장
②	시·도지사	시·도지사
③	소방청장	소방청장
④	소방청장	시·도지사

POINT 132 | 제4장 위험물의 운반 등
위험물의 운송

01
24. 공채·경채

「위험물안전관리법」 및 같은 법 시행령상 운송책임자의 감독 및 지원을 받아 운송해야 하는 위험물로 옳은 것은?

① 아세트알데히드
② 유기과산화물
③ 알킬리튬
④ 질산염류

02
18. 하반기 공채

「위험물안전관리법 시행령」상 운송책임자의 감독 또는 지원을 받아 운송하여야 하는 위험물로 옳은 것은?

① 알킬알루미늄, 알킬리튬
② 마그네슘, 염소류
③ 적린, 금속분
④ 유황(황), 황산

03
빈출문제

「위험물안전관리법 시행령」상 위험물 운송자가 운송책임자의 감독·지원을 받아 운송하여야 하는 위험물이 아닌 것은?

① 알킬알루미늄
② 알킬리튬
③ 나트륨
④ 알킬알루미늄 또는 알킬리튬을 함유하는 물질

04
기출변형

「위험물안전관리법」상 위험물 운송에 관한 설명이다. ( ) 안의 내용으로 옳은 것은?

> (가)이 정하는 위험물의 운송에 있어서는 운송책임자(위험물 운송의 감독 또는 지원을 하는 자를 말한다. 이하 같다)의 감독 또는 지원을 받아 이를 운송하여야 한다. 운송책임자의 범위, 감독 또는 지원의 방법 등에 관한 구체적인 기준은 (나)이/으로 정한다.

	가	나
①	대통령령	행정안전부령
②	대통령령	소방청장
③	소방본부장 또는 소방서장	행정안전부령
④	소방본부장 또는 소방서장	소방청장

05
기출변형

「위험물안전관리법 시행규칙」상 위험물 운송책임자의 자격 기준으로 옳은 것은?

① 당해 위험물의 취급에 관한 국가기술자격을 취득하고 관련 업무에 1년 이상 종사한 경력이 있는 자
② 당해 위험물의 취급에 관한 국가기술자격을 취득하고 관련 업무에 3년 이상 종사한 경력이 있는 자
③ 위험물의 운송에 관한 안전교육을 수료하고 관련 업무에 1년 이상 종사한 경력이 있는 자
④ 위험물의 운송에 관한 안전교육을 수료하고 관련 업무에 3년 이상 종사한 경력이 있는 자

POINT 133 제5장 감독 및 조치명령
위험물 누출 등의 사고조사 등

01 □□□ 18. 하반기 공채

「위험물안전관리법」상 위험물의 누출·화재·폭발 등의 사고가 발생한 경우 사고의 원인 및 피해 등을 조사하여야 하는 자로 옳지 않은 것은?

① 시·도지사
② 소방청장
③ 소방본부장
④ 소방서장

02 □□□ 확인학습

「위험물안전관리법」 제22조 규정에 따른 출입·검사 등의 내용으로 옳지 않은 것은?

① 소방청장, 시·도지사, 소방본부장 또는 소방서장은 위험물의 저장 또는 취급에 따른 화재의 예방 또는 진압대책을 위하여 필요한 때에는 위험물을 저장 또는 취급하고 있다고 인정되는 장소의 관계인에 대하여 필요한 보고 또는 자료제출을 명할 수 있다.
② 소방공무원 또는 경찰공무원은 위험물운반자 또는 위험물운송자의 요건을 확인하기 위하여 필요하다고 인정하는 경우에는 주행 중인 위험물 운반 차량 또는 이동탱크저장소를 정지시켜 해당 위험물운반자 또는 위험물운송자에게 그 자격을 증명할 수 있는 국가기술자격증 또는 교육수료증의 제시를 요구할 수 있다.
③ 규정에 따른 출입·검사 등은 그 장소의 공개시간이나 근무에 방해가 되지 않는 근무시간 외 또는 해가 뜬 후부터 해가 지기 전까지의 시간내에 행하여야 한다. 다만, 건축물 그 밖의 공작물의 관계인의 승낙을 얻은 경우 또는 화재발생의 우려가 커서 긴급한 필요가 있는 경우에는 그러하지 아니하다.
④ 규정에 의하여 출입·검사 등을 행하는 관계공무원은 관계인의 정당한 업무를 방해하거나 출입·검사 등을 수행하면서 알게 된 비밀을 다른 자에게 누설하여서는 아니된다.

03 □□□ 확인학습

「위험물안전관리법 시행규칙」 제19조2의 규정에 따른 사고조사위원회의 구성으로 옳은 것은?

① 위원장 1명을 포함하여 7명 이내의 위원으로 구성한다.
② 위원장 1명을 포함하여 5명 이상 7명 이내의 위원으로 구성한다.
③ 위원장 1명을 포함하여 9명 이내의 위원으로 구성한
④ 위원장 1명을 포함하여 5명 이상 9명 이내의 위원으로 구성한다.

POINT 134 제6장 보칙 — 안전교육 등

01 기출변형
「위험물안전관리법 시행령」상 해당 업무에 관한 능력의 습득 또는 향상을 위하여 소방청장이 실시하는 안전교육대상자에 해당하지 않는 자는?

① 안전관리자로 선임된 자
② 탱크시험자의 기술인력으로 종사하는 자
③ 위험물 운송자로 종사하는 자
④ 자체소방대원으로 종사하는 자

02 빈출문제
「위험물안전관리법 시행령」 제20조의 규정에 따른 위험물 안전교육을 받아야 하는 안전교육 대상자가 아닌 자는?

① 위험물 제조소의 허가권자
② 안전관리자로 선임된 자
③ 탱크시험자의 기술인력으로 종사하는 자
④ 위험물 운송자로서 종사하는 자

03 확인학습
「위험물안전관리법 시행규칙」 제78조의 규정에 따른 안전교육의 내용으로 옳지 않은 것은?

① 소방청장은 안전교육을 강습교육과 실무교육으로 구분하여 실시한다.
② 기술원 또는 안전원은 매년 교육실시계획을 수립하여 교육을 실시하는 해의 전년도 말까지 소방청장의 승인을 받아야 한다.
③ 소방본부장은 매년 10월말까지 관할구역 안의 실무교육대상자 현황을 안전원에 통보하고 관할구역 안에서 안전원이 실시하는 안전교육에 관하여 지도·감독하여야 한다.
④ 기술원 또는 안전원은 해당 연도 교육실시결과를 교육을 실시한 해의 다음 연도 10월 31일까지 소방청장에게 보고하여야 한다.

04 확인학습
「위험물안전관리법 시행규칙」 [별표 24]의 규정에 따른 교육대상자의 교육시간, 교육시기 및 교육기관에 대한 설명으로 옳지 않은 것은?

① 안전관리자가 되려는 사람의 강습교육은 최초 선임되기 전에 받아야 한다.
② 위험물운반자의 실무교육시간은 4시간이다.
③ 위험물운송자의 실무교육시간은 8시간이다.
④ 탱크시험자의 실무교육기관은 한국소방안전원이다.

POINT 135 제6장 보칙
청문 및 권한의 위임·위탁

01 □□□ 확인학습

「위험물안전관리법」 제29조의 규정에 따라 시·도지사, 소방본부장 또는 소방서장이 처분을 실시하고자 하는 경우에 청문을 실시하여야 하는 대상에 해당하는 것은?

① 탱크시험자의 등록취소
② 제조소등 변경허가의 취소
③ 안전관리자 선임의 취소
④ 제조소등 휴업의 취소

02 □□□ 확인학습

「위험물안전관리법 시행령」 제22조의 규정에 따라 시·도지사가 기술원에 위탁할 수 있는 업무로 옳지 않은 것은?

① 운반용기 검사
② 암반탱크에 대한 탱크안전성능검사
③ 용량이 50만리터인 액체위험물을 저장하는 탱크의 안전성능검사
④ 암반탱크저장소의 설치 또는 변경에 따른 완공검사

03 □□□ 확인학습

「위험물안전관리법 시행령」 제22조의 규정에 따라 시·도지사의 업무(탱크안전성능검사) 중 기술원에 위탁할 수 있는 탱크에 해당하지 않는 것은?

① 용량이 100만리터 이상인 액체위험물을 저장하는 탱크
② 암반탱크
③ 지정수량 100배 이상의 옥외저장소
④ 지하탱크저장소의 위험물탱크 중 행정안전부령으로 정하는 액체위험물탱크

POINT 136 제7장 벌칙
벌칙 및 과태료

정답 및 해설 p.110

01 □□□ 20. 공채

「위험물안전관리법」상 벌칙 기준이 다른 것은?

① 위험물의 저장 또는 취급에 관한 중요기준에 따르지 아니한 자
② 변경허가를 받지 아니하고 제조소등을 변경한 자
③ 제조소등의 사용정지명령을 위반한 자
④ 위험물안전관리자 또는 그 대리자가 참여하지 아니한 상태에서 위험물을 취급한 자

02 □□□ 13. 경기

「위험물안전관리법」상 규정된 벌금과 과징금에 대한 기준으로 옳지 않은 것은?

① 안전관리자를 선임하지 아니한 관계인으로 규정에 따른 허가를 받은 자는 1천500만원 이하의 벌금이다.
② 위험물 취급에 관한 안전관리와 감독을 하지 아니한 자는 1천만원 이하의 벌금이다.
③ 「위험물안전관리법」의 과징금은 3천만원 이하이다.
④ 제조소등의 완공검사를 받지 아니하고 위험물을 저장, 취급한 자는 1천500만원 이하의 벌금이다.

03 □□□ 기출변형

「위험물안전관리법」상 제조소등 또는 제6조 제1항에 따른 허가를 받지 않고 지정수량 이상의 위험물을 유출·방출 또는 확산시켜 사람의 생명·신체 또는 재산에 대하여 위험을 발생시킨 자의 벌칙으로 옳은 것은?

① 1년 이상 10년 이하의 징역
② 무기 또는 3년 이상의 징역
③ 무기 또는 5년 이상의 징역
④ 5년 이하의 징역 또는 5천만원 이하의 벌금

04 □□□ 기출변형

「위험물안전관리법」상 벌칙에 관한 설명이다. (   ) 안의 내용으로 옳은 것은?

> ㄱ. 제조소등에서 위험물을 유출·방출 또는 확산시켜 사람을 상해(傷害)에 이르게 한 때에는 무기 또는 3년 이상의 징역에 처하며, 사망에 이르게 한 때에는 무기 또는 (가) 이상의 징역에 처한다.
> ㄴ. 업무상 과실로 제조소등 또는 제6조 제1항에 따른 허가를 받지 않고 지정수량 이상의 위험물을 유출·방출 또는 확산시켜 사람의 생명·신체 또는 재산에 대하여 위험을 발생시킨 자는 7년 이하의 (나) 또는 7천만원 이하의 벌금에 처한다.

가	나
① 5년	징역
② 7년	징역
③ 5년	금고
④ 7년	금고

05 □□□ 기출변형

「위험물안전관리법」상 1천만원 이하의 벌금 부과대상에 해당하지 않는 것은?

① 위험물의 취급에 관한 안전관리와 감독을 하지 아니한 자
② 안전관리자 또는 그 대리자가 참여하지 아니한 상태에서 위험물을 취급한 자
③ 변경한 예방규정을 제출하지 아니한 관계인으로서 허가를 받은 자
④ 위험물의 운반에 관한 세부기준에 따르지 아니한 자

06 □□□ 빈출문제

「위험물안전관리법」상 과태료 부과권자로서 옳지 않은 것은?

① 소방청장
② 시·도지사
③ 소방본부장
④ 소방서장

POINT 137 | 제8장 위험물 제조소등의 위치·구조 및 설비의 기준
제조소

01 ☐☐☐ 24. 공채·경채

「위험물안전관리법 시행규칙」상 위험물제조소에 저장 또는 취급하는 위험물에 따라 설치해야 하는 주의사항을 표시한 게시판의 내용으로 옳지 않은 것은?

① 제1류 위험물 중 알칼리금속의 과산화물 – 물기주의
② 제2류 위험물(인화성고체 제외) – 화기주의
③ 제3류 위험물 중 자연발화성물질 – 화기엄금
④ 제5류 위험물 – 화기엄금

02 ☐☐☐ 22. 공채

「위험물안전관리법 시행규칙」상 위험물 제조소의 표지 및 게시판에 대한 내용으로 옳지 않은 것은?

① 게시판은 한변의 길이가 0.3m 이상, 다른 한변의 길이가 0.6m 이상인 직사각형으로 한다.
② 제4류 위험물에 있어서는 적색바탕에 백색문자로, "화기엄금"을 표시한다.
③ 알칼리금속의 과산화물은 청색바탕에 백색문자로, "물기엄금"을 표시한다.
④ 인화성고체에 있어서는 적색바탕에 백색문자로, "화기주의"를 표시한다.

03 ☐☐☐ 21. 공채

「위험물안전관리법 시행규칙」상 제조소의 환기설비의 기준에 대한 설명으로 옳지 않은 것은?

① 환기는 기계배기방식으로 할 것
② 환기구는 지상 2m 이상의 높이에 루프팬방식으로 설치할 것
③ 바닥면적이 90㎡일 경우 급기구의 면적은 450㎠ 이상으로 할 것
④ 급기구는 낮은 곳에 설치하고 가는 눈의 구리망 등으로 인화방지망을 설치할 것

04 ☐☐☐ 19. 공채

「위험물안전관리법 시행규칙」상 고인화점위험물을 상온에서 취급하는 경우 제조소의 시설기준 중 일부 완화된 시설기준을 적용할 수 있는데, 고인화점위험물의 정의로 옳은 것은?

① 인화점이 250℃ 이상인 인화성 액체
② 인화점이 100℃ 이상인 제4류 위험물
③ 인화점이 70℃ 이상 200℃ 미만인 제4류 위험물
④ 인화점이 70℃ 이상이고 가연성 액체량이 40wt.% 이상인 제4류 위험물

05　　　　　　　　　　　　　　　　　19. 공채

「위험물안전관리법 시행규칙」상 제조소의 위치·구조 및 설비의 기준에 대한 설명으로 옳지 않은 것은?

① 환기설비는 자연배기 방식으로 하여야 한다.
② 제6류 위험물을 취급하는 제조소는 안전거리 적용제외 대상이다.
③ "위험물 제조소"라는 표시를 한 표지의 바탕은 흑색으로, 문자는 백색으로 하여야 한다.
④ 제5류 위험물을 저장 또는 취급하는 제조소는 "화기엄금"을 표시한 게시판을 설치하여야 한다.

06　　　　　　　　　　　　　　　　　15. 통합

「위험물안전관리법 시행규칙」상 위험물 제조소의 취급설비에 대한 설명 중 옳지 않은 것은?

① 채광설비는 불연재료로 하고, 연소의 우려가 없는 장소에 설치하되 채광면적을 최대로 할 것
② 환기설비는 자연배기방식으로 할 것
③ 조명설비의 점멸스위치는 출입구 바깥부분에 설치할 것
④ 환기설비의 자연배기방식으로 하고 급기구는 낮은 곳에 설치할 것

07　　　　　　　　　　　　　　　　　기출변형

「위험물안전관리법 시행규칙」상 위험물 제조소의 건축물 구조로서 옳지 않은 것은?

① 연소(延燒)의 우려가 있는 외벽(소방청장이 정하여 고시하는 것에 한한다. 이하 같다)은 출입구 외의 개구부가 없는 내화구조의 벽으로 하여야 한다.
② 지붕(작업공정상 제조기계시설 등이 2층 이상에 연결되어 설치된 경우에는 최상층의 지붕을 말한다)은 폭발력이 위로 방출될 정도의 가벼운 불연재료로 덮어야 한다.
③ 지하층은 없도록 한다.
④ 위험물을 취급하는 건축물의 창 및 출입구에 유리를 이용하는 경우에는 망입유리를 사용하여서는 아니된다.

08　　　　　　　　　　　　　　　　　빈출문제

다음 중 「위험물안전관리법 시행규칙」상 위험물 제조소의 채광·조명·환기설비 기준으로 옳지 않은 것은?

① 제조소의 환기는 강제배기방식으로 한다.
② 채광설비는 불연재료로 하고 채광면적은 최소로 한다.
③ 가연성 가스 등이 체류할 우려가 있는 장소의 조명등은 방폭등으로 한다.
④ 조명설비의 전선은 내화·내열전선으로 하며 점멸스위치는 출입구 바깥부분에 설치한다.

09　　　　　　　　　　　　　　　　빈출문제

「위험물안전관리법 시행규칙」[별표 4]의 규정에 따른 정전기를 제거설비의 방법에 해당하지 않는 것은?

① 접지에 의한 방법으로 한다.
② 공기 중의 상대습도를 70% 이상으로 하는 방법으로 한다.
③ 공기를 이온화하는 방법으로 한다.
④ 배풍기에 의한 강제배기 방법으로 한다.

10　　　　　　　　　　　　　　　　확인학습

「위험물안전관리법 시행규칙」[별표 4]의 규정에 따른 제조소(제6류 위험물을 취급하는 제조소를 제외한다)의 안전거리에 대한 내용으로 옳지 않은 것은?

① 학교: 30m 이상
② 지정문화재: 50m 이상
③ 극장: 10m 이상
④ 도시가스를 저장하는 시설: 20m 이상

11　　　　　　　　　　　　　　　　23. 경채

「위험물안전관리법 시행규칙」상 제조소의 위치·구조 및 설비의 기준에 근거하여 취급하는 위험물의 최대수량이 지정수량의 20배인 경우, 제조소 주위에 보유하여야 하는 공지의 너비는?

① 2m 이상
② 3m 이상
③ 4m 이상
④ 5m 이상

POINT 138 옥외탱크저장소

제8장 위험물 제조소등의 위치·구조 및 설비의 기준

01
24. 공채·경채

「위험물안전관리법 시행규칙」상 인화성액체 위험물(이황화탄소를 제외한다)을 저장하는 옥외탱크저장소의 주위에 설치하는 방유제의 설치기준으로 옳지 않은 것은?

① 방유제는 높이 0.3m 이상 3m 이하로 할 것
② 방유제 내의 면적은 8만㎡ 이하로 할 것
③ 방유제 내의 간막이 둑은 흙 또는 철근콘크리트로 할 것
④ 높이가 1m를 넘는 방유제 및 간막이 둑의 안팎에는 방유제 내에 출입하기 위한 계단 또는 경사로를 약 50m마다 설치할 것

02
22. 공채

「위험물안전관리법 시행규칙」상 옥외탱크저장소의 위치·구조 및 설비 기준에 대한 설명으로 옳지 않은 것은?

① 저장 또는 취급하는 위험물의 최대수량이 지정수량의 500배 이하인 경우 보유 공지너비는 5m 이상으로 해야 한다.
② 옥외탱크저장소 중 그 저장 또는 취급하는 액체위험물의 최대수량이 100만ℓ 이상의 것을 특정옥외탱크저장소라 한다.
③ 밸브 없는 통기관의 지름은 30mm 이상으로 하고 끝부분은 수평면보다 45도 이상 구부려 빗물 등의 침투를 막는 구조로 한다.
④ 압력탱크(최대상용압력이 대기압을 초과하는 탱크를 말한다) 외의 탱크는 충수시험, 압력탱크는 최대상용압력의 1.5배의 압력으로 10분간 실시하는 수압시험에서 각각 새거나 변형되지 아니하여야 한다.

03
21. 공채

「위험물안전관리법 시행규칙」상 옥외탱크저장소의 위치·구조 및 설비의 기준에 관한 내용이다. 빈칸에 들어갈 숫자로 옳은 것은?

> 가. 지정수량의 650배를 저장하는 옥외탱크저장소의 보유공지는 (ㄱ)m 이상이다.
> 나. 펌프설비의 주위에는 너비 (ㄴ)m 이상의 공지를 보유해야 한다. 다만, 방화상 유효한 격벽을 설치하는 경우와 제6류 위험물 또는 지정수량의 (ㄷ)배 이하 위험물의 옥외저장탱크의 펌프설비에 있어서는 그러하지 아니하다.

	ㄱ	ㄴ	ㄷ
①	3	3	20
②	3	5	10
③	5	3	10
④	5	5	20

04
25. 공채·경채

「위험물안전관리법」및 같은 법 시행령, 시행규칙상 <보기>의 옥외저장탱크의 주위에 보유하여야 하는 최소 공지의 너비로 옳은 것은?

> <보기>
> • 위험물의 종류: 제4류 위험물 중 제1석유류(비수용성)
> • 저장하는 위험물의 최대수량: 400,000리터
> • 기준에 적합한 물분무설비에 의한 방호조치 여부: 있음

① 2.5미터
② 3.0미터
③ 4.5미터
④ 9.0미터

05　□□□
19. 공채

「위험물안전관리법 시행규칙」상 옥외저장탱크의 위치·구조 및 설비 기준에 대한 설명으로 옳지 않은 것은?

① 옥외저장탱크는 위험물의 폭발 등에 의하여 탱크내의 압력이 비정상적으로 상승하는 경우에 내부의 가스 또는 증기를 상부로 방출할 수 있는 구조로 하여야 한다.
② 이황화탄소의 옥외저장탱크는 벽 및 바닥의 두께가 0.2m 이상이고 누수가 되지 아니하는 철근콘크리트의 수조에 넣어 보관하여야 한다.
③ 옥외저장탱크의 배수관은 탱크의 밑판에 설치하여야 한다. 다만, 탱크와 배수관과의 결합부분이 지진 등에 의하여 손상을 받을 우려가 없는 방법으로 배수관을 설치하는 경우에는 탱크의 옆판에 설치할 수 있다.
④ 제3류 위험물 중 금수성 물질(고체에 한한다)의 옥외저장탱크에는 방수성의 불연재료로 만든 피복설비를 설치하여야 한다.

06　□□□
16. 통합

「위험물안전관리법 시행규칙」상 옥외탱크저장소의 방유제 설치 기준에 대한 설명으로 옳지 않은 것은?

① 방유제는 높이 0.5m 이상 3m 이하, 두께 0.2m 이상, 지하매설 깊이 1m 이상으로 할 것
② 방유제에는 그 내부에 고인 물을 외부로 배출하기 위한 배수구를 설치하고 이를 개폐하는 밸브 등을 방유제의 외부에 설치할 것
③ 높이가 1m를 넘는 방유제 및 간막이 둑의 안팎에는 방유제 내에 출입하기 위한 계단 또는 경사로를 약 70m마다 설치할 것
④ 방유제 내의 면적은 8만㎡ 이하로 할 것

07　□□□
기출변형

「위험물안전관리법 시행규칙」상 옥외탱크저장소에 저장 또는 취급하는 위험물의 최대수량이 500배를 초과하여 600배일 경우 보유공지의 너비는 얼마 이상인가?

① 3m 이상
② 5m 이상
③ 9m 이상
④ 12m 이상

08　□□□
기출변형

「위험물안전관리법 시행규칙」상 옥외탱크저장소 통기관에 대하여 가장 옳지 않은 것은?

① 밸브 없는 통기관의 직경은 45mm 이상이어야 한다.
② 대기밸브부착 통기관은 5kPa 이하의 압력차이로 작동할 수 있을 것
③ 선단은 수평면보다 45도 이상 구부러져 빗물 등의 침투를 막는 구조로 할 것
④ 가는 눈의 구리망 등으로 인화 방지장치를 할 것

POINT 139 지하탱크저장소

제8장 위험물 제조소등의 위치·구조 및 설비의 기준

01 □□□ 18. 공채

「위험물안전관리법 시행규칙」상 지하저장탱크의 주위에는 당해 탱크로부터의 액체위험물의 누설을 검사하기 위한 관을 설치하여야 한다. 옳지 않은 것은?

① 이중관으로 할 것. 다만, 소공이 없는 상부는 단관으로 할 수 있다.
② 재료는 금속관 또는 경질합성수지관으로 할 것
③ 관은 탱크전용실의 바닥 또는 탱크의 기초까지 닿게 할 것
④ 상부는 물이 침투하지 아니하는 구조로 하고, 뚜껑은 검사 후에 쉽게 열 수 없도록 할 것

02 □□□ 기출변형

「위험물안전관리법 시행규칙」상 지하탱크저장소의 제반사항으로 옳지 않은 것은?

① 탱크의 주위에 마른 모래 또는 습기 등에 의하여 응고되지 아니하는 입자지름 10mm 이하의 마른 자갈분을 채워야 한다.
② 탱크전용실은 지하의 가장 가까운 벽·피트·가스관 등의 시설물 및 대지경계선으로부터 0.1m 이상 떨어진 곳에 설치한다.
③ 위험물을 저장 또는 취급하는 지하탱크는 지면 하에 설치된 탱크전용실에 설치하여야 한다.
④ 지하저장탱크와 탱크전용실의 안쪽과의 사이는 0.1m 이상의 간격을 유지하도록 한다.

POINT 140 이동탱크저장소

01 □□□ 24. 공채·경채

「위험물안전관리법 시행규칙」상 이동탱크저장소의 이동저장탱크 구조에 관한 설명이다. ( ) 안에 들어갈 내용으로 옳은 것은?

> 이동저장탱크는 그 내부에 (ㄱ)L 이하마다 (ㄴ)mm 이상의 강철판 또는 이와 동등 이상의 강도·내열성 및 내식성이 있는 금속성의 것으로 칸막이를 설치하여야 한다.

	ㄱ	ㄴ
①	3,000	1.6
②	4,000	1.6
③	3,000	3.2
④	4,000	3.2

POINT 141

제8장 위험물 제조소등의 위치·구조 및 설비의 기준

옥내저장소

01 □□□
13. 전북

「위험물안전관리법 시행규칙」상 옥외저장소에 관하여 옳지 않은 것은?

① 선반은 불연재료로 만들고 견고한 지반면에 고정할 것
② 선반의 높이는 6m를 초과하지 아니할 것
③ 지정수량의 10배 초과 20배 이하 보유공지는 9m 이상을 띄운다.
④ 지정수량의 10배 이하의 보유공지는 3m 이상을 띄운다.

POINT 142 주유취급소

제8장 위험물 제조소등의 위치·구조 및 설비의 기준

01
17. 중앙

「위험물안전관리법 시행규칙」상 주유취급소에 대한 설명으로 옳은 것은?

① 주유를 받으려는 자동차 등이 출입할 수 있도록 너비 10m 이상, 길이 5m 이상의 콘크리트 등으로 포장한 공지를 보유하여야 한다.
② 주유취급소의 주위에는 자동차 등이 출입하는 쪽 외의 부분에 높이 3m 이상의 내화구조 또는 불연재료의 담 또는 벽을 설치하여야 한다.
③ 흑색바탕에 황색문자로 "주유중엔진정지"라는 표시를 한 게시판을 설치하여야 한다.
④ 고정주유설비 또는 고정급유설비의 주유관의 길이 5m 이내로 한다.

02
24. 경채

「위험물안전관리법 시행규칙」상 주유취급소의 고정주유설비 설치기준이다. ( ) 안에 들어갈 내용으로 옳은 것은?

> 고정주유설비는 고정주유설비의 중심선을 기점으로 하여 도로경계선까지 ( )m 이상의 거리를 유지할 것

① 1 ② 2
③ 3 ④ 4

03
17. 하반기 공채

「위험물안전관리법 시행규칙」상 고객이 직접 주유하는 주유취급소에 대한 설명으로 옳지 않은 것은?

① 주유노즐은 자동차 등의 연료탱크가 가득 찬 경우 수동으로 정지시키는 구조여야 한다.
② 1회의 연속주유량 및 주유시간의 상한을 미리 설정할 수 있는 구조이어야 한다.
③ 주유호스는 200kg 중 이하의 하중에 의하여 파단 또는 이탈되어야 하고, 파단 또는 이탈된 부분으로부터의 위험물 누출을 방지할 수 있는 구조여야 한다.
④ 휘발유와 경유 상호간의 오인에 의한 주유를 방지할 수 있는 구조여야 한다.

04
16. 통합

「위험물안전관리법 시행규칙」상 주유취급소에 대한 설명이다. 옳지 않은 것은?

① 공지의 바닥은 주위 지면보다 낮게 하고, 그 표면을 적당하게 경사지게 하여 새어나온 기름 그 밖의 액체가 공지의 외부로 유출되지 아니하도록 배수구·집유설비 및 유분리장치를 하여야 한다.
② 고정급유설비를 설치하는 경우에는 고정급유설비의 호스기기의 주위에 필요한 급유공지를 보유하여야 한다.
③ 주유취급소의 고정주유설비의 주위에는 주유를 받으려는 자동차 등이 출입할 수 있도록 너비 15m 이상, 길이 6m 이상의 콘크리트 등으로 포장한 주유공지를 보유하여야 한다.
④ 황색바탕에 흑색문자로 "주유중엔진정지"라는 표시를 한 게시판을 설치하여야 한다.

05 빈출문제

「위험물안전관리법 시행규칙」상 주유취급소에 대한 설명으로 옳지 않은 것은?

① 자동차 등에 주유하기 위한 고정주유설비에 직접 접속하는 전용탱크는 5만L 이하로 한다.
② 주유원 간이대기실의 바닥면적은 2.5㎡ 이하로 한다.
③ 고정주유설비와 고정급유설비의 사이에는 4m 이상의 거리를 유지하여야 한다.
④ 주유취급소에는 고정주유설비의 주위에 주유를 받으려는 자동차 등이 출입할 수 있도록 너비 10m 이상, 길이 6m 이상의 콘크리트 등으로 포장한 공지를 보유하여야 한다.

06 10. 부산

「위험물안전관리법 시행규칙」상 주유취급소의 위치, 구조, 설비의 규정으로 옳지 않은 것은?

① 주유취급소의 주유공지는 너비 15m, 길이 6m 이상이다.
② 고정주유설비와 고정급유설비의 사이는 4m 이상의 거리를 유지한다.
③ 게시판은 적색 바탕에 황색 문자로 "주유중엔진정지"라고 표시를 한다.
④ 주유취급소의 주위에는 자동차 등이 출입하는 쪽 외의 부분에 높이 2m 이상의 내화구조 또는 불연재료의 담 또는 벽을 설치하여야 한다.

07 10. 중앙

「위험물안전관리법 시행규칙」상 주유취급소에서 설치 가능한 시설이 아닌 것은?

① 주유취급소의 업무를 행하기 위한 사무소
② 자동차 등의 세정을 위한 작업장
③ 볼링장·다수가 이용하는 체육시설
④ 자동차 등의 간이정비를 위한 작업장

POINT 143 제8장 위험물 제조소등의 위치·구조 및 설비의 기준
이송취급소 등

01 ☐☐☐ 확인학습

「위험물안전관리법 시행규칙」[별표 15]의 규정에 따른 배관을 지하에 매설하는 경우의 기준으로 옳지 않은 것은?

① 배관은 그 외면으로부터 다른 공작물에 대하여 0.3m 이상의 거리를 보유 할 것. 다만, 0.3m 이상의 거리를 보유하기 곤란한 경우로서 당해 공작물의 보전을 위하여 필요한 조치를 하는 경우에는 그러하지 아니하다.
② 배관의 외면과 지표면과의 거리는 산이나 들에 있어서는 0.9m 이상, 그 밖의 지역에 있어서는 1.2m 이상으로 할 것
③ 배관은 지반의 동결로 인한 손상을 받지 아니하는 적절한 깊이로 매설할 것
④ 배관의 하부에는 사질토 또는 모래로 10cm(자동차 등의 하중이 없는 경우에는 5cm) 이상, 배관의 상부에는 사질토 또는 모래로 20cm(자동차 등의 하중에 없는 경우에는 10cm) 이상 채울 것

02 ☐☐☐ 확인학습

「위험물안전관리법 시행규칙」상 제1종 판매취급소의 기준으로 옳은 것은?

① 저장 또는 취급하는 위험물의 수량이 지정수량의 10배 이하인 판매취급소
② 저장 또는 취급하는 위험물의 수량이 지정수량의 20배 이하인 판매취급소
③ 저장 또는 취급하는 위험물의 수량이 지정수량의 40배 이하인 판매취급소
④ 저장 또는 취급하는 위험물의 수량이 지정수량의 100배 이하인 판매취급소

POINT 144 소화설비, 경보설비 및 피난설비의 기준

제8장 위험물 제조소등의 위치·구조 및 설비의 기준

01 □□□ 24. 공채·경채

「위험물안전관리법 시행규칙」상 소화설비의 설치기준으로 옳지 않은 것은?

① 위험물은 지정수량의 10배를 1소요단위로 할 것
② 저장소의 건축물은 외벽이 내화구조인 것은 연면적 100m²를 1소요단위로 할 것
③ 제조소등에 전기설비(전기배선, 조명기구 등은 제외한다)가 설치된 경우에는 당해 장소의 면적 100m²마다 소형수동식소화기를 1개 이상 설치할 것
④ 옥내소화전은 제조소등의 건축물의 층마다 당해 층의 각 부분에서 하나의 호스접속구까지의 수평거리가 25m 이하가 되도록 설치할 것

02 □□□ 25. 공채·경채

「위험물안전관리법」및 같은 법 시행규칙상 소화난이도등급 Ⅰ의 제조소등에 해당하지 않는 것은?

① 일반취급소: 연면적 500제곱미터의 경우
② 옥내저장소: 처마높이가 6미터인 단층건물의 경우
③ 옥외탱크저장소: 지정수량의 100배의 고체위험물을 저장하는 경우
④ 암반탱크저장소: 지정수량의 100배의 고체위험물만을 저장하는 경우

POINT 145 위험물의 저장 및 취급에 관한 기준

제8장 위험물 제조소등의 위치·구조 및 설비의 기준

01 □□□
23. 공채·경채

「위험물안전관리법 시행규칙」상 제조소등에서의 위험물의 저장 및 취급에 관한 기준 중 위험물의 유별 저장·취급의 공통기준으로 옳은 것은?

① 제1류 위험물은 가연물과의 접촉·혼합이나 분해를 촉진하는 물품과의 접근 또는 과열·충격·마찰 등을 피하는 한편, 알카리금속의 과산화물 및 이를 함유한 것에 있어서는 물과의 접촉을 피하여야 한다.
② 제2류 위험물 중 자연발화성물질에 있어서는 불티·불꽃 또는 고온체와의 접근·과열 또는 공기와의 접촉을 피하고, 금수성물질에 있어서는 물과의 접촉을 피하여야 한다.
③ 제3류 위험물은 산화제와의 접촉·혼합이나 불티·불꽃·고온체와의 접근 또는 과열을 피하는 한편, 철분·금속분·마그네슘 및 이를 함유한 것에 있어서는 물이나 산과의 접촉을 피하고 인화성 고체에 있어서는 함부로 증기를 발생시키지 아니하여야 한다.
④ 제4류 위험물은 가연물과의 접촉·혼합이나 분해를 촉진하는 물품과의 접근 또는 과열을 피하여야 한다.

02 □□□
24. 공채·경채

「위험물안전관리법 시행규칙」상 위험물의 저장기준에 관한 내용으로 옳지 않은 것은?

① 제3류 위험물 중 황린 그 밖에 물속에 저장하는 물품과 금수성물질은 동일한 저장소에서 저장하지 아니하여야 한다.
② 옥내저장소에서는 용기에 수납하여 저장하는 위험물의 온도가 55℃를 넘지 아니하도록 필요한 조치를 강구하여야 한다.
③ 옥외저장소에서 위험물을 수납한 용기를 선반에 저장하는 경우에는 10m 이하의 높이로 저장하여야 한다.
④ 보냉장치가 있는 이동저장탱크에 저장하는 아세트알데히드등 또는 디에틸에테르등의 온도는 당해 위험물의 비점 이하로 유지하여야 한다.

POINT 146 위험물 운반에 관한 기준

제8장 위험물 제조소등의 위치·구조 및 설비의 기준

01 □□□ 23. 경채
「위험물안전관리법 시행규칙」상 위험등급Ⅱ의 위험물에 해당하는 것은?

① 제3류 위험물 중 칼륨
② 제2류 위험물 중 적린
③ 제4류 위험물 중 특수인화물
④ 제1류 위험물 중 무기과산화물

02 □□□ 23. 공채·경채
「위험물안전관리법 시행규칙」상 위험물의 운반에 관한 기준 중 적재방법에 대한 내용으로 옳지 않은 것은? (단, 덩어리 상태의 유황(황)을 운반하기 위하여 적재하는 경우 또는 위험물을 동일구내에 있는 제조소등의 상호간에 운반하기 위하여 적재하는 경우는 제외한다)

① 하나의 외장용기에는 다른 종류의 위험물을 수납하지 아니할 것
② 고체 위험물은 운반용기 내용적의 95% 이하의 수납율로 수납할 것
③ 액체 위험물은 운반용기 내용적의 98% 이하의 수납율로 수납하되, 55℃의 온도에서 누설되지 아니하도록 충분한 공간용적을 유지하도록 할 것
④ 자연발화물질 중 알킬알루미늄등은 운반용기 내용적의 95% 이하의 수납율로 수납하되, 55℃의 온도에서 10% 이상의 공간용적을 유지하도록 할 것

03 □□□ 확인학습
「위험물안전관리법 시행규칙」[별표 19] 위험물의 운반에 관한 기준 중 위험물의 적재방법에 대한 내용으로 옳지 않은 것은? (단, 덩어리 상태의 유황을 운반하기 위하여 적재하는 경우 또는 위험물을 동일구내에 있는 제조소등의 상호간에 운반하기 위하여 적재하는 경우는 제외한다)

① 수납하는 위험물과 위험한 반응을 일으키지 아니하는 등 당해 위험물의 성질에 적합한 재질의 운반용기에 수납할 것
② 고체위험물은 운반용기 내용적의 95% 이하의 수납율로 수납할 것
③ 액체위험물은 운반용기 내용적의 98% 이하의 수납율로 수납하되, 55도의 온도에서 누설되지 아니하도록 충분한 공간용적을 유지하도록 할 것
④ 하나의 외장용기에는 3개 이상의 위험물을 수납하지 아니할 것

04 □□□ 21. 간부
「위험물안전관리법 시행규칙」상 수납하는 위험물의 종류에 따라 운반용기의 외부에 표시하여야 할 주의사항으로 옳지 않은 것은?

① 제1류 위험물 중 알칼리금속의 과산화물 또는 이를 함유한 것에 있어서는 "화기·충격주의", "물기엄금" 및 "가연물접촉주의"
② 제2류 위험물 중 철분·금속분·마그네슘 또는 이들 중 어느 하나 이상을 함유한 것에 있어서는 "화기주의" 및 "물기엄금"
③ 제3류 위험물 중 자연발화성 물질에 있어서는 "화기엄금" 및 "공기접촉엄금", 금수성 물질에 있어서는 "물기엄금"
④ 제4류 위험물에 있어서는 "화기엄금"
⑤ 제5류 위험물에 있어서는 "화기주의" 및 "충격주의"

05

25. 경채

「위험물안전관리법」및 같은 법 시행규칙상 과염소산을 운반하고자 수납할 때 그 운반용기의 외부에 표기해야 하는 주의사항으로 옳은 것만을 <보기>에서 모두 고른 것은? (다만, UN의 위험물 운송에 관한 권고에서 정한 기준 또는 소방청장이 정하여 고시하는 기준은 고려하지 않는다)

<보기>
ㄱ. 가연물접촉주의   ㄴ. 공기접촉엄금
ㄷ. 화기엄금   ㄹ. 화기주의
ㅁ. 충격주의   ㅂ. 물기엄금

① ㄱ
② ㄴ, ㄷ
③ ㄷ, ㅁ
④ ㄱ, ㄹ, ㅁ, ㅂ

06

확인학습

「위험물안전관리법 시행규칙」[별표 19] 의 규정에 따른 적재방법에 대한 내용이다. (   ) 안에 들어갈 말로 옳은 것은?

ㄱ. 제1류 위험물, 제3류 위험물 중 자연발화성물질, 제4류 위험물 중 특수인화물, 제5류 위험물 또는 제6류 위험물은 (가)이 있는 피복으로 가릴 것
ㄴ. 제1류 위험물 중 알칼리금속의 과산화물 또는 이를 함유한 것, 제2류 위험물 중 철분·금속분·마그네슘 또는 이들중 어느 하나 이상을 함유한 것은 (나)이 있는 피복으로 덮을 것

	가	나
①	차폐성	방수성
②	차폐성	밀봉성
③	차광성	방수성
④	차광성	밀봉성

07

확인학습

「위험물안전관리법 시행규칙」[별표 19] 규정에 따른 위험등급 Ⅰ의 위험물에 해당하지 않는 것은?

① 제1류 위험물 중 아염소산염류, 염소산염류, 과염소산염류, 무기과산화물
② 제2류 위험물 중 황화린(황화인), 적린, 유황(황)
③ 제3류 위험물 중 칼륨, 나트륨, 알킬알루미늄, 알킬리튬, 황린
④ 제4류 위험물 중 특수인화물

08

확인학습

「위험물안전관리법 시행규칙」[별표 19] 규정에 따른 위험등급 Ⅱ의 위험물에 해당하는 것은?

① 제1석유류
② 황린
③ 과염소산
④ 무기과산화물

해커스소방 fire.Hackers.com

소방관계법규 연도별 기출문제

1회 | 2025년 03월 29일 공채

2회 | 2025년 03월 29일 경채

3회 | 2024년 03월 30일 공채

4회 | 2024년 03월 30일 경채

5회 | 2023년 03월 18일 공채

6회 | 2023년 03월 18일 경채

7회 | 2022년 04월 09일 공채

8회 | 2021년 04월 03일 공채

9회 | 2020년 06월 20일 공채

10회 | 2019년 04월 06일 공채

11회 | 2018년 10월 13일 공채

1회 2025년 03월 29일 공채

문 1. 「소방기본법」및 같은 법 시행규칙상 119종합상황실의 설치·운영에 관한 설명으로 옳은 것은?

① 소방청과 특별시·광역시·특별자치시·도 또는 특별자치도의 소방본부 및 소방서 중 하나 이상 설치·운영하여야 한다.
② 소방청장, 소방본부장 또는 소방서장은 신속한 소방활동을 위한 정보를 수집·전파하기 위하여 119종합상황실에 「소방청 119종합상황실 운영 규정」에 의한 전산·통신요원을 배치하고, 소방청장이 정하는 유·무선통신시설을 갖추어야 한다.
③ 소방본부에 설치하는 119종합상황실에는 「지방자치단체에 두는 국가공무원의 정원에 관한 법률」에도 불구하고 대통령령으로 정하는 바에 따라 경찰공무원을 둘 수 있으며, 119종합상황실의 설치·운영에 필요한 사항은 대통령령으로 정한다.
④ 119종합상황실의 실장은 하급소방기관에 대한 출동지령 또는 동급 이상의 소방기관 및 유관기관에 대한 지원요청, 재난상황의 수습에 필요한 정보수집 및 제공, 재난상황이 발생한 현장에 대한 지휘 및 피해현황의 파악 등의 업무를 행하고, 그에 관한 내용을 기록·관리하여야 한다.

문 2. 「소방기본법」및 같은 법 시행규칙상 소방용수시설 및 비상소화장치의 설치·관리 등에 관한 설명으로 옳지 않은 것은?

① 소방본부장 또는 소방서장은 원활한 소방활동을 위하여 소방용수시설, 소방대상물에 인접한 도로의 폭·교통상황 등에 대한 조사를 월 1회 이상 실시하여야 한다.
② 소방용수시설 조사결과는 전자적 처리가 불가능한 특별한 사유가 없으면 전자적 처리가 가능한 방법으로 작성·관리하여야 하고, 조사결과는 2년간 보관하여야 한다.
③ 비상소화장치함은 「소방시설 설치 및 관리에 관한 법률」에 따라 소방청장이 정하여 고시하는 형식승인 및 제품검사의 기술기준에 적합한 것으로 설치하여야 한다.
④ 저수조는 지면으로부터의 낙차가 4.5미터 이하로 하고, 흡수관의 투입구가 사각형의 경우에는 한 변의 길이가 60센티미터 이상, 원형의 경우에는 지름이 60센티미터 이상으로 설치하여야 한다.

문 3. 「소방기본법」및 같은 법 시행령, 시행규칙상 소방자동차 교통안전 분석 시스템 구축·운영에 관한 설명으로 옳지 않은 것은?

① 소방청장, 소방본부장 및 소방서장은 소방자동차 운행기록장치에 기록된 데이터를 6개월 동안 저장·관리해야 한다.
② 소방자동차 교통안전 분석 시스템의 구축·운영, 운행기록장치 데이터 및 전산자료의 보관·활용 등에 필요한 사항은 행정안전부령으로 정한다.
③ 소방화학차, 소방고가차, 무인방수차, 구조차는 행정안전부령으로 정하는 기준에 적합한 운행기록장치를 장착하고 운용해야 하는 소방자동차에 해당한다.
④ 소방청장, 소방본부장 및 소방서장은 운행기록장치 데이터 중 과속, 급감속, 급출발 등의 운행기록을 점검·분석해야 하고, 분석 결과를 소방자동차의 안전한 소방활동 수행에 필요한 교통안전정책의 수립, 교육·훈련 등에 활용할 수 있다.

문 4. 「소방기본법」및 같은 법 시행령상 소방활동 종사 사상자의 보상금액 등의 기준에 해당하는 것으로 <보기>에서 모두 고른 것은?

<보기>
ㄱ. 보상금의 환수 기준
ㄴ. 의료급여의 지급 기준
ㄷ. 사망자의 보상금액 기준
ㄹ. 부상등급별 보상금액 기준

① ㄱ, ㄷ
② ㄴ, ㄹ
③ ㄱ, ㄷ, ㄹ
④ ㄴ, ㄷ, ㄹ

문 5. 「소방의 화재조사에 관한 법률」및 같은 법 시행령상 화재조사 사항에 해당하는 것으로 <보기>에서 모두 고른 것은?

<보기>
ㄱ. 화재조사 증거물 수집에 관한 사항
ㄴ. 소방시설 등의 설치·관리에 관한 사항
ㄷ. 화재안전조사의 실시 결과에 관한 사항
ㄹ. 화재현장 보존조치 및 통제구역 설정에 관한 사항

① ㄱ, ㄴ
② ㄴ, ㄷ
③ ㄱ, ㄷ, ㄹ
④ ㄴ, ㄷ, ㄹ

문 6. 「소방의 화재조사에 관한 법률」및 같은 법 시행령, 시행규칙상 ( ) 안에 들어갈 수의 합으로 옳은 것은?

- 소방관서장은 화재조사의 필요성으로 관계인등의 출석을 요구하려면 출석일 (   )일 전까지 출석 일시와 장소 등을 관계인등에게 알려야 한다.
- 소방청장이 화재조사에 관한 시험을 실시하는 경우에는 시험의 과목·일시·장소 및 응시 자격·절차 등을 시험 실시 (   )일 전까지 소방청의 인터넷 홈페이지에 공고해야 한다.
- 소방청장은 화재감정기관 지정 절차에서 화재감정기관 지정신청서 또는 첨부서류에 보완이 필요하다고 판단되면 (   )일 이내의 기간을 정하여 보완을 요구할 수 있다.

① 40
② 43
③ 47
④ 50

문 7. 「소방시설공사업법」및 같은 법 시행규칙상 소방시설업의 위반사항에 따른 2차 행정처분 기준이 같은 것만을 <보기>에서 모두 고른 것은? (단, 일반기준에 따른 처분의 가중 및 감경은 고려하지 않는다)

<보기>
ㄱ. 도급받은 소방시설의 설계를 하도급한 경우
ㄴ. 동일한 특정소방대상물에 대한 시공과 감리를 함께한 경우
ㄷ. 공사업자가 시공능력 평가에 관한 서류를 거짓으로 제출한 경우
ㄹ. 관계 공무원이 특정소방대상물에 출입하여 시설 등을 검사하고자 할 때 정당한 사유 없이 관계 공무원의 출입을 방해한 경우

① ㄱ, ㄴ
② ㄷ, ㄹ
③ ㄱ, ㄷ, ㄹ
④ ㄴ, ㄷ, ㄹ

문 8. 「소방시설공사업법」및 같은 법 시행규칙상 소방시설공사 시공능력평가신청서에 첨부하여야 하는 서류로 옳지 않은 것은?

① 국가 또는 지방자치단체가 발주한 국내 소방시설공사의 경우: 소득세법령에 따른 계산서(공급자 보관용) 사본
② 공사업자의 자기수요에 따른 소방시설공사의 경우: 그 공사의 감리자가 확인한 별지 서식에 따른 소방시설공사 실적증명서
③ 주한국제연합군으로부터 도급받은 소방시설공사의 경우: 거래하는 외국환은행이 발행한 외화입금증명서 및 도급계약서 사본
④ 해외 소방시설공사의 경우: 재외공관장이 발행한 해외공사 실적증명서 또는 공사계약서 사본이 첨부된 외국환은행이 발행한 외화입금증명서

문 9. 「화재의 예방 및 안전관리에 관한 법률」 및 같은 법 시행령상 화재의 예방 및 안전관리 기본계획 등의 수립·시행에 관한 설명이다. 'ㄱ, ㄴ'에 들어갈 내용으로 옳은 것은?

- 소방청장은 화재예방정책을 체계적·효율적으로 추진하고 이에 필요한 기반 확충을 위하여 화재의 예방 및 안전관리에 관한 기본계획을 (ㄱ)년마다 수립·시행하여야 한다.
- 소방청장은 기본계획을 시행하기 위한 계획을 계획 시행 전년도 (ㄴ)까지 수립해야 한다.

	ㄱ	ㄴ
①	5	10월 31일
②	5	12월 31일
③	7	10월 31일
④	7	12월 31일

문 10. 「화재의 예방 및 안전관리에 관한 법률」 및 같은 법 시행령상 소방안전관리업무의 전담이 필요한 소방안전관리대상물에 해당하지 않는 것은? (단, 다른 법령에 특별한 규정이 있는 경우는 제외한다)

① 지상 60층인 아파트
② 지하 3층, 지상 12층인 백화점
③ 연면적 11만제곱미터인 국제공항
④ 가연성 가스 1백톤을 저장·취급하는 공장

문 11. 「화재의 예방 및 안전관리에 관한 법률」 및 같은 법 시행령상 불특정 다수인이 이용하는 특정소방대상물의 근무자등에게 불시에 소방훈련과 교육을 실시할 수 있는 소방안전관리대상물을 <보기>에서 고른 것은? (단, 소방본부장 또는 소방서장이 소방훈련·교육이 필요하다고 인정하는 특정소방대상물은 제외한다)

<보기>
ㄱ. 「소방시설 설치 및 관리에 관한 법률 시행령」에 따른 의료시설 중 한방병원
ㄴ. 「소방시설 설치 및 관리에 관한 법률 시행령」에 따른 수련시설 중 유스호스텔
ㄷ. 「소방시설 설치 및 관리에 관한 법률 시행령」에 따른 교육연구시설 중 특수학교
ㄹ. 「소방시설 설치 및 관리에 관한 법률 시행령」에 따른 교정시설 및 군사시설 중 교도소

① ㄱ, ㄷ
② ㄱ, ㄹ
③ ㄴ, ㄷ
④ ㄴ, ㄹ

문 12. 「화재의 예방 및 안전관리에 관한 법률」 및 같은 법 시행령상 소방안전 특별관리시설물의 관계인은 화재의 예방 및 안전관리를 체계적·효율적으로 수행하기 위하여 화재예방안전진단을 받아야 한다. 화재예방안전진단의 범위에 해당하는 것만을 <보기>에서 고른 것은?

<보기>
ㄱ. 화재 위험성 평가에 관한 사항
ㄴ. 소방시설등의 유지·관리에 관한 사항
ㄷ. 화재안전 경영계획 수립과 시행에 관한 사항
ㄹ. 피난시설, 방화구획 및 방화시설의 관리에 관한 사항
ㅁ. 화재 등의 재난 발생 후 재발방지 대책의 수립 및 그 이행에 관한 사항

① ㄱ, ㄴ, ㅁ
② ㄱ, ㄷ, ㄹ
③ ㄴ, ㄷ, ㄹ
④ ㄴ, ㄹ, ㅁ

문 13. 「화재의 예방 및 안전관리에 관한 법률」상 과태료 부과기준을 <보기>에서 찾아 옳게 짝지은 것은?

<보기>
ㄱ. 실무교육을 받지 아니한 소방안전관리자 및 소방안전관리보조자
ㄴ. 소방안전관리업무를 성실하게 수행할 수 있도록 지도·감독하지 아니한 소방안전관리대상물의 관계인
ㄷ. 피난유도 안내정보를 근무자 또는 거주자에게 정기적으로 제공하지 아니한 소방안전관리대상물의 관계인
ㄹ. 소방안전관리자 또는 소방안전관리보조자를 기간 내에 선임신고를 하지 아니한 소방안전관리대상물의 관계인
ㅁ. 소방훈련 및 교육을 한 날부터 30일 이내에 소방훈련 및 교육 결과를 행정안전부령으로 정하는 바에 따라 소방본부장 또는 소방서장에게 제출하지 아니한 소방안전관리대상물의 관계인

	300만원 이하 과태료	200만원 이하 과태료
①	ㄱ	ㄴ
②	ㄴ	ㄷ
③	ㄷ	ㄹ
④	ㄹ	ㅁ

문 14. 「화재의 예방 및 안전관리에 관한 법률」및 같은 법 시행령상 소방안전관리보조자의 인원기준에 따른 'ㄱ, ㄴ'의 최소 선임인원은?

<보기>
ㄱ. 「건축법 시행령」에 따른 아파트로서 920세대
ㄴ. 「소방시설 설치 및 관리에 관한 법률」에 따른 판매시설로서 연면적 31,000제곱미터(단, 기타 조건은 제외한다)

	ㄱ	ㄴ
①	3명	2명
②	3명	3명
③	5명	2명
④	5명	3명

문 15. 「소방시설 설치 및 관리에 관한 법률」및 같은 법 시행령상 간이스프링클러설비를 설치해야 하는 특정소방대상물의 기준으로 옳은 것은?

① 숙박시설로 사용되는 바닥면적의 합계가 300제곱미터 이상 600제곱미터 미만인 시설
② 교육연구시설 내에 합숙소로서 바닥면적 50제곱미터 이상인 경우에는 모든 층
③ 근린생활시설 중 조산원 및 산후조리원으로서 연면적 660제곱미터 미만인 시설
④ 의료시설 중 정신의료기관 또는 의료재활시설로 사용되는 바닥면적의 합계가 200제곱미터 이상 600제곱미터 미만인 시설

문 16. 「소방시설 설치 및 관리에 관한 법률」및 같은 법 시행규칙상 관리업자가 점검하는 경우 50층 이상 또는 성능위주설계를 한 특정소방대상물의 규모 등에 따른 점검인력의 배치로 옳은 것만을 <보기>에서 고른 것은?

<보기>
ㄱ. 주된 점검인력: 소방시설관리사 경력 5년인 특급점검자 1명
ㄴ. 주된 점검인력: 소방시설관리사 경력 3년인 특급점검자 1명
ㄷ. 보조 점검인력: 고급점검자 1명 및 중급점검자 1명
ㄹ. 보조 점검인력: 고급점검자 1명 및 초급점검자 1명

① ㄱ, ㄷ
② ㄱ, ㄹ
③ ㄴ, ㄷ
④ ㄴ, ㄹ

문 17. 「소방시설 설치 및 관리에 관한 법률」및 같은 법 시행령상 임시소방시설의 종류와 설치기준으로 옳은 것은?

① 간이소화장치는 연면적 2천제곱미터 이상인 공사의 화재위험작업현장에 설치한다.
② 가스누설경보기는 바닥면적이 100제곱미터 이상인 지하층 또는 무창층의 화재위험작업현장에 설치한다.
③ 비상경보장치는 연면적 300제곱미터 이상인 공사의 화재위험작업현장에 설치한다.
④ 방화포는 용접·용단 등의 작업 시 발생하는 불티로부터 가연물이 점화되는 것을 방지해주는 천 또는 불연성 물품으로서 소방청장이 정하는 성능을 갖추고 있어야 한다.

문 18. 「소방시설 설치 및 관리에 관한 법률」및 같은 법 시행규칙상 차량용 소화기의 설치 또는 비치기준으로 옳은 것만을 <보기>에서 모두 고른 것은?

<보기>
ㄱ. 대형 이상의 특수자동차는 능력단위 2 이상인 소화기 1개 이상 또는 능력단위 1 이상인 소화기 2개 이상을 사용하기 쉬운 곳에 설치한다.
ㄴ. 중형 이하의 특수자동차는 능력단위 1 이상인 소화기 1개 이상을 사용하기 쉬운 곳에 설치한다.
ㄷ. 경형승합자동차는 능력단위 1 이상의 소화기 1개 이상을 사용하기 쉬운 곳에 설치 또는 비치한다.
ㄹ. 승용자동차는 능력단위 1 이상의 소화기 1개 이상을 사용하기 쉬운 곳에 설치 또는 비치한다.

① ㄱ, ㄴ
② ㄷ, ㄹ
③ ㄱ, ㄴ, ㄷ
④ ㄱ, ㄴ, ㄷ, ㄹ

문 19. 「소방시설 설치 및 관리에 관한 법률」및 같은 법 시행령상 특정소방대상물 중 근린생활시설에 해당하지 않는 것은?

① 의원, 치과의원, 한의원, 침술원, 접골원, 조산원, 산후조리원
② 단란주점은 같은 건축물에 해당 용도로 쓰는 바닥면적의 합계가 200제곱미터인 것
③ 의약품 판매소, 의료기기 판매소 및 자동차영업소로서 같은 건축물에 해당 용도로 쓰는 바닥면적의 합계가 500제곱미터인 것
④ 금융업소, 사무소, 부동산중개사무소, 결혼상담소 등 소개업소, 출판사, 서점, 그 밖에 이와 비슷한 것으로서 같은 건축물에 해당 용도로 쓰는 바닥면적의 합계가 300제곱미터인 것

문 20. 「소방시설 설치 및 관리에 관한 법률」상 특정소방대상물에 설치하는 소방시설의 관리 등에 관한 내용으로 옳은 것만을 <보기>에서 모두 고른 것은?

<보기>
ㄱ. 소방본부장이나 소방서장은 소방시설이 화재안전기준에 따라 설치·관리되고 있지 아니할 때에는 해당 특정소방대상물의 관계인에게 필요한 조치를 명할 수 있다.
ㄴ. 소방본부장이나 소방서장은 기존의 특정소방대상물이 증축되거나 용도변경되는 경우에는 대통령령으로 정하는 바에 따라 증축 또는 용도변경 당시의 소방시설의 설치에 관한 대통령령 또는 화재안전기준을 적용한다.
ㄷ. 소방본부장이나 소방서장은 특정소방대상물에 설치하여야 하는 소방시설 가운데 기능과 성능이 유사한 스프링클러설비, 물분무등소화설비, 비상경보설비 및 비상방송설비 등의 소방시설의 경우에는 대통령령으로 정하는 바에 따라 유사한 소방시설의 설치를 면제할 수 있다.
ㄹ. 소방본부장이나 소방서장은 대통령령 또는 화재안전기준이 변경되어 그 기준이 강화되는 경우 기존의 특정소방대상물(건축물의 신축·개축·재축·이전 및 대수선 중인 특정소방대상물을 포함한다)의 소방시설에 대하여는 변경 전의 대통령령 또는 화재안전기준을 적용한다. 다만, 자동화재탐지설비의 경우에는 대통령령 또는 화재안전기준의 변경으로 강화된 기준을 적용할 수 있다.

① ㄱ, ㄴ
② ㄴ, ㄷ
③ ㄱ, ㄷ, ㄹ
④ ㄱ, ㄴ, ㄷ, ㄹ

문 21. 「위험물안전관리법」및 같은 법 시행령, 시행규칙상 <보기>의 옥외저장탱크의 주위에 보유하여야 하는 최소 공지의 너비로 옳은 것은?

<보기>
- 위험물의 종류: 제4류 위험물 중 제1석유류(비수용성)
- 저장하는 위험물의 최대수량: 400,000리터
- 기준에 적합한 물분무설비에 의한 방호조치 여부: 있음

① 2.5미터
② 3.0미터
③ 4.5미터
④ 9.0미터

문 22. 「위험물안전관리법」및 같은 법 시행령상 정기점검을 하여야 하는 제조소등에 해당하지 않는 것은?
① 지정수량의 10배의 위험물을 취급하는 제조소
② 지정수량의 100배의 위험물을 저장하는 옥내저장소
③ 지정수량의 150배의 위험물을 저장하는 옥외저장소
④ 지정수량의 5배의 위험물을 저장하는 이동탱크저장소

문 23. 「위험물안전관리법」및 같은 법 시행규칙상 소화난이도등급 Ⅰ의 제조소등에 해당하지 않는 것은?
① 일반취급소: 연면적 500제곱미터의 경우
② 옥내저장소: 처마높이가 6미터인 단층건물의 경우
③ 옥외탱크저장소: 지정수량의 100배의 고체위험물을 저장하는 경우
④ 암반탱크저장소: 지정수량의 100배의 고체위험물만을 저장하는 경우

문 24. 「위험물안전관리법」및 같은 법 시행령상 탱크시험자가 갖추어야 하는 필수장비의 종류에 해당하지 않는 것은?
① 자기탐상시험기
② 진공누설시험기
③ 초음파두께측정기
④ 영상초음파시험기

문 25. 「위험물안전관리법」및 같은 법 시행령, 시행규칙상 위험물의 품명이 제3류 위험물에 해당하는 것은?
① 질산구아니딘
② 염소화규소화합물
③ 아이오딘의 산화물
④ 염소화아이소사이아누르산

2025년 공채 시험(부록 제1회)의 전체 문항은 2025년 경채 시험(부록 제2회)의 일부 문항과 동일하게 출제되었습니다. 학습에 참고해 주시기 바랍니다.

문 1. 「소방기본법」상 용어의 정의에 대한 설명으로 옳은 것은?

① "관계지역"이란 특정소방대상물이 있는 장소로서 화재의 예방·경계·진압, 구조·구급 등의 활동에 필요한 지역을 말한다.
② "현장지휘관"이란 소방본부장 또는 소방서장 등 화재, 재난·재해, 그 밖의 위급한 상황이 발생한 현장에서 소방대를 지휘하는 사람을 말한다.
③ "소방서장"이란 특별시·광역시·특별자치시·도 또는 특별자치도에서 화재의 예방·경계·진압·조사 및 구조·구급 등의 업무를 담당하는 부서의 장을 말한다.
④ "소방대"란 화재를 진압하고 화재, 재난·재해, 그 밖의 위급한 상황에서 구조·구급 활동 등을 하기 위하여 관련 법령에 따라 소방공무원, 의무소방원 등으로 구성된 조직체를 말한다.

문 2. 「소방기본법」및 같은 법 시행규칙상 119종합상황실의 설치·운영에 관한 설명으로 옳은 것은?

① 소방청과 특별시·광역시·특별자치시·도 또는 특별자치도의 소방본부 및 소방서 중 하나 이상 설치·운영하여야 한다.
② 소방청장, 소방본부장 또는 소방서장은 신속한 소방활동을 위한 정보를 수집·전파하기 위하여 119종합상황실에 「소방청 119종합상황실 운영 규정」에 의한 전산·통신요원을 배치하고, 소방청장이 정하는 유·무선통신시설을 갖추어야 한다.
③ 소방본부에 설치하는 119종합상황실에는 「지방자치단체에 두는 국가공무원의 정원에 관한 법률」에도 불구하고 대통령령으로 정하는 바에 따라 경찰공무원을 둘 수 있으며, 119종합상황실의 설치·운영에 필요한 사항은 대통령령으로 정한다.
④ 119종합상황실의 실장은 하급소방기관에 대한 출동지령 또는 동급 이상의 소방기관 및 유관기관에 대한 지원요청, 재난상황의 수습에 필요한 정보수집 및 제공, 재난상황이 발생한 현장에 대한 지휘 및 피해현황의 파악 등의 업무를 행하고, 그에 관한 내용을 기록·관리하여야 한다.

문 3. 「소방기본법」및 같은 법 시행규칙상 소방용수시설 및 비상소화장치의 설치·관리 등에 관한 설명으로 옳지 않은 것은?

① 소방본부장 또는 소방서장은 원활한 소방활동을 위하여 소방용수시설, 소방대상물에 인접한 도로의 폭·교통상황 등에 대한 조사를 월 1회 이상 실시하여야 한다.
② 소방용수시설 조사결과는 전자적 처리가 불가능한 특별한 사유가 없으면 전자적 처리가 가능한 방법으로 작성·관리하여야 하고, 조사결과는 2년간 보관하여야 한다.
③ 비상소화장치함은 「소방시설 설치 및 관리에 관한 법률」에 따라 소방청장이 정하여 고시하는 형식승인 및 제품검사의 기술기준에 적합한 것으로 설치하여야 한다.
④ 저수조는 지면으로부터의 낙차가 4.5미터 이하로 하고, 흡수관의 투입구가 사각형의 경우에는 한 변의 길이가 60센티미터 이상, 원형의 경우에는 지름이 60센티미터 이상으로 설치하여야 한다.

문 4. 「소방기본법」및 같은 법 시행령, 시행규칙상 소방자동차 교통안전 분석 시스템 구축·운영에 관한 설명으로 옳지 않은 것은?

① 소방청장, 소방본부장 및 소방서장은 소방자동차 운행기록장치에 기록된 데이터를 6개월 동안 저장·관리해야 한다.
② 소방자동차 교통안전 분석 시스템의 구축·운영, 운행기록장치 데이터 및 전산자료의 보관·활용 등에 필요한 사항은 행정안전부령으로 정한다.
③ 소방화학차, 소방고가차, 무인방수차, 구조차는 행정안전부령으로 정하는 기준에 적합한 운행기록장치를 장착하고 운용해야 하는 소방자동차에 해당한다.
④ 소방청장, 소방본부장 및 소방서장은 운행기록장치 데이터 중 과속, 급감속, 급출발 등의 운행기록을 점검·분석해야 하고, 분석 결과를 소방자동차의 안전한 소방활동 수행에 필요한 교통안전정책의 수립, 교육·훈련 등에 활용할 수 있다.

문 5. 「소방기본법」및 같은 법 시행령상 소방활동 종사 사상자의 보상금액 등의 기준에 해당하는 것으로 <보기>에서 모두 고른 것은?

<보기>
ㄱ. 보상금의 환수 기준
ㄴ. 의료급여의 지급 기준
ㄷ. 사망자의 보상금액 기준
ㄹ. 부상등급별 보상금액 기준

① ㄱ, ㄷ
② ㄴ, ㄹ
③ ㄱ, ㄷ, ㄹ
④ ㄴ, ㄷ, ㄹ

문 7. 「소방의 화재조사에 관한 법률」및 같은 법 시행령상 화재조사 사항에 해당하는 것으로 <보기>에서 모두 고른 것은?

<보기>
ㄱ. 화재조사 증거물 수집에 관한 사항
ㄴ. 소방시설 등의 설치·관리에 관한 사항
ㄷ. 화재안전조사의 실시 결과에 관한 사항
ㄹ. 화재현장 보존조치 및 통제구역 설정에 관한 사항

① ㄱ, ㄴ
② ㄴ, ㄷ
③ ㄱ, ㄷ, ㄹ
④ ㄴ, ㄷ, ㄹ

문 6. 「소방기본법」상 벌칙에 관한 설명에서, '가~라'에 들어갈 내용으로 옳은 것은?

- 소방대상물에 화재, 재난·재해, 그 밖의 위급한 상황이 발생한 경우에는 소방본부, 소방서 또는 관계 행정기관에 지체 없이 알려야 하나 이를 위반하여 정당한 사유 없이 화재, 재난·재해, 그 밖의 위급한 상황을 소방본부, 소방서 또는 관계 행정기관에 알리지 아니한 관계인은 (가)만원 이하의 (나)을/를(에) 부과한다(처한다).
- 소방본부장, 소방서장 또는 소방대장은 화재 진압 등 소방활동을 위하여 필요할 때에는 소방용수 외에 댐·저수지 또는 수영장 등의 물을 사용하거나 수도의 개폐장치 등을 조작할 수 있으나 이를 위반하여 정당한 사유 없이 물의 사용이나 수도의 개폐장치의 사용 또는 조작을 하지 못하게 하거나 방해한 자는 (다)만원 이하의 (라)을/를(에) 부과한다(처한다).

	가	나	다	라
①	100	과태료	500	벌금
②	100	벌금	500	과태료
③	500	과태료	100	벌금
④	500	벌금	100	과태료

문 8. 「소방의 화재조사에 관한 법률」및 같은 법 시행규칙상 화재조사 결과의 공표에 관한 설명으로 옳은 것은?

① 화재조사 결과의 공표는 관보에 공고하거나, 「신문 등의 진흥에 관한 법률」에 따른 신문 또는 「방송법」에 따른 방송을 이용하는 등 일반인이 쉽게 알 수 있는 방법으로 한다.
② 소방관서장은 화재조사 결과를 공표하는 경우 수사가 진행중이거나 수사의 필요성이 인정되는 경우에는 관계 수사기관의 장과 공표 여부에 관하여 사전에 협의하여야 한다.
③ 소방관서장이 국민이 유사한 화재로부터 피해를 입지 않도록 하기 위하여 화재조사 결과를 공표하는 경우, 공표의 범위·방법 및 절차 등에 관하여 필요한 사항은 대통령령으로 정한다.
④ 소방관서장은 사회적 관심이 집중되어 국민의 알 권리 충족 등 공공의 이익을 위해 필요한 경우와 소방정책에 활용하기 위해 과학적·전문적인 화재조사가 필요한 경우에는 화재조사 결과를 공표하여야 한다.

문 9. 「소방의 화재조사에 관한 법률」및 같은 법 시행령, 시행규칙상 화재조사 증거물 수집 등에 관한 설명으로 옳지 않은 것은?

① 화재조사 증거물을 수집하는 경우 증거물의 수집과정을 사진 촬영 또는 영상 녹화의 방법으로 기록해야 한다.
② 소방관서장은 화재조사를 위하여 필요한 최소한의 범위에서 화재조사관에게 증거물을 수집하여 검사·시험·분석 등을 하게 할 수 있다.
③ 소방관서장은 수집한 증거물이 화재와 관련이 없다고 인정되는 경우와 화재조사가 완료되는 등 증거물을 보관할 필요가 없게 된 경우에는 증거물을 반환할 수 있다.
④ 소방관서장은 화재조사를 위하여 필요한 경우 증거물을 수집하여 검사·시험·분석 등을 할 수 있다. 다만, 범죄수사와 관련된 증거물인 경우에는 수사기관의 장과 협의하여 수집할 수 있다.

문 10. 「소방의 화재조사에 관한 법률」및 같은 법 시행령, 시행규칙상 ( ) 안에 들어갈 수의 합으로 옳은 것은?

- 소방관서장은 화재조사의 필요성으로 관계인등의 출석을 요구하려면 출석일 ( )일 전까지 출석 일시와 장소 등을 관계인등에게 알려야 한다.
- 소방청장이 화재조사에 관한 시험을 실시하는 경우에는 시험의 과목·일시·장소 및 응시 자격·절차 등을 시험 실시 ( )일 전까지 소방청의 인터넷 홈페이지에 공고해야 한다.
- 소방청장은 화재감정기관 지정 절차에서 화재감정기관 지정신청서 또는 첨부서류에 보완이 필요하다고 판단되면 ( )일 이내의 기간을 정하여 보완을 요구할 수 있다.

① 40
② 43
③ 47
④ 50

문 11. 「소방시설공사업법」및 같은 법 시행령, 시행규칙상 공사업자가 착공신고 후 변경신고를 하여야 하는 행정안전부령으로 정하는 중요한 사항에 해당하지 않는 것은?

① 시공자
② 소방공사 감리원
③ 설치되는 소방시설의 종류
④ 책임시공 및 기술관리 소방기술자

문 12. 「소방시설공사업법」및 같은 법 시행규칙상 소방시설업의 위반사항에 따른 2차 행정처분 기준이 같은 것만을 <보기>에서 모두 고른 것은? (단, 일반기준에 따른 처분의 가중 및 감경은 고려하지 않는다)

<보기>
ㄱ. 도급받은 소방시설의 설계를 하도급한 경우
ㄴ. 동일한 특정소방대상물에 대한 시공과 감리를 함께한 경우
ㄷ. 공사업자가 시공능력 평가에 관한 서류를 거짓으로 제출한 경우
ㄹ. 관계 공무원이 특정소방대상물에 출입하여 시설 등을 검사하고자 할 때 정당한 사유 없이 관계 공무원의 출입을 방해한 경우

① ㄱ, ㄴ
② ㄷ, ㄹ
③ ㄱ, ㄷ, ㄹ
④ ㄴ, ㄷ, ㄹ

문 13. 「소방시설공사업법」및 같은 법 시행규칙상 소방시설공사 시공능력평가신청서에 첨부하여야 하는 서류로 옳지 않은 것은?

① 국가 또는 지방자치단체가 발주한 국내 소방시설공사의 경우: 소득세법령에 따른 계산서(공급자 보관용) 사본
② 공사업자의 자기수요에 따른 소방시설공사의 경우: 그 공사의 감리자가 확인한 별지 서식에 따른 소방시설공사 실적증명서
③ 주한국제연합군으로부터 도급받은 소방시설공사의 경우: 거래하는 외국환은행이 발행한 외화입금증명서 및 도급계약서 사본
④ 해외 소방시설공사의 경우: 재외공관장이 발행한 해외공사 실적증명서 또는 공사계약서 사본이 첨부된 외국환은행이 발행한 외화입금증명서

문 14. 「화재의 예방 및 안전관리에 관한 법률」및 같은 법 시행령상 화재의 예방 및 안전관리 기본계획 등의 수립·시행에 관한 설명이다. 'ㄱ, ㄴ'에 들어갈 내용으로 옳은 것은?

- 소방청장은 화재예방정책을 체계적·효율적으로 추진하고 이에 필요한 기반 확충을 위하여 화재의 예방 및 안전관리에 관한 기본계획을 (ㄱ)년마다 수립·시행하여야 한다.
- 소방청장은 기본계획을 시행하기 위한 계획을 계획 시행 전년도 (ㄴ)까지 수립해야 한다.

	ㄱ	ㄴ
①	5	10월 31일
②	5	12월 31일
③	7	10월 31일
④	7	12월 31일

문 15. 「화재의 예방 및 안전관리에 관한 법률」및 같은 법 시행령상 화재안전조사를 효율적으로 실시하기 위하여 합동으로 조사반을 편성할 수 있는 기관으로 옳지 않은 것은? (단, 소방청장이 정하여 고시하는 소방 관련 법인 또는 단체는 제외한다)

① 「소방기본법」에 따른 한국소방안전원
② 「소방시설공사업법」에 따른 한국소방시설협회
③ 「소방산업의 진흥에 관한 법률」에 따른 한국소방산업기술원
④ 「화재로 인한 재해보상과 보험가입에 관한 법률」에 따른 한국화재보험협회

문 16. 「화재의 예방 및 안전관리에 관한 법률」및 같은 법 시행령상 소방안전관리업무의 전담이 필요한 소방안전관리대상물에 해당하지 않는 것은? (단, 다른 법령에 특별한 규정이 있는 경우는 제외한다)

① 지상 60층인 아파트
② 지하 3층, 지상 12층인 백화점
③ 연면적 11만제곱미터인 국제공항
④ 가연성 가스 1백톤을 저장·취급하는 공장

문 17. 「화재의 예방 및 안전관리에 관한 법률」및 같은 법 시행령상 불특정 다수인이 이용하는 특정소방대상물의 근무자등에게 불시에 소방훈련과 교육을 실시할 수 있는 소방안전관리대상물을 <보기>에서 고른 것은? (단, 소방본부장 또는 소방서장이 소방훈련·교육이 필요하다고 인정하는 특정소방대상물은 제외한다)

<보기>
ㄱ. 「소방시설 설치 및 관리에 관한 법률 시행령」에 따른 의료시설 중 한방병원
ㄴ. 「소방시설 설치 및 관리에 관한 법률 시행령」에 따른 수련시설 중 유스호스텔
ㄷ. 「소방시설 설치 및 관리에 관한 법률 시행령」에 따른 교육연구시설 중 특수학교
ㄹ. 「소방시설 설치 및 관리에 관한 법률 시행령」에 따른 교정시설 및 군사시설 중 교도소

① ㄱ, ㄷ
② ㄱ, ㄹ
③ ㄴ, ㄷ
④ ㄴ, ㄹ

문 18. 「화재의 예방 및 안전관리에 관한 법률」및 같은 법 시행령상 화재 등 재난이 발생할 경우 사회·경제적으로 피해가 큰 시설에 대하여 소방안전 특별관리를 하여야 하는 시설물 기준에 해당하지 않는 것은?

① 「도시가스사업법」에 따른 가스공급시설
② 「전통시장 및 상점가 육성을 위한 특별법」에 따른 전통시장으로서 점포가 500개 이상인 것
③ 「물류시설의 개발 및 운영에 관한 법률」에 따른 물류창고로서 연면적 1만5천제곱미터 이상인 것
④ 「영화 및 비디오물의 진흥에 관한 법률」에 따른 영화상영관 중 수용인원 1천명 이상인 영화상영관

문 19. 「화재의 예방 및 안전관리에 관한 법률」및 같은 법 시행령상 소방안전 특별관리시설물의 관계인은 화재의 예방 및 안전관리를 체계적·효율적으로 수행하기 위하여 화재예방안전진단을 받아야 한다. 화재예방안전진단의 범위에 해당하는 것만을 <보기>에서 고른 것은?

<보기>
ㄱ. 화재 위험성 평가에 관한 사항
ㄴ. 소방시설등의 유지·관리에 관한 사항
ㄷ. 화재안전 경영계획 수립과 시행에 관한 사항
ㄹ. 피난시설, 방화구획 및 방화시설의 관리에 관한 사항
ㅁ. 화재 등의 재난 발생 후 재발방지 대책의 수립 및 그 이행에 관한 사항

① ㄱ, ㄴ, ㅁ
② ㄱ, ㄷ, ㄹ
③ ㄴ, ㄷ, ㄹ
④ ㄴ, ㄹ, ㅁ

문 20. 「화재의 예방 및 안전관리에 관한 법률」및 같은 법 시행령, 시행규칙상 화재예방안전진단 실시 절차 등에 대한 설명으로 옳은 것은?

① 화재예방안전진단 결과에 따른 안전등급은 매우 우수, 우수, 양호, 보통, 미흡 및 불량으로 구분한다.
② 안전등급이 양호·보통인 경우 안전등급을 통보받은 날부터 5년이 경과한 날이 속하는 해의 다음 해에 화재예방안전진단을 받아야 한다.
③ 화재예방안전진단 신청을 받은 안전원 또는 진단기관은 위험요인 조사, 위험성 평가, 위험성 감소대책 수립의 절차에 따라 화재예방안전진단을 실시한다.
④ 소방안전 특별관리시설물의 관계인은 「건축법」에 따른 사용승인 또는 「소방시설공사업법」에 따른 완공검사를 받은 날부터 7년이 경과한 날이 속하는 해에 최초의 화재예방안전진단을 받아야 한다.

문 21. 「화재의 예방 및 안전관리에 관한 법률」상 과태료 부과기준을 <보기>에서 찾아 옳게 짝지은 것은?

<보기>
ㄱ. 실무교육을 받지 아니한 소방안전관리자 및 소방안전관리보조자
ㄴ. 소방안전관리업무를 성실하게 수행할 수 있도록 지도·감독하지 아니한 소방안전관리대상물의 관계인
ㄷ. 피난유도 안내정보를 근무자 또는 거주자에게 정기적으로 제공하지 아니한 소방안전관리대상물의 관계인
ㄹ. 소방안전관리자 또는 소방안전관리보조자를 기간 내에 선임신고를 하지 아니한 소방안전관리대상물의 관계인
ㅁ. 소방훈련 및 교육을 한 날부터 30일 이내에 소방훈련 및 교육 결과를 행정안전부령으로 정하는 바에 따라 소방본부장 또는 소방서장에게 제출하지 아니한 소방안전관리대상물의 관계인

	300만원 이하 과태료	200만원 이하 과태료
①	ㄱ	ㄴ
②	ㄴ	ㄷ
③	ㄷ	ㄹ
④	ㄹ	ㅁ

문 22. 「화재의 예방 및 안전관리에 관한 법률」및 같은 법 시행령상 화재안전영향평가심의회의 위원이 될 수 있는 사람 중 옳지 않은 것은?

① 가스안전공사에서 화재안전 관련 업무를 수행하는 사람으로서 가스안전공사 사장이 추천하는 사람
② 소방청에서 화재안전 관련 업무를 수행하는 소방준감 이상의 소방공무원 중에서 소방청장이 지명하는 사람
③ 보건복지부에서 화재안전 관련 법령이나 정책을 담당하는 고위공무원단에 속하는 일반직공무원으로 보건복지부 장관이 지명한 사람
④ 「고등교육법」에 따른 학교 또는 이에 준하는 학교나 공인된 연구기관에서 조교수 이상의 직(職) 또는 이에 상당하는 직에 있거나 있었던 사람으로서 화재안전 또는 관련 법령이나 정책에 전문성이 있는 사람

문 23. 「화재의 예방 및 안전관리에 관한 법률」 및 같은 법 시행령상 소방안전관리보조자의 인원기준에 따른 'ㄱ, ㄴ'의 최소 선임인원은?

> ㄱ. 「건축법 시행령」에 따른 아파트로서 920세대
> ㄴ. 「소방시설 설치 및 관리에 관한 법률」에 따른 판매시설로서 연면적 31,000제곱미터(단, 기타 조건은 제외한다)

	ㄱ	ㄴ
①	3명	2명
②	3명	3명
③	5명	2명
④	5명	3명

문 24. 「소방시설 설치 및 관리에 관한 법률」 및 같은 법 시행령상 간이스프링클러설비를 설치해야 하는 특정소방대상물의 기준으로 옳은 것은?
① 숙박시설로 사용되는 바닥면적의 합계가 300제곱미터 이상 600제곱미터 미만인 시설
② 교육연구시설 내에 합숙소로서 바닥면적 50제곱미터 이상인 경우에는 모든 층
③ 근린생활시설 중 조산원 및 산후조리원으로서 연면적 660제곱미터 미만인 시설
④ 의료시설 중 정신의료기관 또는 의료재활시설로 사용되는 바닥면적의 합계가 200제곱미터 이상 600제곱미터 미만인 시설

문 25. 「소방시설 설치 및 관리에 관한 법률」 및 같은 법 시행규칙상 관리업자가 점검하는 경우 50층 이상 또는 성능위주설계를 한 특정소방대상물의 규모 등에 따른 점검인력의 배치로 옳은 것만을 <보기>에서 고른 것은?

> <보기>
> ㄱ. 주된 점검인력: 소방시설관리사 경력 5년인 특급점검자 1명
> ㄴ. 주된 점검인력: 소방시설관리사 경력 3년인 특급점검자 1명
> ㄷ. 보조 점검인력: 고급점검자 1명 및 중급점검자 1명
> ㄹ. 보조 점검인력: 고급점검자 1명 및 초급점검자 1명

① ㄱ, ㄷ
② ㄱ, ㄹ
③ ㄴ, ㄷ
④ ㄴ, ㄹ

문 26. 「소방시설 설치 및 관리에 관한 법률」 및 같은 법 시행령상 임시소방시설의 종류와 설치기준으로 옳은 것은?
① 간이소화장치는 연면적 2천제곱미터 이상인 공사의 화재위험작업현장에 설치한다.
② 가스누설경보기는 바닥면적이 100제곱미터 이상인 지하층 또는 무창층의 화재위험작업현장에 설치한다.
③ 비상경보장치는 연면적 300제곱미터 이상인 공사의 화재위험작업현장에 설치한다.
④ 방화포는 용접·용단 등의 작업 시 발생하는 불티로부터 가연물이 점화되는 것을 방지해주는 천 또는 불연성 물품으로서 소방청장이 정하는 성능을 갖추고 있어야 한다.

문 27. 「소방시설 설치 및 관리에 관한 법률」 및 같은 법 시행령상 방염성능기준으로 옳은 것은? (단, 소방청장이 정하여 고시하는 구체적인 방염성능기준은 제외한다)
① 불꽃에 의하여 완전히 녹을 때까지 불꽃의 접촉 횟수는 2회 이상일 것
② 탄화한 면적은 50제곱센티미터 이내, 탄화한 길이는 30센티미터 이내일 것
③ 소방청장이 정하여 고시한 방법으로 발연량을 측정하는 경우 최대연기밀도는 500 이하일 것
④ 버너의 불꽃을 제거한 때부터 불꽃을 올리며 연소하는 상태가 그칠 때까지 시간은 20초 이내일 것

문 28. 「소방시설 설치 및 관리에 관한 법률」 및 같은 법 시행령상 성능위주설계를 해야 하는 특정소방대상물의 범위에 해당하는 것은?
① 연면적 10만제곱미터 이상인 특정소방대상물
② 하나의 건축물에 영화상영관이 10개 이상인 특정소방대상물(다만, 대통령령으로 정하는 비상설상영장은 제외)
③ 50층 이상(지하층은 제외한다)이거나 지상으로부터 높이가 150미터 이상인 아파트
④ 철도 및 도시철도 시설로 연면적 2만제곱미터 이상인 특정소방대상물

문 29. 「소방시설 설치 및 관리에 관한 법률」 및 같은 법 시행규칙상 차량용 소화기의 설치 또는 비치기준으로 옳은 것만을 <보기>에서 모두 고른 것은?

<보기>
ㄱ. 대형 이상의 특수자동차는 능력단위 2 이상인 소화기 1개 이상 또는 능력단위 1 이상인 소화기 2개 이상을 사용하기 쉬운 곳에 설치한다.
ㄴ. 중형 이하의 특수자동차는 능력단위 1 이상인 소화기 1개 이상을 사용하기 쉬운 곳에 설치한다.
ㄷ. 경형승합자동차는 능력단위 1 이상의 소화기 1개 이상을 사용하기 쉬운 곳에 설치 또는 비치한다.
ㄹ. 승용자동차는 능력단위 1 이상의 소화기 1개 이상을 사용하기 쉬운 곳에 설치 또는 비치한다.

① ㄱ, ㄴ
② ㄷ, ㄹ
③ ㄱ, ㄴ, ㄷ
④ ㄱ, ㄴ, ㄷ, ㄹ

문 30. 「소방시설 설치 및 관리에 관한 법률」 및 같은 법 시행령상 특정소방대상물 중 근린생활시설에 해당하지 않는 것은?
① 의원, 치과의원, 한의원, 침술원, 접골원, 조산원, 산후조리원
② 단란주점은 같은 건축물에 해당 용도로 쓰는 바닥면적의 합계가 200제곱미터인 것
③ 의약품 판매소, 의료기기 판매소 및 자동차영업소로서 같은 건축물에 해당 용도로 쓰는 바닥면적의 합계가 500제곱미터인 것
④ 금융업소, 사무소, 부동산중개사무소, 결혼상담소 등 소개업소, 출판사, 서점, 그 밖에 이와 비슷한 것으로서 같은 건축물에 해당 용도로 쓰는 바닥면적의 합계가 300제곱미터인 것

문 31. 「소방시설 설치 및 관리에 관한 법률」상 벌칙으로 옳은 것은?
① 소방용품에 대하여 형식승인의 변경승인을 받지 아니한 자는 3년 이하의 징역 또는 1천5백만원 이하의 벌금에 처한다.
② 소방시설에 폐쇄·차단 등의 행위를 한 자는 5년 이하의 징역 또는 5천만원 이하의 벌금에 처한다.
③ 방염성능의 검사를 위반하여 방염성능검사에 합격하지 아니한 물품에 합격표시를 하거나 합격표시를 위조하거나 변조하여 사용한 자는 500만원 이하의 벌금에 처한다.
④ 성능위주설계평가단의 업무를 수행하면서 알게 된 비밀을 이 법에서 정한 목적 외의 용도로 사용하거나 다른 사람 또는 기관에 제공하거나 누설한 자는 500만원 이하의 벌금에 처한다.

문 32. 「소방시설 설치 및 관리에 관한 법률」상 특정소방대상물에 설치하는 소방시설의 관리 등에 관한 내용으로 옳은 것만을 <보기>에서 모두 고른 것은?

<보기>
ㄱ. 소방본부장이나 소방서장은 소방시설이 화재안전기준에 따라 설치·관리되고 있지 아니할 때에는 해당 특정소방대상물의 관계인에게 필요한 조치를 명할 수 있다.
ㄴ. 소방본부장이나 소방서장은 기존의 특정소방대상물이 증축되거나 용도변경되는 경우에는 대통령령으로 정하는 바에 따라 증축 또는 용도변경 당시의 소방시설의 설치에 관한 대통령령 또는 화재안전기준을 적용한다.
ㄷ. 소방본부장이나 소방서장은 특정소방대상물에 설치하여야 하는 소방시설 가운데 기능과 성능이 유사한 스프링클러설비, 물분무등소화설비, 비상경보설비 및 비상방송설비 등의 소방시설의 경우에는 대통령령으로 정하는 바에 따라 유사한 소방시설의 설치를 면제할 수 있다.
ㄹ. 소방본부장이나 소방서장은 대통령령 또는 화재안전기준이 변경되어 그 기준이 강화되는 경우 기존의 특정소방대상물(건축물의 신축·개축·재축·이전 및 대수선 중인 특정소방대상물을 포함한다)의 소방시설에 대하여는 변경 전의 대통령령 또는 화재안전기준을 적용한다. 다만, 자동화재탐지설비의 경우에는 대통령령 또는 화재안전기준의 변경으로 강화된 기준을 적용할 수 있다.

① ㄱ, ㄴ
② ㄴ, ㄷ
③ ㄱ, ㄷ, ㄹ
④ ㄱ, ㄴ, ㄷ, ㄹ

문 33. 「소방시설 설치 및 관리에 관한 법률」상 소방용품의 형식승인 및 성능인증 등에 관한 설명으로 옳지 않은 것은?

① 형식승인을 받은 자는 그 소방용품에 대하여 소방청장이 실시하는 제품검사를 받아야 한다.
② 형식승인의 방법·절차 등과 제품검사의 구분·방법·순서·합격표시 등에 필요한 사항은 행정안전부령으로 정한다.
③ 하나의 소방용품에 성능인증 사항이 두 가지 이상 결합된 경우에는 해당 성능인증 시험을 일부 실시하고 하나의 성능인증을 할 수 있다.
④ 외국의 공인기관으로부터 인정받은 신기술 제품은 형식승인을 위한 시험 중 일부를 생략하여 형식승인을 할 수 있다.

문 34. 「위험물안전관리법」상 제조소등의 위치·구조 또는 설비의 변경없이 취급하는 위험물의 품명을 변경하고자 할 때 시·도지사에게 신고하여야 하는 기준으로 옳은 것은?

① 변경한 날부터 14일 이내
② 변경한 날부터 30일 이내
③ 변경하고자 하는 날의 1일 전까지
④ 변경하고자 하는 날의 14일 전까지

문 35. 「위험물안전관리법」및 같은 법 시행령, 시행규칙상 <보기>의 옥외저장탱크의 주위에 보유하여야 하는 최소 공지의 너비로 옳은 것은?

<보기>
• 위험물의 종류: 제4류 위험물 중 제1석유류(비수용성)
• 저장하는 위험물의 최대수량: 400,000리터
• 기준에 적합한 물분무설비에 의한 방호조치 여부: 있음

① 2.5미터
② 3.0미터
③ 4.5미터
④ 9.0미터

문 36. 「위험물안전관리법」및 같은 법 시행령상 정기점검을 하여야 하는 제조소등에 해당하지 않는 것은?

① 지정수량의 10배의 위험물을 취급하는 제조소
② 지정수량의 100배의 위험물을 저장하는 옥내저장소
③ 지정수량의 150배의 위험물을 저장하는 옥외저장소
④ 지정수량의 5배의 위험물을 저장하는 이동탱크저장소

문 37. 「위험물안전관리법」및 같은 법 시행규칙상 소화난이도등급 I 의 제조소등에 해당하지 않는 것은?

① 일반취급소: 연면적 500제곱미터의 경우
② 옥내저장소: 처마높이가 6미터인 단층건물의 경우
③ 옥외탱크저장소: 지정수량의 100배의 고체위험물을 저장하는 경우
④ 암반탱크저장소: 지정수량의 100배의 고체위험물만을 저장하는 경우

문 38. 「위험물안전관리법」및 같은 법 시행령상 탱크시험자가 갖추어야 하는 필수장비의 종류에 해당하지 않는 것은?

① 자기탐상시험기
② 진공누설시험기
③ 초음파두께측정기
④ 영상초음파시험기

문 39. 「위험물안전관리법」및 같은 법 시행규칙상 과염소산을 운반하고자 수납할 때 그 운반용기의 외부에 표기해야 하는 주의사항으로 옳은 것만을 <보기>에서 모두 고른 것은? (다만, UN의 위험물 운송에 관한 권고에서 정한 기준 또는 소방청장이 정하여 고시하는 기준은 고려하지 않는다)

<보기>
ㄱ. 가연물접촉주의
ㄴ. 공기접촉엄금
ㄷ. 화기엄금
ㄹ. 화기주의
ㅁ. 충격주의
ㅂ. 물기엄금

① ㄱ
② ㄴ, ㄷ
③ ㄷ, ㅁ
④ ㄱ, ㄹ, ㅁ, ㅂ

문 40. 「위험물안전관리법」및 같은 법 시행령, 시행규칙상 위험물의 품명이 제3류 위험물에 해당하는 것은?

① 질산구아니딘
② 염소화규소화합물
③ 아이오딘의 산화물
④ 염소화아이소사이아누르산

문 1. 「소방기본법」 및 같은 법 시행령상 과태료 부과기준으로 옳은 것은?

① 정당한 사유 없이 관계인의 소방활동 등에 따른 법을 위반하여 화재, 재난·재해, 그 밖의 위급한 상황을 소방본부, 소방서 또는 관계 행정기관에 알리지 아니한 관계인에게는 200만원 이하의 과태료를 부과한다.
② 소방자동차 전용구역에 차를 주차하거나 전용구역에의 진입을 가로막는 등의 방해행위를 한 자에게는 100만원 이하의 과태료를 부과한다.
③ 위반행위의 횟수에 따른 과태료의 가중된 부과기준은 최근 2년간 같은 위반행위로 과태료 부과처분을 받은 경우에 적용한다.
④ 위반행위자가 법 위반상태를 시정하거나 해소하기 위하여 노력한 사실이 인정되는 경우, 부과권자는 개별기준에 따른 과태료의 3분의 1 범위에서 그 금액을 줄여 부과할 수 있다.

문 2. 「소방기본법」상 화재로 오인할 만한 우려가 있는 불을 피우거나 연막(煙幕) 소독을 하려는 자가 시·도의 조례로 정하는 바에 따라 관할 소방본부장 또는 소방서장에게 신고해야 하는 지역으로 옳지 않은 것은? (단, 각 시·도에서 별도로 정하는 지역은 제외한다)

① 공장·창고가 밀집한 지역
② 노후·불량 건축물이 밀집한 지역
③ 위험물의 저장 및 처리시설이 밀집한 지역
④ 석유화학제품을 생산하는 공장이 있는 지역

문 3. 「소방기본법」 및 같은 법 시행규칙상 소방지원활동으로 옳지 않은 것은?

① 소방시설 오작동 신고에 따른 조치활동
② 낙하 등이 우려되는 고드름 등의 제거활동
③ 자연재해에 따른 제설 등 지원활동
④ 공연 등 각종 행사 시 사고에 대비한 근접대기 등 지원활동

문 4. 「소방기본법 시행규칙」상 현장지휘훈련을 받아야 할 소방공무원의 계급으로 옳은 것은?

① 소방장
② 소방위
③ 소방준감
④ 소방총감

문 5. 「소방시설공사업법 시행령」상 완공검사를 위한 현장확인 대상 특정소방대상물의 범위로 옳지 않은 것은?

① 스프링클러설비등이 설치되는 특정소방대상물
② 지하상가 및 「다중이용업소의 안전관리에 관한 특별법」에 따른 다중이용업소
③ 물분무등소화설비(호스릴 방식의 소화설비 제외)가 설치되는 특정소방대상물
④ 연면적 5천 제곱미터 이상이거나 10층 이상인 특정소방대상물(아파트는 제외)

문 6. 「소방시설공사업법 시행령」상 시·도지사가 소방시설업자 협회에 위탁하는 업무로 옳은 것만을 <보기>에서 고른 것은?

<보기>
ㄱ. 소방시설업 등록신청의 접수 및 신청내용의 확인
ㄴ. 소방시설업 등록사항 변경신고의 접수 및 신고내용의 확인
ㄷ. 시공능력 평가 및 공시에 관한 업무
ㄹ. 소방시설업자의 지위승계 신고의 접수 및 신고내용의 확인
ㅁ. 소방시설업 휴업·폐업 또는 재개업 신고의 접수 및 신고내용의 확인
ㅂ. 방염처리능력 평가 및 공시에 관한 업무

① ㄱ, ㄴ, ㄹ, ㅁ
② ㄱ, ㄴ, ㅁ, ㅂ
③ ㄱ, ㄷ, ㄹ, ㅁ
④ ㄴ, ㄷ, ㄹ, ㅂ

문 7. 「소방시설공사업법 시행령」상 상주 공사감리를 해야 하는 대상으로 옳은 것만을 <보기>에서 고른 것은?

<보기>
ㄱ. 연면적 3만 제곱미터인 의료시설
ㄴ. 지하층을 포함한 층수가 20층이고 1,000세대인 아파트
ㄷ. 연면적 1만 제곱미터인 복합건축물
ㄹ. 연면적 2만 제곱미터인 판매시설

① ㄱ, ㄴ
② ㄱ, ㄷ
③ ㄴ, ㄹ
④ ㄷ, ㄹ

문 8. 「화재의 예방 및 안전관리에 관한 법률 시행령」상 화재예방안전진단 대상의 시설기준으로 옳지 않은 것은?

① 발전소 중 연면적이 5천 제곱미터 이상인 발전소
② 항만시설 중 여객이용시설 및 지원시설의 연면적이 5천 제곱미터 이상인 항만시설
③ 철도시설 중 역 시설의 연면적이 5천 제곱미터 이상인 철도시설
④ 가스공급시설 중 가연성 가스 탱크의 저장용량의 합계가 30톤 이상이거나 저장용량이 10톤 이상인 가연성 가스 탱크가 있는 가스공급시설

문 9. 「화재의 예방 및 안전관리에 관한 법률 시행령」상 불을 사용하는 설비의 관리기준에 관한 내용으로 옳은 것은?

① 경유·등유 등 액체 연료탱크는 보일러 본체로부터 수평거리 0.5미터 이상의 간격을 두어 설치한다.
② 화목(火木) 등 고체연료를 사용하는 연통의 배출구는 보일러 본체보다 1미터 이상 높게 설치한다.
③ 음식조리를 위하여 설치하는 설비의 경우, 열을 발생하는 조리기구로부터 0.15미터 이내의 거리에 있는 가연성 주요구조부는 단열성이 있는 불연재료로 덮어 씌운다.
④ 대통령령에서 규정한 사항 외에 화재 발생 우려가 있는 설비 또는 기구의 종류, 해당 설비 또는 기구의 위치·구조 및 관리와 화재 예방을 위하여 불을 사용할 때 지켜야 하는 사항은 행정안전부령으로 정한다.

문 10. 「화재의 예방 및 안전관리에 관한 법률 시행령」상 건설현장 소방안전관리대상물에 관한 내용이다. (   ) 안에 들어갈 내용으로 옳은 것은?

• 신축·증축·개축·재축·이전·용도변경 또는 대수선을 하려는 부분의 연면적의 합계가 (ㄱ) 이상인 것
• 신축·증축·개축·재축·이전·용도변경 또는 대수선을 하려는 부분의 연면적이 (ㄴ) 이상인 것으로서 다음 각 목의 어느 하나에 해당하는 것
  가. 지하층의 층수가 2개 층 이상인 것
  나. 지상층의 층수가 (ㄷ) 이상인 것
  다. 냉동창고, 냉장창고 또는 냉동·냉장창고

	ㄱ	ㄴ	ㄷ
①	1만5천제곱미터	5천제곱미터	6층
②	1만5천제곱미터	5천제곱미터	11층
③	1만5천제곱미터	1만제곱미터	6층
④	1만제곱미터	5천제곱미터	11층

문 11. 「화재의 예방 및 안전관리에 관한 법률」 및 같은 법 시행령, 시행규칙상 소방안전관리대상물 근무자 및 거주자 등에 대한 소방훈련 등에 관한 내용으로 옳지 않은 것은?
① 소방안전관리대상물의 관계인은 소방훈련과 교육을 연 1회 이상 실시해야 한다.
② 1급 소방안전관리대상물의 관계인은 소방훈련 및 교육을 한 날부터 30일 이내에 소방훈련 및 교육 결과를 행정안전부령으로 정하는 바에 따라 소방본부장 또는 소방서장에게 제출해야 한다.
③ 소방서장은 특급 소방안전관리대상물의 관계인으로 하여금 소방훈련과 교육을 소방기관과 합동으로 실시하게 할 수 있다.
④ 소방안전관리대상물의 관계인은 소방훈련과 교육을 실시했을 때에는 그 실시 결과를 소방훈련·교육 실시 결과 기록부에 기록하고, 이를 소방훈련 및 교육을 실시한 날부터 1년간 보관해야 한다.

문 12. 「화재의 예방 및 안전관리에 관한 법률」 및 같은 법 시행규칙상 소방안전관리대상물의 관계인이 소방안전관리자를 선임한 경우 소방안전관리대상물의 출입자가 쉽게 알 수 있도록 게시해야 하는 사항으로 옳지 않은 것은?
① 소방안전관리자의 성명 및 선임일자
② 소방안전관리대상물의 명칭 및 등급
③ 소방안전관리대상물의 용도 및 수용인원
④ 소방안전관리자의 근무 위치(화재수신기 또는 종합방재실을 말한다)

문 13. 「화재의 예방 및 안전관리에 관한 법률 시행령」상 소방공무원으로 9년간 근무한 경력자가 발급받을 수 있는 최상위의 소방안전관리자 자격으로 선임할 수 있는 소방안전관리대상물로 옳은 것은?
① 가연성 가스를 1천 톤 이상 저장·취급하는 시설
② 지상으로부터 높이가 200미터 이상인 아파트
③ 지상으로부터 높이가 120미터 이상인 업무시설
④ 연면적이 10만 제곱미터 이상인 의료시설

문 14. 「위험물안전관리법 시행규칙」상 위험물의 저장기준에 관한 내용으로 옳지 않은 것은?
① 제3류 위험물 중 황린 그 밖에 물속에 저장하는 물품과 금수성물질은 동일한 저장소에서 저장하지 아니하여야 한다.
② 옥내저장소에서는 용기에 수납하여 저장하는 위험물의 온도가 55 ℃를 넘지 아니하도록 필요한 조치를 강구하여야 한다.
③ 옥외저장소에서 위험물을 수납한 용기를 선반에 저장하는 경우에는 10 m 이하의 높이로 저장하여야 한다.
④ 보냉장치가 있는 이동저장탱크에 저장하는 아세트알데히드등 또는 디에틸에테르등의 온도는 당해 위험물의 비점 이하로 유지하여야 한다.

문 15. 「위험물안전관리법 시행규칙」상 소화설비의 설치기준으로 옳지 않은 것은?
① 위험물은 지정수량의 10배를 1소요단위로 할 것
② 저장소의 건축물은 외벽이 내화구조인 것은 연면적 100m²를 1소요단위로 할 것
③ 제조소등에 전기설비(전기배선, 조명기구 등은 제외한다)가 설치된 경우에는 당해 장소의 면적 100m²마다 소형수동식소화기를 1개 이상 설치할 것
④ 옥내소화전은 제조소등의 건축물의 층마다 당해 층의 각 부분에서 하나의 호스접속구까지의 수평거리가 25m 이하가 되도록 설치할 것

문 16. 「위험물안전관리법」 및 같은 법 시행령상 운송책임자의 감독 및 지원을 받아 운송해야 하는 위험물로 옳은 것은?

① 아세트알데히드
② 유기과산화물
③ 알킬리튬
④ 질산염류

문 17. 「위험물안전관리법 시행규칙」상 위험물제조소에 저장 또는 취급하는 위험물에 따라 설치해야 하는 주의사항을 표시한 게시판의 내용으로 옳지 않은 것은?

① 제1류 위험물 중 알칼리금속의 과산화물 – 물기주의
② 제2류 위험물(인화성고체 제외) – 화기주의
③ 제3류 위험물 중 자연발화성물질 – 화기엄금
④ 제5류 위험물 – 화기엄금

문 18. 「위험물안전관리법 시행규칙」상 인화성액체 위험물(이황화탄소를 제외한다)을 저장하는 옥외탱크저장소의 주위에 설치하는 방유제의 설치기준으로 옳지 않은 것은?

① 방유제는 높이 0.3m 이상 3m 이하로 할 것
② 방유제 내의 면적은 8만m² 이하로 할 것
③ 방유제 내의 간막이 둑은 흙 또는 철근콘크리트로 할 것
④ 높이가 1m를 넘는 방유제 및 간막이 둑의 안팎에는 방유제 내에 출입하기 위한 계단 또는 경사로를 약 50m마다 설치할 것

문 19. 「위험물안전관리법 시행규칙」상 이동탱크저장소의 이동저장탱크 구조에 관한 설명이다. ( ) 안에 들어갈 내용으로 옳은 것은?

이동저장탱크는 그 내부에 (ㄱ)L 이하마다 (ㄴ)mm 이상의 강철판 또는 이와 동등 이상의 강도·내열성 및 내식성이 있는 금속성의 것으로 칸막이를 설치하여야 한다.

	ㄱ	ㄴ
①	3,000	1.6
②	4,000	1.6
③	3,000	3.2
④	4,000	3.2

문 20. 「소방시설 설치 및 관리에 관한 법률 시행령」상 특정소방대상물의 간이스프링클러설비 설치면제 기준이다. ( ) 안에 들어갈 설비에 해당하지 않는 것은?

간이스프링클러설비를 설치해야 하는 특정소방대상물에 ( ), ( ) 또는 ( )를 화재안전기준에 적합하게 설치한 경우에는 그 설비의 유효범위에서 설치가 면제된다.

① 옥내소화전설비
② 스프링클러설비
③ 물분무소화설비
④ 미분무소화설비

문 21. 「소방시설 설치 및 관리에 관한 법률 시행령」상 건축허가등의 동의대상물에 해당하지 않는 것은?

① 층수가 6층인 건축물
② 연면적 400제곱미터인 건축물
③ 지하층이 있는 건축물로서 바닥면적이 150제곱미터 이상인 층이 있는 것
④ 특정소방대상물 중 노유자(老幼者)시설로서 연면적 100제곱미터인 건축물

문 22. 「소방시설 설치 및 관리에 관한 법률」 및 같은 법 시행령상 소방청장이 정하는 내진설계 기준에 맞게 설치해야 하는 소방시설로 옳은 것만을 나열한 것은?

① 옥내소화전설비, 옥외소화전설비
② 스프링클러설비, 간이스프링클러설비
③ 포소화설비, 이산화탄소소화설비
④ 연결송수관설비, 연결살수설비

문 23. 「소방시설 설치 및 관리에 관한 법률 시행령」상 소화펌프 고장 등 대통령령으로 정하는 중대위반사항으로 옳지 않은 것은?

① 화재수신기의 고장으로 화재경보음이 자동으로 울리지 않거나 화재수신기와 연동된 소방시설의 작동이 불가능한 경우
② 소화배관 등이 폐쇄·차단되어 소화수(消火水) 또는 소화약제가 자동 방출되지 않는 경우
③ 소화용수설비 주변 불법 주정차로 인하여 화재를 진압하는 데 필요한 물을 공급하기 어려운 경우
④ 방화문 또는 자동방화셔터가 훼손되거나 철거되어 본래의 기능을 못 하는 경우

문 24. 「소방의 화재조사에 관한 법률 시행령」상 화재감정기관의 지정기준에서 전문인력 중 주된 기술인력 기준으로 옳지 않은 것은?

① 국가기술자격의 직무분야 중 화재감식평가 분야의 기사 자격 취득 후 화재조사 관련 분야에서 5년 이상 근무한 사람
② 화재조사관 자격 취득 후 화재조사 관련 분야에서 5년 이상 근무한 사람
③ 이공계 분야의 박사학위 취득 후 화재조사 관련 분야에서 2년 이상 근무한 사람
④ 소방청장이 인정하는 화재조사 관련 국제자격증을 소지한 사람

문 25. 「소방의 화재조사에 관한 법률」 및 같은 법 시행령상 화재정보를 수집·관리할 때 활용하는 국가화재정보시스템의 운영에 관한 설명으로 옳은 것은?

① 시·도지사는 화재예방과 소방활동에 활용할 수 있는 국가화재정보시스템을 구축해 운영하여야 한다.
② 국가화재정보시스템을 활용하여 수집·관리해야 하는 화재정보는 화재원인, 화재피해상황, 화재유형별 화재위험성에 관한 사항 등이다.
③ 화재정보의 수집·관리 및 활용 등에 필요한 사항은 행정안전부령으로 정한다.
④ 국가화재정보시스템의 운영 및 활용 등에 필요한 사항은 시·도의 조례로 정한다.

2024년 공채 시험(부록 제3회)의 전체 문항은 2024년 경채 시험(부록 제4회)의 일부 문항과 동일하게 출제되었습니다. 학습에 참고해 주시기 바랍니다.

4회 2024년 03월 30일 경채

문 1. 「소방기본법 시행규칙」상 소방신호의 종류 및 방법에 관한 내용으로 옳은 것은?

① 해제신호의 타종신호 방법은 난타이다.
② 훈련신호의 타종신호 방법은 연3타 반복이다.
③ 발화신호의 싸이렌신호 방법은 5초 간격을 두고 30초씩 3회이다.
④ 경계신호의 싸이렌신호 방법은 10초 간격을 두고 30초씩 3회이다.

문 2. 「소방기본법」 및 같은 법 시행령상 과태료 부과기준으로 옳은 것은?

① 정당한 사유 없이 관계인의 소방활동 등에 따른 법을 위반하여 화재, 재난·재해, 그 밖의 위급한 상황을 소방본부, 소방서 또는 관계 행정기관에 알리지 아니한 관계인에게는 200만원 이하의 과태료를 부과한다.
② 소방자동차 전용구역에 차를 주차하거나 전용구역에의 진입을 가로막는 등의 방해행위를 한 자에게는 100만원 이하의 과태료를 부과한다.
③ 위반행위의 횟수에 따른 과태료의 가중된 부과기준은 최근 2년간 같은 위반행위로 과태료 부과처분을 받은 경우에 적용한다.
④ 위반행위자가 법 위반상태를 시정하거나 해소하기 위하여 노력한 사실이 인정되는 경우, 부과권자는 개별기준에 따른 과태료의 3분의 1 범위에서 그 금액을 줄여 부과할 수 있다.

문 3. 「소방기본법」상 화재로 오인할 만한 우려가 있는 불을 피우거나 연막(煙幕) 소독을 하려는 자가 시·도의 조례로 정하는 바에 따라 관할 소방본부장 또는 소방서장에게 신고해야 하는 지역으로 옳지 않은 것은? (단, 각 시·도에서 별도로 정하는 지역은 제외한다)

① 공장·창고가 밀집한 지역
② 노후·불량 건축물이 밀집한 지역
③ 위험물의 저장 및 처리시설이 밀집한 지역
④ 석유화학제품을 생산하는 공장이 있는 지역

문 4. 「소방기본법」상 소방박물관 등의 설립과 운영에 관한 내용이다. ( ) 안에 들어갈 내용으로 옳은 것은?

- 소방의 역사와 안전문화를 발전시키고 국민의 안전의식을 높이기 위하여 (ㄱ)은/는 소방박물관을, (ㄴ)은/는 소방체험관을 설립하여 운영할 수 있다.
- 소방박물관의 설립과 운영에 필요한 사항은 (ㄷ)(으)로 정하고, 소방체험관의 설립과 운영에 필요한 사항은 (ㄷ)(으)로 정하는 기준에 따라 (ㄹ)(으)로 정한다.

	ㄱ	ㄴ	ㄷ	ㄹ
①	시·도지사	소방청장	행정안전부령	시·도의 조례
②	시·도지사	소방청장	시·도의 조례	행정안전부령
③	소방청장	시·도지사	시·도의 조례	행정안전부령
④	소방청장	시·도지사	행정안전부령	시·도의 조례

문 5. 「소방기본법」 및 같은 법 시행규칙상 소방지원활동으로 옳지 않은 것은?

① 소방시설 오작동 신고에 따른 조치활동
② 낙하 등이 우려되는 고드름 등의 제거활동
③ 자연재해에 따른 제설 등 지원활동
④ 공연 등 각종 행사 시 사고에 대비한 근접대기 등 지원활동

문 6. 「소방기본법 시행규칙」상 현장지휘훈련을 받아야 할 소방공무원의 계급으로 옳은 것은?

① 소방장
② 소방위
③ 소방준감
④ 소방총감

문 7. 「소방기본법」상 한국소방안전원의 업무에 관한 내용으로 옳지 않은 것은?

① 소방안전에 관한 국제협력
② 소방기술과 안전관리에 관한 각종 간행물 발간
③ 화재 예방과 안전관리의식 고취를 위한 대국민 홍보
④ 소방기술과 소방산업의 국외시장 개척에 관한 사업추진

문 8. 「소방시설공사업법 시행령」상 완공검사를 위한 현장확인 대상 특정소방대상물의 범위로 옳지 않은 것은?

① 스프링클러설비등이 설치되는 특정소방대상물
② 지하상가 및 「다중이용업소의 안전관리에 관한 특별법」에 따른 다중이용업소
③ 물분무등소화설비(호스릴 방식의 소화설비 제외)가 설치되는 특정소방대상물
④ 연면적 5천 제곱미터 이상이거나 10층 이상인 특정소방대상물(아파트는 제외)

문 9. 「소방시설공사업법 시행령」상 시·도지사가 소방시설업자협회에 위탁하는 업무로 옳은 것만을 <보기>에서 고른 것은?

<보기>
ㄱ. 소방시설업 등록신청의 접수 및 신청내용의 확인
ㄴ. 소방시설업 등록사항 변경신고의 접수 및 신고내용의 확인
ㄷ. 시공능력 평가 및 공시에 관한 업무
ㄹ. 소방시설업자의 지위승계 신고의 접수 및 신고내용의 확인
ㅁ. 소방시설업 휴업·폐업 또는 재개업 신고의 접수 및 신고내용의 확인
ㅂ. 방염처리능력 평가 및 공시에 관한 업무

① ㄱ, ㄴ, ㄹ, ㅁ
② ㄱ, ㄴ, ㅁ, ㅂ
③ ㄱ, ㄷ, ㄹ, ㅁ
④ ㄴ, ㄷ, ㄹ, ㅂ

문 10. 「소방시설공사업법」 및 같은 법 시행령상 소방시설설계에 관한 내용으로 옳지 않은 것은?

① 소방시설설계업을 등록한 자는 이 법이나 이 법에 따른 명령과 화재안전기준에 맞게 소방시설을 설계하여야 한다.
② 지방소방기술심의위원회의 심의를 거쳐 소방시설의 구조와 원리 등에서 특수한 특정소방대상물로 인정된 경우는 화재안전기준을 따르지 아니할 수 있다.
③ 소방기술사 2명을 기술인력으로 보유한 전문소방시설설계업을 등록한 자는 성능위주설계를 할 수 있다.
④ 일반소방시설설계업(기계분야)을 등록한 자는 위험물제조소등에 설치되는 기계분야 소방시설을 설계할 수 있다.

문 11. 「소방시설공사업법」상 소방시설공사의 하자보수에 관한 설명이다. ( ) 안에 들어갈 내용으로 옳은 것은?

(ㄱ)은/는 정해진 기간에 소방시설의 하자가 발생하였을 때에는 공사업자에게 그 사실을 알려야 하며, 통보를 받은 공사업자는 (ㄴ)일 이내에 하자를 보수하거나 보수 일정을 기록한 하자보수계획을 (ㄱ)에게 (ㄷ)(으)로 알려야 한다.

	ㄱ	ㄴ	ㄷ
①	소방본부장 또는 소방서장	5	서면
②	감리업자	3	서면
③	관계인	5	구두
④	관계인	3	서면

문 12. 「소방시설공사업법 시행령」상 상주 공사감리를 해야 하는 대상으로 옳은 것만을 <보기>에서 고른 것은?

<보기>
ㄱ. 연면적 3만 제곱미터인 의료시설
ㄴ. 지하층을 포함한 층수가 20층이고 1,000세대인 아파트
ㄷ. 연면적 1만 제곱미터인 복합건축물
ㄹ. 연면적 2만 제곱미터인 판매시설

① ㄱ, ㄴ
② ㄱ, ㄷ
③ ㄴ, ㄹ
④ ㄷ, ㄹ

문 13. 「화재의 예방 및 안전관리에 관한 법률」상 화재예방강화지구로 지정할 수 있는 지역으로 옳은 것만을 <보기>에서 있는 대로 고른 것은? (단, 소방관서장이 화재예방강화지구로 지정할 필요가 있다고 인정하는 지역은 제외한다)

<보기>
ㄱ. 시장지역
ㄴ. 목조건물이 밀집한 지역
ㄷ. 전력용 및 통신용 지하구가 있는 지역
ㄹ. 소방시설·소방용수시설 또는 소방출동로가 없는 지역
ㅁ. 「물류시설의 개발 및 운영에 관한 법률」 제2조 제6호에 따른 물류단지

① ㄱ, ㄴ, ㄷ
② ㄱ, ㄷ, ㄹ
③ ㄱ, ㄴ, ㄹ, ㅁ
④ ㄴ, ㄷ, ㄹ, ㅁ

문 14. 「화재의 예방 및 안전관리에 관한 법률 시행령」상 화재예방안전진단 대상의 시설기준으로 옳지 않은 것은?

① 발전소 중 연면적이 5천제곱미터 이상인 발전소
② 항만시설 중 여객이용시설 및 지원시설의 연면적이 5천제곱미터 이상인 항만시설
③ 철도시설 중 역 시설의 연면적이 5천제곱미터 이상인 철도시설
④ 가스공급시설 중 가연성 가스 탱크의 저장용량의 합계가 30톤 이상이거나 저장용량이 10톤 이상인 가연성 가스 탱크가 있는 가스공급시설

문 15. 「화재의 예방 및 안전관리에 관한 법률」상 용어의 정의로 옳지 않은 것은?

① "예방"이란 화재의 위험으로부터 사람의 생명·신체 및 재산을 보호하기 위하여 화재발생을 사전에 제거하거나 방지하기 위한 모든 활동을 말한다.
② "안전관리"란 화재로 인한 피해를 최소화하기 위한 예방, 대비, 대응 등의 활동을 말한다.
③ "화재예방안전진단"이란 화재가 발생할 경우 사회·경제적으로 피해 규모가 클 것으로 예상되는 소방대상물에 대하여 화재위험요인을 조사하고 그 위험성을 평가하여 개선대책을 수립하는 것을 말한다.
④ "화재안전조사"란 소방청장, 소방본부장 또는 소방서장이 화재원인, 피해상황, 대응활동 등을 파악하기 위하여 자료의 수집, 관계인등에 대한 질문, 현장 확인, 감식, 감정 및 실험 등을 하는 일련의 행위를 말한다.

문 16. 「화재의 예방 및 안전관리에 관한 법률 시행령」상 불을 사용하는 설비의 관리기준에 관한 내용으로 옳은 것은?

① 경유·등유 등 액체 연료탱크는 보일러 본체로부터 수평거리 0.5미터 이상의 간격을 두어 설치한다.
② 화목(火木) 등 고체연료를 사용하는 연통의 배출구는 보일러 본체보다 1미터 이상 높게 설치한다.
③ 음식조리를 위하여 설치하는 설비의 경우, 열을 발생하는 조리기구로부터 0.15미터 이내의 거리에 있는 가연성 주요구조부는 단열성이 있는 불연재료로 덮어 씌운다.
④ 대통령령에서 규정한 사항 외에 화재 발생 우려가 있는 설비 또는 기구의 종류, 해당 설비 또는 기구의 위치·구조 및 관리와 화재 예방을 위하여 불을 사용할 때 지켜야 하는 사항은 행정안전부령으로 정한다.

문 17. 「화재의 예방 및 안전관리에 관한 법률 시행령」상 화재의 확대가 빠른 특수가연물의 저장 및 취급 기준으로 옳은 것은? (단, 석탄·목탄류를 발전용(發電用)으로 저장하는 경우는 제외한다)

① 실외에 쌓아 저장하는 경우 쌓는 부분이 대지경계선, 도로 및 인접 건축물과 최소 6미터 이상 간격을 둘 것. 다만, 쌓는 높이보다 0.9미터 이상 높은 내화구조 벽체를 설치한 경우는 그렇지 않다.
② 실내에 쌓아 저장하는 경우 주요구조부는 불연재료 또는 준불연재료여야 하고, 다른 종류의 특수가연물과 같은 공간에 보관하지 않을 것. 다만, 방화구조의 벽으로 분리하는 경우는 그렇지 않다.
③ 쌓는 부분 바닥면적의 사이는 실내의 경우 1미터 또는 쌓는 높이의 1/2 중 큰 값 이상으로 간격을 둘 것
④ 쌓는 부분 바닥면적의 사이는 실외의 경우 3미터 또는 쌓는 높이의 1/2 중 큰 값 이상으로 간격을 둘 것

문 18. 「화재의 예방 및 안전관리에 관한 법률 시행령」상 건설현장 소방안전관리대상물에 관한 내용이다. ( ) 안에 들어갈 내용으로 옳은 것은?

> - 신축·증축·개축·재축·이전·용도변경 또는 대수선을 하려는 부분의 연면적의 합계가 (ㄱ) 이상인 것
> - 신축·증축·개축·재축·이전·용도변경 또는 대수선을 하려는 부분의 연면적이 (ㄴ) 이상인 것으로서 다음 각 목의 어느 하나에 해당하는 것
>   가. 지하층의 층수가 2개 층 이상인 것
>   나. 지상층의 층수가 (ㄷ) 이상인 것
>   다. 냉동창고, 냉장창고 또는 냉동·냉장창고

	ㄱ	ㄴ	ㄷ
①	1만5천제곱미터	5천제곱미터	6층
②	1만5천제곱미터	5천제곱미터	11층
③	1만5천제곱미터	1만제곱미터	6층
④	1만제곱미터	5천제곱미터	11층

문 19. 「화재의 예방 및 안전관리에 관한 법률」 및 같은 법 시행령, 시행규칙상 소방안전관리대상물 근무자 및 거주자 등에 대한 소방훈련 등에 관한 내용으로 옳지 않은 것은?

① 소방안전관리대상물의 관계인은 소방훈련과 교육을 연 1회 이상 실시해야 한다.
② 1급 소방안전관리대상물의 관계인은 소방훈련 및 교육을 한 날부터 30일 이내에 소방훈련 및 교육 결과를 행정안전부령으로 정하는 바에 따라 소방본부장 또는 소방서장에게 제출해야 한다.
③ 소방서장은 특급 소방안전관리대상물의 관계인으로 하여금 소방훈련과 교육을 소방기관과 합동으로 실시하게 할 수 있다.
④ 소방안전관리대상물의 관계인은 소방훈련과 교육을 실시했을 때에는 그 실시 결과를 소방훈련·교육 실시 결과 기록부에 기록하고, 이를 소방훈련 및 교육을 실시한 날부터 1년간 보관해야 한다.

문 20. 「화재의 예방 및 안전관리에 관한 법률」 및 같은 법 시행규칙상 소방안전관리대상물의 관계인이 소방안전관리자를 선임한 경우 소방안전관리대상물의 출입자가 쉽게 알 수 있도록 게시해야 하는 사항으로 옳지 않은 것은?

① 소방안전관리자의 성명 및 선임일자
② 소방안전관리대상물의 명칭 및 등급
③ 소방안전관리대상물의 용도 및 수용인원
④ 소방안전관리자의 근무 위치(화재수신기 또는 종합방재실을 말한다.)

문 21. 「화재의 예방 및 안전관리에 관한 법률 시행령」상 소방공무원으로 9년간 근무한 경력자가 발급받을 수 있는 최상위의 소방안전관리자 자격으로 선임할 수 있는 소방안전관리대상물로 옳은 것은?

① 가연성 가스를 1천 톤 이상 저장·취급하는 시설
② 지상으로부터 높이가 200미터 이상인 아파트
③ 지상으로부터 높이가 120미터 이상인 업무시설
④ 연면적이 10만 제곱미터 이상인 의료시설

문 22. 「위험물안전관리법 시행규칙」상 위험물의 저장기준에 관한 내용으로 옳지 않은 것은?

① 제3류 위험물 중 황린 그 밖에 물속에 저장하는 물품과 금수성물질은 동일한 저장소에서 저장하지 아니하여야 한다.
② 옥내저장소에서는 용기에 수납하여 저장하는 위험물의 온도가 55 ℃를 넘지 아니하도록 필요한 조치를 강구하여야 한다.
③ 옥외저장소에서 위험물을 수납한 용기를 선반에 저장하는 경우에는 10m 이하의 높이로 저장하여야 한다.
④ 보냉장치가 있는 이동저장탱크에 저장하는 아세트알데히드등 또는 디에틸에테르등의 온도는 당해 위험물의 비점 이하로 유지하여야 한다.

문 23. 「위험물안전관리법 시행규칙」상 소화설비의 설치기준으로 옳지 않은 것은?
① 위험물은 지정수량의 10배를 1소요단위로 할 것
② 저장소의 건축물은 외벽이 내화구조인 것은 연면적 100m²를 1소요단위로 할 것
③ 제조소등에 전기설비(전기배선, 조명기구 등은 제외한다)가 설치된 경우에는 당해 장소의 면적 100m²마다 소형수동식소화기를 1개 이상 설치할 것
④ 옥내소화전은 제조소등의 건축물의 층마다 당해 층의 각 부분에서 하나의 호스접속구까지의 수평거리가 25m 이하가 되도록 설치할 것

문 24. 「위험물안전관리법」 및 같은 법 시행령상 운송책임자의 감독 및 지원을 받아 운송해야 하는 위험물로 옳은 것은?
① 아세트알데히드
② 유기과산화물
③ 알킬리튬
④ 질산염류

문 25. 「위험물안전관리법 시행규칙」상 주유취급소의 고정주유설비 설치기준이다. ( ) 안에 들어갈 내용으로 옳은 것은?

고정주유설비는 고정주유설비의 중심선을 기점으로 하여 도로경계선까지 ( )m 이상의 거리를 유지할 것

① 1
② 2
③ 3
④ 4

문 26. 「위험물안전관리법 시행규칙」상 위험물제조소에 저장 또는 취급하는 위험물에 따라 설치해야 하는 주의사항을 표시한 게시판의 내용으로 옳지 않은 것은?
① 제1류 위험물 중 알칼리금속의 과산화물 — 물기주의
② 제2류 위험물(인화성고체 제외) — 화기주의
③ 제3류 위험물 중 자연발화성물질 — 화기엄금
④ 제5류 위험물 — 화기엄금

문 27. 「위험물안전관리법 시행규칙」상 인화성액체 위험물(이황화탄소를 제외한다)을 저장하는 옥외탱크저장소의 주위에 설치하는 방유제의 설치기준으로 옳지 않은 것은?
① 방유제는 높이 0.3m 이상 3m 이하로 할 것
② 방유제 내의 면적은 8만m² 이하로 할 것
③ 방유제 내의 간막이 둑은 흙 또는 철근콘크리트로 할 것
④ 높이가 1m를 넘는 방유제 및 간막이 둑의 안팎에는 방유제 내에 출입하기 위한 계단 또는 경사로를 약 50m마다 설치할 것

문 28. 「위험물안전관리법 시행규칙」상 탱크안전성능시험자가 변경사항을 신고해야 하는 중요사항으로 옳지 않은 것은?
① 영업소 소재지의 변경
② 기술능력의 변경
③ 보유장비의 변경
④ 상호 또는 명칭의 변경

문 29. 「위험물안전관리법 시행규칙」상 이동탱크저장소의 이동저장탱크 구조에 관한 설명이다. ( ) 안에 들어갈 내용으로 옳은 것은?

> 이동저장탱크는 그 내부에 (ㄱ)L 이하마다 (ㄴ)mm 이상의 강철판 또는 이와 동등 이상의 강도·내열성 및 내식성이 있는 금속성의 것으로 칸막이를 설치하여야 한다.

	ㄱ	ㄴ
①	3,000	1.6
②	4,000	1.6
③	3,000	3.2
④	4,000	3.2

문 30. 「소방시설 설치 및 관리에 관한 법률」 및 같은 법 시행령상 소방청장의 형식승인을 받아야 하는 소방용품으로 옳지 않은 것은?
① 분말자동소화장치
② 주거용 주방자동소화장치
③ 상업용 주방자동소화장치
④ 캐비닛형 자동소화장치

문 31. 「소방시설 설치 및 관리에 관한 법률」 및 같은 법 시행령상 내용연수 설정대상 소방용품에 관한 설명이다. ( ) 안에 들어갈 내용으로 옳은 것은?

> 특정소방대상물의 관계인은 내용연수가 경과한 소방용품을 교체해야 한다. 이 경우 내용연수를 설정해야 하는 소방용품은 (ㄱ)를 사용하는 소화기로 하며, 내용연수는 (ㄴ)년으로 한다.

	ㄱ	ㄴ
①	분말형태의 소화약제	10
②	강화액 소화약제	10
③	분말형태의 소화약제	7
④	강화액 소화약제	7

문 32. 「소방시설 설치 및 관리에 관한 법률 시행령」상 특정소방대상물의 간이스프링클러설비 설치면제 기준이다. ( ) 안에 들어갈 설비에 해당하지 않는 것은?

> 간이스프링클러설비를 설치해야 하는 특정소방대상물에 ( ), ( ) 또는 ( )를 화재안전기준에 적합하게 설치한 경우에는 그 설비의 유효범위에서 설치가 면제된다.

① 옥내소화전설비
② 스프링클러설비
③ 물분무소화설비
④ 미분무소화설비

문 33. 「소방시설 설치 및 관리에 관한 법률 시행령」상 건축허가등의 동의대상물에 해당하지 않는 것은?
① 층수가 6층인 건축물
② 연면적 400제곱미터인 건축물
③ 지하층이 있는 건축물로서 바닥면적이 150제곱미터 이상인 층이 있는 것
④ 특정소방대상물 중 노유자(老幼者)시설로서 연면적 100제곱미터인 건축물

문 34. 「소방시설 설치 및 관리에 관한 법률」 및 같은 법 시행령상 소방청장이 정하는 내진설계 기준에 맞게 설치해야 하는 소방시설로 옳은 것만을 나열한 것은?
① 옥내소화전설비, 옥외소화전설비
② 스프링클러설비, 간이스프링클러설비
③ 포소화설비, 이산화탄소소화설비
④ 연결송수관설비, 연결살수설비

문 35.「소방시설 설치 및 관리에 관한 법률 시행령」상 특정소방대상물 중 지하구에 관한 설명이다. (   ) 안에 들어갈 내용으로 옳은 것은?

> 전력·통신용의 전선이나 가스·냉난방용의 배관 또는 이와 비슷한 것을 집합 수용하기 위하여 설치한 지하 인공구조물로서 사람이 점검 또는 보수를 하기 위하여 출입이 가능한 것 중 다음의 어느 하나에 해당하는 것
> 1) 전력 또는 통신사업용 지하 인공구조물로서 전력구(케이블 접속부가 없는 경우는 제외한다) 또는 통신구 방식으로 설치된 것
> 2) 1) 외의 지하 인공구조물로서 폭이 (ㄱ)m 이상이고 높이가 (ㄴ)m 이상이며 길이가 (ㄷ)m 이상인 것

	ㄱ	ㄴ	ㄷ
①	1.2	1.5	50
②	1.2	1.5	100
③	1.8	2	50
④	1.8	2	100

문 36.「소방시설 설치 및 관리에 관한 법률 시행령」상 소화펌프 고장 등 대통령령으로 정하는 중대위반사항으로 옳지 않은 것은?

① 화재수신기의 고장으로 화재경보음이 자동으로 울리지 않거나 화재수신기와 연동된 소방시설의 작동이 불가능한 경우
② 소화배관 등이 폐쇄·차단되어 소화수(消火水) 또는 소화약제가 자동 방출되지 않는 경우
③ 소화용수설비 주변 불법 주정차로 인하여 화재를 진압하는 데 필요한 물을 공급하기 어려운 경우
④ 방화문 또는 자동방화셔터가 훼손되거나 철거되어 본래의 기능을 못 하는 경우

문 37.「소방의 화재조사에 관한 법률 시행령」상 화재감정기관의 지정기준에서 전문인력 중 주된 기술인력 기준으로 옳지 않은 것은?

① 국가기술자격의 직무분야 중 화재감식평가 분야의 기사 자격 취득 후 화재조사 관련 분야에서 5년 이상 근무한 사람
② 화재조사관 자격 취득 후 화재조사 관련 분야에서 5년 이상 근무한 사람
③ 이공계 분야의 박사학위 취득 후 화재조사 관련 분야에서 2년 이상 근무한 사람
④ 소방청장이 인정하는 화재조사 관련 국제자격증을 소지한 사람

문 38.「소방의 화재조사에 관한 법률 시행령」상 화재조사 절차로 옳지 않은 것은?

① 현장출동 중 조사
② 화재현장 조사
③ 사전조사
④ 정밀조사

문 39.「소방의 화재조사에 관한 법률 시행령」상 화재조사전담부서에 배치해야 하는 화재조사관의 최소 기준인원으로 옳은 것은?

① 1명
② 2명
③ 3명
④ 4명

문 40.「소방의 화재조사에 관한 법률」및 같은 법 시행령상 화재정보를 수집·관리할 때 활용하는 국가화재정보시스템의 운영에 관한 설명으로 옳은 것은?

① 시·도지사는 화재예방과 소방활동에 활용할 수 있는 국가화재정보시스템을 구축해 운영하여야 한다.
② 국가화재정보시스템을 활용하여 수집·관리해야 하는 화재정보는 화재원인, 화재피해상황, 화재유형별 화재위험성에 관한 사항 등이다.
③ 화재정보의 수집·관리 및 활용 등에 필요한 사항은 행정안전부령으로 정한다.
④ 국가화재정보시스템의 운영 및 활용 등에 필요한 사항은 시·도의 조례로 정한다.

5회 2023년 03월 18일 공채

부록 소방관계법규 연도별 기출문제

정답 및 해설 p.156

소요시간: _____ / 17분　　　맞힌 답의 개수: _____ / 25

문 1. 「소방기본법」상 벌칙 중 벌금의 상한이 나머지 셋과 다른 것은?

① 정당한 사유 없이 소방대의 생활안전활동을 방해한 자
② 화재진압 및 구조·구급 활동을 위하여 출동하는 소방자동차의 출동을 방해한 사람
③ 정당한 사유 없이 화재진압 등 소방활동을 위하여 필요할 때 물의 사용이나 수도의 개폐장치의 사용 또는 조작을 하지 못하게 하거나 방해한 자
④ 정당한 사유 없이 소방대가 현장에 도착할 때까지 사람을 구출하는 조치 또는 불을 끄거나 불이 번지지 아니하도록 하는 조치를 하지 아니한 관계인

문 2. 「소방기본법 시행규칙」상 국고보조의 대상이 되는 소방활동 장비의 종류와 규격으로 옳지 않은 것은?

① 구조정: 90마력 이상
② 배연차(중형): 170마력 이상
③ 구급차(특수): 90마력 이상
④ 소방헬리콥터: 5~17인승

문 3. 「소방기본법 시행규칙」상 지하에 설치하는 소화전 또는 저수조의 경우 소방용수표지는 다음 기준에 따라 설치하여야 한다. (　) 안에 들어갈 내용으로 옳은 것은?

- 맨홀 뚜껑은 지름 (ㄱ)밀리미터 이상의 것으로 할 것. 다만, 승하강식 소화전의 경우에는 이를 적용하지 않는다.
- 맨홀 뚜껑 부근에는 (ㄴ) 반사도료로 폭 (ㄷ)센티미터의 선을 그 둘레를 따라 칠할 것

	ㄱ	ㄴ	ㄷ
①	648	노란색	15
②	678	붉은색	15
③	648	붉은색	25
④	678	노란색	25

문 4. 「소방시설공사업법」상 소방기술 경력 등의 인정 등에 관한 내용으로 옳은 것은?

① 소방본부장, 소방서장은 소방기술의 효율적인 활용과 소방기술의 향상을 위하여 소방기술과 관련된 자격·학력 및 경력을 가진 사람을 소방기술자로 인정할 수 있다.
② 소방본부장, 소방서장은 소방기술과 관련된 자격·학력 및 경력을 인정받은 사람에게 소방기술 인정 자격수첩과 경력수첩을 발급할 수 있다.
③ 소방기술과 관련된 자격·학력 및 경력의 인정 범위와 자격수첩 및 경력수첩의 발급 절차 등에 관하여 필요한 사항은 대통령령으로 정한다.
④ 소방청장은 자격수첩 또는 경력수첩을 발급받은 사람이 거짓이나 그 밖의 부정한 방법으로 자격수첩 또는 경력수첩을 발급받은 경우에 그 자격을 취소하여야 한다.

문 5. 「소방시설공사업법 시행규칙」상 감리업자가 소방공사의 감리를 마쳤을 때 소방공사감리 결과보고(통보)서에 첨부하는 서류가 아닌 것은?

① 착공신고 후 변경된 건축설계도면 1부
② 소방청장이 정하여 고시하는 소방시설 성능시험조사표 1부
③ 소방공사 감리일지(소방본부장 또는 소방서장에게 보고하는 경우에만 첨부) 1부
④ 특정소방대상물의 사용승인 신청서 등 사용승인 신청을 증빙할 수 있는 서류 1부

문 6. 「소방시설공사업법 시행령」상 상주 공사감리 대상을 설명한 것이다. ( ) 안에 들어갈 내용으로 옳은 것은?

- 연면적 (ㄱ) 이상의 특정소방대상물(아파트는 제외한다)에 대한 소방시설의 공사
- 지하층을 포함한 층수가 (ㄴ) 이상인 아파트에 대한 소방시설의 공사

	ㄱ	ㄴ
①	3만제곱미터	16층 이상으로서 300세대
②	3만제곱미터	16층 이상으로서 500세대
③	5만제곱미터	16층 이상으로서 300세대
④	5만제곱미터	16층 이상으로서 500세대

문 7. 「소방시설공사업법 시행령」상 소방시설공사 분리 도급의 예외에 해당하는 것만을 <보기>에서 고른 것은?

<보기>
ㄱ. 「재난 및 안전관리 기본법」에 따른 재난의 발생으로 긴급하게 착공해야 하는 공사인 경우
ㄴ. 국방 및 국가안보 등과 관련하여 기밀을 유지해야 하는 공사인 경우
ㄷ. 연면적이 3천제곱미터 이하인 특정소방대상물에 비상경보설비를 설치하는 공사인 경우
ㄹ. 「국가를 당사자로 하는 계약에 관한 법률 시행령」 및 「지방자치단체를 당사자로 하는 계약에 관한 법률 시행령」에 따른 원안입찰 또는 일부입찰
ㅁ. 「국가를 당사자로 하는 계약에 관한 법률 시행령」 및 「지방자치단체를 당사자로 하는 계약에 관한 법률 시행령」에 따른 실시설계 기술제안입찰 또는 기본설계 기술제안입찰
ㅂ. 문화재수리 및 재개발·재건축 등의 공사로서 공사의 성질상 분리하여 도급하는 것이 곤란하다고 시·도지사가 인정하는 경우

① ㄱ, ㄴ, ㄷ
② ㄱ, ㄴ, ㅁ
③ ㄴ, ㄷ, ㅁ
④ ㄹ, ㅁ, ㅂ

※ 현재는 관련규정 제·개정됨

문 8. 「소방시설공사업법 시행령」상 소방기술자의 배치기준을 설명한 것으로 옳지 않은 것은?

① 연면적 20만제곱미터 이상인 특정소방대상물의 공사 현장에는 행정안전부령으로 정하는 특급기술자인 소방기술자(기계분야 및 전기분야)를 배치하여야 한다.
② 지하층을 포함한 층수가 16층 이상 40층 미만인 특정소방대상물의 공사 현장에는 행정안전부령으로 정하는 고급기술자 이상의 소방기술자(기계분야 및 전기분야)를 배치하여야 한다.
③ 연면적 5천제곱미터 이상 3만제곱미터 미만인 특정소방대상물(아파트는 제외)의 공사 현장에는 행정안전부령으로 정하는 중급기술자 이상의 소방기술자(기계분야 및 전기분야)를 배치하여야 한다.
④ 물분무등소화설비(호스릴 방식의 소화설비는 제외) 또는 제연설비가 설치되는 특정소방대상물의 공사 현장에는 행정안전부령으로 정하는 초급기술자 이상의 소방기술자(기계분야 및 전기분야)를 배치하여야 한다.

문 9. 「화재의 예방 및 안전관리에 관한 법률」상 건설현장 소방안전관리대상물의 소방안전관리자의 업무에 관한 내용으로 옳지 않은 것은?

① 건설현장의 소방계획서의 작성
② 화기취급의 감독, 화재위험작업의 허가 및 관리
③ 공사진행 단계별 피난안전구역, 피난로 등의 확보와 관리
④ 건설현장 작업자를 제외한 책임자에 대한 소방안전 교육 및 훈련

문 10. 「화재의 예방 및 안전관리에 관한 법률 시행령」상 특수가연물의 저장 및 취급 기준에서 특수가연물 표지에 관한 내용으로 옳지 않은 것은?

① 특수가연물 표지 중 화기엄금 표시 부분의 바탕은 붉은색으로, 문자는 백색으로 할 것
② 특수가연물 표지는 한 변의 길이가 0.3미터 이상, 다른 한 변의 길이가 0.6미터 이상인 직사각형으로 할 것
③ 특수가연물 표지의 바탕은 검은색으로, 문자는 흰색으로 할 것. 다만, "화기엄금" 표시 부분은 제외한다.
④ 특수가연물을 저장 또는 취급하는 장소에는 품명, 최대저장수량, 단위부피당 질량 또는 단위체적당 질량, 관리책임자 성명·직책, 연락처 및 화기취급의 금지표시가 포함된 특수가연물 표지를 설치해야 한다.

문 11. 「화재의 예방 및 안전관리에 관한 법률」 및 같은 법 시행령상 소방안전관리자를 선임해야 하는 건설현장 소방안전관리대상물에 해당하지 않는 것은?

① 신축을 하려는 부분의 연면적이 5천제곱미터인 냉동·냉장창고
② 신축을 하려는 부분의 연면적의 합계가 2만제곱미터인 복합건축물
③ 증축을 하려는 부분의 연면적의 합계가 3만제곱미터인 업무시설
④ 증축을 하려는 부분의 연면적이 5천제곱미터이고, 지상층의 층수가 10층인 업무시설

문 12. 「화재의 예방 및 안전관리에 관한 법률」상 화재예방안전진단의 범위에 해당하는 것만을 <보기>에서 있는 대로 고른 것은?

<보기>
ㄱ. 소방계획 및 피난계획 수립에 관한 사항
ㄴ. 소방시설등의 유지·관리에 관한 사항
ㄷ. 비상대응조직 및 교육훈련에 관한 사항
ㄹ. 화재 위험성 평가에 관한 사항

① ㄱ
② ㄱ, ㄴ
③ ㄱ, ㄴ, ㄷ
④ ㄱ, ㄴ, ㄷ, ㄹ

문 13. 「화재의 예방 및 안전관리에 관한 법률」 및 같은 법 시행규칙상 소방안전관리자의 선임신고 등에 관한 설명이다. ( ) 안에 들어갈 내용으로 옳은 것은?

• 소방안전관리대상물의 관계인이 소방안전관리자를 선임한 경우에는 선임한 날부터 (ㄱ)일 이내에 선임사실을 소방본부장 또는 소방서장에게 신고하여야 한다.
• 소방안전관리대상물의 관계인은 소방안전관리자를 선임 사유가 발생한 날부터 (ㄴ)일 이내에 선임해야 한다.

	ㄱ	ㄴ
①	14	30
②	14	60
③	30	30
④	30	60

문 14. 특정소방대상물의 바닥면적이 다음과 같을 때 「소방시설 설치 및 관리에 관한 법률 시행령」에 따른 수용인원은 총 몇 명인가? (단, 바닥면적을 산정할 때에는 복도, 계단 및 화장실을 포함하지 않으며, 계산 결과 소수점 이하의 수는 반올림한다)

• 관람석이 없는 강당 1개, 바닥면적 460㎡
• 강의실 10개, 각 바닥면적 57㎡
• 휴게실 1개, 바닥면적 38㎡

① 380
② 400
③ 420
④ 440

문 15. 「소방시설 설치 및 관리에 관한 법률 시행령」상 스프링클러설비를 설치해야 하는 특정소방대상물에 해당하는 것만을 <보기>에서 고른 것은?

<보기>
ㄱ. 수련시설 내에 있는 학생 수용을 위한 기숙사로서 연면적 5천㎡인 경우
ㄴ. 교육연구시설 내에 있는 합숙소로서 연면적 100㎡인 경우
ㄷ. 숙박시설로 사용되는 바닥면적의 합계가 500㎡인 경우
ㄹ. 영화상영관의 용도로 쓰는 4층의 바닥면적이 1천㎡인 경우

① ㄱ, ㄴ
② ㄱ, ㄹ
③ ㄴ, ㄷ
④ ㄷ, ㄹ

문 16. 「소방시설 설치 및 관리에 관한 법률 시행령」상 건축물 등의 신축·증축·개축·재축·이전·용도변경 또는 대수선의 허가·협의 및 사용승인을 할 때 미리 소방본부장 또는 소방서장의 동의를 받아야 하는 건축물 등의 범위로 옳지 않은 것은?

① 연면적 100제곱미터 이상인 특정소방대상물 중 노유자(老幼者) 시설 및 수련시설
② 「학교시설사업 촉진법」에 따라 건축등을 하려는 연면적 100제곱미터 이상의 학교시설
③ 지하층 또는 무창층이 있는 건축물로서 바닥면적이 150제곱미터(공연장의 경우에는 100제곱미터) 이상인 층이 있는 것
④ 차고·주차장 또는 주차 용도로 사용되는 시설로서 차고·주차장으로 사용되는 바닥면적이 200제곱미터 이상인 층이 있는 건축물이나 주차시설

문 17. 「소방시설 설치 및 관리에 관한 법률」상 중앙소방기술심의위원회의 심의사항으로 옳지 않은 것은?

① 화재안전기준에 관한 사항
② 소방시설에 하자가 있는지의 판단에 관한 사항
③ 소방시설의 설계 및 공사감리의 방법에 관한 사항
④ 소방시설의 구조 및 원리 등에서 공법이 특수한 설계 및 시공에 관한 사항

문 18. 「소방시설 설치 및 관리에 관한 법률 시행령」상 전문소방시설관리업의 보조 기술인력 등록기준으로 옳은 것은?

① 특급점검자 이상의 기술인력: 2명 이상
② 중급·고급점검자 이상의 기술인력: 각 1명 이상
③ 초급·중급점검자 이상의 기술인력: 각 1명 이상
④ 초급·중급·고급점검자 이상의 기술인력: 각 2명 이상

문 19. 「소방시설 설치 및 관리에 관한 법률 시행규칙」상 행정처분 시 감경사유로 옳지 않은 것은?

① 경미한 위반사항으로, 유도등이 일시적으로 점등되지 않는 경우
② 경미한 위반사항으로, 스프링클러설비 헤드가 살수반경에 미치지 못하는 경우
③ 위반행위가 사소한 부주의나 오류가 아닌 고의에 의한 것으로 인정되는 경우
④ 위반 행위자가 처음 해당 위반행위를 한 경우로서 5년 이상 소방시설관리사의 업무, 소방시설관리업 등을 모범적으로 해 온 사실이 인정되는 경우

문 20. 「위험물안전관리법 시행규칙」상 제조소등에서의 위험물의 저장 및 취급에 관한 기준 중 위험물의 유별 저장·취급의 공통기준으로 옳은 것은?

① 제1류 위험물은 가연물과의 접촉·혼합이나 분해를 촉진하는 물품과의 접근 또는 과열·충격·마찰 등을 피하는 한편, 알카리금속의 과산화물 및 이를 함유한 것에 있어서는 물과의 접촉을 피하여야 한다.
② 제2류 위험물 중 자연발화성물질에 있어서는 불티·불꽃 또는 고온체와의 접근·과열 또는 공기와의 접촉을 피하고, 금수성물질에 있어서는 물과의 접촉을 피하여야 한다.
③ 제3류 위험물은 산화제와의 접촉·혼합이나 불티·불꽃·고온체와의 접근 또는 과열을 피하는 한편, 철분·금속분·마그네슘 및 이를 함유한 것에 있어서는 물이나 산과의 접촉을 피하고 인화성 고체에 있어서는 함부로 증기를 발생시키지 아니하여야 한다.
④ 제4류 위험물은 가연물과의 접촉·혼합이나 분해를 촉진하는 물품과의 접근 또는 과열을 피하여야 한다.

문 21. 「위험물안전관리법」 및 같은 법 시행령상 관계인이 예방규정을 정하여야 하는 제조소등에 해당하지 않는 것은?

① 4,000L의 알코올류를 취급하는 제조소
② 30,000kg의 유황(황)을 저장하는 옥외저장소
③ 2,500kg의 질산에스테르류(질산에스터류)를 저장하는 옥내저장소
④ 150,000L의 경유를 저장하는 옥외탱크저장소

문 22. 「위험물안전관리법 시행령」상 지정수량 이상의 위험물을 옥외저장소에 저장할 수 있는 것으로 옳지 않은 것은? [단, 「국제해사기구에 관한 협약」에 의하여 설치된 국제해사기구가 채택한 「국제해상위험물규칙」(IMDG Code)에 적합한 용기에 수납된 위험물은 제외한다]

① 제1류 위험물 중 염소산염류
② 제2류 위험물 중 유황(황)
③ 제4류 위험물 중 알코올류
④ 제6류 위험물

문 23. 「위험물안전관리법 시행규칙」상 제조소의 위치·구조 및 설비의 기준에 근거하여 취급하는 위험물의 최대수량이 지정수량의 20배인 경우, 제조소 주위에 보유하여야 하는 공지의 너비는?

① 2m 이상
② 3m 이상
③ 4m 이상
④ 5m 이상

문 24. 「위험물안전관리법 시행규칙」상 화학소방자동차에 갖추어야 하는 소화능력 또는 설비의 기준으로 옳은 것은?

① 포수용액 방사차: 포수용액의 방사능력이 매분 1,000L 이상일 것
② 분말 방사차: 1,000kg 이상의 분말을 비치할 것
③ 할로겐화합물 방사차: 할로겐화합물의 방사능력이 매초 40kg 이상일 것
④ 이산화탄소 방사차: 1,000kg 이상의 이산화탄소를 비치할 것

문 25. 「위험물안전관리법 시행규칙」상 위험물의 운반에 관한 기준 중 적재방법에 대한 내용으로 옳지 않은 것은? (단, 덩어리 상태의 유황(황)을 운반하기 위하여 적재하는 경우 또는 위험물을 동일구내에 있는 제조소등의 상호간에 운반하기 위하여 적재하는 경우는 제외한다)

① 하나의 외장용기에는 다른 종류의 위험물을 수납하지 아니할 것
② 고체 위험물은 운반용기 내용적의 95% 이하의 수납율로 수납할 것
③ 액체 위험물은 운반용기 내용적의 98% 이하의 수납율로 수납하되, 55℃의 온도에서 누설되지 아니하도록 충분한 공간용적을 유지하도록 할 것
④ 자연발화물질 중 알킬알루미늄등은 운반용기 내용적의 95% 이하의 수납율로 수납하되, 55℃의 온도에서 10% 이상의 공간용적을 유지하도록 할 것

2023년 공채 시험(부록 제5회)의 전체 문항은 2023년 경채 시험(부록 제6회)의 일부 문항과 동일하게 출제되었습니다. 학습에 참고해 주시기 바랍니다.

6회 2023년 03월 18일 경채

문 1. 「소방기본법」상 벌칙 중 벌금의 상한이 나머지 셋과 다른 것은?
① 정당한 사유 없이 소방대의 생활안전활동을 방해한 자
② 화재진압 및 구조·구급 활동을 위하여 출동하는 소방자동차의 출동을 방해한 사람
③ 정당한 사유 없이 화재진압 등 소방활동을 위하여 필요할 때 물의 사용이나 수도의 개폐장치의 사용 또는 조작을 하지 못하게 하거나 방해한 자
④ 정당한 사유 없이 소방대가 현장에 도착할 때까지 사람을 구출하는 조치 또는 불을 끄거나 불이 번지지 아니하도록 하는 조치를 하지 아니한 관계인

문 2. 「소방기본법 시행규칙」상 소방용수시설 및 지리조사에 관한 내용으로 옳지 않은 것은?
① 소방본부장 또는 소방서장은 원활한 소방활동을 위하여 소방용수시설 및 지리조사를 월 1회 이상 실시하여야 한다.
② 지리조사는 소방대상물에 인접한 도로의 폭·교통상황, 도로주변의 토지의 고저·건축물의 개황을 제외한 소방활동에 필요한 사항이다.
③ 조사결과는 전자적 처리가 불가능한 특별한 사유가 없으면 전자적 처리가 가능한 방법으로 작성·관리하여야 한다.
④ 소방용수시설 및 지리조사는 소방용수조사부 및 지리조사부 서식에 의하되, 그 조사결과를 2년간 보관하여야 한다.

문 3. 「소방기본법 시행규칙」상 국고보조의 대상이 되는 소방활동 장비의 종류와 규격으로 옳지 않은 것은?
① 구조정: 90마력 이상
② 배연차(중형): 170마력 이상
③ 구급차(특수): 90마력 이상
④ 소방헬리콥터: 5~17인승

문 4. 「소방기본법 시행령」상 소방자동차 전용구역의 설치 방법에 관한 내용이다. ( ) 안에 들어갈 내용으로 옳은 것은?

- 전용구역 노면표지의 외곽선은 빗금무늬로 표시하되, 빗금은 두께를 (ㄱ)센티미터로 하여 (ㄴ)센티미터 간격으로 표시한다.
- 전용구역 노면표지 도료의 색채는 (ㄷ)을 기본으로 하되, 문자(P, 소방차 전용)는 백색으로 표시한다.

	ㄱ	ㄴ	ㄷ
①	20	40	황색
②	20	40	적색
③	30	50	황색
④	30	50	적색

문 5. 「소방기본법 시행규칙」상 지하에 설치하는 소화전 또는 저수조의 경우 소방용수표지는 다음 기준에 따라 설치하여야 한다. ( ) 안에 들어갈 내용으로 옳은 것은?

- 맨홀 뚜껑은 지름 (ㄱ)밀리미터 이상의 것으로 할 것. 다만, 승하강식 소화전의 경우에는 이를 적용하지 않는다.
- 맨홀 뚜껑 부근에는 (ㄴ) 반사도료로 폭 (ㄷ)센티미터의 선을 그 둘레를 따라 칠할 것

	ㄱ	ㄴ	ㄷ
①	648	노란색	15
②	678	붉은색	15
③	648	붉은색	25
④	678	노란색	25

문 6. 「소방기본법 시행령」상 소방자동차 전용구역 방해행위의 기준에 관한 내용으로 옳지 않은 것은?
① 전용구역의 앞면, 뒷면 또는 양 측면에 물건 등을 쌓거나 주차하는 행위
② 「주차장법」제19조에 따른 부설주차장의 주차구획 내에 주차하는 행위
③ 전용구역 진입로에 물건 등을 쌓거나 주차하여 전용구역으로의 진입을 가로막는 행위
④ 전용구역 노면표지를 지우거나 훼손하는 행위

문 7. 「소방의 화재조사에 관한 법률」 및 같은 법 시행규칙상 화재조사전담부서에서 갖추어야 할 장비와 시설 중 감식기기(16종)에 해당하지 않는 것은?

① 금속현미경
② 절연저항계
③ 내시경현미경
④ 휴대용디지털현미경

문 8. 「소방의 화재조사에 관한 법률」상 화재의 정의에 관한 설명으로 옳지 않은 것은?

① 사람의 의도에 반하여 발생하거나 확대된 물리적 폭발현상
② 고의에 의하여 발생한 연소 현상으로서 소화할 필요가 있는 현상
③ 과실에 의하여 발생한 연소 현상으로서 소화할 필요가 있는 현상
④ 사람의 의도에 반하여 발생한 연소 현상으로서 소화할 필요가 있는 현상

문 9. 「소방의 화재조사에 관한 법률」상 벌칙에 관한 내용이다. ( ) 안에 들어갈 내용으로 옳은 것은?

> 소방관서장은 화재조사를 위하여 필요한 경우에 관계인에게 보고 또는 자료 제출을 명하거나 화재조사관으로 하여금 해당 장소에 출입하여 화재조사를 하게 하거나 관계인등에게 질문하게 할 수 있다. 이에 따른 명령을 위반하여 보고 또는 자료 제출을 하지 아니하거나 거짓으로 보고 또는 자료를 제출한 사람은 (ㄱ)만원 이하의 (ㄴ)을/를 부과한다.

	ㄱ	ㄴ
①	200	벌금
②	200	과태료
③	300	벌금
④	300	과태료

문 10. 「소방의 화재조사에 관한 법률」에 관한 내용으로 옳지 않은 것은?

① 소방공무원과 경찰공무원은 화재조사에 필요한 증거물의 수집 및 보존에 관한 사항에 대하여 서로 협력하여야 한다.
② 소방관서장은 화재조사 결과의 공표 시 수사가 진행 중이거나 수사의 필요성이 인정되는 경우에는 관계 수사기관의 장과 공표 여부에 관하여 사전에 협의하여야 한다.
③ 화재조사를 하는 화재조사관은 관계인의 정당한 업무를 방해하거나 화재조사를 수행하면서 알게 된 비밀을 다른 용도로 사용하거나 다른 사람들에게 누설하여서는 아니 된다.
④ 소방청장, 소방본부장 또는 소방서장이 화재원인, 피해상황, 대응활동 등을 파악하기 위하여 자료의 수집, 감정 및 실험을 하는 행위는 화재조사에 포함되지 않는다.

문 11. 「소방시설공사업법」상 소방기술 경력 등의 인정 등에 관한 내용으로 옳은 것은?

① 소방본부장, 소방서장은 소방기술의 효율적인 활용과 소방기술의 향상을 위하여 소방기술과 관련된 자격·학력 및 경력을 가진 사람을 소방기술자로 인정할 수 있다.
② 소방본부장, 소방서장은 소방기술과 관련된 자격·학력 및 경력을 인정받은 사람에게 소방기술 인정 자격수첩과 경력수첩을 발급할 수 있다.
③ 소방기술과 관련된 자격·학력 및 경력의 인정 범위와 자격수첩 및 경력수첩의 발급 절차 등에 관하여 필요한 사항은 대통령령으로 정한다.
④ 소방청장은 자격수첩 또는 경력수첩을 발급받은 사람이 거짓이나 그 밖의 부정한 방법으로 자격수첩 또는 경력수첩을 발급받은 경우에 그 자격을 취소하여야 한다.

문 12. 「소방시설공사업법 시행규칙」상 감리업자가 소방공사의 감리를 마쳤을 때 소방공사감리 결과보고(통보)서에 첨부하는 서류가 아닌 것은?

① 착공신고 후 변경된 건축설계도면 1부
② 소방청장이 정하여 고시하는 소방시설 성능시험조사표 1부
③ 소방공사 감리일지(소방본부장 또는 소방서장에게 보고하는 경우에만 첨부) 1부
④ 특정소방대상물의 사용승인 신청서 등 사용승인 신청을 증빙할 수 있는 서류 1부

문 13. 「소방시설공사업법 시행령」상 하자보수 대상 소방시설과 하자보수 보증기간으로 옳지 않은 것은?

① 피난기구, 유도등, 유도표지: 2년
② 비상경보설비, 비상조명등, 비상방송설비 및 무선통신보조설비: 2년
③ 옥내소화전설비, 스프링클러설비, 간이스프링클러설비, 자동화재탐지설비: 3년
④ 상수도소화용수설비 및 소화활동설비(무선통신보조설비는 제외한다): 4년

✅ 현재는 관련규정 제·개정됨

문 14. 「소방시설공사업법 시행령」상 상주 공사감리 대상을 설명한 것이다. ( ) 안에 들어갈 내용으로 옳은 것은?

• 연면적 (ㄱ) 이상의 특정소방대상물(아파트는 제외한다)에 대한 소방시설의 공사
• 지하층을 포함한 층수가 (ㄴ) 이상인 아파트에 대한 소방시설의 공사

	ㄱ	ㄴ
①	3만제곱미터	16층 이상으로서 300세대
②	3만제곱미터	16층 이상으로서 500세대
③	5만제곱미터	16층 이상으로서 300세대
④	5만제곱미터	16층 이상으로서 500세대

문 15. 「소방시설공사업법 시행규칙」상 소방기술자 양성·인정 교육훈련기관의 지정 요건으로 옳지 않은 것은?

① 교육과목별 교재 및 강사 매뉴얼을 갖출 것
② 소방기술자 양성·인정 교육훈련을 실시할 수 있는 전담인력을 6명 이상 갖출 것
③ 전국 2개 이상의 시·도에 이론교육과 실습교육이 가능한 교육·훈련장을 갖출 것
④ 교육훈련의 신청·수료, 성과측정, 경력관리 등에 필요한 교육훈련 관리시스템을 구축·운영할 것

문 16. 「소방시설공사업법 시행령」상 소방시설공사 분리 도급의 예외에 해당하는 것만을 <보기>에서 고른 것은?

<보기>
ㄱ. 「재난 및 안전관리 기본법」에 따른 재난의 발생으로 긴급하게 착공해야 하는 공사인 경우
ㄴ. 국방 및 국가안보 등과 관련하여 기밀을 유지해야 하는 공사인 경우
ㄷ. 연면적이 3천제곱미터 이하인 특정소방대상물에 비상경보설비를 설치하는 공사인 경우
ㄹ. 「국가를 당사자로 하는 계약에 관한 법률 시행령」 및 「지방자치단체를 당사자로 하는 계약에 관한 법률 시행령」에 따른 원안입찰 또는 일부입찰
ㅁ. 「국가를 당사자로 하는 계약에 관한 법률 시행령」 및 「지방자치단체를 당사자로 하는 계약에 관한 법률 시행령」에 따른 실시설계 기술제안입찰 또는 기본설계 기술제안입찰
ㅂ. 문화재수리 및 재개발·재건축 등의 공사로서 공사의 성질상 분리하여 도급하는 것이 곤란하다고 시·도지사가 인정하는 경우

① ㄱ, ㄴ, ㄷ
② ㄱ, ㄴ, ㅁ
③ ㄴ, ㄷ, ㅁ
④ ㄹ, ㅁ, ㅂ

✅ 현재는 관련규정 제·개정됨

문 17. 「소방시설공사업법 시행령」상 소방기술자의 배치기준을 설명한 것으로 옳지 않은 것은?

① 연면적 20만제곱미터 이상인 특정소방대상물의 공사 현장에는 행정안전부령으로 정하는 특급기술자인 소방기술자(기계분야 및 전기분야)를 배치하여야 한다.
② 지하층을 포함한 층수가 16층 이상 40층 미만인 특정소방대상물의 공사 현장에는 행정안전부령으로 정하는 고급기술자 이상의 소방기술자(기계분야 및 전기분야)를 배치하여야 한다.
③ 연면적 5천제곱미터 이상 3만제곱미터 미만인 특정소방대상물(아파트는 제외)의 공사 현장에는 행정안전부령으로 정하는 중급기술자 이상의 소방기술자(기계분야 및 전기분야)를 배치하여야 한다.
④ 물분무등소화설비(호스릴 방식의 소화설비는 제외) 또는 제연설비가 설치되는 특정소방대상물의 공사 현장에는 행정안전부령으로 정하는 초급기술자 이상의 소방기술자(기계분야 및 전기분야)를 배치하여야 한다.

문 18. 「화재의 예방 및 안전관리에 관한 법률」상 건설현장 소방안전관리대상물의 소방안전관리자의 업무에 관한 내용으로 옳지 않은 것은?

① 건설현장의 소방계획서의 작성
② 화기취급의 감독, 화재위험작업의 허가 및 관리
③ 공사진행 단계별 피난안전구역, 피난로 등의 확보와 관리
④ 건설현장 작업자를 제외한 책임자에 대한 소방안전 교육 및 훈련

문 19. 「화재의 예방 및 안전관리에 관한 법률 시행령」상 특수가연물의 저장 및 취급 기준에서 특수가연물 표지에 관한 내용으로 옳지 않은 것은?

① 특수가연물 표지 중 화기엄금 표시 부분의 바탕은 붉은색으로, 문자는 백색으로 할 것
② 특수가연물 표지는 한 변의 길이가 0.3미터 이상, 다른 한 변의 길이가 0.6미터 이상인 직사각형으로 할 것
③ 특수가연물 표지의 바탕은 검은색으로, 문자는 흰색으로 할 것. 다만, "화기엄금" 표시 부분은 제외한다.
④ 특수가연물을 저장 또는 취급하는 장소에는 품명, 최대저장수량, 단위부피당 질량 또는 단위체적당 질량, 관리책임자 성명·직책, 연락처 및 화기취급의 금지표시가 포함된 특수가연물 표지를 설치해야 한다.

문 20. 「화재의 예방 및 안전관리에 관한 법률」 및 같은 법 시행령상 소방안전관리자를 선임해야 하는 건설현장 소방안전관리대상물에 해당하지 않는 것은?

① 신축을 하려는 부분의 연면적이 5천제곱미터인 냉동·냉장창고
② 신축을 하려는 부분의 연면적의 합계가 2만제곱미터인 복합건축물
③ 증축을 하려는 부분의 연면적의 합계가 3만제곱미터인 업무시설
④ 증축을 하려는 부분의 연면적이 5천제곱미터이고, 지상층의 층수가 10층인 업무시설

문 21. 「화재의 예방 및 안전관리에 관한 법률 시행령」상 불을 사용하는 설비의 관리기준 등에 관한 내용으로 옳지 않은 것은?

① 보일러: 가연성 벽·바닥 또는 천장과 접촉하는 증기기관 또는 연통의 부분은 규조토 등 난연성 또는 불연성 단열재로 덮어씌워야 한다.
② 난로: 가연성 벽·바닥 또는 천장과 접촉하는 연통의 부분은 규조토 등 난연성 또는 불연성 단열재로 덮어씌워야 한다.
③ 건조설비: 실내에 설치하는 경우에 벽·천장 및 바닥은 준불연재료로 해야 한다.
④ 노·화덕설비: 노 또는 화덕을 설치하는 장소의 벽·천장은 불연재료로 된 것이어야 한다.

문 22. 「화재의 예방 및 안전관리에 관한 법률」 및 같은 법 시행령상 화재안전조사 결과에 따른 조치명령, 손실보상의 내용으로 옳지 않은 것은?

① 화재안전조사 결과에 따른 소방대상물의 조치명령권자는 소방관서장이다.
② 화재안전조사 결과에 따른 조치명령으로 소방청장 또는 시·도지사가 손실을 보상하는 경우에는 시가(時價)의 2배로 보상해야 한다.
③ 소방청장 또는 시·도지사는 보상금액에 관한 협의가 성립되지 않은 경우에는 그 보상금액을 지급하거나 공탁하고 이를 상대방에게 알려야 한다.
④ 소방관서장은 화재안전조사 결과에 따른 소방대상물의 위치·구조·설비 또는 관리의 상황이 화재예방을 위하여 보완될 필요가 있거나 화재가 발생하면 인명 또는 재산의 피해가 클 것으로 예상되는 때에는 행정안전부령으로 정하는 바에 따라 관계인에게 그 소방대상물의 개수(改修)·이전·제거, 사용의 금지 또는 제한, 사용폐쇄, 공사의 정지 또는 중지, 그 밖에 필요한 조치를 명할 수 있다.

문 23. 「화재의 예방 및 안전관리에 관한 법률」상 화재예방안전진단의 범위에 해당하는 것만을 <보기>에서 있는 대로 고른 것은?

<보기>
ㄱ. 소방계획 및 피난계획 수립에 관한 사항
ㄴ. 소방시설등의 유지·관리에 관한 사항
ㄷ. 비상대응조직 및 교육훈련에 관한 사항
ㄹ. 화재 위험성 평가에 관한 사항

① ㄱ
② ㄱ, ㄴ
③ ㄱ, ㄴ, ㄷ
④ ㄱ, ㄴ, ㄷ, ㄹ

문 24. 「화재의 예방 및 안전관리에 관한 법률」 및 같은 법 시행규칙상 소방안전관리자의 선임신고 등에 관한 설명이다. ( ) 안에 들어갈 내용으로 옳은 것은?

• 소방안전관리대상물의 관계인이 소방안전관리자를 선임한 경우에는 선임한 날부터 (ㄱ)일 이내에 선임사실을 소방본부장 또는 소방서장에게 신고하여야 한다.
• 소방안전관리대상물의 관계인은 소방안전관리자를 선임 사유가 발생한 날부터 (ㄴ)일 이내에 선임해야 한다.

	ㄱ	ㄴ
①	14	30
②	14	60
③	30	30
④	30	60

문 25. 「소방시설 설치 및 관리에 관한 법률 시행령」상 무창층의 개구부 요건을 설명한 것으로 옳지 않은 것은?
① 도로 또는 차량이 진입할 수 있는 빈터를 향해야 한다.
② 내부 또는 외부에서 쉽게 열리지 않는 구조여야 한다.
③ 크기는 지름 50센티미터 이상의 원이 통과할 수 있어야 한다.
④ 해당 층의 바닥면으로부터 개구부 밑부분까지의 높이가 1.2미터 이내여야 한다.

문 26. 특정소방대상물의 바닥면적이 다음과 같을 때 「소방시설 설치 및 관리에 관한 법률 시행령」에 따른 수용인원은 총 몇 명인가? (단, 바닥면적을 산정할 때에는 복도, 계단 및 화장실을 포함하지 않으며, 계산 결과 소수점 이하의 수는 반올림한다)

• 관람석이 없는 강당 1개, 바닥면적 460㎡
• 강의실 10개, 각 바닥면적 57㎡
• 휴게실 1개, 바닥면적 38㎡

① 380
② 400
③ 420
④ 440

문 27. 「소방시설 설치 및 관리에 관한 법률 시행령」상 스프링클러설비를 설치해야 하는 특정소방대상물에 해당하는 것만을 <보기>에서 고른 것은?

<보기>
ㄱ. 수련시설 내에 있는 학생 수용을 위한 기숙사로서 연면적 5천㎡인 경우
ㄴ. 교육연구시설 내에 있는 합숙소로서 연면적 100㎡인 경우
ㄷ. 숙박시설로 사용되는 바닥면적의 합계가 500㎡인 경우
ㄹ. 영화상영관의 용도로 쓰는 4층의 바닥면적이 1천㎡인 경우

① ㄱ, ㄴ
② ㄱ, ㄹ
③ ㄴ, ㄷ
④ ㄷ, ㄹ

문 28. 「소방시설 설치 및 관리에 관한 법률 시행령」상 건축물 등의 신축·증축·개축·재축·이전·용도변경 또는 대수선의 허가·협의 및 사용승인을 할 때 미리 소방본부장 또는 소방서장의 동의를 받아야 하는 건축물 등의 범위로 옳지 않은 것은?
① 연면적 100제곱미터 이상인 특정소방대상물 중 노유자(老幼者) 시설 및 수련시설
② 「학교시설사업 촉진법」에 따라 건축등을 하려는 연면적 100제곱미터 이상의 학교시설
③ 지하층 또는 무창층이 있는 건축물로서 바닥면적이 150제곱미터(공연장의 경우에는 100제곱미터) 이상인 층이 있는 것
④ 차고·주차장 또는 주차 용도로 사용되는 시설로서 차고·주차장으로 사용되는 바닥면적이 200제곱미터 이상인 층이 있는 건축물이나 주차시설

문 29. 「소방시설 설치 및 관리에 관한 법률」상 중앙소방기술심의위원회의 심의사항으로 옳지 않은 것은?

① 화재안전기준에 관한 사항
② 소방시설에 하자가 있는지의 판단에 관한 사항
③ 소방시설의 설계 및 공사감리의 방법에 관한 사항
④ 소방시설의 구조 및 원리 등에서 공법이 특수한 설계 및 시공에 관한 사항

문 30. 「소방시설 설치 및 관리에 관한 법률 시행령」상 전문소방시설관리업의 보조 기술인력 등록기준으로 옳은 것은?

① 특급점검자 이상의 기술인력: 2명 이상
② 중급·고급점검자 이상의 기술인력: 각 1명 이상
③ 초급·중급점검자 이상의 기술인력: 각 1명 이상
④ 초급·중급·고급점검자 이상의 기술인력: 각 2명 이상

문 31. 「소방시설 설치 및 관리에 관한 법률 시행규칙」상 행정처분 시 감경사유로 옳지 않은 것은?

① 경미한 위반사항으로, 유도등이 일시적으로 점등되지 않는 경우
② 경미한 위반사항으로, 스프링클러설비 헤드가 살수반경에 미치지 못하는 경우
③ 위반행위가 사소한 부주의나 오류가 아닌 고의에 의한 것으로 인정되는 경우
④ 위반 행위자가 처음 해당 위반행위를 한 경우로서 5년 이상 소방시설관리사의 업무, 소방시설관리업 등을 모범적으로 해 온 사실이 인정되는 경우

문 32. 「위험물안전관리법 시행령」상 제1류 위험물의 품명으로 옳은 것은?

① 질산
② 과염소산
③ 과산화수소
④ 과염소산염류

문 33. 「위험물안전관리법 시행규칙」상 제조소등에서의 위험물의 저장 및 취급에 관한 기준 중 위험물의 유별 저장·취급의 공통기준으로 옳은 것은?

① 제1류 위험물은 가연물과의 접촉·혼합이나 분해를 촉진하는 물품과의 접근 또는 과열·충격·마찰 등을 피하는 한편, 알카리금속의 과산화물 및 이를 함유한 것에 있어서는 물과의 접촉을 피하여야 한다.
② 제2류 위험물 중 자연발화성물질에 있어서는 불티·불꽃 또는 고온체와의 접근·과열 또는 공기와의 접촉을 피하고, 금수성물질에 있어서는 물과의 접촉을 피하여야 한다.
③ 제3류 위험물은 산화제와의 접촉·혼합이나 불티·불꽃·고온체와의 접근 또는 과열을 피하는 한편, 철분·금속분·마그네슘 및 이를 함유한 것에 있어서는 물이나 산과의 접촉을 피하고 인화성 고체에 있어서는 함부로 증기를 발생시키지 아니하여야 한다.
④ 제4류 위험물은 가연물과의 접촉·혼합이나 분해를 촉진하는 물품과의 접근 또는 과열을 피하여야 한다.

문 34. 「위험물안전관리법」 및 같은 법 시행령상 관계인이 예방규정을 정하여야 하는 제조소등에 해당하지 않는 것은?

① 4,000L의 알코올류를 취급하는 제조소
② 30,000kg의 유황(황)을 저장하는 옥외저장소
③ 2,500kg의 질산에스테르류(질산에스터류)를 저장하는 옥내저장소
④ 150,000L의 경유를 저장하는 옥외탱크저장소

문 35. 「위험물안전관리법 시행령」상 지정수량 이상의 위험물을 옥외저장소에 저장할 수 있는 것으로 옳지 않은 것은? [단, 「국제해사기구에 관한 협약」에 의하여 설치된 국제해사기구가 채택한 「국제해상위험물규칙」(IMDG Code)에 적합한 용기에 수납된 위험물은 제외한다]

① 제1류 위험물 중 염소산염류
② 제2류 위험물 중 유황(황)
③ 제4류 위험물 중 알코올류
④ 제6류 위험물

문 36. 「위험물안전관리법 시행규칙」상 위험등급 Ⅱ의 위험물에 해당하는 것은?

① 제3류 위험물 중 칼륨
② 제2류 위험물 중 적린
③ 제4류 위험물 중 특수인화물
④ 제1류 위험물 중 무기과산화물

문 37. 「위험물안전관리법 시행규칙」상 제조소의 위치·구조 및 설비의 기준에 근거하여 취급하는 위험물의 최대수량이 지정수량의 20배인 경우, 제조소 주위에 보유하여야 하는 공지의 너비는?

① 2m 이상
② 3m 이상
③ 4m 이상
④ 5m 이상

문 38. 「위험물안전관리법 시행규칙」상 화학소방자동차에 갖추어야 하는 소화능력 또는 설비의 기준으로 옳은 것은?

① 포수용액 방사차: 포수용액의 방사능력이 매분 1,000L 이상일 것
② 분말 방사차: 1,000kg 이상의 분말을 비치할 것
③ 할로겐화합물 방사차: 할로겐화합물의 방사능력이 매초 40kg 이상일 것
④ 이산화탄소 방사차: 1,000kg 이상의 이산화탄소를 비치할 것

문 39. 「위험물안전관리법 시행령」상 위험물 지정수량으로 옳은 것은?

① 유기과산화물: 10kg
② 아염소산염류: 20kg
③ 황린: 30kg
④ 유황(황): 50kg

문 40. 「위험물안전관리법 시행규칙」상 위험물의 운반에 관한 기준 중 적재방법에 대한 내용으로 옳지 않은 것은? (단, 덩어리 상태의 유황(황)을 운반하기 위하여 적재하는 경우 또는 위험물을 동일구내에 있는 제조소등의 상호간에 운반하기 위하여 적재하는 경우는 제외한다)

① 하나의 외장용기에는 다른 종류의 위험물을 수납하지 아니할 것
② 고체 위험물은 운반용기 내용적의 95% 이하의 수납율로 수납할 것
③ 액체 위험물은 운반용기 내용적의 98% 이하의 수납율로 수납하되, 55℃의 온도에서 누설되지 아니하도록 충분한 공간용적을 유지하도록 할 것
④ 자연발화물질 중 알킬알루미늄등은 운반용기 내용적의 95% 이하의 수납율로 수납하되, 55℃의 온도에서 10% 이상의 공간용적을 유지하도록 할 것

7회 2022년 04월 09일 공채

부록 소방관계법규 연도별 기출문제

정답 및 해설 p.174

소요시간: _____ / 13분   맞힌 답의 개수: _____ / 20

문 1. 「소방기본법 시행령」상 화재경계지구의 관리에 대한 설명이다. ( ) 안에 들어갈 내용으로 옳은 것은?

- 소방본부장 또는 소방서장은 화재경계지구 안의 소방대상물의 위치·구조 및 설비 등에 대한 소방특별조사를 연 (ㄱ)회 이상 실시하여야 한다.
- 소방본부장 또는 소방서장은 화재경계지구 안의 관계인에 대하여 소방상 필요한 훈련 및 교육을 연 (ㄴ)회 이상 실시할 수 있다.
- 소방본부장 또는 소방서장은 소방상 필요한 훈련 및 교육을 실시하고자 하는 때에는 화재경계지구 안의 관계인에게 훈련 또는 교육 (ㄷ)일 전까지 그 사실을 통보하여야 한다.

	ㄱ	ㄴ	ㄷ
①	1	1	5
②	1	1	10
③	2	2	5
④	2	2	10

✓ 현재는 관련규정이 「화재의 예방 및 안전관리에 관한 법률 시행령」 제20조(화재예방강화지구의 관리)로 이관됨

문 2. 「소방기본법 시행령」상 소방기술민원센터의 설치·운영 기준으로 옳지 않은 것은?

① 소방청장 및 본부장은 각 소방서에 소방기술민원센터를 설치·운영한다.
② 소방기술민원센터는 소방기술민원과 관련된 현장 확인 및 처리업무를 수행한다.
③ 소방기술민원센터는 소방기술민원과 관련된 질의회신집 및 해설서 발간의 업무를 수행한다.
④ 소방기술민원센터는 소방시설, 소방공사와 위험물 안전관리 등과 관련된 법령해석 등의 민원을 처리한다.

문 3. 「소방기본법」 및 같은 법 시행령상 소방자동차 전용구역 등에 대한 내용으로 옳지 않은 것은?

① 소방자동차 전용구역의 설치 기준·방법, 방해행위의 기준, 그 밖에 필요한 사항은 대통령령으로 정한다.
② 전용구역에 주차하거나 전용구역에의 진입을 가로막는 등의 방해행위를 한 자에게는 200만원 이하의 과태료를 부과한다.
③ 「건축법 시행령」 별표 1 제2호 가목의 아파트 중 세대수가 100세대 이상인 아파트의 건축주는 소방활동의 원활한 수행을 위하여 공동주택에 소방자동차 전용구역을 설치하여야 한다.
④ 「건축법 시행령」 별표 1 제2호 라목의 기숙사 중 3층인 기숙사가 하나의 대지에 하나의 동(棟)으로 구성되고, 「도로교통법」 제32조 또는 제33조에 따라 정차 또는 주차가 금지된 편도 2차선 이상의 도로에 직접 접하여 소방자동차가 도로에서 직접 소방활동이 가능한 경우 소방자동차 전용구역 설치대상에서 제외한다.

문 4. 「소방기본법 시행규칙」상 소방용수시설 및 비상소화장치의 설치기준으로 옳지 않은 것은?

① 비상소화장치의 설치기준에 관한 세부 사항은 소방청장이 정한다.
② 소방청장은 설치된 소방용수시설에 대하여 소방용수표지를 보기 쉬운 곳에 설치하여야 한다.
③ 소방호스 및 관창은 소방청장이 정하여 고시하는 형식승인 및 제품검사의 기술기준에 적합한 것으로 설치한다.
④ 비상소화장치함은 소방청장이 정하여 고시하는 성능인증 및 제품검사의 기술기준에 적합한 것으로 설치한다.

문 5. 「소방기본법 시행령」 별표 3의 과태료 부과 개별기준에 대한 내용 중 위반행위의 횟수에 따라 가중된 과태료 부과 처분의 금액으로 옳은 것은?

위반행위	과태료 금액(만원)			
	1회	2회	3회	4회 이상
특수가연물의 저장 및 취급의 기준을 위반한 경우	ㄱ	ㄴ	ㄷ	ㄹ

	ㄱ	ㄴ	ㄷ	ㄹ
①	50	100	150	200
②	20	50	100	100
③	50	100	100	200
④	20	50	100	150

✓ 현재는 관련규정이 「화재의 예방 및 안전관리에 관한 법률 시행령」 [별표 9] 개별기준으로 이관됨

문 6. 「화재예방, 소방시설 설치·유지 및 안전관리에 관한 법률 시행령」상 소방시설 중 소화활동설비로 옳지 않은 것은?

① 제연설비, 연결송수관설비
② 비상콘센트설비, 연결살수설비
③ 무선통신보조설비, 연소방지설비
④ 연결송수관설비, 비상조명등설비

✓ 현재는 관련규정이 「소방시설 설치 및 관리에 관한 법률 시행령」 제3조(소방시설) [별표 1]로 이관됨

문 7. 「화재예방, 소방시설 설치·유지 및 안전관리에 관한 법률 시행령」상 성능위주설계를 해야 하는 특정소방대상물의 범위로 옳지 않은 것은?

① 연면적 3만제곱미터 이상인 공항시설에 해당하는 특정소방대상물
② 하나의 건축물에 「영화 및 비디오물의 진흥에 관한 법률」 제2조 제10호에 따른 영화상영관이 10개 이상인 특정소방대상물
③ 50층 이상(지하층은 제외한다)이거나 지상으로부터 높이가 200미터 이상인 아파트등
④ 30층 이상(지하층을 포함한다)이거나 지상으로부터 높이가 100미터 이상인 특정소방대상물(아파트등은 제외한다)

✓ 현재는 관련규정이 「소방시설 설치 및 관리에 관한 법률 시행령」 제9조(성능위주설계를 해야 하는 특정소방대상물의 범위)로 이관됨

문 8. 「화재예방, 소방시설 설치·유지 및 안전관리에 관한 법률 시행령」상 방염성능기준으로 옳지 않은 것은?

① 불꽃에 의하여 완전히 녹을 때까지 불꽃의 접촉 횟수는 3회 이상일 것
② 탄화(炭化)한 면적은 50제곱센티미터 이내, 탄화한 길이는 20센티미터 이내일 것
③ 소방청장이 정하여 고시한 방법으로 발연량(發煙量)을 측정하는 경우 최대연기밀도는 500 이하일 것
④ 버너의 불꽃을 제거한 때부터 불꽃을 올리며 연소하는 상태가 그칠 때까지 시간은 20초 이내이며, 버너의 불꽃을 제거한 때부터 불꽃을 올리지 아니하고 연소하는 상태가 그칠 때까지 시간은 30초 이내일 것

✓ 현재는 관련규정이 「소방시설 설치 및 관리에 관한 법률 시행령」 제31조(방염대상물품 및 방염성능기준)로 이관됨

문 9. 「화재예방, 소방시설 설치·유지 및 안전관리에 관한 법률」 및 같은 법 시행령, 시행규칙상 소방특별조사의 방법·절차 등에 대한 설명으로 옳지 않은 것은?

① 소방서장 등은 소방특별조사를 마친 때에는 그 조사 결과를 관계인에게 서면 또는 구두로 통지할 수 있다.
② 소방서장 등은 소방특별조사를 하려면 7일 전에 관계인에게 조사대상, 조사기간 및 조사사유 등을 서면으로 알려야 한다.
③ 소방특별조사의 연기를 승인한 경우라도 연기기간이 끝나기 전에 연기사유가 없어졌거나 긴급히 조사를 하여야 할 사유가 발생하였을 때에는 관계인에게 통보하고 소방특별조사를 할 수 있다.
④ 소방특별조사의 연기를 신청하려는 자는 소방특별조사 시작 3일 전까지 연기신청서에 소방특별조사를 받기가 곤란함을 증명할 수 있는 서류를 첨부하여 소방서장 등에게 제출하여야 한다.

✓ 현재는 관련규정이 「화재의 예방 및 안전관리에 관한 법률」 제3조(화재안전조사) 및 같은 법 시행령 제8조(화재안전조사의 방법·절차 등) 제2항으로 개정 및 이관됨

문 10. 「화재예방, 소방시설 설치·유지 및 안전관리에 관한 법률 시행령」상 특정소방대상물의 관계인이 특정소방대상물의 규모·용도 및 수용인원 등을 고려하여 갖추어야 하는 소방시설의 기준에 대한 내용으로 옳은 것은?

① 지하가 중 터널로서 길이가 500m인 터널에는 옥내소화전설비를 설치하여야 한다.
② 아파트등 및 30층 이상 오피스텔의 모든 층에는 주거용 주방자동소화장치를 설치하여야 한다.
③ 물류터미널을 제외한 창고시설로 바닥면적 합계가 3천m² 인 경우에는 모든 층에 스프링클러설비를 설치하여야 한다.
④ 근린생활시설 중 조산원 및 산후조리원으로서 연면적 500m² 이상인 시설은 간이스프링클러설비를 설치하여야 한다.

✓ 현재는 관련규정이 「소방시설 설치 및 관리에 관한 법률 시행령」 제6조 (소방용품) [별표 4]로 이관됨

문 11. 「소방시설공사업법」상 소방시설업 등록의 결격사유에 해당하지 않는 사람은?

① 피성년후견인
② 등록하려는 소방시설업 등록이 취소된 날부터 3년이 지난 사람
③ 「소방기본법」에 따른 금고 이상의 형의 집행유예를 선고받고 그 유예기간 중에 있는 사람
④ 「위험물안전관리법」에 따른 금고 이상의 실형을 선고받고, 그 집행이 끝나거나(집행이 끝난 것으로 보는 경우를 포함한다) 면제된 날부터 1년이 지난 사람

문 12. 「소방시설공사업법 시행령」 별표 4 소방공사 감리원의 배치기준 및 배치기간에 따라 복합건축물(지하 5층, 지상 35층 규모)인 특정소방대상물 소방시설 공사현장의 소방공사 책임감리원으로 옳은 것은?

① 특급감리원 중 소방기술사
② 특급감리원 이상의 소방공사 감리원(기계분야 및 전기분야)
③ 고급감리원 이상의 소방공사 감리원(기계분야 및 전기분야)
④ 중급감리원 이상의 소방공사 감리원(기계분야 및 전기분야)

문 13. 「소방시설공사업법 시행령」상 소방시설공사의 착공신고 대상으로 옳지 않은 것은?

① 창고시설에 스프링클러설비의 방호구역을 증설하는 공사
② 공동주택에 자동화재탐지설비의 경계구역을 증설하는 공사
③ 위험물 제조소에 할로겐화합물 및 불활성기체 소화설비를 신설하는 공사
④ 업무시설에 옥내소화전설비(호스릴옥내소화전설비를 포함한다)를 신설하는 공사

문 14. 「소방시설공사업법」에서 규정한 용어의 정의로 옳지 않은 것은?

① "소방시설공사업"이란 설계도서에 따라 소방시설을 신설, 증설, 개설, 이전 및 정비하는 영업을 말한다.
② "소방시설설계업"이란 소방시설공사에 기본이 되는 공사계획, 설계도면, 설계 설명서, 기술계산서 및 이와 관련된 서류를 작성하는 영업을 말한다.
③ "발주자"란 소방시설의 설계, 시공, 감리 및 방염을 소방시설업자에게 도급한 자 및 도급받은 공사를 하도급하는 자를 말한다.
④ "소방공사감리업"이란 소방시설공사에 관한 발주자의 권한을 대행하여 소방시설공사가 설계도서와 관계법령에 따라 적법하게 시공되는지를 확인하고, 품질·시공관리에 대한 기술지도를 하는 영업을 말한다.

문 15. 「소방시설공사업법」상 소방시설업의 등록, 휴·폐업과 소방시설업자의 지위승계에 대한 내용으로 옳지 않은 것은?

① 특정소방대상물의 소방시설공사등을 하려는 자는 업종별로 자본금, 기술인력 등 행정안전부령으로 정하는 요건을 갖추어 시·도지사에게 소방시설업을 등록하여야 한다.
② 소방시설업자가 사망하여 그 상속인이 종전의 소방시설업자의 지위를 승계하려는 경우에는 그 상속일, 양수일 또는 합병일부터 30일 이내에 행정안전부령으로 정하는 바에 따라 그 사실을 시·도지사에게 신고하여야 한다.
③ 소방시설업자는 소방시설업을 폐업하는 때에는 행정안전부령으로 정하는 바에 따라 시·도지사에게 신고하여야 하고 폐업신고를 받은 시·도지사는 소방시설업 등록을 말소하고 그 사실을 행정안전부령으로 정하는 바에 따라 공고하여야 한다.
④ 「민사집행법」에 따른 경매에 따라 소방시설업자의 소방시설의 전부를 인수한 자가 종전의 소방시설업자의 지위를 승계하려는 경우에는 그 인수일부터 30일 이내에 행정안전부령으로 정하는 바에 따라 그 사실을 시·도지사에게 신고하여야 한다.

문 16. 「위험물안전관리법 시행규칙」상 관계인이 예방규정을 정하여야 하는 제조소등에 대한 기준이다. ( )안에 들어갈 내용으로 옳은 것은?

- 지정수량의 (ㄱ)배 이상의 위험물을 취급하는 제조소
- 지정수량의 (ㄴ)배 이상의 위험물을 저장하는 옥내저장소
- 지정수량의 (ㄷ)배 이상의 위험물을 저장하는 옥외저장소
- 지정수량의 (ㄹ)배 이상의 위험물을 저장하는 옥외탱크저장소

	ㄱ	ㄴ	ㄷ	ㄹ
①	10	150	100	200
②	50	150	100	200
③	10	100	150	200
④	50	100	150	250

문 17. 「위험물안전관리법 시행령」상 다량의 위험물을 저장·취급하는 제조소등에서 자체소방대를 설치하여야 하는 사업소로 옳지 않은 것은?

① 최대수량의 합이 지정수량의 3천배 이상인 제4류 위험물을 취급하는 제조소
② 최대수량의 합이 지정수량의 3천배 이상인 제4류 위험물을 취급하는 일반취급소
③ 최대수량이 지정수량의 50만배 이상인 제4류 위험물을 저장하는 옥내탱크저장소
④ 최대수량이 지정수량의 50만배 이상인 제4류 위험물을 저장하는 옥외탱크저장소

문 18. 「위험물안전관리법 시행령」 별표 1에서 규정한 내용으로 옳지 않은 것은?

① 유황(황): 순도가 60중량퍼센트 이상인 것을 말한다.
② 인화성고체: 고형알코올 그 밖에 1기압에서 인화점이 섭씨 40도 미만인 고체를 말한다.
③ 철분: 철의 분말로서 53마이크로미터의 표준체를 통과하는 것이 50중량퍼센트 미만인 것을 말한다.
④ 가연성고체: 고체로서 화염에 의한 발화의 위험성 또는 인화의 위험성을 판단하기 위하여 고시로 정하는 시험에서 고시로 정하는 성질과 상태를 나타내는 것을 말한다.

문 19. 「위험물안전관리법 시행규칙」상 위험물 제조소의 표지 및 게시판에 대한 내용으로 옳지 않은 것은?

① 게시판은 한변의 길이가 0.3m 이상, 다른 한변의 길이가 0.6m 이상인 직사각형으로 한다.
② 제4류 위험물에 있어서는 적색바탕에 백색문자로, "화기엄금"을 표시한다.
③ 알칼리금속의 과산화물은 청색바탕에 백색문자로, "물기엄금"을 표시한다.
④ 인화성고체에 있어서는 적색바탕에 백색문자로, "화기주의"를 표시한다.

문 20. 「위험물안전관리법 시행규칙」상 옥외탱크저장소의 위치·구조 및 설비 기준에 대한 설명으로 옳지 않은 것은?

① 저장 또는 취급하는 위험물의 최대수량이 지정수량의 500배 이하인 경우 보유 공지너비는 5m 이상으로 해야 한다.
② 옥외탱크저장소 중 그 저장 또는 취급하는 액체위험물의 최대수량이 100만ℓ 이상의 것을 특정옥외탱크저장소라 한다.
③ 밸브 없는 통기관의 지름은 30mm 이상으로 하고 끝부분은 수평면보다 45도 이상 구부려 빗물 등의 침투를 막는 구조로 한다.
④ 압력탱크(최대상용압력이 대기압을 초과하는 탱크를 말한다)외의 탱크는 충수시험, 압력탱크는 최대상용압력의 1.5배의 압력으로 10분간 실시하는 수압시험에서 각각 새거나 변형되지 아니하여야 한다.

8회 2021년 04월 03일 공채

문 1. 「소방기본법」 및 같은 법 시행령상 화재의 예방조치 등으로 옳지 않은 것은?

① 소방본부장 또는 소방서장은 보관기간이 종료되는 때에는 보관하고 있는 위험물 또는 물건을 매각하여야 한다.
② 위험물 또는 물건의 보관기간은 소방본부 또는 소방서의 게시판에 공고하는 기간의 종료일 다음 날부터 7일로 한다.
③ 위험물 또는 물건을 보관하는 경우에는 그 날부터 14일 동안 소방본부 또는 소방서의 게시판에 그 사실을 공고하여야 한다.
④ 시·도지사는 폐기된 위험물의 소유자가 보상을 요구하는 경우에는 보상금액에 대하여 소유자와 협의를 거쳐 이를 보상하여야 한다.

※ 현재는 관련규정이 「화재의 예방 및 안전관리에 관한 법률 시행령」 제17조(옮긴 물건 등의 보관기간 및 보관기간 경과 후 처리)로 이관됨

문 2. 「소방기본법 시행규칙」상 소방용수시설의 설치기준으로 옳은 것은?

① 소방용호스와 연결하는 소화전의 연결금속구의 구경은 40mm로 할 것
② 공업지역인 경우 소방대상물과 수평거리를 100m 이하가 되도록 할 것
③ 저수조에 물을 공급하는 방법은 상수도에 연결하여 수동으로 급수되는 구조일 것
④ 급수탑의 개폐밸브는 지상에서 0.8m 이상 1.5m 이하의 위치에 설치하도록 할 것

문 3. 「소방기본법」상 119종합상황실의 설치 및 운영목적에 대한 내용으로 옳지 않은 것은?

① 상황관리
② 대응계획 실행 및 평가
③ 현장 지휘 및 조정·통제
④ 정보의 수집·분석과 판단·전파

문 4. 「소방기본법」상 한국소방안전원이 수행하는 업무에 대한 내용으로 옳지 않은 것은?

① 소방기술과 안전관리에 관한 인·허가 업무
② 소방기술과 안전관리에 관한 각종 간행물 발간
③ 소방기술과 안전관리에 관한 교육 및 조사·연구
④ 화재예방과 안전관리의식 고취를 위한 대국민 홍보

문 5. 「소방기본법」상 소방활동 종사명령에 대한 설명으로 옳지 않은 것은?

① 소방본부장 또는 소방서장은 화재 현장에서 소방활동 종사 명령을 할 수 있다.
② 소방활동 종사명령은 관할구역에 사는 사람 또는 그 현장에 있는 사람을 대상으로 할 수 있다.
③ 소방활동에 종사한 사람은 소방본부장 또는 소방서장으로부터 소방활동의 비용을 지급받을 수 있다.
④ 소방본부장 또는 소방서장은 소방활동에 필요한 보호장구를 지급하는 등 안전을 위한 조치를 하여야 한다.

문 6. 「화재예방, 소방시설 설치·유지 및 안전관리에 관한 법률」 및 같은 법 시행령상 공동소방안전관리자 선임대상 특정소방대상물로 옳지 않은 것은?

① 판매시설 중 도매시장 및 소매시장
② 복합건축물로서 층수가 5층 이상인 것
③ 복합건축물로서 연면적이 3천500m² 이상인 것
④ 고층건축물(지하층을 제외한 층수가 11층 이상인 건축물만 해당한다)

✓ 현재는 관련규정이 「화재의 예방 및 안전관리에 관한 법률」 제35조(관리의 권원이 분리된 특정소방대상물의 소방안전관리)와 같은 법 시행령 제35조(관리의 권원이 분리된 특정소방대상물)로 이관됨

문 7. 「화재예방, 소방시설 설치·유지 및 안전관리에 관한 법률 시행령」상 소방용품 중 경보설비를 구성하는 제품 또는 기기로 옳지 않은 것은?

① 수신기
② 감지기
③ 누전차단기
④ 가스누설경보기

✓ 현재는 관련규정이 「소방시설 설치 및 관리에 관한 법률 시행령」 제6조(소방용품) [별표 3]으로 이관됨

문 8. 「화재예방, 소방시설 설치·유지 및 안전관리에 관한 법률 시행령」상 간이스프링클러설비를 설치하여야 하는 특정소방대상물로 옳지 않은 것은?

① 교육연구시설 내에 합숙소로서 연면적 100m² 이상인 것
② 근린생활시설 중 의원, 치과의원 및 한의원으로서 입원실이 있는 시설
③ 근린생활시설 중 근린생활시설로 사용하는 부분의 바닥면적 합계가 1천m² 이상인 것은 모든 층
④ 숙박시설 중 생활형 숙박시설로서 해당 용도로 사용되는 바닥면적의 합계가 500m² 이상인 것

✓ 현재는 관련규정이 「소방시설 설치 및 관리에 관한 법률 시행령」 제11조(특정소방대상물에 설치·관리해야 하는 소방시설) [별표 4]로 이관됨

문 9. 「화재예방, 소방시설 설치·유지 및 안전관리에 관한 법률 시행규칙」상 종합정밀점검에 대한 설명으로 옳은 것은?

① 소방시설관리업자만 할 수 있다.
② 소방시설등의 작동기능점검은 포함하지 않는다.
③ 건축물의 사용승인일이 속하는 다음 달에 실시한다.
④ 스프링클러설비가 설치된 특정소방대상물은 종합정밀점검을 받아야 한다.

✓ 현재는 관련규정이 「소방시설 설치 및 관리에 관한 법률 시행규칙」 제20조(소방시설등 자체점검의 구분 및 대상 등) [별표 3]으로 이관됨

문 10. 「화재예방, 소방시설 설치·유지 및 안전관리에 관한 법률 시행규칙」상 소방안전관리대상물의 관계인이 피난시설의 위치, 피난경로 또는 대피요령이 포함된 피난유도 안내정보를 근무자 또는 거주자에게 정기적으로 제공해야 하는 방법으로 옳지 않은 것은?

① 연 1회 피난안내 교육을 실시하는 방법
② 분기별 1회 이상 피난안내 방송을 실시하는 방법
③ 피난안내도를 층마다 보기 쉬운 위치에 게시하는 방법
④ 엘리베이터, 출입구 등 시청이 용이한 지역에 피난안내 영상을 제공하는 방법

✓ 현재는 관련규정이 「화재의 예방 및 안전관리에 관한 법률 시행규칙」 제35조(피난유도 안내정보의 제공)로 이관됨

문 11. 「소방시설공사업법」 및 같은 법 시행령, 시행규칙상 공사감리에 관한 내용으로 옳은 것은?

① 감리업자가 감리원을 배치하였을 때에는 소방본부장 또는 소방서장의 동의를 받아야 한다.
② 소방본부장 또는 소방서장은 특정소방대상물에 대해서 감리업자를 공사감리자로 지정하여야 한다.
③ 지하층을 포함한 층수가 16층 이상으로서 300세대 이상인 아파트에 대한 소방시설 공사는 상주공사감리 대상이다.
④ 상주공사감리 대상인 경우 소방시설용 배관을 설치하거나 매립하는 때부터 완공검사증명서를 발급받을 때까지 소방공사감리현장에 감리원을 배치하여야 한다.

문 12. 「소방시설공사업법」에 규정한 내용으로 옳지 않은 것은?

① 특정소방대상물의 관계인 또는 발주자는 소방시설공사 등을 도급할 때에는 해당 소방시설업자에게 도급하여야 한다.
② 소방본부장이나 소방서장은 완공검사나 부분완공검사를 하였을 때에는 완공검사증명서나 부분완공검사증명서를 발급하여야 한다.
③ 관계인은 하자보수기간에 소방시설의 하자가 발생하였을 때에는 공사업자에게 그 사실을 알려야 하며, 통보를 받은 공사업자는 7일 이내에 하자를 보수하거나 보수 일정을 기록한 하자보수계획을 관계인에게 서면으로 알려야 한다.
④ 소방시설업의 등록을 한 후 정당한 사유 없이 1년이 지날 때까지 영업을 시작하지 아니하거나 계속하여 1년 이상 휴업함으로써 그 이용자에게 불편을 줄 때에는 영업정지처분을 갈음하여 3천만원 이하의 과징금을 부과할 수 있다.

✓ 현재는 관련규정 제·개정됨

문 13. 「소방시설공사업법 시행규칙」상 소방기술과 관련된 자격·학력 및 경력의 인정범위에 관한 내용으로 옳은 것은?

① 소방공무원으로서 3년간 근무한 경력이 있는 사람은 중급감리원의 업무를 수행할 수 있다.
② 학사학위를 취득한 후 소방 관련 업무를 10년간 수행한 사람은 특급기술자 업무를 수행할 수 있다.
③ 소방시설관리사 자격을 취득한 후 소방 관련 업무를 3년간 수행한 사람은 특급기술자 업무를 수행할 수 있다.
④ 소방설비기사 기계분야 자격을 취득한 후 소방 관련 업무를 8년간 수행한 사람은 해당분야 특급감리원의 업무를 수행할 수 있다.

문 14. 「소방시설공사업법」상 소방공사감리업자의 업무범위로 옳지 않은 것은?

① 완공된 소방시설등의 성능시험
② 소방시설등의 설치계획표의 적법성 검토
③ 소방시설등 설계 변경 사항의 적합성 검토
④ 설계업자가 작성한 시공 상세 도면의 적합성 검토

문 15. 「소방시설공사업법」 및 같은 법 시행령상 소방공사업자는 소방기술자를 소방공사 현장에 배치하는 것이 원칙이지만, 발주자가 서면으로 승낙하는 경우에는 해당 공사가 중단된 기간 동안 소방기술자를 공사 현장에 배치하지 않을 수 있도록 되어 있는 예외사항이 있다. 다음 중 예외사항으로 옳지 않은 것은?

① 발주자가 공사 중단을 요청하는 경우
② 소방공사감리원이 공사 중단을 요청하는 경우
③ 민원 또는 계절적 요인 등으로 해당 공정의 공사가 일정 기간 중단된 경우
④ 예산 부족 등 발주자의 책임 있는 사유 또는 천재지변 등 불가항력으로 공사가 일정 기간 중단된 경우

문 16. 「위험물안전관리법 시행규칙」상 옥외탱크저장소의 위치·구조 및 설비의 기준에 관한 내용이다. 빈칸에 들어갈 숫자로 옳은 것은?

가. 지정수량의 650배를 저장하는 옥외탱크저장소의 보유공지는 (ㄱ)m 이상이다.
나. 펌프설비의 주위에는 너비 (ㄴ)m 이상의 공지를 보유해야 한다. 다만, 방화상 유효한 격벽을 설치하는 경우와 제6류 위험물 또는 지정수량의 (ㄷ)배 이하 위험물의 옥외저장탱크의 펌프설비에 있어서는 그러하지 아니하다.

	ㄱ	ㄴ	ㄷ
①	3	3	20
②	3	5	10
③	5	3	10
④	5	5	20

문 17. 「위험물안전관리법 시행규칙」상 제조소의 환기설비의 기준에 대한 설명으로 옳지 않은 것은?

① 환기는 기계배기방식으로 할 것
② 환기구는 지상 2m 이상의 높이에 루프팬방식으로 설치할 것
③ 바닥면적이 90m^{2}일 경우 급기구의 면적은 450m^2 이상으로 할 것
④ 급기구는 낮은 곳에 설치하고 가는 눈의 구리망 등으로 인화방지망을 설치할 것

문 18. 「위험물안전관리법 시행령」 및 같은 법 시행규칙상 위험물의 성질과 품명이 옳지 않은 것은?

① 가연성 고체: 적린, 금속분
② 산화성 액체: 과염소산, 질산
③ 산화성 고체: 요오드산염류(아이오딘산염류), 과요오드산(과아이오딘산)
④ 자연발화성 및 금수성 물질: 황린, 아조화합물

문 19. 「위험물안전관리법 시행령」상 정기점검 대상인 저장소로 옳지 않은 것은?

① 옥내탱크저장소
② 지하탱크저장소
③ 이동탱크저장소
④ 암반탱크저장소

문 20. 「위험물안전관리법 시행규칙」상 제조소등에 설치하는 소방시설 설치에 대한 내용으로 옳지 않은 것은?

① 제조소등에는 화재 발생 시 소화가 곤란한 정도에 따라 그 소화에 적응성이 있는 소화설비를 설치하여야 한다.
② 제조소등에는 화재 발생 시 소방공무원이 화재를 진압하거나 인명구조 활동을 할 수 있도록 소화활동설비를 설치하여야 한다.
③ 주유취급소 중 건축물의 2층 이상의 부분을 점포·휴게음식점 또는 전시장의 용도로 사용하는 것과 옥내주유취급소에는 피난설비를 설치하여야 한다.
④ 지정수량의 10배 이상의 위험물을 저장 또는 취급하는 제조소등(이동탱크저장소 제외)에는 화재 발생 시 이를 알릴 수 있는 경보설비를 설치하여야 한다.

9회 2020년 06월 20일 공채

문 1. 「소방기본법」상 소방대의 생활안전활동으로 옳지 않은 것은?
① 단전사고 시 비상전원 또는 조명 공급
② 소방시설 오작동 신고에 따른 조치활동
③ 위해동물, 벌 등의 포획 및 퇴치활동
④ 끼임, 고립 등에 따른 위험제거 및 구출활동

문 2. 「소방기본법」상 소방업무에 관한 종합계획의 수립·시행 등에 대한 설명이다. ( ) 안에 들어갈 내용으로 옳은 것은?

(가)은 화재, 재난·재해, 그 밖의 위급한 상황으로부터 국민의 생명·신체 및 재산을 보호하기 위하여 소방업무에 관한 종합계획을 (나)마다 수립·시행하여야 하고, 이에 필요한 재원을 확보하도록 노력하여야 한다.

	가	나
①	소방청장	3년
②	소방청장	5년
③	행정안전부장관	3년
④	행정안전부장관	5년

문 3. 「소방기본법 시행령」상 보일러 등의 위치·구조 및 관리와 화재예방을 위하여 불의 사용에 있어서 지켜야 하는 사항으로, 용접 또는 용단 작업장에서 지켜야 할 사항이다. ( ) 안에 들어갈 내용으로 옳은 것은? (단, 「산업안전보건법」 제38조의 적용을 받는 사업장의 경우에는 적용하지 아니한다)

- 용접 또는 용단 작업자로부터 (가) 이내에 소화기를 갖추어 둘 것
- 용접 또는 용단 작업장 주변 (나) 이내에는 가연물을 쌓아두거나 놓아두지 말 것. 다만, 가연물의 제거가 곤란하여 방지포 등으로 방호조치를 한 경우는 제외한다.

	가	나
①	반경 5m	반경 10m
②	반경 6m	반경 12m
③	직경 5m	직경 10m
④	직경 6m	직경 12m

✓ 현재는 관련규정이 「화재의 예방 및 안전관리에 관한 법률 시행령」 제18조 (불을 사용하는 설비의 관리기준 등) [별표 1]로 이관됨

문 4. 「소방기본법」상 시·도지사가 소방활동에 필요하여 설치하고 유지·관리하는 소방용수시설로 옳지 않은 것은?
① 소화전
② 저수조
③ 급수탑
④ 상수도소화용수설비

문 5. 「소방기본법」상 소방대의 구성원으로 옳은 것은?

ㄱ. 소방안전관리자   ㄴ. 의무소방원
ㄷ. 자체소방대원   ㄹ. 의용소방대원
ㅁ. 자위소방대원

① ㄱ, ㄷ
② ㄴ, ㄹ
③ ㄴ, ㅁ
④ ㄷ, ㅁ

문 6. 「화재예방, 소방시설 설치·유지 및 안전관리에 관한 법률 시행령」상 피난구조설비로 옳지 않은 것은?
① 구조대
② 방열복
③ 시각경보기
④ 비상조명등

✓ 현재는 관련규정이 「소방시설 설치 및 관리에 관한 법률 시행령」 제3조(소방시설) [별표 1]로 이관됨

문 7. 「소방시설공사업법 시행령」상 소방본부장 또는 소방서장의 소방시설공사 완공검사를 위한 현장확인 대상 특정소방대상물로 옳지 않은 것은?
① 창고시설
② 스프링클러설비등이 설치되는 특정소방대상물
③ 연면적 1만㎡ 이상이거나 11층 이상인 아파트
④ 가연성 가스를 제조·저장 또는 취급하는 시설 중 지상에 노출된 가연성 가스탱크의 저장용량 합계가 1천t 이상인 시설

문 8. 「화재예방, 소방시설 설치·유지 및 안전관리에 관한 법률 시행령」상 소방안전관리보조자를 두어야 하는 특정소방대상물에 대한 설명이다. ( ) 안에 들어갈 용어로 옳은 것은?

- 「건축법 시행령」 별표 1 제2호 가목에 따른 아파트[(가) 세대 이상인 아파트만 해당한다]
- 아파트를 제외한 연면적이 (나) 이상인 특정소방대상물

	가	나
①	150	1만㎡
②	150	1만5천㎡
③	300	1만㎡
④	300	1만5천㎡

✓ 현재는 관련규정이 「화재의 예방 및 안전관리에 관한 법률 시행령」 제25조(소방안전관리자 및 소방안전관리보조자를 두어야 하는 특정소방대상물)로 이관됨

문 9. 「화재예방, 소방시설 설치·유지 및 안전관리에 관한 법률 시행령」상 의료시설에 해당되는 특정소방대상물을 모두 고른 것은?

| ㄱ. 노인의료복지시설 | ㄴ. 정신의료기관 |
| ㄷ. 마약진료소 | ㄹ. 한방의원 |

① ㄱ, ㄷ
② ㄱ, ㄹ
③ ㄴ, ㄷ
④ ㄷ, ㄹ

✓ 현재는 관련규정이 「소방시설 설치 및 관리에 관한 법률 시행령」 제5조(특정소방대상물) [별표 2]로 이관됨

문 10. 「화재예방, 소방시설 설치·유지 및 안전관리에 관한 법률 시행령」상 특정소방대상물이 증축되는 경우, 원칙적으로 소방시설기준 적용에 관한 설명으로 옳은 것은?
① 기존 부분을 포함한 특정소방대상물의 전체에 대하여 증축 전 소방시설의 설치에 관한 대통령령 또는 화재안전기준을 적용하여야 한다.
② 기존 부분은 증축 전에 적용되던 소방시설의 설치에 관한 대통령령 또는 화재안전기준을 적용하고 증축부분은 증축 당시의 소방시설의 설치에 관한 대통령령 또는 화재안전기준을 적용하여야 한다.
③ 증축 부분은 증축 전에 적용되던 소방시설의 설치에 관한 대통령령 또는 화재안전기준을 적용하고 기존부분은 증축 당시의 소방시설의 설치에 관한 대통령령 또는 화재안전기준을 적용하여야 한다.
④ 기존 부분을 포함한 특정소방대상물의 전체에 대하여 증축 당시의 소방시설의 설치에 관한 대통령령 또는 화재안전기준을 적용하여야 한다.

✓ 현재는 관련규정이 「소방시설 설치 및 관리에 관한 법률 시행령」 제15조(특정소방대상물의 증축 또는 용도변경 시의 소방시설기준 적용의 특례)로 이관됨

문 11. 「화재예방, 소방시설 설치·유지 및 안전관리에 관한 법률 시행령」상 특정소방대상물의 관계인이 특정소방대상물의 규모·용도 및 수용인원 등을 고려하여 갖추어야 하는 소방시설의 종류 중 단독경보형 감지기를 설치하여야 하는 특정소방대상물로 옳은 것은?

① 연면적 500㎡인 숙박시설
② 연면적 600㎡인 유치원
③ 연면적 2천㎡인 기숙사
④ 교육연구시설 또는 수련시설 내에 있는 합숙소 또는 기숙사로서 연면적 3천㎡인 것

☑ 현재는 관련규정이 「소방시설 설치 및 관리에 관한 법률 시행령」 제11조(특정소방대상물에 설치해야 하는 소방시설) [별표 4]로 이관됨

문 12. 「화재예방, 소방시설 설치·유지 및 안전관리에 관한 법률 시행령」상 하자보수 대상 소방시설 중 하자보수 보증기간이 다른 것은?

① 비상조명등   ② 비상방송설비
③ 비상콘센트설비 ④ 무선통신보조설비

☑ 출제당시 오류로, 관련규정은 「소방시설공사업법 시행령」 제6조(하자보수 대상 소방시설과 하자보수 보증기간)에 위치함

문 13. 「소방시설공사업법」상 감리업자가 감리를 할 때 위반사항에 대하여 조치하여야 할 사항이다. (   ) 안에 들어갈 용어로 옳은 것은?

> 감리업자는 감리를 할 때 소방시설공사가 설계도서나 화재안전기준에 맞지 아니할 때에는 (가)에게 알리고, (나)에게 그 공사의 시정 또는 보완 등을 요구하여야 한다.

	가	나
①	관계인	공사업자
②	관계인	소방서장
③	소방본부장	공사업자
④	소방본부장	소방서장

문 14. 「소방시설공사업법」상 공사의 도급에 관한 사항으로 옳지 않은 것은?

① 특정소방대상물의 관계인 또는 발주자는 소방시설공사 등을 도급할 때에는 해당 소방시설업자에게 도급하여야 한다.
② 공사업자가 도급받은 소방시설공사의 도급금액 중 그 공사(하도급한 공사를 포함한다)의 근로자에게 지급하여야 할 노임(勞賃)에 해당하는 금액은 압류할 수 없다.
③ 도급을 받은 자는 소방시설공사의 전부를 한 번만 제3자에게 하도급할 수 있다.
④ 도급을 받은 자가 해당 소방시설공사등을 하도급할 때에는 행정안전부령으로 정하는 바에 따라 미리 관계인과 발주자에게 알려야 한다.

문 15. 「소방시설공사업법」상 벌칙 중 1년 이하의 징역 또는 1천만원 이하의 벌금에 해당하는 자로 옳지 않은 것은?

① 소방시설업 등록을 하지 아니하고 영업을 한 자
② 영업정지처분을 받고 그 영업정지 기간에 영업을 한 자
③ 소방시설업자가 아닌 자에게 소방시설공사등을 도급한 자
④ 공사감리결과의 통보 또는 공사감리결과보고서의 제출을 거짓으로 한 자

문 16. 「위험물안전관리법」상 위험물안전관리자의 선임 등에 관한 사항이다. (   ) 안에 들어갈 숫자로 옳은 것은?

> - 위험물안전관리자를 선임한 제조소등의 관계인은 그 위험물안전관리자를 해임하거나 위험물안전관리자가 퇴직한 때에는 해임하거나 퇴직한 날부터 (가)일 이내에 다시 위험물안전관리자를 선임하여야 한다.
> - 제조소등의 관계인은 위험물안전관리자를 선임한 경우에는 선임한 날부터 (나)일 이내에 행정안전부령으로 정하는 바에 따라 소방본부장 또는 소방서장에게 신고하여야 한다.

	가	나
①	15	14
②	15	30
③	30	14
④	30	30

문 17. 「위험물안전관리법」상 벌칙 기준이 다른 것은?
① 제조소등의 사용정지명령을 위반한 자
② 변경허가를 받지 아니하고 제조소등을 변경한 자
③ 위험물의 저장 또는 취급에 관한 중요기준에 따르지 아니한 자
④ 위험물안전관리자 또는 그 대리자가 참여하지 아니한 상태에서 위험물을 취급한 자

문 18. 「위험물안전관리법」상 위험물에 대한 정의이다. (   ) 안에 들어갈 용어로 옳은 것은?

> "위험물"이라 함은 (가) 또는 (나) 등의 성질을 가지는 것으로서 (다)이 정하는 물품을 말한다.

	가	나	다
①	인화성	가연성	대통령령
②	인화성	발화성	대통령령
③	휘발성	가연성	행정안전부령
④	인화성	휘발성	행정안전부령

문 19. 「위험물안전관리법」상 용어의 정의에 관한 내용으로 옳지 않은 것은?
① "취급소"라 함은 지정수량 이상의 위험물을 제조외의 목적으로 취급하기 위한 대통령령이 정하는 장소로서 「위험물안전관리법」에 따른 허가를 받은 장소를 말한다.
② "지정수량"이라 함은 위험물의 종류별로 위험성을 고려하여 대통령령이 정하는 수량으로서 제조소등의 설치허가등에 있어서 최대의 기준이 되는 수량을 말한다.
③ "제조소등"이라 함은 제조소·저장소 및 취급소를 말한다.
④ "저장소"라 함은 지정수량 이상의 위험물을 저장하기 위하여 대통령령이 정하는 장소로서 「위험물안전관리법」에 따른 허가를 받은 장소를 말한다.

문 20. 「위험물안전관리법 시행규칙」상 위험물 제조소등(이동탱크저장소를 제외한다)에 설치하는 경보설비로 옳지 않은 것은?
① 확성장치
② 비상방송설비
③ 비상경보설비
④ 자동화재속보설비

✅ 현재는 관련규정 제·개정됨

10회 2019년 04월 06일 공채

문 1. 「소방시설공사업법」상 소방시설업자가 소방시설공사등을 맡긴 특정소방대상물의 관계인에게 지체 없이 그 사실을 알려야 하는 사항으로 옳지 않은 것은?

① 소방시설업을 휴업한 경우
② 소방시설업자의 지위를 승계한 경우
③ 소방시설업에 대한 행정처분 중 등록취소 처분을 받은 경우
④ 소방시설업에 대한 행정처분 중 영업정지 또는 경고처분을 받은 경우

문 2. 「소방시설공사업법 시행령」상 소방시설공사가 공사감리 결과보고서대로 완공되었는지를 현장에서 확인할 수 있는 대상으로 옳은 것은?

① 창고시설 또는 수련시설
② 호스릴소화설비를 설치하는 소방시설공사
③ 연면적 1만m² 이상의 아파트에 설치하는 소방시설공사
④ 가연성 가스를 제조·저장 또는 취급하는 시설 중 지하에 매립된 가연성 가스탱크의 저장용량의 합계가 1천t 이상인 시설

문 3. 「소방시설공사업법」상 행정처분 전에 청문을 하여야 하는 대상으로 옳지 않은 것은?

① 소방시설업의 등록취소 처분
② 소방기술 인정 자격취소 처분
③ 소방시설업의 영업정지 처분
④ 소방기술 인정 자격정지 처분

문 4. 「소방시설공사업법」상 ( ) 안에 들어갈 내용으로 옳은 것은?

> 시·도지사는 소방시설공사업자가 소방시설 공사현장에 감리원 배치기준을 위반한 경우로서 영업정지가 그 이용자에게 불편을 주거나 그 밖에 공익을 해칠 우려가 있을 때에는 영업정지처분을 갈음하여 ( ) 이하의 과징금을 부과할 수 있다.

① 2천만원
② 2천5백만원
③ 3천만원
④ 3천5백만원

✓ 현재는 관련규정이 「소방시설공사업법」 제10조(과징금처분)로 이관됨

문 5. 「소방시설공사업법 시행령」상 소방시설공사 결과 하자보수대상과 하자보수 보증기간의 연결이 옳은 것은?

	하자보수대상 소방시설	하자보수 보증기간
①	비상경보설비, 자동소화장치	2년
②	무선통신보조설비, 비상조명등	2년
③	피난기구, 소화활동설비	3년
④	비상방송설비, 간이스프링클러설비	3년

문 6. 「화재예방, 소방시설 설치·유지 및 안전관리에 관한 법률 시행령」상 방염성능기준 이상의 실내장식물 등을 설치하여야 하는 특정소방대상물로 옳지 않은 것은?

① 근린생활 중 숙박시설
② 의료시설 중 요양병원
③ 노유자시설
④ 운동시설 중 수영장

✓ 현재는 관련규정이 「소방시설 설치 및 관리에 관한 법률 시행령」 제30조(방염성능기준 이상의 실내장식물 등을 설치하여야 하는 특정소방대상물)로 이관됨

문 7. 「화재예방, 소방시설 설치·유지 및 안전관리에 관한 법률 시행령」상 수용인원 산정방법으로 옳지 않은 것은?

① 침대가 있는 숙박시설은 해당 특정소방물 종사자 수에 침대 수(2인용 침대는 2개로 산정)를 합한 수로 한다.
② 침대가 없는 숙박시설은 해당 특정소방대상물의 종사자 수에 바닥면적의 합계를 $3m^2$로 나누어 얻은 수를 합한 수로 한다.
③ 강의실 용도로 쓰이는 특정소방대상물은 해당 용도로 사용하는 바닥면적의 합계를 $1.9m^2$로 나누어 얻은 수로 한다.
④ 문화 및 집회시설은 해당 용도로 사용하는 바닥면적의 합계를 $3m^2$로 나누어 얻은 수로 한다.

☑ 현재는 관련규정이 「소방시설 설치 및 관리에 관한 법률 시행령」 제17조 (특정소방대상물의 수용인원 산정) [별표 7]로 이관됨

문 8. 「화재예방, 소방시설 설치·유지 및 안전관리에 관한 법률」상 소방시설관리사의 자격의 취소·정지 사유로 옳지 않은 것은?

① 동시에 둘 이상의 업체에 취업한 경우
② 등록사항의 변경신고를 하지 아니한 경우
③ 소방시설관리사증을 다른 자에게 빌려준 경우
④ 소방안전관리 업무를 하지 아니하거나 거짓으로 한 경우

☑ 현재는 관련규정이 「소방시설 설치 및 관리에 관한 법률」 제28조(자격의 취소·정지)로 이관됨

문 9. 「화재예방, 소방시설 설치·유지 및 안전관리에 관한 법률 시행령」상 1급 소방안전관리대상물로 옳은 것은?

① 지하구
② 동·식물원
③ 가연성 가스를 1천t 이상 저장·취급하는 시설
④ 철강 등 불연성 물품을 저장·취급하는 창고

☑ 현재는 관련규정이 「화재의 예방 및 안전관리에 관한 법률 시행령」 제25조 (소방안전관리자 및 소방안전관리보조자를 두어야 하는 특정소방대상물) [별표 4]로 이관됨

문 10. 「화재예방, 소방시설 설치·유지 및 안전관리에 관한 법률」상 화재안전정책기본계획 등의 수립 및 시행에 관한 내용으로 옳은 것은?

① 기본계획에는 화재안전분야 국제경쟁력 향상에 관한 사항이 포함되어야 한다.
② 소방본부장은 기본계획을 시행하기 위하여 5년마다 시행계획을 수립·시행하여야 한다.
③ 기본계획은 행정안전부령으로 정하는 바에 따라 소방본부장이 관계 중앙행정기관의 장과 협의하여 수립한다.
④ 국가는 화재안전 기반 확충을 위하여 화재안전정책에 관한 기본계획을 10년마다 수립·시행하여야 한다.

☑ 현재는 관련규정이 「화재의 예방 및 안전관리에 관한 법률」 제4조(화재의 예방 및 안전관리 기본계획 등의 수립·시행)로 이관됨

문 11. 「소방기본법」상 불을 사용하는 설비의 관리기준 등에 대한 설명이다. ( ) 안에 들어갈 숫자로 옳은 것은?

- 보일러: 보일러와 벽·천장 사이의 거리는 (가)m 이상 되도록 한다.
- 난로: 연통은 천장으로부터 (나)m 이상 떨어지고, 건물 밖으로 0.6m 이상 나오게 설치하여야 한다.
- 건조설비: 건조설비와 벽·천장 사이의 거리는 (다)m 이상 되도록 하여야 한다.
- 음식조리를 위하여 설치하는 설비: 열을 발생하는 조리기구는 반자 또는 선반으로부터 (라)m 이상 떨어지게 해야 한다.

	가	나	다	라
①	0.5	0.6	0.6	0.6
②	0.6	0.6	0.5	0.6
③	0.6	0.5	0.6	0.6
④	0.6	0.6	0.5	0.5

☑ 현재는 관련규정이 「화재의 예방 및 안전관리에 관한 법률 시행령」 제18조 (불을 사용하는 설비의 관리기준 등) [별표 1]로 이관됨

문 12. 「소방기본법 시행령」상 소방안전교육사시험 응시자격에 대한 설명으로 옳은 것은?

> ㄱ. 「영유아보육법」제21조에 따라 보육교사 자격을 취득한 후 2년 이상의 보육업무 경력이 있는 사람
> ㄴ. 「국가기술자격법」제2조 제3호에 따른 국가기술자격의 직무분야 중 안전관리 분야의 산업기사 자격을 취득한 후 안전관리 분야에 3년 이상 종사한 사람
> ㄷ. 「의료법」제7조에 따라 간호조무사 자격을 취득한 후 간호업무 분야에 2년 이상 종사한 사람
> ㄹ. 「응급의료에 관한 법률」제36조 제3항에 따라 2급 응급구조사 자격을 취득한 후 응급의료 업무 분야에 3년 이상 종사한 사람
> ㅁ. 「소방공무원법」제2조에 따른 소방공무원으로 2년 이상 근무한 경력이 있는 사람
> ㅂ. 「의용소방대 설치 및 운영에 관한 법률」제3조에 따라 의용소방대원으로 임명된 후 5년 이상 의용소방대 활동을 한 경력이 있는 사람

① ㄱ, ㄷ, ㅁ
② ㄴ, ㄹ, ㅂ
③ ㄷ, ㄹ, ㅁ
④ ㄹ, ㅁ, ㅂ

문 13. 「소방기본법」 및 같은 법 시행령상 손실보상에 관한 설명 중 ( ) 안에 들어갈 숫자로 옳은 것은?

> • 손실보상을 청구할 권리는 손실이 있음을 안 날부터 (가)년, 손실이 발생한 날부터 (나)년간 행사하지 아니하면 시효의 완성으로 소멸한다.
> • 소방청장등은 손실보상심의위원회의 심사·의결을 거쳐 특별한 사유가 없으면 보상금 지급 청구서를 받은 날부터 (다)일 이내에 보상금 지급 여부 및 보상금액을 결정하여야 한다.
> • 소방청장등은 결정일부터 (라)일 이내에 행정안전부령으로 정하는 바에 따라 결정 내용을 청구인에게 통지하고, 보상금을 지급하기로 결정한 경우에는 특별한 사유가 없으면 통지한 날부터 (마)일 이내에 보상금을 지급하여야 한다.

	가	나	다	라	마
①	3	5	60	10	30
②	5	3	60	12	20
③	3	5	50	10	30
④	5	3	50	12	20

문 14. 「소방기본법」상 및 같은 법 시행규칙상 소방용수시설 설치기준 등에 대한 설명으로 옳지 않은 것은?

① 시·도지사는 소방활동에 필요한 소방용수시설을 설치하고 유지·관리하여야 하고, 「수도법」제45조에 따라 소화전을 설치하는 일반수도사업자는 관할 소방서장과 사전협의를 거친 후 소화전을 설치하여야 하며, 설치 사실을 관할 소방서장에게 통지하고, 그 소화전은 소방서장이 유지·관리하여야 한다.
② 정당한 사유 없이 소방용수시설 또는 비상소화장치를 사용하거나 소방용수시설 또는 비상소화장치의 효용을 해치거나 그 정당한 사용을 방해한 사람에 대해서는 5년 이하의 징역 또는 5천만원 이하의 벌금에 처한다.
③ 소방본부장 또는 소방서장은 원활한 소방활동을 위하여 소방용수시설에 대한 조사, 소방대상물에 인접한 도로의 폭·교통상황, 도로주변의 토지의 고저·건축물의 개황 그 밖의 소방활동에 필요한 지리에 대한 조사를 월 1회 이상 실시하여야 하며, 조사결과는 2년간 보관하여야 한다.
④ 소화전은 상수도와 연결하여 지하식 또는 지상식의 구조로 하고 소방용 호스와 연결하는 소화전의 연결금속구의 구경은 65mm로 하여야 하며, 급수탑은 급수배관의 구경을 100mm 이상으로 하고 개폐밸브는 지상에서 1.5m 이상 1.7m 이하의 높이에 설치할 수 있다.

문 15. 「소방기본법」상 소방활동에 필요한 처분(강제처분 등)을 할 수 있는 처분권자로 옳은 것은?

> ㄱ. 소방서장   ㄴ. 소방본부장
> ㄷ. 소방대장   ㄹ. 소방청장
> ㅁ. 시·도지사

① ㄱ, ㄴ, ㄷ
② ㄱ, ㄴ, ㄹ
③ ㄱ, ㄷ, ㅁ
④ ㄱ, ㄹ, ㅁ

문 16. 「위험물안전관리법 시행규칙」상 고인화점위험물을 상온에서 취급하는 경우 제조소의 시설기준 중 일부 완화된 시설기준을 적용할 수 있는데, 고인화점위험물의 정의로 옳은 것은?

① 인화점이 250℃ 이상인 인화성 액체
② 인화점이 100℃ 이상인 제4류 위험물
③ 인화점이 70℃ 이상 200℃ 미만인 제4류 위험물
④ 인화점이 70℃ 이상이고 가연성 액체량이 40wt.% 이상인 제4류 위험물

문 17. 「위험물안전관리법 시행규칙」상 제조소의 위치·구조 및 설비의 기준에 대한 설명으로 옳지 않은 것은?

① 환기설비는 자연배기 방식으로 하여야 한다.
② 제6류 위험물을 취급하는 제조소는 안전거리 적용제외 대상이다.
③ "위험물 제조소"라는 표시를 한 표지의 바탕은 흑색으로, 문자는 백색으로 하여야 한다.
④ 제5류 위험물을 저장 또는 취급하는 제조소는 "화기엄금"을 표시한 게시판을 설치하여야 한다.

문 18. 「위험물안전관리법 시행규칙」상 옥외저장탱크의 위치·구조 및 설비 기준에 대한 설명으로 옳지 않은 것은?

① 옥외저장탱크는 위험물의 폭발 등에 의하여 탱크내의 압력이 비정상적으로 상승하는 경우에 내부의 가스 또는 증기를 상부로 방출할 수 있는 구조로 하여야 한다.
② 이황화탄소의 옥외저장탱크는 벽 및 바닥의 두께가 0.2m 이상이고 누수가 되지 아니하는 철근콘크리트의 수조에 넣어 보관하여야 한다.
③ 옥외저장탱크의 배수관은 탱크의 밑판에 설치하여야 한다. 다만, 탱크와 배수관과의 결합부분이 지진 등에 의하여 손상을 받을 우려가 없는 방법으로 배수관을 설치하는 경우에는 탱크의 옆판에 설치할 수 있다.
④ 제3류 위험물 중 금수성 물질(고체에 한한다)의 옥외저장탱크에는 방수성의 불연재료로 만든 피복설비를 설치하여야 한다.

문 19. 「위험물안전관리법 시행령」상 위험물의 지정수량이 가장 큰 것은?

① 브롬산염류(브로민산염류)
② 아염소산염류
③ 과염소산염류
④ 중크롬산염류(다이크로뮴산염류)

문 20. 「위험물안전관리법」상 신고를 하지 아니하고 위험물의 품명·수량 또는 지정수량의 배수를 변경할 수 있는 경우로 옳은 것은?

① 농예용으로 필요한 건조시설을 위한 지정수량 20배 이하의 취급소
② 축산용으로 필요한 난방시설을 위한 지정수량 20배 이하의 저장소
③ 수산용으로 필요한 건조시설을 위한 지정수량 30배 이하의 저장소
④ 공동주택의 중앙난방시설을 위한 지정수량 30배 이하의 취급소

11회 2018년 10월 13일 공채

소요시간: _____ / 13분   맞힌 답의 개수: _____ / 20

문 1. 「소방시설공사업법 시행령」상 업무의 위탁에 대한 설명으로 옳지 않은 것은?

① 시·도지사는 소방시설업 등록신청의 접수 및 신청내용의 확인에 관한 업무를 소방시설업자협회에 위탁한다.
② 소방청장은 소방기술과 관련된 자격·학력·경력의 인정 업무를 소방시설업자협회, 소방기술과 관련된 법인 또는 단체에 위탁한다.
③ 소방청장은 소방시설공사업을 등록한 자의 시공능력평가 및 공시에 관한 업무를 소방시설업자협회에 위탁한다.
④ 소방청장은 소방기술자 실무교육에 관한 업무를 소방청장이 지정하는 실무교육기관 또는 대한소방공제회에 위탁한다.

문 2. 「소방시설공사업법 시행령」상 소방시설공사의 착공신고 대상으로 옳지 않은 것은?

① 비상경보설비를 신설하는 특정소방대상물 신축공사
② 자동화재속보설비를 신설하는 특정소방대상물 신축공사
③ 연결송수관설비의 송수구역을 증설하는 특정소방대상물의 증축공사
④ 자동화재탐지설비의 경계구역을 증설하는 특정소방대상물 증축공사

문 3. 「소방시설공사업법 시행규칙」상 감리업자가 소방공사의 감리를 마쳤을 때, 소방공사감리 결과보고(통보)서를 알려야 하는 대상으로 옳지 않은 것은?

① 소방시설공사의 도급인
② 특정소방대상물의 관계인
③ 소방시설설계업의 설계사
④ 특정소방대상물의 공사를 감리한 건축사

문 4. 「소방시설공사업법」상 '소방시설업'의 영업에 해당하지 않는 것은?

① 소방시설공사에 기본이 되는 공사계획, 설계도면, 설계설명서, 기술계산서 및 이와 관련된 서류를 작성하는 영업
② 설계도서에 따라 소방시설을 신설, 증설, 개설, 이전 및 정비하는 영업
③ 소방안전관리 업무의 대행 또는 소방시설등의 점검 및 유지·관리하는 영업
④ 방염대상물품에 대하여 방염처리하는 영업

문 5. 「화재예방, 소방시설 설치·유지 및 안전관리에 관한 법률 시행령」상 건축허가등을 할 때 미리 소방본부장 또는 소방서장의 동의를 받아야 하는 건축물 등의 범위로 옳지 않은 것은?

① 연면적 100m² 이상인 노유자시설 및 수련시설
② 지하층 또는 무창층이 있는 건축물로서 바닥면적이 150m²(공연장의 경우에는 100m²) 이상인 층이 있는 것
③ 차고·주차장으로 사용되는 바닥면적이 200m² 이상인 층이 있는 건축물이나 주차시설
④ 결핵환자나 한센인이 24시간 생활하는 노유자시설(단독주택 또는 공동주택에 설치되는 시설 제외)

☑ 현재는 관련규정이 「소방시설 설치 및 관리에 관한 법률 시행령」 제7조(건축허가등의 동의대상물의 범위 등)로 이관됨

문 6. 「화재예방, 소방시설 설치·유지 및 안전관리에 관한 법률」 및 같은 법 시행령상 단독주택이나 공동주택(아파트 및 기숙사는 제외한다)의 소유자가 의무적으로 설치하여야 하는 소방시설로 옳은 것을 <보기>에서 있는 대로 고른 것은?

<보기>
ㄱ. 소화기
ㄴ. 주거용 주방자동소화장치
ㄷ. 가스자동소화장치
ㄹ. 단독경보형감지기
ㅁ. 가스누설경보기

① ㄱ, ㄹ
② ㄴ, ㅁ
③ ㄱ, ㄴ, ㄹ
④ ㄴ, ㄷ, ㅁ

☑ 현재는 관련규정이 「소방시설 설치 및 관리에 관한 법률」 제10조(주택에 설치하는 소방시설) 및 같은 법 시행령 제10조(주택용 소방시설)로 이관됨

문 7. 「화재예방, 소방시설 설치·유지 및 안전관리에 관한 법률 시행령」상 소방용품인 분말형태의 소화약제를 사용하는 사용하는 소화기의 내용연수로 옳은 것은?

① 10년　　　　　② 15년
③ 20년　　　　　④ 25년

✓ 현재는 관련규정이 「소방시설 설치 및 관리에 관한 법률 시행령」 제19조 (내용연수 설정대상 소방용품)로 이관됨

문 8. 특정소방대상물에 소방시설을 설치하려는 자는 지진이 발생할 경우 소방시설이 정상적으로 작동될 수 있도록 소방청장이 정하는 내진설계기준에 맞게 소방시설을 설치하여야 한다. 이에 해당되는 소방시설로 옳은 것은?

① 자동화재탐지설비, 옥외소화전설비, 스프링클러설비
② 자동화재탐지설비, 옥내소화전설비, 스프링클러설비
③ 옥내소화전설비, 옥외소화전설비, 물분무등소화설비
④ 옥내소화전설비, 스프링클러설비, 물분무등소화설비

문 9. 소방특별조사에 관한 설명으로 옳지 않은 것은?

① 소방특별조사를 실시하는 경우에는 원칙적으로 7일 전에 관계인에게 서면으로 알려야 한다.
② 소방특별조사는 원칙적으로 관계인의 승낙 없이 해가 뜨기 전이나 해가 진 뒤에 할 수 없다.
③ 소방특별조사 결과에 따른 조치명령으로 인한 손실을 보상하는 경우에는 시가(時價)로 보상하여야 한다.
④ 소방특별조사 업무를 수행하면서 알게 된 비밀을 목적 외의 용도로 사용한 자는 300만원 이하의 벌금에 처한다.

✓ 현재는 관련규정이 「화재의 예방 및 안전관리에 관한 법률」 제8조(화재안전조사의 방법·절차 등), 제15조(손실보상), 제50조(벌칙) 및 같은 법 시행령 제8조(화재안전조사의 방법·절차 등) 제2항으로 개정 및 이관됨

문 10. 특정소방대상물의 구분으로 옳은 것은?

① 운동시설 - 관람석의 바닥면적의 합계가 1천m² 이상인 체육관
② 관광 휴게시설 - 어린이회관
③ 교육연구시설 - 자동차운전학원
④ 동·식물 관련시설 - 식물원

문 11. 「위험물안전관리법 시행령」상 용어에 대한 설명으로 옳지 않은 것은?

① 특수인화물: 이황화탄소, 디에틸에테르 그 밖에 1기압에서 발화점이 100℃ 이하인 것 또는 인화점이 -20℃ 이하고 비점이 40℃ 이하인 것
② 제1석유류: 아세톤, 휘발유 그 밖에 1기압에서 인화점이 70℃ 미만인 것
③ 제3석유류: 중유, 클로오소트유 그 밖에 1기압에서 인화점이 70℃ 이상 200℃ 미만인 것
④ 동·식물유류: 동물의 지육 등 또는 식물의 종자나 과육으로부터 추출한 것으로 1기압에서 인화점이 250℃ 미만인 것

문 12. 「위험물안전관리법 시행령」상 관계인이 예방규정을 정하여야 하는 제조소등으로 옳지 않은 것은?

① 지정수량의 10배 이상의 위험물을 취급하는 제조소
② 지정수량의 50배 이상의 위험물을 저장하는 옥외저장소
③ 지정수량의 150배 이상의 위험물을 저장하는 옥내저장소
④ 암반탱크저장소

문 13. 「위험물안전관리법 시행령」상 운송책임자의 감독 또는 지원을 받아 운송하여야 하는 위험물로 옳은 것은?

① 알킬알루미늄, 알킬리튬
② 마그네슘, 염소류
③ 적린, 금속분
④ 유황(황), 황산

문 14. 위험물의 누출·화재·폭발 등의 사고가 발생한 경우 사고의 원인 및 피해 등을 조사하여야 하는 자로 옳지 않은 것은?

① 시·도지사　　　② 소방청장
③ 소방본부장　　　④ 소방서장

문 15. 다음은 자체소방대에 두는 화학소방자동차와 자체소방대원의 수에 관한 규정이다. 빈칸에 들어갈 숫자가 바르게 짝지어진 것은?

> 제조소 또는 일반취급소에서 취급하는 제4류 위험물의 최대수량의 합이 지정수량의 24만 배 이상 48만 배 미만인 사업소에는 화학소방자동차 (ㄱ)대와 자체소방대원 (ㄴ)인을 두어야 한다.

	ㄱ	ㄴ
①	2	10
②	2	15
③	3	10
④	3	15

문 16. 「소방기본법」상 화재경계지구의 지정에 대한 내용으로 옳지 않은 것은?

① 소방본부장 또는 소방서장은 화재가 발생하는 경우 그로 인하여 피해가 클 것으로 예상되는 지역을 화재경계지구로 지정할 수 있다.
② 석유화학제품을 생산하는 공장이 있는 지역을 화재경계지구로 지정할 수 있다.
③ 위험물의 저장 및 처리시설이 밀집한 지역을 화재경계지구로 지정할 수 있다.
④ 공장·창고가 밀집한 지역을 화재경계지구로 지정할 수 있다.

✓ 현재는 관련규정이 「화재의 예방 및 안전관리에 관한 법률 시행령」 제18조 (화재예방강화지구의 지정 등)로 이관됨

문 17. 「소방기본법」상 소방청장 또는 시·도지사가 손실보상심의위원회의 심사·의결에 따라 정당한 손실보상을 하여야 하는 대상으로 옳지 않은 것은?

① 생활안전활동에 따른 조치로 인하여 손실을 입은 자
② 화재가 확대되는 것을 막기 위하여 가스·전기 또는 유류 등의 시설에 대하여 위험물질의 공급을 차단하는 등의 조치로 인하여 손실을 입은 자
③ 소방활동 종사명령으로 인하여 사망하거나 부상을 입은 자
④ 소방활동에 방해가 되는 불법 주차 차량을 제거하거나 이동시키는 처분으로 인하여 손실을 입은 자

문 18. 「소방기본법」 및 같은 법 시행규칙상 소방지원활동으로 옳지 않은 것은?

① 집회·공연 등 각종 행사 시 사고에 대비한 근접대기 등 지원활동
② 소방시설 오작동 신고에 따른 조치활동
③ 방송제작 또는 촬영 관련 지원활동
④ 위해동물, 벌 등의 포획 및 퇴치활동

문 19. 「소방기본법 시행규칙」상 저수조의 설치기준으로 옳지 않은 것은?

① 지면으로부터의 낙차가 10m 이하일 것
② 흡수부분의 수심이 0.5m 이상일 것
③ 흡수관의 투입구가 사각형의 경우 한 변의 길이가 60cm 이상, 원형의 경우에는 지름이 60cm 이상일 것
④ 저수조에 물을 공급하는 방법은 상수도에 연결하여 자동으로 급수되는 구조일 것

문 20. 「소방기본법 시행규칙」상 급수탑 및 지상에 설치하는 소화전·저수조의 소방용수표지 기준으로 옳은 것은?

	안쪽 문자	안쪽 바탕	바깥쪽 바탕
①	흰색	붉은색	파란색
②	붉은색	흰색	파란색
③	파란색	흰색	파란색
④	흰색	파란색	붉은색

2026 대비 최신개정판

해커스소방
김정희
소방관계법규 단원별 기출문제집

개정 5판 1쇄 발행 2025년 9월 3일

지은이	김정희 편저
펴낸곳	해커스패스
펴낸이	해커스소방 출판팀
주소	서울특별시 강남구 강남대로 428 해커스소방
고객센터	1588-4055
교재 관련 문의	gosi@hackerspass.com
	해커스소방 사이트(fire.Hackers.com) 교재 Q&A 게시판
학원 강의 및 동영상강의	fire.Hackers.com
ISBN	979-11-7404-073-2 (13350)
Serial Number	05-01-01

저작권자 ⓒ 2025, 김정희

이 책의 모든 내용, 이미지, 디자인, 편집 형태는 저작권법에 의해 보호받고 있습니다.
서면에 의한 저자와 출판사의 허락 없이 내용의 일부 혹은 전부를 인용, 발췌하거나 복제, 배포할 수 없습니다.

소방공무원 1위,
해커스소방 fire.Hackers.com

· 해커스 스타강사의 **소방관계법규 무료 특강**
· **해커스소방 학원 및 인강**(교재 내 인강 할인쿠폰 수록)
· 정확한 성적 분석으로 약점 극복이 가능한 **소방 합격예측 온라인 모의고사**(교재 내 응시권 및 해설강의 수강권 수록)

한경비즈니스 2024 한국품질만족도 교육(온·오프라인 소방학원) 1위

2026 대비 최신개정판

해커스소방

김정희
소방관계법규
단원별 기출문제집

해커스소방

약점 보완 해설집

해커스소방

해커스소방
김정희
소방관계법규 단원별 기출문제집

약점 보완 해설집

해커스소방

제1편 소방기본법

제1장 총칙

POINT 01 목적 및 정의

정답 p.14

01	②	02	④	03	②	04	②	05	④
06	④	07	③	08	②				

01 난이도 ●○○ 답 ②

「소방기본법」은 화재를 예방, 경계하거나 진압하고, 화재, (재난)·재해, 그 밖의 (위급)한 상황에서의 구조, 구급 활동 등을 통하여 국민의 생명·신체 및 재산을 보호함으로써 공공의 (안녕) 및 질서 유지와 복리증진에 이바지함을 목적으로 한다.

02 난이도 ●○○ 답 ④

| 선지분석 |
① [×] "관계지역"이란 소방대상물이 있는 장소로서 화재의 예방·경계·진압, 구조·구급 등의 활동에 필요한 지역을 말한다.
② [×] "소방대장"이란 소방본부장 또는 소방서장 등 화재, 재난·재해, 그 밖의 위급한 상황이 발생한 현장에서 소방대를 지휘하는 사람을 말한다.
③ [×] "소방본부장"이란 특별시·광역시·특별자치시·도 또는 특별자치도에서 화재의 예방·경계·진압·조사 및 구조·구급 등의 업무를 담당하는 부서의 장을 말한다.
④ [○] "소방대"란 화재를 진압하고 화재, 재난·재해, 그 밖의 위급한 상황에서 구조·구급 활동 등을 하기 위하여 관련 법령에 따라 소방공무원, 의무소방원 등으로 구성된 조직체를 말한다.

> ✔ 확인학습 소방대
> "소방대"(消防隊)란 화재를 진압하고 화재, 재난·재해, 그 밖의 위급한 상황에서 구조·구급 활동 등을 하기 위하여 다음의 사람으로 구성된 조직체를 말한다.
> 1. 「소방공무원법」에 따른 소방공무원
> 2. 「의무소방대설치법」 제3조에 따라 임용된 의무소방원
> 3. 「의용소방대 설치 및 운영에 관한 법률」에 따른 의용소방대원

03 난이도 ●○○ 답 ②

소방대장이란 소방본부장 또는 소방서장 등 화재, 재난·재해, 그 밖의 위급한 상황이 발생한 현장에서 소방대를 지휘하는 사람을 말한다.

| 선지분석 |
① [×] 관계인이란 소방대상물의 소유자·관리자 또는 점유자를 말한다.
③ [×] 소방대란 화재를 진압하고 화재, 재난·재해, 그 밖의 위급한 상황에서 구조·구급 활동 등을 하기 위하여 소방공무원, 의무소방원, 의용소방대원으로 구성된 조직체를 말한다.
④ [×] 소방본부장이란 특별시·광역시·특별자치시·도 또는 특별자치도에서 화재의 예방·경계·진압·조사 및 구조·구급 등의 업무를 담당하는 부서의 장을 말한다.

04 난이도 ●○○ 답 ②

소방대의 구성원으로 옳은 것은 ㄴ, ㄹ이다.
소방대란 화재를 진압하고 화재, 재난·재해, 그 밖의 위급한 상황에서 구조·구급 활동 등을 하기 위하여 소방공무원, 의무소방원, 의용소방대원으로 구성된 조직체를 말한다.

05 난이도 ●○○ 답 ④

가. (소방대상물)이란 건축물, 차량, 선박(「선박법」 제1조의2 제1항에 따른 선박으로서 항구에 매어둔 선박만 해당한다), 선박 건조 구조물, 산림, 그 밖의 인공 구조물 또는 물건을 말한다.
나. (관계지역)이란 소방대상물이 있는 장소 및 그 이웃 지역으로서 화재의 예방·경계·진압, 구조·구급 등에 필요한 지역을 말한다.
다. (관계인)이란 소방대상물의 소유자·관리자 또는 점유자를 말한다.
라. (소방본부장)이란 특별시·광역시·특별자치시·도 또는 특별자치도에서 화재의 예방·경계·진압·조사 및 구조·구급 등의 업무를 담당하는 부서의 장을 말한다.
마. (소방대)란 화재를 진압하고 화재, 재난·재해, 그 밖의 위급한 상황에서 구조·구급 활동 등을 하기 위하여 소방공무원, 의무소방원, 의용소방대원으로 구성된 조직체를 말한다.
바. (소방대장)이란 소방본부장 또는 소방서장 등 화재, 재난·재해, 그 밖의 위급한 상황이 발생한 현장에서 소방대를 지휘하는 사람을 말한다.

06 난이도 ●○○ 답 ④

소방대란 화재를 진압하고 화재, 재난·재해, 그 밖의 위급한 상황에서 구조·구급 활동 등을 하기 위하여 소방공무원, 의무소방원, 의용소방대원으로 구성된 조직체를 말한다. 자위소방대원은 소방대의 구성원에 해당하지 않는다.

07 난이도 ●●○ 답 ③

관계지역이란 소방대상물이 있는 장소 및 이웃 지역으로서 화재의 예방·경계·진압, 구조·구급 등의 활동에 필요한 지역을 말한다.

| 선지분석 |

① [×] 소방대란 화재를 진압하고 화재, 재난·재해, 그 밖의 위급한 상황에서 구조·구급 활동 등을 하기 위하여 소방공무원, 의무소방원, 의용소방대원으로 구성된 조직체를 말한다.
② [×] 소방대상물이란 건축물, 차량, 선박(항구에 매어둔 선박만 해당한다), 선박 건조 구조물, 산림, 그 밖의 인공 구조물 또는 물건을 말한다.
④ [×] 소방대장이란 소방본부장 또는 소방서장 등 화재, 재난·재해, 그 밖의 위급한 상황이 발생한 현장에서 소방대를 지휘하는 사람을 말한다. 경찰서장은 해당하지 않는다.

08 난이도 ●○○ 답 ②

소방대란 화재를 진압하고 화재, 재난·재해, 그 밖의 위급한 상황에서 구조·구급 활동 등을 하기 위하여 소방공무원, 의무소방원, 의용소방대원으로 구성된 조직체를 말한다.

POINT 02 소방기관의 설치 등

정답 p.16

01	①	02	②	03	①	04	②

01 난이도 ●○○ 답 ①

시·도의 화재 예방·경계·진압 및 조사, 소방안전교육·홍보와 화재, 재난·재해, 그 밖의 위급한 상황에서의 구조·구급 등의 업무(소방업무)를 수행하는 소방기관의 설치에 필요한 사항은 (대통령령)으로 정한다.

02 난이도 ●○○ 답 ②

시·도의 소방업무를 수행하는 소방기관의 설치에 필요한 사항은 대통령령으로 정한다.

03 난이도 ●○○ 답 ①

ㄱ. 시·도의 화재예방·경계·진압 및 조사, 소방안전교육·홍보와 화재, 재난·재해, 그 밖의 위급한 상황에서의 구조·구급 등의 업무(소방업무)를 수행하는 소방기관의 설치에 필요한 사항은 (대통령령)으로 정한다.
ㄴ. 소방업무를 수행하는 소방본부장 또는 소방서장은 그 소재지를 관할하는 (시·도지사)의 지휘와 감독을 받는다.

04 난이도 ●○○ 답 ②

소방박물관의 설립과 운영에 필요한 사항은 행정안전부령으로 정한다.

> 「소방기본법」 제5조 【소방박물관 등의 설립과 운영】 ① 소방의 역사와 안전문화를 발전시키고 국민의 안전의식을 높이기 위하여 소방청장은 소방박물관을, 시·도지사는 소방체험관(화재 현장에서의 피난 등을 체험할 수 있는 체험관을 말한다. 이하 이 조에서 같다)을 설립하여 운영할 수 있다.
> ② 제1항에 따른 소방박물관의 설립과 운영에 필요한 사항은 행정안전부령으로 정하고, 소방체험관의 설립과 운영에 필요한 사항은 행정안전부령으로 정하는 기준에 따라 시·도의 조례로 정한다.

POINT 03 119종합상황실의 설치와 운영

정답

01	②	02	④	03	③

01 난이도 ●○○ 답 ②

119종합상황실의 설치 및 운영목적은 정보의 수집·분석과 판단·전파, 상황관리, 현장 지휘 및 조정·통제 등이다.

✅ 확인학습 119종합상황실의 설치·운영목적
1. 정보의 수집·분석과 판단·전파
2. 상황관리
3. 현장 지휘 및 조정·통제

02 난이도 ●○○ 답 ④

| 선지분석 |

① [×] 소방청과 특별시·광역시·특별자치시·도 또는 특별자치도의 소방본부 및 소방서에 각각 설치·운영하여야 한다.
② [×] 소방청장, 소방본부장 또는 소방서장은 신속한 소방활동을 위한 정보를 수집·전파하기 위하여 119종합상황실에 「소방력기준에 관한 규칙」에 의한 전산·통신요원을 배치하고, 소방청장이 정하는 유·무선통신시설을 갖추어야 한다.
③ [×] 소방본부에 설치하는 119종합상황실에는 「지방자치단체에 두는 국가공무원의 정원에 관한 법률」에도 불구하고 대통령령으로 정하는 바에 따라 경찰공무원을 둘 수 있으며, 119종합상황실의 설치·운영에 필요한 사항은 행정안전부령으로 정한다.
④ [○] 119종합상황실의 실장은 하급소방기관에 대한 출동지령 또는 동급 이상의 소방기관 및 유관기관에 대한 지원요청, 재난상황의 수습에 필요한 정보수집 및 제공, 재난상황이 발생한 현장에 대한 지휘 및 피해현황의 파악 등의 업무를 행하고, 그에 관한 내용을 기록·관리하여야 한다.

> ✓ **확인학습** 종합상황실 실장의 업무
> 1. 화재, 재난·재해, 그 밖에 구조·구급이 필요한 상황(재난상황)의 발생의 신고접수
> 2. 접수된 재난상황을 검토하여 가까운 소방서에 인력 및 장비의 동원을 요청하는 등의 사고수습
> 3. 하급소방기관에 대한 출동지령 또는 동급 이상의 소방기관 및 유관기관에 대한 지원요청
> 4. 재난상황의 전파 및 보고
> 5. 재난상황이 발생한 현장에 대한 지휘 및 피해현황의 파악
> 6. 재난상황의 수습에 필요한 정보수집 및 제공

03 난이도 ●○○   답 ③

이재민이 100인 이상 발생한 화재가 해당한다.

> ✓ **확인학습** 직상급 종합상황실 보고 대상
> 1. 화재상황
>   - 사망자: 5인 이상
>   - 사상자: 10인 이상
>   - 이재민: 100인 이상
>   - 재산피해액: 50억원 이상
>   - 관공서·학교·정부미도정공장·문화재·지하철·지하구의 화재
>   - 관광호텔, 지하상가, 시장, 백화점 또는 화재경계지구
>   - 다음의 장소에서 발생한 화재
>
> | 종합병원·정신병원·한방병원·요양소 | 층수 5층 이상이거나 병상 30개 이상 |
> | --- | --- |
> | 숙박시설 | 층수 5층 이상이거나 객실 30실 이상 |
> | 공장 | 연면적 1만5천㎡ 이상 |
> | 건축물 | 층수 11층 이상 |
> | 위험물 제조소등 | 지정수량 3천배 이상 |
> | 선박 | 항구에 매어둔 총 t 수가 1천 이상 |
>
>   - 철도차량, 항공기, 발전소, 변전소에서 발생한 화재
>   - 가스 및 화약류의 폭발에 의한 화재
>   - 다중이용업소의 화재
> 2. 통제단장의 현장지휘가 필요한 재난상황
> 3. 언론에 보도된 재난상황
> 4. 소방청장이 정하는 재난상황

POINT 04 소방정보통신망 구축·운영

정답   p.18

01	④

01 난이도 ●●○   답 ④

| 선지분석 |
① [×] 소방청장 및 시·도지사는 119종합상황실 등의 효율적 운영을 위하여 소방정보통신망을 구축·운영할 수 있다.
② [×] 소방청장 및 시·도지사는 소방정보통신망이 안정적으로 운영될 수 있도록 연 1회 이상 소방정보통신망을 주기적으로 점검·관리해야 한다.
③ [×] 소방청장 및 시·도지사는 소방정보통신망의 안정적 운영을 위하여 소방정보통신망의 회선을 이중화할 수 있다. 이 경우 이중화된 각 회선은 서로 다른 사업자로부터 제공받아야 한다.
④ [○] 시행규칙 제1항부터 제3항까지에서 규정한 사항 외에 소방정보통신망의 속도, 점검 주기 등에 관한 세부 사항은 소방청장이 정한다.

POINT 05 소방기술민원센터의 설치·운영

정답   p.19

01	①	02	③	03	④

01 난이도 ●●○   답 ①

소방청장 또는 소방본부장은 「소방기본법」 제4조의2 제1항에 따른 소방기술민원센터를 소방청 또는 소방본부에 각각 설치·운영한다.

> ✓ **확인학습** 소방기술민원센터의 설치·운영
> 1. 소방청장 또는 소방본부장은 「소방기본법」 제4조의2 제1항에 따른 소방기술민원센터를 소방청 또는 소방본부에 각각 설치·운영한다.
> 2. 소방기술민원센터는 센터장을 포함하여 18명 이내로 구성한다.
> 3. 소방기술민원센터의 업무
>   - 소방시설, 소방공사와 위험물 안전관리 등과 관련된 법령해석 등의 민원(이하 "소방기술민원"이라 한다)의 처리
>   - 소방기술민원과 관련된 질의회신집 및 해설서 발간
>   - 소방기술민원과 관련된 정보시스템의 운영·관리
>   - 소방기술민원과 관련된 현장 확인 및 처리
>   - 그 밖에 소방기술민원과 관련된 업무로서 소방청장 또는 소방본부장이 필요하다고 인정하여 지시하는 업무
> 4. 소방청장 또는 소방본부장은 소방기술민원센터의 업무수행을 위하여 필요하다고 인정하는 경우에는 관계 기관의 장에게 소속 공무원 또는 직원의 파견을 요청할 수 있다.

02 난이도 ●●○   답 ③

소방청장 또는 소방본부장은 소방기술민원센터의 업무수행을 위하여 필요하다고 인정하는 경우에는 관계 기관의 장에게 소속 공무원 또는 직원의 파견을 요청할 수 있다.

> ✓ **확인학습** 소방기술민원센터의 설치 목적
> 소방청장 또는 소방본부장은 소방시설, 소방공사 및 위험물 안전관리 등과 관련된 법령해석 등의 민원을 종합적으로 접수하여 처리할 수 있는 기구(소방기술민원센터)를 설치·운영할 수 있다.

03 난이도 ●●○   답 ④

소방청장 및 소방본부장은 운행기록장치 데이터 중 과속, 급감속, 급출발 등의 운행기록을 점검·분석해야 하고, 소방청장, 소방본부장 및 소방서장은 분석 결과를 소방자동차의 안전한 소방활동 수행에 필요한 교통안전정책의 수립, 교육·훈련 등에 활용할 수 있다.

✅ 확인학습 운행기록장치 데이터의 분석·활용
1. 소방청장 및 소방본부장은 운행기록장치 데이터 중 과속, 급감속, 급출발 등의 운행기록을 점검·분석해야 한다.
2. 소방청장, 소방본부장 및 소방서장은 1.에 따른 분석 결과를 소방자동차의 안전한 소방활동 수행에 필요한 교통안전정책의 수립, 교육·훈련 등에 활용할 수 있다.

✅ 확인학습 운행기록장치 장착 소방자동차의 범위
1. 소방펌프차
2. 소방물탱크차
3. 소방화학차
4. 소방고가차(消防高架車)
5. 무인방수차
6. 구조차
7. 그 밖에 소방청장이 소방자동차의 안전한 운행 및 교통사고 예방을 위하여 운행기록장치 장착이 필요하다고 인정하여 정하는 소방자동차

POINT 06 소방박물관 및 소방체험관

정답   p.20

01	④	02	①	03	③

01 난이도 ●○○   답 ④

- 소방의 역사와 안전문화를 발전시키고 국민의 안전의식을 높이기 위하여 (소방청장)은 소방박물관을, (시·도지사)는 소방체험관을 설립하여 운영할 수 있다.
- 소방박물관의 설립과 운영에 필요한 사항은 (행정안전부령)으로 정하고, 소방체험관의 설립과 운영에 필요한 사항은 (행정안전부령)으로 정하는 기준에 따라 (시·도의 조례)로 정한다.

02 난이도 ●○○   답 ①

소방의 역사와 안전문화를 발전시키고 국민의 안전 의식을 높이기 위하여 (소방청장)은 소방박물관을, (시·도지사)는 소방체험관(화재 현장에서의 피난 등을 체험할 수 있는 체험관을 말한다)을 설립하여 운영할 수 있다.

03 난이도 ●●○   답 ③

소방박물관의 설립과 운영에 필요한 사항은 행정안전부령으로 정한다.

| 선지분석 |
① [×] 소방체험관의 설립 또는 설치에 관한 사항은 행정안전부령으로 정하는 기준에 따라 시·도의 조례로 정한다.
② [×] 119종합상황실의 설립 또는 설치에 관한 사항은 행정안전부령으로 정한다.
④ [×] 비상소화장치의 설립 또는 설치에 관한 사항은 행정안전부령으로 정한다.

POINT 07 소방업무에 관한 종합계획 등

정답   p.21

01	①	02	②	03	②	04	②

01 난이도 ●●○   답 ①

시·도지사는 종합계획의 시행에 필요한 세부계획을 계획 시행 전년도 12월 31일까지 수립하여 소방청장에게 제출하여야 한다. 시장·군수·구청장은 해당하지 않는다.

✅ 확인학습 소방업무에 관한 종합계획의 수립·시행
1. 소방청장은 화재, 재난·재해, 그 밖의 위급한 상황으로부터 국민의 생명·신체 및 재산을 보호하기 위하여 소방업무에 관한 종합계획을 5년마다 수립·시행하여야 하고, 이에 필요한 재원을 확보하도록 노력하여야 한다.
2. 소방청장은 수립한 종합계획을 관계 중앙행정기관의 장, 시·도지사에게 통보하여야 한다.
3. 시·도지사는 관할 지역의 특성을 고려하여 종합계획의 시행에 필요한 세부계획을 매년 수립하여 소방청장에게 제출하여야 하며, 세부계획에 따른 소방업무를 성실히 수행하여야 한다.
4. 소방청장은 소방업무의 체계적 수행을 위하여 필요한 경우 시·도지사가 제출한 세부계획의 보완 또는 수정을 요청할 수 있다.

02 난이도 ●●○   답 ②

시·도지사는 관할 지역의 특성을 고려하여 종합계획의 시행에 필요한 세부계획을 매년 수립하여 소방청장에게 제출하여야 한다.

✅ 확인학습 소방업무에 관한 종합계획의 포함사항
1. 소방서비스의 질 향상을 위한 정책의 기본방향
2. 소방업무에 필요한 체계의 구축, 소방기술의 연구·개발 및 보급
3. 소방업무에 필요한 장비의 구비
4. 소방전문인력 양성
5. 소방업무에 필요한 기반조성
6. 소방업무의 교육 및 홍보(소방자동차의 우선 통행 등에 관한 홍보를 포함한다)
7. 그 밖에 소방업무의 효율적 수행을 위하여 필요한 사항으로서 대통령령으로 정하는 사항
   - 재난·재해 환경 변화에 따른 소방업무에 필요한 대응 체계 마련
   - 장애인, 노인, 임산부, 영유아 및 어린이 등 이동이 어려운 사람을 대상으로 한 소방활동에 필요한 조치

03 난이도 ●○○   답 ②

소방청장은 「소방기본법」 제6조 제1항에 따른 소방업무에 관한 종합계획을 관계 중앙행정기관의 장과의 협의를 거쳐 계획 시행 전년도 10월 31일까지 수립하여야 한다.

✅ 확인학습 소방업무에 관한 종합계획의 수립·시행
1. 종합계획 수립기한: 계획 시행 전년도 10월 31일까지
2. 세부계획 수립·제출기한: 계획 시행 전년도 12월 31일까지

04 난이도 ●○○   답 ②

(소방청장)은 화재, 재난·재해, 그 밖의 위급한 상황으로부터 국민의 생명·신체 및 재산을 보호하기 위하여 소방업무에 관한 종합계획을 (5년)마다 수립·시행하여야 하고, 이에 필요한 재원을 확보하도록 노력하여야 한다.

제2장 소방장비 및 소방용수시설

POINT 08 소방력의 기준 등

정답   p.22

| 01 | ③ | 02 | ④ | 03 | ② |

01 난이도 ●●●   답 ③

소방자동차 등 소방장비의 분류·표준화와 그 관리 등에 필요한 사항은 따로 법률에서 정한다.

| 선지분석 |
① [×] 소방업무를 수행하는 데에 필요한 소방력에 관한 기준은 행정안전부령으로 정한다.
② [×] 시·도지사는 소방력의 기준에 따라 관할구역의 소방력을 확충하기 위하여 필요한 계획을 수립하여 시행하여야 한다.
④ [×] 국가는 소방장비의 구입 등 시·도의 소방업무에 필요한 경비의 일부를 보조하고, 보조 대상사업의 범위와 기준보조율은 대통령령으로 정한다.

02 난이도 ●○○   답 ④

옳은 것은 ㄴ, ㄷ이다.

| 선지분석 |
ㄱ. [×] 소방기관이 소방업무를 수행하는 데에 필요한 인력과 장비 등 소방력에 관한 기준은 행정안전부령으로 정한다.

> ✅ **확인학습** 소방력의 기준 등
> 1. 소방기관이 소방업무를 수행하는 데에 필요한 인력과 장비 등[이하 "소방력"(消防力)이라 한다]에 관한 기준은 행정안전부령으로 정한다.
> 2. 시·도지사는 소방력의 기준에 따라 관할구역의 소방력을 확충하기 위하여 필요한 계획을 수립하여 시행하여야 한다.
> 3. 소방자동차 등 소방장비의 분류·표준화와 그 관리 등에 필요한 사항은 따로 법률에서 정한다.

03 난이도 ●○○   답 ②

ㄱ. 소방기관이 소방업무를 수행하는 데에 필요한 소방력에 관한 기준은 (행정안전부령)으로 정한다.
ㄴ. (시·도지사)는 소방력의 기준에 따라 관할구역의 소방력을 확충하기 위하여 필요한 계획을 수립하여 시행하여야 한다.

POINT 09 소방장비 등에 대한 국고보조

정답   p.23

| 01 | ③ | 02 | ② | 03 | ② | 04 | ① | 05 | ④ |
| 06 | ② | 07 | ① | | | | | | |

01 난이도 ●○○   답 ③

국가는 소방장비의 구입 등 시·도의 소방업무에 필요한 경비의 일부를 보조한다.

> ✅ **확인학습** 소방장비 등에 대한 국고보조
> 1. 국가는 소방장비의 구입 등 시·도의 소방업무에 필요한 경비의 일부를 보조한다.
> 2. 국고보조 대상사업의 범위와 기준보조율은 대통령령으로 정한다.

02 난이도 ●●○   답 ②

소방용수시설은 시·도지사가 설치·유지 및 관리한다.

> ✅ **확인학습** 소방장비 등 국고보조 대상사업의 범위
> 1. 소방활동장비와 설비의 구입 및 설치
>   • 소방자동차
>   • 소방헬리콥터 및 소방정
>   • 소방전용통신설비 및 전산설비
>   • 그 밖에 방화복 등 소방활동에 필요한 소방장비
> 2. 소방관서용 청사의 건축

03 난이도 ●●○   답 ②

국고보조 대상사업의 범위와 기준보조율에 관한 사항은 대통령령으로 정한다.

| 선지분석 |
① 소방활동을 위한 정보를 수집·전파하기 위한 119종합상황실의 설치·운영에 관한 기준은 행정안전부령으로 정한다.
③ 소방의 역사와 안전문화를 발전시키고 국민의 안전의식을 높이기 위하여 소방청장의 소방박물관의 설립·운영에 관한 기준은 행정안전부령으로 정한다.
④ 소방기관이 소방업무를 수행하는 데에 필요한 인력과 장비 등에 관한 기준은 행정안전부령으로 정한다.

04 난이도 ●○○   답 ①

소방 전기·기계설비 구입 및 설치는 국고보조 대상사업의 범위에 해당하지 않는다.

05 난이도 ●○○ 답 ④

ㄱ. 국가는 소방장비의 구입 등 시·도의 소방업무에 필요한 경비의 (일부)를 보조한다.
ㄴ. 국고보조 대상사업의 범위와 기준보조율은 (대통령령)으로 정한다.

06 난이도 ●○○ 답 ②

ㄱ. 소방활동장비 및 설비의 종류와 규격은 (행정안전부령)으로 정한다.
ㄴ. 국고보조 대상사업의 기준보조율은 (보조금 관리에 관한 법률 시행령)에서 정하는 바에 따른다.

07 난이도 ●●● 답 ①

소방정은 소방정 및 구조정으로 구분한다. 소방정은 100톤급 이상 및 50톤급이며, 구조정의 규격은 30톤급 이상이다.

✓ 확인학습 소방자동차의 종류

구분	종류	규격
펌프차	대형	240마력 이상
	중형	170마력 이상 240마력 미만
	소형	120마력 이상 170마력 미만
물탱크 소방차	대형	240마력 이상
	중형	170마력 이상 240마력 미만
화학 소방차	비활성가스를 이용한 소방차	
	고성능	340마력 이상
	내폭	340마력 이상
	일반 대형	240마력 이상
	일반 중형	170마력 이상 240마력 미만
사다리 소방차	고가(사다리의 길이가 33m 이상인 것)	330마력 이상
	굴절 27m 이상급	330마력 이상
	굴절 18m 이상 27m 미만급	240마력 이상
조명차	중형	170마력
배연차	중형	170마력 이상
구조차	대형	240마력 이상
	중형	170마력 이상 240마력 미만
구급차	특수	90마력 이상
	일반	85마력 이상 90마력 미만
소방정	소방정	100톤 이상급, 50톤급
	구조정	30톤급
소방헬리콥터		5~17인승

POINT 10 소방용수시설의 설치 및 관리 등

정답 p.25

| 01 | ② | 02 | ④ | 03 | ② | 04 | ①, ④ | 05 | ② |
| 06 | ② | 07 | ③ | 08 | ① | 09 | ④ | | |

01 난이도 ●○○ 답 ②

시·도지사는 법 제10조 제1항의 규정에 의하여 설치된 소방용수시설에 대하여 소방용수표지를 보기 쉬운 곳에 설치하여야 한다.

✓ 확인학습 비상소화장치의 설치기준

1. 비상소화장치는 비상소화장치함, 소화전, 소방호스, 관창을 포함하여 구성할 것
2. 소방호스 및 관창은 소방청장이 정하여 고시하는 형식승인 및 제품검사의 기술기준에 적합한 것으로 설치할 것
3. 비상소화장치함은 소방청장이 정하여 고시하는 성능인증 및 제품검사의 기술기준에 적합한 것으로 설치할 것
4. 위의 규정한 사항 외에 비상소화장치의 설치기준에 관한 세부 사항은 소방청장이 정한다.

02 난이도 ●○○ 답 ④

시·도지사가 소방활동을 위해 설치하는 소방용수시설은 소화전, 저수조, 급수탑이다. 상수도소화용수설비는 소방시설 중 소화용수설비에 해당한다.

03 난이도 ●●○ 답 ②

소방용수시설은 주거·상업·공업지역인 경우 소방대상물과 수평거리를 100m 이하가 되도록 설치하여야 한다.

| 선지분석 |
① [×] 소방호스와 연결하는 소화전의 연결금속구의 구경은 65mm로 하여야 한다.
③ [×] 저수조에 물을 공급하는 방법은 상수도에 연결하여 자동으로 급수되는 구조로 하여야 한다.
④ [×] 급수탑의 개폐밸브는 지상에서 1.5m 이상 1.7m 이하의 위치에 설치하여야 한다.

✓ 확인학습 소방용수시설의 설치기준

1. 공통기준
   - 주거·상업지역 및 공업지역: 수평거리 100m 이하
   - 그 외의 지역: 수평거리 140m 이하
2. 개별기준

소화전	급수탑	저수조
연결금속구 구경 65mm	• 급수배관 구경 100mm 이상 • 개폐밸브 1.5~1.7m	• 낙차가 4.5m 이하 • 수심 0.5m 이상 • 흡수관 투입구의 길이·지름 60cm 이상

04 난이도 ●●● 답 ①, ④

- 일반수도사업자가 설치한 소화전은 설치한 일반수도업자가 유지·관리한다.
- 급수탑의 개폐밸브는 지상에서 1.5m 이상 1.7m 이하의 위치에 설치하여야 한다.

05 난이도 ●○○ 답 ②

소화전의 연결금속구의 구경은 65mm 이상이 아닌 65mm로 하여야 한다.

✅ 확인학습 소방용수시설의 설치기준(공통기준)
1. 주거지역·상업지역 및 공업지역에 설치하는 경우: 소방대상물과의 수평거리를 100m 이하가 되도록 할 것
2. 주거지역·상업지역 및 공업지역 외의 지역에 설치하는 경우: 소방대상물과의 수평거리를 140m 이하가 되도록 할 것

✅ 확인학습 소방용수시설별 설치기준
1. 소화전의 설치기준: 상수도와 연결하여 지하식 또는 지상식의 구조로 하고, 소방용호스와 연결하는 소화전의 연결금속구의 구경은 65mm로 할 것
2. 급수탑의 설치기준: 급수배관의 구경은 100mm 이상으로 하고, 개폐밸브는 지상에서 1.5m 이상 1.7m 이하의 위치에 설치하도록 할 것
3. 저수조의 설치기준
   - 지면으로부터의 낙차가 4.5m 이하일 것
   - 흡수부분의 수심이 0.5m 이상일 것
   - 소방펌프자동차가 쉽게 접근할 수 있도록 할 것
   - 흡수에 지장이 없도록 토사 및 쓰레기 등을 제거할 수 있는 설비를 갖출 것
   - 흡수관의 투입구가 사각형의 경우에는 한 변의 길이가 60cm 이상, 원형의 경우에는 지름이 60cm 이상일 것
   - 저수조에 물을 공급하는 방법은 상수도에 연결하여 자동으로 급수되는 구조일 것

06 난이도 ●●○ 답 ②

지리조사는 소방대상물에 인접한 도로의 폭·교통상황, 도로주변의 토지의 고저·건축물의 개황을 포함한 소방활동에 필요한 사항이다.

✅ 확인학습 소방용수시설 및 지리조사
1. 소방본부장 또는 소방서장은 원활한 소방활동을 위하여 다음의 조사를 월 1회 이상 실시하여야 한다.
   - 설치된 소방용수시설에 대한 조사
   - 소방대상물에 인접한 도로의 폭·교통상황, 도로주변의 토지의 고저·건축물의 개황 그 밖의 소방활동에 필요한 지리에 대한 조사
2. 1.의 조사결과는 전자적 처리가 불가능한 특별한 사유가 없으면 전자적 처리가 가능한 방법으로 작성·관리하여야 한다.
3. 제1항 제1호의 조사는 별지 제2호 서식(소방용수조사부)에 의하고, 제1항 제2호의 조사는 별지 제3호 서식(지리조사부)에 의하되, 그 조사결과를 2년간 보관하여야 한다.

07 난이도 ●○○ 답 ③

비상소화장치함은 「소방시설 설치 및 관리에 관한 법률」에 따라 소방청장이 정하여 고시하는 성능인증 및 제품검사의 기술기준에 적합한 것으로 설치하여야 한다.

✅ 확인학습 비상소화장치의 설치기준
1. 비상소화장치는 비상소화장치함, 소화전, 소방호스, 관창을 포함하여 구성할 것
2. 소방호스 및 관창은 소방청장이 정하여 고시하는 형식승인 및 제품검사의 기술기준에 적합한 것으로 설치할 것
3. 비상소화장치함은 소방청장이 정하여 고시하는 성능인증 및 제품검사의 기술기준에 적합한 것으로 설치할 것
4. 위의 규정한 사항 외에 비상소화장치의 설치기준에 관한 세부 사항은 소방청장이 정한다.

08 난이도 ●○○ 답 ①

- 맨홀 뚜껑은 지름 (648)밀리미터 이상의 것으로 할 것. 다만, 승하강식 소화전의 경우에는 이를 적용하지 않는다.
- 맨홀 뚜껑 부근에는 (노란색) 반사도료로 폭 (15)센티미터의 선을 그 둘레를 따라 칠할 것

✅ 확인학습 지하에 설치하는 소화전 또는 저수조의 소방용수표지 설치기준
1. 맨홀 뚜껑은 지름 648mm 이상의 것으로 할 것. 다만, 승하강식 소화전의 경우에는 이를 적용하지 않는다.
2. 맨홀 뚜껑에는 "소화전·주정차금지" 또는 "저수조·주정차금지"의 표시를 할 것
3. 맨홀 뚜껑 부근에는 노란색 반사도료로 폭 15cm의 선을 그 둘레를 따라 칠할 것

09 난이도 ●●○ 답 ④

모두 해당한다.

✅ 확인학습 비상소화장치 설치대상 지역
1. 화재예방법 제18조 제1항에 따라 지정된 화재예방강화지구
2. 시·도지사가 법 제10조 제2항에 따른 비상소화장치의 설치가 필요하다고 인정하는 지역

✅ 확인학습 화재예방법상 화재예방강화지구 지정대상 지역
1. 시장지역
2. 공장·창고가 밀집한 지역
3. 목조건물이 밀집한 지역
4. 노후·불량건축물이 밀집한 지역
5. 위험물의 저장 및 처리 시설이 밀집한 지역
6. 석유화학제품을 생산하는 공장이 있는 지역
7. 산업단지
8. 소방시설·소방용수시설 또는 소방출동로가 없는 지역
9. 물류단지
10. 그 밖에 제1호부터 제8호까지에 준하는 지역으로서 소방관서장이 화재예방강화지구로 지정할 필요가 있다고 인정하는 지역

POINT 11 소방업무의 응원 및 소방력의 동원

정답   p.27

| 01 | ④ | 02 | ① | 03 | ③ | 04 | ② | 05 | ① |

01 난이도 ●●●   답 ④

시·도지사는 소방업무의 응원을 요청하는 경우를 대비하여 출동 대상 지역 및 규모와 필요한 경비의 부담 등에 관하여 필요한 사항을 행정안전부령으로 정하는 바에 따라 이웃하는 시·도지사와 협의하여 미리 규약(規約)으로 정하여야 한다.

> ✓ **확인학습** 소방업무의 응원
> 1. 소방본부장이나 소방서장은 소방활동을 할 때에 긴급한 경우에는 이웃한 소방본부장 또는 소방서장에게 소방업무의 응원(應援)을 요청할 수 있다.
> 2. 소방업무의 응원 요청을 받은 소방본부장 또는 소방서장은 정당한 사유 없이 그 요청을 거절하여서는 아니 된다.
> 3. 소방업무의 응원을 위하여 파견된 소방대원은 응원을 요청한 소방본부장 또는 소방서장의 지휘에 따라야 한다.
> 4. 시·도지사는 소방업무의 응원을 요청하는 경우를 대비하여 출동 대상지역 및 규모와 필요한 경비의 부담 등에 관하여 필요한 사항을 행정안전부령으로 정하는 바에 따라 이웃하는 시·도지사와 협의하여 미리 규약(規約)으로 정하여야 한다.

02 난이도 ●●●   답 ①

시·도지사는 소방업무의 응원을 요청하는 경우를 대비하여 출동 대상 지역 및 규모와 필요한 경비의 부담 등에 관하여 필요한 사항을 행정안전부령으로 정하는 바에 따라 이웃하는 시·도지사와 협의하여 미리 규약(規約)으로 정하여야 한다.

03 난이도 ●○○   답 ③

소방업무의 응원을 위하여 파견된 소방대원은 응원을 요청한 소방본부장 또는 소방서장의 지휘에 따라야 한다.

04 난이도 ●○○   답 ②

화재의 예방에 관한 활동은 포함되지 않는다. 소방본부장이나 소방서장은 소방활동을 할 때에 긴급한 경우에는 이웃한 소방본부장 또는 소방서장에게 소방업무의 응원(應援)함으로 예방에 관한 내용은 포함되지 않는다.

> ✓ **확인학습** 소방업무의 상호응원협정 시 포함사항
> 1. 다음의 소방활동에 관한 사항
>   - 화재의 경계·진압활동
>   - 구조·구급업무의 지원
>   - 화재조사활동
> 2. 응원출동대상지역 및 규모
> 3. 다음의 소요경비의 부담에 관한 사항
>   - 출동대원의 수당·식사 및 의복의 수선
>   - 소방장비 및 기구의 정비와 연료의 보급
>   - 그 밖의 경비
> 4. 응원출동의 요청방법
> 5. 응원출동훈련 및 평가

05 난이도 ●○○   답 ①

(소방청장)은 해당 시·도의 소방력만으로는 소방활동을 효율적으로 수행하기 어려운 화재, 재난·재해, 그 밖의 구조·구급이 필요한 상황이 발생하거나 특별히 국가적 차원에서 소방활동을 수행할 필요가 인정될 때에는 각 (시·도지사)에게 행정안전부령으로 정하는 바에 따라 소방력을 동원할 것을 요청할 수 있다.

> ✓ **확인학습** 소방력의 동원
> 1. 소방청장은 해당 시·도의 소방력만으로는 소방활동을 효율적으로 수행하기 어려운 화재, 재난·재해, 그 밖의 구조·구급이 필요한 상황이 발생하거나 특별히 국가적 차원에서 소방활동을 수행할 필요가 인정될 때에는 각 시·도지사에게 행정안전부령으로 정하는 바에 따라 소방력을 동원할 것을 요청할 수 있다.
> 2. 동원 요청을 받은 시·도지사는 정당한 사유 없이 요청을 거절하여서는 아니 된다.
> 3. 소방청장은 시·도지사에게 제1항에 따라 동원된 소방력을 화재, 재난·재해 등이 발생한 지역에 지원·파견하여 줄 것을 요청하거나 필요한 경우 직접 소방대를 편성하여 화재진압 및 인명구조 등 소방에 필요한 활동을 하게 할 수 있다.
> 4. 동원된 소방대원이 다른 시·도에 파견·지원되어 소방활동을 수행할 때에는 특별한 사정이 없으면 화재, 재난·재해 등이 발생한 지역을 관할하는 소방본부장 또는 소방서장의 지휘에 따라야 한다. 다만, 소방청장이 직접 소방대를 편성하여 소방활동을 하게 하는 경우에는 소방청장의 지휘에 따라야 한다.

> ✓ **확인학습** 「소방기본법 시행령」상 소방력의 동원
> 동원된 민간 소방 인력이 소방활동을 수행하다가 사망하거나 부상을 입은 경우 화재, 재난·재해 또는 그 밖의 구조·구급이 필요한 상황이 발생한 시·도가 해당 시·도의 조례로 정하는 바에 따라 보상한다.

제3장 소방활동 등

POINT 12 소방활동·소방지원활동·생활안전활동

정답   p.29

| 01 | ② | 02 | ① | 03 | ① | 04 | ② | 05 | ④ |
| 06 | ② | 07 | ③ | 08 | ④ | 09 | ④ | | |

01 난이도 ●○○   답 ②

"낙하 등이 우려되는 고드름 등의 제거활동"은 생활안전활동에 해당한다.

✅ 확인학습 「소방기본법」상 소방지원활동
1. 산불에 대한 예방·진압 등 지원활동
2. 자연재해에 따른 급수·배수 및 제설 등 지원활동
3. 집회·공연 등 각종 행사 시 사고에 대비한 근접대기 등 지원활동
4. 화재, 재난·재해로 인한 피해복구 지원활동
5. 그 밖에 행정안전부령으로 정하는 활동
   • 군·경찰 등 유관기관에서 실시하는 훈련지원 활동
   • 소방시설 오작동 신고에 따른 조치활동
   • 방송제작 또는 촬영 관련 지원활동

✅ 확인학습 생활안전활동
1. 붕괴, 낙하 등이 우려되는 고드름, 나무, 위험 구조물 등의 제거활동
2. 위해동물, 벌 등의 포획 및 퇴치 활동
3. 끼임, 고립 등에 따른 위험제거 및 구출 활동
4. 단전사고 시 비상전원 또는 조명의 공급
5. 그 밖에 방치하면 급박해질 우려가 있는 위험을 예방하기 위한 활동

02 난이도 ●●● 답 ①

소방지원활동은 '가, 나, 다, 라'이고 생활안전활동은 '마, 바, 사, 아' 이다.

✅ 확인학습 소방지원활동
1. 산불에 대한 예방·진압 등 지원활동
2. 자연재해에 따른 급수·배수 및 제설 등 지원활동
3. 집회·공연 등 각종 행사 시 사고에 대비한 근접대기 등 지원활동
4. 화재, 재난·재해로 인한 피해복구 지원활동
5. 그 밖에 행정안전부령으로 정하는 활동
   • 군·경찰 등 유관기관에서 실시하는 훈련지원활동
   • 소방시설 오작동 신고에 따른 조치활동
   • 방송제작 또는 촬영 관련 지원활동

✅ 확인학습 생활안전활동
1. 붕괴, 낙하 등이 우려되는 고드름, 나무, 위험 구조물 등의 제거활동
2. 위해동물, 벌 등의 포획 및 퇴치활동
3. 끼임, 고립 등에 따른 위험제거 및 구출활동
4. 단전사고 시 비상전원 또는 조명의 공급
5. 그 밖에 방치하면 급박해질 우려가 있는 위험을 예방하기 위한 활동

03 난이도 ●○○ 답 ①

붕괴, 낙하 등이 우려되는 고드름 등의 제거활동은 생활안전활동에 해당한다.

04 난이도 ●○○ 답 ②

소방시설 오작동 신고에 따른 조치활동은 소방지원활동에 해당한다.

05 난이도 ●○○ 답 ④

위해동물, 벌 등의 포획 및 퇴치활동은 생활안전활동에 해당한다.

06 난이도 ●○○ 답 ②

자연재해에 따른 급수·배수 및 제설활동은 소방지원활동에 해당한다.

07 난이도 ●○○ 답 ③

자연재해에 따른 급수·배수 및 제설 등 지원활동은 소방지원활동에 해당한다.

08 난이도 ●●○ 답 ④

소방청장·소방본부장 또는 소방서장은 공공의 안녕질서 유지 또는 복리증진을 위하여 필요한 경우 소방활동 외에 소방지원활동을 하게 할 수 있다.

09 난이도 ●○○ 답 ④

• 소방대원은 법 제16조의2제1항에 따른 소방지원활동 및 법 제16조의3제1항에 따른 생활안전활동(이하 "소방지원활동등"이라 한다)을 한 경우 소방지원활동등 기록지에 해당 활동상황을 상세히 기록하고, 소속 소방관서에 (3년)간 보관해야 한다.
• 소방본부장은 소방지원활동등의 상황을 종합하여 (연 2회) 소방청장에게 보고해야 한다.

POINT 13 소방교육·훈련

정답 p.31

01	②	02	정답 없음

01 난이도 ●○○ 답 ②

현장지휘훈련 교육대상자는 소방정·소방령·소방경·소방위이다.

✅ 확인학습 소방대원 교육·훈련 종류(규칙 제9조)
1. 화재진압훈련: 화재진압 담당 소방공무원, 의무소방원, 의용소방대원
2. 인명구조훈련: 구조업무 담당 소방공무원, 의무소방원, 의용소방대원
3. 응급처치훈련: 구급업무 담당 소방공무원, 의무소방원, 의용소방대원
4. 인명대피훈련: 소방공무원, 의무소방원, 의용소방대원
5. 현장지휘훈련: 소방정·소방령·소방경·소방위

02 난이도 ●●○   정답없음

※ 관련 규정 제·개정으로 정답없음(출제 당시 정답: ①)

개정 전	1. 「영유아보육법」 제2조에 따른 어린이집의 영유아 2. 「유아교육법」 제2조에 따른 유치원의 유아 3. 「초·중등교육법」 제2조에 따른 학교의 학생
개정 후	1. 「영유아보육법」 제2조에 따른 어린이집의 영유아 2. 「유아교육법」 제2조에 따른 유치원의 유아 3. 「초·중등교육법」 제2조에 따른 학교의 학생 4. 「장애인복지법」 제58조에 따른 장애인복지시설에 거주하거나 해당 시설을 이용하는 장애인 5. 「아동복지법」 제52조에 따른 아동복지시설에 거주하거나 해당 시설을 이용하는 아동 6. 「노인복지법」 제31조에 따른 노인복지시설에 거주하거나 해당 시설을 이용하는 노인

POINT 14 소방안전교육사

정답   p.32

01	②	02	③	03	②	04	①	05	③
06	②								

01 난이도 ●●●   답 ②

소방안전교육사시험 응시자격에 대한 설명으로 옳은 것은 ㄴ, ㄹ, ㅂ이다.

| 선지분석 |
ㄱ. [×] 「영유아보육법」 제21조에 따라 보육교사 자격을 취득한 후 3년 이상의 보육업무 경력이 있는 사람이 해당한다.
ㄷ. [×] 「의료법」 제7조에 따라 간호사 자격을 취득한 후 간호업무 분야에 1년 이상 종사한 사람이 해당한다.
ㅁ. [×] 「소방공무원법」 제2조에 따른 소방공무원으로 3년 이상 근무한 경력이 있는 사람이 해당한다.

✅ 확인학습 소방안전교육사시험의 응시자격

구분 (이상)	소방 공무원	교원/ 원장	안전분야/ 자격	간호사	응급 구조사	소방 안전 관리자	의용 소방 대원
–	(중앙·지방) 전문교육 2주 이상	교원/ 어린이집 원장	기술사/ 위험물 기능장, 소방시설관리사, 소방안전관련 학과등 6학점	–	–	특급	–
1년	–	–	안전 기사	간호사	1급	1급	–
2년	–	–	–	–	–	–	–
3년	○	보육교사	안전 산업기사	–	2급	2급	–
5년	–	–	–	–	–	–	○

02 난이도 ●○○   답 ③

초등학교 등 교육기관에 소방안전교육사를 배치하여야 한다는 관련 규정은 없다.

✅ 확인학습 소방안전교육사의 배치대상별 배치기준

배치대상	배치기준(단위: 명)
소방청	2 이상
소방본부	2 이상
소방서	1 이상
한국소방안전협회	본회: 2 이상 / 시·도지부: 1 이상
한국소방산업기술원	2 이상

03 난이도 ●●○   답 ②

2급 응급구조사 자격을 취득한 후 응급의료 업무 분야에 3년 이상 종사한 사람이 해당한다.

04 난이도 ●○○   답 ①

금고 이상의 실형을 선고받아 그 집행이 면제된 날부터 2년이 지나지 아니한 사람이 해당한다.

✅ 확인학습 소방안전교육사의 결격사유

1. 피성년후견인
2. 금고 이상의 실형을 선고받고 그 집행이 끝나거나(집행이 끝난 것으로 보는 경우 포함) 집행이 면제된 날부터 2년이 지나지 아니한 사람
3. 금고 이상 형의 집행유예를 선고받고 그 유예기간 중에 있는 사람
4. 법원의 판결 또는 다른 법률에 따라 자격 정지되거나 상실된 사람

05 난이도 ●●○   답 ③

소방안전교육사의 응시자격 기준에는 소방공무원으로 3년 이상 근무한 경력이 있는 사람이 해당한다.

06 난이도 ●○○   답 ②

소방안전교육사 배치기준은 소방청 2명 이상, 한국소방산업기술원 2명 이상이다.

| 선지분석 |
① [×] 소방청 2명 이상, 소방본부 2명 이상이다.
③ [×] 소방청 2명 이상, 소방서 1명 이상이다.
④ [×] 소방청 2명 이상, 한국소방안전원 본회 2명 이상이다.

✅ 확인학습 소방안전교육사의 배치대상별 배치기준

배치대상	배치기준(단위: 명)
소방청	2 이상
소방본부	2 이상
소방서	1 이상
한국소방안전원	본회: 2 이상 / 시·도지부: 1 이상
한국소방산업기술원	2 이상

POINT 15 소방신호

정답 p.34

| 01 | ② | 02 | ① | 03 | ② | 04 | ② |

01 난이도 ●○○ 답 ②

| 선지분석 |
① [×] 해제신호의 타종신호 방법은 상당한 간격을 두고 1타씩 반복이다.
② [○] 훈련신호의 타종신호 방법은 연3타 반복이다.
③ [×] 발화신호의 사이렌신호 방법은 5초 간격을 두고 5초씩 3회이다.
④ [×] 경계신호의 사이렌신호 방법은 5초 간격을 두고 30초씩 3회이다.

> **✓ 확인학습** 소방신호별 신호방법
>
> | 종별 \ 신호방법 | 타종신호 | 사이렌신호 |
> |---|---|---|
> | 경계신호 | 1타와 연2타를 반복 | 5초 간격을 두고 30초씩 3회 |
> | 발화신호 | 난타 | 5초 간격을 두고 5초씩 3회 |
> | 해제신호 | 상당한 간격을 두고 1타씩 반복 | 1분간 1회 |
> | 훈련신호 | 연3타 반복 | 10초 간격을 두고 1분씩 3회 |
>
> 1. 소방신호의 방법은 그 전부 또는 일부를 함께 사용할 수 있다.
> 2. 게시판을 철거하거나 통풍대 또는 기를 내리는 것으로 소방활동이 해제되었음을 알린다.
> 3. 소방대의 비상소집을 하는 경우에는 훈련신호를 사용할 수 있다.

02 난이도 ●○○ 답 ①

경계신호 중 타종신호는 1타와 2연타를 반복하고, 사이렌신호는 5초 간격을 두고 30초씩 3회 발령한다.

| 선지분석 |

	종류	타종신호	사이렌신호
② [×]	발화신호	난타	5초 간격을 두고 5초씩 3회
③ [×]	해제신호	상당한 간격을 두고 1타씩 반복	1분간 1회
④ [×]	훈련신호	연3타 반복	10초 간격을 두고 1분씩 3회

03 난이도 ●○○ 답 ②

화재예방상 필요 시 발령하는 소방신호는 경계신호이다.

> **✓ 확인학습** 소방신호의 종류
> 1. 경계신호: 화재예방상 필요하다고 인정되거나, 화재위험경보 시 발령한다.
> 2. 발화신호: 화재가 발생한 때 발령한다.
> 3. 해제신호: 소화활동이 필요 없다고 인정되는 때 발령한다.
> 4. 훈련신호: 훈련상 필요하다고 인정되는 때 발령한다.

04 난이도 ●●○○○ 답 ②

"노후·불량 건축물이 밀집한 지역"은 해당하지 않는다.

> **✓ 확인학습** 화재등의 통지
>
> 다음의 어느 하나에 해당하는 지역 또는 장소에서 화재로 오인할 만한 우려가 있는 불을 피우거나 연막(煙幕) 소독을 하려는 자는 시·도의 조례로 정하는 바에 따라 관할 소방본부장 또는 소방서장에게 신고하여야 한다.
> 1. 시장지역
> 2. 공장·창고가 밀집한 지역
> 3. 목조건물이 밀집한 지역
> 4. 위험물의 저장 및 처리시설이 밀집한 지역
> 5. 석유화학제품을 생산하는 공장이 있는 지역
> 6. 그 밖에 시·도의 조례로 정하는 지역 또는 장소

POINT 16 소방자동차의 우선통행 등

정답 p.35

| 01 | ④ | 02 | ④ | 03 | ④ | 04 | ① |

01 난이도 ●○○ 답 ④

모든 차와 사람은 소방자동차가 화재진압을 위하여 사이렌을 사용하여 출동하는 경우 소방자동차의 우선 통행에 관하여는 소방자동차에 진로를 양보하지 아니하는 행위, 소방자동차 앞에 끼어들거나 소방자동차를 가로막는 행위, 그 밖에 소방자동차의 출동에 지장을 주는 행위는 「소방기본법」의 적용을 받고, 이 경우를 제외하고는 「도로교통법」에서 정하는 바에 따른다.

02 난이도 ●●○ 답 ④

모든 차와 사람은 소방자동차가 화재진압을 위하여 사이렌을 사용하여 출동하는 경우 소방자동차의 우선 통행에 관하여는 소방자동차에 진로를 양보하지 아니하는 행위, 소방자동차 앞에 끼어들거나 소방자동차를 가로막는 행위, 그 밖에 소방자동차의 출동에 지장을 주는 행위는 「소방기본법」의 적용을 받고, 이 경우를 제외하고는 「도로교통법」에서 정하는 바에 따른다.

> 「소방기본법」 제21조 【소방자동차의 우선 통행 등】 ③ 모든 차와 사람은 소방자동차가 화재진압 및 구조·구급 활동을 위하여 사이렌을 사용하여 출동하는 경우에는 다음의 행위를 하여서는 아니 된다.
> 1. 소방자동차에 진로를 양보하지 아니하는 행위
> 2. 소방자동차 앞에 끼어들거나 소방자동차를 가로막는 행위
> 3. 그 밖에 소방자동차의 출동에 지장을 주는 행위
> ④ 제3항의 경우를 제외하고는 소방자동차의 우선 통행에 관하여는 「도로교통법」에서 정하는 바에 따른다.

03 난이도 ●○○ 답 ④

소방자동차가 화재진압 및 구조·구급 활동을 위하여 출동하거나 훈련을 위하여 필요할 때에는 사이렌을 사용할 수 있다.

04 난이도 ●○○ 답 ①

소방대의 긴급통행과 관련된 설명이다.

| 선지분석 |

②, ③, ④ 「소방기본법」 제21조 소방자동차의 우선 통행 등에 대한 내용이다.

POINT 17 소방자동차 전용구역 등

정답 p.36

01	③	02	②	03	②	04	②	05	③
06	②								

01 난이도 ●○○ 답 ③

전용구역 노면표지 도료의 색채는 황색을 기본으로 하되, 문자(P, 소방차 전용)는 백색으로 표시한다.

| 선지분석 |

① [×] 「건축법 시행령」 [별표 1] 제2호 가목의 아파트 중 세대수가 100세대 이상인 아파트의 경우 설치 대상에 해당한다.
② [×] 방해행위의 기준 중 「주차장법」 제19조에 따른 부설주차장의 주차구획 내에 주차하는 경우는 제외한다.
④ [×] 예외사항으로, 하나의 전용구역에서 여러 동에 접근하여 소방활동이 가능한 경우로서 소방청장이 정하는 경우에는 각 동별로 설치하지 않을 수 있다.

> ✅ **확인학습** 소방자동차 전용구역의 설치 방법
> 1. 전용구역 노면표지의 외곽선은 빗금무늬로 표시하되, 빗금은 두께를 30cm로 하여 50cm 간격으로 표시한다.
> 2. 전용구역 노면표지 도료의 색채는 황색을 기본으로 하되, 문자(P, 소방차 전용)는 백색으로 표시한다.

02 난이도 ●●○ 답 ②

공동주택의 건축주는 소방자동차가 접근하기 쉽고 소방활동이 원활하게 수행될 수 있도록 공동주택의 각 동별 전면 또는 후면에 소방자동차 전용구역을 1개소 이상 설치하여야 한다.

> ✅ **확인학습** 전용구역 방해행위의 기준
> 1. 전용구역에 물건 등을 쌓거나 주차하는 행위
> 2. 전용구역의 앞면, 뒷면 또는 양 측면에 물건 등을 쌓거나 주차하는 행위. 다만, 「주차장법」 제19조에 따른 부설주차장의 주차구획 내에 주차하는 경우는 제외한다.
> 3. 전용구역 진입로에 물건 등을 쌓거나 주차하여 전용구역으로의 진입을 가로막는 행위
> 4. 전용구역 노면표지를 지우거나 훼손하는 행위
> 5. 그 밖의 방법으로 소방자동차가 전용구역에 주차하는 것을 방해하거나 전용구역으로 진입하는 것을 방해하는 행위

> ✅ **확인학습** 소방자동차 전용구역 설치 대상
> 법 제21조의2 제1항에서 "대통령령으로 정하는 공동주택"이란 다음의 주택을 말한다. 다만, 하나의 대지에 하나의 동(棟)으로 구성되고 「도로교통법」 제32조 또는 제33조에 따라 정차 또는 주차가 금지된 편도 2차선 이상의 도로에 직접 접하여 소방자동차가 도로에서 직접 소방활동이 가능한 공동주택은 제외한다.
> 1. 「건축법 시행령」 [별표 1] 제2호 가목의 아파트 중 세대수가 100세대 이상인 아파트
> 2. 「건축법 시행령」 [별표 1] 제2호 라목의 기숙사 중 3층 이상의 기숙사

03 난이도 ●○○ 답 ②

「주차장법」 제19조에 따른 부설주차장의 주차구획 내에 주차하는 경우는 전용구역의 방해행위에 해당하지 않는다.

04 난이도 ●●○ 답 ②

전용구역에 주차하거나 전용구역에의 진입을 가로막는 등의 방해행위를 한 자에게는 100만원 이하의 과태료를 부과한다.

05 난이도 ●●○ 답 ③

- 전용구역 노면표지의 외곽선은 빗금무늬로 표시하되, 빗금은 두께를 (30)센티미터로 하여 (50)센티미터 간격으로 표시한다.
- 전용구역 노면표지 도료의 색채는 (황색)을 기본으로 하되, 문자(P, 소방차 전용)는 백색으로 표시한다.

> ✅ **확인학습** 소방자동차 전용구역의 설치 방법
> 1. 전용구역 노면표지의 외곽선은 빗금무늬로 표시하되, 빗금은 두께를 30cm로 하여 50cm 간격으로 표시한다.
> 2. 전용구역 노면표지 도료의 색채는 황색을 기본으로 하되, 문자(P, 소방차 전용)는 백색으로 표시한다.

06 난이도 ●○○ 답 ②

소방자동차 전용구역 방해행위에 「주차장법」 제19조에 따른 부설주차장의 주차구획 내에 주차하는 행위는 해당하지 않는다.

> ✅ **확인학습** 전용구역 방해행위의 기준
> 1. 전용구역에 물건 등을 쌓거나 주차하는 행위
> 2. 전용구역의 앞면, 뒷면 또는 양 측면에 물건 등을 쌓거나 주차하는 행위. 다만, 「주차장법」에 따른 부설주차장의 주차구획 내에 주차하는 경우는 제외한다.
> 3. 전용구역 진입로에 물건 등을 쌓거나 주차하여 전용구역으로의 진입을 가로막는 행위
> 4. 전용구역 노면표지를 지우거나 훼손하는 행위
> 5. 소방자동차가 전용구역에 주차하는 것을 방해하거나 전용구역으로 진입하는 것을 방해하는 행위

POINT 18 소방활동구역의 설정

정답 p.38

01	④	02	②

01 난이도 ●○○ 답 ④

소방대장이 소방활동을 위하여 출입을 허가한 사람이 소방활동구역 출입자에 해당된다.

> ✅ **확인학습** 소방활동구역 출입자
> 1. 소방활동구역 안에 있는 소방대상물의 소유자·관리자 또는 점유자
> 2. 전기·가스·수도·통신·교통의 업무에 종사하는 사람으로서 원활한 소방활동을 위하여 필요한 사람
> 3. 의사·간호사 그 밖의 구조·구급업무에 종사하는 사람
> 4. 취재인력 등 보도업무에 종사하는 사람
> 5. 수사업무에 종사하는 사람
> 6. 소방대장이 소방활동을 위하여 출입을 허가한 사람

02 난이도 ●○○ 답 ②

소방활동구역 안에 있는 소방대상물 소유자·관리자 또는 점유자가 소방활동구역 출입자에 해당한다.

POINT 19 소방활동 종사 명령

정답 p.39

01	③	02	④

01 난이도 ●●○ 답 ③

소방활동에 종사한 사람은 시·도지사로부터 소방활동의 비용을 지급받을 수 있다.

> ✅ **확인학습** 소방활동 종사명령
> 1. 명령권자: 소방본부장, 소방서장 또는 소방대장
> 2. 명령 내용: 화재, 재난·재해 그 밖의 위급한 상황이 발생한 현장에서 소방활동을 위하여 필요할 때에는 그 관할구역에 사는 사람 또는 그 현장에 있는 사람으로 하여금 사람을 구출하는 일 또는 불을 끄거나 불이 번지지 아니하도록 하는 일을 하게 할 수 있다.
> 3. 안전조치: 소방본부장, 소방서장 또는 소방대장은 소방활동 종사 명령 시 소방활동에 필요한 보호장구를 지급하는 등 안전을 위한 조치를 하여야 한다.

02 난이도 ●○○ 답 ④

화재 현장에서 불이 번지지 아니하도록 하는 일을 명령받은 사람은 시·도지사로부터 소방활동 비용을 지급받을 수 있다.

> ✅ **확인학습** 비용 지급 대상 예외자
> 1. 소방대상물에 화재, 재난·재해 그 밖의 위급한 상황이 발생한 경우 그 관계인
> 2. 고의 또는 과실로 화재 또는 구조·구급 활동이 필요한 상황을 발생시킨 사람
> 3. 화재 또는 구조·구급 현장에서 물건을 가져간 사람

POINT 20 강제처분 등

정답 p.40

01	①	02	①	03	①	04	④	05	②

01 난이도 ●○○ 답 ①

강제처분권자에 해당하는 항목은 ㄱ, ㄴ, ㄷ이다.

02 난이도 ●○○ 답 ①

(소방본부장), (소방서장) 또는 (소방대장)은 사람을 구출하거나 불이 번지는 것을 막기 위하여 필요할 때에는 화재가 발생하거나 불이 번질 우려가 있는 소방대상물 및 토지를 일시적으로 사용하거나 그 사용의 제한 또는 소방활동에 필요한 처분을 할 수 있다.

03 난이도 ●○○ 답 ①

사람을 구출하거나 불이 번지는 것을 막기 위하여 필요한 때에 행하는 강제처분권자는 소방본부장, 소방서장 또는 소방대장이다. 행정안전부장관은 해당하지 않는다.

04 난이도 ●●○ 답 ④

화재 발생을 막거나 폭발 등으로 화재가 확대되는 것을 막기 위하여 가스·전기 또는 유류 등의 시설에 대하여 위험물질의 공급을 차단하는 등 필요한 조치를 할 수 있는 자는 소방본부장, 소방서장 또는 소방대장이다.

05 난이도 ●●○ 답 ②

불이 번지는 것을 막기 위하여 필요할 때에는 화재가 발생하거나 불이 번질 우려가 있는 소방대상물 및 토지를 일시적으로 사용할 수 있는 내용은 소방기본법 제25조 제1항의 강제처분 내용이다.

| 선지분석 |
① [×] 소방대장은 화재 진압 등 소방활동을 위하여 필요할 때에는 수도의 개폐장치 등을 조작할 수 있다(위험시설 등에 대한 긴급조치).
③ [×] 화재로 오인할 만한 우려가 있는 불을 피우거나 연막소독을 하려는 자는 시·도의 조례로 정하는 바에 따라 관할 소방본부장 또는 소방서장에게 신고하여야 한다(화재 등의 통지).

④ [×] 화재가 발생하여 사람의 생명을 위험하게 할 것으로 인정할 때에는 일정한 구역을 지정하여 그 구역에 있는 사람에게 그 구역 밖으로 피난할 것을 명할 수 있다(피난명령).

POINT 21 피난명령 등

정답 p.41

01 난이도 ●○○ 답 ③

소방본부장, 소방서장 또는 소방대장은 화재, 재난·재해, 그 밖의 위급한 상황이 발생하여 사람의 생명을 위험하게 할 것으로 인정할 때에는 일정한 구역을 지정하여 그 구역에 있는 사람에게 그 구역 밖으로 피난할 것을 명할 수 있다.

02 난이도 ●○○ 답 ①

위험시설 등에 대한 긴급조치와 관련 있는 문항은 ①이다.

| 선지분석 |
② [×] 위급한 상황이 발생한 현장에서 소방활동을 위하여 필요할 때에는 그 관할구역에 사는 사람으로 하여금 사람을 구출하는 일을 하게 할 수 있다(소방활동 종사명령).
③ [×] 화재, 재난·재해, 그 밖의 위급한 상황이 발생하여 사람의 생명을 위험하게 할 것으로 인정할 때에는 일정한 구역을 지정하여 그 구역에 있는 사람에게 그 구역 밖으로 피난할 것을 명할 수 있다(피난명령).
④ [×] 소방본부장, 소방서장 또는 소방대장은 소방활동에 방해가 되는 주차 또는 정차된 차량의 제거나 이동을 위하여 관할 지방자치단체 등 관련 기관에 견인차량과 인력 등에 대한 지원을 요청할 수 있다(강제처분).

03 난이도 ●○○ 답 ①

소방활동에 필요한 소화전(消火栓)·급수탑(給水塔)·저수조(貯水槽)를 설치하고 유지·관리하여야 하는 자는 시·도지사이다.

| 선지분석 |
② [○] 강제처분(소방본부장, 소방서장 또는 소방대장): 소방활동을 위하여 긴급하게 출동할 때에는 소방자동차의 통행과 소방활동에 방해가 되는 주차 또는 정차된 차량 및 물건 등을 제거하거나 이동시킬 수 있다.
③ [○] 위험시설에 대한 긴급조치(소방본부장, 소방서장 또는 소방대장): 화재 발생을 막거나 폭발 등으로 화재가 확대되는 것을 막기 위하여 가스·전기 또는 유류 등의 시설에 대하여 위험물질의 공급을 차단하는 등 필요한 조치를 할 수 있다.

④ [○] 종사명령(소방본부장, 소방서장 또는 소방대장): 화재, 재난·재해, 그 밖의 위급한 상황이 발생한 현장에서 소방활동을 위하여 필요할 때에는 그 관할구역에 사는 사람 또는 그 현장에 있는 사람으로 하여금 사람을 구출하는 일 또는 불을 끄거나 불이 번지지 아니하도록 하는 일을 하게 할 수 있다.

04 난이도 ●●● 답 ④

위험시설 등에 대한 긴급조치로 소방본부장, 소방서장 또는 소방대장은 화재 발생을 막거나 폭발 등으로 화재가 확대되는 것을 막기 위하여 가스·전기 또는 유류 등의 시설에 대하여 위험물질의 공급을 차단하는 등 필요한 조치를 할 수 있다.

| 선지분석 |
① [×] 소방자동차의 우선 통행에 대한 설명이다. 소방대의 긴급통행은 소방대는 화재, 재난·재해, 그 밖의 위급한 상황이 발생한 현장에 신속하게 출동하기 위하여 긴급할 때에는 일반적인 통행에 쓰이지 아니하는 도로·빈터 또는 물 위로 통행할 수 있다는 것을 말한다.
② [×] 소방대장은 화재, 재난·재해, 그 밖의 위급한 상황이 발생한 현장에 소방활동구역을 정하여 소방활동에 필요한 사람으로서 대통령령으로 정하는 사람 외에는 그 구역에 출입하는 것을 제한할 수 있다.
③ [×] 소방본부장, 소방서장 또는 소방대장은 화재, 재난·재해, 그 밖의 위급한 상황이 발생한 현장에서 소방활동을 위하여 필요할 때에는 그 관할구역에 사는 사람 또는 그 현장에 있는 사람으로 하여금 사람을 구출하는 일 또는 불을 끄거나 불이 번지지 아니하도록 하는 일을 하게 할 수 있다(종사명령).

제4장 소방산업의 육성·진흥 및 지원 등

POINT 22 소방산업 및 소방기술 등

정답 p.42

01	④

01 난이도 ●○○ 답 ④

국가는 소방산업과 관련된 기술의 개발을 촉진하기 위하여 기술개발을 실시하는 자에게 그 기술개발에 드는 자금의 전부나 일부를 출연하거나 보조할 수 있다.

> **확인학습** 국가의 책무
>
> 국가는 소방산업(소방용 기계·기구의 제조, 연구·개발 및 판매 등에 관한 일련의 산업을 말한다)의 육성·진흥을 위하여 필요한 계획의 수립 등 행정상·재정상의 지원시책을 마련하여야 한다.

제5장 한국소방안전원

POINT 23 한국소방안전원

정답 p.43

| 01 | ④ | 02 | ① | 03 | ② | 04 | ④ |

01 난이도 ●●●○○ 답 ④

"소방기술과 소방산업의 국외시장 개척에 관한 사업추진"은 해당하지 않는다.

> **✓ 확인학습** 한국소방안전원의 업무
> 1. 소방기술과 안전관리에 관한 교육 및 조사·연구
> 2. 소방기술과 안전관리에 관한 각종 간행물 발간
> 3. 화재예방과 안전관리의식 고취를 위한 대국민 홍보
> 4. 소방업무에 관하여 행정기관이 위탁하는 업무
> 5. 소방안전에 관한 국제협력
> 6. 그 밖에 회원에 대한 기술지원 등 정관으로 정하는 사항

> **✓ 확인학습** 소방기술 및 소방산업의 국제화사업
> 소방청장은 소방기술 및 소방산업의 국제경쟁력과 국제적 통용성을 높이기 위하여 다음의 사업을 추진하여야 한다.
> 1. 소방기술 및 소방산업의 국제 협력을 위한 조사·연구
> 2. 소방기술 및 소방산업에 관한 국제 전시회, 국제 학술회의 개최 등 국제 교류
> 3. 소방기술 및 소방산업의 국외시장 개척
> 4. 소방기술 및 소방산업의 국제경쟁력과 국제적 통용성을 높이기 위하여 필요하다고 인정하는 사업

02 난이도 ●○○ 답 ①

소방기술과 안전관리에 관한 인·허가 업무는 한국소방안전원의 업무에 해당하지 않는다.

> **✓ 확인학습** 한국소방안전원의 업무
> 1. 소방기술과 안전관리에 관한 교육 및 조사·연구
> 2. 소방기술과 안전관리에 관한 각종 간행물 발간
> 3. 화재예방과 안전관리의식 고취를 위한 대국민 홍보
> 4. 소방업무에 관하여 행정기관이 위탁하는 업무
> 5. 소방안전에 관한 국제협력
> 6. 그 밖에 회원에 대한 기술지원 등 정관으로 정하는 사항

03 난이도 ●○○ 답 ②

한국소방안전원의 운영 및 사업에 소요되는 경비는 업무 수행에 따른 수입금, 회원의 회비, 자산운영수익금 및 그 밖의 부대수입으로 충당한다. 안전원의 운영경비는 국가 보조금으로 충당하지 않는다.

04 난이도 ●●○ 답 ④

소방장비의 품질 확보, 품질 인증 및 신기술·신제품에 관한 인증 업무는 안전원의 업무에 해당하지 않는다.

> **✓ 확인학습** 안전원의 업무
> 1. 소방기술과 안전관리에 관한 교육 및 조사·연구
> 2. 소방기술과 안전관리에 관한 각종 간행물 발간
> 3. 화재예방과 안전관리의식 고취를 위한 대국민 홍보
> 4. 소방업무에 관하여 행정기관이 위탁하는 업무
> 5. 소방안전에 관한 국제협력
> 6. 그 밖에 회원에 대한 기술지원 등 정관으로 정하는 사항

제6장 보칙

POINT 24 손실보상 등

정답 p.44

| 01 | ② | 02 | ① | 03 | ④ | 04 | ③ | 05 | ④ |

01 난이도 ●●● 답 ②

손실보상심의위원회는 위원장 1명을 포함하여 5명 이상 7명 이하의 위원으로 구성된다. 다만, 청구금액이 100만원 이하인 사건에 대해서는 제3항 제1호에 해당하는 위원 3명으로만 구성할 수 있다.

> **✓ 확인학습** 손실보상심의위원회의 설치 및 구성
> 1. 소방청장등은 손실보상청구 사건을 심사·의결하기 위하여 각각 손실보상심의위원회를 둔다.
> 2. 보상위원회는 위원장 1명을 포함하여 5명 이상 7명 이하의 위원으로 구성한다.
> 3. 위촉되는 위원의 임기는 2년으로 하며, 한 차례만 연임할 수 있다.
> 4. 보상위원회의 사무를 처리하기 위하여 보상위원회에 간사 1명을 두되, 간사는 소속 소방공무원 중에서 소방청장등이 지명한다.

> **✓ 확인학습** 보상위원회의 위원
> 보상위원회의 위원은 다음의 어느 하나에 해당하는 사람 중에서 소방청장등이 위촉하거나 임명한다. 이 경우 위원의 과반수는 성별을 고려하여 소방공무원이 아닌 사람으로 하여야 한다.
> 1. 소속 소방공무원
> 2. 판사·검사 또는 변호사로 5년 이상 근무한 사람
> 3. 법학 또는 행정학을 가르치는 부교수 이상으로 5년 이상 재직한 사람
> 4. 손해사정사
> 5. 소방안전 또는 의학 분야에 관한 학식과 경험이 풍부한 사람

※ 관련 규정 제·개정됨<개정 2024. 2. 6.>

개정 전	보상위원회는 위원장 1명을 포함하여 5명 이상 7명 이하의 위원으로 구성한다.
개정 후	보상위원회는 위원장 1명을 포함하여 5명 이상 7명 이하의 위원으로 구성한다. 다만, 청구금액이 100만원 이하인 사건에 대해서는 제3항제1호에 해당하는 위원 3명으로만 구성할 수 있다.

02 난이도 ●●●　　　　　　　　　　　　　　　　답 ①

「소방기본법」 제49조의2(손실보상) 및 영 제12조(손실보상의 지급절차 및 방법)에서 규정하고 있다.

ㄱ. 손실보상을 청구할 수 있는 권리는 손실이 있음을 안 날부터 (3)년, 손실이 발생한 날부터 (5)년간 행사하지 아니하면 시효의 완성으로 소멸한다.
ㄴ. 소방청장등은 손실보상심의위원회의 심사·의결을 거쳐 특별한 사유가 없으면 보상금 지급 청구서를 받은 날부터 (60)일 이내에 보상금 지급 여부 및 보상금액을 결정하여야 한다.
ㄷ. 소방청장등은 결정일부터 (10)일 이내에 행정안전 부령으로 정하는 바에 따라 결정 내용을 청구인에게 통지하고, 보상금을 지급하기로 결정한 경우에는 특별한 사유가 없으면 통지한 날부터 (30)일 이내에 보상금을 지급하여야 한다.

> ✅ **확인학습** 손실보상의 지급절차 및 방법
>
> 1. 소방기관 또는 소방대의 적법한 소방업무 또는 소방활동으로 인하여 발생한 손실을 보상받으려는 자는 행정안전부령으로 정하는 보상금 지급 청구서에 손실내용과 손실금액을 증명할 수 있는 서류를 첨부하여 소방청장 또는 시·도지사(이하 "소방청장등"이라 한다)에게 제출하여야 한다. 이 경우 소방청장등은 손실보상금의 산정을 위하여 필요하면 손실보상을 청구한 자에게 증빙·보완 자료의 제출을 요구할 수 있다.
> 2. 소방청장등은 손실보상심의위원회의 심사·의결을 거쳐 특별한 사유가 없으면 보상금 지급 청구서를 받은 날부터 60일 이내에 보상금 지급 여부 및 보상금액을 결정하여야 한다.
> 3. 청구를 각하(却下)하는 결정을 하여야 경우
>   - 청구인이 같은 청구 원인으로 보상금 청구를 하여 보상금 지급 여부 결정을 받은 경우. 다만, 기각 결정을 받은 청구인이 손실을 증명할 수 있는 새로운 증거가 발견되었음을 소명(疎明)하는 경우는 제외한다.
>   - 손실보상 청구가 요건과 절차를 갖추지 못한 경우. 다만, 그 잘못된 부분을 시정할 수 있는 경우는 제외한다.
> 4. 소방청장등은 결정일부터 10일 이내에 행정안전부령으로 정하는 바에 따라 결정 내용을 청구인에게 통지하고, 보상금을 지급하기로 결정한 경우에는 특별한 사유가 없으면 통지한 날부터 30일 이내에 보상금을 지급하여야 한다.
> 5. 소방청장등은 보상금을 지급받을 자가 지정하는 예금계좌에 입금하는 방법으로 보상금을 지급한다. 다만, 보상금을 지급받을 자가 체신관서 또는 은행이 없는 지역에 거주하는 등 부득이한 사유가 있는 경우에는 그 보상금을 지급받을 자의 신청에 따라 현금으로 지급할 수 있다.
> 6. 보상금은 일시불로 지급하되, 예산 부족 등의 사유로 일시불로 지급할 수 없는 특별한 사정이 있는 경우에는 청구인의 동의를 받아 분할하여 지급할 수 있다.

03 난이도 ●○○　　　　　　　　　　　　　　　　답 ④

소방활동에 방해가 되는 불법 주차 차량을 제거하거나 이동시키는 처분으로 인하여 손실을 입은 자는 손실보상 대상에 해당하지 않는다.

04 난이도 ●●●　　　　　　　　　　　　　　　　답 ③

소방활동 종사 사상자의 보상금액 등의 기준은 사망자의 보상금액 기준, 부상등급의 기준, 부상등급별 보상금액 기준 및 보상금의 환수 기준이다. 해당하는 것은 ㄱ, ㄷ, ㄹ이다.

| 선지분석 |

ㄱ. [O] 보상금의 환수 기준
ㄴ. [×] 의료급여의 지급 기준
ㄷ. [O] 사망자의 보상금액 기준
ㄹ. [O] 부상등급별 보상금액 기준

> ✅ **확인학습** 손실보상의 기준 및 보상금액(영제11조)
>
> 1. 법 제49조의2 제1항에 따라 같은 항 각 호(제2호는 제외한다)의 어느 하나에 해당하는 자에게 물건의 멸실·훼손으로 인한 손실보상을 하는 때에는 다음 각 호의 기준에 따른 금액으로 보상한다. 이 경우 영업자가 손실을 입은 물건의 수리나 교환으로 인하여 영업을 계속할 수 없는 때에는 영업을 계속할 수 없는 기간의 영업이익액에 상당하는 금액을 더하여 보상한다.
>   - 손실을 입은 물건을 수리할 수 있는 때: 수리비에 상당하는 금액
>   - 손실을 입은 물건을 수리할 수 없는 때: 손실을 입은 당시의 해당 물건의 교환가액
> 2. 물건의 멸실·훼손으로 인한 손실 외의 재산상 손실에 대해서는 직무집행과 상당한 인과관계가 있는 범위에서 보상한다.
> 3. 법 제49조의2 제1항 제2호(제24조 제1항 전단에 따른 소방활동 종사로 인하여 사망하거나 부상을 입은 자)에 따른 사상자의 보상금액 등의 기준은 별표 2의4와 같다.

> ✅ **확인학습** 소방활동 종사 사상자의 보상금액 등의 기준(별표 2의4)
>
> 1. 사망자의 보상금액 기준
>   「의사상자 등 예우 및 지원에 관한 법률 시행령」 제12조 제1항에 따라 보건복지부장관이 결정하여 고시하는 보상금에 따른다.
> 2. 부상등급의 기준
>   「의사상자 등 예우 및 지원에 관한 법률 시행령」 제2조 및 별표 1에 따른 부상범위 및 등급에 따른다.
> 3. 부상등급별 보상금액 기준
>   「의사상자 등 예우 및 지원에 관한 법률 시행령」 제12조 제2항 및 별표 2에 따른 의상자의 부상등급별 보상금에 따른다.
> 4. 보상금 지급순위의 기준
>   「의사상자 등 예우 및 지원에 관한 법률」 제10조의 규정을 준용한다.
> 5. 보상금의 환수 기준
>   「의사상자 등 예우 및 지원에 관한 법률」 제19조의 규정을 준용한다.

05 난이도 ●●●　　　　　　　　　　　　　　　　답 ④

가. 화재경계지구에서 소방본부장 또는 소방서장은 소방상 필요한 훈련 및 교육을 실시하고자 하는 때에는 화재경계지구 안의 관계인에게 훈련 또는 교육 (10)일 전까지 그 사실을 통보하여야 한다.
나. 특수가연물의 쌓는 높이는 (10)m 이하가 되도록 하고, 쌓는 부분의 바닥면적은 50㎡(석탄·목탄류의 경우에는 200㎡) 이하가 되도록 할 것. 다만, 살수설비를 설치하거나, 방사능력 범위에 해당 특수가연물이 포함되도록 대형수동식소화기를 설치하는 경우에는 쌓는 높이를 (15)m 이하, 쌓는 부분의 바닥면적을 200㎡(석탄·목탄류의 경우에는 300㎡) 이하로 할 수 있다.
다. 소방청장등은 손실보상심의위원회의 심사·의결을 거쳐 특별한 사유가 없으면 보상금 지급 청구서를 받은 날부터 (60)일 이내에 보상금 지급 여부 및 보상금액을 결정하여야 한다.
라. 소방청장등은 보상금 지급여부 및 보상금액 결정 일부터 (10)일 이내에 행정안전부령으로 정하는 바에 따라 결정 내용을 청구인에게 통지하고, 보상금을 지급하기로 결정한 경우에는 특별한 사유가 없으면 통지한 날부터 (30)일 이내에 보상금을 지급하여야 한다.

✅ 현재는 "가.", "나." 의 관련규정이 「화재의 예방 및 안전관리에 관한 법률 시행령」 "제20조", "제19조(영[별표 3])"로 각각 이관됨

제7장 벌칙

POINT 25 벌칙 및 과태료

정답 p.46

| 01 | ② | 02 | 정답없음 | 03 | ② | 04 | ③ | 05 | ① |

01 난이도 ●●○ 답 ②

화재진압 및 구조·구급 활동을 위하여 출동하는 소방자동차의 출동을 방해한 사람: 5년 이하의 징역 또는 5천만원 이하의 벌금

| 선지분석 |
① 정당한 사유 없이 소방대의 생활안전활동을 방해한 자: 100만원 이하의 벌금
③ 정당한 사유 없이 화재진압 등 소방활동을 위하여 필요할 때 물의 사용이나 수도의 개폐장치의 사용 또는 조작을 하지 못하게 하거나 방해한 자: 100만원 이하의 벌금
④ 정당한 사유 없이 소방대가 현장에 도착할 때까지 사람을 구출하는 조치 또는 불을 끄거나 불이 번지지 아니하도록 하는 조치를 하지 아니한 관계인: 100만원 이하의 벌금

✅ **확인학습** 제50조 벌칙(5년 이하의 징역 또는 5천만원 이하의 벌금)
1. 제16조 제2항을 위반하여 다음 어느 하나에 해당하는 행위를 한 사람
   - 위력(威力)을 사용하여 출동한 소방대의 화재진압·인명구조 또는 구급활동을 방해하는 행위
   - 소방대가 화재진압·인명구조 또는 구급활동을 위하여 현장에 출동하거나 현장에 출입하는 것을 고의로 방해하는 행위
   - 출동한 소방대원에게 폭행 또는 협박을 행사하여 화재진압·인명구조 또는 구급활동을 방해하는 행위
   - 출동한 소방대의 소방장비를 파손하거나 그 효용을 해하여 화재진압·인명구조 또는 구급활동을 방해하는 행위
2. 제21조 제1항을 위반하여 소방자동차의 출동을 방해한 사람
3. 제24조 제1항에 따른 사람을 구출하는 일 또는 불을 끄거나 불이 번지지 아니하도록 하는 일을 방해한 사람
4. 제28조를 위반하여 정당한 사유 없이 소방용수시설 또는 비상소화장치를 사용하거나 소방용수시설 또는 비상소화장치의 효용을 해치거나 그 정당한 사용을 방해한 사람

✅ **확인학습** 제53조 벌칙(100만원 이하의 벌금)
1. 제20조 제1항을 위반하여 정당한 사유 없이 소방대가 현장에 도착할 때까지 사람을 구출하는 조치 또는 불을 끄거나 불이 번지지 아니하도록 하는 조치를 하지 아니한 사람
2. 제16조의3 제2항을 위반하여 정당한 사유 없이 소방대의 생활안전활동을 방해한 자
3. 제26조 제1항에 따른 피난 명령을 위반한 사람
4. 제27조 제1항을 위반하여 정당한 사유 없이 물의 사용이나 수도의 개폐장치의 사용 또는 조작을 하지 못하게 하거나 방해한 자
5. 제27조 제2항에 따른 조치를 정당한 사유 없이 방해한 자

02 난이도 ●●● 정답없음

※ 관련 규정 제·개정으로 정답없음(출제 당시 정답: ②)

✅ **확인학습** 「소방기본법」 시행령 [별표 3] 개별기준(개정 전)

위반행위	과태료 금액(만원)			
	1회	2회	3회	4회 이상
특수가연물의 저장 및 취급의 기준을 위반한 경우	20	50	100	100

✅ **확인학습** 화재예방법 시행령 [별표 9] 개별기준(개정 후)

위반행위	근거법조문	과태료(만원)		
		1차	2차	3차
법 제17조 제4항에 따른 불을 사용할 때 지켜야 하는 사항 및 같은 조 제5항에 따른 특수가연물의 저장 및 취급기준을 위반한 경우	법 제52조 제2항 제1호	200		

03 난이도 ●●○ 답 ②

소방자동차 전용구역에 차를 주차하거나 전용구역에의 진입을 가로막는 등의 방해행위를 한 자에게는 100만원 이하의 과태료를 부과한다.

| 선지분석 |
① [×] 정당한 사유 없이 관계인의 소방활동 등에 따른 법을 위반하여 화재, 재난·재해, 그 밖의 위급한 상황을 소방본부, 소방서 또는 관계 행정기관에 알리지 아니한 관계인에게는 500만원 이하의 과태료를 부과한다.
③ [×] 위반행위의 횟수에 따른 과태료의 가중된 부과기준은 최근 1년간 같은 위반행위로 과태료 부과처분을 받은 경우에 적용한다.
④ [×] 위반행위자가 법 위반상태를 시정하거나 해소하기 위하여 노력한 사실이 인정되는 경우, 부과권자는 개별기준에 따른 과태료의 2분의 1 범위에서 그 금액을 줄여 부과할 수 있다.

✅ **확인학습** 과태료 감경기준
부과권자는 다음의 어느 하나에 해당하는 경우에는 개별기준에 따른 과태료의 2분의 1 범위에서 그 금액을 줄여 부과할 수 있다. 다만, 과태료를 체납하고 있는 위반행위자에 대해서는 그렇지 않다.
1. 위반행위가 사소한 부주의나 오류로 인한 것으로 인정되는 경우
2. 위반행위자가 법 위반상태를 시정하거나 해소하기 위하여 노력한 사실이 인정되는 경우
3. 위반행위자가 화재 등 재난으로 재산에 현저한 손실을 입거나 사업여건의 악화로 그 사업이 중대한 위기에 처하는 등 사정이 있는 경우
4. 그 밖에 위반행위의 정도, 위반행위의 동기와 그 결과 등을 고려하여 감경할 필요가 있다고 인정되는 경우

04 난이도 ●○○ 답 ③

- 소방대상물에 화재, 재난·재해, 그 밖의 위급한 상황이 발생한 경우에는 소방본부, 소방서 또는 관계 행정기관에 지체 없이 알려야 하나 이를 위반하여 정당한 사유 없이 화재, 재난·재해, 그 밖의 위급한 상황을 소방본부, 소방서 또는 관계 행정기관에 알리지 아니한 관계인은 (500)만원 이하의 (과태료)를 부과한다.
- 소방본부장, 소방서장 또는 소방대장은 화재 진압 등 소방활동을 위하여 필요할 때에는 소방용수 외에 댐·저수지 또는 수영장 등의 물을 사용하거나 수도의 개폐장치 등을 조작할 수 있으나 이를 위반하여 정당한 사유 없이 물의 사용이나 수도의 개폐장치의 사용 또는 조작을 하지 못하게 하거나 방해한 자는 (100)만원 이하의 (벌금)에 처한다.

05 난이도 ●●● 답 ①

위반행위의 횟수에 따른 과태료의 가중된 부과기준은 최근 (1년) 간 같은 위반행위로 과태료 부과처분을 받은 경우에 적용한다. 이 경우 기간의 계산은 위반행위에 대하여 과태료 부과처분을 (받은 날)과 그 처분 후 다시 같은 위반행위를 하여 적발된 날을 기준으로 한다.

제2편 화재의 예방 및 안전관리에 관한 법률

제1장 총칙

POINT 26 목적 및 정의

정답 p.50

01	②	02	④	03	①	04	③	05	③
06	①								

01 난이도 ●○○ 답 ②

화재예방법은 화재의 예방과 안전관리에 필요한 사항을 규정함으로써 화재로부터 국민의 생명·신체 및 재산을 보호하고 공공의 안전과 복리증진에 이바지함을 목적으로 한다.

02 난이도 ●○○ 답 ④

"화재안전조사"란 소방청장, 소방본부장 또는 소방서장이 소방대상물, 관계지역 또는 관계인에 대하여 소방시설등이 소방 관계 법령에 적합하게 설치·관리되고 있는지, 소방대상물에 화재의 발생 위험이 있는지 등을 확인하기 위하여 실시하는 현장조사·문서열람·보고요구 등을 하는 활동을 말한다.

> ✅ **확인학습** 화재조사법의 용어 정의
> "화재조사"란 소방청장, 소방본부장 또는 소방서장이 화재원인, 피해상황, 대응활동 등을 파악하기 위하여 자료의 수집, 관계인등에 대한 질문, 현장 확인, 감식, 감정 및 실험 등을 하는 일련의 행위를 말한다.

03 난이도 ●●○ 답 ①

안전관리란 화재로 인한 피해를 최소화하기 위한 예방, 대비, 대응 등의 활동을 말한다.

| 선지분석 |
② [×] 예방: 화재의 위험으로부터 사람의 생명·신체 및 재산을 보호하기 위하여 화재발생을 사전에 제거하거나 방지하기 위한 모든 활동을 말한다.
③ [×] 화재안전조사: 소방관서장이 소방대상물, 관계지역 또는 관계인에 대하여 소방시설등이 소방 관계 법령에 적합하게 설치·관리되고 있는지, 소방대상물에 화재의 발생 위험이 있는지 등을 확인하기 위하여 실시하는 현장조사·문서열람·보고요구 등을 하는 활동을 말한다.
④ [×] 화재예방안전진단: 화재가 발생할 경우 사회·경제적으로 피해 규모가 클 것으로 예상되는 소방대상물에 대하여 화재위험요인을 조사하고 그 위험성을 평가하여 개선대책을 수립하는 것을 말한다.

04 난이도 ●○○ 답 ③

화재안전조사란 소방청장, 소방본부장 또는 소방서장이 (소방대상물), 관계지역 또는 관계인에 대하여 소방시설등이 소방 관계 법령에 적합하게 설치·관리되고 있는지, (소방대상물)에 화재의 발생 위험이 있는지 등을 확인하기 위하여 실시하는 현장조사·문서열람·(보고요구) 등을 하는 활동을 말한다.

05 난이도 ●○○ 답 ③

화재예방강화지구란 화재발생 우려가 크거나 화재가 발생할 경우 피해가 클 것으로 예상되는 지역에 대하여 화재의 예방 및 안전관리를 강화하기 위해 지정·관리하는 지역

06 난이도 ●○○ 답 ①

화재예방안전진단이란 화재가 발생할 경우 사회·경제적으로 피해 규모가 클 것으로 예상되는 소방대상물에 대하여 화재위험요인을 조사하고 그 위험성을 평가하여 개선대책을 수립하는 것을 말한다.

제2장 화재의 예방 및 안전관리 기본계획

POINT 27 기본계획·시행계획·세부시행계획

정답 p.52

01	④	02	①	03	①	04	①	05	②

01 난이도 ●○○ 답 ④

소방청장은 기본계획을 시행하기 위하여 매년 시행계획을 수립·시행하여야 한다.

> ✅ **확인학습** 기본계획 포함사항
> 1. 화재예방정책의 기본목표 및 추진방향
> 2. 화재의 예방과 안전관리를 위한 법령·제도의 마련 등 기반 조성
> 3. 화재의 예방과 안전관리를 위한 대국민 교육·홍보
> 4. 화재의 예방과 안전관리 관련 기술의 개발·보급
> 5. 화재의 예방과 안전관리 관련 전문인력의 육성·지원 및 관리
> 6. 화재의 예방과 안전관리 관련 산업의 국제경쟁력 향상
> 7. 그 밖에 대통령령으로 정하는 화재의 예방과 안전관리에 필요한 사항
>   - 화재발생 현황
>   - 소방대상물의 환경 및 화재위험특성 변화 추세 등 화재예방정책의 여건 변화에 관한 사항
>   - 소방시설의 설치·관리 및 화재안전기준의 개선에 관한 사항
>   - 계절별·시기별·소방대상물별 화재예방대책의 추진 및 평가 등에 관한 사항
>   - 그 밖에 화재의 예방 및 안전관리와 관련하여 소방청장이 필요하다고 인정하는 사항

02 난이도 ●○○   답 ①

소방청장은 화재의 예방 및 안전관리에 관한 기본계획을 계획 시행 전년도 8월 31일까지 관계 중앙행정기관의 장과 협의를 마친 후 계획 시행 전년도 9월 30일까지 수립해야 한다.

03 난이도 ●○○   답 ①

ㄱ은 5이고, ㄴ은 10월 31일 이다.
- 소방청장은 화재예방정책을 체계적·효율적으로 추진하고 이에 필요한 기반 확충을 위하여 화재의 예방 및 안전관리에 관한 기본계획을 (5)년마다 수립·시행하여야 한다.
- 소방청장은 기본계획을 시행하기 위한 계획을 계획 시행 전년도 (10월 31일)까지 수립해야 한다.

> ✅ 확인학습 기본계획 등의 제출기한
> 1. 소방청장은 기본계획을 계획 시행 전년도 9월 30일까지 수립하여야 한다.
> 2. 소방청장은 시행계획을 계획 시행 전년도 10월 31일까지 수립하여야 한다.
> 3. 통보를 받은 관계 중앙행정기관의 장 및 시·도지사는 법 제4조 제6항에 따른 세부시행계획을 수립하여 계획 시행 전년도 12월 31일까지 소방청장에게 통보해야 한다.

04 난이도 ●○○   답 ①

소방청장은 화재예방정책을 체계적·효율적으로 추진하고 이에 필요한 기반 확충을 위하여 화재예방 및 안전관리에 기본계획을 5년마다 수립·시행하여야 한다.

05 난이도 ●○○   답 ②

소방청장은 기본계획을 시행하기 위하여 매년 시행계획을 수립·시행하여야 한다.

POINT 28 실태조사

정답 p.54

| 01 | ③ | 02 | ② | 03 | ③ |

01 난이도 ●○○   답 ③

소방청장은 기본계획 및 시행계획의 수립·시행에 필요한 기초자료를 확보하기 위하여 실태조사를 할 수 있다. 이 경우 관계 중앙행정기관의 장의 요청이 있는 때에는 합동으로 실태조사를 할 수 있다.

02 난이도 ●○○   답 ②

소방청장은 실태조사를 실시하려는 경우 실태조사 시작 7일 전까지 조사 일시, 조사 사유 및 조사 내용 등 조사계획을 조사대상자에게 서면 또는 전자우편 등의 방법으로 미리 알려야 한다.

03 난이도 ●●○   답 ③

소방대상물의 피난시설, 방화구획, 방화시설 등의 현황은 해당하지 않는다.

> ✅ 확인학습 실태조사
> 1. 소방대상물의 용도별·규모별 현황
> 2. 소방대상물의 화재의 예방 및 안전관리 현황
> 3. 소방대상물의 소방시설등 설치·관리 현황
> 4. 그 밖에 기본계획 및 시행계획의 수립·시행을 위하여 필요한 사항

POINT 29 통계의 작성 및 관리

정답 p.55

| 01 | ① | 02 | ② |

01 난이도 ●○○   답 ①

소방청장은 화재의 예방 및 안전관리에 관한 통계를 매년 작성·관리하여야 한다.

02 난이도 ●●○   답 ②

한국소방산업기술원은 해당하지 않는다.

> ✅ 확인학습 통계의 작성·관리
> 1. 「소방기본법」 제40조 제1항에 따라 설립된 한국소방안전원(이하 "안전원"이라 한다)
> 2. 「정부출연연구기관 등의 설립·운영 및 육성에 관한 법률」 제8조에 따라 설립된 정부출연연구기관
> 3. 「통계법」 제15조에 따라 지정된 통계작성지정기관

제3장 화재안전조사

POINT 29 화재안전조사

정답

| 01 | ④ | 02 | ③ | 03 | ④ | 04 | ③ |

01 난이도 ●●● 답 ④

화재안전조사위원회는 위원장 1명을 포함한 7명 이내의 위원으로 성별을 고려하여 구성하고, 위원장은 소방관서장이 된다.

> ✅ **확인학습** 화재안전조사를 실시할 수 있는 경우
> 1. 「소방시설 설치 및 관리에 관한 법률」 제22조에 따른 자체점검이 불성실하거나 불완전하다고 인정되는 경우
> 2. 화재예방강화지구 등 법령에서 화재안전조사를 하도록 규정되어 있는 경우
> 3. 화재예방안전진단이 불성실하거나 불완전하다고 인정되는 경우
> 4. 국가적 행사 등 주요 행사가 개최되는 장소 및 그 주변의 관계 지역에 대하여 소방안전관리 실태를 조사할 필요가 있는 경우
> 5. 화재가 자주 발생하였거나 발생할 우려가 뚜렷한 곳에 대한 조사가 필요한 경우
> 6. 재난예측정보, 기상예보 등을 분석한 결과 소방대상물에 화재의 발생 위험이 크다고 판단되는 경우
> 7. 1. ~ 6.에서 규정한 경우 외에 화재, 그 밖의 긴급한 상황이 발생할 경우 인명 또는 재산 피해의 우려가 현저하다고 판단되는 경우

02 난이도 ●●○ 답 ③

화재안전조사의 연기를 신청하려는 관계인은 화재안전조사 시작 3일 전까지 화재안전조사 연기신청서에 화재안전조사를 받기가 곤란함을 증명할 수 있는 서류를 첨부하여 소방청장, 소방본부장 또는 소방서장(이하 "소방관서장"이라 한다)에게 제출하여야 한다.

> ✅ **확인학습** 화재안전조사 연기신청사유(영 제9조)
> 1. 「재난 및 안전관리 기본법」 제3조 제1호에 해당하는 재난이 발생한 경우
> 2. 관계인의 질병, 사고, 장기출장의 경우
> 3. 권한 있는 기관에 자체점검기록부, 교육·훈련일지 등 화재안전조사에 필요한 장부·서류 등이 압수되거나 영치(領置)되어 있는 경우
> 4. 소방대상물의 증축·용도변경 또는 대수선 등의 공사로 화재안전조사를 실시하기 어려운 경우

03 난이도 ●●○ 답 ④

화재안전조사 통지를 받은 관계인은 천재지변이나 그 밖에 대통령령으로 정하는 사유로 화재안전조사를 받기 곤란한 경우에는 화재안전조사를 통지한 소방관서장에게 대통령령으로 정하는 바에 따라 화재안전조사를 연기하여 줄 것을 신청할 수 있다. 이 경우 소방관서장은 연기신청 승인 여부를 결정하고 그 결과를 조사 시작 전까지 관계인에게 알려 주어야 한다.

> ✅ **확인학습** 화재안전조사의 방법 및 절차
> 1. 소방관서장은 화재안전조사를 조사의 목적에 따라 화재안전조사의 항목 전체에 대하여 종합적으로 실시하거나 특정 항목에 한정하여 실시할 수 있다.
> 2. 소방관서장은 화재안전조사를 실시하려는 경우 사전에 관계인에게 조사대상, 조사기간 및 조사사유 등을 우편, 전화, 전자메일 또는 문자전송 등을 통하여 통지하고 이를 대통령령으로 정하는 바에 따라 인터넷 홈페이지나 전산시스템 등을 통하여 공개하여야 한다.
> - 예외사항
>   - 화재가 발생할 우려가 뚜렷하여 긴급하게 조사할 필요가 있는 경우
>   - 1. 외에 화재안전조사의 실시를 사전에 통지하거나 공개하면 조사목적을 달성할 수 없다고 인정되는 경우
> 3. 화재안전조사는 관계인의 승낙 없이 소방대상물의 공개시간 또는 근무시간 이외에는 할 수 없다. 다만, 화재가 발생할 우려가 뚜렷하여 긴급하게 조사할 필요가 있는 경우에 해당하는 경우에는 그러하지 아니하다.
> 4. 2.에 따른 통지를 받은 관계인은 천재지변이나 그 밖에 대통령령으로 정하는 사유로 화재안전조사를 받기 곤란한 경우에는 화재안전조사를 통지한 소방관서장에게 대통령령으로 정하는 바에 따라 화재안전조사를 연기하여 줄 것을 신청할 수 있다. 이 경우 소방관서장은 연기신청 승인 여부를 결정하고 그 결과를 조사 시작 전까지 관계인에게 알려 주어야 한다.
> 5. 1.부터 4.까지에서 규정한 사항 외에 화재안전조사의 방법 및 절차 등에 필요한 사항은 대통령령으로 정한다.

04 난이도 ●●○ 답 ③

소방관서장은 화재안전조사의 대상을 객관적이고 공정하게 선정하기 위하여 필요한 경우 화재안전조사위원회를 구성하여 화재안전조사의 대상을 선정할 수 있다.

POINT 31 화재안전조사단 등

정답

| 01 | ② | 02 | ② | 03 | ④ | 04 | ① | 05 | ② |
| 06 | ① | | | | | | | | |

01 난이도 ●○○ 답 ②

소방관서장은 화재안전조사를 효율적으로 수행하기 위하여 대통령령으로 정하는 바에 따라 소방청에는 중앙화재안전조사단을, 소방본부 및 소방서에는 지방화재안전조사단을 편성하여 운영할 수 있다. 중앙화재안전조사단을 상시 편성하여 운영하여야 하는 것은 아니다.

> ✅ **확인학습** 화재안전조사단 편성·운영
> 1. 중앙화재안전조사단 및 지방화재안전조사단(이하 "조사단"이라 한다)은 단장을 포함하여 50명 이내의 단원으로 성별을 고려하여 구성한다.
> 2. 조사단의 단원은 다음의 어느 하나에 해당하는 사람 중에서 소방관서장이 임명 또는 위촉하고, 단장은 단원 중에서 소방관서장이 임명 또는 위촉한다.

- 소방공무원
- 소방업무와 관련된 단체 또는 연구기관 등의 임직원
- 소방 관련 분야에서 전문적인 지식이나 경험이 풍부한 사람

✅ 확인학습 화재안전조사위원회의 위원 위촉 대상

1. 과장급 직위 이상의 소방공무원
2. 소방기술사
3. 소방시설관리사
4. 소방 관련 분야의 석사학위 이상을 취득한 사람
5. 소방 관련 법인 또는 단체에서 소방 관련 업무에 5년 이상 종사한 사람
6. 「소방공무원 교육훈련규정」 제3조 제2항에 따른 소방공무원 교육훈련기관, 「고등교육법」 제2조의 학교 또는 연구소에서 소방과 관련한 교육 또는 연구에 5년 이상 종사한 사람

02 난이도 ●○○　　　　　　　　　　　　　답 ②

(소방관서장)은 화재안전조사의 대상을 객관적이고 공정하게 선정하기 위하여 필요한 경우 화재안전조사위원회를 구성하여 화재안전조사의 대상을 선정할 수 있다. 소방관서장은 소방청장, 소방본부장 또는 소방서장을 말한다. 따라서, 시·도지사는 해당되지 않는다.

03 난이도 ●●○　　　　　　　　　　　　　답 ④

소방관서장은 화재안전조사를 효율적으로 수행하기 위하여 대통령령으로 정하는 바에 따라 (소방청)에는 중앙화재안전조사단을, (소방본부 및 소방서)에는 지방화재안전조사단을 편성하여 운영할 수 있다.

04 난이도 ●○○　　　　　　　　　　　　　답 ①

중앙화재안전조사단 및 지방화재안전조사단("조사단")은 각각 단장을 포함하여 50명 이내의 단원으로 성별을 고려하여 구성한다.

05 난이도 ●●○　　　　　　　　　　　　　답 ②

화재안전조사를 효율적으로 실시하기 위하여 합동으로 조사반을 편성할 수 있는 기관으로 「소방시설공사업법」에 따른 한국소방시설협회는 해당하지 되지 않는다.

✅ 확인학습 행정안전부령으로 정하는 중요한 사항

1. 관계 중앙행정기관 또는 지방자치단체
2. 한국소방안전원
3. 한국소방산업기술원
4. 한국화재보험협회
5. 한국가스안전공사
6. 한국전기안전공사
7. 그 밖에 소방청장이 정하여 고시하는 소방 관련 법인(단체)

06 난이도 ●○○　　　　　　　　　　　　　답 ①

소방관서장은 화재안전조사의 대상을 객관적이고 공정하게 선정하기 위하여 필요한 경우 화재안전조사위원회를 구성하여 화재안전조사의 대상을 선정할 수 있다.

POINT 32 결과 통보 및 조치명령

정답

| 01 | ③ | 02 | ② | 03 | ④ | 04 | ② |

01 난이도 ●○○　　　　　　　　　　　　　답 ③

소방관서장은 필요한 경우에는 소방기술사, 소방시설관리사, 그 밖에 화재안전 분야에 전문지식을 갖춘 사람을 화재안전조사에 참여하게 할 수 있다.

02 난이도 ●●○　　　　　　　　　　　　　답 ②

소방관서장은 화재안전조사를 마친 때에는 그 조사 결과를 관계인에게 서면으로 통지하여야 한다. 다만, 화재안전조사의 현장에서 관계인에게 조사의 결과를 설명하고 화재안전조사 결과서의 부본을 교부한 경우에는 그러하지 아니하다.

03 난이도 ●○○　　　　　　　　　　　　　답 ④

소방관서장은 화재안전조사 결과에 따른 소방대상물의 위치·구조·설비 또는 관리의 상황이 화재예방을 위하여 보완될 필요가 있거나 화재가 발생하면 인명 또는 재산의 피해가 클 것으로 예상되는 때에는 행정안전부령으로 정하는 바에 따라 관계인에게 그 소방대상물의 개수(改修)·이전·제거, 사용의 금지 또는 제한, 사용폐쇄, 공사의 정지 또는 중지, 그 밖에 필요한 조치를 명할 수 있다.

04 난이도 ●○○　　　　　　　　　　　　　답 ②

화재안전조사 결과에 따른 조치명령권자는 소방청장, 소방본부장 또는 소방서장이다.

POINT 33 손실보상 및 결과 공개 등

정답 p.60

| 01 | ① | 02 | ② | 03 | ① | 04 | ② |

01 난이도 ●○○ 답 ①

소방안전조사 결과에 따른 조치명령으로 인한 손실을 입은 자가 있는 경우 손실보상권자는 소방청장 또는 시·도지사이다.

02 난이도 ●○○ 답 ②

화재안전조사 결과에 따른 조치명령으로 소방청장 또는 시·도지사가 손실을 보상하는 경우에는 시가(時價)로 보상해야 한다.

> ✅ **확인학습** 손실보상
> 1. 시·도지사가 손실을 보상하는 경우에는 시가(時價)로 보상하여야 한다.
> 2. 손실보상에 관하여는 시·도지사와 손실을 입은 자가 협의하여야 한다.
> 3. 보상금액에 관한 협의가 성립되지 아니한 경우에는 시·도지사는 그 보상금액을 지급하거나 공탁하고 이를 상대방에게 알려야 한다.
> 4. 보상금의 지급 또는 공탁의 통지에 불복하는 자는 지급 또는 공탁의 통지를 받은 날부터 30일 이내에 관할 토지수용위원회에 재결(裁決)을 신청할 수 있다.

> ✅ **확인학습** 화재안전조사 결과에 따른 조치명령
> 1. 소방관서장은 화재안전조사 결과에 따른 소방대상물의 위치·구조·설비 또는 관리의 상황이 화재예방을 위하여 보완될 필요가 있거나 화재가 발생하면 인명 또는 재산의 피해가 클 것으로 예상되는 때에는 행정안전부령으로 정하는 바에 따라 관계인에게 그 소방대상물의 개수(改修)·이전·제거, 사용의 금지 또는 제한, 사용폐쇄, 공사의 정지 또는 중지, 그 밖에 필요한 조치를 명할 수 있다.
> 2. 소방관서장은 화재안전조사 결과 소방대상물이 법령을 위반하여 건축 또는 설비되었거나 소방시설등, 피난시설·방화구획, 방화시설 등이 법령에 적합하게 설치 또는 관리되고 있지 아니한 경우에는 관계인에게 1.에 따른 조치를 명하거나 관계 행정기관의 장에게 필요한 조치를 하여 줄 것을 요청할 수 있다.

03 난이도 ●○○ 답 ①

시·도지사가 손실을 보상하는 경우에는 시가(時價)로 보상하여야 한다.

> ✅ **확인학습** 손실보상
> 1. 시·도지사가 손실을 보상하는 경우에는 시가(時價)로 보상하여야 한다.
> 2. 손실보상에 관하여는 시·도지사와 손실을 입은 자가 협의해야 한다.
> 3. 보상금액에 관한 협의가 성립되지 아니한 경우에는 시·도지사는 그 보상금액을 지급하거나 공탁하고 이를 상대방에게 알려야 한다.
> 4. 보상금의 지급 또는 공탁의 통지에 불복하는 자는 지급 또는 공탁의 통지를 받은 날부터 30일 이내에 관할 토지수용위원회에 재결(裁決)을 신청할 수 있다.

04 난이도 ●●○ 답 ②

- 소방관서장은 법 제16조 제1항에 따라 화재안전조사 결과를 공개하는 경우 30일 이상 해당 소방관서 인터넷 홈페이지나 같은 조 제3항에 따른 전산시스템을 통해 공개해야 한다.
- 소방관서장은 영 제15조 제2항에 따라 화재안전조사 결과를 공개하려는 경우, 공개기간, 공개내용 및 공개 방법을 해당 소방대상물의 관계인에게 미리 알려야 한다.

> ✅ **확인학습** 화재안전조사 결과 공개(영 제15조)
> 1. 법 제16조 제1항 제4호에서 '그 밖에 대통령령으로 정하는 사항'이란 다음의 어느 하나에 해당하는 사항을 말한다.
>   - 「위험물안전관리법」 제2조 제6호의 제조소등 설치 현황
>   - 소방안전관리자 선임 현황
>   - 화재예방안전진단 실시 결과
> 2. 소방관서장은 화재안전조사 결과를 공개하는 경우 30일 이상 해당 소방관서 인터넷 홈페이지나 같은 조 전산시스템을 통해 공개해야 한다.
> 3. 소방관서장은 2.에 따라 화재안전조사 결과를 공개하려는 경우 공개기간, 공개 내용 및 공개 방법을 해당 소방대상물의 관계인에게 미리 알려야 한다.
> 4. 소방대상물의 관계인은 3.에 따른 공개 내용 등을 통보받은 날부터 10일 이내에 소방관서장에게 이의신청을 할 수 있다.
> 5. 소방관서장은 4.에 따라 이의신청을 받은 날부터 10일 이내에 심사·결정하여 그 결과를 지체 없이 신청인에게 알려야 한다.
> 6. 화재안전조사 결과의 공개가 제3자의 법익을 침해하는 경우에는 제3자와 관련된 사실을 제외하고 공개해야 한다.

제4장 화재의 예방조치 등

POINT 34 화재의 예방조치 등

정답 p.61

| 01 | ④ | 02 | ② | 03 | ② | 04 | ② |

01 난이도 ●○○ 답 ④

소방관서장은 매각되거나 폐기된 옮긴 물건의 소유자가 보상을 요구하는 경우에는 보상금액에 대하여 소유자와 협의를 거쳐 이를 보상하여야 한다.

> ✅ **확인학습** 옮긴물건등의 보관기간 및 보관기간 경과 후 처리 등
> 1. 소방관서장은 법 제17조 제2항 각 호 외의 부분 단서에 따라 옮긴 물건 등(이하 "옮긴물건등"이라 한다)을 보관하는 경우에는 그 날부터 14일 동안 해당 소방관서의 인터넷 홈페이지에 그 사실을 공고해야 한다.
> 2. 옮긴물건등의 보관기간은 1.에 따른 공고기간의 종료일 다음 날부터 7일까지로 한다.
> 3. 소방관서장은 2.에 따른 보관기간이 종료된 때에는 보관하고 있는 옮긴물건등을 매각해야 한다. 다만, 보관하고 있는 옮긴물건등이 부패·파손 또는 이와 유사한 사유로 정해진 용도로 계속 사용할 수 없는 경우에는 폐기할 수 있다.

4. 소방관서장은 보관하던 옮긴물건등을 3.의 본문에 따라 매각한 경우에는 지체 없이 「국가재정법」에 따라 세입조치를 해야 한다.
5. 소방관서장은 3.에 따라 매각되거나 폐기된 옮긴물건등의 소유자가 보상을 요구하는 경우에는 보상금액에 대하여 소유자와의 협의를 거쳐 이를 보상해야 한다.
6. 5.의 손실보상의 방법 및 절차 등에 관하여는 제14조를 준용한다.

02 난이도 ●●○ 답 ②

소방관서장은 위험물 또는 물건을 보관하는 경우에는 그 날부터 14일 동안 소방본부 또는 소방서의 홈페이지에 그 사실을 공고해야 한다.

03 난이도 ●○○ 답 ②

소방관서장은 법 제17조 제2항 각 호 외의 부분 단서에 따라 옮긴 물건 등("옮긴물건등")을 보관하는 경우에는 그날부터 (14일) 동안 해당 소방관서의 인터넷 홈페이지에 그 사실을 공고해야 한다.

04 난이도 ●●○ 답 ②

옮긴물건등의 보관기간은 공고기간의 종료일 다음 날부터 7일까지로 한다.

POINT 35 불을 사용하는 설비의 관리기준 등

정답 p.62

| 01 | ③ | 02 | ③ | 03 | ④ | 04 | ② | 05 | ① |
| 06 | ② | 07 | ④ | 08 | ② | 09 | ④ | | |

01 난이도 ●●○ 답 ③

음식조리를 위하여 설치하는 설비의 경우, 열을 발생하는 조리기구로부터 0.15미터 이내의 거리에 있는 가연성 주요구조부는 단열성이 있는 불연재료로 덮어 씌운다.

| 선지분석 |
① [×] 경유·등유 등 액체 연료탱크는 보일러 본체로부터 수평거리 1미터 이상의 간격을 두어 설치한다.
② [×] 화목(火木) 등 고체연료를 사용하는 연통의 배출구는 보일러 본체보다 2미터 이상 높게 설치한다.
④ [×] 대통령령에서 규정한 사항 외에 화재 발생 우려가 있는 설비 또는 기구의 종류, 해당 설비 또는 기구의 위치·구조 및 관리와 화재 예방을 위하여 불을 사용할 때 지켜야 하는 사항은 시·도 조례로 정한다.

✓ 확인학습 액체연료를 사용하는 보일러
1. 연료탱크는 보일러 본체로부터 수평거리 1미터 이상의 간격을 두어 설치할 것
2. 연료탱크에는 화재 등 긴급상황이 발생하는 경우 연료를 차단 할 수 있는 개폐밸브를 연료탱크로부터 0.5미터 이내에 설치할 것
3. 연료탱크 또는 연료를 공급하는 배관에는 여과장치를 설치할 것
4. 사용이 허용된 연료 외의 것을 사용하지 아니할 것
5. 연료탱크에는 불연재료로 된 받침대를 설치하여 연료탱크가 넘어지지 아니하도록 할 것

✓ 확인학습 고체연료를 사용하는 보일러
1. 고체연료는 별도의 실 또는 보일러와 수평거리 2미터 이상 이격하여 보관할 것
2. 연통은 천장으로부터 0.6미터 이상, 건물 밖으로 0.6미터 이상 나오도록 설치할 것
3. 연통의 배출구는 보일러보다 2미터 이상 높게 연장하여 설치할 것
4. 연통이 관통하는 벽면, 지붕 등은 불연재료로 처리할 것
5. 연통재질은 불연재료로 사용하고 연결부에 청소구를 설치할 것

02 난이도 ●●○ 답 ③

건조설비: 실내에 설치하는 경우에 벽·천장 및 바닥은 불연재료로 해야 한다.

✓ 확인학습 불을 사용할 때 지켜야 하는 사항
1. 보일러는 가연성 벽·바닥 또는 천장과 접촉하는 증기기관 또는 연통의 부분은 규조토 등 난연성 또는 불연성 단열재로 덮어씌워야 한다.
2. 난로는 난연성 벽·바닥 또는 천장과 접촉하는 연통의 부분은 규조토 등 난연성 또는 불연성의 단열재로 덮어씌워야 한다.
3. 건조설비는 실내에 설치하는 경우에 벽·천장 및 바닥은 불연재료로 해야 한다.
4. 노·화덕설비
   • 실내에 설치하는 경우에는 흙바닥 또는 금속 외의 불연재료로 된 바닥에 설치해야 한다.
   • 노 또는 화덕을 설치하는 장소의 벽·천장은 불연재료로 된 것이어야 한다.
5. 음식조리를 위하여 설치하는 설비
   • 주방설비에 부속된 배출덕트(공기 배출통로)는 0.5밀리미터 이상의 아연도금강판 또는 이와 같거나 그 이상의 내식성 불연재료로 설치할 것
   • 열을 발생하는 조리기구로부터 0.15미터 이내의 거리에 있는 가연성 주요구조부는 단열성이 있는 불연재료로 덮어 씌울 것

03 난이도 ●●● 답 ④

기체연료를 사용하는 보일러의 경우에는 보일러를 설치하는 장소에는 환기구를 설치하는 등 가연성가스가 머무르지 아니하도록 하여야 한다.

| 선지분석 |
① [×] 고체연료를 사용하는 보일러에 있어서 고체연료는 별도의 실 또는 보일러와 수평거리 2미터 이상 이격하여 보관하여야 한다.
② [×] 「공연법」 제2조 제4호의 규정에 의한 공연장에서 이동식난로는 사용하여서는 아니 된다. 다만, 난로가 쓰러지지 아니하도록 받침대를 두어 고정시키거나 쓰러지는 경우 즉시 소화되고 연료의 누출을 차단할 수 있는 장치가 부착된 경우에는 그러하지 아니하다.

③ [×] 보일러를 실내에 설치하는 경우에는 콘크리트바닥 또는 금속 외의 <u>불연재료</u>로 된 바닥 위에 설치하여야 한다.

> ✅ **확인학습** 기체연료를 사용하는 보일러
> 1. 보일러를 설치하는 장소에는 환기구를 설치하는 등 가연성가스가 머무르지 아니하도록 할 것
> 2. 연료를 공급하는 배관은 금속관으로 할 것
> 3. 화재 등 긴급시 연료를 차단할 수 있는 개폐밸브를 연료용기 등으로부터 0.5미터 이내에 설치할 것
> 4. 보일러가 설치된 장소에는 가스누설경보기를 설치할 것

> ✅ **확인학습** 액체연료를 사용하는 보일러
> 1. 연료탱크는 보일러본체로부터 수평거리 1미터 이상의 간격을 두어 설치할 것
> 2. 연료탱크에는 화재 등 긴급상황이 발생하는 경우 연료를 차단 할 수 있는 개폐밸브를 연료탱크로부터 0.5미터 이내에 설치할 것
> 3. 연료탱크 또는 연료를 공급하는 배관에는 여과장치를 설치할 것
> 4. 사용이 허용된 연료 외의 것을 사용하지 아니할 것
> 5. 연료탱크에는 불연재료로 된 받침대를 설치하여 연료탱크가 넘어지지 아니하도록 할 것

> ✅ **확인학습** 고체연료를 사용하는 보일러
> 1. 고체연료는 별도의 실 또는 보일러와 수평거리 2미터 이상 이격하여 보관할 것
> 2. 연통은 천장으로부터 0.6미터 이상, 건물 밖으로 0.6미터 이상 나오도록 설치할 것
> 3. 연통은 보일러보다 2미터 이상 높게 연장하여 설치할 것
> 4. 연통이 관통하는 벽면, 지붕 등은 불연재료로 처리할 것
> 5. 연통재질은 불연재료로 사용하고 연결부에 청소구를 설치할 것

04 난이도 ●●○ 답 ②

<u>조리기구</u>는 반자 또는 선반으로부터 <u>0.6m 이상</u> 떨어지게 하여야 한다.

> ✅ **확인학습** 음식조리를 위하여 설치하는 설비
> 1. 배출덕트(공기 배출통로)는 <u>0.5mm 이상</u> 아연도금강판 또는 내식성 불연재료로 설치
> 2. 동물 또는 식물의 기름을 제거할 수 있는 필터 등을 설치
> 3. 조리기구는 반자 또는 선반으로부터 <u>0.6m 이상</u> 떨어지게 설치
> 4. 열이 발생하는 조리기구로부터 <u>0.15m 이내</u> 거리에 있는 가연성 주요구조부는 석면판 또는 단열성이 있는 <u>불연재료</u>로 덮어씌울 것

05 난이도 ●○○ 답 ①

- 용접 또는 용단 작업장 주변 (<u>반경 5m</u>) 이내에 소화기를 갖추어 둘 것
- 용접 또는 용단 작업장 주변 (<u>반경 10m</u>) 이내에는 가연물을 쌓아두거나 놓아두지 말 것. 다만, 가연물의 제거가 곤란하여 방지포 등으로 방호조치를 한 경우는 제외한다.

06 난이도 ●●○ 답 ②

- 보일러: 보일러와 벽·천장 사이의 거리는 (0.6)m 이상 되도록 하여야 한다.
- 난로: 연통은 천장으로부터 (0.6)m 이상 떨어지고, 건물 밖으로 0.6m 이상 나오게 설치하여야 한다.
- 건조설비: 건조설비와 벽·천장 사이의 거리는 (0.5)m 이상 되도록 하여야 한다.
- 음식조리를 위하여 설치하는 설비: 열을 발생하는 조리기구는 반자 또는 선반으로부터 (0.6)m 이상 떨어지게 해야 한다.

07 난이도 ●○○ 답 ④

불꽃을 사용하는 용접·용단기구 작업장에서는 용접 또는 용단 작업장 주변 반경 <u>5m 이내</u>에 소화기를 갖추어야 한다.

> ✅ **확인학습** 불꽃을 사용하는 용접·용단기구
> 1. 용접 또는 용단 작업장 주변 반경 <u>5m 이내</u>에 소화기 구비
> 2. 용접 또는 용단 작업장 주변 <u>반경 10m 이내</u>에는 가연물을 쌓아두거나 놓아두지 말 것. 다만, 가연물의 제거가 곤란하여 방지포 등으로 방호조치를 한 경우는 제외한다.

08 난이도 ●○○ 답 ②

고체연료는 별도의 실 또는 보일러와 수평거리 <u>2미터 이상</u> 이격하여 보관해야 한다.

> ✅ **확인학습** 보일러의 공통기준
> 1. 가연성 벽·바닥 또는 천장과 접촉하는 증기기관 또는 연통의 부분은 규조토 등 난연성 단열재로 덮어씌워야 한다.
> 2. 보일러와 벽·천장 사이의 거리는 0.6미터 이상 되도록 하여야 한다.
> 3. 보일러를 실내에 설치하는 경우에는 콘크리트바닥 또는 금속 외의 불연재료로 된 바닥 위에 설치하여야 한다.

> ✅ **확인학습** 고체연료를 사용하는 보일러
> 1. 고체연료는 별도의 실 또는 보일러와 수평거리 2미터 이상 이격하여 보관할 것
> 2. 연통은 천장으로부터 0.6미터 이상, 건물 밖으로 0.6미터 이상 나오도록 설치할 것
> 3. 연통은 보일러보다 2미터 이상 높게 연장하여 설치할 것
> 4. 연통이 관통하는 벽면, 지붕 등은 불연재료로 처리할 것
> 5. 연통재질은 불연재료로 사용하고 연결부에 청소구를 설치할 것

09 난이도 ●●○ 답 ④

노·화덕 설비의 설치기준으로 시간당 열량이 30만kcal 이상인 노를 설치하는 경우에는 <u>주요구조부는 불연재료</u>로 한다.

> ✅ **확인학습** 노·화덕 설비의 설치기준
> 1. 실내에 설치하는 경우에는 흙바닥 또는 금속 외의 불연재료로 된 바닥이나 흙바닥에 설치할 것
> 2. 노·화덕을 설치하는 장소의 벽·천장은 불연재료를 사용할 것
> 3. 노·화덕의 주위에는 녹는 물질이 확산되지 아니하도록 높이 0.1m 이상의 턱을 설치할 것

4. 시간당 열량이 30만kcal 이상인 노를 설치하는 경우
   - 주요구조부는 불연재료로 할 것
   - 창문과 출입구는 「건축법 시행령」 제64조의 규정에 의한 60+ 방화문 또는 60분 방화문으로 설치할 것
   - 노 주위에는 1m 이상 공간을 확보할 것

POINT 36 특수가연물

정답
p.64

| 01 | ① | 02 | ② | 03 | ① | 04 | ③ | 05 | ③ |
| 06 | ③ | 07 | ③ | 08 | ④ | 09 | ③ | | |

01 난이도 ●●● 답 ①

| 선지분석 |
① [○] 실외에 쌓아 저장하는 경우 쌓는 부분이 대지경계선, 도로 및 인접 건축물과 최소 6미터 이상 간격을 둘 것. 다만, 쌓는 높이보다 0.9미터 이상 높은 내화구조 벽체를 설치한 경우는 그렇지 않다.
② [×] 실내에 쌓아 저장하는 경우 주요구조부는 불연재료여야 하고, 다른 종류의 특수가연물과 같은 공간에 보관하지 않을 것. 다만, 내화구조의 벽으로 분리하는 경우는 그렇지 않다.
③ [×] 쌓는 부분 바닥면적의 사이는 실내의 경우 1.2미터 또는 쌓는 높이의 1/2 중 큰 값 이상으로 간격을 둘 것
④ [×] 쌓는 부분 바닥면적의 사이는 실외의 경우 3미터 또는 쌓는 높이 중 큰 값 이상으로 간격을 둘 것

✓ 확인학습 실내·외 저장 기준

구분	이격 및 저장 원칙	예외대상	쌓는 부분의 바닥면적 사이 이격
실외	대지경계선·도로·인접 건축물: 6m 이상	쌓은 높이보다 0.9m 이상 높은 내화구조 벽체 설치 시	3m 또는 쌓는 높이 중 큰 값
실내	• 내화구조 건축물의 경우 주요구조부: 불연재료 • 혼용저장 금지	내화구조의 벽으로 분리하는 경우	1.2m 또는 쌓는 높이 1/2 중 큰 값

02 난이도 ●○○ 답 ②

쌓는 높이는 10m 이하가 되도록 하고, 쌓는 부분의 바닥면적은 50㎡ 이하가 되도록 하여야 한다.

✓ 확인학습 쌓는 높이와 쌓는 바닥면적 기준

구분		일반	완화조건*
쌓는 높이		10m 이하	15m 이하
쌓는 면적	석탄·목탄류 외	50㎡ 이하	200㎡ 이하
	석탄·목탄류	200㎡ 이하	300㎡ 이하

* 완화조건: 살수설비·대형수동식소화기 설치 시

✓ 확인학습 특수가연물의 저장·취급 기준

특수가연물은 다음의 기준에 따라 쌓아 저장해야 한다. 다만, 석탄·목탄류를 발전용(發電用)으로 저장하는 경우는 제외한다.
1. 품명별로 구분하여 쌓을 것
2. 다음의 기준에 맞게 쌓을 것

구분	살수설비를 설치하거나 방사능력 범위에 해당 특수가연물이 포함되도록 대형수동식소화기를 설치하는 경우	그 밖의 경우
높이	15미터 이하	10미터 이하
쌓는 부분의 바닥 면적	200제곱미터 (석탄·목탄류의 경우에는 300제곱미터) 이하	50제곱미터 (석탄·목탄류의 경우에는 200제곱미터) 이하

3. 실외에 쌓아 저장하는 경우 쌓는 부분이 대지경계선, 도로 및 인접 건축물과 최소 6미터 이상 간격을 둘 것. 다만, 쌓는 높이보다 0.9미터 이상 높은 「건축법 시행령」 제2조 제7호에 따른 내화구조(이하 "내화구조"라 한다) 벽체를 설치한 경우는 그렇지 않다.
4. 실내에 쌓아 저장하는 경우 주요구조부는 내화구조이면서 불연재료여야 하고, 다른 종류의 특수가연물과 같은 공간에 보관하지 않을 것. 다만, 내화구조의 벽으로 분리하는 경우는 그렇지 않다.
5. 쌓는 부분 바닥면적의 사이는 실내의 경우 1.2미터 또는 쌓는 높이의 1/2 중 큰 값 이상으로 간격을 두어야 하며, 실외의 경우 3미터 또는 쌓는 높이 중 큰 값 이상으로 간격을 둘 것

03 난이도 ●○○ 답 ①

넝마 및 종이부스러기의 수량 기준은 1천kg 이상이다.

✓ 확인학습 특수가연물의 종류와 수량 기준

품명	수량(이상)	품명		수량(이상)
면화류	200kg	가연성 고체류		3천kg
나무껍질	400kg	대팻밥		400kg
넝마 및 종이부스러기	1천kg	가연성 액체류		2㎥
사류(絲類)	1천kg	목재가공품 및 나무부스러기		10㎥
볏짚류	1천kg	고무류·플라스틱류	발포	20㎥
석탄·목탄류	1만kg		그 외	3천kg

04 난이도 ●○○ 답 ③

나무껍질의 수량 기준은 400kg 이상이다.

05 난이도 ●●○ 답 ③

살수설비를 설치하거나, 방사능력 범위에 해당 특수가연물이 포함되도록 대형수동식소화기를 설치하는 경우에는 쌓는 높이를 (15)미터 이하, 쌓는 부분의 바닥면적을 200제곱미터[석탄·목탄류의 경우에는 (300)제곱미터] 이하로 쌓아 저장해야 한다.

> ✅ **확인학습** 쌓는 높이와 쌓는 바닥면적 기준
> 1. 쌓는 높이는 10미터 이하가 되도록 하고, 쌓는 부분의 바닥면적은 50제곱미터(석탄·목탄류의 경우에는 200제곱미터) 이하가 되도록 하되, 쌓는 최대 체적은 150세제곱미터 이하가 되도록 할 것.
> 2. 다만, 살수설비를 설치하거나, 방사능력 범위에 해당 특수가연물이 포함되도록 대형수동식소화기를 설치하는 경우에는 쌓는 높이를 15미터 이하, 쌓는 부분의 바닥면적을 200제곱미터(석탄·목탄류의 경우에는 300제곱미터) 이하로 쌓아 저장해야 한다.

06 난이도 ●●● 답 ③

쌓는 부분의 바닥면적 사이는 실내의 경우 1.2미터 또는 쌓는 높이의 1/2 중 큰 값 이상으로 이격해야 하며, 실외의 경우 3미터 또는 쌓는 높이 중 큰 값 이상으로 이격해야 한다.

> ✅ **확인학습** 실내·외 저장 기준
>
> | 구분 | 이격 및 저장 원칙 | 예외대상 | 쌓는 부분의 바닥면적 사이 이격 |
> |---|---|---|---|
> | 실외 | 대지경계선·도로·인접 건축물: 6m 이상 | 쌓은 높이보다 0.9m 이상 높은 내화구조 벽체 설치 시 | 3m 또는 쌓는 높이 중 큰 값 |
> | 실내 | • 내화구조 건축물의 경우 주요구조부: 불연재료
• 혼용저장 금지 | 내화구조의 벽으로 분리하는 경우 | 1.2m 또는 쌓는 높이 1/2 중 큰 값 |

07 난이도 ●○○ 답 ③

특수가연물 표지의 바탕은 흰색으로, 문자는 검은색으로 할 것. 다만, "화기엄금" 표시 부분은 제외한다.

> ✅ **확인학습** 특수가연물의 표지
> 1. 특수가연물을 저장 또는 취급하는 장소에는 품명, 최대저장수량, 단위부피당 질량 또는 단위체적당 질량, 관리책임자 성명·직책, 연락처 및 화기취급의 금지표시가 포함된 특수가연물 표지를 설치해야 한다.
> 2. 특수가연물 표지의 규격은 다음과 같다.
>   • 특수가연물 표지는 한 변의 길이가 0.3미터 이상, 다른 한 변의 길이가 0.6미터 이상인 직사각형으로 할 것
>   • 특수가연물 표지의 바탕은 흰색으로, 문자는 검은색으로 할 것(다만, "화기엄금" 표시 부분은 제외한다)
>   • 특수가연물 표지 중 화기엄금 표시 부분의 바탕은 붉은색으로, 문자는 백색으로 할 것
> 3. 특수가연물 표지는 특수가연물을 저장하거나 취급하는 장소 중 보기 쉬운 곳에 설치해야 한다.

08 난이도 ●●○ 답 ④

넝마 및 종이부스러기는 불연성 또는 난연성이 아닌 것(동물 또는 식물의 기름이 깊이 스며들어 있는 옷감·종이 및 이들의 제품을 포함한다)으로 한정한다.

| 선지분석 |
① [×] "면화류"라 함은 불연성 또는 난연성이 아닌 면상 또는 팽이 모양의 섬유와 마사(麻絲) 원료를 말한다.
② [×] "사류"라 함은 불연성 또는 난연성이 아닌 실(실부스러기와 솜털을 포함한다)과 누에고치를 말한다.
③ [×] "볏짚류"라 함은 마른 볏짚·북더기와 이들의 제품 및 건초를 말한다. 다만, 축산용도로 사용하는 것은 제외한다.

09 난이도 ●●● 답 ③

특수가연물의 표지 중 화기엄금 표시부분의 바탕은 붉은색으로, 문자는 백색으로 하여야 한다.

POINT 37 화재예방강화지구

정답 p.66

01	③	02	①	03	④	04	②	05	②
06	③	07	③	08	①	09	②		

01 난이도 ●○○ 답 ③

"전력용 및 통신용 지하구가 있는 지역"은 해당하지 않는다. 해당하는 것은 ㄱ, ㄴ, ㄹ, ㅁ이다.

> ✅ **확인학습** 화재예방강화지구 지정대상지역
> 1. 시장지역
> 2. 공장·창고가 밀집한 지역
> 3. 목조건물이 밀집한 지역
> 4. 노후·불량건축물이 밀집한 지역
> 5. 위험물의 저장 및 처리 시설이 밀집한 지역
> 6. 석유화학제품을 생산하는 공장이 있는 지역
> 7. 산업단지
> 8. 소방시설·소방용수시설 또는 소방출동로가 없는 지역
> 9. 물류단지
> 10. 소방관서장이 화재예방강화지구로 지정할 필요가 있다고 인정하는 지역

02 난이도 ●●● 답 ①

시·도지사는 화재안전조사의 결과 등을 행정안전부령으로 정하는 화재경계지구 관리대장에 작성하고 관리하여야 한다.

> ✅ **확인학습** 화재예방강화지구의 관리
> 1. 소방관서장은 화재예방강화지구 안의 소방대상물의 위치·구조 및 설비 등에 대한 화재안전조사를 연 1회 이상 실시해야 한다.
> 2. 소방관서장은 화재예방강화지구 안의 관계인에 대하여 소방에 필요한 훈련 및 교육을 연 1회 이상 실시할 수 있다.
> 3. 소방관서장은 소방에 필요한 훈련 및 교육을 실시하려는 경우에는 화재예방강화지구 안의 관계인에게 훈련 또는 교육 10일 전까지 그 사실을 통보해야 한다.

4. 시·도지사는 법 제18조 제6항에 따라 다음의 사항을 행정안전부령으로 정하는 화재예방강화지구 관리대장에 작성하고 관리해야 한다.
- 화재예방강화지구의 지정 현황
- 화재안전조사의 결과
- 소방설비등의 설치 명령 현황
- 소방훈련의 실시 현황
- 소방교육의 실시 현황
- 그 밖에 화재예방 강화를 위하여 필요한 사항

03 난이도 ●○○ 답 ④

모두 화재예방강화지구 지정 대상이다.

04 난이도 ●●○ 답 ②

소방관서장은 화재예방강화지구 안의 관계인에 대하여 소방상 필요한 훈련 및 교육을 연 1회 이상 실시할 수 있다.

| 선지분석 |
① [×] 소방관서장은 화재예방강화지구 안의 소방대상물의 위치·구조 및 설비 등에 대한 화재안전조사를 연 1회 이상 실시해야 한다.
③ [×] 소방관서장은 소방상 필요한 훈련 및 교육을 실시하고자 하는 때에 화재예방강화지구 안의 관계인에게 훈련 또는 교육 10일 전까지 그 사실을 통보해야 한다.
④ [×] 시·도지사는 화재예방강화지구의 지정 현황 등을 화재경계지구 관리대장에 작성하고 관리해야 한다.

05 난이도 ●○○ 답 ②

시·도지사가 화재예방강화지구로 지정할 필요가 있는 지역을 화재예방강화지구로 지정하지 아니하는 경우 소방청장은 해당 시·도지사에게 해당 지역의 화재예방강화지구 지정을 요청할 수 있다.

06 난이도 ●●○ 답 ③

시·도지사가 화재예방강화지구로 지정할 필요가 있는 지역을 화재예방강화지구로 지정하지 아니하는 경우 소방청장은 해당 시·도지사에게 해당 지역의 화재예방강화지구 지정을 요청할 수 있다. 소방청장이 화재예방강화지구를 지정하는 것이 아니라 단지 시·도지사에게 요청할 수 있는 권한이 있다.

07 난이도 ●●○ 답 ③

소방관서장은 화재안전조사를 한 결과 화재의 예방강화를 위하여 필요하다고 인정할 때에는 관계인에게 소화기구, 소방용수시설 또는 그 밖에 소방에 필요한 설비("소방설비등"이라 한다)의 설치(보수, 보강을 포함한다)를 명할 수 있다.

✓ 확인학습 화재예방강화지구의 지정 등
1. 시·도지사는 화재예방강화지구를 지정·관리할 수 있다.
2. 1.에도 불구하고 시·도지사가 화재예방강화지구로 지정할 필요가 있는 지역을 화재예방강화지구로 지정하지 아니하는 경우 소방청장은 해당 시·도지사에게 해당 지역의 화재예방강화지구 지정을 요청할 수 있다.
3. 소방관서장은 대통령령으로 정하는 바에 따라 1.에 따른 화재예방강화지구 안의 소방대상물의 위치·구조 및 설비 등에 대하여 화재안전조사를 하여야 한다.
4. 소방관서장은 3.에 따른 화재안전조사를 한 결과 화재의 예방강화를 위하여 필요하다고 인정할 때에는 관계인에게 소화기구, 소방용수시설 또는 그 밖에 소방에 필요한 설비(이하 "소방설비등"이라 한다)의 설치(보수, 보강을 포함한다. 이하 같다)를 명할 수 있다.
5. 소방관서장은 화재예방강화지구 안의 관계인에 대하여 대통령령으로 정하는 바에 따라 소방에 필요한 훈련 및 교육을 실시할 수 있다.
6. 시·도지사는 대통령령으로 정하는 바에 따라 1.에 따른 화재예방강화지구의 지정 현황, 3.에 따른 화재안전조사의 결과, 4.에 따른 소방설비등의 설치 명령 현황, 5.에 따른 소방훈련 및 교육 현황 등이 포함된 화재예방강화지구에서의 화재예방에 필요한 자료를 매년 작성·관리하여야 한다.

08 난이도 ●○○ 답 ①

(소방청장)은 화재예방강화지구의 화재안전조사를 한 결과 소방설비등의 설치를 명하는 경우 해당 관계인에게 소방설비등의 설치에 필요한 지원을 할 수 있다.

✓ 확인학습 화재의 예방 등에 대한 지원
1. 소방청장은 화재예방강화지구의 소방화재안전조사를 한 결과 소방설비등의 설치를 명하는 경우 해당 관계인에게 소방설비등의 설치에 필요한 지원을 할 수 있다.
2. 소방청장은 관계 중앙행정기관의 장 및 시·도지사에게 화재의 예방 등에 대한 지원에 필요한 협조를 요청할 수 있다.
3. 시·도지사는 2.에 따라 소방청장의 요청이 있거나 화재예방강화지구 안의 소방대상물의 화재안전성능 향상을 위하여 필요한 경우 시·도의 조례로 정하는 바에 따라 소방설비등의 설치에 필요한 비용을 지원할 수 있다.

09 난이도 ●○○ 답 ②

소방관서장은 「기상법」 제13조에 따른 기상현상 및 기상영향에 대한 예보·특보에 따라 화재의 발생 위험이 높다고 분석·판단되는 경우에는 행정안전부령으로 정하는 바에 따라 화재에 관한 위험경보를 발령하고 그에 따른 필요한 조치를 할 수 있다.

POINT 38 화재안전영향평가 등

정답

| 01 | ① | 02 | ③ | 03 | ② | 04 | ④ |

01 난이도 ●○○ 답 ①

소방청장은 화재발생 원인 및 연소과정을 조사·분석하는 등의 과정에서 법령이나 정책의 개선이 필요하다고 인정되는 경우 그 법령이나 정책에 대한 화재 위험성의 유발요인 및 완화 방안에 대한 평가(이하 "화재안전영향평가"라 한다)를 실시할 수 있다.

✓ 확인학습 화재안전영향평가

1. 소방청장은 화재발생 원인 및 연소과정을 조사·분석하는 등의 과정에서 법령이나 정책의 개선이 필요하다고 인정되는 경우 그 법령이나 정책에 대한 화재 위험성의 유발요인 및 완화 방안에 대한 평가(이하 "화재안전영향평가"라 한다)를 실시할 수 있다.
2. 소방청장은 1.에 따라 화재안전영향평가를 실시한 경우 그 결과를 해당 법령이나 정책의 소관 기관의 장에게 통보하여야 한다.
3. 2.에 따라 결과를 통보받은 소관 기관의 장은 특별한 사정이 없는 한 이를 해당 법령이나 정책에 반영하도록 노력하여야 한다.
4. 화재안전영향평가의 방법·절차·기준 등에 필요한 사항은 대통령령으로 정한다.

02 난이도 ●●● 답 ③

화재안전영향평가의 기준과 결과는 화재안전영향평가 심의회의 심의를 거쳐 확정한다.

✓ 확인학습 화재안전영향평가의 방법·절차·기준 등

1. 소방청장은 화재안전영향평가를 하는 경우 화재현장 및 자료 조사 등을 기초로 화재·피난 모의실험 등 과학적인 예측·분석 방법으로 실시할 수 있다
2. 소방청장은 화재안전영향평가를 위하여 필요한 경우 해당 법령이나 정책의 소관 기관의 장에게 관련 자료의 제출을 요청할 수 있다. 이 경우 자료 제출을 요청받은 소관 기관의 장은 특별한 사정이 없으면 그 요청에 따라야 한다.
3. 화재안전영향평가의 내용 등 포함사항
   - 화재 원인 등 화재위험 유발요인
   - 소방대상물의 재료, 공간, 이용자 특성 분석 및 화재 확산 경로
   - 인명피해 발생현황 등 사회경제적 파급 효과
   - 화재위험 유발요인을 제어 또는 관리할 수 있는 법령이나 정책의 개선 방안
   - 그 밖에 화재안전영향평가를 위해 소방청장이 필요하다고 인정하는 사항
4. 화재안전영향평가의 기준과 결과는 법 제22조에 따른 화재안전영향평가 심의회(이하 "심의회"라 한다)의 심의를 거쳐 확정한다.

03 난이도 ●●○ 답 ②

심의회는 위원장 1명을 포함한 12명 이내의 위원으로 구성한다.

✓ 확인학습 화재안전영향평가심의회

1. 소방청장은 화재안전영향평가에 관한 업무를 수행하기 위하여 화재안전영향평가심의회(이하 "심의회"라 한다)를 구성·운영할 수 있다.
2. 심의회는 위원장 1명을 포함한 12명 이내의 위원으로 구성한다.

04 난이도 ●●● 답 ④

"「고등교육법」 제2조에 따른 학교 또는 이에 준하는 학교나 공인된 연구기관에서 부교수 이상의 직(職) 또는 이에 상당하는 직에 있거나 있었던 사람으로서 화재안전 또는 관련 법령이나 정책에 전문성이 있는 사람"이 해당한다. 조교수 이상의 직에 있었던 사람은 해당하지 않는다.

✓ 확인학습 화재안전영향평가심의회 위원(법 제22조제3항)

1. 화재안전과 관련되는 법령이나 정책을 담당하는 관계 기관의 소속 직원으로서 대통령령으로 정하는 사람
2. 소방기술사 등 대통령령으로 정하는 화재안전과 관련된 분야의 학식과 경험이 풍부한 전문가로서 소방청장이 위촉한 사람

✓ 확인학습 심의회의 구성(영 제22조)

① 법 제22조제3항제1호에서 "대통령령으로 정하는 사람"이란 다음 각 호의 사람을 말한다.
   1. 다음 각 목의 중앙행정기관에서 화재안전 관련 법령이나 정책을 담당하는 고위공무원단에 속하는 일반직공무원(이에 상당하는 특정직공무원 및 별정직공무원을 포함한다) 중에서 해당 중앙행정기관의 장이 지명하는 사람 각 1명
      가. 행정안전부·산업통상자원부·보건복지부·고용노동부·국토교통부
      나. 그 밖에 심의회의 심의에 부치는 안건과 관련된 중앙행정기관
   2. 소방청에서 화재안전 관련 업무를 수행하는 소방준감 이상의 소방공무원 중에서 소방청장이 지명하는 사람
② 법 제22조제3항제2호에서 "소방기술사 등 대통령령으로 정하는 화재안전과 관련된 분야의 학식과 경험이 풍부한 전문가"란 다음 각 호의 어느 하나에 해당하는 사람을 말한다.
   1. 소방기술사
   2. 다음 각 목의 기관이나 법인 또는 단체에서 화재안전 관련 업무를 수행하는 사람으로서 해당 기관이나 법인 또는 단체의 장이 추천하는 사람
      가. 안전원
      나. 기술원
      다. 화재보험협회
      라. 가스안전공사
      마. 전기안전공사
   3. 「고등교육법」 제2조에 따른 학교 또는 이에 준하는 학교나 공인된 연구기관에서 부교수 이상의 직(職) 또는 이에 상당하는 직에 있거나 있었던 사람으로서 화재안전 또는 관련 법령이나 정책에 전문성이 있는 사람

제5장 소방대상물의 소방안전관리

POINT 39 특정소방대상물의 소방안전관리

정답   p.69

01	②	02	④	03	②	04	③	05	①
06	④	07	①	08	①	09	④	10	①
11	①	12	④	13	①						

01 난이도 ●●○ 답 ②

1급 소방안전관리대상물에 해당되는 것은 가연성 가스를 1천t 이상 저장하는 시설이다. 동·식물원, 철강 등 불연성 물품을 저장·취급하는 창고, 위험물 저장 및 처리 시설 중 위험물 제조소등, 지하구는 제외한다.

✅ **확인학습** 특급 소방안전관리대상물(동·식물원, 철강 등 불연성 물품을 저장·취급하는 창고, 위험물 제조소등, 지하구를 제외)
1. 50층 이상(지하층 제외)이거나 지상으로부터 높이가 200m 이상인 아파트
2. 30층 이상(지하층 포함)이거나 지상으로부터 높이가 120m 이상인 특정소방대상물(아파트 제외)
3. 연면적이 10만㎡ 이상인 특정소방대상물(아파트 제외)

✅ **확인학습** 1급 소방안전관리대상물(동·식물원, 철강 등 불연성 물품을 저장·취급하는 창고, 위험물 제조소등, 지하구를 제외)
1. 30층 이상(지하층은 제외한다)이거나 지상으로부터 높이가 120m 이상인 아파트
2. 연면적 1만5천㎡ 이상인 특정소방대상물(아파트 및 연립주택 제외)
3. 층수가 11층 이상인 특정소방대상물(아파트 제외)
4. 가스를 1천t 이상 저장·취급하는 시설

✅ **확인학습** 2급 소방안전관리대상물
1. 옥내소화전설비, 스프링클러설비, 간이스프링클러설비 및 물분무등소화설비를 설치하여야 하는 특정소방대상물[호스릴(Hose reel) 방식의 물분무등소화설비만을 설치한 경우는 제외]
2. 가스 제조설비를 갖추고 도시가스사업의 허가를 받아야 하는 시설 또는 가연성 가스를 100t 이상 1천t 미만 저장·취급하는 시설
3. 지하구
4. 옥내소화전설비 또는 S.P 설치된 공동주택
5. 보물 또는 국보로 지정된 목조건축물

✅ **확인학습** 3급 소방안전관리대상물
1. 자동화재탐지설비를 설치하여야 하는 특정소방대상물
2. 간이스프링클러설비(주택전용 간이스프링클러설비는 제외한다)를 설치하여야 하는 특정소방대상물

02 난이도 ●○○ 답 ④

ㄱ. 특정소방대상물 중 전문적인 안전관리가 요구되는 대통령령으로 정하는 특정소방대상물(소방안전관리대상물)의 관계인은 소방안전관리업무를 수행하기 위하여 제30조 제1항에 따른 소방안전관리자 (자격증)을 발급받은 사람을 소방안전관리자로 선임하여야 한다.
ㄴ. 이 경우 소방안전관리자의 업무에 대하여 보조가 필요한 대통령령으로 정하는 소방안전관리대상물의 경우에는 소방안전관리자 외에 (소방안전관리보조자)를 추가로 선임하여야 한다.

03 난이도 ●●● 답 ②

특급 소방안전관리대상물에는 50층 이상(지하층 제외)이거나 지상으로부터 높이가 200m 이상인 아파트가 해당한다.

✅ **확인학습** 특급 소방안전관리대상물(동·식물원, 철강 등 불연성 물품을 저장·취급하는 창고, 위험물 제조소등, 지하구를 제외)
1. 50층 이상(지하층 제외)이거나 지상으로부터 높이가 200m 이상인 아파트
2. 30층 이상(지하층 포함)이거나 지상으로부터 높이가 120m 이상인 특정소방대상물(아파트 제외)
3. 연면적이 10만㎡ 이상인 특정소방대상물(아파트 제외)

04 난이도 ●●○ 답 ③

1급 소방안전관리대상물에는 지상층의 층수가 11층 이상인 특정소방대상물(아파트 제외)이 해당한다.

05 난이도 ●●○ 답 ①

"소방공무원으로 9년간 근무한 경력자가 발급받을 수 있는 최상위의 소방안전관리자 자격"은 1급 소방안전관리대상물의 소방안전관리자 자격에 해당한다. 따라서, "가연성 가스를 1천 톤 이상 저장·취급하는 시설"에 선임될 수 있다.

| 선지분석 |
① [O] 가연성 가스를 1천 톤 이상 저장·취급하는 시설: 1급 소방안전관리대상물에 해당한다.
② [×] 지상으로부터 높이가 200미터 이상인 아파트: 특급 소방안전관리대상물에 해당한다.
③ [×] 지상으로부터 높이가 120미터 이상인 업무시설: 특급 소방안전관리대상물에 해당한다.
④ [×] 연면적이 10만 제곱미터 이상인 의료시설: 특급 소방안전관리대상물에 해당한다.

✅ **확인학습** 특급 소방안전관리대상물(동·식물원, 철강 등 불연성 물품을 저장·취급하는 창고, 위험물 제조소등, 지하구를 제외)
1. 50층 이상(지하층 제외)이거나 지상으로부터 높이가 200m 이상인 아파트
2. 30층 이상(지하층 포함)이거나 지상으로부터 높이가 120m 이상인 특정소방대상물(아파트 제외)
3. 연면적이 10만㎡ 이상인 특정소방대상물(아파트 제외)

> ✅ **확인학습** 1급 소방안전관리대상물(동·식물원, 철강 등 불연성 물품을 저장·취급하는 창고, 위험물 제조소등, 지하구를 제외)
> 1. 30층 이상(지하층은 제외한다)이거나 지상으로부터 높이가 120m 이상인 아파트
> 2. 연면적이 1만5천㎡ 이상인 특정소방대상물(아파트 및 연립주택 제외)
> 3. 지상층의 층수가 11층 이상인 특정소방대상물(아파트 제외)
> 4. 가스를 1천t 이상 저장·취급하는 시설

06 난이도 ●○○   답 ④

ㄱ. 「건축법 시행령」 [별표 1] 제2호 가목에 따른 아파트 [(300)세대 이상인 아파트만 해당한다]
ㄴ. 연면적이 (1만5천)㎡ 이상인 특정소방대상물(아파트 및 연립주택은 제외한다)

07 난이도 ●●○   답 ①

ㄱ은 3명이고, ㄴ은 2명이다.

| 선지분석 |

ㄱ. 「건축법 시행령」에 따른 아파트로서 920세대

(최소 선임인원) = $1 + \dfrac{920 - 300}{300} = 3.07 ≒ 3명$

ㄴ. 「소방시설 설치 및 관리에 관한 법률」에 따른 판매시설로서 연면적 31,000제곱미터 (단, 기타 조건은 제외한다.)

(최소 선임인원) = $1 + \dfrac{31,000 - 15,000}{15,000} = 2.07 ≒ 2명$

> ✅ **확인학습** 소방안전관리보조자 선임인원 기준
> 1. 「건축법 시행령」 [별표 1] 제2호 가목에 따른 아파트의 경우: 300세대 초과되는 300세대마다 1명 이상을 추가로 선임
> 2. 1.의 아파트를 제외한 경우에는 초과되는 연면적 1만5천제곱미터(특정소방대상물의 종합방재실에 자위소방대가 24시간 상시 근무하고 「소방장비관리법 시행령」 [별표 1] 제1호 가목에 따른 소방자동차 중 소방펌프차, 소방물탱크차, 소방화학차 또는 무인방수차를 운용하는 경우에는 3만제곱미터로 한다)마다 1명 이상을 추가로 선임

08 난이도 ●○○   답 ①

소방안전관리업무 전담 대상물에 해당하는 것은 특급 소방안전관리대상물과 1급 소방안전관리대상물이다.

> ✅ **확인학습** 소방안전관리업무 전담 대상물
> 1. [별표 4] 제1호에 따른 특급 소방안전관리대상물
> 2. [별표 4] 제2호에 따른 1급 소방안전관리대상물

09 난이도 ●●○   답 ④

소방안전관리업무의 전담이 필요한 소방안전관리대상물은 특급·1급 소방안전관리대상물이 해당한다. 가연성 가스 1백톤을 저장·취급하는 공장은 2급 소방안전관리대상물에 해당한다.

| 선지분석 |

① [O] 지상 60층인 아파트 → 특급 소방안전관리대상물
② [O] 지하 3층, 지상 12층인 백화점 → 1급 소방안전관리대상물
③ [O] 연면적 11만제곱미터인 국제공항 → 특급 소방안전관리대상물
④ [×] 가연성 가스 1백톤을 저장·취급하는 공장 → 2급 소방안전관리대상물

> ✅ **확인학습** 소방안전관리업무의 전담이 필요한 소방안전관리대상물
> 1. [별표 4] 제1호에 따른 특급 소방안전관리대상물
> 2. [별표 4] 제2호에 따른 1급 소방안전관리대상물

> ✅ **확인학습** 특급 소방안전관리대상물(동·식물원, 철강 등 불연성 물품을 저장·취급하는 창고, 위험물 제조소등, 지하구를 제외)
> 1. 50층 이상(지하층 제외)이거나 지상으로부터 높이가 200m 이상인 아파트
> 2. 30층 이상(지하층 포함)이거나 지상으로부터 높이가 120m 이상인 특정소방대상물(아파트 제외)
> 3. 연면적이 10만㎡ 이상인 특정소방대상물(아파트 제외)

> ✅ **확인학습** 1급 소방안전관리대상물(동·식물원, 철강 등 불연성 물품을 저장·취급하는 창고, 위험물 제조소등, 지하구를 제외)
> 1. 30층 이상(지하층은 제외한다)이거나 지상으로부터 높이가 120m 이상인 아파트
> 2. 연면적 1만5천㎡ 이상인 특정소방대상물(아파트 및 연립주택 제외)
> 3. 지상층의 층수가 11층 이상인 특정소방대상물(아파트 제외)
> 4. 가스를 1천t 이상 저장·취급하는 시설

> ✅ **확인학습** 2급 소방안전관리대상물
> 1. 옥내소화전설비, 스프링클러설비, 물분무등소화설비를 설치하여야 하는 특정소방대상물[호스릴(Hose reel) 방식의 물분무등소화설비만을 설치한 경우는 제외]
> 2. 가스 제조설비를 갖추고 도시가스사업의 허가를 받아야 하는 시설 또는 가연성 가스를 100t 이상 1천t 미만 저장·취급하는 시설
> 3. 지하구
> 4. 공동주택(옥내소화전설비 또는 스프링클러설비가 설치된 공동주택으로 한정한다)
> 5. 보물 또는 국보로 지정된 목조건축물

10 난이도 ●○○   답 ①

ㄱ. 소방안전관리대상물의 관계인은 소방안전관리업무를 대행하는 관리업자를 감독할 수 있는 사람을 지정하여 소방안전관리자로 선임할 수 있다. 이 경우 소방안전관리자로 선임된 자는 선임된 날부터 (3개월) 이내에 제34조에 따른 교육을 받아야 한다.
ㄴ. 소방안전관리자 및 소방안전관리보조자의 선임 대상별 자격 및 인원기준은 (대통령령)으로 정하고, 선임 절차 등 그 밖에 필요한 사항은 (행정안전부령)으로 정한다.

11 난이도 ●○○   답 ①

특정소방대상물(소방안전관리대상물 제외) 관계인의 업무에 소방계획서의 작성 및 시행은 해당하지 않는다.

> ✅ **확인학습** 소방안전관리 업무
>
> | 특정소방대상물의 관계인 업무 | 소방안전관리대상물의 소방안전관리자 업무 |
> |---|---|
> | • 피난시설, 방화구획 및 방화시설의 관리
• 소방시설이나 그 밖의 소방 관련 시설의 관리
• 화기 취급의 감독
• 화재발생시 초기대응
• 그 밖에 소방안전관리에 필요한 업무 | • 피난계획에 관한 사항과 소방계획서의 작성 및 시행
• 자위소방대 및 초기대응체계의 구성·운영·교육
• 피난시설, 방화구획 및 방화시설의 관리
• 소방훈련 및 교육
• 소방시설이나 그 밖의 소방 관련 시설의 관리
• 화기 취급의 감독
• 화재발생시 초기 대응
• 행정안전부령으로 정하는 바에 따른 소방안전관리에 관한 업무수행에 관한 기록·유지
• 그 밖에 소방안전관리에 필요한 업무 |

12 난이도 ●●●   답 ④

소방시설공사의 하자를 판단하는 기준에 관한 사항은 소방계획서 작성의 포함사항에 해당하지 않는다. 해당 내용은 소방청의 중앙위원회 심의사항에 해당한다.

> ✅ **확인학습** 소방계획서 포함사항
>
> 1. 소방안전관리대상물의 위치·구조·연면적·용도 및 수용인원 등 일반 현황
> 2. 소방안전관리대상물에 설치한 소방시설·방화시설, 전기시설·가스시설 및 위험물시설의 현황
> 3. 화재예방을 위한 자체점검계획 및 진압대책
> 4. 소방시설·피난시설 및 방화시설의 점검·정비계획
> 5. 피난층 및 피난시설의 위치와 피난경로의 설정, 화재안전취약자의 피난계획 등을 포함한 피난계획
> 6. 방화구획, 제연구획, 건축물의 내부 마감재료 및 방염물품의 사용현황과 그 밖의 방화구조 및 설비의 유지·관리계획
> 7. 소방훈련 및 교육에 관한 계획
> 8. 법 제37조를 적용받는 소방안전관리대상물의 근무자 및 거주자의 자위소방대 조직과 대원의 임무(화재안전취약자의 피난 보조 임무를 포함한다)에 관한 사항
> 9. 화기 취급 작업에 대한 사전 안전조치 및 감독 등 공사 중 소방안전관리에 관한 사항
> 10. 관리의 권원이 분리된 특정소방대상물의 소방안전관리에 관한 사항
> 11. 소화와 연소 방지에 관한 사항
> 12. 위험물의 저장·취급에 관한 사항(예방규정을 정하는 제조소등은 제외한다)
> 13. 소방안전관리에 대한 업무수행에 관한 기록 및 유지에 관한 사항
> 14. 화재발생 시 화재경보, 초기소화 및 피난유도 등 초기대응에 관한 사항
> 15. 소방안전관리를 위하여 소방본부장 또는 소방서장이 소방안전관리대상물의 위치·구조·설비 또는 관리 상황 등을 고려하여 소방안전관리에 필요하여 요청하는 사항

13 난이도 ●●●   답 ①

(소방청장)은 자위소방대의 구성, 운영 및 교육, 초기대응체계의 편성·운영 등에 필요한 지침을 작성하여 배포할 수 있으며, (소방본부장 또는 소방서장)은 소방안전관리대상물의 소방안전관리자가 해당 지침을 준수하도록 지도할 수 있다.

POINT 40 소방안전관리업무의 대행

정답   p.72

| 01 | ① | 02 | ④ | 03 | ④ |

01 난이도 ●○○   답 ①

연면적 10만제곱미터 이상인 특정소방대상물은 해당하지 않는다.

> ✅ **확인학습** 소방안전관리 업무의 대행 대상물
>
> 1. 지상층의 층수가 11층 이상인 1급 소방안전관리대상물(연면적 1만 5천제곱미터 이상인 특정소방대상물과 아파트는 제외한다)
> 2. 2급 소방안전관리대상물
> 3. 3급 소방안전관리대상물

02 난이도 ●○○   답 ④

소방안전관리 업무의 대행 업무는 피난시설, 방화구획 및 방화시설의 관리이다.

> ✅ **확인학습** 소방안전관리 업무의 대행 업무
>
> 1. 피난시설, 방화구획 및 방화시설의 관리
> 2. 소방시설이나 그 밖의 소방 관련 시설의 관리

03 난이도 ●○○   답 ④

법 제25조 제3항에서 "행정안전부령으로 정하는 방식"이란 「엔지니어링산업 진흥법」 제31조에 따라 산업통상자원부장관이 고시한 엔지니어링사업대가의 기준 중 (실비정액가산방식)을 말한다.

> ✅ **확인학습** 엔지니어링사업대가의 기준 제3조(정의)
>
> 1. "실비정액가산방식"이란 직접인건비, 직접경비, 제경비, 기술료와 부가가치세를 합산하여 대가를 산출하는 방식을 말한다.
> 2. "공사비요율에 의한 방식"이란 공사비에 일정요율을 곱하여 산출한 금액에 제17조에 따른 추가업무비용과 부가가치세를 합산하여 대가를 산출하는 방식을 말한다.
> 3. "공사비"란 발주청의 공사비 총 예정금액(자재대 포함) 중 용지비, 보상비, 법률 수속비 및 부가가치세를 제외한 일체의 금액을 말한다.
> 4. "시공상세도작성비"란 관련법령에 따라 당해 목적물의 시공을 위하여 도면, 시방서 및 작업계획 등에 따른 시공상세도를 작성하는데 소요되는 비용을 말한다.
> 5. "품셈"이란 발주청에서 대가를 산정하기 위한 기준으로 단위작업에 소요되는 인력수, 재료량, 장비량을 말한다.

6. "표준품셈"이란 표준품셈관리기관이 제30조에 따라 공표한 품셈을 말한다.

POINT 41 선임신고 등

정답 p.73

01	②	02	①	03	②	04	③	05	③
06	④								

01 난이도 ●○○   답 ②

소방안전관리대상물의 관계인이 소방안전관리자를 선임한 경우에는 행정안전부령으로 정하는 바에 따라 <u>선임한 날부터 14일 이내</u>에 소방본부장이나 소방서장에게 신고하고, 소방안전관리대상물의 출입자가 쉽게 알 수 있도록 <u>소방안전관리자의 성명과 그 밖에 행정안전부령으로 정하는 사항을 게시</u>하여야 한다.

> ✓ **확인학습** 소방안전관리자의 선임신고 등
> 특정소방대상물의 관계인은 소방안전관리자를 선임사유에 해당하는 날부터 30일 이내에 선임하여야 한다.

02 난이도 ●○○   답 ①

- 소방안전관리대상물의 관계인이 소방안전관리자를 선임한 경우에는 선임한 날부터 (14)일 이내에 선임사실을 소방본부장 또는 소방서장에게 신고하여야 한다.
- 소방안전관리대상물의 관계인은 소방안전관리자를 선임사유가 발생한 날부터 (30)일 이내에 선임해야 한다.

03 난이도 ●●●   답 ②

<u>2급 또는 3급 소방안전관리대상물</u>의 관계인은 소방안전관리자에 대한 강습교육이나 소방안전관리대상물의 소방안전관리에 관한 시험이 소방안전관리자 선임기간 내에 있지 아니하여 소방안전관리자를 선임할 수 없는 경우에는 소방안전관리자 선임의 연기를 신청할 수 있다.

04 난이도 ●●○   답 ③

"소방안전관리대상물의 용도 및 수용인원"은 해당하지 않는다.

> ✓ **확인학습** 게시사항
> 1. 소방안전관리대상물의 명칭 및 등급
> 2. 소방안전관리자의 성명 및 선임일자
> 3. 소방안전관리자의 연락처
> 4. <u>소방안전관리자의 근무 위치</u>(화재 수신기 또는 종합방재실을 말한다)

05 난이도 ●●○   답 ③

발신기 및 감지기의 위치는 게시내용에 해당하지 않는다.

> ✓ **확인학습** 게시사항
> 1. 소방안전관리대상물의 명칭 및 등급
> 2. 소방안전관리자의 성명 및 선임일자
> 3. 소방안전관리자의 연락처
> 4. <u>소방안전관리자의 근무 위치</u>(화재 수신기 또는 종합방재실을 말한다)

06 난이도 ●●○   답 ④

ㄱ. (<u>소방본부장 또는 소방서장</u>)은 소방안전관리자를 선임하지 아니한 소방안전관리대상물의 관계인에게 소방안전관리자를 선임하도록 명할 수 있다.
ㄴ. (<u>소방본부장 또는 소방서장</u>)은 소방안전관리 업무를 다하지 아니하는 특정소방대상물의 관계인 또는 소방안전관리자에게 그 업무를 이행하도록 명할 수 있다.

POINT 42 건설현장의 소방안전관리

정답 p.75

01	②	02	②	03	④	04	④	05	④

01 난이도 ●●○   답 ②

- 신축·증축·개축·재축·이전·용도변경 또는 대수선을 하려는 부분의 연면적의 합계가 (1만5천제곱미터) 이상인 것
- 신축·증축·개축·재축·이전·용도변경 또는 대수선을 하려는 부분의 연면적이 (5천제곱미터) 이상인 것으로서 다음 각 목의 어느 하나에 해당하는 것
  가. 지하층의 층수가 2개 층 이상인 것
  나. 지상층의 층수가 (11층) 이상인 것
  다. 냉동창고, 냉장창고 또는 냉동·냉장창고

> ✓ **확인학습** 건설현장 소방안전관리대상물
> 1. <u>신축·증축·개축·재축·이전·용도변경 또는 대수선을 하려는 부분의 연면적의 합계가 1만5천제곱미터 이상인 것</u>
> 2. <u>신축·증축·개축·재축·이전·용도변경 또는 대수선을 하려는 부분의 연면적이 5천제곱미터 이상인 것</u>으로서 다음의 어느 하나에 해당하는 것
>   - <u>지하층의 층수가 2개층 이상인 것</u>
>   - <u>지상층의 층수가 11층 이상인 것</u>
>   - 냉동창고, 냉장창고 또는 <u>냉동·냉장창고</u>

02 난이도 ●○○   답 ②

건설현장 소방안전관리대상물은 지상층의 층수가 11층 이상인 특정소방대상물로서 연면적 5천제곱미터 이상인 것이 해당된다.

03 난이도 ●●○ 답 ④

증축을 하려는 부분의 연면적이 5천제곱미터이고, 지상층의 층수가 11층인 업무시설이 해당한다.

04 난이도 ●○○ 답 ④

공사시공자가 화재발생 및 화재피해의 우려가 큰 대통령령으로 정하는 특정소방대상물(건설현장 소방안전관리대상물)을 신축하는 경우에는 제24조 제1항에 따른 소방안전관리자로서 제34조에 따른 교육을 받은 사람을 소방시설공사 (착공 신고일)부터 건축물 사용승인일까지 소방안전관리자로 선임하고 행정안전부령으로 정하는 바에 따라 (소방본부장 또는 소방서장)에게 신고하여야 한다.

05 난이도 ●○○ 답 ④

건설현장 소방안전관리대상물의 소방안전관리자의 업무에 건설현장의 작업자에 대한 소방안전 교육 및 훈련이 해당된다.

> ✅ 확인학습 건설현장 소방안전관리대상물의 소방안전관리자의 업무
> 1. 건설현장의 소방계획서의 작성
> 2. 「소방시설 설치 및 관리에 관한 법률」 제15조 제1항에 따른 임시소방시설의 설치 및 관리에 대한 감독
> 3. 공사진행 단계별 피난안전구역, 피난로 등의 확보와 관리
> 4. 건설현장의 작업자에 대한 소방안전 교육 및 훈련
> 5. 초기대응체계의 구성·운영 및 교육
> 6. 화기취급의 감독, 화재위험작업의 허가 및 관리
> 7. 그 밖에 건설현장의 소방안전관리와 관련하여 소방청장이 고시하는 업무

POINT 43 소방안전관리자 자격 및 자격증 등

정답 p.76

01	②	02	①	03	④	04	②

01 난이도 ●○○ 답 ②

소방공무원으로 20년 이상 근무한 경력이 있는 사람이 특급 소방안전관리대상물의 소방안전관리자 자격증을 발급받을 수 있는 선임자격자에 해당한다.

> ✅ 확인학습 특급 소방안전관리자(특급 소방안전관리자 자격증을 받은 사람)
> 1. 소방기술사 또는 소방시설관리사의 자격이 있는 사람
> 2. 소방설비기사의 자격을 취득한 후 5년 이상 1급 소방안전관리대상물의 소방안전관리자로 근무한 실무경력(법 제24조 제3항에 따라 소방안전관리자로 선임되어 근무한 경력은 제외한다. 이하 이 표에서 같다)이 있는 사람
> 3. 소방설비산업기사의 자격을 취득한 후 7년 이상 1급 소방안전관리대상물의 소방안전관리자로 근무한 실무경력이 있는 사람
> 4. 소방공무원으로 20년 이상 근무한 경력이 있는 사람
> 5. 소방청장이 실시하는 특급 소방안전관리대상물의 소방안전관리에 관한 시험에 합격한 사람

> ✅ 확인학습 소방안전관리자의 자격
> 1. 소방청장이 실시하는 소방안전관리자 자격시험에 합격한 사람
> 2. 다음에 해당하는 사람으로서 대통령령으로 정하는 사람
>   • 소방안전과 관련한 국가기술자격증을 소지한 사람
>   • 소방안전과 관련한 국가기술자격증을 소지한 사람에 해당하는 국가기술자격증 중 일정 자격증을 소지한 사람으로서 소방안전관리자로 근무한 실무경력이 있는 사람
>   • 소방공무원 경력자
>   • 「기업활동 규제완화에 관한 특별조치법」에 따라 소방안전관리자로 선임된 사람(소방안전관리자로 선임된 기간에 한정한다)

02 난이도 ●○○ 답 ①

소방청장은 소방안전관리자의 자격을 갖춘 사람이 소방안전관리자 자격증 발급을 신청하는 경우 행정안전부령으로 정하는 바에 따라 자격증을 발급하여야 한다.

03 난이도 ●○○ 답 ④

위험물산업기사 자격이 있는 사람은 해당하지 않는다.

> ✅ 확인학습 1급 소방안전관리자 선임자격
> 1. 소방설비기사 또는 소방설비산업기사의 자격이 있는 사람
> 2. 소방공무원으로 7년 이상 근무한 경력이 있는 사람
> 3. 소방청장이 실시하는 1급 소방안전관리대상물의 소방안전관리에 관한 시험에 합격한 사람
> 4. 특급 소방안전관리대상물의 소방안전관리자 자격이 인정되는 사람

04 난이도 ●○○ 답 ②

거짓이나 그 밖의 부정한 방법으로 소방안전관리자 자격증을 발급받은 경우와 소방안전관리자 자격증을 다른 사람에게 빌려준 경우는 그 자격을 반드시 취소하여야 한다.

> ✅ 확인학습 소방안전관리자의 자격 정지 및 취소(1과 3은 반드시 취소하여야 한다)
> 1. 거짓이나 그 밖의 부정한 방법으로 소방안전관리자 자격증을 발급받은 경우
> 2. 소방안전관리업무를 게을리한 경우
> 3. 소방안전관리자 자격증을 다른 사람에게 빌려준 경우
> 4. 실무교육을 받지 아니한 경우
> 5. 이 법에 따른 명령을 위반한 경우

POINT 44 소방안전관리자 자격시험

정답　　　　　　　　　　　　　　　　　　p.77

| 01 | ① | 02 | ① | 03 | ③ | 04 | ② | 05 | ③ |

01 난이도 ●○○　　　　　　　　　　　　답 ①

ㄱ. 소방안전관리자 자격시험에 응시할 수 있는 사람의 자격은 (대통령령)으로 정한다.
ㄴ. 소방안전관리자 자격의 시험방법, 시험의 공고 및 합격자 결정 등 소방안전관리자의 자격시험에 필요한 사항은 (행정안전부령)으로 정한다.

02 난이도 ●●●　　　　　　　　　　　　답 ①

1급 소방안전관리대상물의 소방안전관리자로 5년 이상 근무한 실무경력이 있는 사람이 특급 소방안전관리자 자격시험 응시자격에 해당한다.

> ✅ **확인학습** 특급 소방안전관리자 응시자격
> 1. 1급 소방안전관리대상물의 소방안전관리자로 5년(소방설비기사의 경우에는 자격 취득 후 2년, 소방설비산업기사의 경우에는 자격 취득 후 3년) 이상 근무한 실무경력(법 제24조 제3항에 따라 소방안전관리자로 선임되어 근무한 경력은 제외한다. 이하 이 표에서 같다)이 있는 사람
> 2. 1급 소방안전관리대상물의 소방안전관리자로 선임될 수 있는 자격을 갖춘 후 특급 또는 1급 소방안전관리대상물의 소방안전관리보조자로 7년 이상 근무한 실무경력이 있는 사람
> 3. 소방공무원으로 10년 이상 근무한 경력이 있는 사람
> 4. 「고등교육법」 제2조 제1호부터 제6호까지 규정 중 어느 하나에 해당하는 학교(이하 "대학"이라 한다) 또는 「초·중등교육법 시행령」 제90조 제1항 제10호 및 제91조에 따른 고등학교(이하 "고등학교"라 한다)에서 소방안전관리학과(소방청장이 정하여 고시하는 학과를 말한다. 이하 이 표에서 같다)를 전공하고 졸업한 사람(법령에 따라 이와 같은 수준의 학력이 있다고 인정되는 사람을 포함한다)으로서 해당 학과를 졸업한 후 2년 이상 1급 소방안전관리대상물의 소방안전관리자로 근무한 실무경력이 있는 사람
> 5. 다음의 어느 하나에 해당하는 요건을 갖춘 후 3년 이상 1급 소방안전관리대상물의 소방안전관리자로 근무한 실무경력이 있는 사람
>   1) 대학 또는 고등학교에서 소방안전 관련 교과목(소방청장이 정하여 고시하는 교과목을 말한다. 이하 이 표에서 같다)을 12학점 이상 이수하고 졸업한 사람
>   2) 법령에 따라 1)에 해당하는 사람과 같은 수준의 학력이 있다고 인정되는 사람으로서 해당 학력 취득 과정에서 소방안전 관련 교과목을 12학점 이상 이수한 사람
>   3) 대학 또는 고등학교에서 소방안전 관련 학과(소방청장이 정하여 고시하는 학과를 말한다. 이하 이 표에서 같다)를 전공하고 졸업한 사람(법령에 따라 이와 같은 수준의 학력이 있다고 인정되는 사람을 포함한다)
> 6. 소방행정학(소방학 및 소방방재학을 포함한다) 또는 소방안전공학(소방방재공학 및 안전공학을 포함한다) 분야에서 석사 이상 학위를 취득한 후 2년 이상 1급 소방안전관리대상물의 소방안전관리자로 근무한 실무경력이 있는 사람
> 7. 특급 소방안전관리대상물의 소방안전관리보조자로 10년 이상 근무한 실무경력이 있는 사람
> 8. 법 제34조 제1항 제1호에 따른 강습교육 중 이 영 제33조 제1호에 해당하는 사람을 대상으로 하는 강습교육을 수료한 사람
> 9. 「초고층 및 지하연계 복합건축물 재난관리에 관한 특별법」 제12조 제1항 각 호 외의 부분 본문에 따라 총괄재난관리자로 지정되어 1년 이상 근무한 경력이 있는 사람

03 난이도 ●●●　　　　　　　　　　　　답 ③

경찰공무원으로 3년 이상 근무한 경력이 있는 사람이 2급 소방안전관리자 자격시험 응시자격에 해당한다.

04 난이도 ●○○　　　　　　　　　　　　답 ②

특급 소방소방안전관리자 자격시험은 연 2회 이상 실시하는 것을 원칙으로 한다.

> ✅ **확인학습** 소방안전관리자 시험방법
> 1. 특급 소방안전관리자 자격시험: 연 2회 이상
> 2. 1급·2급·3급 소방안전관리자 자격시험: 월 1회 이상

05 난이도 ●●○　　　　　　　　　　　　답 ③

소방청장은 소방안전관리자시험을 실시하고자 하는 때에는 응시자격·시험과목·일시·장소 및 응시절차 등에 관하여 필요한 사항을 모든 응시 희망자가 알 수 있도록 시험 시행일 30일 전에 인터넷 홈페이지에 공고해야 한다.

POINT 45 소방안전관리자 등에 대한 교육

정답　　　　　　　　　　　　　　　　　　p.78

| 01 | ④ | 02 | ② |

01 난이도 ●○○　　　　　　　　　　　　답 ④

소방안전관리자가 되려고 하는 사람 또는 소방안전관리자(소방안전관리보조자를 포함한다)로 선임된 사람은 소방안전관리업무에 관한 능력의 습득 또는 향상을 위하여 행정안전부령으로 정하는 바에 따라 (소방청장)이 실시하는 강습교육 또는 (실무교육)을 받아야 한다.

02 난이도 ●○○　　　　　　　　　　　　답 ②

ㄱ. 소방안전관리자는 그 선임된 날부터 (6개월) 이내에 실무교육을 받아야 하며, 그 후에는 2년마다(최초 실무교육을 받은 날을 기준일로 하여 매 2년이 되는 해의 기준일과 같은 날 전까지를 말한다) 1회 이상 실무교육을 받아야 한다.
ㄴ. 다만, 소방안전관리 강습교육 또는 실무교육을 받은 후 (1년) 이내에 소방안전관리자로 선임된 사람은 해당 강습교육 또는 실무교육을 받은 날에 실무교육을 받은 것으로 본다.

POINT 46 관리의 권원이 분리된 특정소방대상물의 소방안전관리

정답 p.79

| 01 | ③ | 02 | ③ | 03 | ③ |

01 난이도 ●○○ 답 ③

복합건축물로서 연면적이 3만m² 이상인 것이 해당한다.

> ✅ **확인학습** 공동소방안전관리
> 1. 복합건축물(지하층을 제외한 층수가 11층 이상 또는 연면적 3만제곱미터 이상인 건축물)
> 2. 지하가(지하의 인공구조물 안에 설치된 상점 및 사무실, 그 밖에 이와 비슷한 시설이 연속하여 지하도에 접하여 설치된 것과 그 지하도를 합한 것을 말한다)
> 3. 그 밖에 대통령령으로 정하는 특정소방대상물: 판매시설 중 도매시장, 소매시장 및 전통시장

02 난이도 ●○○ 답 ③

복합건축물로서 연면적이 3만m² 이상인 것이 해당한다.

03 난이도 ●●○ 답 ③

소방본부장 또는 소방서장은 관리의 권원이 많아 효율적인 소방안전관리가 이루어지지 아니한다고 판단되는 경우 대통령령으로 정하는 바에 따라 관리의 권원을 조정하여 소방안전관리자를 선임하도록 할 수 있다.

POINT 47 피난계획의 수립 및 시행 등

정답 p.80

| 01 | ① | 02 | ④ | 03 | ④ | 04 | ① | 05 | ① |

01 난이도 ●●○ 답 ①

연 2회 피난안내 교육을 실시하는 방법으로 제공해야 한다.

> ✅ **확인학습** 피난안내 교육
> 1. 연 2회 피난안내 교육을 실시하는 방법
> 2. 분기별 1회 이상 피난안내 방송을 실시하는 방법
> 3. 피난안내도를 층마다 보기 쉬운 위치에 게시하는 방법
> 4. 엘리베이터, 출입구 등 시청이 용이한 지역에 피난안내 영상을 제공하는 방법

02 난이도 ●●○ 답 ④

소방훈련 및 교육을 실시한 날부터 2년간 보관해야 한다.

> ✅ **확인학습** 소방안전관리대상물 근무자 및 거주자 등에 대한 소방훈련 등
> 1. 소방안전관리대상물의 관계인은 그 장소에 근무하거나 거주하는 사람 등(이하 이 조에서 "근무자등"이라 한다)에게 소화·통보·피난 등의 훈련(이하 "소방훈련"이라 한다)과 소방안전관리에 필요한 교육을 하여야 하고, 피난훈련은 그 소방대상물에 출입하는 사람을 안전한 장소로 대피시키고 유도하는 훈련을 포함하여야 한다. 이 경우 소방훈련과 교육의 횟수 및 방법 등에 관하여 필요한 사항은 행정안전부령으로 정한다.
> 2. 소방안전관리대상물 중 소방안전관리업무의 전담이 필요한 대통령령으로 정하는 소방안전관리대상물의 관계인은 1.에 따른 소방훈련 및 교육을 한 날부터 30일 이내에 소방훈련 및 교육 결과를 행정안전부령으로 정하는 바에 따라 소방본부장 또는 소방서장에게 제출하여야 한다.
> 3. 소방본부장 또는 소방서장은 1.에 따라 소방안전관리대상물의 관계인이 실시하는 소방훈련과 교육을 지도·감독할 수 있다.
> 4. 소방본부장 또는 소방서장은 소방안전관리대상물 중 불특정 다수인이 이용하는 대통령령으로 정하는 특정소방대상물의 근무자등에게 불시에 소방훈련과 교육을 실시할 수 있다. 이 경우 소방본부장 또는 소방서장은 그 특정소방대상물 근무자등의 불편을 최소화하고 안전 등을 확보하는 대책을 마련하여야 하며, 소방훈련과 교육의 내용, 방법 및 절차 등은 행정안전부령으로 정하는 바에 따라 관계인에게 사전에 통지하여야 한다.
> 5. 소방본부장 또는 소방서장은 4.에 따라 소방훈련과 교육을 실시한 경우에는 그 결과를 평가할 수 있다. 이 경우 소방훈련과 교육의 평가방법 및 절차 등에 필요한 사항은 행정안전부령으로 정한다.

> ✅ **확인학습** 근무자 및 거주자에 대한 소방훈련과 교육(규칙 제36조)
> 1. 소방안전관리대상물의 관계인은 소방훈련과 교육을 연 1회 이상 실시해야 한다. 다만, 소방본부장 또는 소방서장이 화재예방을 위하여 필요하다고 인정하여 2회의 범위에서 추가로 실시할 것을 요청하는 경우에는 소방훈련과 교육을 추가로 실시해야 한다.
> 2. 소방본부장 또는 소방서장은 특급 및 1급 소방안전관리대상물의 관계인으로 하여금 소방훈련과 교육을 소방기관과 합동으로 실시하게 할 수 있다.
> 3. 소방안전관리대상물의 관계인은 소방훈련과 교육을 실시하는 경우 소방훈련 및 교육에 필요한 장비 및 교재 등을 갖추어야 한다.
> 4. 소방안전관리대상물의 관계인은 소방훈련과 교육을 실시했을 때에는 그 실시 결과를 소방훈련·교육 실시 결과 기록부에 기록하고, 이를 소방훈련 및 교육을 실시한 날부터 2년간 보관해야 한다.

03 난이도 ●●○ 답 ④

불시 소방훈련 및 교육 특정소방대상물에 숙박시설은 해당하지 않는다.

> ✅ **확인학습** 불시 소방훈련 및 교육 대상 특정소방대상물
> 1. 「소방시설 설치 및 관리에 관한 법률 시행령」 [별표 2] 제7호에 따른 의료시설
> 2. 「소방시설 설치 및 관리에 관한 법률 시행령」 [별표 2] 제8호에 따른 교육연구시설
> 3. 「소방시설 설치 및 관리에 관한 법률 시행령」 [별표 2] 제9호에 따른 노유자시설
> 4. 그 밖에 화재 시 많은 인명피해의 발생이 예상되어 소방본부장 또는 소방서장이 지정하는 것

04 난이도 ●○○ 답 ①

불시 소방훈련 및 교육 대상 특정소방대상물은 의료시설, 교육연구시설, 노유자 시설 및 그 밖에 화재 시 많은 인명피해의 발생이 예상되어 소방본부장 또는 소방서장이 지정하는 것이 해당한다. 해당하는 것은 ㄱ, ㄷ이다.

| 선지분석 |
ㄱ. [○] 「소방시설 설치 및 관리에 관한 법률 시행령」에 따른 의료시설 중 한방병원
ㄴ. [×] 「소방시설 설치 및 관리에 관한 법률 시행령」에 따른 수련시설 중 유스호스텔
ㄷ. [○] 「소방시설 설치 및 관리에 관한 법률 시행령」에 따른 교육연구시설 중 특수학교
ㄹ. [×] 「소방시설 설치 및 관리에 관한 법률 시행령」에 따른 교정시설 및 군사시설 중 교도소

✅ **확인학습** 불시 소방훈련 및 교육 대상 특정소방대상물
1. 「소방시설 설치 및 관리에 관한 법률 시행령」 [별표 2] 제7호에 따른 의료시설
2. 「소방시설 설치 및 관리에 관한 법률 시행령」 [별표 2] 제8호에 따른 교육연구시설
3. 「소방시설 설치 및 관리에 관한 법률 시행령」 [별표 2] 제9호에 따른 노유자 시설
4. 그 밖에 화재 시 많은 인명피해의 발생이 예상되어 소방본부장 또는 소방서장이 지정하는 것

05 난이도 ●●○ 답 ①

소방안전관리대상물의 관계인은 소방훈련과 교육을 연 1회 이상 실시하여야 한다. 다만, 소방본부장 또는 소방서장이 화재예방을 위하여 필요하다고 인정하여 2회의 범위에서 추가로 실시할 것을 요청하는 경우에는 소방훈련과 교육을 실시하여야 한다.

제6장 특별관리시설물의 소방안전관리

POINT 48 소방안전 특별관리시설물의 안전관리

정답 p.81

| 01 | ① | 02 | ② | 03 | ① | 04 | ② |

01 난이도 ●●○ 답 ①

소방안전 특별관리시설물에 「위험물안전관리법」상의 제조소는 해당하지 않는다.

✅ **확인학습** 소방안전 특별관리시설물
1. 공항시설
2. 철도시설
3. 도시철도시설
4. 항만시설
5. 지정문화재인 시설
6. 산업기술단지
7. 산업단지
8. 초고층 건축물 및 지하연계 복합건축물
9. 영화상영관 중 수용인원 1천명 이상인 영화상영관
10. 전력용 및 통신용 지하구
11. 석유비축시설
12. 천연가스 인수기지 및 공급망
13. 전통시장으로서 대통령령으로 정하는 전통시장: 점포가 500개 이상인 전통시장
14. 대통령령으로 정하는 시설물
   • 「전기사업법」 제2조 제4호에 따른 발전사업자가 가동 중인 발전소(발전원의 종류별로 「발전소주변지역 지원에 관한 법률 시행령」 제2조 제2항에 따른 발전소는 제외한다)
   • 「물류시설의 개발 및 운영에 관한 법률」 제2조 제5의2에 따른 물류창고로서 연면적 10만제곱미터 이상인 것

02 난이도 ●○○ 답 ②

영화상영관 중 수용인원 1천명 이상인 영화상영관이 소방안전 특별관리시설물에 해당된다.

03 난이도 ●●○ 답 ①

ㄱ. 소방청장은 소방안전 특별관리시설물의 소방안전 특별관리를 체계적이고 효율적으로 하기 위하여 (시·도지사)와 협의하여 소방안전 특별관리기본계획을 제4조 제1항에 따른 기본계획에 포함하여 수립 및 시행하여야 한다.
ㄴ. (시·도지사)는 소방안전 특별관리기본계획에 저촉되지 아니하는 범위에서 관할 구역에 있는 소방안전 특별관리시설물의 안전관리에 적합한 소방안전 특별관리시행계획을 제6조 제6항에 따른 세부시행계획에 포함하여 수립 및 시행하여야 한다.

04 난이도 ●●● 답 ②

시·도지사는 소방안전 특별관리기본계획을 시행하기 위하여 매년 소방안전 특별관리시행계획을 수립·시행하고, 그 결과를 계획 시행 다음 연도 1월 31일까지 소방청장에게 통보하여야 한다.

POINT 49 화재예방안전진단

정답 p.82

| 01 | ④ | 02 | ③ | 03 | ② | 04 | ④ | 05 | ④ |
| 06 | ① | 07 | ② | 08 | ③ | | | | |

01 난이도 ●●○ 답 ④

"가스공급시설 중 가연성 가스 탱크의 저장용량의 합계가 100톤 이상이거나 저장용량이 30톤 이상인 가연성 가스 탱크가 있는 가스공급시설"이 해당한다.

> ✅ **확인학습** 화재예방안전진단 대상의 시설기준
> 1. 공항시설 중 여객터미널의 연면적이 1천제곱미터 이상인 공항시설
> 2. 철도시설 중 역 시설의 연면적이 5천제곱미터 이상인 철도시설
> 3. 도시철도시설 중 역사 및 역 시설의 연면적이 5천제곱미터 이상인 도시철도시설
> 4. 항만시설 중 여객이용시설 및 지원시설의 연면적이 5천제곱미터 이상인 항만시설
> 5. 전력용 및 통신용 지하구 중 「국토의 계획 및 이용에 관한 법률」 제2조 제9호에 따른 공동구
> 6. 천연가스 인수기지 및 공급망 중 「소방시설 설치 및 관리에 관한 법률 시행령」 별표 2 제17호 나목에 따른 가스시설
> 7. 발전소 중 연면적이 5천제곱미터 이상인 발전소
> 8. 가스공급시설 중 가연성 가스 탱크의 저장용량의 합계가 100톤 이상이거나 저장용량이 30톤 이상인 가연성 가스 탱크가 있는 가스공급시설

02 난이도 ●○○ 답 ③

소방안전 특별관리를 하여야 하는 시설물 기준으로 「물류시설의 개발 및 운영에 관한 법률」 제2조 제5의2에 따른 물류창고는 연면적 10만제곱미터 이상인 것이 해당한다.

03 난이도 ●○○ 답 ②

대통령령으로 정하는 소방안전 특별관리시설물의 관계인은 화재의 예방 및 안전관리를 체계적·효율적으로 수행하기 위하여 대통령령으로 정하는 바에 따라 (한국소방안전원) 또는 (소방청장)이 지정하는 화재예방안전진단기관으로부터 정기적으로 화재예방안전진단을 받아야 한다.

04 난이도 ●●● 답 ④

화재예방안전진단 대상 시설물에 「영화 및 비디오물의 진흥에 관한 법률」 제2조 제10호의 영화상영관 중 수용인원 1천명 이상인 영화상영관은 해당하지 않는다.

> ✅ **확인학습** 화재예방안전진단 대상 시설물(제43조)
> 1. 법 제40조 제1항 제1호에 따른 공항시설 중 여객터미널의 연면적이 1천제곱미터 이상인 공항시설
> 2. 법 제40조 제1항 제2호에 따른 철도시설 중 역 시설의 연면적이 5천제곱미터 이상인 철도시설
> 3. 법 제40조 제1항 제3호에 따른 도시철도시설 중 역사 및 역 시설의 연면적이 5천제곱미터 이상인 도시철도시설
> 4. 법 제40조 제1항 제4호에 따른 항만시설 중 여객이용시설 및 지원시설의 연면적이 5천제곱미터 이상인 항만시설
> 5. 법 제40조 제1항 제10호에 따른 전력용 및 통신용 지하구 중 「국토의 계획 및 이용에 관한 법률」 제2조 제9호에 따른 공동구
> 6. 법 제40조 제1항 제12호에 따른 천연가스 인수기지 및 공급망 중 「소방시설 설치 및 관리에 관한 법률 시행령」 [별표 2] 제17호 나목에 따른 가스시설
> 7. 제41조 제2항 제1호에 따른 발전소 중 연면적이 5천제곱미터 이상인 발전소
> 8. 제41조 제2항 제3호에 따른 가스공급시설 중 가연성 가스 탱크의 저장용량의 합계가 100톤 이상이거나 저장용량이 30톤 이상인 가연성 가스 탱크가 있는 가스공급시설

05 난이도 ●●○ 답 ④

모두 해당된다.

> ✅ **확인학습** 화재예방안전진단
> 화재가 발생할 경우 사회·경제적으로 피해 규모가 클 것으로 예상되는 소방대상물에 대하여 화재위험요인을 조사하고 그 위험성을 평가하여 개선대책을 수립하는 것을 말한다.

> ✅ **확인학습** 화재예방안전진단의 범위
> 1. 화재위험요인의 조사에 관한 사항
> 2. 소방계획 및 피난계획 수립에 관한 사항
> 3. 소방시설등의 유지·관리에 관한 사항
> 4. 비상대응조직 및 교육훈련에 관한 사항
> 5. 화재 위험성 평가에 관한 사항
> 6. 그 밖에 화재예방안전진단을 위하여 대통령령으로 정하는 사항
>   • 화재 등의 재난 발생 후 재발방지 대책의 수립 및 그 이행에 관한 사항
>   • 지진 등 외부 환경 위험요인 등에 대한 예방·대비·대응에 관한 사항
>   • 화재예방안전진단 결과 보수·보강 등 개선요구 사항 등에 대한 이행 여부

06 난이도 ●○○ 답 ①

화재예방안전진단의 범위에 해당하는 것은 ㄱ, ㄴ, ㅁ이다.

| 선지분석 |
ㄱ. [○] 화재 위험성 평가에 관한 사항
ㄴ. [○] 소방시설등의 유지·관리에 관한 사항
ㄷ. [×] 화재안전 경영계획 수립과 시행에 관한 사항
ㄹ. [×] 피난시설, 방화구획 및 방화시설의 관리에 관한 사항
ㅁ. [○] 화재 등의 재난 발생 후 재발방지 대책의 수립 및 그 이행에 관한 사항

> ✅ **확인학습** 화재예방안전진단의 범위
> 1. 화재위험요인의 조사에 관한 사항
> 2. 소방계획 및 피난계획 수립에 관한 사항
> 3. 소방시설등의 유지·관리에 관한 사항
> 4. 비상대응조직 및 교육훈련에 관한 사항
> 5. 화재 위험성 평가에 관한 사항
> 6. 그 밖에 화재예방안전진단을 위하여 대통령령으로 정하는 사항
>   • 화재 등의 재난 발생 후 재발방지 대책의 수립 및 그 이행에 관한 사항
>   • 지진 등 외부 환경 위험요인 등에 대한 예방·대비·대응에 관한 사항
>   • 화재예방안전진단 결과 보수·보강 등 개선요구 사항 등에 대한 이행 여부

07 난이도 ●○○ 답 ②

화재위험요인의 조사 및 평가 결과 문제점이 다수 발견되었으나 대상물의 전반적인 화재안전에는 이상이 없으며 다수의 시정·보완조치 또는 권고사항 등의 이행이 필요한 상태는 안전등급 C(보통)에 해당한다.

✅ 확인학습 화재예방안전진단의 안전등급 기준(영 [별표 7])

우수(A)	화재예방안전진단 실시 결과 문제점이 발견되지 않은 상태
양호(B)	화재예방안전진단 실시 결과 문제점이 일부 발견되었으나 대상물의 화재안전에는 이상이 없으며 대상물 일부에 대해 법 제41조 제5항에 따른 보수·보강 등의 조치명령(이하 이 표에서 "조치명령"이라 한다)이 필요한 상태
보통(C)	화재예방안전진단 실시 결과 문제점이 다수 발견되었으나 대상물의 전반적인 화재안전에는 이상이 없으며 대상물에 대한 다수의 조치명령이 필요한 상태
미흡(D)	화재예방안전진단 실시 결과 광범위한 문제점이 발견되어 대상물의 화재안전을 위해 조치명령의 즉각적인 이행이 필요하고 대상물의 사용 제한을 권고할 필요가 있는 상태
불량(E)	화재예방안전진단 실시 결과 중대한 문제점이 발견되어 대상물의 화재안전을 위해 조치명령의 즉각적인 이행이 필요하고 대상물의 사용 중단을 권고할 필요가 있는 상태

* 안전등급의 세부적인 기준은 소방청장이 정하여 고시한다.

08 난이도 ●●○ 답 ③

| 선지분석 |
① [×] 화재예방안전진단 결과에 따른 안전등급은 우수, 양호, 보통, 미흡 및 불량으로 구분한다. → 매우 우수 등급은 없다.
② [×] 안전등급이 양호·보통인 경우 안전등급을 통보받은 날부터 5년이 경과한 날이 속하는 해에 화재예방안전진단을 받아야 한다.
③ [○] 화재예방안전진단 신청을 받은 안전원 또는 진단기관은 위험요인 조사, 위험성 평가, 위험성 감소대책 수립의 절차에 따라 화재예방안전진단을 실시한다.
④ [×] 소방안전 특별관리시설물의 관계인은 「건축법」에 따른 사용승인 또는 「소방시설공사업법」에 따른 완공검사를 받은 날부터 5년이 경과한 날이 속하는 해에 최초의 화재예방안전진단을 받아야 한다.

✅ 확인학습 화재예방안전진단 등급에 따른 주기
1. 안전등급이 우수인 경우: 안전등급을 통보받은 날부터 6년이 경과한 날이 속하는 해
2. 안전등급이 양호·보통인 경우: 안전등급을 통보받은 날부터 5년이 경과한 날이 속하는 해
3. 안전등급이 미흡·불량인 경우: 안전등급을 통보받은 날부터 4년이 경과한 날이 속하는 해

제7장 보칙

POINT 50 청문 등

정답

| 01 | ② | 02 | ① | 03 | ② |

01 난이도 ●●○ 답 ②

소방청장은 국민이 화재의 예방과 안전문화를 실천하고 체험할 수 있는 체험시설을 설치·운영할 수 있다.

✅ 확인학습 화재의 예방과 안전문화 진흥을 위한 시책
1. 화재의 예방 및 안전관리에 관한 의식을 높이기 위한 활동 및 홍보
2. 소방대상물 특성별 화재의 예방과 안전관리에 필요한 행동요령의 개발·보급
3. 화재의 예방과 안전문화 우수사례의 발굴 및 확산
4. 화재 관련 통계 현황의 관리·활용 및 공개
5. 화재의 예방과 안전관리 취약계층에 대한 화재의 예방 및 안전관리 강화
6. 그 밖에 화재의 예방과 안전문화를 진흥하기 위한 활동

02 난이도 ●○○ 답 ①

ㄱ. (소방청장)은 소방대상물의 자율적인 안전관리를 유도하기 위하여 안전관리 상태가 우수한 소방대상물을 선정하여 우수 소방대상물 표지를 발급하고, 소방대상물의 관계인을 포상할 수 있다.
ㄴ. 우수 소방대상물의 선정 방법, 평가 대상물의 범위 및 평가 절차 등에 필요한 사항은 (행정안전부령)으로 정한다.

03 난이도 ●○○ 답 ②

청문대상에 해당하는 것은 ㄱ, ㄷ이다.

✅ 확인학습 청문대상
1. 제31조 제1항에 따른 소방안전관리자의 자격 취소
2. 제42조 제2항에 따른 진단기관의 지정 취소

제8장 벌칙

POINT 51 벌칙 및 과태료

정답
p.85

01	②	02	①	03	④	04	①	05	③
06	③								

01 난이도 ●○○ 답 ②

화재안전조사 결과에 따른 조치명령을 정당한 사유 없이 위반한 자는 3년 이하의 징역 또는 3천만원 이하의 벌금에 처한다.

> ✓ **확인학습** 3년 이하의 징역 또는 3천만원 이하의 벌금
> 1. 제14조 제1항 및 제2항에 따른 조치명령을 정당한 사유 없이 위반한 자
> 2. 제28조 제1항 및 제2항에 따른 명령을 정당한 사유 없이 위반한 자
> 3. 제41조 제5항에 따른 보수·보강 등의 조치명령을 정당한 사유 없이 위반한 자
> 4. 거짓이나 그 밖의 부정한 방법으로 제42조 제1항에 따른 진단기관으로 지정을 받은 자

02 난이도 ●○○ 답 ①

화재예방안전진단 결과에 따른 보수·보강 등의 조치명령을 정당한 사유 없이 위반한 자: 3년 이하의 징역 또는 3천만원 이하의 벌금

| 선지분석 |
② 규정을 위반하여 소방안전관리자 자격증을 다른 사람에게 빌려준 자: 1년 이하의 징역 또는 1천만원 이하의 벌금
③ 규정을 위반하여 화재예방진단기관으로부터 화재예방안전진단을 받지 아니한 자: 1년 이하의 징역 또는 1천만원 이하의 벌금
④ 화재안전조사 업무를 수행하면서 취득한 자료나 알게 된 비밀을 다른 사람 또는 기관에게 제공 또는 누설하거나 목적 외의 용도로 사용한 자: 1년 이하의 징역 또는 1천만원 이하의 벌금

> ✓ **확인학습** 1년 이하의 징역 또는 1천만원 이하의 벌금
> 1. 제12조 제2항을 위반하여 관계인의 정당한 업무를 방해하거나, 조사업무를 수행하면서 취득한 자료나 알게 된 비밀을 다른 사람 또는 기관에게 제공 또는 누설하거나 목적 외의 용도로 사용한 자
> 2. 제30조 제4항을 위반하여 자격증을 다른 사람에게 빌려 주거나 빌리거나 이를 알선한 자
> 3. 제41조 제1항을 위반하여 진단기관으로부터 화재예방안전진단을 받지 아니한 자

03 난이도 ●●○ 답 ④

건설현장 소방안전관리대상물의 소방안전관리자의 업무를 하지 아니한 소방안전관리자는 300만원 이하의 과태료 부과 대상이다.

> ✓ **확인학습** 300만원 이하의 벌금
> 1. 제7조 제1항에 따른 화재안전조사를 정당한 사유 없이 거부·방해 또는 기피한 자
> 2. 제17조 제2항 각 호의 어느 하나에 따른 명령을 정당한 사유 없이 따르지 아니하거나 방해한 자
> 3. 제24조 제1항·제3항, 제29조 제1항 및 제35조 제1항·제2항을 위반하여 소방안전관리자, 총괄소방안전관리자 또는 소방안전관리보조자를 선임하지 아니한 자
> 4. 제27조 제3항을 위반하여 소방시설·피난시설·방화시설 및 방화구획 등이 법령에 위반된 것을 발견하였음에도 필요한 조치를 할 것을 요구하지 아니한 소방안전관리자
> 5. 제27조 제4항을 위반하여 소방안전관리자에게 불이익한 처우를 한 관계인
> 6. 제41조 제6항 및 제48조 제3항을 위반하여 업무를 수행하면서 알게 된 비밀을 이 법에서 정한 목적 외의 용도로 사용하거나 다른 사람 또는 기관에 제공하거나 누설한 자

04 난이도 ●○○ 답 ①

불을 사용할 때 지켜야 하는 사항을 위반한 자는 200만원 이하의 과태료 부과 대상이다.

> ✓ **확인학습** 300만원 이하의 과태료
> 1. 정당한 사유 없이 제17조 제1항 각 호의 어느 하나에 해당하는 행위를 한 자
> 2. 제24조 제2항을 위반하여 소방안전관리자를 겸한 자
> 3. 제24조 제5항에 따른 소방안전관리업무를 하지 아니한 특정소방대상물의 관계인 또는 소방안전관리대상물의 소방안전관리자
> 4. 제27조 제2항을 위반하여 소방안전관리업무의 지도·감독을 하지 아니한 자
> 5. 제29조 제2항에 따른 건설현장 소방안전관리대상물의 소방안전관리자의 업무를 하지 아니한 소방안전관리자
> 6. 제36조 제3항을 위반하여 피난유도 안내정보를 제공하지 아니한 자
> 7. 제37조 제1항을 위반하여 소방훈련 및 교육을 하지 아니한 자
> 8. 제41조 제4항을 위반하여 화재예방안전진단 결과를 제출하지 아니한 자

> ✓ **확인학습** 200만원 이하의 과태료
> 1. 제17조 제4항에 따른 불을 사용할 때 지켜야 하는 사항 및 같은 조 제5항에 따른 특수가연물의 저장 및 취급 기준을 위반한 자
> 2. 제18조 제4항에 따른 소방설비등의 설치 명령을 정당한 사유 없이 따르지 아니한 자
> 3. 제26조 제1항을 위반하여 기간 내에 선임신고를 하지 아니하거나 소방안전관리자의 성명 등을 게시하지 아니한 자
> 4. 제29조 제1항을 위반하여 기간 내에 선임신고를 하지 아니한 자
> 5. 제37조 제2항을 위반하여 기간 내에 소방훈련 및 교육 결과를 제출하지 아니한 자

05 난이도 ●○○ 답 ③

실무교육을 받지 아니한 소방안전관리자 및 소방안전관리보조자는 100만원 이하의 과태료를 부과한다.

06 난이도 ●●○ 답 ③

| 선지분석 |
ㄱ. 실무교육을 받지 아니한 소방안전관리자 및 소방안전관리보조자 → 100만원 이하의 과태료
ㄴ. 소방안전관리업무를 성실하게 수행할 수 있도록 지도·감독하지 아니한 소방안전관리대상물의 관계인 → 300만원 이하의 과태료
ㄷ. 피난유도 안내정보를 근무자 또는 거주자에게 정기적으로 제공하지 아니한 소방안전관리대상물의 관계인 → 300만원 이하의 과태료
ㄹ. 소방안전관리자 또는 소방안전관리보조자를 기간 내에 선임신고를 하지 아니한 소방안전관리대상물의 관계인 → 200만원 이하의 과태료
ㅁ. 소방훈련 및 교육을 한 날부터 30일 이내에 소방훈련 및 교육 결과를 행정안전부령으로 정하는 바에 따라 소방본부장 또는 소방서장에게 제출하지 아니한 소방안전관리대상물의 관계인 → 200만원 이하의 과태료

> ✅ **확인학습** 300만원 이하의 과태료
> 1. 정당한 사유 없이 제17조 제1항 각 호의 어느 하나에 해당하는 행위를 한 자
> 2. 제24조 제2항을 위반하여 소방안전관리자를 겸한 자
> 3. 제24조 제5항에 따른 소방안전관리업무를 하지 아니한 특정소방대상물의 관계인 또는 소방안전관리대상물의 소방안전관리자
> 4. 제27조 제2항을 위반하여 소방안전관리업무의 지도·감독을 하지 아니한 자
> 5. 제29조 제2항에 따른 건설현장 소방안전관리대상물의 소방안전관리자의 업무를 하지 아니한 소방안전관리자
> 6. 제36조 제3항을 위반하여 피난유도 안내정보를 제공하지 아니한 자
> 7. 제37조 제1항을 위반하여 소방훈련 및 교육을 하지 아니한 자
> 8. 제41조 제4항을 위반하여 화재예방안전진단 결과를 제출하지 아니한 자

> ✅ **확인학습** 200만원 이하의 과태료
> 1. 제17조 제4항에 따른 불을 사용할 때 지켜야 하는 사항 및 같은 조 제5항에 따른 특수가연물의 저장 및 취급 기준을 위반한 자
> 2. 제18조 제4항에 따른 소방설비등의 설치 명령을 정당한 사유 없이 따르지 아니한 자
> 3. 제26조 제1항을 위반하여 기간 내에 선임신고를 하지 아니하거나 소방안전관리자의 성명 등을 게시하지 아니한 자
> 4. 제29조 제1항을 위반하여 기간 내에 선임신고를 하지 아니한 자
> 5. 제37조 제2항을 위반하여 기간 내에 소방훈련 및 교육 결과를 제출하지 아니한 자

> ✅ **확인학습** 100만원 이하의 과태료
> 제34조 제1항 제2호를 위반하여 실무교육을 받지 아니한 소방안전관리자 및 소방안전관리보조자에게는 100만원 이하의 과태료를 부과한다.

제3편 | 소방시설 설치 및 관리에 관한 법률

제1장 총칙

POINT 52 목적 및 소방시설

정답 p.88

01	④	02	②	03	③	04	①	05	④
06	③	07	③	08	③	09	①	10	②
11	③	12	③						

01 난이도 ●●● 　답 ④

소방용품이란 소방시설등을 구성하거나 소방용으로 사용되는 제품 또는 기기로서 대통령령으로 정하는 것을 말한다.

| 선지분석 |
① [×] 소방시설이란 소화설비, 경보설비, 피난구조설비, 소화용수설비, 그 밖에 소화활동설비로서 대통령령으로 정하는 것을 말한다.
② [×] 소방시설등이란 소방시설과 비상구, 그 밖에 소방 관련 시설로서 대통령령으로 정하는 것을 말한다.
③ [×] 특정소방대상물이란 건축물 등의 규모·용도 및 수용인원 등을 고려하여 소방시설을 설치하여야 하는 소방대상물로서 대통령령으로 정하는 것을 말한다.

02 난이도 ●○○ 　답 ②

소화설비는 물 또는 그 밖의 소화약제를 사용하여 소화하는 기계·기구 또는 설비를 말한다.

03 난이도 ●○○ 　답 ③

제연설비는 소화활동설비에 해당한다.

> ✅ **확인학습** 소화활동설비(화재를 진압하거나 인명구조활동을 위하여 사용하는 설비)
> 1. 제연설비
> 2. 연결송수관설비
> 3. 연결살수설비
> 4. 비상콘센트설비
> 5. 무선통신보조설비
> 6. 연소방지설비

04 난이도 ●○○ 　답 ①

누전차단기는 소방시설에 해당하지 않는다. 경보설비로 누전경보기는 해당한다.

05 난이도 ●○○ 　답 ④

연소방지설비는 소화활동설비에 해당한다.

> ✅ **확인학습** 소화설비
> 1. 소화기구(소화기, 간이소화용구, 자동확산소화기)
> 2. 자동소화장치
> 3. 옥내소화전설비(호스릴옥내소화전설비를 포함한다)
> 4. 스프링클러설비등
> 5. 물분무등소화설비
> 6. 옥외소화전설비

06 난이도 ●○○ 　답 ③

고체에어로졸자동소화장치는 자동소화장치에 해당한다.

> ✅ **확인학습** 자동소화장치
> 1. 주거용 주방자동소화장치
> 2. 상업용 주방자동소화장치
> 3. 캐비닛형 자동소화장치
> 4. 가스자동소화장치
> 5. 분말자동소화장치
> 6. 고체에어로졸자동소화장치

07 난이도 ●○○ 　답 ③

간이스프링클러설비는 물분무등소화설비에 해당하지 않는다. 간이스프링클러설비는 스프링클러설비등에 해당한다.

> ✅ **확인학습** 물분무등소화설비
> 1. 물분무소화설비
> 2. 미분무소화설비
> 3. 포소화설비
> 4. 이산화탄소소화설비
> 5. 할론소화설비
> 6. 할로겐화합물 및 불활성기체 소화설비(다른 원소와 화학 반응을 일으키기 어려운 기체를 말한다. 이하 같다)
> 7. 분말소화설비
> 8. 강화액소화설비
> 9. 고체에어로졸소화설비

08 난이도 ●○○ 　답 ③

시각경보기는 경보설비에 해당한다.

> ✅ **확인학습** 피난구조설비
> 1. 피난기구
>   • 피난사다리
>   • 구조대
>   • 완강기
>   • 소방청장이 정하여 고시하는 화재안전기준으로 정하는 것

2. 인명구조기구
   - 방열복, 방화복(안전모, 보호장갑 및 안전화를 포함한다)
   - 공기호흡기
   - 인공소생기
3. 유도등
   - 피난유도선
   - 피난구유도등
   - 통로유도등
   - 객석유도등
   - 유도표지
4. 비상조명등 및 휴대용비상조명등

09 난이도 ●○○ 답 ①

구조대는 인명구조설비에 해당하지 않는다.

10 난이도 ●○○ 답 ②

화재를 진압하거나 인명구조활동을 위하여 사용하는 설비는 소화활동설비를 말한다. 상수도소화용수설비는 소방시설 중 소화용수설비에 해당한다.

✔ 확인학습 소화용수설비
1. 상수도소화용수설비
2. 소화수조·저수조, 그 밖의 소화용수설비

11 난이도 ●○○ 답 ③

피난층은 곧바로 지상으로 갈 수 있는 출입구가 있는 층을 말한다.

12 난이도 ●○○ 답 ③

자동화재통보설비는 경보설비에 해당하지 않는다.

✔ 확인학습 경보설비
1. 단독경보형 감지기
2. 비상경보설비
   - 비상벨설비
   - 자동식사이렌설비
3. 시각경보기
4. 자동화재탐지설비
5. 화재알림설비
6. 비상방송설비
7. 자동화재속보설비
8. 통합감시시설
9. 누전경보기
10. 가스누설경보기

POINT 53 특정소방대상물

정답 p.91

01	③	02	②	03	②	04	④	05	①
06	②	07	②	08	①	09	③	10	③
11	①	12	②	13	④				

01 난이도 ●●● 답 ③

하나의 건축물이 근린생활시설, 판매시설, 업무시설, 숙박시설 또는 위락시설의 용도와 주택의 용도로 함께 사용되는 것은 복합건축물에 해당한다.

| 선지분석 |
① [×] 특정소방대상물이란 건축물 등의 규모·용도 및 수용인원 등을 고려하여 소방시설을 설치하여야 하는 소방대상물로서 대통령령으로 정하는 것을 말한다.
② [×] 전력 또는 통신사업용 지하 인공구조물로서 전력구(케이블 접속부가 없는 경우에는 제외한다) 또는 통신구 방식으로 설치된 것, 지하 인공구조물로서 폭 1.8m, 높이 2.0m, 길이 50m 이상인 것은 지하구에 해당한다.
④ [×] 다중이용업 중 고시원업의 시설로서 독립된 주거의 형태를 갖추지 않은 것으로서 같은 건축물에 해당 용도로 쓰는 바닥면적의 합계가 500㎡인 고시원은 숙박시설에 해당한다.

✔ 확인학습 지하구
1. 전력·통신용의 전선이나 가스·냉난방용의 배관 또는 이와 비슷한 것을 집합·수용하기 위하여 설치한 지하 인공구조물로서 사람이 점검 또는 보수를 하기 위하여 출입이 가능한 것 중 다음의 어느 하나에 해당하는 것
   - 전력 또는 통신사업용 지하 인공구조물로서 전력구(케이블 접속부가 없는 경우에는 제외한다) 또는 통신구 방식으로 설치된 것
   - 그 외의 지하 인공구조물로서 폭이 1.8m 이상이고 높이가 2m 이상이며 길이가 50m 이상인 것
2. 「국토의 계획 및 이용에 관한 법률」 제2조 제9호에 따른 공동구

02 난이도 ●○○ 답 ②

| 선지분석 |
① [○] 의원, 치과의원, 한의원, 침술원, 접골원, 조산원, 산후조리원
② [×] 단란주점은 같은 건축물에 해당 용도로 쓰는 바닥면적의 합계가 200제곱미터인 것: 위락시설에 해당한다.
③ [○] 의약품 판매소, 의료기 판매소 및 자동차영업소로서 같은 건축물에 해당 용도로 쓰는 바닥면적의 합계가 500제곱미터인 것: 바닥면적의 합계 → 1천㎡ 미만
④ [○] 금융업소, 사무소, 부동산중개사무소, 결혼상담소 등 소개업소, 출판사, 서점, 그 밖에 이와 비슷한 것으로서 같은 건축물에 해당 용도로 쓰는 바닥면적의 합계가 300제곱미터인 것: 바닥면적의 합계 → 500㎡ 미만

✅ 확인학습 근린생활시설(요약본)

1. 슈퍼마켓과 일용품 등의 소매점: 바닥면적의 합계 → 1천㎡ 미만
2. 휴게음식점, 제과점, 일반음식점, 기원(棋院), 노래연습장 및 단란주점(단란주점: 바닥면적의 합계 → 150㎡ 미만)
3. 이용원, 미용원, 목욕장 및 세탁소
4. 의원, 치과의원, 한의원, 침술원, 접골원(接骨院), 조산원, 산후조리원 및 안마원(안마시술소 포함)
5. 탁구장, 테니스장, 체육도장, 체력단련장, 에어로빅장, 볼링장, 당구장, 실내낚시터, 골프연습장, 물놀이형 시설, 그 밖에 이와 비슷한 것: 바닥면적의 합계 → 500㎡ 미만
6. 공연장 또는 종교집회장: 바닥면적의 합계 → 300㎡ 미만
7. 금융업소, 사무소, 부동산중개사무소, 결혼상담소 등 소개업소, 출판사, 서점, 그 밖에 이와 비슷한 것: 바닥면적의 합계 → 500㎡ 미만
8. 제조업소, 수리점, 그 밖에 이와 비슷한 것: 바닥면적의 합계 → 500㎡ 미만
9. 청소년게임제공업 및 일반게임제공업의 시설, 인터넷컴퓨터게임시설제공업의 시설 및 복합유통게임제공업의 시설: 바닥면적의 합계 → 500㎡ 미만
10. 사진관, 표구점, 학원(바닥면적의 합계 → 500㎡ 미만, 자동차학원 및 무도학원은 제외한다), 독서실, 고시원(바닥면적의 합계 → 500㎡ 미만), 장의사, 동물병원, 총포판매사, 그 밖에 이와 비슷한 것
11. 의약품 판매소, 의료기기 판매소 및 자동차영업소: 바닥면적의 합계 → 1천㎡ 미만

✅ 확인학습 위락시설

1. 단란주점으로서 근린생활시설에 해당하지 않는 것
2. 유흥주점, 그 밖에 이와 비슷한 것
3. 「관광진흥법」에 따른 유원시설업(遊園施設業)의 시설, 그 밖에 이와 비슷한 시설(근린생활시설에 해당하는 것은 제외한다)
4. 무도장 및 무도학원
5. 카지노영업소

03 난이도 ●●○ 답 ②

어린이회관은 관광·휴게시설에 해당한다.

| 선지분석 |
① [×] 관람석의 바닥면적의 합계가 1천㎡ 이상인 체육관은 문화 및 집회시설에 해당한다.
③ [×] 자동차운전학원은 항공기 및 자동차 관련 시설에 해당한다.
④ [×] 식물원은 문화 및 집회시설에 해당한다.

✅ 확인학습 관광·휴게시설

1. 야외음악당
2. 야외극장
3. 어린이회관
4. 관망탑
5. 휴게소
6. 공원·유원지 또는 관광지에 부수되는 건축물

✅ 확인학습 운동시설

1. 탁구장, 체육도장, 테니스장, 체력단련장, 에어로빅장, 볼링장, 당구장, 실내낚시터, 골프연습장, 물놀이형 시설, 그 밖에 이와 비슷한 것으로서 근린생활시설에 해당하지 않는 것
2. 체육관으로서 관람석이 없거나 관람석의 바닥면적이 1천㎡ 미만인 것
3. 운동장: 육상장, 구기장, 볼링장, 수영장, 스케이트장, 롤러스케이트장, 승마장, 사격장, 궁도장, 골프장 등과 이에 딸린 건축물로서 관람석이 없거나 관람석의 바닥면적이 1천㎡ 미만인 것

✅ 확인학습 문화 및 집회시설

1. 공연장으로서 근린생활시설에 해당하지 않는 것
2. 집회장: 예식장, 공회당, 회의장, 마권(馬券) 장외 발매소, 마권 전화투표소, 그 밖에 이와 비슷한 것으로서 근린생활시설에 해당하지 않는 것
3. 관람장: 경마장, 경륜장, 경정장, 자동차 경기장, 그 밖에 이와 비슷한 것과 체육관 및 운동장으로서 관람석의 바닥면적의 합계가 1천㎡ 이상인 것
4. 전시장: 박물관, 미술관, 과학관, 문화관, 체험관, 기념관, 산업전시장, 박람회장, 견본주택, 그 밖에 이와 비슷한 것
5. 동·식물원: 동물원, 식물원, 수족관, 그 밖에 이와 비슷한 것

04 난이도 ●●● 답 ④

「청소년활동 진흥법」에 따른 유스호스텔은 수련시설에 해당한다.

✅ 확인학습 수련시설

1. 생활권 수련시설: 「청소년활동 진흥법」에 따른 청소년수련관, 청소년문화의집, 청소년특화시설, 그 밖에 이와 비슷한 것
2. 자연권 수련시설: 「청소년활동 진흥법」에 따른 청소년수련원, 청소년야영장, 그 밖에 이와 비슷한 것
3. 「청소년활동 진흥법」에 따른 유스호스텔

✅ 확인학습 숙박시설

1. 일반형 숙박시설: 「공중위생관리법 시행령」 제4조 제1호 가목에 따른 숙박업의 시설
2. 생활형 숙박시설: 「공중위생관리법 시행령」 제4조 제1호 나목에 따른 숙박업의 시설
3. 고시원(근린생활시설에 해당하지 않는 것을 말한다)

05 난이도 ●●● 답 ①

도서관과 직업훈련소는 교육연구시설에 해당한다.

| 선지분석 |
② [×] 치과의원은 근린생활시설에 해당한다.
③ [×] 자동차검사장은 항공기 및 자동차 관련 시설에 해당한다.
④ [×] 장례식장은 장례시설에 해당한다.

✅ 확인학습 교육연구시설

1. 학교
   - 초등학교등: 교사(병설유치원 사용되는 부분 제외), 체육관, 급식시설, 합숙소
   - 대학, 대학교, 그 밖에 이에 준하는 각종 학교: 교사 및 합숙소
2. 교육원(연수원)
3. 직업훈련소
4. 학원(근린생활시설에 해당하는 것과 자동차운전학원·정비학원 및 무도학원은 제외한다)
5. 연구소(연구소에 준하는 시험소와 계량계측소를 포함한다)
6. 도서관

✅ 확인학습 장례시설

1. 장례식장(의료시설의 부수시설은 제외한다)
2. 동물 전용의 장례식장

> ✅ **확인학습** 묘지 관련 시설
> 1. 화장시설
> 2. 봉안당(종교시설의 봉안당은 제외한다)
> 3. 묘지와 자연장지에 부수되는 건축물
> 4. 동물화장시설, 동물건조장(乾燥葬)시설 및 동물 전용의 납골시설

06 난이도 ●○○ 답 ②

동·식물원은 문화 및 집회시설에 해당한다.

07 난이도 ●●○ 답 ②

단란주점은 같은 건축물에 해당 용도로 쓰는 바닥면적의 합계가 150㎡ 미만인 것만 해당한다.

> ✅ **확인학습** 근린생활시설
> 1. 금융업소, 사무소, 부동산중개사무소, 결혼상담소 등 소개업소, 출판사, 서점, 그밖에 이와 비슷한 것으로서 같은 건축물에 해당 용도로 쓰는 바닥면적의 합계가 500㎡ 미만인 것
> 2. 탁구장, 테니스장, 체육도장, 체력단련장, 에어로빅장, 볼링장, 당구장, 실내낚시터, 골프연습장, 물놀이형 시설, 그 밖에 이와 비슷한 것으로서 같은 건축물에 해당 용도로 쓰는 바닥면적의 합계가 500㎡ 미만인 것
> 3. 이용원, 미용원, 목욕장 및 세탁소(공장에 부설된 것과 「대기환경보전법」, 「물환경보전법」 또는 「소음·진동관리법」에 따른 배출시설의 설치허가 또는 신고의 대상인 것은 제외한다)

08 난이도 ●○○ 답 ①

동·식물 관련 시설은 2개(ㄴ, ㄹ)이다.
도계장과 도축장은 동·식물 관련 시설에 해당한다. 동물원, 식물원, 수족관, 경마장은 문화 및 집회시설에 해당한다.

> ✅ **확인학습** 동·식물 관련 시설
> 1. 축사(부화장 포함)
> 2. 가축시설
> 3. 도축장
> 4. 도계장
> 5. 작물 재배사
> 6. 종묘배양시설
> 7. 화초 및 분재 등의 온실
> 8. 식물과 관련된 시설과 비슷한 것(동·식물원은 제외한다)

> ✅ **확인학습** 문화 및 집회시설
> 1. 공연장으로서 근린생활시설에 해당하지 않는 것
> 2. 집회장: 예식장, 공회당, 회의장, 마권(馬券) 장외 발매소, 마권 전화투표소, 그 밖에 이와 비슷한 것으로서 근린생활시설에 해당하지 않는 것
> 3. 관람장: 경마장, 경륜장, 경정장, 자동차 경기장, 그 밖에 이와 비슷한 것과 체육관 및 운동장으로서 관람석의 바닥면적의 합계가 1천㎡ 이상인 것
> 4. 전시장: 박물관, 미술관, 과학관, 문화관, 체험관, 기념관, 산업전시장, 박람회장, 견본주택, 그 밖에 이와 비슷한 것
> 5. 동·식물원: 동물원, 식물원, 수족관, 그 밖에 이와 비슷한 것

09 난이도 ●○○ 답 ③

의료시설에 해당되는 특정소방대상물로 옳은 것은 ㄴ, ㄷ이다.

| 선지분석 |
ㄱ. [×] 노인의료복지시설은 노유자시설에 해당한다.
ㄹ. [×] 한방의원은 근린생활시설에 해당한다.

> ✅ **확인학습** 특정소방대상물
> 1. 의료시설
>   • 병원: 종합병원, 병원, 치과병원, 한방병원, 요양병원
>   • 격리병원: 전염병원, 마약진료소
>   • 정신의료기관
>   • 장애인 의료재활시설
> 2. 노유자시설: 노인 관련 시설(노인주거복지시설, 노인의료복지시설, 노인여가복지시설, 재가노인복지시설, 노인보호전문기관)
> 3. 근린생활시설: 의원, 치과의원, 한의원, 침술원, 접골원, 조산원(산후조리원 포함) 및 안마원(안마시술소 포함)

10 난이도 ●●○○○ 답 ③

ㄱ은 1.8 ㄴ은 2, ㄷ은 50이다.

> ✅ **확인학습** 지하구
> 1. 전력·통신용의 전선이나 가스·냉난방용의 배관 또는 이와 비슷한 것을 집합수용하기 위하여 설치한 지하 인공구조물로서 사람이 점검 또는 보수를 하기 위하여 출입이 가능한 것 중 다음의 어느 하나에 해당하는 것
>   1) 전력 또는 통신사업용 지하 인공구조물로서 전력구(케이블 접속부가 없는 경우는 제외한다) 또는 통신구 방식으로 설치된 것
>   2) 1)외의 지하 인공구조물로서 폭이 1.8m 이상이고 높이가 2m 이상이며 길이가 50m 이상인 것
> 2. 「국토의 계획 및 이용에 관한 법률」 제2조 제9호에 따른 공동구

11 난이도 ●●○ 답 ①

ㄱ. 벽이 없는 구조로서 그 길이가 (6m) 이하인 경우
ㄴ. 벽이 있는 구조로서 그 길이가 (10m) 이하인 경우
ㄷ. 다만, 벽 높이가 바닥에서 천장까지의 높이의 (2분의 1) 이상인 경우에는 벽이 있는 구조로 보고, 벽 높이가 바닥에서 천장까지의 높이의 (2분의 1) 미만인 경우에는 벽이 없는 구조로 본다.

12 난이도 ●●○ 답 ②

연결통로 또는 지하구와 특정소방대상물의 양쪽에 화재 시 자동으로 방수되는 방식의 드렌처 설비 또는 개방형 스프링클러헤드가 설치된 경우는 각각 별개의 특정소방대상물로 본다.

✅ **확인학습** 특정소방대상물

1. 내화구조로 된 하나의 특정소방대상물이 개구부 및 연소 확대 우려가 없는 내화구조의 바닥과 벽으로 구획되어 있는 경우에는 그 구획된 부분을 각각 별개의 특정소방대상물로 본다. 다만, 제9조에 따라 성능위주설계를 해야 하는 범위를 정할 때에는 하나의 특정소방대상물로 본다.
2. 둘 이상의 특정소방대상물이 다음의 어느 하나에 해당되는 구조의 복도 또는 통로(이하 이 표에서 "연결통로"라 한다)로 연결된 경우에는 이를 하나의 특정소방대상물로 본다.
   - 내화구조로 된 연결통로가 다음의 어느 하나에 해당되는 경우
     - 벽이 없는 구조로서 그 길이가 6m 이하인 경우
     - 벽이 있는 구조로서 그 길이가 10m 이하인 경우. 다만, 벽 높이가 바닥에서 천장까지의 높이의 2분의 1 이상인 경우에는 벽이 있는 구조로 보고, 벽 높이가 바닥에서 천장까지의 높이의 2분의 1 미만인 경우에는 벽이 없는 구조로 본다.
   - 내화구조가 아닌 연결통로로 연결된 경우
   - 컨베이어로 연결되거나 플랜트설비의 배관 등으로 연결되어 있는 경우
   - 지하보도, 지하상가, 지하터널로 연결된 경우
   - 자동방화셔터 또는 60분+방화문이 설치되지 않은 피트(전기설비 또는 배관설비 등이 설치되는 공간을 말한다)로 연결된 경우
   - 지하구로 연결된 경우
3. 2.에도 불구하고 연결통로 또는 지하구와 특정소방대상물의 양쪽에 다음의 어느 하나에 해당하는 시설이 적합하게 설치된 경우에는 각각 별개의 특정소방대상물로 본다.
   - 화재 시 경보설비 또는 자동소화설비의 작동과 연동하여 자동으로 닫히는 자동방화셔터 또는 60분+ 방화문이 설치된 경우
   - 화재 시 자동으로 방수되는 방식의 드렌처설비 또는 개방형 스프링클러헤드가 설치된 경우
4. 1.부터 3.까지의 특정소방대상물의 지하층이 지하상가와 연결되어 있는 경우 해당 지하층의 부분을 지하상가로 본다. 다만, 다음 지하상가와 연결되는 지하층에 지하층 또는 지하상가에 설치된 자동방화셔터 또는 60분+ 방화문이 화재 시 경보설비 또는 자동소화설비의 작동과 연동하여 자동으로 닫히는 구조이거나 그 윗부분에 드렌처설비가 설치된 경우에는 지하상가로 보지 않는다.

13 난이도 ●●○ 답 ④

둘 이상의 특정소방대상물이 복도 또는 통로로 연결된 경우에 내화구조로 된 연결통로가 벽이 없는 구조로서 그 길이가 6m 이하인 경우가 하나의 특정소방대상물로 본다.

POINT 54 소방용품 등

정답 p.94

| 01 | ③ | 02 | ③ | 03 | ③ | 04 | ② |

01 난이도 ●○○ 답 ③

소방용품 중 경보설비를 구성하는 제품 또는 기기에 누전차단기는 해당하지 않는다.

✅ **확인학습** 경보설비를 구성하는 제품 또는 기기

1. 누전경보기 및 가스누설경보기
2. 경보설비를 구성하는 발신기, 수신기, 중계기, 감지기 및 음향장치(경종만 해당한다)

02 난이도 ●○○ 답 ③

피난구조설비를 구성하는 제품 또는 기기 중 피난유도선은 소방용품에 해당하지 않는다.

✅ **확인학습** 소방용품

1. 소화설비를 구성하는 제품 또는 기기
   - 소화기구(소화약제 외의 것을 이용한 간이소화용구는 제외한다)
   - 자동소화장치
   - 소화설비를 구성하는 소화전, 관창(菅槍), 소방호스, 스프링클러헤드, 기동용 수압개폐장치, 유수제어밸브 및 가스관선택밸브
2. 경보설비를 구성하는 제품 또는 기기
   - 누전경보기 및 가스누설경보기
   - 경보설비를 구성하는 발신기, 수신기, 중계기, 감지기 및 음향장치(경종만 해당한다)
3. 피난구조설비를 구성하는 제품 또는 기기
   - 피난사다리, 구조대, 완강기(간이완강기 및 지지대를 포함한다)
   - 공기호흡기(충전기를 포함한다)
   - 피난구유도등, 통로유도등, 객석유도등 및 예비 전원이 내장된 비상조명등

03 난이도 ●○○ 답 ③

경보설비를 구성하는 음향장치는 경종만 해당된다.

04 난이도 ●○○ 답 ②

소방용품: 완강기(간이완강기 및 지지대를 포함한다)

✅ **확인학습** 피난구조설비를 구성하는 제품 또는 기기

- 피난사다리, 구조대, 완강기(간이완강기 및 지지대를 포함한다)
- 공기호흡기(충전기를 포함한다)
- 피난구유도등, 통로유도등, 객석유도등 및 예비 전원이 내장된 비상조명등

POINT 55 무창층

정답 p.95

| 01 | ② | 02 | ② | 03 | ③ | 04 | ② |

01 난이도 ●○○ 답 ②

무창층의 개구부 요건으로 내부 또는 외부에서 쉽게 부수거나 열 수 있는 것이어야 한다.

> ✅ **확인학습** 무창층 개구부 요건
> 1. 크기는 지름 50cm 이상의 원이 통과할 수 있을 것
> 2. 해당 층의 바닥면으로부터 개구부 밑부분까지의 높이가 1.2m 이내일 것
> 3. 도로 또는 차량이 진입할 수 있는 빈터를 향할 것
> 4. 화재 시 건축물로부터 쉽게 피난할 수 있도록 창살이나 그 밖의 장애물이 설치되지 아니할 것
> 5. 내부 또는 외부에서 쉽게 부수거나 열 수 있을 것

02 난이도 ●○○ 답 ②

ㄱ. 크기는 지름 (50)cm 이상의 원이 통과할 수 있는 크기일 것
ㄴ. 해당 층의 바닥면으로부터 개구부 (밑부분)까지의 높이가 (1.2)m 이내일 것

> ✅ **확인학습** 무창층 개구부 요건
> 1. 크기는 지름 50cm 이상의 원이 통과할 수 있는 크기일 것
> 2. 해당 층의 바닥면으로부터 개구부 밑부분까지의 높이가 1.2m 이내일 것
> 3. 도로 또는 차량이 진입할 수 있는 빈터를 향할 것
> 4. 화재 시 건축물로부터 쉽게 피난할 수 있도록 창살이나 그 밖의 장애물이 설치되지 아니할 것
> 5. 내부 또는 외부에서 쉽게 부수거나 열 수 있을 것

03 난이도 ●○○ 답 ③

무창층 개구부의 크기는 지름 50cm 이상의 원이 통과할 수 있는 크기로 하여야 한다.

04 난이도 ●○○ 답 ②

해당 층의 바닥면으로부터 개구부 밑부분까지의 높이가 1.2m 이내여야 한다.

제2장 소방시설등의 설치·관리 및 방염

POINT 56 건축허가등의 동의 등

정답 p.96

| 01 | ④ | 02 | ② | 03 | ① | 04 | ① | 05 | ② |
| 06 | ④ | 07 | ③ | 08 | ① | 09 | ④ | 10 | ③ |

01 난이도 ●●○ 답 ④

특정소방대상물 중 노유자(老幼者)시설로서 연면적 200제곱미터인 건축물이 해당한다.

> ✅ **확인학습** 건축허가등의 동의대상물의 범위 등
> 1. 연면적(「건축법 시행령」 제119조 제1항 제4호에 따라 산정된 면적을 말한다. 이하 같다)이 400제곱미터 이상인 건축물이나 시설
>   • 학교시설: 100제곱미터
>   • 노유자(老幼者) 시설 및 수련시설: 200제곱미터
>   • 정신의료기관: 300제곱미터
>   • 장애인 의료재활시설: 300제곱미터
> 2. 지하층 또는 무창층이 있는 건축물로서 바닥면적이 150제곱미터(공연장의 경우에는 100제곱미터) 이상인 층이 있는 것
> 3. 차고·주차장 또는 주차 용도로 사용되는 시설
>   • 차고·주차장으로 사용되는 바닥면적이 200제곱미터 이상인 층이 있는 건축물이나 주차시설
>   • 승강기 등 기계장치에 의한 주차시설로서 자동차 20대 이상을 주차할 수 있는 시설
> 4. 층수(「건축법 시행령」 제119조 제1항 제9호에 따라 산정된 층수를 말한다. 이하 같다)가 6층 이상인 건축물
> 5. 항공기 격납고, 관망탑, 항공관제탑, 방송용 송수신탑

02 난이도 ●●○ 답 ②

건축허가등을 할 때에 소방본부장이나 소방서장의 동의를 받아야 하는 건축물 등의 범위는 대통령령으로 정한다.

> ✅ **확인학습** 건축허가등의 동의 등
>
> 건축물 등의 신축·증축·개축·재축·이전·용도변경 또는 대수선의 허가·협의 및 사용승인(건축허가등)의 권한이 있는 행정기관은 건축허가등을 할 때 미리 그 건축물 등의 시공지(施工地) 또는 소재지를 관할하는 소방본부장이나 소방서장의 동의를 받아야 한다.

> ✅ **확인학습** 건축허가등의 동의 제외대상물
> 1. [별표 5]에 따라 특정소방대상물에 설치되는 소화기구, 자동소화장치, 누전경보기, 단독경보형감지기, 가스누설경보기, 피난구조설비(비상조명등은 제외한다)가 법 제12조 제1항 전단에 따른 화재안전기준에 적합한 경우 그 특정소방대상물
> 2. 건축물의 증축 또는 용도변경으로 인하여 해당 특정소방대상물에 추가로 소방시설이 설치되지 아니하는 경우(「소방시설공사업법 시행령」 제4조 제1호에 해당하지 않는 경우) 그 특정소방대상물

03 난이도 ●●○ 답 ①

[별표 2]의 특정소방대상물 중 노유자(老幼者) 시설 및 수련시설의 범위는 200제곱미터 이상이다.

> ✅ **확인학습** 건축허가등의 동의대상물
>
> 1. 연면적(「건축법 시행령」 제119조 제1항 제4호에 따라 산정된 면적을 말한다. 이하 같다)이 400제곱미터 이상인 건축물이나 시설. 다만, 다음 각 목의 어느 하나에 해당하는 건축물이나 시설은 해당 목에서 정한 기준 이상인 건축물이나 시설로 한다.
>   가. 「학교시설사업 촉진법」 제5조의2 제1항에 따라 건축등을 하려는 학교시설: 100제곱미터
>   나. [별표 2]의 특정소방대상물 중 노유자(老幼者) 시설 및 수련시설: 200제곱미터
>   다. 「정신건강증진 및 정신질환자 복지서비스 지원에 관한 법률」 제3조 제5호에 따른 정신의료기관(입원실이 없는 정신건강의학과 의원은 제외하며, 이하 "정신의료기관"이라 한다): 300제곱미터
>   라. 「장애인복지법」 제58조 제1항 제4호에 따른 장애인 의료재활시설(이하 "의료재활시설"이라 한다): 300제곱미터
> 2. 지하층 또는 무창층이 있는 건축물로서 바닥면적이 150제곱미터(공연장의 경우에는 100제곱미터) 이상인 층이 있는 것
> 3. 차고·주차장 또는 주차 용도로 사용되는 시설로서 다음 각 목의 어느 하나에 해당하는 것
>   가. 차고·주차장으로 사용되는 바닥면적이 200제곱미터 이상인 층이 있는 건축물이나 주차시설
>   나. 승강기 등 기계장치에 의한 주차시설로서 자동차 20대 이상을 주차할 수 있는 시설
> 4. 층수(「건축법 시행령」 제119조 제1항 제9호에 따라 산정된 층수를 말한다. 이하 같다)가 6층 이상인 건축물
> 5. 항공기 격납고, 관망탑, 항공관제탑, 방송용 송수신탑
> 6. [별표 2]의 특정소방대상물 중 공동주택, 의원(입원실 또는 인공신장실이 있는 것으로 한정한다)·조산원·산후조리원, 숙박시설, 위험물 저장 및 처리 시설, 발전시설 중 풍력발전소·전기저장시설, 지하구(地下溝)
> 7. 1. 나목에 해당하지 않는 노유자 시설 중 다음 각 목의 어느 하나에 해당하는 시설. 다만, 가목 2) 및 나목부터 바목까지의 시설 중 「건축법 시행령」 [별표 1]의 단독주택 또는 공동주택에 설치되는 시설은 제외한다.
>
>   - 중략 -
> 8. 「의료법」 제3조 제2항 제3호 라목에 따른 요양병원(이하 "요양병원"이라 한다). 다만, 의료재활시설은 제외한다.
> 9. [별표 2]의 특정소방대상물 중 공장 또는 창고시설로서 「화재의 예방 및 안전관리에 관한 법률 시행령」 [별표 2]에서 정하는 수량의 750배 이상의 특수가연물을 저장·취급하는 것
> 10. [별표 2] 제17호 나목에 따른 가스시설로서 지상에 노출된 탱크의 저장용량의 합계가 100톤 이상인 것

04 난이도 ●●● 답 ①

연면적 300㎡ 이상인 장애인 의료재활시설이 건축허가등의 동의대상물의 범위에 해당한다.

05 난이도 ●○○ 답 ②

건축허가등의 동의대상물의 범위에 해당하는 것은 ㄱ, ㄴ, ㄹ이다.

| 선지분석 |

ㄷ. [×] 차고·주차장으로 사용되는 바닥면적이 200㎡ 이상인 층이 있는 건축물이나 주차시설이 건축허가 등의 동의대상물의 범위에 해당한다.

06 난이도 ●●● 답 ④

「노인복지법」 제31조 제1호에 따른 노인주거복지시설은 건축허가등의 동의를 받아야 하는 노유자시설에 해당한다.

> ✅ **확인학습** 200제곱미터 이상인 건축물이나 시설에 해당하지 않는 노유자시설(다만, 밑줄 친 시설이 단독주택 또는 공동주택에 설치되는 시설은 제외한다)
>
> 1. 노인 관련 시설
>   - 노인주거복지시설·노인의료복지시설 및 재가노인복지시설
>   - 학대피해노인 전용쉼터
> 2. 아동복지시설(아동상담소, 아동전용시설 및 지역아동센터는 제외한다)
> 3. 장애인 거주시설
> 4. 정신질환자 관련 시설
> 5. 노숙인 관련 시설 중 노숙인자활시설, 노숙인재활시설 및 노숙인요양시설
> 6. 결핵환자나 한센인이 24시간 생활하는 노유자시설

07 난이도 ●○○ 답 ③

지하층 또는 무창층이 있는 건물로서 바닥면적이 150㎡ 이상인 층이 있는 것은 건축허가등의 동의대상물의 범위에 해당한다.

| 선지분석 |

① [×] 층수가 6층 이상인 건축물
② [×] 차고·주차장으로 사용되는 층 중 바닥면적이 200㎡ 이상인 층이 있는 건축물이나 주차시설이 해당한다.
④ [×] 승강기 등 기계장치에 의한 주차시설로서 자동차 20대 이상 주차할 수 있는 시설이 해당한다.

08 난이도 ●○○ 답 ①

승강기 등 기계장치에 의한 주차시설로서 자동차 20대 이상인 주차시설이 해당한다.

09 난이도 ●●○ 답 ④

ㄱ. 동의요구를 받은 소방본부장 또는 소방서장은 건축허가등의 동의요구서류를 접수한 날부터 (5일)[허가를 신청한 건축물 등이 특급 소방안전관리대상물에 해당하는 경우에는 (10일)] 이내에 건축허가등의 동의여부를 회신하여야 한다.

ㄴ. 소방본부장 또는 소방서장은 동의 요구서 및 첨부서류의 보완이 필요한 경우에는 (4일) 이내의 기간을 정하여 보완을 요구할 수 있다.

10 난이도 ●○○ 답 ③

소방시설공사업등록증이 아닌, 소방시설설계업등록증 사본이 해당한다.

> ✅ **확인학습** 건축허가등의 동의를 요구하는 때의 첨부 서류
>
> 1. 건축허가등을 확인할 수 있는 서류의 사본
> 2. 다음 각 목의 설계도서. 다만, 가목 및 나목 2)·4)의 설계도서는 「소방시설공사업법 시행령」 제4조에 따른 소방시설공사 착공신고 대상에 해당되는 경우에만 제출한다.
>   가. 건축물 설계도서
>   1) 건축물 개요 및 배치도
>   2) 주단면도 및 입면도(立面圖: 물체를 정면에서 본 대로 그린 그림을 말한다. 이하 같다)
>   3) 층별 평면도(용도별 기준층 평면도를 포함한다. 이하 같다)
>   4) 방화구획도(창호도를 포함한다)
>   5) 실내·실외 마감재료표
>   6) 소방자동차 진입 동선도 및 부서 공간 위치도(조경계획을 포함한다)
>   나. 소방시설 설계도서
>   1) 소방시설(기계·전기 분야의 시설을 말한다)의 계통도(시설별 계산서를 포함한다)
>   2) 소방시설별 층별 평면도
>   3) 실내장식물 방염대상물품 설치 계획(「건축법」 제52조에 따른 건축물의 마감재료는 제외한다)
>   4) 소방시설의 내진설계 계통도 및 기준층 평면도(내진 시방서 및 계산서 등 세부 내용이 포함된 상세 설계도면을 포함한다)
> 3. 소방시설 설치계획표
> 4. 임시소방시설 설치계획서
> 5. 소방시설설계업등록증과 소방시설을 설계한 기술인력자의 기술자격증 사본
> 6. 소방시설설계 계약서 사본 1부

POINT 57 내진설계

정답 p.99

01	③	02	④	03	②	04	①

01 난이도 ●○○ 답 ③

| 선지분석 |
① [×] 옥외소화전설비은 해당하지 않는다.
② [×] 간이스프링클러설비는 해당하지 않는다.
③ [○] 포소화설비, 이산화탄소소화설비
④ [×] 연결송수관설비, 연결살수설비는 모두 해당하지 않는다.

> ✅ **확인학습** 소방시설의 내진설계 대상
> 1. 옥내소화전설비
> 2. 스프링클러설비
> 3. 물분무등소화설비

02 난이도 ●○○ 답 ④

내진설계기준에 맞게 소방시설을 설치하여야 하는 소방시설은 옥내소화전설비, 스프링클러설비, 물분무등소화설비를 말한다.

> ✅ **확인학습** 소방시설의 내진설계 대상
> 1. 옥내소화전설비
> 2. 스프링클러설비
> 3. 물분무등소화설비

03 난이도 ●○○ 답 ②

내진설계기준에 맞게 소방시설을 설치하여야 하는 대상으로 옥외소화전설비는 해당하지 않는다.

04 난이도 ●○○ 답 ①

내진설계기준에 맞게 소방시설을 설치하여야 하는 소방시설은 옥내소화전설비, 스프링클러설비, 물분무등소화설비를 말한다.

POINT 58 성능위주설계

정답 p.100

01	②	02	④	03	③	04	②	05	②
06	①	07	①	08	②	09	①		

01 난이도 ●○○ 답 ②

| 선지분석 |
① [×] 연면적 20만제곱미터 이상인 특정소방대상물
② [○] 하나의 건축물에 영화상영관이 10개 이상인 특정소방대상물 (다만, 대통령령으로 정하는 비상설상영장은 제외)
③ [×] 50층 이상(지하층은 제외한다)이거나 지상으로부터 높이가 200미터 이상인 아파트
④ [×] 철도 및 도시철도 시설로 연면적 3만제곱미터 이상인 특정소방대상물

02 난이도 ●○○ 답 ④

성능위주설계를 하여야 하는 특정소방대상물에 해당하는 것은 하나의 건축물에 영화상영관이 10개인 특정소방대상물이다.

| 선지분석 |
① [×] 50층 이상(지하층 제외)이거나 지상으로부터 높이가 200미터 이상인 아파트등
② [×] 연면적 3만㎡인 철도역사
③ [×] 연면적 20만㎡인 특정소방대상물(단, 아파트등은 제외)

> **확인학습** 성능위주설계를 하여야 하는 특정소방대상물

1. 연면적 20만㎡ 이상(아파트등 제외)
2. 50층 이상(지하층 제외)이거나 지상으로부터 높이가 200미터 이상인 아파트등
3. 30층 이상(지하층을 포함한다)이거나 지상으로부터 높이가 120미터 이상인 특정소방대상물((아파트등 제외)
4. 연면적 3만제곱미터 이상인 특정소방대상물
   - 철도 및 도시철도 시설
   - 공항시설
5. [별표 2] 제16호의 창고시설 중 연면적 10만제곱미터 이상인 것 또는 지하층의 층수가 2개층 이상이고 지하층의 바닥면적의 합계가 3만제곱미터 이상인 것
6. 영화상영관이 10개 이상인 특정소방대상물
7. 지하연계 복합건축물에 해당하는 특정소방대상물
8. 터널
   - 수저(水底)터널
   - 길이가 5천미터 이상인 것

* 아파트등: [별표 2] 제1호에 따른 공동주택 중 주택으로 쓰이는 층수가 5층 이상인 주택

03 난이도 ●○○ 답 ③

성능위주설계를 하여야 하는 특정소방대상물에 해당하는 것은 지하층을 포함한 층수가 30층인 복합건축물(신축)이다.

| 선지분석 |

① [×] 연면적 20만㎡ 이상(아파트등 제외). 아파트는 50층 이상(지하층 제외)이거나 지상으로부터 높이가 200미터 이상인 경우에 해당한다.
② [×] 연면적 3만㎡ 이상의 철도시설이 해당한다.
④ [×] 종합병원은 30층 이상(지하층을 포함한다)이거나 지상으로부터 높이가 120미터 이상 또는 연면적 20만㎡ 이상일 때 성능위주설계 대상이 된다.

04 난이도 ●●○ 답 ④

성능위주설계를 하여야 하는 특정소방대상물에 해당하는 것은 연면적 3만㎡ 이상인 특정소방대상물로서 공항시설(신축)이다.

| 선지분석 |

① [×] 연면적 20만㎡ 이상인 특정소방대상물로서 기숙사가 해당한다.
② [×] 건축물의 높이가 200m 이상인 특정소방대상물로서 아파트
③ [×] 지하층을 포함한 층수가 30층 이상 특정소방대상물로서 복합건축물이 해당한다.

05 난이도 ●○○ 답 ②

ㄱ. 성능위주설계에 대한 전문적·기술적인 검토 및 평가를 위하여 (소방청 또는 소방본부)에 성능위주설계 평가단을 둔다.
ㄴ. 성능위주설계 평가단의 구성 및 운영 등에 필요한 사항은 (행정안전부령)으로 정한다.

06 난이도 ●○○ 답 ①

연면적·높이·층수 등이 일정 규모 이상인 대통령으로 정하는 특정소방대상물(신축하는 것만 해당한다)에 소방시설을 설치하려는 자는 성능위주설계를 하여야 한다.

07 난이도 ●○○ 답 ①

ㄱ. 소방서장은 성능위주설계의 신고, 변경신고 또는 사전검토 신청을 받은 경우에는 소방청 또는 관할 소방본부에 설치된 (성능위주설계평가단)의 검토·평가를 거쳐야 한다.
ㄴ. 다만, 소방서장은 신기술·신공법 등 검토·평가에 고도의 기술이 필요한 경우에는 (중앙소방기술심의위원회)에 심의를 요청할 수 있다.

08 난이도 ●●○ 답 ②

소방서장은 성능위주설계 대상 및 자격 여부 등을 확인한 결과 첨부서류의 보완이 필요한 경우에는 7일 이내의 기간을 정하여 성능위주설계를 한 자에게 보완을 요청할 수 있다. 이 경우 첨부서류의 보완 기간은 처리 기간에 산입하지 아니하며, 보완하지 않은 경우에는 제출된 신고서를 반려할 수 있다.

09 난이도 ●○○ 답 ①

성능위주설계평가단은 평가단장 1명을 포함하여 50 이내의 단원으로 구성한다.

POINT 59 주택에 설치하는 소방시설

정답 p.102

| 01 | ① | 02 | ④ |

01 난이도 ●○○ 답 ①

소방시설로 옳은 것은 ㄱ, ㄹ이다.
단독주택과 공동주택(아파트 및 기숙사는 제외한다)의 소유자가 의무적으로 설치하여야 하는 대통령령으로 정하는 소방시설은 소화기 및 단독경보형감지기를 말한다.

02 난이도 ●○○ 답 ④

단독주택과 공동주택(아파트 및 기숙사는 제외한다)의 소유자가 의무적으로 설치하여야 하는 대통령령으로 정하는 소방시설은 소화기 및 단독경보형감지기를 말한다.

POINT 60 자동차에 설치 또는 비치하는 소화기

정답 p.103

| 01 | ④ |

01 난이도 ●○○ 답 ④

차량용 소화기의 설치 또는 비치기준으로 옳은 것은 ㄱ, ㄴ, ㄷ, ㄹ이다.

| 선지분석 |

ㄱ. [○] 대형 이상의 특수자동차는 능력단위 2 이상인 소화기 1개 이상 또는 능력단위 1 이상인 소화기 2개 이상을 사용하기 쉬운 곳에 설치한다.

ㄴ. [○] 중형 이하의 특수자동차는 능력단위 1 이상인 소화기 1개 이상을 사용하기 쉬운 곳에 설치한다.

ㄷ. [○] 경형승합자동차는 능력단위 1 이상의 소화기 1개 이상을 사용하기 쉬운 곳에 설치 또는 비치한다.

ㄹ. [○] 승용자동차는 능력단위 1 이상의 소화기 1개 이상을 사용하기 쉬운 곳에 설치 또는 비치한다.

✓ 확인학습 차량용 소화기의 설치 또는 비치 기준

구분		능력단위	수량(이상)
승용자동차		1 이상	1개
승합자동차	경형 승합자동차	1 이상	1개
	15인 이하	1 이상	2개
		2 이상	1개
	16인 이상 35인 이하	2 이상	2개
	36인 이상	2 이상 및 3 이상	각 1개
화물(피견인 자동차 제외)· 특수자동차	중형 이하	1 이상	1개
	대형 이상	1 이상	2개
		2 이상	1개
고압가스를 운송하는 특수자동차(견인자동차 포함)		이동탱크저장소 자동차용 소화기 설치 기준	

✓ 확인학습 화물자동차(피견인자동차는 제외) 및 특수자동차
1. 중형 이하: 능력단위 1 이상인 소화기 1개 이상을 사용하기 쉬운 곳에 설치한다.
2. 대형 이상: 능력단위 2 이상인 소화기 1개 이상 또는 능력단위 1 이상인 소화기 2개 이상을 사용하기 쉬운 곳에 설치한다.

POINT 61 특정소방대상물에 설치하는 소방시설의 관리 등

정답 p.104

| 01 | ② | 02 | ② | 03 | ② |

01 난이도 ●○○ 답 ②

ㄱ. 특정소방대상물의 (관계인)은 대통령령으로 정하는 소방시설을 화재안전기준에 따라 설치·관리하여야 한다.

ㄴ. 이 경우 「장애인·노인·임산부 등의 편의증진 보장에 관한 법률」 제2조 제1호에 따른 장애인등이 사용하는 소방시설(경보설비 및 피난구조설비를 말한다)은 대통령령으로 정하는 바에 따라 장애인 등에 적합하게 설치·관리하여야 한다.

✓ 확인학습 특정소방대상물에 설치하는 소방시설의 관리 등
1. 특정소방대상물의 관계인은 대통령령으로 정하는 소방시설을 화재안전기준에 따라 설치·관리하여야 한다. 이 경우 「장애인·노인·임산부 등의 편의증진 보장에 관한 법률」 제2조 제1호에 따른 장애인 등이 사용하는 소방시설(경보설비 및 피난구조설비를 말한다)은 대통령령으로 정하는 바에 따라 장애인등에 적합하게 설치·관리하여야 한다.
2. 소방본부장이나 소방서장은 소방시설이 화재안전기준에 따라 설치·관리되고 있지 아니할 때에는 해당 특정소방대상물의 관계인에게 필요한 조치를 명할 수 있다.
3. 특정소방대상물의 관계인은 소방시설을 설치·관리하는 경우 화재 시 소방시설의 기능과 성능에 지장을 줄 수 있는 폐쇄(잠금을 포함한다. 이하 같다)·차단 등의 행위를 하여서는 아니 된다. 다만, 소방시설의 점검·정비를 위하여 필요한 경우 폐쇄·차단은 할 수 있다.
4. 소방청장, 소방본부장 또는 소방서장은 소방시설의 작동정보 등을 실시간으로 수집·분석할 수 있는 시스템(이하 "소방시설정보관리시스템"이라 한다)을 구축·운영할 수 있다.
5. 소방청장, 소방본부장 또는 소방서장은 소방시설의 작동정보를 해당 특정소방대상물의 관계인에게 통보하여야 한다.
6. 소방시설정보관리시스템 구축·운영의 대상은 「화재의 예방 및 안전관리에 관한 법률」 제24조 제1항 전단에 따른 소방안전관리대상물 중 소방안전관리의 취약성 등을 고려하여 대통령령으로 정하고, 그 밖에 운영방법 및 통보 절차 등에 필요한 사항은 행정안전부령으로 정한다.

02 난이도 ●○○ 답 ②

소방본부장이나 소방서장은 소방시설이 화재안전기준에 따라 설치·관리되고 있지 아니할 때에는 해당 특정소방대상물의 관계인에게 필요한 조치를 명할 수 있다. 옳은 것은 ㄷ, ㄹ이다.

03 난이도 ●○○ 답 ②

소방시설에 폐쇄·차단 등의 행위를 한 자는 5년 이하의 징역 또는 5천만원 이하의 벌금에 처한다.

> 「소방시설 설치 및 관리에 관한 법률」 제56조 【벌칙】 ① 제12조 제3항 본문을 위반하여 소방시설에 폐쇄·차단 등의 행위를 한 자는 5년 이하의 징역 또는 5천만원 이하의 벌금에 처한다.
> ② 제1항의 죄를 범하여 사람을 상해에 이르게 한 때에는 7년 이하의 징역 또는 7천만원 이하의 벌금에 처하며, 사망에 이르게 한 때에는 10년 이하의 징역 또는 1억원 이하의 벌금에 처한다.

POINT 62 수용인원의 산정

정답 p.105

01	③	02	④	03	④	04	④	05	②
06	①								

01 난이도 ●●○ 답 ③

- 관람석이 없는 강당 1개, 바닥면적 460㎡의 경우

  수용인원(명) = $\frac{460㎡}{4.6㎡}$(명) = 100(명)

- 강의실 10개, 각 바닥면적 57㎡의 경우

  수용인원(명) = $\frac{57㎡}{1.9㎡} \times 10$(명) = 300(명)

- 휴게실 1개, 바닥면적 38㎡의 경우

  수용인원(명) = $\frac{38㎡}{1.9㎡}$(명) = 20(명)

- 따라서, 수용인원 = 100 + 300 + 20 = 420(명)

> ✅ **확인학습** 수용인원의 산정방법
> 1. 숙박시설이 있는 특정소방대상물
>   - 침대가 있는 숙박시설: 종사자 수 + 침대 수
>   - 침대가 없는 숙박시설: 종사자 수 + 숙박시설 바닥면적의 합계를 3㎡로 나누어 얻은 수
> 2. 1. 외의 특정소방대상물
>   - 강의실·교무실·상담실·실습실·휴게실 용도: 바닥면적의 합계를 1.9㎡로 나누어 얻은 수
>   - 강당, 문화 및 집회시설, 운동시설, 종교시설: 바닥면적의 합계를 4.6㎡로 나누어 얻은 수
>   - 고정식 의자를 설치한 부분: 그 부분의 의자 수
>   - 긴 의자의 경우: 의자의 정면너비를 0.45m로 나누어 얻은 수
>   - 그 밖의 특정소방대상물: 바닥면적의 합계를 3㎡로 나누어 얻은 수
> 3. 비고
>   - 바닥면적을 산정할 때에는 복도, 계단 및 화장실의 바닥면적을 포함하지 않는다.
>   - 계산 결과 소수점 이하의 수는 반올림한다.

02 난이도 ●●○ 답 ④

강당, 문화·집회시설, 운동시설, 종교시설의 수용인원은 바닥면적의 합계를 4.6㎡로 나누어 얻은 수이다.

03 난이도 ●●● 답 ④

수용인원이 제일 적은 것은 강당으로 사용하는 바닥면적 합계가 900㎡인 특정소방대상물이다.
강당으로 사용하는 바닥면적 합계가 900㎡인 특정소방대상물(관람석 의자는 없다)
→ 900 ÷ 4.6, 따라서 수용인원 = 196인

| 선지분석 |
① 종사자 3명, 침대가 110개(2인용 90개, 1인용 20개) 있는 숙박시설
→ 3 + (2×90) + (1×20), 따라서 수용인원 = 203인

② 종사자 3명, 침대가 없고 바닥면적이 600㎡인 숙박시설
→ 3 + (600 ÷ 3), 따라서 수용인원 = 203인

③ 강의실·교무실·상담실 용도로 사용하는 바닥면적 합계가 600㎡인 특정소방대상물
→ 600 ÷ 1.9, 따라서 수용인원 = 316인

04 난이도 ●●● 답 ④

침대가 없는 숙박시설의 수용인원은 해당 특정소방대상물의 <u>종사자 수</u>에 바닥면적의 합계를 3㎡로 나누어 얻은 수를 합한 수이다.

05 난이도 ●○○ 답 ②

ㄱ. 침대가 없는 숙박시설: 해당 특정소방대상물의 종사자 수에 숙박시설 바닥면적의 합계를 (3㎡)로 나누어 얻은 수를 합한 수

ㄴ. 문화 및 집회시설, 운동시설, 종교시설: 해당 용도로 사용하는 바닥면적의 합계를 (4.6㎡)로 나누어 얻은 수

06 난이도 ●●○ 답 ①

ㄱ. 바닥면적을 산정할 때에는 복도[「건축법 시행령」 제2조 제11호에 따른 (준불연재료) 이상의 것을 사용하여 바닥에서 천장까지 벽으로 구획한 것을 말한다], 계단 및 화장실의 바닥면적을 포함하지 않는다.

ㄴ. 계산 결과 소수점 이하의 수는 (반올림)한다.

POINT 63 관계인이 갖추어야 하는 소방시설의 종류(소화설비)

정답 p.107

01	①	02	②	03	②	04	④	05	②
06	①	07	①	08	④	09	③	10	②
11	④	12	①						

01 난이도 ●○○ 답 ①

연면적 (33㎡) 이상인 것. 다만, 노유자시설의 경우에는 투척용 소화용구 등을 화재안전기준에 따라 산정된 소화기 수량의 (2분의 1) 이상으로 설치할 수 있다.

> ✅ **확인학습** 화재안전기준에 따라 소화기구를 설치하여야 하는 특정소방대상물
> 1. 연면적 33㎡ 이상인 것. 다만, 노유자시설의 경우에는 투척용 소화용구 등을 화재안전기준에 따라 산정된 소화기 수량의 2분의 1 이상으로 설치할 수 있다.
> 2. 1.에 해당하지 않는 시설로서 가스시설, 발전시설 중 전기저장시설 및 국가유산
> 3. 터널
> 4. 지하구

02 난이도 ●●○　　　답 ②

해당하는 것은 ㄱ, ㄹ이다.

| 선지분석 |
- ㄱ. [○] 수련시설 내에 있는 학생 수용을 위한 기숙사로서 연면적 5천㎡인 경우
- ㄴ. [×] 교육연구시설 내에 있는 합숙소로서 연면적 100㎡인 경우는 간이스프링클러설비 설치 대상에 해당한다.
- ㄷ. [×] 숙박시설로 사용되는 바닥면적의 합계가 600㎡인 경우
- ㄹ. [○] 영화상영관의 용도로 쓰는 4층의 바닥면적이 1천㎡인 경우

✅ **확인학습** 스프링클러설비를 갖추어야 할 특정소방대상물(위험물 저장 및 처리 시설 중 가스시설 또는 지하구는 제외)

1. 층수가 6층 이상인 특정소방대상물의 경우에는 모든 층. 다만, 다음의 어느 하나에 해당하는 경우에는 제외한다.
2. 기숙사 또는 복합건축물로서 연면적 5천㎡ 이상인 경우에는 모든 층
3. 문화 및 집회시설(동·식물원은 제외한다), 종교시설(주요구조부가 목조인 것은 제외한다), 운동시설(물놀이형 시설 및 관람석이 없는 운동시설은 제외한다)
   - 수용인원이 100명 이상인 것
   - 영화상영관의 용도로 쓰이는 층의 바닥면적이 지하층 또는 무창층인 경우에는 500㎡ 이상, 그 밖의 층의 경우에는 1천㎡ 이상인 것
   - 무대부가 지하층·무창층 또는 4층 이상의 층에 있는 경우에는 무대부의 면적이 300㎡ 이상, 그 밖의 층에 있는 경우에는 무대부의 면적이 500㎡ 이상인 것
4. 판매시설, 운수시설 및 창고시설(물류터미널에 한정한다)로서 바닥면적의 합계가 5천㎡ 이상이거나 수용인원이 500명 이상인 경우에는 모든 층
5. 바닥면적의 합계가 600㎡ 이상인 것은 모든 층
   - 근린생활시설 중 조산원 및 산후조리원
   - 의료시설 중 정신의료기관
   - 의료시설 중 종합병원, 병원, 치과병원, 한방병원 및 요양병원
   - 노유자 시설
   - 숙박시설
   - 숙박이 가능한 수련시설
6. 창고시설(물류터미널은 제외한다)로서 바닥면적 합계가 5천㎡ 이상인 경우에는 모든 층
7. 1.부터 5.까지의 특정소방대상물에 해당하지 않는 특정소방대상물의 지하층·무창층(축사는 제외한다) 또는 층수가 4층 이상인 층으로서 바닥면적이 1천㎡ 이상인 층
8. 랙식 창고(rack warehouse): 천장 또는 반자(반자가 없는 경우에는 지붕의 옥내에 면하는 부분)의 높이가 10m를 초과하고, 그 층의 바닥면적 또는 랙이 설치된 부분의 합계가 1천5백㎡ 이상인 경우에는 모든 층
9. 지하상가로서 연면적 1천㎡ 이상인 것
10. 교정 및 군사시설
    - 보호감호소, 교도소, 구치소 및 그 지소, 보호관찰소 등
    - 「출입국관리법」 제52조 제2항에 따른 보호시설
    - 유치장
11. 발전시설 중 전기저장시설
12. 특정소방대상물에 부속된 보일러실 또는 연결통로 등

03 난이도 ●●●　　　답 ②

문화 및 집회시설 중 영화상영관의 용도로 쓰이는 층의 바닥면적이 지하층 또는 무창층인 경우에는 500㎡ 이상, 그 밖의 층의 경우에는 1천㎡ 이상인 경우에 스프링클러설비를 설치한다.

| 선지분석 |
- ① [○] 수용인원이 200명인 박물관: 문화 및 집회시설의 경우에는 수용인원이 100명 이상인 것
- ③ [○] 바닥면적 합계가 1천㎡인 한방병원: 의료시설 중 종합병원, 병원, 치과병원, 한방병원 및 요양병원(정신병원은 제외한다)으로서 바닥면적의 합계가 600㎡ 이상인 것은 모든 층
- ④ [○] 바닥면적 합계가 6천㎡인 물류터미널: 판매시설, 운수시설 및 창고시설(물류터미널에 한정한다)로서 바닥면적의 합계가 5천㎡ 이상이거나 수용인원이 500명 이상인 경우에는 모든 층
- ⑤ [○] 바닥면적 합계가 1만㎡인 농·수산물공판장: 농·수산물공판장은 판매시설 중 도매시장에 해당한다. 따라서 판매시설은 바닥면적의 합계가 5천㎡ 이상이거나 수용인원이 500명 이상인 경우에는 모든 층

04 난이도 ●●●　　　답 ④

문화 및 집회시설 중 무대부가 지하층·무창층 또는 4층 이상의 층에 있는 경우에는 무대부의 면적이 300㎡ 이상인 특정소방대상물은 스프링클러설비를 설치해야 한다.

| 선지분석 |
- ① [×] 판매시설, 운수시설 및 창고시설(물류터미널에 한정한다)로서 바닥면적의 합계가 5천㎡ 이상이어야 한다.
- ② [×] 판매시설, 운수시설 및 창고시설(물류터미널에 한정한다)로서 수용인원이 500명 이상인 경우에는 모든 층이어야 한다.
- ③ [×] 문화 및 집회시설 중 영화상영관의 용도로 쓰이는 층의 바닥면적이 지하층 또는 무창층인 경우에는 500㎡ 이상, 그 밖의 층의 경우에는 1천㎡ 이상인 것이다.

✅ **확인학습** 스프링클러설비를 갖추어야 할 특정소방대상물

문화 및 집회시설(동·식물원은 제외한다), 종교시설(주요구조부가 목조인 것은 제외한다), 운동시설(물놀이형 시설 및 관람석이 없는 운동시설은 제외한다)
1. 수용인원이 100명 이상인 것
2. 영화상영관의 용도로 쓰이는 층의 바닥면적이 지하층 또는 무창층인 경우에는 500㎡ 이상, 그 밖의 층의 경우에는 1천㎡ 이상인 것
3. 무대부가 지하층·무창층 또는 4층 이상의 층에 있는 경우에는 무대부의 면적이 300㎡ 이상, 그 밖의 층에 있는 경우에는 무대부의 면적이 500㎡ 이상인 것

05 난이도 ●●○　　　답 ②

층수가 6층 이상인 특정소방대상물의 경우에는 모든 층에 스프링클러를 설치해야 한다.

06 난이도 ●●○　　　답 ①

- ㄱ. 랙식 창고(rack warehouse): 천장 또는 반자(반자가 없는 경우에는 지붕의 옥내에 면하는 부분)의 높이가 10m를 초과하고, 랙이 설치된 부분의 바닥면적의 합계가 (1천500㎡) 이상인 경우에는 모든 층
- ㄴ. 지하가(터널은 제외한다)로서 연면적 (1천㎡) 이상인 것

07 난이도 ●●○ 답 ①

| 선지분석 |

① [○] 숙박시설로 사용되는 바닥면적의 합계가 300제곱미터 이상 600제곱미터 미만인 시설
② [×] 교육연구시설 내에 합숙소로서 바닥면적 100제곱미터 이상인 경우에는 모든 층
③ [×] 근린생활시설 중 조산원 및 산후조리원으로서 연면적 600곱미터 미만인 시설
④ [×] 의료시설 중 정신의료기관 또는 의료재활시설로 사용되는 바닥면적의 합계가 300제곱미터 이상 600제곱미터 미만인 시설

> ✅ **확인학습** 간이스프링클러설비 설치 특정소방대상물
>
> 1. 공동주택 중 연립주택 및 다세대주택(주택전용 간이스프링클러설비)
> 2. 근린생활시설
>   - 바닥면적 합계가 1천㎡ 이상인 것
>   - 의원, 치과의원 및 한의원으로서 입원실이 있는 시설
>   - 조산원 및 산후조리원으로서 연면적 600㎡ 미만인 시설
> 3. 의료시설
>   - 종합병원, 병원, 치과병원, 한방병원 및 요양병원(정신병원과 의료재활시설은 제외한다): 바닥면적의 합계가 600㎡ 미만인 시설
>   - 정신의료기관 또는 의료재활시설: 바닥면적의 합계가 300㎡ 이상 600㎡ 미만인 시설
>   - 정신의료기관 또는 의료재활시설로 사용되는 바닥면적의 합계가 300㎡ 미만이고, 창살(철재·플라스틱 또는 목재 등으로 사람의 탈출 등을 막기 위하여 설치한 것을 말하며, 화재 시 자동으로 열리는 구조로 되어 있는 창살은 제외한다)이 설치된 시설
> 4. 교육연구시설 내에 합숙소: 연면적 100㎡ 이상
> 5. 노유자 시설
>   - 가) 제12조 제1항 제6호 각 목에 따른 시설(제12조 제1항 제6호 가목 2) 및 같은 호 나목부터 바목까지의 시설 중 단독주택 또는 공동주택에 설치되는 시설은 제외하며, 이하 "노유자 생활시설"이라 한다)
>   - 나) 가)에 해당하지 않는 노유자 시설로 해당 시설로 사용하는 바닥면적의 합계가 300㎡ 이상 600㎡ 미만인 시설
>   - 다) 가)에 해당하지 않는 노유자 시설로 해당 시설로 사용하는 바닥면적의 합계가 300㎡ 미만이고, 창살(철재·플라스틱 또는 목재 등으로 사람의 탈출 등을 막기 위하여 설치한 것을 말하며, 화재 시 자동으로 열리는 구조로 되어 있는 창살은 제외한다)이 설치된 시설
> 6. 숙박시설: 바닥면적의 합계가 300㎡ 이상 600㎡ 미만
> 7. 건물을 임차하여 「출입국관리법」 제52조 제2항에 따른 보호시설로 사용하는 부분
> 8. 복합건축물([별표 2] 제30호 나목의 복합건축물만 해당한다)로서 연면적 1천㎡ 이상인 것은 모든 층

08 난이도 ●●● 답 ④

숙박시설로 사용되는 바닥면적의 합계가 300㎡ 이상 600㎡ 미만인 시설인 것에 간이스프링클러설비를 설치해야 한다.

09 난이도 ●●○ 답 ③

숙박시설로 사용되는 바닥면적의 합계가 300㎡ 이상 600㎡ 미만인 시설인 것에 간이스프링클러설비를 설치해야 한다.

10 난이도 ●○○ 답 ②

연면적 800㎡ 이상인 주차용 건축물은 물분무등소화설비를 설치하여야 한다.

> ✅ **확인학습** 물분무등소화설비를 설치하여야 하는 특정소방대상물(가스시설·지하구 제외)
>
> 1. 항공기격납고
> 2. 차고, 주차용 건축물 또는 철골 조립식 주차시설(이 경우 연면적 800㎡ 이상)
> 3. 건축물 내부에 설치된 차고 또는 주차장으로 바닥면적 200㎡ 이상인 층(50세대 미만 연립주택 및 다세대주택은 제외한다)
> 4. 기계장치에 의한 주차시설: 20대 이상
> 5. 특정소방대상물에 설치된 전기실·발전실·변전실·축전지실·통신기기실 또는 전산실, 그 밖에 이와 비슷한 것으로서 바닥면적 300㎡ 이상
> 6. 소화수를 수집·처리하는 설비가 설치되어 있지 않은 중·저준위방사성폐기물의 저장시설. 다만, 이 경우에는 이산화탄소소화설비, 할론소화설비 또는 할로겐화합물 및 불활성기체 소화설비를 설치하여야 한다.
> 7. 예상 교통량, 경사도 등 터널의 특성을 고려하여 행정안전부령으로 정하는 터널. 다만, 이 경우에는 물분무소화설비를 설치하여야 한다.
> 8. 지정문화재 중 소방청장이 문화재청장과 협의하여 정하는 것

11 난이도 ●●○ 답 ④

철골 조립식 주차시설로서 연면적 800㎡ 이상인 것이 해당한다.

| 선지분석 |

① [×] 지정문화재 중 소방청장이 문화재청장과 협의하여 정하는 것이어야 한다.
② [×] 기계장치에 의한 주차시설을 이용하여 20대 이상의 차량을 주차할 수 있는 것이어야 한다.
③ [×] 건축물 내부에 설치된 주차장으로서 주차의 용도로 사용되는 부분의 바닥면적이 200㎡ 이상인 층이어야 한다.

12 난이도 ●○○ 답 ①

수평거리가 1층은 6m 이하이고, 2층은 10m 이하이다.

> ✅ **확인학습** 옥외소화전설비를 설치하여야 하는 특정소방대상물
>
> 아파트등, 위험물 저장 및 처리 시설 중 가스시설, 지하구 또는 터널은 제외한다.
> 1. 지상 1층 및 2층의 바닥면적의 합계가 9천㎡ 이상인 것. 이 경우 같은 구(區) 내의 둘 이상의 특정소방대상물이 행정안전부령으로 정하는 연소(延燒) 우려가 있는 구조인 경우에는 이를 하나의 특정소방대상물로 본다.
> 2. 보물 또는 국보로 지정된 목조건축물
> 3. 1.에 해당하지 않는 공장 또는 창고시설로서 특수가연물 수량의 750배 이상의 특수가연물을 저장·취급하는 것

> ✅ **확인학습** 행정안전부령으로 정하는 연소(延燒) 우려가 있는 구조
> 1. 건축물대장의 건축물 현황도에 표시된 대지경계선 안에 둘 이상의 건축물이 있는 경우
> 2. 각각의 건축물이 다른 건축물의 외벽으로부터 수평거리가 1층의 경우에는 6미터 이하, 2층 이상의 층의 경우에는 10미터 이하인 경우
> 3. 개구부(영 제2조 제1호에 따른 개구부를 말한다)가 다른 건축물을 향하여 설치되어 있는 경우

POINT 64 관계인이 갖추어야 하는 소방시설의 종류(경보설비)

정답 p.110

| 01 | ④ | 02 | ④ | 03 | ① | 04 | ① |

01 난이도 ●●○ 답 ④

비상경보설비를 설치하여야 할 특정소방대상물은 지하층 또는 무창층의 바닥면적이 150㎡(공연장의 경우 100㎡) 이상인 것이 해당한다.

> ✅ **확인학습** 비상경보설비를 설치하여야 하는 특정소방대상물(지하구, 모래·석재 등 불연재료 창고 및 위험물 저장·처리 시설 중 가스시설은 제외한다)
> 1. 연면적 400㎡ 이상이거나 지하층 또는 무창층의 바닥면적이 150㎡ (공연장의 경우 100㎡) 이상인 경우에는 모든 층
> 2. 터널로서 길이가 500m 이상인 것
> 3. 50명 이상의 근로자가 작업하는 옥내 작업장

02 난이도 ●●○ 답 ④

교육연구시설(교육시설 내에 있는 기숙사 및 합숙소를 포함한다)로서 연면적 2천㎡ 이상인 것이 해당한다.

> ✅ **확인학습** 자동화재탐지설비를 설치하여야 하는 특정소방대상물
> 1. 공동주택 중 아파트등·기숙사 및 숙박시설의 경우에는 모든 층
> 2. 층수가 6층 이상인 건축물
> 3. 근린생활시설(목욕장 제외), 의료시설(정신의료기관 또는 요양병원은 제외), 위락시설, 장례시설 및 복합건축물로서 연면적 600㎡ 이상인 것
> 4. 근린생활시설 중 목욕장, 문화 및 집회시설, 종교시설, 판매시설, 운수시설, 운동시설, 업무시설, 공장, 창고시설, 위험물 저장 및 처리 시설, 항공기 및 자동차 관련 시설, 교정 및 군사시설 중 국방·군사시설, 방송통신시설, 발전시설, 관광 휴게시설, 지하상가로서 연면적 1천㎡ 이상
> 5. 교육연구시설(교육시설 내에 있는 기숙사 및 합숙소를 포함한다), 수련시설(수련시설 내에 있는 기숙사 및 합숙소를 포함하며, 숙박시설이 있는 수련시설은 제외한다), 동물 및 식물 관련 시설(기둥과 지붕만으로 구성되어 외부와 기류가 통하는 장소는 제외한다), 분뇨 및 쓰레기 처리시설, 교정 및 군사시설(국방·군사시설은 제외한다) 또는 묘지 관련 시설로서 연면적 2천㎡ 이상
> 6. 노유자 생활시설
> 7. 6.에 해당하지 않는 노유자시설로서 연면적 400㎡ 이상인 노유자시설 및 숙박시설이 있는 수련시설로서 수용인원이 100명 이상인 것
> 8. 의료시설 중 정신의료기관 또는 요양병원
>   • 요양병원(정신병원과 의료재활시설은 제외한다)
>   • 정신의료기관 또는 의료재활시설로 사용되는 바닥면적의 합계가 300㎡ 이상인 시설
>   • 정신의료기관 또는 의료재활시설로 사용되는 바닥면적의 합계가 300㎡ 미만이고, 창살이 설치된 시설
> 9. 판매시설 중 전통시장
> 10. 터널로서 길이가 1천m 이상인 것
> 11. 지하구
> 12. 3.에 해당하지 않는 근린생활시설 중 조산원 및 산후조리원
> 13. 4.에 해당하지 않는 공장 및 창고시설로서 특수가연물 수량의 500배 이상의 특수가연물을 저장·취급하는 것
> 14. 4.에 해당하지 않는 발전시설 중 전기저장시설

03 난이도 ●●● 답 ①

자동화재탐지설비를 설치하여야 할 특정소방대상물로 터널로서 길이가 1천m 이상인 것이 해당된다.

| 선지분석 |
② [×] 근린생활시설 중 목욕장으로서 연면적 1천㎡ 이상인 것이어야 한다.
③ [×] 문화 및 집회시설로서 연면적 1천㎡ 이상인 것이어야 한다.
④ [×] 창고시설로서 연면적 1천㎡ 이상인 것이어야 한다.

04 난이도 ●●● 답 ①

연면적 2천㎡ 이상인 수련시설(수련시설 내에 있는 기숙사 및 합숙소를 포함하며, 숙박시설이 있는 수련시설은 제외한다)에 해당하지 않는 수련시설(숙박시설이 있는 것만 해당한다)

| 선지분석 |
② [×] 연면적 400㎡ 미만의 유치원
③ [×] 교육연구시설 또는 수련시설 내에 있는 합숙소로서 연면적 2천㎡ 미만인 것
④ [×] 교육연구시설 또는 수련시설 내에 있는 기숙사로서 연면적 2천㎡ 미만인 것

> ✅ **확인학습** 단독경보형감지기를 설치하여야 하는 특정소방대상물
> 1. 교육연구시설 내에 있는 기숙사 또는 합숙소로서 연면적 2천㎡ 미만인 것
> 2. 연면적 2천㎡ 이상인 수련시설(수련시설 내에 있는 기숙사 및 합숙소를 포함하며, 숙박시설이 있는 수련시설은 제외한다)에 해당하지 않는 수련시설(숙박시설이 있는 것만 해당한다)
> 3. '노유자 생활시설에 해당하지 않는 노유자 시설로서 연면적 400㎡ 이상인 것 및 숙박시설이 있는 수련시설로서 수용인원 100명 이상인 경우에는 모든 층'에 해당하지 않는 수련시설(숙박시설이 있는 것만 해당한다)
> 4. 연면적 400㎡ 미만의 유치원
> 5. 공동주택 중 연립주택 및 다세대주택(단독경보형 감지기는 연동형으로 설치해야 한다)

POINT 65 관계인이 갖추어야 하는 소방시설의 종류(피난구조설비)

정답 p.111

| 01 | ④ | 02 | ① |

01 난이도 ●●○ 답 ④

피난구조설비 중 공기호흡기를 설치하여야 하는 특정소방대상물로 이산화탄소소화설비(호스릴이산화탄소소화설비는 제외한다)를 설치하여야 하는 특정소방대상물이 해당한다.

> ✅ **확인학습** 공기호흡기를 설치하여야 하는 특정소방대상물
> 1. 수용인원 100명 이상인 문화 및 집회시설 중 영화상영관
> 2. 판매시설 중 대규모점포
> 3. 운수시설 중 지하역사
> 4. 지하상가
> 5. 이산화탄소소화설비(호스릴이산화탄소소화설비는 제외한다)를 설치하여야 하는 특정소방대상물

02 난이도 ●●○ 답 ①

인명구조기구를 모두 설치해야 하는 특정소방대상물은 지하층을 포함하는 층수가 7층 이상인 관광호텔이다. 인명구조기구는 방열복 또는 방화복, 인공소생기 및 공기호흡기를 말한다.

| 선지분석 |
② [×] 지하층을 포함하는 층수가 5층 이상인 병원에는 방열복 또는 방화복 및 공기호흡기를 설치한다.
③ [×] 수용인원 100명 이상인 문화 및 집회시설 중 영화상영관에는 공기호흡기를 설치한다.
④ [×] 판매시설 중 대규모 점포에는 공기호흡기를 설치한다.

> ✅ **확인학습** 인명구조기구를 설치하여야 하는 특정소방대상물
> 1. 방열복 또는 방화복(안전헬멧, 보호장갑 및 안전화 포함), 인공소생기 및 공기호흡기를 설치하여야 하는 특정소방대상물: 지하층을 포함하는 층수가 7층 이상인 관광호텔
> 2. 방열복 또는 방화복(안전헬멧, 보호장갑 및 안전화 포함) 및 공기호흡기를 설치하여야 하는 특정소방대상물: 지하층을 포함하는 층수가 5층 이상인 병원
> 3. 공기호흡기를 설치하여야 하는 특정소방대상물
>   - 수용인원 100명 이상인 문화 및 집회시설 중 영화상영관
>   - 판매시설 중 대규모점포
>   - 운수시설 중 지하역사
>   - 지하상가
>   - 이산화탄소소화설비(호스릴이산화탄소소화설비는 제외한다)를 설치하여야 하는 특정소방대상물

POINT 66 관계인이 갖추어야 하는 소방시설의 종류(소화활동설비)

정답 p.112

| 01 | ① | 02 | ① | 03 | ③ |

01 난이도 ●●○ 답 ①

문화 및 집회시설 중 영화상영관으로서 수용인원 100명 이상인 것이 해당한다.

> ✅ **확인학습** 제연설비를 설치하여야 하는 특정소방대상물
> 1. 문화 및 집회시설, 종교시설, 운동시설 중 무대부의 바닥면적이 200㎡ 이상인 경우에는 해당 무대부
> 2. 문화 및 집회시설 중 영화상영관으로서 수용인원 100명 이상인 경우에는 해당 영화상영관
> 3. 지하층이나 무창층에 설치된 근린생활시설, 판매시설, 운수시설, 숙박시설, 위락시설, 의료시설, 노유자 시설 또는 창고시설(물류터미널로 한정한다)로서 해당 용도로 사용되는 바닥면적의 합계가 1천㎡ 이상인 경우 해당 부분
> 4. 운수시설 중 시외버스정류장, 철도 및 도시철도 시설, 공항시설 및 항만시설의 대기실 또는 휴게시설로서 지하층 또는 무창층의 바닥면적이 1천㎡ 이상인 경우에는 모든 층
> 5. 지하상가로서 연면적 1천㎡ 이상인 것
> 6. 예상 교통량, 경사도 등 터널의 특성을 고려하여 행정안전부령으로 정하는 터널
> 7. 특정소방대상물(갓복도형 아파트등은 제외한다)에 부설된 특별피난계단, 비상용 승강기의 승강장 또는 피난용 승강기의 승강장

02 난이도 ●●○ 답 ①

제연설비는 지하층이나 무창층에 설치된 근린생활시설, 판매시설, 운수시설, 숙박시설, 위락시설, 의료시설, 노유자시설 또는 창고시설로서 바닥면적의 합계가 1천㎡ 이상인 경우, 해당 부분에 설치한다.

03 난이도 ●●○ 답 ③

연소방지설비는 지하구(전력 또는 통신사업용인 것만 해당한다)에 설치하여야 한다. 따라서 연면적 1천㎡ 이상 지하상가에 설치해야 할 소방시설에 연소방지설비는 해당하지 않는다.

> ✅ **확인학습** 무선통신보조설비를 설치하여야 하는 특정소방대상물(가스시설 제외)
> 1. 지하상가로서 연면적 1천㎡ 이상인 것
> 2. 지하층의 바닥면적 합계가 3천㎡ 이상인 것 또는 지하층의 층수가 3층 이상이고 지하층의 바닥면적 합계가 1천㎡ 이상인 것은 지하층의 모든 층
> 3. 터널로서 길이가 500m 이상인 것
> 4. 지하구 중 공동구
> 5. 층수가 30층 이상인 것으로서 16층 이상 부분의 모든 층

✅ **확인학습** 연면적 1천㎡ 이상 지하상가에 설치하여야 하는 소방시설

1. 무선통신보조설비
2. 스프링클러설비
3. 제연설비
4. 자동화재탐지설비

POINT 67 강화된 소방시설 기준의 적용

정답 p.113

| 01 | ④ | 02 | ② | 03 | ④ | 04 | ④ |

01 난이도 ●●● 답 ④

특정소방대상물에 설치하는 소방시설의 관리 등에 관한 내용으로 옳은 것은 ㄱ, ㄴ, ㄷ, ㄹ이다.

| 선지분석 |

ㄱ. [O] 소방본부장이나 소방서장은 소방시설이 화재안전기준에 따라 설치·관리되고 있지 아니할 때에는 해당 특정소방대상물의 관계인에게 필요한 조치를 명할 수 있다.

ㄴ. [O] 소방본부장이나 소방서장은 기존의 특정소방대상물이 증축되거나 용도변경되는 경우에는 대통령령으로 정하는 바에 따라 증축 또는 용도변경 당시의 소방시설의 설치에 관한 대통령령 또는 화재안전기준을 적용한다.

ㄷ. [O] 소방본부장이나 소방서장은 특정소방대상물에 설치하여야 하는 소방시설 가운데 기능과 성능이 유사한 스프링클러설비, 물분무등소화설비, 비상경보설비 및 비상방송설비 등의 소방시설의 경우에는 대통령령으로 정하는 바에 따라 유사한 소방시설의 설치를 면제할 수 있다.

ㄹ. [O] 소방본부장이나 소방서장은 대통령령 또는 화재안전기준이 변경되어 그 기준이 강화되는 경우 기존의 특정소방대상물(건축물의 신축·개축·재축·이전 및 대수선 중인 특정소방대상물을 포함한다)의 소방시설에 대하여는 변경 전의 대통령령 또는 화재안전기준을 적용한다. 다만 자동화재탐지설비의 경우에는 대통령령 또는 화재안전기준의 변경으로 강화된 기준을 적용할 수 있다.

✅ **확인학습** 강화된 소방시설기준의 적용대상

1. 소방시설 중 대통령령 또는 화재안전기준으로 정하는 것
   - 소화기구
   - 비상경보설비
   - 자동화재탐지설비
   - 자동화재속보설비
   - 피난구조설비
2. 특정소방대상물에 설치하는 소방시설 중 대통령령 또는 화재안전기준으로 정하는 것
   - 공동구
   - 전력 및 통신사업용 지하구
   - 노유자(老幼者) 시설
   - 의료시설

✅ **확인학습** 특정소방대상물에 설치하는 소방시설의 관리 등

1. 특정소방대상물의 관계인은 대통령령으로 정하는 소방시설을 화재안전기준에 따라 설치·관리하여야 한다. 이 경우 「장애인·노인·임산부 등의 편의증진 보장에 관한 법률」 제2조 제1호에 따른 장애인 등이 사용하는 소방시설(경보설비 및 피난구조설비를 말한다)은 대통령령으로 정하는 바에 따라 장애인등에 적합하게 설치·관리하여야 한다.
2. 소방본부장이나 소방서장은 소방시설이 화재안전기준에 따라 설치·관리되고 있지 아니할 때에는 해당 특정소방대상물의 관계인에게 필요한 조치를 명할 수 있다.
3. 특정소방대상물의 관계인은 소방시설을 설치·관리하는 경우 화재 시 소방시설의 기능과 성능에 지장을 줄 수 있는 폐쇄(잠금을 포함한다. 이하 같다)·차단 등의 행위를 하여서는 아니 된다. 다만, 소방시설의 점검·정비를 위하여 필요한 경우 폐쇄·차단은 할 수 있다.
4. 소방청장, 소방본부장 또는 소방서장은 소방시설의 작동정보 등을 실시간으로 수집·분석할 수 있는 시스템(이하 "소방시설정보관리시스템"이라 한다)을 구축·운영할 수 있다.
5. 소방청장, 소방본부장 또는 소방서장은 소방시설의 작동정보를 해당 특정소방대상물의 관계인에게 통보하여야 한다.
6. 소방시설정보관리시스템 구축·운영의 대상은 「화재의 예방 및 안전관리에 관한 법률」 제24조 제1항 전단에 따른 소방안전관리대상물 중 소방안전관리의 취약성 등을 고려하여 대통령령으로 정하고, 그 밖에 운영방법 및 통보 절차 등에 필요한 사항은 행정안전부령으로 정한다.

02 난이도 ●●○ 답 ②

강화된 소방시설기준의 적용대상인 노유자시설에 설치하는 소방시설은 간이스프링클러설비, 자동화재탐지설비 및 단독경보형감지기이다. 비상방송설비는 해당하지 않는다.

✅ **확인학습** 강화된 소방시설기준의 적용대상

1. 「국토의 계획 및 이용에 관한 법률」 제2조 제9호에 따른 공동구에 설치하는 소화기, 자동소화장치, 자동화재탐지설비, 통합감시시설, 유도등 및 연소방지설비
2. 전력 및 통신사업용 지하구에 설치하는 소화기, 자동소화장치, 자동화재탐지설비, 통합감시시설, 유도등 및 연소방지설비
3. 노유자(老幼者)시설에 설치하는 간이스프링클러설비, 자동화재탐지설비 및 단독경보형 감지기
4. 의료시설에 설치하는 스프링클러설비, 간이스프링클러설비, 자동화재탐지설비 및 자동화재속보설비

03 난이도 ●●○ 답 ④

연결송수관설비는 해당하지 않는다.

04 난이도 ●●○ 답 ④

옥내소화전설비는 해당하지 않는다.

POINT 68 유사한 소방시설의 설치 면제의 기준

정답 p.114

| 01 | ① | 02 | ④ | 03 | ① |

01 난이도 ●●○ 답 ①

옥내소화전설비는 해당하지 않는다.

> ✅ **확인학습** 간이스프링클러설비 설치 면제 기준
> 간이스프링클러설비를 설치해야 하는 특정소방대상물에 스프링클러설비, 물분무소화설비 또는 미분무소화설비를 화재안전기준에 적합하게 설치한 경우에는 그 설비의 유효범위에서 설치가 면제된다.

02 난이도 ●○○ 답 ④

비상경보설비 또는 단독경보형감지기를 설치하여야 하는 특정소방대상물에 자동화재탐지설비를 화재안전기준에 적합하게 설치한 경우에는 그 설비의 유효범위에서 설치가 면제된다.

03 난이도 ●●● 답 ①

스프링클러설비, 물분무소화설비 또는 미분무소화설비를 화재안전기준에 적합하게 설치한 경우에는 그 설비의 유효범위에서 간이스프링클러설비의 설치가 면제된다.

POINT 69 증축 또는 용도변경 시의 소방시설기준 적용의 특례

정답 p.115

| 01 | ② | 02 | ④ | 03 | ③ | 04 | ③ |

01 난이도 ●○○ 답 ②

소방본부장 또는 소방서장은 특정소방대상물이 (증축)되는 경우에는 기존 부분을 포함한 특정소방대상물의 전체에 대하여 (증축) 당시의 소방시설의 설치에 관한 대통령령 또는 화재안전기준을 적용하여야 한다.

> ✅ **확인학습** 특정소방대상물의 증축 또는 용도변경 시의 소방시설기준 적용의 특례
> 1. 소방본부장 또는 소방서장은 특정소방대상물이 증축되는 경우에는 기존 부분을 포함한 특정소방대상물의 전체에 대하여 증축 당시의 소방시설의 설치에 관한 대통령령 또는 화재안전기준을 적용하여야 한다.
> 2. 소방본부장 또는 소방서장은 특정소방대상물이 용도변경되는 경우에는 용도변경되는 부분에 대해서만 용도변경 당시의 소방시설의 설치에 관한 대통령령 또는 화재안전기준을 적용한다.

02 난이도 ●●○ 답 ④

기존 부분을 포함한 특정소방대상물의 전체에 대하여 증축 당시의 소방시설의 설치에 관한 대통령령 또는 화재안전기준을 적용하여야 한다.

03 난이도 ●●○ 답 ③

특정소방대상물의 구조·설비가 화재연소 확대 요인이 적어지거나 피난 또는 화재진압활동이 쉬워지도록 변경되는 경우는 해당하지 않는다.

> ✅ **확인학습** 증축되는 경우 기존 부분에 대해서 증축 당시의 기준 적용 예외 대상
> 1. 기존 부분과 증축 부분이 내화구조(耐火構造)로 된 바닥과 벽으로 구획된 경우
> 2. 기존 부분과 증축 부분이 자동방화셔터 또는 60분+방화문으로 구획되어 있는 경우
> 3. 자동차 생산공장 등 화재 위험이 낮은 특정소방대상물 내부에 연면적 33제곱미터 이하의 직원 휴게실을 증축하는 경우
> 4. 자동차 생산공장 등 화재 위험이 낮은 특정소방대상물에 캐노피(기둥으로 받치거나 매달아 놓은 덮개를 말하며, 3면 이상에 벽이 없는 구조의 것을 말한다)를 설치하는 경우

04 난이도 ●●○ 답 ③

용도변경되는 경우에는 용도변경되는 부분에 대해서만 용도변경 당시의 소방시설의 설치에 관한 대통령령 또는 화재안전기준을 적용한다.

> ✅ **확인학습** 전체에 대하여 용도변경 전 적용 대상
> 1. 특정소방대상물의 구조·설비가 화재연소 확대 요인이 적어지거나 피난 또는 화재진압활동이 쉬워지도록 변경되는 경우
> 2. 용도변경으로 인하여 천장·바닥·벽 등에 고정되어 있는 가연성 물질의 양이 줄어드는 경우

POINT 70 소방시설을 설치하지 않을 수 있는 특정소방대상물 및 소방시설의 범위

정답 p.116

| 01 | ③ | 02 | ④ | 03 | ② | 04 | ③ | 05 | ① |
| 06 | ④ |

01 난이도 ●●○ 답 ③

정수장, 수영장, 목욕장, 어류양식용 시설, 그 밖에 이와 비슷한 용도로 사용되는 것은 화재안전기준을 적용하기 어려운 특정소방대상물에 해당한다. 소방시설을 설치하지 아니할 수 있는 소방시설의 범위는 자동화재탐지설비, 상수도소화용수설비 및 연결살수설비이다.

02 난이도 ●●○   답 ④

음료수 공장의 세정 또는 충전을 하는 작업장은 화재안전기준을 적용하기 어려운 특정소방대상물에 해당한다.

> ✅ **확인학습** 소방시설을 설치하지 아니할 수 있는 특정소방대상물

구분	특정소방대상물	소방시설
화재 위험도가 낮은 특정소방대상물	석재, 불연성금속, 불연성 건축재료 등의 가공공장·기계조립공장 또는 불연성 물품을 저장하는 창고	옥외소화전설비 연결살수설비
화재안전기준을 적용하기 어려운 특정소방대상물	펄프공장의 작업장, 음료수 공장의 세정 또는 충전을 하는 작업장	스프링클러설비 상수도소화용수설비 연결살수설비
	정수장, 수영장, 목욕장, 농예·축산·어류양식용 시설	자동화재탐지설비 상수도소화용수설비 연결살수설비
화재안전기준을 달리 적용하여야 하는 특수한 용도 또는 구조를 가진 특정소방대상물	원자력발전소, 중·저준위방사성폐기물의 저장시설	연결송수관설비 연결살수설비
자체소방대가 설치된 특정소방대상물	자체소방대가 설치된 위험물 제조소등에 부속된 사무실	옥내소화전설비, 소화용수설비, 연결살수설비 및 연결송수관설비

03 난이도 ●●●   답 ②

어류양식용 시설은 화재안전기준을 적용하기 어려운 특정소방대상물에 해당한다.

04 난이도 ●●●   답 ③

음료수 공장의 세정 또는 충전을 하는 작업장, 그 밖에 이와 비슷한 용도로 사용하는 특정소방대상물에는 스프링클러설비, 상수도소화용수설비 및 연결살수설비를 설치하지 아니할 수 있다.

05 난이도 ●○○   답 ①

화재 위험도가 낮은 특정소방대상물이 해당한다.

> ✅ **확인학습** 소방시설을 설치하지 아니할 수 있는 특정소방대상물
> 1. 화재 위험도가 낮은 특정소방대상물
> 2. 화재안전기준을 적용하기 어려운 특정소방대상물
> 3. 화재안전기준을 다르게 적용하여야 하는 특수한 용도 또는 구조를 가진 특정소방대상물
> 4. 「위험물안전관리법」 제19조에 따른 자체소방대가 설치된 특정소방대상물

06 난이도 ●●●   답 ④

용도변경으로 인하여 천장·바닥·벽 등에 고정되어 있는 가연성 물질의 양이 줄어드는 경우에는 특정소방대상물 전체에 대하여 용도변경 전에 해당 특정소방대상물에 적용되던 소방시설의 설치에 관한 대통령령 또는 화재안전기준을 적용한다.

POINT 71 임시소방시설 등

정답

01	①	02	②	03	④	04	②	05	②
06	④	07	②	08	②				

01 난이도 ●○○   답 ①

ㄱ. 제9조 제1항에 따라 대통령령으로 소방시설을 정할 때에는 특정소방대상물의 (규모·용도·수용인원 및 이용자 특성) 등을 고려하여야 한다.
ㄴ. 소방청장은 건축 환경 및 화재위험특성 변화사항을 효과적으로 반영할 수 있도록 소방시설 규정을 (3년에 1회) 이상 정비하여야 한다.

02 난이도 ●○○   답 ②

ㄱ. 공사시공자는 특정소방대상물의 신축등을 위한 공사 현장에서 인화성 물품을 취급하는 작업 등 (대통령령)으로 정하는 작업을 하기 전에 설치 및 철거가 쉬운 화재대비시설(임시소방시설)을 설치하고 관리하여야 한다.
ㄴ. 소방시설공사업자가 화재위험작업 현장에 소방시설 중 임시소방시설과 기능 및 성능이 유사한 것으로서 (대통령령)으로 정하는 소방시설을 화재안전기준에 맞게 설치 및 관리하고 있는 경우에는 공사시공자가 임시소방시설을 설치하고 관리한 것으로 본다.

03 난이도 ●○○   답 ④

알루미늄, 마그네슘 등 폭발성 부유분진을 발생시킬 수 있는 작업이 해당한다.

> ✅ **확인학습** 화재위험작업
> 1. 인화성·가연성·폭발성 물질을 취급하거나 가연성 가스를 발생시키는 작업
> 2. 용접·용단 등 불꽃을 발생시키거나 화기(火氣)를 취급하는 작업
> 3. 전열기구, 가열전선 등 열을 발생시키는 기구를 취급하는 작업
> 4. 알루미늄, 마그네슘 등 폭발성 부유분진을 발생시킬 수 있는 작업
> 5. 소방청장이 정하여 고시하는 작업

04 난이도 ●○○ 답 ②

스프링클러설비는 임시소방시설에 해당하지 않는다. 임시소방시설은 소화기, 간이소화장치, 비상경보장치, 가스누설경보기, 간이피난유도선, 비상조명등 및 방화포이다.

> ✅ **확인학습** 임시소방시설의 종류
> 1. 소화기
> 2. 간이소화장치: 물을 방사(放射)하여 화재를 진화할 수 있는 장치로서 소방청장이 정하는 성능을 갖추고 있을 것
> 3. 비상경보장치: 화재가 발생한 경우 주변에 있는 작업자에게 화재사실을 알릴 수 있는 장치로서 소방청장이 정하는 성능을 갖추고 있을 것
> 4. 가스누설경보기: 가연성 가스가 누설 또는 발생된 경우 탐지하여 경보하는 장치로서 소방청장이 실시하는 형식승인 및 제품검사를 받은 것
> 5. 간이피난유도선: 화재가 발생한 경우 피난구 방향을 안내할 수 있는 장치로서 소방청장이 정하는 성능을 갖추고 있을 것
> 6. 비상조명등: 화재발생 시 안전하고 원활한 피난활동을 할 수 있도록 거실 및 피난통로 등에 설치하여 자동 점등되는 조명장치로서 소방청장이 정하는 성능을 갖추고 있을 것
> 7. 방화포: 용접·용단 등 작업시 발생하는 금속성 불티로부터 가연물이 점화되는 것을 방지해주는 천 또는 불연성 물품으로서 소방청장이 정하는 성능을 갖추고 있을 것

05 난이도 ●●○ 답 ②

연면적 2천500㎡인 신축공사작업 현장의 바닥면적 200㎡인 지하층에서의 용접작업은 연면적이 3천㎡ 이상에 해당하지 않는다. 또한 지하층 작업 현장의 바닥면적이 600㎡ 이상이 되지 않으므로 간이소화장치의 설치는 해당하지 않는다.

> ✅ **확인학습** 임시소방시설을 설치하여야 하는 공사의 종류와 규모
> 1. 소화기: 건축허가등을 할 때 소방본부장 또는 소방서장의 동의를 받아야 하는 특정소방대상물의 건축·대수선·용도변경 또는 설치 등을 위한 공사 중 작업 현장
> 2. 간이소화장치
>   • 연면적 3천㎡ 이상
>   • 지하층, 무창층 또는 4층 이상의 층. 이 경우 해당 층의 바닥면적 600㎡ 이상인 경우
> 3. 비상경보장치
>   • 연면적 400㎡ 이상
>   • 지하층 또는 무창층. 이 경우 해당 층의 바닥면적 150㎡ 이상
> 4. 간이피난유도선: 바닥면적 150㎡ 이상인 지하층 또는 무창층의 작업 현장

> ✅ **확인학습** 임시소방시설을 설치하여야 하는 공사의 종류와 규모
> 1. 가스누설경보기: 바닥면적이 150㎡ 이상인 지하층 또는 무창층의 작업현장에 설치한다.
> 2. 비상조명등: 바닥면적이 150㎡ 이상인 지하층 또는 무창층의 작업현장에 설치한다.
> 3. 방화포: 용접·용단 작업이 진행되는 모든 작업장에 설치한다.

06 난이도 ●○○ 답 ④

| 선지분석 |

① [×] 간이소화장치는 연면적 3천제곱미터 이상인 공사의 화재위험작업현장에 설치한다.
② [×] 가스누설경보기는 바닥면적이 150제곱미터 이상인 지하층 또는 무창층의 화재위험작업현장에 설치한다.
③ [×] 비상경보장치는 연면적 400제곱미터 이상인 공사의 화재위험작업현장에 설치한다.
④ [○] 방화포는 용접·용단 등의 작업 시 발생하는 불티로부터 가연물이 점화되는 것을 방지해주는 천 또는 불연성 물품으로서 소방청장이 정하는 성능을 갖추고 있어야 한다.

> ✅ **확인학습** 간이소화장치를 설치하여야 하는 공사의 종류와 규모
> 1. 연면적 3천㎡ 이상
> 2. 지하층, 무창층 또는 4층 이상의 층. 이 경우 해당 층의 바닥면적이 600㎡ 이상인 경우만 해당한다.

> ✅ **확인학습** 비상경보장치를 설치하여야 하는 공사의 종류와 규모
> 1. 연면적 400㎡ 이상
> 2. 지하층 또는 무창층. 이 경우 해당 층의 바닥면적이 150㎡ 이상인 경우만 해당한다.

> ✅ **확인학습** 가스누설경보기·간이피난유도선·비상조명등을 설치하여야 하는 공사의 종류와 규모
> 바닥면적이 150㎡ 이상인 지하층 또는 무창층의 화재위험작업현장

07 난이도 ●●○ 답 ②

옥내소화전 또는 소방청장이 정하여 고시하는 기준에 맞는 소화기가 설치된 경우는 간이소화장치를 설치한 것으로 본다.

> ✅ **확인학습** 특정소방대상물의 공사 현장에 설치하는 임시소방시설의 유지·관리 등
> 1. 특정소방대상물의 건축·대수선·용도변경 또는 설치 등을 위한 공사를 시공하는 자(시공자)는 공사 현장에서 인화성(引火性) 물품을 취급하는 작업 등 대통령령으로 정하는 작업(화재위험작업)을 하기 전에 설치 및 철거가 쉬운 화재대비시설(임시소방시설)을 설치하고 유지·관리하여야 한다.
> 2. 시공자가 화재위험작업 현장에 소방시설 중 임시소방시설과 기능 및 성능이 유사한 것으로서 대통령령으로 정하는 소방시설을 화재안전기준에 맞게 설치하고 유지·관리하고 있는 경우에는 임시소방시설을 설치하고 유지·관리한 것으로 본다.
> 3. 소방본부장 또는 소방서장은 임시소방시설 또는 소방시설이 설치 또는 유지·관리되지 아니할 때에는 해당 시공자에게 필요한 조치를 하도록 명할 수 있다.

> ✅ **확인학습** 임시소방시설과 기능 및 성능이 유사한 소방시설로서 임시소방시설을 설치한 것으로 보는 소방시설
> 1. 간이소화장치를 설치한 것으로 보는 소방시설: 옥내소화전 또는 소방청장이 정하여 고시하는 기준에 맞는 소화기
> 2. 비상경보장치를 설치한 것으로 보는 소방시설: 비상방송설비 또는 자동화재탐지설비
> 3. 간이피난유도선을 설치한 것으로 보는 소방시설: 피난유도선, 피난구유도등, 통로유도등 또는 비상조명등

08 난이도 ●●● 답 ②

바닥면적 600㎡ 이상의 지하층 또는 무창층의 화재위험작업 현장에 간이소화장치를 설치하여야 한다.

POINT 72 소방용품의 내용연수등

정답 p.120

| 01 | ① | 02 | ① |

01 난이도 ●○○ 답 ①

특정소방대상물의 관계인은 내용연수가 경과한 소방용품을 교체해야 한다. 이 경우 내용연수를 설정해야 하는 소방용품은 (분말형태의 소화약제)를 사용하는 소화기로 하며, 내용연수는 (10)년으로 한다.

02 난이도 ●○○ 답 ①

분말형태의 소화약제를 사용하는 소화기의 내용연수는 10년으로 한다.

> ✅ **확인학습** 소방용품의 내용연수 등
> 1. 특정소방대상물의 관계인은 내용연수가 경과한 소방용품을 교체하여야 한다. 이 경우 내용연수를 설정하여야 하는 소방용품의 종류 및 그 내용연수 연한에 필요한 사항은 대통령령으로 정한다.
> 2. 1.에도 불구하고 행정안전부령으로 정하는 절차 및 방법 등에 따라 소방용품의 성능을 확인받은 경우에는 그 사용기한을 연장할 수 있다.
> 3. 내용연수를 설정하여야 하는 소방용품은 분말형태의 소화약제를 사용하는 소화기로 한다(내용연수: 10년).

POINT 73 소방기술심의원회 등

정답 p.121

| 01 | ② | 02 | ④ | 03 | ④ | 04 | ④ |

01 난이도 ●●○ 답 ②

소방시설에 하자가 있는지의 판단에 관한 사항은 지방소방기술심의위원회의 심의사항에 해당한다.

> ✅ **확인학습** 중앙소방기술심의위원회(중앙위원회)
> 1. 화재안전기준에 관한 사항
> 2. 소방시설의 구조 및 원리 등에서 공법이 특수한 설계 및 시공에 관한 사항
> 3. 소방시설의 설계 및 공사감리의 방법에 관한 사항
> 4. 소방시설공사의 하자를 판단하는 기준에 관한 사항
> 5. 소방기술 등에 관하여 대통령령으로 정하는 사항
> • 연면적 10만㎡ 이상의 특정소방대상물에 설치된 소방시설의 설계·시공·감리의 하자 유무에 관한 사항
> • 새로운 소방시설과 소방용품 등의 도입 여부에 관한 사항
> • 소방기술과 관련하여 소방청장이 심의에 부치는 사항

> ✅ **확인학습** 지방소방기술심의위원회(지방위원회)
> 1. 소방시설에 하자가 있는지의 판단에 관한 사항
> 2. 소방기술 등에 관하여 대통령령으로 정하는 사항
> • 연면적 10만㎡ 미만의 특정소방대상물에 설치된 소방시설의 설계·시공·감리의 하자 유무에 관한 사항
> • 소방본부장 또는 소방서장이 화재안전기준 또는 위험물 제조소등의 시설기준 또는 화재안전기준의 적용에 관하여 기술검토를 요청하는 사항
> • 소방기술과 관련하여 시·도지사가 소방기술심의위원회의 심의에 부치는 사항

02 난이도 ●●○ 답 ④

소방본부장 또는 소방서장이 심의에 부치는 사항은 해당하지 않고 소방기술과 관련하여 소방청장이 심의에 부치는 사항이 해당한다.

> ✅ **확인학습** 중앙위원회 심의사항
> 1. 화재안전기준에 관한 사항
> 2. 소방시설의 구조 및 원리 등에서 공법이 특수한 설계 및 시공에 관한 사항
> 3. 소방시설의 설계 및 공사감리의 방법에 관한 사항
> 4. 소방시설공사의 하자를 판단하는 기준에 관한 사항
> 5. 제8조 제5항 단서에 따라 신기술·신공법 등 검토·평가에 고도의 기술이 필요한 경우로서 중앙위원회에 심의를 요청한 사항
> 6. 그 밖에 소방기술 등에 관하여 대통령령으로 정하는 사항
> • 연면적 10만㎡ 이상의 특정소방대상물에 설치된 소방시설의 설계·시공·감리의 하자 유무에 관한 사항
> • 새로운 소방시설과 소방용품 등의 도입 여부에 관한 사항
> • 그 밖에 소방기술과 관련하여 소방청장이 심의에 부치는 사항

03 난이도 ●○○ 답 ④

소방시설에 하자가 있는지의 판단에 관한 사항은 지방위원회의 심의사항이다.

> ✅ **확인학습** 지방위원회 심의사항
> 1. 소방시설에 하자가 있는지의 판단에 관한 사항
> 2. 그 밖에 소방기술 등에 관하여 대통령령으로 정하는 사항
> • 연면적 10만㎡ 미만의 특정소방대상물에 설치된 소방시설의 설계·시공·감리의 하자 유무에 관한 사항
> • 소방본부장 또는 소방서장이 화재안전기준 또는 위험물 제조소등의 시설기준의 적용에 관하여 기술검토를 요청하는 사항
> • 그 밖에 소방기술과 관련하여 시·도지사가 심의에 부치는 사항

04 난이도 ●○○ 답 ④

지방소방기술심의위원회의 심의사항에 연면적 10만㎡ 미만의 특정소방대상물에 설치된 소방시설의 설계·시공·감리의 하자 유무에 관한 사항이 해당한다.

✅ 확인학습 중앙위원회 심의사항

1. 화재안전기준에 관한 사항
2. 소방시설의 구조 및 원리 등에서 공법이 특수한 설계 및 시공에 관한 사항
3. 소방시설의 설계 및 공사감리의 방법에 관한 사항
4. 소방시설공사의 하자를 판단하는 기준에 관한 사항
5. 제8조 제5항 단서에 따라 신기술·신공법 등 검토·평가에 고도의 기술이 필요한 경우로서 중앙위원회에 심의를 요청한 사항
6. 그 밖에 소방기술 등에 관하여 대통령령으로 정하는 사항
   - 연면적 10만㎡ 이상의 특정소방대상물에 설치된 소방시설의 설계·시공·감리의 하자 유무에 관한 사항
   - 새로운 소방시설과 소방용품 등의 도입 여부에 관한 사항
   - 그 밖에 소방기술과 관련하여 소방청장이 심의에 부치는 사항

✅ 확인학습 지방위원회 심의사항

1. 소방시설에 하자가 있는지의 판단에 관한 사항
2. 그 밖에 소방기술 등에 관하여 대통령령으로 정하는 사항
   - 연면적 10만㎡ 미만의 특정소방대상물에 설치된 소방시설의 설계·시공·감리의 하자 유무에 관한 사항
   - 소방본부장 또는 소방서장이 화재안전기준 또는 위험물 제조소등의 시설기준의 적용에 관하여 기술검토를 요청하는 사항
   - 그 밖에 소방기술과 관련하여 시·도지사가 심의에 부치는 사항

POINT 74 소방대상물의 방염

정답
p.122

01	③	02	④	03	④	04	③	05	④
06	①	07	④	08	②	09	④	10	④
11	③								

01 난이도 ●●○ 답 ③

방염성능검사 합격표시를 위조하거나 변조하여 사용한 자는 300만원 이하의 벌금에 처한다.

✅ 확인학습 방염성능기준 이상의 실내장식물 등을 설치하여야 하는 특정소방대상물

1. 근린생활시설 중 의원, 조산원, 산후조리원, 체력단련장, 공연장 및 종교집회장
2. 건축물의 옥내에 있는 시설로서 다음의 시설
   - 문화 및 집회시설
   - 종교시설
   - 운동시설(수영장은 제외한다)
3. 의료시설
4. 교육연구시설 중 합숙소
5. 노유자 시설
6. 숙박이 가능한 수련시설
7. 숙박시설
8. 방송통신시설 중 방송국 및 촬영소
9. 다중이용업소
10. 층수가 11층 이상인 것(아파트는 제외한다)

✅ 확인학습 방염성능기준

1. 버너의 불꽃을 제거한 때부터 불꽃을 올리며 연소하는 상태가 그칠 때까지 시간은 20초 이내일 것
2. 버너의 불꽃을 제거한 때부터 불꽃을 올리지 아니하고 연소하는 상태가 그칠 때까지 시간은 30초 이내일 것
3. 탄화한 면적은 50cm² 이내, 탄화한 길이는 20cm 이내일 것
4. 불꽃에 의하여 완전히 녹을 때까지 불꽃의 접촉 횟수는 3회 이상일 것
5. 소방청장이 정하여 고시한 방법으로 발연량을 측정하는 경우 최대연기밀도는 400 이하일 것

✅ 확인학습 방염대상물품

제조 또는 가공공정에서 방염처리한 다음 물품
1. 창문에 설치하는 커튼류(블라인드를 포함한다)
2. 카펫
3. 벽지류(두께가 2밀리미터 미만인 종이벽지는 제외한다)
4. 전시용 합판·목재 또는 섬유판, 무대용 합판·목재 또는 섬유판(합판·목재류의 경우 불가피하게 설치 현장에서 방염처리한 것을 포함한다)
5. 암막·무대막(영화상영관에 설치하는 스크린과 가상체험 체육시설업에 설치하는 스크린을 포함한다)
6. 섬유류 또는 합성수지류 등을 원료로 하여 제작된 소파·의자(단란주점영업, 유흥주점영업 및 노래연습장업의 영업장에 설치하는 것으로 한정한다)

✅ 확인학습 방염대상물품

건축물 내부의 천장이나 벽에 부착하거나 설치하는 다음의 것. 다만, 가구류(옷장, 찬장, 식탁, 식탁용 의자, 사무용 책상, 사무용 의자, 계산대, 그 밖에 이와 비슷한 것을 말한다. 이하 이 조에서 같다)와 너비 10센티미터 이하인 반자돌림대 등과 「건축법」 제52조에 따른 내부 마감재료는 제외한다.

1. 종이류(두께 2밀리미터 이상인 것을 말한다)·합성수지류 또는 섬유류를 주원료로 한 물품
2. 합판이나 목재
3. 공간을 구획하기 위하여 설치하는 간이 칸막이(접이식 등 이동 가능한 벽체나 천장 또는 반자가 실내에 접하는 부분까지 구획하지 않는 벽체를 말한다)
4. 흡음(吸音)을 위하여 설치하는 흡음재(흡음용 커튼을 포함한다)
5. 방음(防音)을 위하여 설치하는 방음재(방음용 커튼을 포함한다)

02 난이도 ●○○ 답 ④

ㄱ, ㄴ, ㄷ 모두 해당한다.

✅ 확인학습 방염성능기준(특정소방대상물: 근린생활시설)

1. 체력단란장
2. 의원, 공연장 및 종교집회장
3. 조산원, 산후조리원

03 난이도 ●○○ 답 ④

방염성능기준 이상의 실내장식물 등을 설치하여야 하는 특정소방대상물에 운동시설 중 수영장은 해당하지 않는다.

> ✅ **확인학습** 방염성능기준(특정소방대상물: 건축물 옥내)
> 1. 문화 및 집회시설
> 2. 종교시설
> 3. 운동시설(수영장은 제외한다)

04 난이도 ●○○   답 ③

ㄱ. 버너의 불꽃을 제거한 때부터 불꽃을 올리며 연소하는 상태가 그칠 때까지 시간은 (20)초 이내일 것
ㄴ. 버너의 불꽃을 제거한 때부터 불꽃을 올리지 아니하고 연소하는 상태가 그칠 때까지 시간은 (30)초 이내일 것

05 난이도 ●○○   답 ④

방염성능기준 이상의 실내장식물 등을 설치하여야 하는 특정소방대상물 중 층수가 11층 이상인 것으로 아파트는 제외한다.

06 난이도 ●○○   답 ①

방염성능기준 이상의 실내장식물 등을 설치하여야 하는 특정소방대상물에 근린생활시설 중 목욕장은 해당하지 않는다.

> ✅ **확인학습** 방염성능기준(특정소방대상물: 근린생활시설)
> 1. 체력단련장
> 2. 의원, 공연장 및 종교집회장
> 3. 조산원, 산후조리원

07 난이도 ●○○   답 ④

방염성능기준 이상의 실내장식물 등을 설치하여야 하는 특정소방대상물에 운동시설 중 수영장은 해당하지 않는다.

08 난이도 ●●○   답 ②

가. 버너의 불꽃을 제거한 때부터 불꽃을 올리며 연소하는 상태가 그칠 때까지 시간은 (20)초 이내일 것
나. 버너의 불꽃을 제거한 때부터 불꽃을 올리지 아니하고 연소하는 상태가 그칠 때까지 시간은 (30)초 이내일 것
다. 탄화한 면적은 (50)cm² 이내, 탄화한 길이는 (20)cm 이내일 것
라. 불꽃에 의하여 완전히 녹을 때까지 불꽃의 접촉 횟수는 (3)회 이상일 것
마. 소방청장이 정하여 고시한 방법으로 발연량을 측정하는 경우 최대연기밀도는 (400) 이하일 것

09 난이도 ●○○   답 ④

| 선지분석 |
① [×] 불꽃에 의하여 완전히 녹을 때까지 불꽃의 접촉 횟수는 3회 이상일 것
② [×] 탄화한 면적은 50제곱센티미터 이내, 탄화한 길이는 20센티미터 이내일 것
③ [×] 소방청장이 정하여 고시한 방법으로 발연량을 측정하는 경우 최대연기밀도는 400 이하일 것
④ [○] 버너의 불꽃을 제거한 때부터 불꽃을 올리며 연소하는 상태가 그칠 때까지 시간은 20초 이내일 것

> ✅ **확인학습** 방염성능기준
> 1. 버너의 불꽃을 제거한 때부터 불꽃을 올리며 연소하는 상태가 그칠 때까지 시간은 20초 이내일 것
> 2. 버너의 불꽃을 제거한 때부터 불꽃을 올리지 아니하고 연소하는 상태가 그칠 때까지 시간은 30초 이내일 것
> 3. 탄화한 면적은 50cm² 이내, 탄화한 길이는 20cm 이내일 것
> 4. 불꽃에 의하여 완전히 녹을 때까지 불꽃의 접촉 횟수는 3회 이상일 것
> 5. 소방청장이 정하여 고시한 방법으로 발연량을 측정하는 경우 최대연기밀도는 400 이하일 것

10 난이도 ●●○   답 ④

탄화한 면적은 50cm² 이내, 탄화한 길이는 20cm 이내이어야 한다.

11 난이도 ●○○   답 ③

섬유판은 해당하지 않는다.

> ✅ **확인학습** 방염대상물품
> 소방본부장 또는 소방서장은 제1항에 따른 방염대상물품 외에 다음의 물품은 방염처리된 물품을 사용하도록 권장할 수 있다.
> 1. 다중이용업소, 의료시설, 노유자 시설, 숙박시설 또는 장례식장에서 사용하는 침구류·소파 및 의자
> 2. 건축물 내부의 천장 또는 벽에 부착하거나 설치하는 가구류

제3장 소방시설등의 자체점검

POINT 75 자체점검

정답

01	③	02	②	03	④	04	③	05	③
06	①								

01 난이도 ●●○   답 ③

"소화용수설비 주변 불법 주정차로 인하여 화재를 진압하는 데 필요한 물을 공급하기 어려운 경우"는 해당하지 않는다.

> ✓ **확인학습** 소화펌프 고장 등 대통령령으로 정하는 중대위반사항
>
> 1. 소화펌프(가압송수장치를 포함한다. 이하 같다), 동력·감시 제어반 또는 소방시설용 전원(비상전원을 포함한다)의 고장으로 소방시설이 작동되지 않는 경우
> 2. 화재 수신기의 고장으로 화재경보음이 자동으로 울리지 않거나 화재 수신기와 연동된 소방시설의 작동이 불가능한 경우
> 3. 소화배관 등이 폐쇄·차단되어 소화수(消火水) 또는 소화약제가 자동 방출되지 않는 경우
> 4. 방화문 또는 자동방화셔터가 훼손되거나 철거되어 본래의 기능을 못하는 경우

02 난이도 ●○○ 답 ②

- (작동점검): 소방시설등을 인위적으로 조작하여 소방시설이 정상적으로 작동하는지를 소방청장이 정하여 고시하는 소방시설등 작동점검표에 따라 점검하는 것을 말한다.
- 종합점검: 소방시설등의 작동점검을 포함하여 소방시설등의 설비별 주요 구성 부품의 구조기준이 화재안전기준과 「건축법」 등 관련 법령에서 정하는 기준에 적합한 지 여부를 소방청장이 정하여 고시하는 소방시설등 종합점검표에 따라 점검하는 것을 말하며, 다음과 같이 구분한다.
  1) (최초점검): 법 제22조 제1항 제1호에 따라 소방시설이 새로 설치되는 경우 「건축법」 제22조에 따라 건축물을 사용할 수 있게 된 날부터 60일 이내 점검하는 것을 말한다.
  2) 그 밖의 종합점검: 최초점검을 제외한 종합점검을 말한다.

03 난이도 ●●● 답 ④

스프링클러설비가 설치된 특정소방대상물은 종합점검 대상에 해당한다.

| 선지분석 |
① [×] 종합점검은 소방시설관리업에 등록된 기술인력 중 소방시설관리사 또는 소방안전관리자로 선임된 소방시설관리사 및 소방기술사가 실시할 수 있다.
② [×] 종합점검은 소방시설등의 작동기능점검을 포함하여 소방시설등의 설비별 주요 구성 부품의 구조기준이 화재안전기준 및 「건축법」 등 관련 법령에서 정하는 기준에 적합한지 여부를 점검하는 것을 말한다.
③ [×] 건축물의 사용승인일이 속하는 달에 연 1회 이상(특급 소방안전관리대상물은 반기에 2회 이상) 실시한다.

> ✓ **확인학습** 종합점검 대상
>
> 1. 스프링클러설비가 설치된 특정소방대상물
> 2. 물분무등소화설비[호스릴(Hose reel) 방식의 물분무등소화설비만을 설치한 경우는 제외한다]가 설치된 연면적 5천㎡ 이상인 특정소방대상물(위험물 제조소등은 제외한다)
> 3. 다중이용업의 영업장이 설치된 특정소방대상물로서 연면적이 2천㎡ 이상인 것
> 4. 제연설비가 설치된 터널
> 5. 「공공기관의 소방안전관리에 관한 규정」에 따른 공공기관 중 연면적이 1천㎡ 이상인 것으로서 옥내소화전설비 또는 자동화재탐지설비가 설치된 것. 다만, 「소방기본법」 제2조 제5호에 따른 소방대가 근무하는 공공기관은 제외한다.

04 난이도 ●●○ 답 ③

제연설비가 설치된 터널은 종합점검 대상에 해당한다.

| 선지분석 |
① [×] 스프링클러설비가 설치된 특정소방대상물이 해당한다.
② [×] 물분무등소화설비[호스릴(Hose reel) 방식의 물분무등소화설비만을 설치한 경우는 제외한다]가 설치된 연면적 5천㎡ 이상인 특정소방대상물이 해당한다.
④ [×] 공공기관 중 연면적이 1천㎡ 이상이고 자동화재탐지설비가 설치된 것이 해당한다.

05 난이도 ●●● 답 ③

종합점검은 소방시설관리업자 또는 소방안전관리자로 선임된 소방시설관리사 및 소방기술사가 실시할 수 있다.

06 난이도 ●○○ 답 ①

관리업자가 점검하는 경우 50층 이상 또는 성능위주설계를 한 특정소방대상물의 규모 등에 따른 점검인력의 배치로 옳은 것은 ㄱ, ㄷ이다.

| 선지분석 |
ㄱ. [O] 주된 점검인력: 소방시설관리사 경력 5년인 특급점검자 1명
ㄴ. [×] 주된 점검인력: 소방시설관리사 경력 3년인 특급점검자 1명
ㄷ. [O] 보조 점검인력: 고급점검자 1명 및 중급점검자 1명
ㄹ. [×] 보조 점검인력: 고급점검자 1명 및 초급점검자 1명

> ✓ **확인학습** 관리업자가 점검하는 경우 특정소방대상물의 규모 등에 따른 점검인력의 배치기준
>
> | 구분 | 주된 점검인력 | 보조 점검인력 |
> | --- | --- | --- |
> | 가. 50층 이상 또는 성능위주설계를 한 특정소방대상물 | 소방시설관리사 경력 5년 이상인 특급점검자 1명 이상 | 고급점검자 이상 1명 이상 및 중급점검자 이상 1명 이상 |
> | 나. 특급 소방안전관리대상물(가목의 특정소방대상물은 제외한다) | 소방시설관리사 경력 3년인 특급점검자 1명 이상 | 고급점검자 이상 1명 이상 및 초급점검자 이상 1명 이상 |
> | 다. 1급 또는 2급 소방안전관리대상물 | 소방시설관리사 경력 1년 이상인 특급점검자 1명 이상 | 중급점검자 이상 1명 이상 및 초급점검자 이상 1명 이상 |
> | 라. 3급 소방안전관리대상물 | 특급점검자 1명 이상 | 초급점검자 이상 2명 이상 |
>
> 1. "주된 점검인력"이란 해당 점검 업무 전반을 총괄하는 사람을 말한다.
> 2. "보조 점검인력"이란 주된 점검인력을 보조하고, 주된 점검인력의 지시를 받아 점검 업무를 수행하는 사람을 말한다.
> 3. 점검인력의 등급구분(특급점검자, 고급점검자, 중급점검자, 초급점검자)은 「소방시설공사업법 시행규칙」 별표 4의2에서 정하는 기준에 따른다.

제4장 소방시설관리사 및 소방시설관리업

POINT 76 소방시설관리사

정답　p.127

| 01 | ② | 02 | ② | 03 | ② |

01 난이도 ●○○　답 ②

ㄱ. 소방시설관리사가 되려는 사람은 (소방청장)이 실시하는 관리사 시험에 합격하여야 한다.
ㄴ. 소방시설관리사 시험의 응시자격, 시험 방법, 시험 과목, 시험 위원, 그 밖에 관리사시험에 필요한 사항은 (대통령령)으로 정한다.

02 난이도 ●○○　답 ②

등록사항의 변경신고를 하지 아니한 경우는 소방시설관리사의 자격의 취소·정지 사유에 해당하지 않는다.

✅ 확인학습 자격의 취소·정지

자격의 취소·정지 대상	취소 및 정지
• 거짓이나 부정한 방법으로 시험에 합격한 경우 • 소방시설관리사증을 다른 자에게 빌려준 경우 • 동시에 둘 이상의 업체에 취업한 경우 • 결격사유에 해당하게 된 경우	반드시 자격을 취소
• 소방안전관리 업무를 하지 아니하거나 거짓으로 한 경우 • 소방시설등의 자체점검을 하지 아니하거나 거짓으로 한 경우 • 성실하게 자체점검의 업무를 수행하지 아니한 경우	자격을 취소하거나 1년의 기간을 정하여 자격정지를 하거나 취소

03 난이도 ●●○　답 ②

소방시설관리업의 등록이 취소된 날부터 2년이 지난 경우는 관리업을 등록할 수 있다.

✅ 확인학습 소방시설관리사

1. 소방시설관리사가 되려는 사람은 소방청장이 실시하는 관리사시험에 합격하여야 한다.
2. 관리사시험의 응시자격, 시험 방법, 시험 과목, 시험 위원, 그 밖에 관리사시험에 필요한 사항은 대통령령으로 정한다.

✅ 확인학습 소방시설관리사 응시자격(2027년 1월 1일 이후)

1. 소방기술사·건축사·건축기계설비기술사·건축전기설비기술사 또는 공조냉동기계기술사
2. 위험물기능장
3. 소방설비기사
4. 「국가과학기술 경쟁력 강화를 위한 이공계지원 특별법」 제2조에 따른 이공계 분야를 전공하고 박사학위를 취득한 사람
5. 소방안전 관련학(소방학 및 소방방재학을 포함한다) 또는 소방안전공학(소방방재공학 및 안전공학을 포함한다) 분야에서 석사학위 이상을 취득한 사람
6. 소방청장이 정하여 고시하는 소방에 관한 실무경력이 3년 이상인 사람

✅ 확인학습 소방시설관리사시험 응시자격(*2026년 12월 31일 까지)

구분	기술사등	자격등	이공계	소방안전공학	소방안전관리자
	소방기술사·위험물기능장·건축사		박사	석사	
1년 이상					
2년 이상		소방설비기사	석사	실무경력	특급
3년 이상		소방설비·위험물산업기사/위험물기능사	학사	관련 학과 학사	1급
5년 이상		소방공무원			2급
7년 이상					3급
10년 이상					실무 경력

POINT 77 소방시설관리업

정답　p.128

| 01 | ④ | 02 | ① | 03 | ③ | 04 | ① | 05 | ④ |
| 06 | ③ | 07 | ③ | | | | | | |

01 난이도 ●●○　답 ④

전문소방시설관리업의 보조 기술인력 등록기준은 초급·중급·고급점검자 이상의 기술인력: 각 2명 이상이다.

✅ 확인학습 관리업의 업종별 등록기준 및 영업범위(영 [별표 9])

구분	기술인력	영업범위
전문 소방시설 관리업	• 주된 기술인력 – 소방시설관리사 자격을 취득한 후 소방 관련 실무경력이 5년 이상인 사람 1명 이상 – 소방시설관리사 자격을 취득한 후 소방 관련 실무경력이 3년 이상인 사람 1명 이상 • 보조 기술인력 – 고급점검자 이상의 기술인력: 2명 이상 – 중급점검자 이상의 기술인력: 2명 이상 – 초급점검자 이상의 기술인력: 2명 이상	모든 특정소방대상물
일반 소방시설 관리업	• 주된 기술인력: 소방시설관리사 자격을 취득한 후 소방 관련 실무경력이 1년 이상인 사람 1명 이상 • 보조 기술인력 – 중급점검자 이상의 기술인력: 1명 이상 – 초급점검자 이상의 기술인력: 1명 이상	1급, 2급, 3급 소방안전관리 대상물

1) "소방 관련 실무경력"이란 「소방시설공사업법」 제28조 제3항에 따른 소방기술과 관련된 경력을 말한다.
2) 보조 기술인력의 종류별 자격은 「소방시설공사업법」 제28조 제3항에 따라 소방기술과 관련된 자격·학력 및 경력을 가진 사람 중에서 행정안전부령으로 정한다.

02 난이도 ●○○ 답 ①

ㄱ. 업종별 기술인력 등 소방시설관리업의 등록기준 및 영업범위 등에 필요한 사항은 (대통령령)으로 정한다.
ㄴ. 소방시설관리업의 등록신청과 등록증·등록수첩의 발급·재발급 신청, 그 밖에 관리업의 등록에 필요한 사항은 (행정안전부령)으로 정한다.

03 난이도 ●○○ 답 ③

등록사항의 변경신고 사항으로 시공능력평가액은 해당하지 않는다.

> ✅ **확인학습** 등록사항의 변경신고 사항
> 1. 명칭·상호 또는 영업소소재지
> 2. 대표자
> 3. 기술인력

04 난이도 ●●○ 답 ①

소방시설관리업의 등록을 반드시 취소하여야 하는 사유로 자체점검 등을 하지 아니한 경우는 해당하지 않는다.

> ✅ **확인학습** 등록의 취소·정지
>
> | 등록의 취소·영업정지처분 대상 | 등록취소·영업정지처분 |
> |---|---|
> | • 거짓이나 부정한 방법으로 등록한 경우
• 등록 결격사유에 해당하게 된 경우(임원이 등록결격사유 해당하는 경우: 2개월 이내 변경 제외)
• 등록증이나 등록수첩을 빌려준 경우 | 반드시 등록취소 |
> | • 소방시설등의 자체점검을 하지 아니하거나 거짓으로 한 경우
• 등록기준에 미달하게 된 경우 | 등록을 취소하거나 6개월의 기간을 정하여 영업정지처분 |

05 난이도 ●○○ 답 ④

등록취소 또는 영업정지 처분을 받은 관리업자는 그 날부터 소방안전관리업무를 대행하거나 소방시설등에 대한 점검을 하여서는 아니 된다. 다만, 영업정지처분의 경우 도급계약이 해지되지 아니한 때에는 대행 또는 점검 중에 있는 특정소방대상물의 소방안전관리업무 대행과 자체점검은 할 수 있다.

06 난이도 ●○○ 답 ③

시·도지사는 영업정지를 명하는 경우로서 그 영업정지가 국민에게 심한 불편을 주거나 그 밖에 공익을 해칠 우려가 있을 때에는 영업정지처분을 갈음하여 3천만원 이하의 과징금을 부과할 수 있다.

07 난이도 ●●○ 답 ③

위반행위가 사소한 부주의나 오류가 아닌 고의에 의한 것으로 인정되는 경우는 가중사유에 해당한다.

> ✅ **확인학습** 행정처분 시 가중사유(규칙 [별표 8])
> 1. 위반행위가 사소한 부주의나 오류가 아닌 고의나 중대한 과실에 의한 것으로 인정되는 경우
> 2. 위반의 내용·정도가 중대하여 관계인에게 미치는 피해가 크다고 인정되는 경우

> ✅ **확인학습** 행정처분 시 감경사유(규칙 [별표 8])
> 1. 위반행위가 사소한 부주의나 오류 등 과실로 인한 것으로 인정되는 경우
> 2. 위반의 내용·정도가 경미하여 관계인에게 미치는 피해가 적다고 인정되는 경우
> 3. 위반 행위자가 처음 해당 위반행위를 한 경우로서 5년 이상 소방시설관리사의 업무, 소방시설관리업 등을 모범적으로 해 온 사실이 인정되는 경우
> 4. 그 밖에 다음의 경미한 위반사항에 해당되는 경우
>   • 스프링클러설비 헤드가 살수반경에 미치지 못하는 경우
>   • 자동화재탐지설비 감지기 2개 이하가 설치되지 않은 경우
>   • 유도등이 일시적으로 점등되지 않는 경우
>   • 유도표지가 정해진 위치에 붙어 있지 않은 경우

제5장 소방용품의 품질관리

POINT 78 소방용품의 형식승인 등

정답 p.130

| 01 | ③ | 02 | ③ | 03 | ② | 04 | ② | 05 | ① |
| 06 | ① | 07 | ③ | | | | | | |

01 난이도 ●●●○○ 답 ③

하나의 소방용품에 성능인증 사항이 두 가지 이상 결합된 경우에는 해당 성능인증 시험을 모두 실시하고 하나의 성능인증을 할 수 있다.

> ✅ **확인학습** 소방용품의 성능인증 등
> 1. 소방청장은 제조자 또는 수입자 등의 요청이 있는 경우 소방용품에 대하여 성능인증을 할 수 있다.
> 2. 1.에 따라 성능인증을 받은 자는 그 소방용품에 대하여 소방청장의 제품검사를 받아야 한다.
> 3. 1.에 따른 성능인증의 대상·신청·방법 및 성능인증서 발급에 관한 사항과 2.에 따른 제품검사의 구분·대상·절차·방법·합격표시 및 수수료 등에 필요한 사항은 행정안전부령으로 정한다.
> 4. 1.에 따른 성능인증 및 2.에 따른 제품검사의 기술기준 등에 필요한 사항은 소방청장이 정하여 고시한다.
> 5. 2.에 따른 제품검사에 합격하지 아니한 소방용품에는 성능인증을 받았다는 표시를 하거나 제품검사에 합격하였다는 표시를 하여서는 아니 되며, 제품검사를 받지 아니하거나 합격표시를 하지 아니한 소방용품을 판매 또는 판매 목적으로 진열하거나 소방시설공사에 사용하여서는 아니 된다.
> 6. 하나의 소방용품에 성능인증 사항이 두 가지 이상 결합된 경우에는 해당 성능인증 시험을 모두 실시하고 하나의 성능인증을 할 수 있다.
> 7. 6.항에 따른 성능인증의 방법 및 절차 등에 필요한 사항은 행정안전부령으로 정한다.

✅ **확인학습** 소방용품의 형식승인 등

다음의 어느 하나에 해당하는 소방용품의 형식승인 내용에 대하여 공인 기관의 평가 결과가 있는 경우 형식승인 및 제품검사 시험 중 일부만을 적용하여 형식승인 및 제품검사를 할 수 있다.
1. 「군수품관리법」 제2조에 따른 군수품
2. 주한외국공관 또는 주한외국군 부대에서 사용되는 소방용품
3. 외국의 차관이나 국가 간의 협약 등에 따라 건설되는 공사에 사용되는 소방용품으로서 사전에 합의된 것

02 난이도 ●○○ 답 ③

"상업용 주방자동소화장치"는 소방청장의 형식승인을 받아야 하는 소방용품에 해당하지 않는다.

✅ **확인학습** 형식승인 대상 소방용품

법 제37조 제1항 본문에서 "대통령령으로 정하는 소방용품"이란 별표 3의 소방용품(같은 표 제1호 나목의 자동소화장치 중 상업용 주방자동소화장치는 제외한다)을 말한다.

03 난이도 ●●○ 답 ②

형식승인을 받으려는 자는 행정안전부령으로 정하는 기준에 따라 형식승인을 위한 시험시설을 갖추고 소방청장의 심사를 받아야 한다.

✅ **확인학습** 소방용품의 형식승인

1. 대통령령으로 정하는 소방용품을 제조하거나 수입하려는 자는 소방청장의 형식승인을 받아야 한다. 다만, 연구개발 목적으로 제조하거나 수입하는 소방용품은 그러하지 아니하다.
2. 형식승인을 받으려는 자는 행정안전부령으로 정하는 기준에 따라 형식승인을 위한 시험시설을 갖추고 소방청장의 심사를 받아야 한다. 다만, 소방용품을 수입하는 자가 판매를 목적으로 하지 아니하고 자신의 건축물에 직접 설치하거나 사용하려는 경우 등 행정안전부령으로 정하는 경우에는 시험시설을 갖추지 아니할 수 있다.
3. 형식승인을 받은 자는 그 소방용품에 대하여 소방청장이 실시하는 제품검사를 받아야 한다.
4. 형식승인의 방법·절차 등과 제품검사의 구분·방법·순서·합격표시 등에 관한 사항은 행정안전부령으로 정한다.

04 난이도 ●●○ 답 ②

형식승인을 받지 아니한 소방용품을 (판매)하거나 (판매) 목적으로 (진열)하거나 소방시설공사에 (사용)할 수 없다.

✅ **확인학습** 판매·판매목적으로 진열·사용금지 대상 소방용품

1. 형식승인을 받지 아니한 것
2. 형상 등을 임의로 변경한 것
3. 제품검사를 받지 아니하거나 합격표시를 하지 아니한 것

✅ **확인학습** 수거·폐기 또는 교체등 명령

소방청장, 소방본부장 또는 소방서장은 판매·판매목적으로 진열·사용금지 대상 소방용품에 대하여는 그 제조자·수입자·판매자 또는 시공자에게 수거·폐기 또는 교체 등 행정안전부령으로 정하는 필요한 조치를 명할 수 있다.

05 난이도 ●○○ 답 ①

대통령령으로 정하는 소방용품을 제조하거나 수입하려는 자는 소방청장의 형식승인을 받아야 한다. 다만, 연구개발 목적으로 제조하거나 수입하는 소방용품은 그러하지 아니하다.

06 난이도 ●○○ 답 ①

소화기구 중 소화약제 외의 것을 이용한 간이소화용구는 소방용품 제외대상이다. 따라서 소방청장의 형식승인을 받지 않아도 된다.

07 난이도 ●○○ 답 ③

음향장치 중 경종만 해당된다.

✅ **확인학습** 경보설비를 구성하는 제품 또는 기기

1. 누전경보기 및 가스누설경보기
2. 경보설비를 구성하는 발신기, 수신기, 중계기, 감지기 및 음향장치(경종만 해당한다)

제6장 보칙

POINT 79 청문 및 권한의 위임 등

정답 p.132

| 01 | ④ | 02 | ① | 03 | ① |

01 난이도 ●●○ 답 ④

청문사유로 소방시설설계업 및 방염업의 등록취소 및 영업정지는 해당하지 않는다.

✅ **확인학습** 청문사유

1. 관리사 자격의 취소 및 정지
2. 관리업의 등록취소 및 영업정지
3. 소방용품의 형식승인 취소 및 제품검사 중지
4. 성능인증의 취소
5. 우수품질인증의 취소
6. 전문기관의 지정취소 및 업무정지

02 난이도 ●○○ 답 ①

소방용품에 대한 성능인증의 취소가 청문대상에 해당한다.

03 난이도 ●○○ 답 ①

소방용품에 대한 우수품질인증의 취소가 청문대상에 해당한다.

제7장 벌칙

POINT 80 벌칙 및 과태료

정답
p.133

| 01 | ② | 02 | ③ | 03 | ① | 04 | ② | 05 | ③ |
| 06 | ④ | 07 | ② | | | | | | |

01 난이도 ●●○○○ 답 ②

| 선지분석 |
① [×] 소방용품에 대하여 형식승인의 변경승인을 받지 아니한 자는 1년 이하의 징역 또는 1천만원 이하의 벌금에 처한다.
② [○] 소방시설에 폐쇄·차단 등의 행위를 한 자는 5년 이하의 징역 또는 5천만원 이하의 벌금에 처한다.
③ [×] 방염성능의 검사를 위반하여 방염성능검사에 합격하지 아니한 물품에 합격표시를 하거나 합격표시를 위조하거나 변조하여 사용한 자는 300만원 이하의 벌금에 처한다.
④ [×] 성능위주설계평가단의 업무를 수행하면서 알게 된 비밀을 이 법에서 정한 목적 외의 용도로 사용하거나 다른 사람 또는 기관에 제공하거나 누설한 자는 300만원 이하의 벌금에 처한다.

✅ 확인학습 소방시설법 벌칙
1. 제12조 제3항 본문을 위반하여 소방시설에 폐쇄·차단 등의 행위를 한 자는 5년 이하의 징역 또는 5천만원 이하의 벌금에 처한다.
2. 1.의 죄를 범하여 사람을 상해에 이르게 한 때에는 7년 이하의 징역 또는 7천만원 이하의 벌금에 처하며, 사망에 이르게 한 때에는 10년 이하의 징역 또는 1억원 이하의 벌금에 처한다.

✅ 확인학습 300만원 이하의 벌금
1. 제9조 제2항 및 제50조 제7항을 위반하여 업무를 수행하면서 알게 된 비밀을 이 법에서 정한 목적 외의 용도로 사용하거나 다른 사람 또는 기관에 제공하거나 누설한 자
2. 제21조를 위반하여 방염성능검사에 합격하지 아니한 물품에 합격표시를 하거나 합격표시를 위조하거나 변조하여 사용한 자
3. 제21조 제2항을 위반하여 거짓 시료를 제출한 자
4. 제23조 제1항 및 제2항을 위반하여 필요한 조치를 하지 아니한 관계인 또는 관계인에게 중대위반사항을 알리지 아니한 관리업자등

02 난이도 ●●● 답 ③

화재안전기준을 위반하여 소방시설을 설치 또는 유지·관리한 자는 300만원 이하의 과태료를 부과한다.

| 선지분석 |
① [×] 소방시설관리사증을 다른 사람에게 빌려주거나 빌리거나 이를 알선한 자: 1년 이하의 징역 및 1천만원 이하의 벌금
② [×] 형식승인의 변경승인을 받지 아니한 자: 1년 이하의 징역 및 1천만원 이하의 벌금
④ [×] 방염성능검사에 합격하지 아니한 물품에 합격표시를 하거나 합격표시를 위조하거나 변조하여 사용한 자: 300만원 이하의 벌금

✅ 확인학습 300만원 이하의 과태료
1. 소방시설을 화재안전기준에 따라 설치·관리하지 아니한 자
2. 공사 현장에 임시소방시설을 설치·관리하지 아니한 자
3. 피난시설, 방화구획 또는 방화시설의 폐쇄·훼손·변경 등의 행위를 한 자
4. 방염대상물품을 방염성능기준 이상으로 설치하지 아니한 자
5. 점검능력 평가를 받지 아니하고 점검을 한 관리업자
6. 관계인에게 점검 결과를 제출하지 아니한 관리업자등
7. 점검인력의 배치기준 등 자체점검 시 준수사항을 위반한 자
8. 점검 결과를 보고하지 아니하거나 거짓으로 보고한 자
9. 이행계획을 기간 내에 완료하지 아니한 자 또는 이행계획 완료 결과를 보고하지 아니하거나 거짓으로 보고한 자
10. 점검기록표를 기록하지 아니하거나 특정소방대상물의 출입자가 쉽게 볼 수 있는 장소에 게시하지 아니한 관계인
11. 제31조 또는 제32조 제3항을 위반하여 신고를 하지 아니하거나 거짓으로 신고한 자
12. 제33조 제3항을 위반하여 지위승계, 행정처분 또는 휴업·폐업의 사실을 특정소방대상물의 관계인에게 알리지 아니하거나 거짓으로 알린 관리업자
13. 소속 기술인력의 참여 없이 자체점검을 한 관리업자
14. 점검실적을 증명하는 서류 등을 거짓으로 제출한 자
15. 제52조 제1항에 따른 명령을 위반하여 보고 또는 자료제출을 하지 아니하거나 거짓으로 보고 또는 자료제출을 한 자 또는 정당한 사유 없이 관계 공무원의 출입 또는 검사를 거부·방해 또는 기피한 자

03 난이도 ●●○ 답 ①

방염성능검사에 합격하지 아니한 물품에 합격표시를 하거나 합격표시를 위조하거나 변조하여 사용한 자에 대한 벌칙은 300만원 이하의 벌금에 처한다.

04 난이도 ●●○ 답 ②

관리업의 등록을 하지 아니하고 영업을 한 자는 3년 이하의 징역 또는 3천만원 이하의 벌금에 처한다.

✅ 확인학습 3년 이하의 징역 또는 3천만원 이하의 벌금
1. 조치명령을 정당한 사유 없이 위반한 자
2. 관리업의 등록을 하지 아니하고 영업을 한 자
3. 소방용품의 형식승인을 받지 아니하고 소방용품을 제조하거나 수입한 자 또는 거짓이나 그 밖의 부정한 방법으로 형식승인을 받은 자
4. 제품검사를 받지 아니한 자 또는 거짓이나 그 밖의 부정한 방법으로 제품검사를 받은 자
5. 소방용품을 판매·진열하거나 소방시설공사에 사용한 자
6. 거짓이나 그 밖의 부정한 방법으로 성능인증 또는 제품검사를 받은 자
7. 제40조 제5항을 위반하여 제품검사를 받지 아니하거나 합격표시를 하지 아니한 소방용품을 판매·진열하거나 소방시설공사에 사용한 자
8. 제45조 제3항을 위반하여 구매자에게 명령을 받은 사실을 알리지 아니하거나 필요한 조치를 하지 아니한 자
9. 거짓이나 그 밖의 부정한 방법으로 제46조 제1항에 따른 전문기관으로 지정을 받은 자

05 난이도 ●●● 답 ③

소방시설의 기능과 성능에 지장을 초래하도록 소방시설에 폐쇄·차단 등 행위를 한 자는 5년 이하의 징역 또는 5천만원 이하의 벌금에 처한다.

| 선지분석 |
① 소방용품의 형식승인을 받지 아니하고 소방용품을 제조하거나 수입한 자: 3년 이하의 징역 또는 3천만원 이하의 벌금
② 피난·방화시설, 방화구획의 유지관리 조치명령 위반자: 3년 이하의 징역 또는 3천만원 이하의 벌금
④ 제품검사를 받지 아니하거나 합격표시를 하지 아니한 소방용품을 판매·진열하거나 소방시설공사에 사용한 자: 3년 이하의 징역 또는 3천만원 이하의 벌금

> ✅ 확인학습 벌칙
> 1. 소방시설에 폐쇄·차단 등의 행위를 한 자는 5년 이하의 징역 또는 5천만원 이하의 벌금에 처한다.
> 2. 소방시설에 폐쇄·차단 등의 행위를 하여 사람을 상해에 이르게 한 때에는 7년 이하의 징역 또는 7천만원 이하의 벌금에 처하며, 사망에 이르게 한 때에는 10년 이하의 징역 또는 1억원 이하의 벌금에 처한다.

06 난이도 ●●● 답 ④

영업정지처분을 받고 그 영업정지기간 중에 관리업의 업무를 한 자는 1년 이하의 징역 또는 1천만원 이하의 벌금에 처한다.

| 선지분석 |
① [○] 피난시설, 방화구획 또는 방화시설의 폐쇄·훼손·변경 등의 행위를 한 경우 300만원 이하의 과태료에 처한다.
② [○] 점검인력의 배치기준 등 자체점검 시 준수사항을 위반한 자는 300만원 이하의 과태료에 처한다.
③ [○] 화재안전기준에 따른 설치 또는 유지·관리를 위반한 경우 300만원 이하의 과태료에 처한다.

> ✅ 확인학습 1년 이하의 징역 또는 1천만원 이하의 벌금
> 1. 소방시설등에 대하여 스스로 점검을 하지 아니하거나 관리업자등으로 하여금 정기적으로 점검하게 하지 아니한 자
> 2. 소방시설관리사증을 다른 사람에게 빌려주거나 빌리거나 이를 알선한 자
> 3. 동시에 둘 이상의 업체에 취업한 자
> 4. 자격정지처분을 받고 그 자격정지기간 중에 관리사의 업무를 한 자
> 5. 관리업의 등록증이나 등록수첩을 다른 자에게 빌려주거나 빌리거나 이를 알선한 자
> 6. 영업정지처분을 받고 그 영업정지기간 중에 관리업의 업무를 한 자
> 7. 제품검사에 합격하지 아니한 제품에 합격표시를 하거나 합격표시를 위조 또는 변조하여 사용한 자
> 8. 형식승인의 변경승인을 받지 아니한 자
> 9. 제품검사에 합격하지 아니한 소방용품에 성능인증을 받았다는 표시 또는 제품검사에 합격하였다는 표시를 하거나 성능인증을 받았다는 표시 또는 제품검사에 합격하였다는 표시를 위조 또는 변조하여 사용한 자
> 10. 성능인증의 변경인증을 받지 아니한 자
> 11. 우수품질인증을 받지 아니한 제품에 우수품질인증 표시를 하거나 우수품질인증 표시를 위조하거나 변조하여 사용한 자
> 12. 관계인의 정당한 업무를 방해하거나 출입·검사 업무를 수행하면서 알게 된 비밀을 다른 사람에게 누설한 자

07 난이도 ●●○ 답 ②

소방용품의 형식승인을 받지 아니하고 소방용품을 제조하거나 수입한 자의 벌칙은 3년 이하의 징역 또는 3천만원 이하의 벌금이다.

제4편 소방의 화재조사에 관한 법률

제1장 총칙

POINT 81 목적 및 정의

정답　　　　　　　　　　　　　　　　　　　p.138

| 01 | ① | 02 | ③ | 03 | ② |

01 난이도 ●○○　　　　　　　　　　　　　　답 ①

"화재"란 사람의 의도에 반하거나 고의 또는 과실에 의하여 발생하는 연소 현상으로서 소화할 필요가 있는 현상 또는 사람의 의도에 반하여 발생하거나 확대된 화학적 폭발현상을 말한다.

> ✅ **확인학습** 용어정의
> 1. "화재"란 사람의 의도에 반하거나 고의 또는 과실에 의하여 발생하는 연소 현상으로서 소화할 필요가 있는 현상 또는 사람의 의도에 반하여 발생하거나 확대된 화학적 폭발현상을 말한다.
> 2. "화재조사"란 소방청장, 소방본부장 또는 소방서장이 화재원인, 피해상황, 대응활동 등을 파악하기 위하여 자료의 수집, 관계인등에 대한 질문, 현장 확인, 감식, 감정 및 실험 등을 하는 일련의 행위를 말한다.
> 3. "화재조사관"이란 화재조사에 전문성을 인정받아 화재조사를 수행하는 소방공무원을 말한다.
> 4. "관계인등"이란 화재가 발생한 소방대상물의 소유자·관리자 또는 점유자(이하 "관계인"이라 한다) 및 다음 사람을 말한다.
>   - 화재 현장을 발견하고 신고한 사람
>   - 화재 현장을 목격한 사람
>   - 소화활동을 행하거나 인명구조활동(유도대피 포함)에 관계된 사람
>   - 화재를 발생시키거나 화재발생과 관계된 사람

02 난이도 ●○○　　　　　　　　　　　　　　답 ③

"화재조사"란 소방청장, 소방본부장 또는 소방서장이 화재원인, 피해상황, 대응활동 등을 파악하기 위하여 자료의 수집, 관계인등에 대한 질문, 현장 확인, 감식, 감정 및 실험 등을 하는 일련의 행위를 말한다.

03 난이도 ●○○　　　　　　　　　　　　　　답 ②

- "화재조사"란 (소방청장), 소방본부장 또는 소방서장이 화재원인, 피해상황, 대응활동 등을 파악하기 위하여 자료의 수집, 관계인등에 대한 질문, 현장 확인, 감식, 감정 및 실험 등을 하는 일련의 행위를 말한다.
- "화재조사관"이란 화재조사에 전문성을 인정받아 화재조사를 수행하는 (소방공무원)을 말한다.

제2장 화재조사의 실시 등

POINT 82 화재조사의 실시 등

정답　　　　　　　　　　　　　　　　　　　p.139

| 01 | ③ | 02 | ④ | 03 | ② | 04 | ② | 05 | ② |
| 06 | ② | 07 | ① | 08 | ③ |

01 난이도 ●○○　　　　　　　　　　　　　　답 ③

사전조사는 해당하지 않는다.

> ✅ **확인학습** 화재조사의 내용·절차
> 1. 현장출동 중 조사: 화재발생 접수, 출동 중 화재상황 파악 등
> 2. 화재현장 조사: 화재의 발화(發火)원인, 연소상황 및 피해상황 조사 등
> 3. 정밀조사: 감식·감정, 화재원인 판정 등
> 4. 화재조사 결과 보고

02 난이도 ●○○　　　　　　　　　　　　　　답 ④

소방청장, 소방본부장 또는 소방서장이 화재원인, 피해상황, 대응활동 등을 파악하기 위하여 자료의 수집, 감정 및 실험을 하는 행위는 화재조사에 포함된다.

> ✅ **확인학습** 용어정의
> "화재조사"란 소방청장, 소방본부장 또는 소방서장이 화재원인, 피해상황, 대응활동 등을 파악하기 위하여 자료의 수집, 관계인등에 대한 질문, 현장 확인, 감식, 감정 및 실험 등을 하는 일련의 행위를 말한다.

03 난이도 ●●○　　　　　　　　　　　　　　답 ②

소방관서장은 법 제6조 제1항에 따른 화재조사전담부서에 화재조사관을 2명 이상 배치해야 한다.

> ✅ **확인학습** 화재조사전담부서의 설치·운영 등
> 1. 소방관서장은 전문성에 기반하는 화재조사를 위하여 화재조사전담부서(이하 "전담부서"라 한다)를 설치·운영하여야 한다.
> 2. 전담부서는 다음의 업무를 수행한다.
>   - 화재조사의 실시 및 조사결과 분석·관리
>   - 화재조사 관련 기술개발과 화재조사관의 역량증진
>   - 화재조사에 필요한 시설·장비의 관리·운영
>   - 그 밖의 화재조사에 관하여 필요한 업무
> 3. 소방관서장은 화재조사관으로 하여금 화재조사 업무를 수행하게 하여야 한다.
> 4. 화재조사관은 소방청장이 실시하는 화재조사에 관한 시험에 합격한 소방공무원 등 화재조사에 관한 전문적인 자격을 가진 소방공무원으로 한다.

5. 전담부서의 구성·운영, 화재조사관의 구체적인 자격기준 및 교육훈련 등에 필요한 사항은 대통령령으로 정한다.

04 난이도 ●○○   답 ②

해당하는 것은 ㄴ, ㄷ이다.

| 선지분석 |
ㄱ. [×] 화재조사 증거물 수집에 관한 사항 → 법제11조 관련 내용
ㄴ. [○] 소방시설 등의 설치·관리에 관한 사항
ㄷ. [○] 화재안전조사의 실시 결과에 관한 사항
ㄹ. [×] 화재현장 보존조치 및 통제구역 설정에 관한 사항 → 법제8조 관련 내용

✅ **확인학습** 화재조사 실시 내용

소방관서장은 화재조사를 하는 경우 다음의 사항에 대하여 조사하여야 한다.
1. 화재원인에 관한 사항
2. 화재로 인한 인명·재산피해상황
3. 대응활동에 관한 사항
4. 소방시설 등의 설치·관리 및 작동 여부에 관한 사항
5. 화재발생건축물과 구조물, 화재유형별 화재위험성 등에 관한 사항
6. 그 밖에 대통령령으로 정하는 사항(화재안전조사의 실시 결과에 관한 사항)

05 난이도 ●○○   답 ②

빈칸에 들어갈 수는 3, 30, 10이므로 수의 합은 43이다.
- 소방관서장은 화재조사의 필요성으로 관계인등의 출석을 요구하려면 출석일 (3)일 전까지 출석 일시와 장소 등을 관계인등에게 알려야 한다.
- 소방청장이 화재조사에 관한 시험을 실시하는 경우에는 시험의 과목·일시·장소 및 응시 자격·절차 등을 시험 실시 (30)일 전까지 소방청의 인터넷 홈페이지에 공고해야 한다.
- 소방청장은 화재감정기관 지정 절차에서 화재감정기관 지정신청서 또는 첨부서류에 보완이 필요하다고 판단되면 (10)일 이내의 기간을 정하여 보완을 요구할 수 있다.

✅ **확인학습** 관계인등에 대한 출석요구 및 질문 등

1. 소방관서장은 관계인등의 출석을 요구하려면 출석일 3일 전까지 다음의 사항을 관계인등에게 알려야 한다.
   - 출석 일시와 장소
   - 출석 요구 사유
   - 그 밖에 화재조사와 관련하여 필요한 사항
2. 관계인등은 1.에 따라 지정된 출석 일시에 출석하는 경우 업무 또는 생활에 지장이 있을 때에는 소방관서장에게 출석 일시를 변경하여 줄 것을 신청할 수 있다. 이 경우 소방관서장은 화재조사의 목적을 달성할 수 있는 범위에서 출석 일시를 변경할 수 있다.
3. 소방관서장은 출석한 관계인등에게 수당과 여비를 지급할 수 있다.

✅ **확인학습** 화재조사에 관한 시험

1. 소방청장이 화재조사에 관한 시험을 실시하는 경우에는 시험의 과목·일시·장소 및 응시 자격·절차 등을 시험 실시 30일 전까지 소방청의 인터넷 홈페이지에 공고해야 한다.
2. 자격시험에 응시할 수 있는 사람은 소방공무원 중 다음의 어느 하나에 해당하는 사람으로 한다.
   - 화재조사관 양성을 위한 전문교육을 이수한 사람
   - 국립과학수사연구원 또는 소방청장이 인정하는 외국의 화재조사 관련 기관에서 8주 이상 화재조사에 관한 전문교육을 이수한 사람
3. 자격시험은 1차 시험과 2차 시험으로 구분하여 실시하며, 1차 시험에 합격한 사람만이 2차 시험에 응시할 수 있다.
4. 소방청장은 소방공무원에게 화재조사관 자격증을 발급해야 한다.
5. 소방청장은 자격시험에서 부정한 행위를 한 사람에 대해서는 그 시험을 정지 또는 무효로 하거나 합격을 취소한다.

✅ **확인학습** 화재감정기관의 지정 신청 및 지정서 발급

1. 영 제13조 제1항 각 호 외의 부분 전단에서 "행정안전부령으로 정하는 화재감정기관 지정신청서"란 별지 제5호서식의 화재감정기관 지정신청서를 말한다.
2. 1.에 따른 화재감정기관 지정신청서를 받은 소방청장은 「전자정부법」 제36조 제1항에 따른 행정정보의 공동이용을 통하여 법인 등기사항증명서(법인인 경우만 해당한다)와 사업자등록증을 확인해야 한다. 다만, 신청인이 사업자등록증의 확인에 동의하지 않는 경우에는 그 사본을 첨부하도록 해야 한다.
3. 소방청장은 영 제13조 제1항 각 호 외의 부분 후단에 따라 화재감정기관 지정신청서 또는 첨부서류에 보완이 필요하다고 판단되면 10일 이내의 기간을 정하여 보완을 요구할 수 있다.
4. 영 제13조 제2항에서 "행정안전부령으로 정하는 화재감정기관 지정서"란 별지 제6호서식의 화재감정기관 지정서를 말한다.
5. 4.에 따른 화재감정기관 지정서를 발급한 소방청장은 별지 제7호서식의 화재감정기관 지정대장에 그 사실을 기록하고 이를 보관·관리해야 한다.
6. 소방청장이 법 제17조 제1항에 따라 화재감정기관을 지정한 경우에는 그 사실을 소방청의 인터넷 홈페이지에 게재해야 한다.

06 난이도 ●●○   답 ②

소방관서장은 전문성에 기반하는 화재조사를 위하여 화재조사전담부서(이하 "전담부서"라 한다)를 설치·운영하여야 한다.

✅ **확인학습** 화재조사전담부서의 설치·운영 등

1. 소방관서장은 전문성에 기반하는 화재조사를 위하여 화재조사전담부서(이하 "전담부서"라 한다)를 설치·운영하여야 한다.
2. 전담부서는 다음 업무를 수행한다.
   - 화재조사의 실시 및 조사결과 분석·관리
   - 화재조사 관련 기술개발과 화재조사관의 역량증진
   - 화재조사에 필요한 시설·장비의 관리·운영
   - 그 밖의 화재조사에 관하여 필요한 업무
   - 소방관서장은 화재조사관으로 하여금 화재조사 업무를 수행하게 하여야 한다.
4. 화재조사관은 소방청장이 실시하는 화재조사에 관한 시험에 합격한 소방공무원 등 화재조사에 관한 전문적인 자격을 가진 소방공무원으로 한다.
5. 전담부서의 구성·운영, 화재조사관의 구체적인 자격기준 및 교육훈련 등에 필요한 사항은 대통령령으로 정한다.

07 난이도 ●●● 답 ①

금속현미경은 감정용기기에 해당한다.

구분	카메라	현미경 등
기록용 기기	디지털카메라(DSLR)세트, 비디오카메라세트, 3D카메라(AR)	
감식 기기	적외선열상카메라	절연저항계, 산업용실체현미경, 확대경, 휴대용디지털현미경, 내시경현미경
감정 기기	고속카메라세트	금속현미경, 주사전자현미경

08 난이도 ●○○ 답 ③

소방관서장은 수집한 증거물이 화재와 관련이 없다고 인정되는 경우와 화재조사가 완료되는 등 증거물을 보관할 필요가 없게 된 경우에는 증거물을 반환해야 한다.

✓ 확인학습 화재조사 증거물 수집 등

1. 소방관서장은 화재조사를 위하여 필요한 경우 증거물을 수집하여 검사·시험·분석 등을 할 수 있다. 다만, 범죄수사와 관련된 증거물인 경우에는 수사기관의 장과 협의하여 수집할 수 있다.
2. 소방관서장은 수사기관의 장이 방화 또는 실화의 혐의가 있어서 이미 피의자를 체포하였거나 증거물을 압수하였을 때에 화재조사를 위하여 필요한 경우에는 범죄수사에 지장을 주지 아니하는 범위에서 그 피의자 또는 압수된 증거물에 대한 조사를 할 수 있다. 이 경우 수사기관의 장은 소방관서장의 신속한 화재조사를 위하여 특별한 사유가 없으면 조사에 협조하여야 한다.
3. 1.에 따른 증거물 수집의 범위, 방법 및 절차 등에 필요한 사항은 대통령령으로 정한다.

✓ 확인학습 화재조사 증거물 수집 등(영 제11조)

1. 소방관서장은 법 제11조에 따라 화재조사를 위하여 필요한 최소한의 범위에서 화재조사관에게 증거물을 수집하여 검사·시험·분석 등을 하게 할 수 있다.
2. 소방관서장은 1.에 따라 증거물을 수집한 경우 이를 관계인에게 알려야 한다.
3. 소방관서장은 1.에 따라 수집한 증거물이 다음의 어느 하나에 해당하는 경우에는 증거물을 지체 없이 반환해야 한다.
   - 화재와 관련이 없다고 인정되는 경우
   - 화재조사가 완료되는 등 증거물을 보관할 필요가 없게 된 경우
4. 1.~3.까지에서 규정한 사항 외에 증거물의 수집·관리에 필요한 사항은 행정안전부령으로 정한다.

✓ 확인학습 화재조사 증거물의 수집·관리

1. 영 제11조 제1항에 따라 화재조사 증거물을 수집하는 경우 증거물의 수집과정을 사진 촬영 또는 영상 녹화의 방법으로 기록해야 한다.
2. 1.에 따른 사진 또는 영상 파일은 법 제19조에 따른 국가화재정보시스템에 전송하여 보관한다.
3. 1.에 및 2.에서 규정한 사항 외에 화재조사 증거물의 수집·관리에 필요한 사항은 소방청장이 정한다.

제3장 화재조사 결과의 공표

POINT 83 화재조사 결과의 공표 등

정답 p.141

01	④

01 난이도 ●●○ 답 ②

① [×] 화재조사 결과의 공표는 소방관서의 인터넷 홈페이지에 게재하거나, 「신문 등의 진흥에 관한 법률」에 따른 신문 또는 「방송법」에 따른 방송을 이용하는 등 일반인이 쉽게 알 수 있는 방법으로 한다. → 관보에 공고하는 것은 해당하지 않는다.
② [○] 소방관서장은 화재조사 결과를 공표하는 경우 수사가 진행 중이거나 수사의 필요성이 인정되는 경우에는 관계 수사기관의 장과 공표 여부에 관하여 사전에 협의하여야 한다.
③ [×] 소방관서장이 국민이 유사한 화재로부터 피해를 입지 않도록 하기 위하여 화재조사 결과를 공표하는 경우, 공표의 범위·방법 및 절차 등에 관하여 필요한 사항은 행정안전부령으로 정한다.
④ [×] 소방관서장은 사회적 관심이 집중되어 국민의 알 권리 충족 등 공공의 이익을 위해 필요한 경우와 소방정책에 활용하기 위해 국민이 유사한 화재로부터 피해를 입지 않도록 하기 위해 필요한 경우에는 화재조사 결과를 공표할 수 있다. → 소방정책에 활용하기 위해 과학적·전문적인 화재조사가 필요한 경우는 해당하지 않는다.

✓ 확인학습 화재조사 결과의 공표

1. 소방관서장은 국민이 유사한 화재로부터 피해를 입지 않도록 하기 위한 경우 등 필요한 경우 화재조사 결과를 공표할 수 있다. 다만, 수사가 진행 중이거나 수사의 필요성이 인정되는 경우에는 관계 수사기관의 장과 공표 여부에 관하여 사전에 협의하여야 한다.
2. 1.에 따른 공표의 범위·방법 및 절차 등에 관하여 필요한 사항은 행정안전부령으로 정한다.

✓ 확인학습 화재조사 결과의 공표(규칙 제8조)

1. 소방관서장은 법 제14조 제1항에 따라 다음의 경우에는 화재조사 결과를 공표할 수 있다.
   - 국민이 유사한 화재로부터 피해를 입지 않도록 하기 위해 필요한 경우
   - 사회적 관심이 집중되어 국민의 알 권리 충족 등 공공의 이익을 위해 필요한 경우
2. 소방관서장은 1.에 따라 화재조사의 결과를 공표할 때에는 다음의 사항을 포함시켜야 한다.
   - 화재원인에 관한 사항
   - 화재로 인한 인명·재산피해에 관한 사항
   - 화재발생 건축물과 구조물에 관한 사항
   - 그 밖에 화재예방을 위해 공표할 필요가 있다고 소방관서장이 인정하는 사항
3. 1.에 따른 화재조사 결과의 공표는 소방관서의 인터넷 홈페이지에 게재하거나, 「신문 등의 진흥에 관한 법률」에 따른 신문 또는 「방송법」에 따른 방송을 이용하는 등 일반인이 쉽게 알 수 있는 방법으로 한다.

제4장 화재조사 기반구축

POINT 84 화재조사 기반구축 등

정답 p.142

| 01 | ④ | 02 | ② |

01 난이도 ●●● 답 ④

"소방청장이 인정하는 화재조사 관련 국제자격증을 소지한 사람"은 해당하지 않는다. 보조 기술인력에는 해당한다.

✅ 확인학습 화재감정기관의 지정기준(전문인력 기준)

1. 주된 기술인력: 다음의 어느 하나에 해당하는 사람을 2명 이상 보유할 것
   - 「국가기술자격법」에 따른 국가기술자격의 직무분야 중 화재감식평가 분야의 기사 자격 취득 후 화재조사 관련 분야에서 5년 이상 근무한 사람
   - 화재조사관 자격 취득 후 화재조사 관련 분야에서 5년 이상 근무한 사람
   - 이공계 분야의 박사학위 취득 후 화재조사 관련 분야에서 2년 이상 근무한 사람
2. 보조 기술인력: 다음의 어느 하나에 해당하는 사람을 3명 이상 보유할 것
   - 「국가기술자격법」에 따른 국가기술자격의 직무분야 중 화재감식평가 분야의 기사 또는 산업기사 자격을 취득한 사람
   - 화재조사관 자격을 취득한 사람
   - 소방청장이 인정하는 화재조사 관련 국제자격증 소지자
   - 이공계 분야의 석사 이상 학위 취득 후 화재조사 관련 분야에서 1년 이상 근무한 사람

02 난이도 ●●● 답 ②

| 선지분석 |

① [×] 소방청장은 화재예방과 소방활동에 활용할 수 있는 국가화재정보시스템을 구축해 운영하여야 한다.
② [O] 국가화재정보시스템을 활용하여 수집·관리해야 하는 화재정보는 화재원인, 화재피해상황, 화재유형별 화재위험성에 관한 사항 등이다.
③ [×] 화재정보의 수집·관리 및 활용 등에 필요한 사항은 대통령령으로 정한다.
④ [×] 국가화재정보시스템의 운영 및 활용 등에 필요한 사항은 소방청장이 정한다.

✅ 확인학습 국가화재정보시스템의 구축·운영

1. 소방청장은 화재조사 결과, 화재원인, 피해상황 등에 관한 화재정보를 종합적으로 수집·관리하여 화재예방과 소방활동에 활용할 수 있는 국가화재정보시스템을 구축·운영하여야 한다.
2. 1.에 따른 화재정보의 수집·관리 및 활용 등에 필요한 사항은 대통령령으로 정한다.

✅ 확인학습 국가화재정보시스템의 운영

1. 소방청장은 법 제19조 제1항에 따른 국가화재정보시스템을 활용하여 다음의 화재정보를 수집·관리해야 한다.
   - 화재원인
   - 화재피해상황
   - 대응활동에 관한 사항
   - 소방시설 등의 설치·관리 및 작동 여부에 관한 사항
   - 화재발생건축물과 구조물, 화재유형별 화재위험성 등에 관한 사항
   - 화재예방 관계 법령 등의 이행 및 위반 등에 관한 사항
   - 관계인의 보험가입 정보 등에 관한 사항
   - 그 밖에 화재예방과 소방활동에 활용할 수 있는 정보
2. 소방관서장은 국가화재정보시스템을 활용하여 1.에 해당하는 화재정보를 기록·유지 및 보관해야 한다.
3. 1. 및 2.에서 규정한 사항 외에 국가화재정보시스템의 운영 및 활용 등에 필요한 사항은 소방청장이 정한다.

제5장 벌칙

POINT 85 벌칙

정답 p.143

| 01 | ② |

01 난이도 ●●○ 답 ②

소방관서장은 화재조사를 위하여 필요한 경우에 관계인에게 보고 또는 자료 제출을 명하거나 화재조사관으로 하여금 해당 장소에 출입하여 화재조사를 하게 하거나 관계인등에게 질문하게 할 수 있다. 이에 따른 명령을 위반하여 보고 또는 자료 제출을 하지 아니하거나 거짓으로 보고 또는 자료를 제출한 사람은 (200)만원 이하의 (과태료)를 부과한다.

✅ 확인학습 과태료(200만원 이하의 과태료)

1. 제8조 제2항을 위반하여 허가 없이 통제구역에 출입한 사람
2. 제9조 제1항에 따른 명령을 위반하여 보고 또는 자료 제출을 하지 아니하거나 거짓으로 보고 또는 자료를 제출한 사람
3. 정당한 사유 없이 제10조 제1항에 따른 출석을 거부하거나 질문에 대하여 거짓으로 진술한 사람

제5편 소방시설공사업법

제1장 총칙

POINT 86 목적 및 정의

정답   p.146

01	③	02	④	03	③	04	④	05	③
06	②	07	②	08	①				

01 난이도 ●●○   답 ③

소방안전관리 업무의 대행 또는 소방시설등의 점검 및 유지·관리하는 영업은 소방시설관리업에 해당한다.

> ✓ **확인학습** 소방시설업
> 1. **소방시설설계업**: 소방시설공사에 기본이 되는 공사계획, 설계도면, 설계 설명서, 기술계산서 및 이와 관련된 서류(설계도서)를 작성(설계)하는 영업
> 2. **소방시설공사업**: 설계도서에 따라 소방시설을 신설, 증설, 개설, 이전 및 정비(시공)하는 영업
> 3. **소방공사감리업**: 소방시설공사에 관한 발주자의 권한을 대행하여 소방시설공사가 설계도서와 관계 법령에 따라 적법하게 시공되는지를 확인하고, 품질·시공 관리에 대한 기술지도를 하는(감리) 영업
> 4. **방염처리업**: 방염대상물품에 대하여 방염처리(방염)하는 영업

02 난이도 ●○○   답 ④

소방시설감리업이란 소방시설공사에 관한 발주자의 권한을 대행하여 소방시설공사가 설계도서와 관계 법령에 따라 적법하게 시공되는지를 확인하는 영업을 말한다.

03 난이도 ●○○   답 ③

발주자란 소방시설의 설계, 시공, 감리 및 방염(소방시설공사등)을 소방시설업자에게 도급하는 자를 말한다. 다만, 수급인으로서 도급받은 공사를 하도급하는 자는 제외한다.

> ✓ **확인학습** 용어의 정의
> 1. **소방시설업자**: 소방시설업을 경영하기 위하여 제4조에 따라 소방시설업을 등록한 자를 말한다.
> 2. **감리원**: 소방공사감리업자에 소속된 소방기술자로서 해당 소방시설공사를 감리하는 사람을 말한다.
> 3. **소방기술자**: 소방기술 경력 등을 인정받은 사람과 다음의 어느 하나에 해당하는 사람으로서 소방시설업과 소방시설관리업의 기술인력으로 등록된 사람을 말한다.
>   - 소방시설관리사
>   - 소방기술사, 소방설비기사, 소방설비산업기사, 위험물기능장, 위험물산업기사, 위험물기능사
> 4. **발주자**: 소방시설의 설계, 시공, 감리 및 방염(소방시설공사등)을 소방시설업자에게 도급하는 자를 말한다. 다만, 수급인으로서 도급받은 공사를 하도급하는 자는 제외한다.

04 난이도 ●○○   답 ④

「소방시설공사업법」상 소방시설업의 종류로 옳은 것은 가, 다, 라, 바이다.

05 난이도 ●●○   답 ③

「소방시설공사업법」은 소방시설공사 및 소방기술의 관리에 필요한 사항을 규정함으로써 소방시설업을 건전하게 발전시키고 (소방기술을 진흥)시켜 화재로부터 (공공의 안전을 확보)하고 국민경제에 이바지함을 목적으로 한다.

06 난이도 ●○○   답 ②

감리원이란 소방공사감리업자에 소속된 소방기술자로서 해당 소방시설공사를 감리하는 사람을 말한다.

07 난이도 ●○○   답 ②

소방시설공사 및 소방기술의 관리에 필요한 사항을 규정하는 것이 해당한다. 건설공사 및 소방산업의 관리에 필요한 사항을 직접적으로 규정하고 있지 않다.

08 난이도 ●○○   답 ①

소방시설업은 소방시설설계업, 소방시설공사업, 소방공사감리업 및 방염처리업을 말한다.

제2장 소방시설업

POINT 87 소방시설업의 등록

정답   p.148

01	③	02	②	03	④	04	②	05	④
06	②	07	②	08	③	09	④		

01 난이도 ●○○ 답 ③

특정소방대상물의 소방시설등을 하려는 자는 (업종별)로 대통령령으로 정하는 (기술인력), (자본금) 등을 갖추어 시·도지사에게 소방시설업의 등록을 하여야 한다.

✅ **확인학습** 소방시설업의 등록

1. 특정소방대상물의 소방시설공사등을 하려는 자는 업종별로 자본금(개인인 경우에는 자산 평가액을 말한다), 기술인력 등 대통령령으로 정하는 요건을 갖추어 시·도지사에게 소방시설업을 등록하여야 한다.
2. 소방시설업의 업종별 영업범위는 대통령령으로 정한다.
3. 소방시설업의 등록신청과 등록증·등록수첩의 발급·재발급 신청, 그 밖에 소방시설업 등록에 필요한 사항은 행정안전부령으로 정한다.
4. 공기업·준정부기관 및 지방공사나 지방공단이 다음의 요건을 모두 갖춘 경우에는 시·도지사에게 등록을 하지 아니하고 자체 기술인력을 활용하여 설계·감리를 할 수 있다. 이 경우 대통령령으로 정하는 기술인력을 보유하여야 한다.
   - 주택의 건설·공급을 목적으로 설립되었을 것
   - 설계·감리 업무를 주요 업무로 규정하고 있을 것

02 난이도 ●○○ 답 ②

소방시설공사업의 등록기준은 기술인력 및 자본금(개인인 경우는 자산평가액)이다.

03 난이도 ●○○ 답 ④

전문 소방시설설계업의 주된 기술인력은 소방기술사 1명 이상이다. 반드시 1명 이상의 소방기술사가 있어야 한다. 반면에, 전문 소방시설공사업의 주된 기술인력은 소방기술사 1명 이상 또는 기계분야와 전기분야의 소방설비기사 각 1명(기계분야 및 전기분야의 자격을 함께 취득한 사람 1명) 이상이다.

✅ **확인학습** 소방시설설계업 등록기준

업종별		항목	기술인력	영업범위
전문			• 주된기술인력: 소방기술사 1명 이상 • 보조기술인력: 1명이상	모든 특정소방대상물
일반	기계		• 주된 기술인력: 소방기술사 또는 기계분야 소방설비기사 1명 이상 • 보조기술인력: 1명이상	• 아파트(제연설비 제외) • 연면적 3만㎡(공장 1만㎡) 미만(제연설비 제외) • 위험물제조소등
	전기		• 주된 기술인력: 소방기술사 또는 전기분야 소방설비기사 1명 이상 • 보조기술인력: 1명이상	• 아파트 • 연면적 3만㎡(공장 1만㎡) 미만 • 위험물제조소등

04 난이도 ●○○ 답 ②

공장의 경우에는 연면적 1만㎡ 미만의 특정소방대상물(제연설비가 설치되는 특정소방대상물은 제외한다)에 설치되는 기계분야 소방시설의 감리의 경우 소방시설감리업의 영업범위에 해당한다.

✅ **확인학습** 소방공사감리업 등록기준

업종별		항목	기술인력	영업범위
전문			• 소방기술사 1명이상 • 기계·전기 특급 각 1명 이상 (동시취득 1명. 이하 동일) • 고급 각 1명 이상 • 중급 각 1명 이상 • 초급 각 1명 이상	모든 특정소방대상물
일반	기계		• 특급 감리원 1명 이상 • 고급·중급 1명이상 • 초급 1명 이상	• 아파트(제연설비 제외) • 연면적 3만㎡(공장 1만㎡) 미만(제연설비 제외) • 위험물제조소등
	전기		• 특급 감리원 1명 이상 • 고급·중급 1명 이상 • 초급 1명 이상	• 아파트 • 연면적 3만㎡(공장 1만㎡) 미만 • 위험물제조소등

05 난이도 ●●● 답 ④

옳은 지문은 없다.

| 선지분석 |

ㄱ. [×] 소방시설업의 업종별 영업범위는 대통령령으로 정한다.
ㄴ. [×] 소방시설업의 등록신청과 등록증·등록수첩의 발급·재발급 신청, 그 밖에 소방시설업 등록에 필요한 사항은 행정안전부령으로 정한다.
ㄷ. [×] 특정소방대상물의 소방시설공사등을 하려는 자는 업종별로 자본금(개인인 경우에는 자산 평가액을 말한다), 기술인력 등 대통령령으로 정하는 요건을 갖추어 시·도지사에게 소방시설업을 등록하여야 한다.
ㄹ. [×] 소방시설공사업의 등록을 하려는 자는 영 [별표 1]의 기준을 갖추어 소방청장이 지정하는 금융회사 또는「소방산업의 진흥에 관한 법률」제23조에 따른 소방산업공제조합이 [별표 1]에 따른 자본금 기준금액의 100분의 20 이상에 해당하는 금액의 담보를 제공받거나 현금의 예치 또는 출자를 받은 사실을 증명하여 발행하는 확인서를 시·도지사에게 제출하여야 한다.
ㅁ. [×] 전문소방시설설계업의 영업범위는 모든 특정소방대상물에 설치하는 소방시설의 설계이다.

06 난이도 ●○○ 답 ②

전문 소방시설공사업에서 보조기술인력 2명 이상이어야 한다. 주된 기술인력은 소방기술사 또는 기계분야와 전기분야의 소방설비기사 각 1명(기계분야 및 전기분야의 자격을 함께 취득한 사람 1명) 이상, 영업범위는 특정소방대상물에 설치되는 기계분야 및 전기분야 소방시설의 공사·개설·이전 및 정비이다.

> **✓ 확인학습** 소방시설공사업
>
> | 항목
업종별 | | 기술인력 | 영업범위 |
> |---|---|---|---|
> | 전문 | | • **주된 기술인력**: 소방기술사 또는 기계·전기 기사 각 1명 이상(동시취득자 1명)
• **보조기술인력**: 2명 이상 | 특정소방대상물 |
> | 일반 | 기계 | • **주된 기술인력**: 소방기술사 또는 기사 1명 이상
• **보조기술인력**: 1명 이상 | • 연면적 1만㎡ 미만
• 위험물 제조소 |
> | | 전기 | • **주된 기술인력**: 소방기술사 또는 기사 1명 이상
• **보조기술인력**: 1명 이상 | • 연면적 1만㎡ 미만
• 위험물 제조소 |

07 난이도 ●○○ 답 ②

방염처리업의 종류에는 섬유류 방염업, 합성수지류 방염업 및 합판·목재류 방염업이 있다.

08 난이도 ●○○ 답 ③

시·도지사는 접수일부터 15일 이내에 협회를 경유하여 소방시설업 등록증 및 소방시설업 등록수첩을 신청인에게 발급해야 한다.

> **✓ 확인학습** 등록신청 서류의 보완 등
> 1. 소방시설업의 등록신청 서류의 보완기한은 10일 이내의 기간을 정하여 이를 보완하게 할 수 있다.
> 2. 협회는 등록신청 서류의 검토·확인을 마쳤을 때에는 소방시설업 등록신청 서류에 그 결과를 기재한 소방시설업 등록신청서 서면심사 및 확인 결과를 첨부하여 접수일부터 7일 이내에 시·도지사에게 보내야 한다.
> 3. 시·도지사는 재발급신청서를 제출받은 경우에는 3일 이내에 협회를 경유하여 소방시설업 등록증 또는 등록수첩을 재발급하여야 한다.

09 난이도 ●○○ 답 ④

ㄱ. 협회는 소방시설업의 등록신청 첨부서류가 첨부되지 아니한 경우에는 (10일) 이내의 기간을 정하여 이를 보완하게 할 수 있다.
ㄴ. 협회는 등록신청 서류의 검토·확인을 마쳤을 때에는 소방시설업 등록신청 서류에 그 결과를 기재한 소방시설업 등록신청서 서면심사 및 확인 결과를 첨부하여 접수일부터 (7일) 이내에 신청인의 주된 영업소 소재지를 관할하는 시·도지사에게 보내야 한다.

POINT 88 등록의 결격사유

정답 p.150

01	④	02	②

01 난이도 ●○○ 답 ④

등록사항의 변경신고사항으로 행정안전부령으로 정하는 중요 사항은 명칭·상호 또는 영업소 소재지, 대표자, 기술인력이다.

02 난이도 ●○○ 답 ②

등록하려는 소방시설업 등록이 취소(피성년후견인에 해당하여 등록이 취소된 경우도 포함한다)된 날부터 2년이 지나지 아니한 사람이 해당한다. 따라서, 등록하려는 소방시설업 등록이 취소된 날부터 3년이 지난 사람은 소방시설업을 등록할 수 있다.

> **✓ 확인학습** 등록의 결격사유
> 1. 피성년후견인
> 2. 삭제
> 3. 이 법, 「소방기본법」, 「화재의 예방 및 안전관리에 관한 법률」, 「소방시설 설치 및 관리에 관한 법률」 또는 「위험물안전관리법」에 따른 금고 이상의 실형을 선고받고 그 집행이 끝나거나(집행이 끝난 것으로 보는 경우를 포함한다) 면제된 날부터 2년이 지나지 아니한 사람
> 4. 이 법, 「소방기본법」, 「화재의 예방 및 안전관리에 관한 법률」, 「소방시설 설치 및 관리에 관한 법률」 또는 「위험물안전관리법」에 따른 금고 이상의 형의 집행유예를 선고받고 그 유예기간 중에 있는 사람
> 5. 등록하려는 소방시설업 등록이 취소(제1호에 해당하여 등록이 취소된 경우는 제외한다)된 날부터 2년이 지나지 아니한 자
> 6. 법인의 대표자가 제1호 또는 제3호부터 제5호까지에 해당하는 경우 그 법인
> 7. 법인의 임원이 제3호부터 제5호까지의 규정에 해당하는 경우 그 법인

POINT 89 등록사항의 변경신고 등

정답 p.151

01	②	02	②	03	④

01 난이도 ●○○ 답 ②

소방시설업자는 등록한 사항 중 (행정안전부령)로 정하는 중요 사항을 변경할 때에는 (행정안전부령)으로 정하는 바에 따라 시·도지사에게 신고하여야 한다.

02 난이도 ●○○ 답 ②

해당되는 사항은 상호(명칭), 영업소 소재지, 기술인력이다. 따라서 해당되는 사항은 3개이다.

> ✅ **확인학습** 행정안전부령으로 정하는 중요사항
> 1. 상호(명칭) 또는 영업소 소재지
> 2. 대표자
> 3. 기술인력

03 난이도 ●●○ 답 ④

소방시설업자는 휴업·폐업 또는 재개업 신고를 하려면 휴업·폐업 또는 재개업일부터 30일 이내에 소방시설업 휴업·폐업·재개업 신고서(전자문서로 된 신고서를 포함한다)에 해당 서류(전자문서를 포함한다)를 첨부하여 협회를 경유하여 시·도지사에게 제출하여야 한다.

POINT 90 소방시설업자의 지위승계

정답 p.152

01	①	02	②

01 난이도 ●●○ 답 ①

특정소방대상물의 소방시설공사등을 하려는 자는 업종별로 자본금(개인인 경우에는 자산 평가액을 말한다), 기술인력 등 대통령령으로 정하는 요건을 갖추어 시·도지사에게 소방시설업을 등록하여야 한다.

02 난이도 ●●● 답 ②

「민사집행법」에 따른 경매 절차에 따라 소방시설업자의 소방시설의 전부를 인수한 자가 종전의 소방시설업자의 지위를 승계하려는 경우에는 그 인수일부터 30일 이내에 행정안전부령으로 정하는 바에 따라 그 사실을 시·도지사에게 신고하여야 한다. 일부를 인수자는 해당되지 아니한다.

POINT 91 소방시설업의 운영 등

정답 p.153

01	③	02	①	03	④	04	③

01 난이도 ●○○ 답 ③

소방시설업자는 다른 자에게 자기의 성명이나 상호를 사용하여 소방시설공사등을 수급 또는 시공하게 하거나 소방시설업의 등록증 또는 등록수첩을 빌려 주어서는 아니 된다. '친족의 경우에 한하여 소방시설업의 등록증 또는 등록수첩을 빌려줄 수 있다'는 관련 규정은 없다.

02 난이도 ●●● 답 ①

영업정지처분이나 등록취소처분을 받은 소방시설업자는 그 날부터 소방시설공사등을 하여서는 아니 된다. 다만, 소방시설의 착공신고가 수리(受理)되어 공사를 하고 있는 자로서 도급계약이 해지되지 아니한 소방시설공사업자 또는 소방공사감리업자가 그 공사를 하는 동안이나 제4조 제1항에 따라 방염처리업을 등록한 자(이하 "방염처리업자"라 한다)가 도급을 받아 방염 중인 것으로서 도급계약이 해지되지 아니한 상태에서 그 방염을 하는 동안에는 그러하지 아니하다.

> ✅ **확인학습** 지위승계
> 1. 종전의 소방시설업자의 지위를 승계하려는 경우에는 그 상속일, 양수일 또는 합병일부터 30일 이내에 행정안전부령으로 정하는 바에 따라 그 사실을 시·도지사에게 신고하여야 한다.
>   - 소방시설업자가 사망한 경우 그 상속인
>   - 소방시설업자가 그 영업을 양도한 경우 그 양수인
>   - 법인인 소방시설업자가 다른 법인과 합병한 경우 합병 후 존속하는 법인이나 합병으로 설립되는 법인
> 2. 소방시설업자의 소방시설의 전부를 인수한 자가 종전의 소방시설업자의 지위를 승계하려는 경우에는 그 인수일부터 30일 이내에 행정안전부령으로 정하는 바에 따라 그 사실을 시·도지사에게 신고하여야 한다.
>   - 경매
>   - 환가(換價)
>   - 압류재산의 매각

03 난이도 ●○○ 답 ④

소방시설업에 대한 행정처분 중 경고처분을 받은 경우는 해당하지 않는다.

> ✅ **확인학습** 소방시설업자가 관계인에게 지체없이 그 사실을 알려야 하는 경우
> 1. 소방시설업자의 지위를 승계한 경우
> 2. 소방시설업의 등록취소처분 또는 영업정지처분을 받은 경우
> 3. 휴업하거나 폐업한 경우

04 난이도 ●○○ 답 ③

소방시설관리업은 해당하지 않는다.

> ✅ **확인학습** 소방시설업자가 보관하여야 하는 관계 서류
> 1. 소방시설설계업: 별지 제10호서식의 소방시설 설계기록부 및 「소방시설 설치 및 관리에 관한 법률 시행규칙」 제3조 제2항 제2호 나목에 따른 소방시설 설계도서
> 2. 소방시설공사업: 별지 제11호서식의 소방시설공사 기록부
> 3. 소방공사감리업: 별지 제12호서식의 소방공사 감리기록부, 별지 제13호서식의 소방공사 감리일지 및 소방시설의 완공 당시 설계도서(「소방시설 설치 및 관리에 관한 법률 시행규칙」 제3조 제2항 제2호에 따른 설계도서를 말한다)

POINT 92 등록취소와 영업정지 등

정답
p.154

| 01 | ④ | 02 | ③ | 03 | ③ | 04 | ④ | 05 | ③ |

01 난이도 ●●●
답 ④

영업정지처분기간 중 영업정지에 해당하는 위반사항이 있는 경우에는 종전의 처분기간 만료일의 다음날부터 새로운 위반사항에 대한 영업정지의 행정처분을 한다.

| 선지분석 |
① [×] 소방시설업의 영업정지처분을 받은 경우 지체없이 소방시설공사등을 맡긴 특정소방대상물의 관계인에 알려야 한다.
② [×] 소방시설업 등록의 취소권자는 시·도지사이다.
③ [×] 소방시설자는 소방시설업자의 지위를 승계한 경우 시·도지사에게 지위를 승계한 날로부터 30일 이내에 그 사실을 알려야 한다.

✅ **확인학습** 소방시설업자가 관계인에게 지체없이 그 사실을 알려야 하는 경우
1. 소방시설업자의 지위를 승계한 경우
2. 소방시설업의 등록취소처분 또는 영업정지처분을 받은 경우
3. 휴업하거나 폐업한 경우

02 난이도 ●○○
답 ③

등록을 취소하여야 하는 것은 영업정지 기간 중에 소방시설공사등을 한 경우이다.

✅ **확인학습** 반드시 등록을 취소하여야 하는 경우
1. 거짓이나 그 밖의 부정한 방법으로 등록한 경우
2. 등록 결격사유에 해당하게 된 경우
3. 제8조 제2항을 위반하여 영업정지 기간 중에 소방시설공사등을 한 경우

03 난이도 ●●●
답 ③

ㄱ. 소방시설공사업법: 제4조 제1항에 따른 등록기준에 미달하게 된 후 (30일)이 경과한 경우. 다만, 자본금기준에 미달한 경우 중 ㉠「채무자 회생 및 파산에 관한 법률」에 따라 법원이 회생절차의 개시의 결정을 하고 그 절차가 진행 중인 경우 등 대통령령으로 정하는 경우는 (30일)이 경과한 경우에도 예외로 한다.
ㄴ. 소방시설공사업법 시행령: ㉠에 해당하는 경우란「상법」제542조의8 제1항 단서의 적용 대상인 상장회사가 최근 사업연도 말 현재의 자산 총액 감소에 따라 등록기준에 미달하는 기간이 (50일) 이내인 경우를 말한다.

04 난이도 ●○○
답 ④

등록을 한 후 정당한 사유 없이 1년이 지날 때까지 영업을 시작하지 아니하거나 계속하여 1년 이상 휴업한 때에 등록취소 및 영업정지 사유에 해당한다.

✅ **확인학습** 등록취소·영업정지의 사유 및 처분

등록의 취소·영업정지처분 대상	처분 내용
• 거짓이나 부정한 방법으로 등록한 경우 • 등록 결격사유에 해당하게 된 경우 • 영업정지 기간 중 소방시설공사등을 한 경우	반드시 등록 취소
• 등록기준에 미달하게 된 후 30일이 경과한 경우 단, 자본금 미달한 경우 중 절차가 진행 중인 경우 등(대령 포함) 예외 • 정당한 사유 없이 1년이 지날 때까지 미영업 계속하여 1년 이상 휴업한 경우 • 등록증이나 등록수첩 빌려준 경우 • 하자보수 기간 내에 하자보수 미시행, 하자보수계획을 미통보한 경우 • 소속 감리원을 공사현장에 미배치, 거짓으로 한 경우	등록을 취소하거나 6개월의 기간을 정하여 영업정지 처분

05 난이도 ●●●
답 ③

2차 행정처분 기준이 같은 것은 ㄱ, ㄷ, ㄹ이다.

| 선지분석 |
ㄱ. 도급받은 소방시설의 설계를 하도급한 경우 → 2차 행정처분 기준: 영업정지 6개월
ㄴ. 동일한 특정소방대상물에 대한 시공과 감리를 함께 한 경우 → 2차 행정처분 기준: 등록취소
ㄷ. 공사업자가 시공능력 평가에 관한 서류를 거짓으로 제출한 경우 → 2차 행정처분 기준: 영업정지 6개월
ㄹ. 관계 공무원이 특정소방대상물에 출입하여 시설 등을 검사하고자 할 때 정당한 사유 없이 관계 공무원의 출입을 방해한 경우 → 2차 행정처분 기준: 영업정지 6개월

✅ **확인학습** 소방시설업의 위반사항에 따른 행정처분 기준

위반사항	근거법령	행정처분 기준 1차	2차	3차
커. 법 제22조제1항 본문을 위반하여 도급받은 소방시설의 설계, 시공, 감리를 하도급한 경우	법 제9조	영업정지 3개월	영업정지 6개월	등록취소
고. 법 제24조를 위반하여 시공과 감리를 함께 한 경우	법 제9조	영업정지 3개월	등록취소	
노. 법 제26조제2항에 따른 시공능력 평가에 관한 서류를 거짓으로 제출한 경우	법 제9조	영업정지 3개월	영업정지 6개월	등록취소
모. 정당한 사유 없이 법 제31조에 따른 관계 공무원의 출입 또는 검사·조사를 거부·방해 또는 기피한 경우	법 제9조	영업정지 3개월	영업정지 6개월	등록취소

POINT 93 과징금 처분

정답 p.156

| 01 | ① | 02 | ③ |

01 난이도 ●○○ 답 ①

시·도지사는 소방시설공사업자가 소방시설 공사현장에 감리원 배치기준을 위반한 경우로서 영업정지가 그 이용자에게 불편을 주거나 그 밖에 공익을 해칠 우려가 있을 때에는 영업정지처분을 갈음하여 (2억원) 이하의 과징금을 부과할 수 있다.

02 난이도 ●○○ 답 ③

위반행위의 차수에 따른 행정처분기준은 최근 (1년)간 같은 위반행위로 행정처분을 받은 경우에 적용한다. 이 경우 기준 적용일은 위반사항에 대한 (행정처분일)과 그 처분 후 다시 적발한 날을 기준으로 한다.

> ✅ **확인학습** 일반기준
> 1. 위반행위가 동시에 둘 이상 발생한 경우에는 그 중 중한 처분기준에 따르되, 둘 이상의 처분기준이 동일한 영업정지인 경우에는 중한 처분의 2분의 1까지 가중하여 처분할 수 있다.
> 2. 영업정지 처분기간 중 영업정지에 해당하는 위반사항이 있는 경우에는 종전의 처분기간 만료일의 다음날부터 새로운 위반사항에 대한 영업정지의 행정처분을 한다.
> 3. 위반행위의 차수에 따른 행정처분기준은 최근 1년간 같은 위반행위로 행정처분을 받은 경우에 적용한다. 이 경우 기준 적용일은 위반사항에 대한 행정처분일과 그 처분 후 다시 적발한 날을 기준으로 한다.
> 4. 영업정지 등에 해당하는 위반사항으로서 위반행위의 동기·내용·횟수·사유 또는 그 결과를 고려하여 그 처분을 가중하거나 감경할 수 있다. 이 경우 그 처분이 영업정지일 때에는 그 처분기준의 2분의 1의 범위에서 가중하거나 감경할 수 있고, 등록취소일 때에는 등록취소 전 차수의 행정처분이 영업정지일 경우 처분기준의 2배 이상의 영업정지처분으로 감경(「소방시설공사업법」 제9조 제1항 제6호를 위반하여 등록취소가 된 경우는 제외한다)할 수 있다.

제3장 소방시설공사등

POINT 94 설계

정답 p.157

| 01 | ② | 02 | ① | 03 | ① | 04 | ② |

01 난이도 ●○○ 답 ②

중앙소방기술심의위원회의 심의를 거쳐 소방시설의 구조와 원리 등에서 특수한 특정소방대상물로 인정된 경우는 화재안전기준을 따르지 아니할 수 있다.

> ✅ **확인학습** 설계
> 1. 소방시설설계업을 등록한 자는 「소방시설공사업법」이나 「소방시설공사업법」에 따른 명령과 화재안전기준에 맞게 소방시설을 설계하여야 한다. 다만, 중앙소방기술심의위원회의 심의를 거쳐 소방시설의 구조와 원리 등에서 특수한 설계로 인정된 경우는 화재안전기준을 따르지 아니할 수 있다.
> 2. 특정소방대상물(신축하는 것만 해당한다)에 대해서는 그 용도, 위치, 구조, 수용 인원, 가연물(可燃物)의 종류 및 양 등을 고려하여 설계(성능위주설계)하여야 한다.
> 3. 성능위주설계를 할 수 있는 자의 자격, 기술인력 및 자격에 따른 설계의 범위와 그 밖에 필요한 사항은 대통령령으로 정한다.

02 난이도 ●●○ 답 ①

「소방시설 설치 및 관리에 관한 법률」 제8조 제1항에 따른 특정소방대상물(신축하는 것만 해당한다)에 대해서는 그 용도, 위치, 구조, 수용 인원, 가연물(可燃物)의 종류 및 양 등을 고려하여 설계하여야 한다.

> ✅ **확인학습** 설계
> 1. 소방시설설계업을 등록한 자는 이 법이나 이 법에 따른 명령과 화재안전기준에 맞게 소방시설을 설계하여야 한다.
> 2. 「소방시설 설치 및 관리에 관한 법률」 제18조 제1항에 따른 중앙소방기술심의위원회의 심의를 거쳐 소방시설의 구조와 원리 등에서 특수한 설계로 인정된 경우는 화재안전기준을 따르지 아니할 수 있다.
> 3. 「소방시설 설치 및 관리에 관한 법률」 제8조 제1항에 따른 소방안전관리대상물(신축하는 것만 해당한다)에 대해서는 그 용도, 위치, 구조, 수용 인원, 가연물(可燃物)의 종류 및 양 등을 고려하여 설계하여야 한다.
> 4. 성능위주설계를 할 수 있는 자의 자격, 기술인력 및 자격에 따른 설계의 범위와 그 밖에 필요한 사항은 대통령령으로 정한다.

03 난이도 ●○○ 답 ①

성능위주설계의 기술인력은 소방기술사 2명 이상이다.

> ✅ **확인학습** 성능위주설계를 할 수 있는 자의 자격·기술인력 및 자격에 따른 설계범위
>
> | 성능위주설계자의 자격 | 기술인력 | 설계범위 |
> | --- | --- | --- |
> | • 전문 소방시설설계업을 등록한 자
• 전문 소방시설설계업 등록기준에 따른 기술인력을 갖춘 자로서 소방청장이 정하여 고시하는 연구기관 또는 단체 | 소방기술사 2명 이상 | 「소방시설 설치 및 관리에 관한 법률 시행령」 제9조에 성능위주설계를 하여야 하는 특정소방대상물 |

04 난이도 ●●○ 답 ②

성능위주설계자의 기술인력은 <u>소방기술사 2명 이상</u>이다.

✓ 확인학습 설계

1. 소방시설설계업을 등록한 자(설계업자)는 이 법이나 이 법에 따른 명령과 화재안전기준에 맞게 소방시설을 설계하여야 한다. 다만, 중앙소방기술심의위원회의 심의를 거쳐 소방시설의 구조와 원리 등에서 특수한 설계로 인정된 경우는 화재안전기준을 따르지 아니할 수 있다.
2. 특정소방대상물(신축하는 것만 해당)에 대해서는 그 용도, 위치, 구조, 수용 인원, 가연물의 종류 및 양 등을 고려하여 설계(성능위주설계)하여야 한다.
3. 성능위주설계를 할 수 있는 자의 자격, 기술인력 및 자격에 따른 설계의 범위와 그 밖에 필요한 사항은 대통령령으로 정한다.

✓ 확인학습 성능위주설계를 할 수 있는 자의 자격·기술인력 및 자격에 따른 설계범위

성능위주설계자의 자격	기술인력	설계범위
• 전문 소방시설설계업을 등록한 자 • 전문 소방시설설계업 등록기준에 따른 기술인력을 갖춘 자로서 소방청장이 정하여 고시하는 연구기관 또는 단체	소방기술사 2명 이상	「소방시설 설치 및 관리에 관한 법률 시행령」 제9조에 성능위주설계를 하여야 하는 특정소방대상물

POINT 95 시공

정답 p.158

01	①	02	①	03	①	04	②	05	④
06	③	07	④	08	③	09	④	10	①

01 난이도 ●●○ 답 ①

소방시설공사업을 등록한 자는 이 법이나 이 법에 따른 명령과 (화재안전기준)에 맞게 시공하여야 한다. 다만, 「소방시설 설치 및 관리에 관한 법률」 제18조 제1항에 따른 (중앙소방기술심의위원회)의 심의를 거쳐 소방시설의 구조와 원리 등에서 특수한 시공으로 인정된 경우는 (화재안전기준)을 따르지 아니할 수 있다.

02 난이도 ●○○ 답 ①

공사업자는 규정에 따른 소방기술자를 소방시설공사의 <u>착공일</u>부터 <u>소방시설 완공검사증명서 발급일</u>까지 배치한다.

03 난이도 ●○○ 답 ①

공사업자는 1명의 소방기술자를 <u>2개</u>의 공사현장을 초과하여 배치해서는 안 된다.

✓ 확인학습 소방기술자의 배치

1. 원칙적으로 공사업자는 1명의 소방기술자를 <u>2개</u>의 공사현장을 초과하여 배치해서는 안 된다. 다만, 연면적 3만㎡ 이상의 특정소방대상물(아파트는 제외한다)이거나 지하층을 포함한 층수가 16층 이상으로서 <u>500세대</u> 이상인 아파트에 대한 소방시설 공사의 경우에는 1개의 공사현장에만 배치해야 한다.
2. 2개의 공사현장을 초과하여 배치할 수 있는 경우
   • 건축물의 연면적이 5천제곱미터 미만인 공사 현장에만 배치하는 경우. 다만, 그 연면적의 합계는 2만제곱미터를 초과해서는 안 된다.
   • 건축물의 연면적이 5천제곱미터 이상인 공사 현장 2개 이하와 5천제곱미터 미만인 공사 현장에 같이 배치하는 경우. 다만, 5천제곱미터 미만의 공사 현장의 연면적의 합계는 1만제곱미터를 초과해서는 안 된다.

04 난이도 ●●● 답 ②

소방공사감리원이 공사 중단을 요청하는 경우는 해당하지 않는다.

✓ 확인학습 소방기술자 배치 예외사항

1. 민원 또는 계절적 요인 등으로 해당 공정의 공사가 일정 기간 중단된 경우
2. 예산의 부족 등 발주자(하도급의 경우에는 수급인을 포함한다)의 책임 있는 사유 또는 천재지변 등 불가항력으로 공사가 일정기간 중단된 경우
3. 발주자가 공사의 중단을 요청하는 경우

05 난이도 ●●● 답 ④

물분무등소화설비(호스릴 방식의 소화설비는 제외) 또는 제연설비가 설치되는 특정소방대상물의 공사 현장에는 <u>행정안전부령으로 정하는 중급기술자 이상의 소방기술자</u>(기계분야 및 전기분야)를 배치하여야 한다.

✓ 확인학습 소방기술자의 배치기준

행정안전부령으로 정하는 특급기술자인 소방기술자	• 연면적 20만㎡ 이상인 특정소방대상물의 공사 현장 • 지하층을 포함한 층수가 40층 이상인 특정소방대상물의 공사 현장
행정안전부령으로 정하는 고급기술자 이상의 소방기술자	• 연면적 3만㎡ 이상 20만㎡ 미만인 특정소방대상물(아파트는 제외한다)의 공사 현장 • 지하층을 포함한 층수가 16층 이상 40층 미만인 특정소방대상물의 공사 현장
행정안전부령으로 정하는 중급기술자 이상의 소방기술자	• 물분무등소화설비(호스릴 방식의 소화설비는 제외한다) 또는 제연설비가 설치되는 특정소방대상물의 공사 현장 • 연면적 5천㎡ 이상 3만㎡ 미만인 특정소방대상물(아파트는 제외한다)의 공사 현장 • 연면적 1만㎡ 이상 20만㎡ 미만인 아파트의 공사 현장
행정안전부령으로 정하는 초급기술자 이상의 소방기술자	• 연면적 1천㎡ 이상 5천㎡ 미만인 특정소방대상물(아파트는 제외한다)의 공사 현장 • 연면적 1천㎡ 이상 1만㎡ 미만인 아파트의 공사 현장 • 지하구(地下溝)의 공사 현장
자격수첩을 발급받은 소방기술자	연면적 1천㎡ 미만인 특정소방대상물의 공사 현장

06 난이도 ●●○ 답 ③

행정안전부령으로 정하는 특급기술자인 소방기술자(기계분야 및 전기분야)의 소방시설공사현장의 배치기준은 연면적 20만m² 이상인 특정소방대상물의 공사현장 또는 지하층을 포함한 층수가 40층 이상인 특정소방대상물의 공사현장이다.

07 난이도 ●●● 답 ④

지하구(地下溝)의 공사현장은 행정안전부령으로 정하는 초급기술자인 소방기술자의 소방시설공사현장의 배치기준에 해당된다.

08 난이도 ●●○ 답 ③

연면적 3만m² 이상 20만m² 미만인 특정소방대상물(아파트는 제외한다)의 공사현장의 소방기술자의 배치기준은 행정안전부령으로 정하는 고급기술자인 소방기술자가 해당한다.

09 난이도 ●●● 답 ④

공사업자는 1명의 소방기술자를 (2개)의 공사현장을 초과하여 배치해서는 안 된다. 다만, 연면적 3만m² 이상의 특정소방대상물(아파트는 제외한다)이거나 지하층을 포함한 층수가 16층 이상으로서 (500세대) 이상인 아파트에 대한 소방시설 공사의 경우에는 1개의 공사현장에만 배치해야 한다.

10 난이도 ●●○ 답 ①

건축물의 연면적이 5천제곱미터 미만인 공사 현장에만 배치하는 경우. 다만, 그 연면적의 합계는 2만제곱미터를 초과해서는 안 된다.

> ✅ **확인학습** 2개의 공사현장을 초과하여 배치할 수 있는 경우
> 1. 건축물의 연면적이 5천제곱미터 미만인 공사 현장에만 배치하는 경우. 다만, 그 연면적의 합계는 2만제곱미터를 초과해서는 안 된다.
> 2. 건축물의 연면적이 5천제곱미터 이상인 공사 현장 2개 이하와 5천제곱미터 미만인 공사 현장에 같이 배치하는 경우. 다만, 5천제곱미터 미만의 공사 현장의 연면적의 합계는 1만제곱미터를 초과해서는 안 된다.

POINT 96 착공신고 등

정답
p.160

| 01 | ③ | 02 | ② | 03 | ③ | 04 | ③ | 05 | ④ |
| 06 | ② | 07 | ③ | | | | | | |

01 난이도 ●○○ 답 ③

공사업자는 대통령령으로 정하는 소방시설공사를 하려면 행정안전부령으로 정하는 바에 따라 소방본부장이나 소방서장에게 신고하여야 한다.

> 「소방시설공사업법」제13조【착공신고】① 공사업자는 대통령령으로 정하는 소방시설공사를 하려면 행정안전부령으로 정하는 바에 따라 그 공사의 내용, 시공 장소, 그 밖에 필요한 사항을 소방본부장이나 소방서장에게 신고하여야 한다.

02 난이도 ●●○ 답 ②

자동화재속보설비를 신설하는 특정소방대상물 신축공사는 소방시설공사의 착공신고대상에 해당하지 않는다.

> ✅ **확인학습** 착공신고대상(제조소등 또는 다중이용업소에서의 소방시설 공사는 제외한다)

소방시설	신설하는 공사	증설하는 공사
소화설비	옥내소화전설비(호스릴옥내소화전설비 포함), 옥외소화전설비, 스프링클러설비등, 물분무등소화설비	좌동
경보설비	자동화재탐지설비·비상경보설비·비상방송설비·화재알림설비	자동화재탐지설비·화재알림설비
피난구조설비	해당사항 없음	해당사항 없음
소화용수설비	○	해당사항 없음
소화활동설비	○	무선통신보조설비 제외

전부·일부를 개설·이전·정비하는 공사: 수신반, 소화펌프, 동력제어반, 감시제어반

03 난이도 ●●○ 답 ③

자동화재탐지설비 경계구역을 증설하는 특정소방대상물의 공사는 착공신고대상이다.

| 선지분석 |
① [×] 비상방송설비(소방용 외의 용도와 겸용되는 정보통신공사업자가 공사하는 경우 제외한다)를 신설하는 특정소방대상물의 공사는 해당하지 않는다.
② [×] 대형유도등은 해당하지 않는다.
④ [×] 비상방송설비를 증설하는 특정소방대상물의 공사는 해당하지 않는다.

04 난이도 ●●○ 답 ③

ㄱ. 공사업자는 (대통령령)으로 정하는 소방시설공사를 하려면 행정안전부령으로 정하는 바에 따라 그 공사의 내용, 시공 장소, 그 밖에 필요한 사항을 소방본부장이나 소방서장에게 신고하여야 한다.
ㄴ. 소방본부장 또는 소방서장은 착공신고 또는 변경신고를 받은 날부터 (2일) 이내에 신고수리 여부를 신고인에게 통지하여야 한다.

05 난이도 ●●○ 답 ④

행정안전부령으로 정하는 중요한 사항은 시공자, 설치되는 소방시설의 종류 및 책임시공 및 기술관리 소방기술자이다.

> ✅ **확인학습** 행정안전부령으로 정하는 중요한 사항
> 1. 시공자
> 2. 설치되는 소방시설의 종류
> 3. 책임시공 및 기술관리 소방기술자

06 난이도 ●○○ 답 ②

공사 소방공사업자가 착공신고 후 변경신고를 하여야 하는 행정안전부령으로 정하는 중요한 사항은 시공자, 설치되는 소방시설의 종류, 책임시공 및 기술관리 소방기술자가 해당한다. 소방공사 감리원은 해당되지 않는다.

> ✅ **확인학습** 행정안전부령으로 정하는 중요한 사항
> 1. 시공자
> 2. 설치되는 소방시설의 종류
> 3. 책임시공 및 기술관리 소방기술자

07 난이도 ●●○ 답 ③

「위험물안전관리법」 제2조 제1항 제6호에 따른 제조소등은 제외한다. 따라서, 위험물 제조소에 할로겐화합물 및 불활성기체 소화설비를 신설하는 공사는 소방시설공사업법상의 착공신고 대상에 해당하지 아니한다.

POINT 97 완공검사

정답 p.162

| 01 | ④ | 02 | ③ | 03 | ① | 04 | ① | 05 | ③ |
| 06 | ③ | | | | | | | | |

01 난이도 ●●○ 답 ④

"연면적 1만 제곱미터 이상이거나 11층 이상인 특정소방대상물(아파트는 제외)"이 해당한다.

> ✅ **확인학습** 완공검사를 위한 현장확인 대상 특정소방대상물
> 1. 문화 및 집회시설, 종교시설, 판매시설, 노유자시설, 수련시설, 운동시설, 숙박시설, 창고시설, 지하상가 및 다중이용업소
> 2. 스프링클러설비등이 설치된 특정소방대상물
> 3. 물분무등소화설비(호스릴 방식의 소화설비 제외)가 설치된 특정소방대상물
> 4. 연면적 1만제곱미터 이상인 특정소방대상물(아파트 제외)
> 5. 11층 이상인 특정소방대상물(아파트 제외)
> 6. 가연성가스를 제조·저장 또는 취급하는 시설 중 지상에 노출된 가연성가스탱크의 저장용량 합계가 1천톤 이상인 시설

02 난이도 ●●○ 답 ③

연면적 1만㎡ 이상이거나, 11층 이상인 아파트는 제외대상이다.

03 난이도 ●●○ 답 ①

창고시설 또는 수련시설은 소방시설공사가 공사감리결과보고서대로 완공되었는지를 현장에서 확인할 수 있는 대상에 해당한다.

| 선지분석 |
② [×] 호스릴소화설비는 제외한다.
③ [×] 아파트는 제외대상이다.
④ [×] 가연성 가스를 제조·저장 또는 취급하는 시설 중 지상에 매립된 가연성 가스탱크의 저장용량의 합계가 1천t 이상인 시설이어야 한다.

04 난이도 ●●○ 답 ①

완공검사를 위한 현장확인 대상 특정소방대상물에 업무시설은 해당하지 않는다.

05 난이도 ●●○ 답 ③

연면적 1만㎡ 이상이거나 11층 이상인 특정소방대상물(아파트는 제외한다)이어야 한다.

06 난이도 ●●○ 답 ③

공사감리자가 지정되어 있는 경우에는 공사감리 결과보고서로 완공검사를 갈음하되, 대통령령으로 정하는 특정소방대상물의 경우에는 소방본부장이나 소방서장이 소방시설공사가 공사감리 결과보고서대로 완공되었는지를 현장에서 확인할 수 있다.

> ✅ **확인학습** 완공검사
> 1. 공사업자는 소방시설공사를 완공하면 소방본부장 또는 소방서장의 완공검사를 받아야 한다.
> 2. 다만, 제17조 제1항에 따라 공사감리자가 지정되어 있는 경우에는 공사감리 결과보고서로 완공검사를 갈음하되, 대통령령으로 정하는 특정소방대상물의 경우에는 소방본부장이나 소방서장이 소방시설공사가 공사감리 결과보고서대로 완공되었는지를 현장에서 확인할 수 있다.

POINT 98 공사의 하자보수 등

정답 p.164

01	④	02	③	03	④	04	②	05	②
06	①	07	①						

01 난이도 ●○○ 답 ④

(관계인)은 정해진 기간에 소방시설의 하자가 발생하였을 때에는 공사업자에게 그 사실을 알려야 하며, 통보를 받은 공사업자는 (3)일 이내에 하자를 보수하거나 보수 일정을 기록한 하자보수계획을 (관계인)에게 (서면)으로 알려야 한다.

02 난이도 ●○○ 답 ③

비상콘센트설비는 하자보수 보증기간이 3년이다.

03 난이도 ●○○ 답 ④

옳지 않은 것은 ④이다.
선지분석
① [O] 피난기구, 유도등, 유도표지: 2년 → 피난기구는 제·개정됨 (하자보수보증기간 2년에서 삭제됨)
② [O] 비상경보설비, 비상조명등, 비상방송설비 및 무선통신보조설비: 2년
③ [O] 옥내소화전설비, 스프링클러설비, 간이스프링클러설비, 자동화재탐지설비: 3년
④ [X] 상수도소화용수설비 및 소화활동설비(무선통신보조설비는 제외한다): 3년 (상수도소화용수설비 → 소화용수설비로 제·개정됨)

※ 관련 규정 제·개정됨 <개정 2025. 1. 21.>

개정 전	1. 2년: 피난기구, 유도등, 유도표지, 비상경보설비, 비상조명등, 비상방송설비 및 무선통신보조설비 2. 3년: 자동소화장치, 옥내소화전설비, 스프링클러설비, 간이스프링클러설비, 물분무등소화설비, 옥외소화전설비, 자동화재탐지설비, 상수도소화용수설비 및 소화활동설비(무선통신보조설비는 제외한다)
개정 후	1. 비상경보설비, 비상방송설비, 피난기구, 유도등, 비상조명등 및 무선통신보조설비: 2년 2. 자동소화장치, 옥내소화전설비, 스프링클러설비등, 물분무등소화설비, 옥외소화전설비, 자동화재탐지설비, 화재알림설비, 소화용수설비 및 소화활동설비(무선통신보조설비는 제외한다): 3년

04 난이도 ●○○ 답 ②

무선통신보조설비와 비상조명등의 하자보수 보증기간이 2년이다.
선지분석
① [X] 자동소화장치의 하자보수 보증기간은 3년이다
③ [X] 피난기구의 하자보수 보증기간은 2년이다.
④ [X] 비상방송설비의 하자보수 보증기간은 2년이다.

05 난이도 ●●○ 답 ②

유도등, 유도표지, 비상경보설비, 비상조명등, 비상방송설비 및 무선통신보조설비, 자동소화장치의 하자보수 보증기간은 3년이다.

✓ 확인학습 공사의 하자보수 등

1. 공사업자는 소방시설공사 결과 자동화재탐지설비 등 대통령령으로 정하는 소방시설에 하자가 있을 때에는 대통령령으로 정하는 기간 동안 그 하자를 보수하여야 한다.
2. 관계인은 소방시설의 하자가 발생하였을 때에는 공사업자에게 그 사실을 알려야 하며, 통보를 받은 공사업자는 3일 이내에 하자를 보수하거나 보수 일정을 기록한 하자보수계획을 관계인에게 서면으로 알려야 한다.
3. 관계인은 소방본부장이나 소방서장에게 알릴 수 있는 경우
   - 3일 이내의 기간에 하자보수를 이행하지 아니한 경우
   - 3일 이내의 기간에 하자보수계획을 서면으로 알리지 아니한 경우
   - 하자보수계획이 불합리하다고 인정되는 경우
4. 소방본부장이나 소방서장은 지방소방기술심의위원회에 심의를 요청하여야 한다.

06 난이도 ●○○ 답 ①

관계인은 대통령령으로 정하는 하자보수 기간에 소방시설의 하자가 발생하였을 때에는 공사업자에게 그 사실을 알려야 하며, 통보를 받은 공사업자는 3일 이내에 하자를 보수하거나 보수 일정을 기록한 하자보수계획을 관계인에게 서면으로 알려야 한다.

07 난이도 ●○○ 답 ①

자동소화장치는 하자보수 보증기간이 3년이다. 피난기구, 무선통신보조설비, 비상방송설비는 하자보수 보증기간이 2년이다.

POINT 99 감리 등

정답 p.166

01	④	02	④	03	③	04	①	05	②
06	①	07	①						

01 난이도 ●○○ 답 ④

공사업자가 작성한 시공 상세 도면의 적합성 검토가 해당한다.

✓ 확인학습 감리업자의 업무

1. 적법성 검토
   - 소방시설등의 설치계획표의 적법성 검토
   - 피난시설 및 방화시설의 적법성 검토
   - 실내장식물의 불연화와 방염 물품의 적법성 검토

2. 적합성 검토(적법성과 기술상의 합리성 검토)
   - 소방시설등 설계도서의 적합성
   - 소방시설등 설계 변경 사항의 적합성 검토
   - 소방용품의 위치·규격 및 사용 자재의 적합성 검토
   - 공사업자가 작성한 시공 상세 도면의 적합성 검토
3. 기타 검토 사항: 공사업자가 한 소방시설등의 시공이 설계

02 난이도 ●○○   답 ④

피난시설 및 방화시설의 유지·관리는 감리업자의 업무내용에 해당하지 않는다.

03 난이도 ●○○   답 ③

소방용품 등의 위치·규격 및 사용자재에 대한 적합성 검토는 감리업자의 업무내용에 해당한다.

| 선지분석 |
① [×] 방염물품의 적법성 검토가 해당한다.
② [×] 소방시설등의 설치계획표의 적합성 검토가 해당한다.
④ [×] 공사업자가 한 소방시설등의 시공이 설계도서와 화재안전기준에 맞는지에 대한 지도·감독이 해당한다.

04 난이도 ●●○   답 ①

해당하는 것은 ㄱ, ㄴ이다.

| 선지분석 |
ㄱ. [○] 연면적 3만 제곱미터인 의료시설
ㄴ. [○] 지하층을 포함한 층수가 20층이고 1,000세대인 아파트
ㄷ. [×] 연면적 1만 제곱미터인 복합건축물 – 아파트를 제외한 특정소방대상물은 연면적 3만 제곱미터 이상이다.
ㄹ. [×] 연면적 2만 제곱미터인 판매시설 – 아파트를 제외한 특정소방대상물은 연면적 3만 제곱미터 이상이다.

> ✅ **확인학습** 상주 공사감리 대상
> 1. 연면적 3만m² 이상의 특정소방대상물(아파트는 제외한다)에 대한 소방시설의 공사
> 2. 지하층을 포함한 층수가 16층 이상으로서 500세대 이상인 아파트에 대한 소방시설의 공사

05 난이도 ●○○   답 ②

- 연면적 (3만제곱미터) 이상의 특정소방대상물(아파트는 제외한다)에 대한 소방시설의 공사
- 지하층을 포함한 층수가 (16층 이상으로서 500세대) 이상인 아파트에 대한 소방시설의 공사

> ✅ **확인학습** 상주 공사감리 대상
> 1. 연면적 3만m² 이상의 특정소방대상물(아파트는 제외한다)에 대한 소방시설의 공사
> 2. 지하층을 포함한 층수가 16층 이상으로서 500세대 이상인 아파트에 대한 소방시설의 공사

06 난이도 ●○○   답 ①

감리원이 행정안전부령으로 정하는 기간 중 부득이한 사유로 (1일) 이상 현장을 이탈하는 경우에는 감리일지 등에 기록하여 발주청 또는 발주자의 확인을 받아야 한다. 이 경우 감리업자는 감리원의 업무를 대행할 사람을 감리현장에 배치하여 감리업무에 지장이 없도록 해야 한다.

> ✅ **확인학습** 상주 공사감리 방법
> 1. 감리원은 행정안전부령으로 정하는 기간 동안 공사 현장에 상주하여 감리 업무를 수행하고 감리일지에 기록해야 한다. 다만, 법 제16조 제1항 제9호에 따른 업무(실내장식물의 불연화(不燃化)와 방염 물품의 적법성 검토)는 행정안전부령으로 정하는 기간 동안 공사가 이루어지는 경우만 해당한다.
> 2. 감리원이 행정안전부령으로 정하는 기간 중 부득이한 사유로 (1일) 이상 현장을 이탈하는 경우에는 감리일지 등에 기록하여 발주청 또는 발주자의 확인을 받아야 한다. 이 경우 감리업자는 감리원의 업무를 대행할 사람을 감리현장에 배치하여 감리업무에 지장이 없도록 해야 한다.
> 3. 감리업자는 감리원이 행정안전부령으로 정하는 기간 중 법에 따른 교육이나 「민방위기본법」 또는 「예비군법」에 따른 교육을 받는 경우나 「근로기준법」에 따른 유급휴가로 현장을 이탈하게 되는 경우에는 감리업무에 지장이 없도록 감리원의 업무를 대행할 사람을 감리현장에 배치해야 한다. 이 경우 감리원은 새로 배치되는 업무대행자에게 업무 인수·인계 등의 필요한 조치를 해야 한다.

07 난이도 ●○○   답 ①

ㄱ. 감리원은 행정안전부령으로 정하는 기간 중에는 (주 1회) 이상 공사 현장에 배치되어 감리 업무를 수행하고 감리일지에 기록해야 한다.
ㄴ. 지정된 업무대행자는 (주 2회) 이상 공사 현장에 배치되어 감리 업무를 수행하며, 그 업무수행 내용을 감리원에게 통보하고 감리일지에 기록해야 한다.

> ✅ **확인학습** 일반 공사감리 방법
> 1. 감리원은 공사 현장에 배치되어 감리업자의 감리 업무를 수행한다.
> 2. 감리원은 행정안전부령으로 정하는 기간 중에는 주 1회 이상 공사 현장에 배치되어 감리업무를 수행하고 감리일지에 기록해야 한다.
> 3. 감리업자는 감리원이 부득이한 사유로 14일 이내의 범위에서 감리 업무를 수행할 수 없는 경우에는 업무대행자를 지정하여 그 업무를 수행하게 해야 한다.
> 4. 지정된 업무대행자는 주 2회 이상 공사 현장에 배치되어 제1호의 업무를 수행하며, 그 업무수행 내용을 감리원에게 통보하고 감리일지에 기록해야 한다.

POINT 100 공사감리자의 지정 등

정답 p.168

| 01 | ② | 02 | ③ | 03 | ② |

01 난이도 ●○○ 답 ②

ㄱ. 대통령령으로 정하는 특정소방대상물의 관계인이 특정소방대상물에 대하여 자동화재탐지설비, 옥내소화전설비 등 대통령령으로 정하는 소방시설을 시공할 때에는 소방시설공사의 감리를 위하여 (감리업자)를 공사감리자로 지정하여야 한다.
ㄴ. 관계인은 공사감리자를 지정하였을 때에는 행정안전부령으로 정하는 바에 따라 (소방본부장 또는 소방서장) 에게 신고하여야 한다.

02 난이도 ●●○ 답 ③

캐비닛형 간이스프링클러설비를 신설·개설할 때는 해당하지 않는다.

✓ 확인학습 공사감리자 지정대상 특정소방대상물
1. 옥내소화전설비를 신설·개설 또는 증설할 때
2. 스프링클러설비등(캐비닛형 간이스프링클러설비는 제외한다)을 신설·개설하거나 방호·방수 구역을 증설할 때
3. 물분무등소화설비(호스릴 방식의 소화설비는 제외한다)를 신설·개설하거나 방호·방수 구역을 증설할 때
4. 옥외소화전설비를 신설·개설 또는 증설할 때
5. 자동화재탐지설비를 신설 또는 개설할 때
6. 비상방송설비를 신설 또는 개설할 때
7. 통합감시시설을 신설 또는 개설할 때
8. 소화용수설비를 신설 또는 개설할 때
9. 소화활동설비에 대하여 시공을 할 때
   - 제연설비를 신설·개설하거나 제연구역을 증설할 때
   - 연결송수관설비를 신설 또는 개설할 때
   - 연결살수설비를 신설·개설하거나 송수구역을 증설할 때
   - 비상콘센트설비를 신설·개설하거나 전용회로를 증설할 때
   - 무선통신보조설비를 신설 또는 개설할 때
   - 연소방지설비를 신설·개설하거나 살수구역을 증설할 때

✓ 확인학습 공사감리자 지정대상 특정소방대상물(신설·개설 또는 증설할 때)<2025.1.21 개정>

구분	신설·개설	신설·개설·증설
소화설비	-	옥내소화전설비, 옥외소화전설비 SP(캐비닛형 간이SP 제외)등, 물분무등소화설비 (호스릴소화설비제외)
경보설비	통합감시시설, 자동화재탐지설비, 비상방송설비, 화재알림설비	-
피난구조설비	-	-
소화용수설비	○	-
소화활동설비	무선통신보조설비, 연결송수관설비	제연설비, 연결살수설비, 비상콘센트설비, 연소방지설비

03 난이도 ●●○ 답 ②

비상경보설비의 신설할 때는 해당하지 않는다.

POINT 101 감리원의 배치 등

정답 p.169

| 01 | ④ | 02 | ③ | 03 | ② | 04 | ② | 05 | ③ |
| 06 | ① | 07 | ① |

01 난이도 ●●○ 답 ④

상주공사감리 대상인 경우 소방시설용 배관(전선관을 포함한다)을 설치하거나 매립하는 때부터 소방시설 완공검사증명서를 발급받을 때까지 소방공사감리현장에 감리원을 배치하여야 한다.

| 선지분석 |
① [×] 관계인은 공사감리자를 지정하였을 때에는 행정안전부령으로 정하는 바에 따라 소방본부장이나 소방서장에게 신고하여야 한다.
② [×] 대통령령으로 정하는 특정소방대상물의 관계인이 특정소방대상물에 대하여 자동화재탐지설비, 옥내소화전설비 등 대통령령으로 정하는 소방시설을 시공할 때에는 소방시설공사의 감리를 위하여 감리업자를 공사감리자로 지정하여야 한다.
③ [×] 상주공사감리 대상에는 연면적 3만㎡ 이상의 특정소방대상물(아파트는 제외한다)에 대한 소방시설의 공사, 지하층을 포함한 층수가 16층 이상으로서 500세대 이상인 아파트에 대한 소방시설의 공사가 해당한다.

02 난이도 ●●● 답 ③

제연설비가 설치되는 특정소방대상물의 공사현장은 책임감리원으로 고급감리원이 배치되어야 한다.

✓ 확인학습 소방공사감리원의 배치기준

책임감리원	연면적	층수	아파트	기타
특급감리원 (소방기술사)	20만㎡ 이상	지하층을 포함한 40층 이상	-	-
특급감리원	3만㎡ 이상 20만㎡ 미만 (아파트 제외)	지하층을 포함한 16층 이상 40층 미만	-	-
고급감리원	-	-	3만㎡ 이상 20만㎡ 미만	물분무등소화설비 (호스릴 제외), 제연설비
중급감리원	5천㎡ 이상 3만㎡ 미만	-	-	-
초급감리원	5천㎡ 미만	-	-	지하구

03 난이도 ●●○　　답 ②

일반공사감리 대상인 아파트의 경우에는 연면적의 합계에 관계없이 1명의 감리원이 5개 이내의 공사현장을 감리할 수 있다.

✅ 확인학습 | 일반공사감리 대상인 경우

1. 기계분야의 감리원 자격을 취득한 사람과 전기분야의 감리원 자격을 취득한 사람 각 1명 이상을 감리원으로 배치할 것. 다만, 기계분야 및 전기분야의 감리원 자격을 함께 취득한 사람이 있는 경우에는 그에 해당하는 사람 1명 이상을 배치할 수 있다.
2. 시행규칙 [별표 3]에 따른 기간 동안 감리원을 배치할 것
3. 감리원은 주 1회 이상 소방공사감리현장에 배치되어 감리할 것
4. 1명의 감리원이 담당하는 소방공사감리현장은 5개 이하(자동화재탐지설비 또는 옥내소화전설비 중 어느 하나만 설치하는 2개의 소방공사감리현장이 최단 차량주행거리로 30km 이내에 있는 경우에는 1개의 소방공사감리현장으로 본다)로서 감리현장 연면적의 총 합계가 10만㎡ 이하일 것. 다만, 일반 공사감리 대상인 아파트의 경우에는 연면적의 합계에 관계없이 1명의 감리원이 5개 이내의 공사현장을 감리할 수 있다.

04 난이도 ●●●　　답 ②

연면적 5천㎡ 미만의 특정소방대상물 또는 지하구의 경우 초급 이상의 소방공사감리원 1명 이상을 배치해야 한다.

| 선지분석 |

① [×] 규정을 위반하여 소방시설 공사현장에 감리원을 배치하지 않은 경우에는 300만원 이하의 벌금을 부과한다.
③ [×] 소방공사감리업자는 감리원 배치변경 7일 이내에 통보서에 서류를 첨부하여 소방본부장 또는 소방서장에게 통보하여야 한다.
④ [×] 소방공무원으로서 3년 이상 소방관련업무에 근무한 경력이 있는 사람은 초급감리가 가능하다.

✅ 확인학습 | 감리원의 배치통보 등

소방공사감리업자는 감리원을 소방공사감리현장에 배치하는 경우에는 소방공사감리원 배치통보서, 배치한 감리원이 변경된 경우에는 소방공사감리원 배치변경통보서에 해당 서류를 첨부하여 감리원 배치일부터 7일 이내에 소방본부장 또는 소방서장에게 알려야 한다.

1. 소방공사감리원 배치통보서에 첨부하는 서류
   • 감리원의 등급을 증명하는 서류
   • 소방공사감리계약서 사본 1부
2. 소방공사감리원 배치변경통보서에 첨부하는 서류
   • 변경된 감리원의 등급을 증명하는 서류(감리원을 배치하는 경우에만 첨부한다)
   • 변경 전 감리원의 등급을 증명하는 서류

✅ 확인학습 | 소방공사감리원 기술등급 자격

전기분야	특급감리원	고급감리원	중급감리원	초급감리원
소방기술사	○	○	○	○
소방설비기사	8년 이상	5년 이상	3년 이상	1년 이상
소방설비산업기사	12년 이상	8년 이상	6년 이상	2년 이상
학사학위	-	-	-	1년 이상
전문학사학위	-	-	-	3년 이상
소방공무원	-	-	-	3년 이상

05 난이도 ●○○　　답 ③

감리업자는 소방공사의 감리를 마쳤을 때에는 행정안전부령으로 정하는 바에 따라 그 감리 결과를 그 특정소방대상물의 관계인, 소방시설공사의 도급인, 그 특정소방대상물의 공사를 감리한 건축사에게 서면으로 알리고, 소방본부장이나 소방서장에게 공사감리결과 보고서를 제출하여야 한다.

06 난이도 ●○○　　답 ①

감리업자는 감리를 할 때 소방시설공사가 설계도서나 화재안전기준에 맞지 아니할 때에는 (관계인)에게 알리고, (공사업자)에게 그 공사의 시정 또는 보완 등을 요구하여야 한다.

✅ 확인학습 | 위반사항에 대한 조치

1. 감리업자는 감리를 할 때 소방시설공사가 설계도서나 화재안전기준에 맞지 아니할 때에는 관계인에게 알리고, 공사업자에게 그 공사의 시정 또는 보완 등을 요구하여야 한다.
2. 공사업자가 감리업자의 시정 또는 보완 등의 요구를 받았을 때에는 그 요구에 따라야 한다.
3. 감리업자는 공사업자가 시정 또는 보완 요구를 이행하지 아니하고 그 공사를 계속할 때에는 행정안전부령으로 정하는 바에 따라 소방본부장이나 소방서장에게 그 사실을 보고하여야 한다.

07 난이도 ●●○　　답 ①

지하층을 포함한 40층의 복합건축물이므로 책임감리원은 특급감리원 중 소방기술사를 배치하여야 한다.

✅ 확인학습 | 행정안전부령으로 정하는 특급감리원 중 소방기술사를 배치하여야 하는 소방시설공사 현장의 기준

1. 연면적 20만㎡ 이상인 특정소방대상물의 공사 현장
2. 지하층을 포함한 층수가 40층 이상인 특정소방대상물의 공사 현장

POINT 102 공사감리 결과의 통보 등

정답
p.171

01	①

01 난이도 ●●○　　답 ①

감리업자가 소방공사의 감리를 마쳤을 때 소방공사감리 결과보고(통보)서에 첨부하는 서류는 착공신고 후 변경된 건축설계도면이 아니라 착공신고 후 변경된 소방시설설계도면이다.

✅ 확인학습 | 공사감리 결과의 통보 등(제20조)

감리업자는 소방공사의 감리를 마쳤을 때에는 행정안전부령으로 정하는 바에 따라 그 감리 결과를 그 특정소방대상물의 관계인, 소방시설공사의 도급인, 그 특정소방대상물의 공사를 감리한 건축사에게 서면으로 알리고, 소방본부장이나 소방서장에게 공사감리 결과보고서를 제출하여야 한다.

✅ 확인학습 감리결과의 통보 등

법 제20조에 따라 감리업자가 소방공사의 감리를 마쳤을 때에는 소방공사감리 결과보고(통보)서에 다음의 서류를 첨부하여 공사가 완료된 날부터 7일 이내에 특정소방대상물의 관계인, 소방시설공사의 도급인 및 특정소방대상물의 공사를 감리한 건축사에게 알리고, 소방본부장 또는 소방서장에게 보고해야 한다.
1. 소방청장이 정하여 고시하는 소방시설 성능시험조사표 1부
2. 착공신고 후 변경된 소방시설설계도면(변경사항이 있는 경우에만 첨부하되, 법 제11조에 따른 설계업자가 설계한 도면만 해당된다) 1부
3. 소방공사 감리일지(소방본부장 또는 소방서장에게 보고하는 경우에만 첨부한다) 1부
4. 특정소방대상물의 사용승인 신청서 등 사용승인 신청을 증빙할 수 있는 서류 1부

POINT 103 방염처리능력 평가 및 공시

정답 p.172

| 01 | ③ | 02 | ③ | 03 | ① | 04 | ④ | 05 | ③ |

01 난이도 ●○○ 답 ③

소방청장은 방염처리업자의 방염처리능력 평가 요청이 있는 경우 해당 방염처리업자의 방염처리 실적 등에 따라 방염처리능력을 평가하여 공시할 수 있다.

02 난이도 ●○○ 답 ③

협회는 방염처리업자가 첨부해야 할 서류를 갖추지 못한 경우에는 15일의 보완기간을 부여하여 보완하게 해야 한다.

03 난이도 ●○○ 답 ①

방염처리능력 평가의 유효기간은 공시일부터 1년간으로 한다.

04 난이도 ●●○ 답 ④

방염처리능력평가액 = 실적평가액 + 자본금평가액 + 기술력평가액 + 경력평가액 ± 신인도평가액

05 난이도 ●○○ 답 ③

신인도평가액은 실적평가액·자본금평가액·기술력평가액·경력평가액을 합친 금액의 ±10퍼센트의 범위를 초과할 수 없으며, 가점요소와 감점요소가 있는 경우에는 이를 상계한다.

POINT 104 소방시설공사의 도급

정답 p.173

| 01 | ③ | 02 | ② | 03 | ④ | 04 | ③ |

01 난이도 ●●○ 답 ③

시공의 경우에는 대통령령으로 정하는 바에 따라 도급받은 소방시설공사의 일부를 다른 공사업자에게 하도급할 수 있다.

✅ 확인학습 하도급의 제한
1. 도급을 받은 자는 소방시설의 설계, 시공, 감리를 제3자에게 하도급할 수 없다. 다만, 시공의 경우에는 대통령령으로 정하는 바에 따라 도급받은 소방시설공사의 일부를 다른 공사업자에게 하도급할 수 있다.
2. 하수급인은 단서조항에 따라 하도급받은 소방시설공사를 제3자에게 다시 하도급할 수 없다.

02 난이도 ●●○ 답 ②

해당하는 것은 ㄱ, ㄴ, ㅁ이다.

| 선지분석 |
ㄱ. [○] 「재난 및 안전관리 기본법」에 따른 재난의 발생으로 긴급하게 착공해야 하는 공사인 경우
ㄴ. [○] 국방 및 국가안보 등과 관련하여 기밀을 유지해야 하는 공사인 경우
ㄷ. [×] 연면적이 1천제곱미터 이하인 특정소방대상물에 비상경보설비를 설치하는 공사인 경우
ㄹ. [×] 「국가를 당사자로 하는 계약에 관한 법률 시행령」 및 「지방자치단체를 당사자로 하는 계약에 관한 법률 시행령」에 따른 대안입찰 또는 일괄입찰
ㅁ. [○] 「국가를 당사자로 하는 계약에 관한 법률 시행령」 및 「지방자치단체를 당사자로 하는 계약에 관한 법률 시행령」에 따른 실시설계 기술제안입찰 또는 기본설계 기술제안입찰
ㅂ. [×] 문화재수리 및 재개발·재건축 등의 공사로서 공사의 성질상 분리하여 도급하는 것이 곤란하다고 소방청장이 인정하는 경우

✅ 확인학습 소방시설공사 분리 도급의 예외
1. 재난의 발생으로 긴급하게 착공해야 하는 공사인 경우
2. 국방 및 국가안보 등과 관련하여 기밀을 유지해야 하는 공사인 경우
3. 소방시설공사의 착공신고 대상에 해당하지 않는 공사인 경우
4. 연면적이 1천㎡ 이하인 특정소방대상물에 비상경보설비를 설치하는 공사인 경우
5. 다음에 해당하는 입찰로 시행되는 공사인 경우
   • 대안입찰 또는 일괄입찰
   • 실시설계 기술제안입찰 또는 기본설계 기술제안입찰
5.2 국가첨단전략기술 관련 연구시설·개발시설 또는 그 기술을 이용하여 제품을 생산하는 시설 공사인 경우
6. 국가유산수리 및 재개발·재건축 등의 공사로서 공사의 성질상 분리하여 도급하는 것이 곤란하다고 소방청장이 인정하는 경우

※ 관련 규정 제·개정됨<개정 2024. 5. 7.>

개정 전	1. 재난의 발생으로 긴급하게 착공해야 하는 공사인 경우 2. 국방 및 국가안보 등과 관련하여 기밀을 유지해야 하는 공사인 경우 3. 소방시설공사의 착공신고 대상에 해당하지 않는 공사인 경우 4. 연면적이 1천㎡ 이하인 특정소방대상물에 비상경보설비를 설치하는 공사인 경우 5. 다음에 해당하는 입찰로 시행되는 공사인 경우 　• 대안입찰 또는 일괄입찰 　• 실시설계 기술제안입찰 또는 기본설계 기술제안입찰 6. 문화재수리 및 재개발·재건축 등의 공사로서 공사의 성질상 분리하여 도급하는 것이 곤란하다고 소방청장이 인정하는 경우
개정 후	1. 재난의 발생으로 긴급하게 착공해야 하는 공사인 경우 2. 국방 및 국가안보 등과 관련하여 기밀을 유지해야 하는 공사인 경우 3. 소방시설공사의 착공신고 대상에 해당하지 않는 공사인 경우 4. 연면적이 1천㎡ 이하인 특정소방대상물에 비상경보설비를 설치하는 공사인 경우 5. 다음에 해당하는 입찰로 시행되는 공사인 경우 　• 대안입찰 또는 일괄입찰 　• 실시설계 기술제안입찰 또는 기본설계 기술제안입찰 5.2 국가첨단전략기술 관련 연구시설·개발시설 또는 그 기술을 이용하여 제품을 생산하는 시설 공사인 경우 6. 국가유산수리 및 재개발·재건축 등의 공사로서 공사의 성질상 분리하여 도급하는 것이 곤란하다고 소방청장이 인정하는 경우

03 난이도 ●●○ 답 ④

연면적이 1천제곱미터 이하인 특정소방대상물에 비상경보설비를 설치하는 공사인 경우가 분리 도급의 예외대상에 해당한다.

✅ 확인학습 소방시설공사 분리 도급의 예외

1. 재난의 발생으로 긴급하게 착공해야 하는 공사인 경우
2. 국방 및 국가안보 등과 관련하여 기밀을 유지해야 하는 공사인 경우
3. 소방시설공사의 착공신고대상에 따른 소방시설공사에 해당하지 않는 공사인 경우
4. 연면적이 1천㎡ 이하인 특정소방대상물에 비상경보설비를 설치하는 공사인 경우
5. 다음에 해당하는 입찰로 시행되는 공사인 경우
   • 대안입찰 또는 일괄입찰
   • 실시설계 기술제안입찰 또는 기본설계 기술제안입찰
6. 문화재수리 및 재개발·재건축 등의 공사로서 공사의 성질상 분리하여 도급하는 것이 곤란하다고 소방청장이 인정하는 경우

04 난이도 ●●○ 답 ③

관계인은 하자보수 보증기간에 소방시설의 하자가 발생하였을 때에는 공사업자에게 그 사실을 알려야 하며, 통보를 받은 공사업자는 3일 이내에 하자를 보수하거나 보수 일정을 기록한 하자보수계획을 관계인에게 서면으로 알려야 한다.

POINT 105 임금에 대한 압류의 금지 등

정답 p.174

| 01 | ① | 02 | ④ |

01 난이도 ●●○ 답 ①

공사업자가 도급받은 소방시설공사의 도급금액 중 그 공사(하도급한 공사를 포함한다)의 근로자에게 지급하여야 할 임금에 해당하는 금액은 압류할 수 없다.

| 선지분석 |

② [×] 임금에 해당하는 금액의 범위와 산정방법은 대통령령으로 정한다.
③ [×] 압류할 수 없는 노임(勞賃)에 해당하는 금액은 해당 소방시설공사의 도급 중 설계도서에 기재된 노임을 합산하여 산정한다.
④ [×] 압류할 수 없는 노임(勞賃)에 해당하는 금액은 해당 소방시설공사의 하도급 중 설계도서에 기재된 노임을 합산하여 산정한다.

02 난이도 ●●● 답 ④

도급을 받은 자가 해당 소방시설공사등을 하도급할 때에는 행정안전부령으로 정하는 바에 따라 미리 관계인과 발주자에게 알려야 한다.

POINT 106 공사대금의 지급보증 등

정답 p.175

| 01 | ① | 02 | ① |

1 난이도 ●●○ 답 ①

공사 1건의 도급금액이 1천만원 미만인 소규모 소방시설공사가 해당한다.

| 선지분석 |

② [×] 공사 1건의 도급금액이 1천만원 미만인 소규모 소방시설공사
③ [×] 공사기간이 3개월 이내인 단기의 소방시설공사
④ [×] 관련 규정은 없다.

✅ 확인학습 소규모공사 등 대통령령으로 정하는 소방시설공사

1. 공사 1건의 도급금액이 1천만원 미만인 소규모 소방시설공사
2. 공사기간이 3개월 이내인 단기의 소방시설공사

02 난이도 ●●● 답 ①

4개월 이내인 경우 발주자가 수급인에게 공사대금의 지급을 보증하거나 담보를 제공해야 하는 금액은 도급금액에서 계약상 선급금을 제외한 금액이다.

POINT 107 하도급의 제한 등

정답   p.176

| 01 | ③ | 02 | ② | 03 | ④ | 04 | ③ | 05 | ④ |

01 난이도 ●●○   답 ③

도급을 받은 자는 소방시설의 설계, 시공, 감리를 제3자에게 하도급할 수 없다. 다만, (시공)의 경우에는 (대통령령)으로 정하는 바에 따라 도급받은 소방시설공사의 일부를 다른 공사업자에게 하도급할 수 있다.

02 난이도 ●○○   답 ②

「소방시설 설치 및 관리에 관한 법률」 제29조에 따른 소방시설관리업은 해당하지 않는다.

> ✅ **확인학습** 소방시설공사 + 하도급할 수 있는 사업(함께하는 사업자)
> 1. 「주택법」 제4조에 따른 주택건설사업
> 2. 「건설산업기본법」 제9조에 따른 건설업
> 3. 「전기공사업법」 제4조에 따른 전기공사업
> 4. 「정보통신공사업법」 제14조에 따른 정보통신공사업

03 난이도 ●●●   답 ④

하도급계약의 적정성 심사기준, 하수급인 또는 하도급계약 내용의 변경 요구 절차, 그 밖에 필요한 사항 및 하도급계약심사위원회의 설치·구성 및 심사방법 등에 관하여 필요한 사항은 대통령령으로 정한다.

04 난이도 ●●●   답 ③

하도급계약금액이 도급금액 중 하도급부분에 상당하는 금액의 100분의 82에 해당하는 금액에 미달하는 경우 대통령령으로 정하는 비율에 따른 금액에 미달하는 경우에 해당한다.

> ✅ **확인학습** 하도급계약금액이 대통령령으로 정하는 비율에 따른 금액에 미달하는 경우
> 1. 하도급계약금액이 도급금액 중 하도급부분에 상당하는 금액[하도급 하려는 소방시설공사등에 대하여 수급인의 도급금액 산출내역서의 계약단가(직접·간접 노무비, 재료비 및 경비를 포함한다)를 기준으로 산출한 금액에 일반관리비, 이윤 및 부가가치세를 포함한 금액을 말하며, 수급인이 하수급인에게 직접 지급하는 자재의 비용 등 관계 법령에 따라 수급인이 부담하는 금액은 제외한다]의 100분의 82에 해당하는 금액에 미달하는 경우
> 2. 하도급계약금액이 소방시설공사등에 대한 발주자의 예정가격의 100분의 60에 해당하는 금액에 미달하는 경우

05 난이도 ●●●   답 ④

수급인은 하도급을 한 후 설계변경 또는 물가변동 등의 사정으로 도급 금액이 조정되는 경우에는 조정된 금액과 비율에 따라 하수급인에게 하도급 금액을 증액하거나 감액하여 지급할 수 있다.

| 선지분석 |

① [×] 수급인은 발주자로부터 도급받은 소방시설공사등에 대한 준공금(竣工金)을 받은 경우에는 하도급대금을 지급받은 날(수급인이 발주자로부터 대금을 어음으로 받은 경우에는 그 어음만기일을 말한다)부터 15일 이내에 하수급인에게 현금으로 지급하여야 한다.
② [×] 수급인은 발주자로부터 도급받은 소방시설공사등에 대한 기성금(旣成金)을 받은 경우에는 하수급인이 시공하거나 수행한 부분에 상당한 금액을 각각 지급받은 날(수급인이 발주자로부터 대금을 어음으로 받은 경우에는 그 어음만기일을 말한다)부터 15일 이내에 하수급인에게 현금으로 지급하여야 한다.
③ [×] 이 경우 수급인은 하수급인이 선급금을 반환하여야 할 경우에 대비하여 하수급인에게 보증을 요구할 수 있다. 이 경우 이에 따른 비용을 지급하여야 할 규정은 없다.

POINT 108 도급계약의 해지 등

정답   p.178

| 01 | ② | 02 | ③ | 03 | ① |

01 난이도 ●○○   답 ②

경고를 받았을 때는 도급계약의 해지 사유에 해당하지 않는다.

> ✅ **확인학습** 도급계약의 해지 사유
> 1. 소방시설업이 등록취소되거나 영업정지된 경우
> 2. 소방시설업을 휴업하거나 폐업한 경우
> 3. 정당한 사유 없이 30일 이상 소방시설공사를 계속하지 아니하는 경우
> 4. 하도급계약의 적정성 심사에 따른 하수급인 또는 하도급계약 내용의 변경 요구에 정당한 사유 없이 따르지 아니하는 경우

02 난이도 ●○○   답 ③

정당한 사유 없이 30일 이상 소방시설공사를 계속하지 않은 경우에는 관계인은 수급인에게 도급계약을 해지할 수 있다.

03 난이도 ●○○   답 ①

공사업자와 감리업자가 같은 특정소방대상물에 거주하는 경우는 해당하지 않는다.

> ✅ **확인학습** 공사업자의 감리 제한
> 다음의 경우 동일한 특정소방대상물의 소방시설에 대한 시공과 감리를 함께 할 수 없다.
> 1. 공사업자와 감리업자가 같은 자인 경우
> 2. 「독점규제 및 공정거래에 관한 법률」에 따른 기업집단의 관계인 경우
> 3. 법인과 그 법인의 임직원의 관계인 경우
> 4. 공사업자와 감리업자가 「민법」에 따른 친족관계인 경우

POINT 109 시공능력 평가 및 공시

정답 p.179

| 01 | ② | 02 | ④ | 03 | ① |

01 난이도 ●○○ 답 ②

소방청장은 관계인·발주자가 적절한 공사업자를 선정할 수 있도록 하기 위하여 공사업자의 신청이 있으면 그 공사업자의 소방시설공사 실적, 자본금 등에 따라 시공능력을 평가하여 공시할 수 있다.

> **✓ 확인학습** 시공능력평가의 방법
>
> 1. 시공능력평가액
>
>   시공능력평가액 = 실적평가액 + 자본금평가액 + 기술력평가액 + 경력평가액 ± 신인도평가액
>
> 2. 실적평가액 = 연평균공사실적액
>   - 공사실적액(발주자가 공급하는 자재비 제외) → 하수급금액은 포함하고, 하도급금액은 제외한다.
>   - 기간에 따른 연평균공사실적액
>
> | 3년 이상 | 최근 3년간의 공사실적을 합산하여 3으로 나눈 금액 |
> |---|---|
> | 1년 이상 3년 미만 | $\dfrac{\text{그 기간의 공사실적을 합산한 금액}}{\text{그 기간의 개월 수}} \times 12$ |
> | 1년 미만 | 그 기간의 공사실적액 |
>
> 3. 자본금평가액
>
>   자본금평가액 = (실질자본금 × 실질자본금의 평점 + 소방청장이 지정한 금융회사 또는 소방산업공제조합에 출자·예치·담보한 금액) × 70 / 100
>
> 4. 기술력평가액
>
>   기술력평가액 = 전년도 공사업계의 기술자 1인당 평균생산액 × 보유기술인력 가중치합계 × 30 / 100 + 전년도 기술개발투자액
>
> 5. 경력평가액
>
>   경력평가액 = 실적평가액 × 공사업 경영기간 평점 × 20 / 100
>
> 6. 신인도평가액
>
>   신인도평가액 = (실적평가액 + 자본금평가액 + 기술력평가액 + 경력평가액) × 신인도 반영비율 합계(반영비율은 ± 10%의 범위를 초과할 수 없으며, 가점요소와 감점요소가 있는 경우에는 이를 상계)

02 난이도 ●●○ 답 ④

소방기술자는 소방기술자 업무에 영향을 미치지 아니하는 범위에서 근무시간 외에 소방시설업이 아닌 다른 업종에 종사할 수 있다.

03 난이도 ●●● 답 ①

| 선지분석 |

국가 또는 지방자치단체가 발주한 국내 소방시설공사의 경우는 해당 발주자가 발행한 소방시설공사 실적증명서만 제출하면 된다.

① [×] 국가 또는 지방자치단체가 발주한 국내 소방시설공사의 경우: 해당 발주자가 발행한 소방시설공사 실적증명서
② [○] 공사업자의 자기수요에 따른 소방시설공사의 경우: 그 공사의 감리자가 확인한 별지 서식에 따른 소방시설공사 실적증명서
③ [○] 주한국제연합군으로부터 도급받은 소방시설공사의 경우: 거래하는 외국환은행이 발행한 외화입금증명서 및 도급계약서 사본
④ [○] 해외 소방시설공사의 경우: 재외공관장이 발행한 해외공사 실적증명서 또는 공사계약서 사본이 첨부된 외국환은행이 발행한 외화입금증명서

> **✓ 확인학습** 소방시설공사 시공능력평가신청서 첨부서류
>
> 1. 소방공사실적을 증명하는 해당 서류(전자문서 포함)
>   가. 국가, 지방자치단체, 「공공기관의 운영에 관한 법률」 제5조에 따른 공기업·준정부기관 또는 「지방공기업법」 제49조에 따라 설립된 지방공사나 같은 법 제76조에 따라 설립된 지방공단(이하 "국가등"이라 한다. 이하 같다)이 발주한 국내 소방시설공사의 경우: 해당 발주자가 발행한 별지 제33호서식의 소방시설공사 실적증명서
>   나. 가목, 라목 또는 마목 외의 국내 소방시설공사와 하도급공사의 경우: 해당 소방시설공사의 발주자 또는 수급인이 발행한 별지 제33호서식의 소방시설공사 실적증명서 및 부가가치세법령에 따른 세금계산서(공급자 보관용) 사본이나 소득세법령에 따른 계산서(공급자 보관용) 사본
>   다. 해외 소방시설공사의 경우: 재외공관장이 발행한 해외공사 실적증명서 또는 공사계약서 사본이 첨부된 외국환은행이 발행한 외화입금증명서
>   라. 주한국제연합군 또는 그 밖의 외국군의 기관으로부터 도급받은 소방시설공사의 경우: 거래하는 외국환은행이 발행한 외화입금증명서 및 도급계약서 사본
>   마. 공사업자의 자기수요에 따른 소방시설공사의 경우: 그 공사의 감리자가 확인한 별지 제33호서식의 소방시설공사 실적증명서
> 2. 평가를 받는 해의 전년도 말일 현재의 소방시설업 등록수첩 사본
> 3. 소방기술자보유현황
> 4. 신인도평가신고서(해당하는 서류)
>   가. 품질경영인증(ISO 9000) 취득
>   나. 우수소방시설공사업자 지정
>   다. 소방시설공사 표창 수상
> 5. 해당하는 서류
>   가. 관할 세무서장에게 제출한 조세에 관한 신고서로서 재무상태표 및 손익계산서가 포함된 것)
>   나. 외부감사인의 회계감사를 받은 재무제표
>   다. 공인회계사 또는 회계법인이 감사한 회계서류
>   라. 출자·예치·담보 금액 확인서

> **✓ 확인학습** 소방시설법 시행령 제37조(점검능력 평가의 신청 등) 제1항 제1호
>
> 1. 소방시설등의 점검실적을 증명하는 서류로서 다음 각 목의 구분에 따른 서류
>   가. 국내 소방시설등에 대한 점검실적: 발주자가 별지 제30호서식에 따라 발급한 소방시설등의 점검실적 증명서 및 세금계산서(공급자 보관용을 말한다) 사본

나. 해외 소방시설등에 대한 점검실적: 외국환은행이 발행한 외화입금증명서 및 재외공관장이 발행한 해외점검실적 증명서 또는 점검계약서 사본
다. 주한 외국군의 기관으로부터 도급받은 소방시설등에 대한 점검실적: 외국환은행이 발행한 외화입금증명서 및 도급계약서 사본

4. 「소방시설공사업법」 또는 「소방시설공사업법」에 따른 명령을 위반한 경우
* 자격이 취소된 사람은 취소된 날부터 2년간 자격수첩 또는 경력수첩을 발급받을 수 없다.

제4장 소방기술자

POINT 110 소방기술 경력 등의 인정 등

정답
p.180

01	④	02	②	03	②	04	④	05	④
06	②								

01 난이도 ●●●   답 ④

소방청장은 자격수첩 또는 경력수첩을 발급받은 사람이 거짓이나 그 밖의 부정한 방법으로 자격수첩 또는 경력수첩을 발급받은 경우에 그 자격을 취소하여야 한다.

| 선지분석 |
① [×] 소방청장은 소방기술의 효율적인 활용과 소방기술의 향상을 위하여 소방기술과 관련된 자격·학력 및 경력을 가진 사람을 소방기술자로 인정할 수 있다.
② [×] 소방청장은 소방기술과 관련된 자격·학력 및 경력을 인정받은 사람에게 소방기술 인정 자격수첩과 경력수첩을 발급할 수 있다.
③ [×] 소방기술과 관련된 자격·학력 및 경력의 인정 범위와 자격수첩 및 경력수첩의 발급 절차 등에 관하여 필요한 사항은 행정안전부령으로 정한다.

✅ 확인학습 소방기술 경력 등의 인정 등(제28조)
1. 소방청장은 소방기술의 효율적인 활용과 소방기술의 향상을 위하여 소방기술과 관련된 자격·학력 및 경력을 가진 사람을 소방기술자로 인정할 수 있다.
2. 소방청장은 1.에 따라 자격·학력 및 경력을 인정받은 사람에게 소방기술 인정 자격수첩과 경력수첩을 발급할 수 있다.
3. 1.에 따른 소방기술과 관련된 자격·학력 및 경력의 인정 범위와 2.에 따른 자격수첩 및 경력수첩의 발급 절차 등에 관하여 필요한 사항은 행정안전부령으로 정한다.

✅ 확인학습 소방기술 경력 등의 인정 등
소방청장은 자격수첩 또는 경력수첩을 발급받은 사람이 다음에 해당하는 경우에는 행정안전부령으로 정하는 바에 따라 그 자격을 취소하거나 6개월 이상 2년 이하의 기간을 정하여 그 자격을 정지시킬 수 있다. 다만, 1. ~ 2.에 해당하는 경우에는 그 자격을 취소하여야 한다.
1. 거짓이나 그 밖의 부정한 방법으로 자격수첩 또는 경력수첩을 발급받은 경우
2. 규정을 위반하여 자격수첩 또는 경력수첩을 다른 사람에게 빌려준 경우
3. 규정을 위반하여 동시에 둘 이상의 업체에 취업한 경우

02 난이도 ●●○   답 ②

ㄱ. (소방청장)은 소방기술의 효율적인 활용과 소방기술의 향상을 위하여 소방기술과 관련된 자격·학력 및 경력을 가진 사람을 소방기술자로 인정할 수 있다.
ㄴ. 소방기술과 관련된 자격·학력 및 경력의 인정 범위와 자격수첩 및 경력수첩의 발급 절차 등에 관하여 필요한 사항은 (행정안전부령)으로 정한다.

03 난이도 ●○○   답 ②

소방청장이 자격수첩 또는 경력수첩을 발급받은 사람에게 그 자격을 취소하여야 하는 경우에 해당하는 것은 ㄱ, ㄴ이다.

✅ 확인학습 취소사유
소방청장은 자격수첩 또는 경력수첩을 발급받은 사람이 다음 어느 하나에 해당하는 경우에는 행정안전부령으로 정하는 바에 따라 그 자격을 취소하거나 6개월 이상 2년 이하의 기간을 정하여 그 자격을 정지시킬 수 있다. 다만, 1.과 2.에 해당하는 경우에는 그 자격을 취소하여야 한다.
1. 거짓이나 그 밖의 부정한 방법으로 자격수첩 또는 경력수첩을 발급받은 경우
2. 규정을 위반하여 자격수첩 또는 경력수첩을 다른 사람에게 빌려준 경우
3. 규정을 위반하여 동시에 둘 이상의 업체에 취업한 경우
4. 「소방시설공사업법」 또는 「소방시설공사업법」에 따른 명령을 위반한 경우

04 난이도 ●●●   답 ④

소방설비기사를 8년간 수행한 사람은 특급감리원의 자격이 있다.

| 선지분석 |
① [×] 소방공무원 3년간 근무한 경력은 초급감리원의 자격요건이다.
② [×] 학사학위 12년 이상은 특급기술자의 자격요건이다.
③ [×] 소방시설관리사 자격 5년 이상이면 특급 소방기술자의 자격이 있다.

✅ 확인학습 소방공사감리원 기술등급자격

전기분야	특급감리원	고급감리원	중급감리원	초급감리원
소방기술사	○	○	○	○
소방설비기사	8년 이상	5년 이상	3년 이상	1년 이상
소방설비산업기사	12년 이상	8년 이상	6년 이상	2년 이상
학사학위	–	–	–	1년 이상
전문학사학위	–	–	–	3년 이상
소방공무원	–	–	–	3년 이상

✅ **확인학습** 소방기술자 기술등급자격·기술자격에 따른 기술등급

기계분야	특급	고급	중급	초급
소방기술사	○	○	○	○
소방시설관리사	5년 이상	○	○	○
건축사, 건축기계설비기술사	5년 이상	3년 이상	○	○
소방설비기사	8년 이상	5년 이상	○	○
소방설비산업기사	11년 이상	8년 이상	3년	○
건축기사, 위험물기능장	13년 이상	11년 이상	5년 이상	2년 이상
건축산업기사, 위험물산업기사	×	13년 이상	8년 이상	4년 이상
위험물기능사	×	×	×	6년 이상

05 난이도 ●●● 답 ④

특급기술자 자격으로 소방설비기사 기계분야의 자격을 취득한 후 8년 이상 소방 관련 업무를 수행한 사람이 해당한다.

06 난이도 ●●● 답 ②

특급감리원의 자격에 소방시설관리사 자격을 취득한 후 5년 이상 소방 관련 업무를 수행한 사람은 해당하지 않는다.

POINT 111 소방기술자의 양성 및 교육 등

정답 p.182

01	①	02	③

01 난이도 ●○○ 답 ①

소방청장은 소방기술자를 육성하고 소방기술자의 전문기술능력 향상을 위하여 소방기술자와 제28조에 따라 소방기술과 관련된 자격·학력 및 경력을 인정받으려는 사람의 양성·인정 교육훈련("소방기술자 양성·인정 교육훈련")을 실시할 수 있다.

02 난이도 ●●○ 답 ③

소방기술자 양성·인정 교육훈련기관의 지정 요건으로 전국 4개 이상의 시·도에 이론교육과 실습교육이 가능한 교육·훈련장을 갖출 것이 해당된다.

✅ **확인학습** 소방기술자 양성 및 교육 등(제28조의2)
1. 소방청장은 소방기술자를 육성하고 소방기술자의 전문기술능력 향상을 위하여 소방기술자와 제28조에 따라 소방기술과 관련된 자격·학력 및 경력을 인정받으려는 사람의 양성·인정 교육훈련(이하 "소방기술자 양성·인정 교육훈련"이라 한다)을 실시할 수 있다.

2. 소방청장은 전문적이고 체계적인 소방기술자 양성·인정 교육훈련을 위하여 소방기술자 양성·인정 교육훈련기관을 지정할 수 있다.
3. 2.에 따라 지정된 소방기술자 양성·인정 교육훈련기관의 지정취소, 업무정지 및 청문에 관하여는 「소방시설 설치 및 관리에 관한 법률」 제47조 및 제49조를 준용한다.
4. 1. 및 2.에 따른 소방기술자 양성·인정 교육훈련 및 교육훈련기관 지정 등에 필요한 사항은 행정안전부령으로 정한다.

✅ **확인학습** 소방기술자 양성·인정 교육훈련기관 지정 요건(규칙 제25조의2)
1. 전국 4개 이상의 시·도에 이론교육과 실습교육이 가능한 교육·훈련장을 갖출 것
2. 소방기술자 양성·인정 교육훈련을 실시할 수 있는 전담인력을 6명 이상 갖출 것
3. 교육과목별 교재 및 강사 매뉴얼을 갖출 것
4. 교육훈련의 신청·수료, 성과측정, 경력관리 등에 필요한 교육훈련 관리시스템을 구축·운영할 것

POINT 112 소방기술자의 실무교육

정답 p.183

01	②	02	①	03	②

01 난이도 ●○○ 답 ②

소방기술자는 실무교육을 2년마다 1회 이상 받아야 한다.

✅ **확인학습** 소방기술자의 실무교육
1. 화재예방, 안전관리의 효율화, 새로운 기술 등 소방에 관한 지식의 보급을 위하여 소방시설업 또는 소방시설관리업의 기술인력으로 등록된 소방기술자는 행정안전부령으로 정하는 바에 따라 실무교육을 받아야 한다.
2. 소방기술자가 정하여진 교육을 받지 아니하면 그 교육을 이수할 때까지 그 소방기술자는 소방시설업 또는 소방시설관리업의 기술인력으로 등록된 사람으로 보지 아니한다.
3. 소방청장은 소방기술자에 대한 실무교육을 효율적으로 하기 위하여 실무교육기관을 지정할 수 있다.
4. 실무교육기관의 지정방법·절차·기준 등에 관하여 필요한 사항은 행정안전부령으로 정한다.

02 난이도 ●●○ 답 ①

ㄱ. 화재예방, 안전관리의 효율화, 새로운 기술 등 소방에 관한 지식의 보급을 위하여 소방시설업 또는 「소방시설 설치 및 관리에 관한 법률」 제29조에 따른 소방시설관리업의 기술인력으로 등록된 소방기술자는 (행정안전부령)으로 정하는 바에 따라 실무교육을 받아야 한다.
ㄴ. (소방청장)은 소방기술자에 대한 실무교육을 효율적으로 하기 위하여 실무교육기관을 지정할 수 있다.

03 난이도 ●○○ 답 ②

소방기술자 실무교육에 관한 업무를 위탁받은 실무교육기관 또는 「소방기본법」 제40조에 따른 한국소방안전원의 장(이하 "실무교육기관등의 장"이라 한다)은 소방기술자에 대한 실무교육을 실시하려면 교육일정 등 교육에 필요한 계획을 수립하여 소방청장에게 보고한 후 교육 10일 전까지 교육대상자에게 알려야 한다.

제5장 소방시설업자협회

POINT 113 소방시설업자협회

정답				p.184
01	②	02	③	

01 난이도 ●●○ 답 ②

화재예방과 안전관리의식 고취를 위한 대국민 홍보는 한국소방안전원의 업무에 해당한다.

✓ 확인학습 소방시설업자협회의 설립
1. 소방시설업자는 소방시설업자의 권익보호와 소방기술의 개발 등 소방시설업의 건전한 발전을 위하여 소방시설업자협회(협회)를 설립할 수 있다.
2. 협회는 법인으로 한다.
3. 협회는 소방청장의 인가를 받아 주된 사무소의 소재지에 설립등기를 함으로써 성립한다.
4. 협회의 설립인가 절차, 정관의 기재사항 및 협회에 대한 감독에 관하여 필요한 사항은 대통령령으로 정한다.

✓ 확인학습 협회의 업무
1. 소방시설업의 기술발전과 소방기술의 진흥을 위한 조사·연구·분석 및 평가
2. 소방산업의 발전 및 소방기술의 향상을 위한 지원
3. 소방시설업의 기술발전과 관련된 국제교류·활동 및 행사의 유치
4. 「소방시설공사업법」에 따른 위탁 업무의 수행

02 난이도 ●●○ 답 ③

협회의 설립인가 절차, 정관의 기재사항 및 협회에 대한 감독에 관하여 필요한 사항은 대통령령으로 정한다.

제6장 보칙

POINT 114 청문 등

정답		p.185
01	④	

01 난이도 ●●○ 답 ④

소방시설업 등록취소처분이나 영업정지처분, 소방기술 인정 자격취소처분을 하려면 청문을 하여야 한다.

POINT 115 권한의 위임·위탁 등

정답								p.186
01	①	02	④	03	④	04	①	

01 난이도 ●●● 답 ①

해당하는 것은 ㄱ, ㄴ, ㄹ, ㅁ이다. "시공능력 평가 및 공시에 관한 업무", "방염처리능력 평가 및 공시에 관한 업무"는 소방청장의 업무에 해당한다.

| 선지분석 |
ㄱ. [○] 소방시설업 등록신청의 접수 및 신청내용의 확인
ㄴ. [○] 소방시설업 등록사항 변경신고의 접수 및 신고내용의 확인
ㄷ. [×] 시공능력 평가 및 공시에 관한 업무
ㄹ. [○] 소방시설업자의 지위승계 신고의 접수 및 신고내용의 확인
ㅁ. [○] 소방시설업 휴업·폐업 또는 재개업 신고의 접수 및 신고내용의 확인
ㅂ. [×] 방염처리능력 평가 및 공시에 관한 업무

✓ 확인학습 업무의 위탁
1. 소방청장은 다음의 업무를 소방시설업자협회에 위탁한다.
   • 방염처리능력 평가 및 공시에 관한 업무
   • 시공능력 평가 및 공시에 관한 업무
   • 소방시설업 종합정보시스템의 구축·운영
2. 시·도지사는 다음의 업무를 소방시설업자협회에 위탁한다.
   • 소방시설업 등록신청의 접수 및 신청내용의 확인
   • 소방시설업 등록사항 변경신고의 접수 및 신고내용의 확인
   • 소방시설업 휴업·폐업 또는 재개업 신고의 접수 및 신고내용의 확인
   • 소방시설업자의 지위승계 신고의 접수 및 신고내용의 확인

02 난이도 ●○○ 답 ④

소방청장은 제29조에 따른 실무교육에 관한 업무를 대통령령으로 정하는 바에 따라 실무교육기관 또는 한국소방안전원에 위탁할 수 있다.

03 난이도 ●●● 답 ④

소방청장은 소방기술자 실무교육에 관한 업무를 소방청장이 지정하는 실무교육기관 또는 한국소방안전원에 위탁한다.

✅ 확인학습 권한의 위임 및 위탁 대상

위임 및 위탁 대상	업무	실무교육 기관	한국소방 안전원	협회	소방기술과 관련된 법인·단체
소방청장의 업무 위탁	소방기술자 실무교육	○	○	–	–
	시공능력평가 및 공시	–	–	○	–
	소방기술과 관련된 자격·학력·경력의 인정 업무	–	–	○	○
시·도 지사의 업무 위탁	소방시설업 등록신청 접수 및 신청내용 확인	–	–	○	–
	소방시설업 변경신고 접수	–	–	○	–
	소방시설업 휴업·폐업·재개업 신고 접수	–	–	○	–

04 난이도 ●●○ 답 ①

소방시설업자의 지위승계 신고의 접수 및 신고내용의 확인은 시·도지사의 업무로 협회에 위탁할 수 있는 업무에 해당한다.

✅ 확인학습 소방청장이 협회에 위탁할 수 있는 업무
1. 법 제20조의3에 따른 방염처리능력 평가 및 공시에 관한 업무
2. 법 제26조에 따른 시공능력 평가 및 공시에 관한 업무
3. 법 제26조의3 제1항에 따른 소방시설업 종합정보시스템의 구축·운영

✅ 확인학습 시·도지사가 협회에 위탁할 수 있는 업무
1. 법 제4조 제1항에 따른 소방시설업 등록신청의 접수 및 신청내용의 확인
2. 법 제6조에 따른 소방시설업 등록사항 변경신고의 접수 및 신고내용의 확인
3. 법 제6조의2에 따른 소방시설업 휴업·폐업 또는 재개업 신고의 접수 및 신고내용의 확인
4. 법 제7조 제3항에 따른 소방시설업자의 지위승계 신고의 접수 및 신고내용의 확인

제7장 벌칙

POINT 116 벌칙 및 과태료

정답

| 01 | ① | 02 | ③ | 03 | ① | 04 | ② | 05 | ① |

01 난이도 ●●○ 답 ①

소방시설업 등록을 하지 아니하고 영업을 한 자는 3년 이하의 징역 또는 3천만원 이하의 벌금에 처한다.

02 난이도 ●●○ 답 ③

소방시설공사현장에 감리원을 배치하지 아니한 자는 300만원 이하의 벌금에 처한다.

✅ 확인학습 벌칙 정리
1. 공사업자가 아닌 자에게 소방시설공사를 도급한 자: 1년 이하의 징역·1천만원 이하의 벌금
2. 공사감리업자를 지정하지 아니한 관계인: 1년 이하의 징역·1천만원 이하의 벌금
3. 소방시설공사현장에 감리원을 배치하지 아니한 자: 300만원 이하의 벌금
4. 규정을 위반하여 설계나 시공을 한 자: 1년 이하의 징역·1천만원 이하의 벌금

03 난이도 ●●○ 답 ①

소방시설업 등록을 하지 아니하고 영업을 한 자는 3년 이하의 징역 또는 3천만원 이하의 벌금에 처한다.

| 선지분석 |
② 1년 이하의 징역 또는 1천만원 이하의 벌금
③ 1년 이하의 징역 또는 1천만원 이하의 벌금
④ 1년 이하의 징역 또는 1천만원 이하의 벌금

04 난이도 ●●○ 답 ②

과태료는 대통령령으로 정하는 바에 따라 관할 시·도지사, 소방본부장 또는 소방서장이 부과·징수한다.

05 난이도 ●●○ 답 ①

소방기술자를 공사현장에 배치하지 아니한 자에게는 200만원 이하 과태료를 부과한다.

제6편 | 위험물안전관리법

제1장 총칙

POINT 117 목적 및 정의

정답

01	①	02	②	03	③	04	②	05	②
06	①	07	②	08	③				

01 난이도 ●○○ 답 ①

「위험물안전관리법」은 위험물의 (저장)·(취급) 및 (운반)과 이에 따른 안전관리에 관한 사항을 규정함으로써 위험물로 인한 위해를 방지하여 공공의 안전을 확보함을 목적으로 한다.

02 난이도 ●○○ 답 ②

"위험물"이라 함은 (인화성) 또는 (발화성) 등의 성질을 가지는 것으로서 (대통령령)이 정하는 물품을 말한다.

03 난이도 ●○○ 답 ③

위험물을 제조할 목적으로 지정수량 이상의 위험물을 취급하기 위하여 규정에 따른 허가를 받은 장소는 위험물 제조소이다.

✅ **확인학습** 제조소등
1. 제조소등: 제조소·저장소 및 취급소를 말한다.
2. 제조소: 위험물을 제조할 목적으로 지정수량 이상의 위험물을 취급하기 위하여 허가를 받은 장소를 말한다.
3. 저장소: 지정수량 이상의 위험물을 저장하기 위한 대통령령이 정하는 장소로서 허가를 받은 장소를 말한다.
4. 취급소: 지정수량 이상의 위험물을 제조외의 목적으로 취급하기 위한 대통령령이 정하는 장소로서 허가를 받은 장소를 말한다.

04 난이도 ●●○ 답 ②

"지정수량"이라 함은 위험물의 종류별로 위험성을 고려하여 대통령령이 정하는 수량으로서 제조소등의 설치허가등에 있어서 최저의 기준이 되는 수량을 말한다.

05 난이도 ●○○ 답 ②

고정된 주유설비에 의하여 자동차, 항공기 또는 선박 등의 연료탱크에 직접 주유하기 위하여 위험물을 취급하는 장소는 주유취급소이다.

✅ **확인학습** 주유취급소

고정된 주유설비(항공기에 주유하는 경우에는 차량에 설치된 주유설비를 포함한다)에 의하여 자동차·항공기 또는 선박 등의 연료탱크에 직접 주유하기 위하여 위험물(가짜석유제품에 해당하는 물품을 제외)을 취급하는 장소(위험물을 용기에 옮겨 담거나 차량에 고정된 5천L 이하의 탱크에 주입하기 위하여 고정된 급유설비를 병설한 장소를 포함한다)

06 난이도 ●●○ 답 ①

제1류 위험물 중 염소산염류는 해당하지 않는다.

✅ **확인학습** 옥외저장소
1. 제2류 위험물 중 유황(황) 또는 인화성 고체(인화점이 0℃ 이상인 것에 한한다)
2. 제4류 위험물 중 제1석유류(인화점이 0℃ 이상인 것에 한한다)·알코올류·제2석유류·제3석유류·제4석유류 및 동·식물유류
3. 제6류 위험물
4. 제2류 위험물 및 제4류 위험물 중 특별시·광역시 또는 도의 조례에서 정하는 위험물(「관세법」제154조의 규정에 의한 보세구역 안에 저장하는 경우에 한한다)
5. 「국제해사기구에 관한 협약」에 의하여 설치된 국제해사기구가 채택한 「국제해상위험물규칙」(IMDG Code)에 적합한 용기에 수납된 위험물

07 난이도 ●○○ 답 ②

"지정수량"이라 함은 위험물의 종류별로 위험성을 고려하여 (대통령령)이 정하는 수량으로서 제조소의 규정에 의한 제조소등의 설치허가 등에 있어서 (최저)의 기준이 되는 수량을 말한다.

08 난이도 ●●○ 답 ③

위험물 운송자의 학력, 나이, 경력 등의 통계자료 작성은 해당하지 않는다.

✅ **확인학습** 포함사항
1. 위험물의 유통실태 분석
2. 위험물에 의한 사고 유형의 분석
3. 사고 예방을 위한 안전기술 개발
4. 전문인력 양성
5. 그 밖에 사고 예방을 위하여 필요한 사항

POINT 118 위험물 품명 및 지정수량

정답
p.192

| 01 | ④ | 02 | ④ | 03 | ① | 04 | ④ | 05 | ③ |
| 06 | ④ | 07 | ② | | | | | | | |

01 난이도 ●○○ 답 ④

아조화합물은 제5류 위험물에 해당한다.

✅ 확인학습 위험물 및 지정수량

유별/성질	품명/지정수량			
일산고	아염과무	브질요(아)	과중(다)	−
	50	300	1천	−
이가고	황건 적 有(황)	철금 馬	인고	−
	100	500	1천	−
삼자수	칼나알알	황린	알유	금수인 칼슘알탄
	10	20	50	300
사인액	특	석 (1, 2, 3, 4)	알	동
	50L	2백, 1천, 2천, 6천L	400L	1만L
오자	유질	나소아다하	하하록	−
	10	200	100	−
육사액	과과질	−	−	−
	300	−	−	−

02 난이도 ●○○ 답 ④

제1류 위험물의 품명으로 옳은 것은 과염소산염류이다.

| 선지분석 |
① 질산: 제6류 위험물
② 과염소산: 제6류 위험물
③ 과산화수소: 제6류 위험물

03 난이도 ●○○ 답 ①

제1류 위험물의 성질은 산화성 고체이다.

04 난이도 ●○○ 답 ④

중크롬산염류(다이크로뮴산염류)의 지정수량은 1천kg이다.

| 선지분석 |
① 브롬산염류(브로민산염류)의 지정수량은 300kg이다.
② 아염소산염류의 지정수량은 50kg이다.
③ 과염소산염류의 지정수량은 50kg이다.

05 난이도 ●○○ 답 ③

제2류 위험물인 가연성 고체에 해당하는 것은 철분, 금속분이다.

06 난이도 ●●○ 답 ④

자기반응성물질에 해당하는 것은 없다.

| 선지분석 |
ㄱ. [×] 무기과산화물: 산화성 고체(제1류 위험물)
ㄴ. [×] 마그네슘: 가연성 고체(제2류 위험물)
ㄷ. [×] 유기금속화합물: 자연발화성 및 금수성 물질(제3류 위험물)
ㄹ. [×] 금속의 인화물: 자연발화성 및 금수성 물질(제3류 위험물)
ㅁ. [×] 알루미늄의 탄화물: 자연발화성 및 금수성 물질(제3류 위험물)
ㅂ. [×] 과염소산: 산화성 액체(제6류 위험물)

07 난이도 ●○○ 답 ②

| 선지분석 |
① [×] 질산구아니딘: 제5류 위험물
② [○] 염소화규소화합물: 제3류 위험물
③ [×] 아이오딘의 산화물: 제1류 위험물
④ [×] 염소화아이소사이아누르산: 제1류 위험물

✅ 확인학습 위험물의 품명의 지정(규칙 제3조)

1. 제1류의 품명란 제10호에서 "행정안전부령으로 정하는 것"
   - 과아이오딘산염류
   - 과아이오딘산
   - 크로뮴, 납 또는 아이오딘의 산화물
   - 아질산염류
   - 차아염소산염류
   - 염소화아이소사이아누르산
   - 퍼옥소이황산염류
   - 퍼옥소붕산염류
2. 제3류의 품명란 제11호에서 "행정안전부령으로 정하는 것"
   - 염소화규소화합물
3. 제5류의 품명란 제10호에서 "행정안전부령으로 정하는 것"
   - 금속의 아지화합물
   - 질산구아니딘
4. 제6류의 품명란 제4호에서 "행정안전부령으로 정하는 것"
   - 할로젠간화합물

POINT 119 시행령 [별표 1] 비고

정답

01	②	02	④	03	②	04	④	05	①
06	②	07	③	08	③	09	③		

01 난이도 ●●○ 답 ②

제1석유류의 종류에는 아세톤, 휘발유가 있으며, 그 밖에 1기압에서 인화점이 21℃ 미만인 것을 말한다.

> ✅ **확인학습** 인화성 액체의 분류
>
> | 인화성 액체 | 종류 | 그 밖의 것(1기압 상태에서) |
> |---|---|---|
> | 특수 인화물 | 이황화탄소, 디에틸에테르 | • 발화점 100℃ 이하
• 인화점 -20℃ 이하이고 비점 40℃ 이하 |
> | 알코올류 | - | 탄소원자 수 1 ~ 3개 포화1가 알코올 (변성알코올 포함) |
> | 제1석유류 | 아세톤, 휘발유 | 인화점 21℃ 미만 |
> | 제2석유류 | 등유, 경유 | 인화점 21℃ 이상 70℃ 미만 |
> | 제3석유류 | 중유, 클레오소트유 (크레오소트유) | 인화점 70℃ 이상 200℃ 미만 |
> | 제4석유류 | 기어유, 실린더유 | 인화점 200℃ 이상 250℃ 미만 |
> | 동·식물 유류 | 동물의 지육·식물의 종자 | 인화점 250℃ 미만 |

02 난이도 ●●● 답 ④

제4류 위험물에는 동·식물유류가 포함된다.

| 선지분석 |
① [×] 제2류 위험물인 황은 순도가 60% 이상 것을 말한다.
② [×] 제1석유류 중 휘발유의 지정수량은 200L이다.
③ [×] 제2석유류의 비수용성에는 등유 및 경유 등이 있다.

03 난이도 ●●● 답 ②

마그네슘은 2mm의 체를 통과하지 아니하는 덩어리 상태의 것은 제외한다.

> ✅ **확인학습** 마그네슘 및 마그네슘을 함유한 것
> 1. 2mm의 체를 통과하지 아니하는 덩어리 상태의 것은 제외한다.
> 2. 직경 2mm 이상의 막대 모양의 것은 제외한다.

04 난이도 ●●○ 답 ④

황은 순도가 60wt.% 이상인 것을 말한다. 이 경우 순도측정에 있어서 불순물은 활석 등 불연성 물질과 수분에 한한다.

05 난이도 ●○○ 답 ①

특수인화물은 1기압에서 발화점이 100℃ 이하인 것 또는 인화점이 -20℃ 이하이고 비점이 40℃ 이하인 것을 말한다.

06 난이도 ●○○ 답 ②

제4석유류라 함은 기어유, 실린더유 그 밖에 1기압에서 인화점이 200℃ 이상 250℃ 미만의 것을 말한다. 다만 도료류 그 밖의 물품은 가연성 액체량이 40wt.% 이하인 것은 제외한다.

07 난이도 ●○○ 답 ③

철분이라 함은 철의 분말로서 53마이크로미터의 표준체를 통과하는 것이 50중량퍼센트 미만인 것은 제외한다.

08 난이도 ●○○ 답 ③

ㄱ. (산화성 액체)라 함은 액체로서 산화력의 잠재적인 위험성을 판단하기 위하여 고시로 정하는 시험에서 고시로 정하는 성질과 상태를 나타내는 것을 말한다.
ㄴ. "알코올류"라 함은 1분자를 구성하는 (탄소)원자의 수가 1개부터 3개까지인 포화1가 알코올(변성알코올을 포함한다)을 말한다.

09 난이도 ●○○ 답 ③

금속분은 알칼리금속·알칼리토류금속·철 및 마그네슘외의 금속의 분말을 말하고, 구리분·니켈분 및 150마이크로미터의 체를 통과하는 것이 50중량퍼센트 미만인 것은 제외한다.

POINT 120 위험물의 저장 및 취급의 제한 등

정답

01	④	02	②	03	②	04	③	05	③
06	정답없음	07	①	08	①	09	①		

01 난이도 ●○○ 답 ④

지정수량 미만인 위험물의 저장·취급에 관한 기술상의 기준은 시·도의 조례로 정한다.

02 난이도 ●○○ 답 ②

시·도의 조례가 정하는 바에 따라 관할소방서장의 승인을 받아 지정수량 이상의 위험물을 90일 이내의 기간동안 임시로 저장 또는 취급하는 경우가 해당한다.

> ✅ **확인학습** 제조소등이 아닌 장소에서 지정수량 이상의 위험물을 취급할 수 있는 경우
> 1. 시·도의 조례가 정하는 바에 따라 관할소방서장의 승인을 받아 지정수량 이상의 위험물을 90일 이내의 기간 동안 임시로 저장 또는 취급하는 경우
> 2. 군부대가 지정수량 이상의 위험물을 군사목적으로 임시로 저장 또는 취급하는 경우

03 난이도 ●●● 답 ②

소화활동설비는 해당하지 않는다.

| 선지분석 |
① [O] 「위험물안전관리법 시행규칙」 제41조 소화설비의 기준에 의하여 제조소등에는 화재 발생 시 소화가 곤란한 정도에 따라 그 소화에 적응성이 있는 소화설비를 설치하여야 한다.
③ [O] 「위험물안전관리법 시행규칙」 제43조 피난설비의 기준에 의하여 주유취급소 중 건축물의 2층 이상의 부분을 점포·휴게음식점 또는 전시장의 용도로 사용하는 것과 옥내주유취급소에는 피난설비를 설치하여야 한다.
④ [O] 「위험물안전관리법 시행규칙」 제42조 경보설비의 기준에 의하여 지정수량의 10배 이상의 위험물을 저장 또는 취급하는 제조소등(이동탱크저장소 제외)에는 화재 발생 시 이를 알릴 수 있는 경보설비를 설치하여야 한다.

04 난이도 ●○○ 답 ③

제조소등의 위치·구조 및 설비의 기술기준은 **행정안전부령**으로 정한다.

05 난이도 ●○○ 답 ③

둘 이상의 위험물을 같은 장소에서 저장 또는 취급하는 경우에 있어서 당해 장소에서 저장 또는 취급하는 각 위험물의 수량을 그 위험물의 (**지정수량**)으로 각각 나누어 얻은 수의 합계가 (**1**) 이상인 경우 당해 위험물은 지정수량 이상의 위험물로 본다.

06 난이도 ●●● 정답없음

※ 관련 규정이 제·개정되어 정답없음(출제 당시 정답: ④)

개정 전	제1항의 규정에 의한 경보설비는 자동화재탐지설비·비상경보설비(비상벨장치 또는 경종을 포함한다)·확성장치(휴대용확성기를 포함한다) 및 비상방송설비로 구분하되, 제조소등별로 설치하여야 하는 경보설비의 종류 및 자동화재탐지설비의 설치기준은 별표 17과 같다
개정 후	제1항에 따른 경보설비는 자동화재탐지설비·**자동화재속보설비**·비상경보설비(비상벨장치 또는 경종을 포함한다)·확성장치(휴대용확성기를 포함한다) 및 비상방송설비로 구분하되, 제조소등별로 설치하여야 하는 경보설비의 종류 및 설치기준은 별표 17과 같다. <개정 2020.10.12>

* 「위험물안전관리법 시행규칙」 제42조(경보설비의 기준) 제2항

> ✅ **확인학습** 경보설비의 기준
> 1. 법 제5조 제4항의 규정에 의하여 영 [별표 1]의 규정에 의한 지정수량의 **10배 이상**의 위험물을 저장 또는 취급하는 제조소등(이동탱크저장소를 제외한다)에는 화재발생시 이를 알릴 수 있는 경보설비를 설치하여야 한다.
> 2. 1.에 따른 경보설비는 자동화재탐지설비·자동화재속보설비·비상경보설비(비상벨장치 또는 경종을 포함한다)·확성장치(휴대용확성기를 포함한다) 및 비상방송설비로 구분하되, 제조소등별로 설치하여야 하는 경보설비의 종류 및 설치기준은 [별표 17]과 같다.
> 3. 자동신호장치를 갖춘 스프링클러설비 또는 물분무등소화설비를 설치한 제조소등에 있어서는 2.의 규정에 의한 자동화재탐지설비를 설치한 것으로 본다.

07 난이도 ●○○ 답 ①

"불연재료"란 「건축법 시행령」 제2조 제10호에 따른 **불연재료 중 유리 외의 것**을 말한다.

> ✅ **확인학습** 용어정의
> 1. "고속국도"란 「도로법」 제10조 제1호에 따른 고속국도를 말한다.
> 2. "도로"란 다음 어느 하나에 해당하는 것을 말한다.
>   • 「도로법」 제2조 제1호에 따른 도로
>   • 「항만법」 제2조 제5호에 따른 항만시설 중 임항교통시설에 해당하는 도로
>   • 「사도법」 제2조의 규정에 의한 사도
>   • 그 밖에 일반교통에 이용되는 너비 2미터 이상의 도로로서 자동차의 통행이 가능한 것
> 3. "하천"이란 「하천법」 제2조 제1호에 따른 하천을 말한다.
> 4. "내화구조"란 「건축법 시행령」 제2조 제7호에 따른 내화구조를 말한다.
> 5. "불연재료"란 「건축법 시행령」 제2조 제10호에 따른 **불연재료 중 유리 외의 것**을 말한다.

08 난이도 ●○○ 답 ①

ㄱ. 규정에 의한 지정수량의 (**10배**) 이상의 위험물을 저장 또는 취급하는 제조소등(이동탱크저장소를 제외한다)에는 화재발생시 이를 알릴 수 있는 경보설비를 설치하여야 한다.
ㄴ. 주유취급소 중 건축물의 (**2층**) 이상의 부분을 점포·휴게음식점 또는 전시장의 용도로 사용하는 것과 옥내주유취급소에는 피난설비를 설치하여야 한다.

09 난이도 ●○○ 답 ①

위험물을 저장 또는 취급하는 **탱크의 용량** 산정기준에서 산정용적은 해당 **탱크의 내용적**에서 **공간용적**을 뺀 용적으로 한다.

제2장 위험물시설의 설치

POINT 121 위험물시설의 설치 및 변경

정답 p.197

| 01 | ② | 02 | ③ | 03 | ④ | 04 | ③ | 05 | ① |
| 06 | ② | 07 | ③ | 08 | ② | 09 | ④ | 10 | ② |

01 난이도 ●●● 답 ②

제조소등을 설치하고자 하는 자는 대통령령이 정하는 바에 따라 그 설치장소를 관할하는 시·도지사의 허가를 받아야 한다. 제조소등의 위치·구조 또는 설비 가운데 행정안전부령이 정하는 사항을 변경하고자 하는 때에도 또한 같다. 따라서 변경허가를 받아야 한다.

> **✓ 확인학습** 위험물시설의 설치 및 변경 등
> 1. 제조소등을 설치하고자 하는 자는 대통령령이 정하는 바에 따라 그 설치장소를 관할하는 시·도지사의 허가를 받아야 한다. 제조소등의 위치·구조 또는 설비 가운데 행정안전부령이 정하는 사항을 변경하고자 하는 때에도 또한 같다.
> 2. 제조소등의 위치·구조 또는 설비의 변경없이 당해 제조소등에서 저장하거나 취급하는 위험물의 품명·수량 또는 지정수량의 배수를 변경하고자 하는 자는 변경하고자 하는 날의 1일 전까지 행정안전부령이 정하는 바에 따라 시·도지사에게 신고하여야 한다.
> 3. 허가를 받지 아니하고 당해 제조소등을 설치하거나 그 위치·구조 또는 설비를 변경할 수 있으며, 신고를 하지 아니하고 위험물의 품명·수량 또는 지정수량의 배수를 변경할 수 있다.
>   - 주택의 난방시설(공동주택의 중앙난방시설을 제외한다)을 위한 저장소 또는 취급소
>   - 농예용·축산용 또는 수산용으로 필요한 난방시설 또는 건조시설을 위한 지정수량 20배 이하의 저장소

02 난이도 ●●● 답 ③

농예용·축산용 또는 수산용으로 필요한 난방시설 또는 건조시설을 위한 지정수량 20배 이하의 저장소의 경우는 허가를 받지 아니하고 해당 제조소등을 설치하거나 그 위치·구조 또는 설비를 변경할 수 있으며, 신고를 하지 아니하고 위험물의 품명·수량 또는 지정수량의 배수를 변경할 수 있다.

03 난이도 ●●● 답 ④

주택의 난방시설(공동주택의 중앙난방시설을 제외한다)을 위한 저장소 또는 취급소는 경우는 허가를 받지 아니하고 해당 제조소등을 설치하거나 그 위치·구조 또는 설비를 변경할 수 있으며, 신고를 하지 아니하고 위험물의 품명·수량 또는 지정수량의 배수를 변경할 수 있다.

04 난이도 ●○○ 답 ③

제조소등의 위치·구조 또는 설비의 변경없이 당해 제조소등에서 저장하거나 취급하는 위험물의 품명·수량 또는 지정수량의 배수를 변경하고자 하는 자는 변경하고자 하는 날의 1일 전까지 행정안전부령이 정하는 바에 따라 시·도지사에게 신고하여야 한다.

> **✓ 확인학습** 위험물시설의 설치 및 변경 등
> 1. 제조소등을 설치하고자 하는 자는 대통령령이 정하는 바에 따라 그 설치장소를 관할하는 특별시장·광역시장·특별자치시장·도지사 또는 특별자치도지사(이하 "시·도지사"라 한다)의 허가를 받아야 한다. 제조소등의 위치·구조 또는 설비 가운데 행정안전부령이 정하는 사항을 변경하고자 하는 때에도 또한 같다.
> 2. 제조소등의 위치·구조 또는 설비의 변경없이 당해 제조소등에서 저장하거나 취급하는 위험물의 품명·수량 또는 지정수량의 배수를 변경하고자 하는 자는 변경하고자 하는 날의 1일 전까지 행정안전부령이 정하는 바에 따라 시·도지사에게 신고하여야 한다.
> 3. 1. 및 2.의 규정에 불구하고 다음 각 호의 어느 하나에 해당하는 제조소등의 경우에는 허가를 받지 아니하고 당해 제조소등을 설치하거나 그 위치·구조 또는 설비를 변경할 수 있으며, 신고를 하지 아니하고 위험물의 품명·수량 또는 지정수량의 배수를 변경할 수 있다.
>   - 주택의 난방시설(공동주택의 중앙난방시설을 제외한다)을 위한 저장소 또는 취급소
>   - 농예용·축산용 또는 수산용으로 필요한 난방시설 또는 건조시설을 위한 지정수량 20배 이하의 저장소

05 난이도 ●○○ 답 ①

변경신고는 변경하고자 하는 날의 1일 전까지 시·도지사에게 신고하여야 한다.

06 난이도 ●○○ 답 ②

축산용으로 필요한 난방시설 또는 건조시설을 위한 지정수량 20배 이하의 저장소의 경우 변경할 수 있다.

07 난이도 ●○○ 답 ③

제조소등을 설치하고자 하는 자는 (대통령령)이 정하는 바에 따라 그 설치장소를 관할하는 특별시장·광역시장·특별자치시장·도지사 또는 특별자치도지사(이하 "시·도지사"라 한다)의 허가를 받아야 한다. 제조소등의 위치·구조 또는 설비 가운데 (행정안전부령)이 정하는 사항을 변경하고자 하는 때에도 또한 같다.

08 난이도 ●●● 답 ②

300m(지상에 설치하지 아니하는 배관의 경우에는 30m)를 초과하는 위험물배관을 신설·교체·철거 또는 보수(배관을 절개하는 경우에 한한다)하는 경우가 해당한다.

✅ **확인학습** 제조소 또는 일반취급소의 경우 변경허가를 받아야 하는 경우

1. 제조소 또는 일반취급소의 위치를 이전하는 경우
2. 건축물의 벽·기둥·바닥·보 또는 지붕을 증설 또는 철거하는 경우
3. 배출설비를 신설하는 경우
4. 위험물취급탱크를 신설·교체·철거 또는 보수(탱크의 본체를 절개하는 경우에 한한다)하는 경우
5. 위험물취급탱크의 노즐 또는 맨홀을 신설하는 경우(노즐 또는 맨홀의 지름이 250mm를 초과하는 경우에 한한다)
6. 위험물취급탱크의 방유제의 높이 또는 방유제 내의 면적을 변경하는 경우
7. 위험물취급탱크의 탱크전용실을 증설 또는 교체하는 경우
8. 300m(지상에 설치하지 아니하는 배관의 경우에는 30m)를 초과하는 위험물배관을 신설·교체·철거 또는 보수(배관을 절개하는 경우에 한한다)하는 경우
9. 불활성기체(다른 원소와 화학 반응을 일으키기 어려운 기체)의 봉입장치를 신설하는 경우

09 난이도 ●●● 답 ④

옥외탱크저장소(저장용량이 50만 리터 이상인 것만 해당한다) 또는 암반탱크저장소의 위험물탱크의 기초·지반, 탱크본체 및 소화설비에 관한 사항에 대하여 기술원의 기술검토를 받고 그 결과가 행정안전부령으로 정하는 기준에 적합한 것으로 인정될 것

✅ **확인학습** 허가 기준

1. 제조소등의 위치·구조 및 설비가 법 제5조 제4항의 규정에 의한 기술기준에 적합할 것
2. 제조소등에서의 위험물의 저장 또는 취급이 공공의 안전유지 또는 재해의 발생방지에 지장을 줄 우려가 없다고 인정될 것
3. 다음 제조소등은 해당 규정에서 정한 사항에 대하여 「소방산업의 진흥에 관한 법률」 제14조에 따른 한국소방산업기술원(이하 "기술원"이라 한다)의 기술검토를 받고 그 결과가 행정안전부령으로 정하는 기준에 적합한 것으로 인정될 것. 다만, 보수 등을 위한 부분적인 변경으로서 소방청장이 정하여 고시하는 사항에 대해서는 기술원의 기술검토를 받지 않을 수 있으나 행정안전부령으로 정하는 기준에는 적합해야 한다.
   • 지정수량의 1천배 이상의 위험물을 취급하는 제조소 또는 일반취급소: 구조·설비에 관한 사항
   • 옥외탱크저장소(저장용량이 50만 리터 이상인 것만 해당한다) 또는 암반탱크저장소: 위험물탱크의 기초·지반, 탱크본체 및 소화설비에 관한 사항

10 난이도 ●○○ 답 ②

군사목적으로 제조소등의 위치·구조 또는 설비를 변경하고자 하는 군부대의 장은 대통령령이 정하는 바에 따라 미리 제조소등의 소재지를 관할하는 시·도지사와 협의하여야 한다.

POINT 122 탱크안전성능검사

정답 p.200

| 01 | ③ | 02 | ① | 03 | ④ | 04 | ① | 05 | ① |

01 난이도 ●○○ 답 ③

위험물탱크안전성능검사는 기초·지반공사, 충수·수압검사, 용접부검사 및 암반탱크검사이다.

✅ **확인학습** 탱크안전성능검사를 받아야 하는 위험물탱크

1. 기초·지반검사: 옥외탱크저장소의 액체위험물탱크 중 그 용량이 100만L 이상인 탱크
2. 충수(充水)·수압검사: 액체위험물을 저장 또는 취급하는 탱크.
3. 용접부검사: 옥외탱크저장소의 액체위험물탱크 중 그 용량이 100만L 이상인 탱크
4. 암반탱크검사: 액체위험물을 저장 또는 취급하는 암반 내의 공간을 이용한 탱크

02 난이도 ●○○ 답 ①

기초·지반검사의 대상은 옥외탱크저장소의 액체위험물탱크 중 그 용량이 100만L 이상인 탱크이다.

✅ **확인학습** 탱크안전성능검사의 실시

1. 실시권자: 시·도지사
2. 실시시기: 위험물탱크의 설치 또는 그 위치·구조, 설비 변경 공사의 완공검사를 받기 전

03 난이도 ●○○ 답 ④

위험물탱크안전성능검사 중 용접부검사의 신청시기는 탱크본체에 관한 공사의 개시 전이다.

✅ **확인학습** 위험물탱크안전성능검사의 신청시기

1. 기초·지반검사: 위험물탱크의 기초 및 지반에 관한 공사의 개시 전
2. 충수·수압검사: 위험물을 저장 또는 취급하는 탱크에 배관 그 밖의 부속설비를 부착하기 전
3. 용접부검사: 탱크본체에 관한 공사의 개시 전
4. 암반탱크검사: 암반탱크의 본체에 관한 공사의 개시 전

04 난이도 ●○○ 답 ①

위험물탱크가 있는 제조소등의 설치에 관하여 규정에 따른 허가를 받은 자가 위험물탱크의 설치를 하는 때에는 (완공검사)를 받기 전에 기술기준에 적합한지의 여부를 확인하기 위하여 (시·도지사)가 실시하는 탱크안전성능검사를 받아야 한다.

05 난이도 ●○○　　　답 ①

충수·수압검사 신청시기는 위험물을 저장 또는 취급하는 탱크에 배관 또는 그 밖의 부속설비를 부착하기 전이다.

POINT 123 완공검사

정답　　p.201

| 01 | ② | 02 | ② | 03 | ④ |

01 난이도 ●○○　　　답 ②

허가를 받은 자가 제조소등의 위치·구조 또는 설비의 변경을 마친 때에는 당해 제조소등마다 시·도지사가 행하는 완공검사를 받아야 한다.

> ✅ **확인학습** 완공검사의 신청시기
> 1. 지하탱크가 있는 제조소등: 당해 지하탱크를 매설하기 전
> 2. 이동탱크저장소: 이동저장탱크를 완공하고 상치장소를 확보한 후
> 3. 이송취급소: 이송배관 공사의 전체 또는 일부를 완료한 후(단, 지하·하천 등에 매설하는 이송배관의 공사는 이송배관을 매설하기 전)
> 4. 전체 공사가 완료된 후에는 완공검사를 실시하기 곤란한 경우
>   - 위험물설비 또는 배관의 설치가 완료되어 기밀시험 또는 내압시험을 실시하는 시기
>   - 배관을 지하에 설치하는 경우에는 시·도지사, 소방서장 또는 기술원이 지정하는 부분을 매몰하기 직전
>   - 기술원이 지정하는 부분의 비파괴시험을 실시하는 시기
> 5. 그 외의 경우: 제조소등의 공사를 완료한 후

> ✅ **확인학습** 완공검사의 신청
> 1. 완공검사: 시·도지사에게 신청
> 2. 완공검사필증의 교부: 기술기준에 적합하다고 인정하는 때
> 3. 완공검사필증의 재교부 신청
>   - 재교부 사유: 분실, 멸실·훼손 또는 파손한 경우
>   - 분실 완공검사필증을 발견한 경우: 10일 이내에 시·도지사에게 제출

02 난이도 ●○○　　　답 ②

허가를 받은 자가 제조소등의 위치·구조 또는 설비의 변경을 마친 때에는 당해 제조소등마다 시·도지사가 행하는 완공검사를 기술기준에 적합하다고 인정받은 후가 아니면 이를 사용하여서는 아니된다.

03 난이도 ●○○　　　답 ④

제조소등의 설치자의 지위를 승계한 자는 행정안전부령이 정하는 바에 따라 승계한 날부터 30일 이내에 시·도지사에게 그 사실을 신고하여야 한다.

POINT 124 제조소등의 폐지 등

정답　　p.202

| 01 | ② | 02 | ① |

01 난이도 ●○○　　　답 ②

제조소등의 관계인(소유자·점유자 또는 관리자)은 당해 제조소등의 용도를 폐지(장래에 대하여 위험물시설로서의 기능을 완전히 상실시키는 것을 말한다)한 때에는 행정안전부령이 정하는 바에 따라 제조소등의 용도를 폐지한 날부터 14일 이내에 시·도지사에게 신고하여야 한다.

02 난이도 ●●○　　　답 ①

제조소등의 관계인은 당해 제조소등의 용도를 폐지(장래에 대하여 위험물시설로서의 기능을 완전히 상실시키는 것을 말한다)한 때에는 (행정안전부령)이 정하는 바에 따라 제조소등의 용도를 폐지한 날부터 14일 이내에 (시·도지사)에게 신고하여야 한다.

POINT 125 제조소등의 사용 중지 등

정답　　p.203

| 01 | ④ | 02 | ④ | 03 | ① |

01 난이도 ●●○　　　답 ④

시·도지사는 신고를 받으면 제조소등의 관계인이 안전조치를 적합하게 하였는지를 확인하고 위해 방지를 위하여 필요한 안전조치의 이행을 명할 수 있다.

> ✅ **확인학습** 제조소등의 사용 중지 등
> 1. 제조소등의 관계인은 제조소등의 사용을 중지하려는 경우에는 위험물의 제거 및 제조소등에의 출입통제 등 행정안전부령으로 정하는 안전조치를 하여야 한다. 다만, 제조소등의 사용을 중지하는 기간에도 위험물안전관리자가 계속하여 직무를 수행하는 경우에는 안전조치를 아니할 수 있다.
> 2. 제조소등의 관계인은 제조소등의 사용을 중지하거나 중지한 제조소등의 사용을 재개하려는 경우에는 해당 제조소등의 사용을 중지하려는 날 또는 재개하려는 날의 14일 전까지 행정안전부령으로 정하는 바에 따라 제조소등의 사용 중지 또는 재개를 시·도지사에게 신고하여야 한다.
> 3. 시·도지사는 신고를 받으면 제조소등의 관계인이 안전조치를 적합하게 하였는지 또는 위험물안전관리자가 직무를 적합하게 수행하는지를 확인하고 위해 방지를 위하여 필요한 안전조치의 이행을 명할 수 있다.
> 4. 제조소등의 관계인은 사용 중지신고에 따라 제조소등의 사용을 중지하는 기간 동안에는 위험물안전관리자를 선임하지 아니할 수 있다.

02 난이도 ●●● 답 ④

규정에 따른 위험물안전관리보조자를 선임하지 아니한 때는 해당하지 않는다.

> ✓ **확인학습** 제조소등 설치허가의 취소와 사용정지 사유
> 1. 변경허가를 받지 아니하고 제조소등의 위치·구조 또는 설비를 변경한 때
> 2. 완공검사를 받지 아니하고 제조소등을 사용한 때
> 3. 안전조치 이행명령을 따르지 아니한 때
> 4. 수리·개조 또는 이전의 명령을 위반한 때
> 5. 위험물안전관리자를 선임하지 아니한 때
> 6. 대리자를 지정하지 아니한 때
> 7. 정기점검을 하지 아니한 때
> 8. 정기검사를 받지 아니한 때
> 9. 저장·취급기준 준수명령을 위반한 때

03 난이도 ●○○ 답 ①

시·도지사는 제조소등에 대한 사용의 정지가 그 이용자에게 심한 불편을 주거나 그 밖에 공익을 해칠 우려가 있는 때에는 사용정지처분에 갈음하여 2억원 이하의 과징금을 부과할 수 있다.

제3장 위험물시설의 안전관리

POINT 126 위험물안전관리자 등

정답 p.204

| 01 | ③ | 02 | ④ | 03 | ③ | 04 | ④ | 05 | ② |
| 06 | ④ | 07 | ② | 08 | ③ |

01 난이도 ●○○ 답 ③

- 위험물안전관리자를 선임한 제조소등의 관계인은 그 위험물안전관리자를 해임하거나 위험물안전관리자가 퇴직한 때에는 해임하거나 퇴직한 날부터 (30)일 이내에 다시 위험물안전관리자를 선임하여야 한다.
- 제조소등의 관계인은 위험물안전관리자를 선임한 경우에는 선임한 날부터 (14)일 이내에 행정안전부령으로 정하는 바에 따라 소방본부장 또는 소방서장에게 신고하여야 한다.

> ✓ **확인학습** 위험물안전관리자
> 1. 제조소등(허가를 받지 아니하는 제조소등과 이동탱크저장소를 제외한다)의 관계인은 위험물의 안전관리에 관한 직무를 수행하게 하기 위하여 제조소등마다 대통령령이 정하는 위험물의 취급에 관한 자격이 있는 자(위험물취급자격자)를 위험물안전관리자로 선임하여야 한다.
> 2. 안전관리자를 선임한 제조소등의 관계인은 그 안전관리자를 해임하거나 안전관리자가 퇴직한 때에는 해임하거나 퇴직한 날부터 30일 이내에 다시 안전관리자를 선임하여야 한다.
> 3. 제조소등의 관계인은 안전관리자를 선임한 경우에는 선임한 날부터 14일 이내에 행정안전부령으로 정하는 바에 따라 소방본부장 또는 소방서장에게 신고하여야 한다.

02 난이도 ●●● 답 ④

안전관리자를 선임한 제조소등의 관계인은 안전관리자가 여행·질병 그 밖의 사유로 인하여 일시적으로 직무를 수행할 수 없거나 안전관리자의 해임 또는 퇴직과 동시에 다른 안전관리자를 선임하지 못하는 경우에는 「국가기술자격법」에 따른 위험물의 취급에 관한 자격취득자 또는 위험물안전에 관한 기본지식과 경험이 있는 자로서 행정안전부령이 정하는 자를 대리자(代理者)로 지정하여 그 직무를 대행하게 하여야 한다.

> ✓ **확인학습** 위험물안전관리자
> 1. 제조소등의 관계인이 안전관리자를 해임하거나 안전관리자가 퇴직한 경우 그 관계인 또는 안전관리자는 소방본부장이나 소방서장에게 그 사실을 알려 해임되거나 퇴직한 사실을 확인받을 수 있다.
> 2. 안전관리자를 선임한 제조소등의 관계인은 안전관리자가 여행·질병 그 밖의 사유로 인하여 일시적으로 직무를 수행할 수 없거나 안전관리자의 해임 또는 퇴직과 동시에 다른 안전관리자를 선임하지 못하는 경우에는 「국가기술자격법」에 따른 위험물의 취급에 관한 자격취득자 또는 위험물안전에 관한 기본지식과 경험이 있는 자로서 행정안전부령이 정하는 자를 대리자로 지정하여 그 직무를 대행하게 하여야 한다. 이 경우 대리자가 안전관리자의 직무를 대행하는 기간은 30일을 초과할 수 없다.
>   - 안전교육을 받은 자
>   - 제조소등의 위험물 안전관리업무에 있어서 안전관리자를 지휘·감독하는 직위에 있는 자

03 난이도 ●●○ 답 ③

안전관리자를 해임하거나 안전관리자가 퇴직한 때에는 해임하거나 퇴직한 날부터 30일 이내에 다시 선임하여야 한다.

> ✓ **확인학습** 안전관리자를 중복하여 선임할 수 있는 경우
> 1. 보일러·버너 또는 이와 비슷한 것으로서 위험물을 소비하는 장치로 이루어진 7개 이하의 일반취급소와 그 일반취급소에 공급하기 위한 위험물을 저장하는 저장소를 동일인이 설치한 경우(일반취급소 및 저장소가 모두 동일구내에 있는 경우에 한한다)
> 2. 위험물을 차량에 고정된 탱크 또는 운반용기에 옮겨 담기 위한 5개 이하의 일반취급소와 그 일반취급소에 공급하기 위한 위험물을 저장하는 저장소를 동일인이 설치한 경우(일반취급소 및 저장소가 모두 동일구내에 있는 경우에 한하며, 일반취급소간의 거리(보행거리)가 300m 이내인 경우에 한한다)
> 3. 다음 기준에 모두 적합한 5개 이하의 제조소등을 동일인이 설치한 경우
>   - 각 제조소등이 동일구내에 위치하거나 상호 100m 이내의 거리에 있을 것
>   - 각 제조소등에서 저장 또는 취급하는 위험물의 최대수량이 지정수량의 3천배 미만일 것(단, 저장소의 경우는 제외)

04 난이도 ●●○ 답 ④

대리자가 안전관리자의 직무를 대행하는 기간은 30일을 초과할 수 없다.

05 난이도 ●○○ 답 ②

10개 이하의 암반탱크저장소가 해당한다.

> ✓ **확인학습** 1인의 안전관리자를 중복하여 선임할 수 있는 저장소 등
>
> 동일구내에 있거나 상호 100m 이내의 거리에 있는 저장소로서 저장소의 규모, 저장하는 위험물의 종류 등을 고려하여 행정안전부령이 정하는 저장소를 동일인이 설치한 경우
> 1. 10개 이하의 옥내저장소
> 2. 30개 이하의 옥외탱크저장소
> 3. 옥내탱크저장소
> 4. 지하탱크저장소
> 5. 간이탱크저장소
> 6. 10개 이하의 옥외저장소
> 7. 10개 이하의 암반탱크저장소

06 난이도 ●○○ 답 ④

안전관리자를 선임한 제조소등의 관계인은 그 안전관리자를 해임하거나 안전관리자가 퇴직한 때에는 해임하거나 퇴직한 날부터 30일 이내에 다시 안전관리자를 선임하여야 한다.

07 난이도 ●○○ 답 ②

위험물을 관리할 때 유별에 관계없이 모든 위험물을 취급할 수 있는 자는 위험물기능장, 위험물산업기사 및 위험물기능사이다.

> ✓ **확인학습** 위험물취급자격자의 자격
>
> | 위험물취급자격자의 구분 | 취급 위험물 |
> | --- | --- |
> | 위험물기능장·위험물산업기사·위험물기능사의 자격을 취득한 사람 | 모든 위험물 |
> | 안전관리자교육이수자
(소방청장이 실시하는 안전관리자교육) | 제4류 위험물
(인화성 액체) |
> | 소방공무원 경력자
(소방공무원 근무 경력 3년 이상) | 제4류 위험물
(인화성 액체) |

08 난이도 ●●○ 답 ③

위험물기능장·위험물산업기사·위험물기능사의 자격을 취득한 사람은 모든 위험물을 취급할 수 있다.

POINT 127 탱크시험자의 등록

정답 p.206

01	③	02	②

01 난이도 ●●● 답 ③

"보유장비의 변경"은 해당하지 않는다.

> ✓ **확인학습** 탱크시험자 변경사항의 신고
> 1. **영업소 소재지의 변경**: 사무소의 사용을 증명하는 서류와 위험물탱크안전성능시험자등록증
> 2. **기술능력의 변경**: 변경하는 기술인력의 자격증과 위험물탱크안전성능시험자등록증
> 3. **대표자의 변경**: 위험물탱크안전성능시험자등록증
> 4. **상호 또는 명칭의 변경**: 위험물탱크안전성능시험자등록증

02 난이도 ●●○ 답 ②

'진공누설시험기'는 필수장비에 해당하지 않는다.
※ 진공능력 53KPa 이상의 진공누설시험기는 충·수압시험, 진공시험, 기밀시험 또는 내압시험의 경우를 위하여 필요한 경우에 두는 장비에 해당한다.

| 선지분석 |
① [O] 자기탐상시험기
② [×] 진공누설시험기
③ [O] 초음파두께측정기
④ [O] 영상초음파시험기

> ✓ **확인학습** 탱크시험자가 갖추어야 하는 필수장비
> 1. 필수장비: 자기탐상시험기, 초음파두께측정기 및 다음 1) 또는 2) 중 어느 하나
>   1) 영상초음파시험기
>   2) 방사선투과시험기 및 초음파시험기
> 2. 필요한 경우에 두는 장비
>   1) 충·수압시험, 진공시험, 기밀시험 또는 내압시험의 경우
>   • 진공능력 53KPa 이상의 진공누설시험기
>   • 기밀시험장치
>   2) 수직·수평도 시험의 경우: 수직·수평도 측정기

POINT 128 예방규정

정답

01	②	02	④	03	②	04	①	05	④
06	②	07	①						

01 난이도 ●●○ 답 ②

관계인이 예방규정을 정하여야 하는 제조소등에 암반탱크저장소는 해당한다.

> **✓ 확인학습** 예방규정
> 1. 대통령령이 정하는 제조소등의 관계인은 당해 제조소등의 화재예방과 화재 등 재해발생시의 비상조치를 위하여 행정안전부령이 정하는 바에 따라 예방규정을 정하여 당해 제조소등의 사용을 시작하기 전에 시·도지사에게 제출하여야 한다. 예방규정을 변경한 때에도 또한 같다.
> 2. 시·도지사는 제출한 예방규정이 규정에 따른 기준에 적합하지 아니하거나 화재예방이나 재해 발생 시의 비상조치를 위하여 필요하다고 인정하는 때에는 이를 반려하거나 그 변경을 명할 수 있다.

> **✓ 확인학습** 관계인이 예방규정을 정하여야 하는 제조소등
> 1. 지정수량의 10배 이상의 위험물을 취급하는 제조소
> 2. 지정수량의 100배 이상의 위험물을 저장하는 옥외저장소
> 3. 지정수량의 150배 이상의 위험물을 저장하는 옥내저장소
> 4. 지정수량의 200배 이상의 위험물을 저장하는 옥외탱크저장소
> 5. 암반탱크저장소
> 6. 이송취급소
> 7. 지정수량의 10배 이상의 위험물을 취급하는 일반취급소. 다만, 제4류 위험물(특수인화물을 제외한다)만을 지정수량의 50배 이하로 취급하는 일반취급소(제1석유류·알코올류의 취급량이 지정수량의 10배 이하인 경우에 한한다)로서 다음의 어느 하나에 해당하는 것을 제외한다.
>   - 보일러·버너 또는 이와 비슷한 것으로서 위험물을 소비하는 장치로 이루어진 일반취급소
>   - 위험물을 용기에 옮겨 담거나 차량에 고정된 탱크에 주입하는 일반취급소

02 난이도 ●●● 답 ④

지정수량의 배수는 다음 풀이식으로 구한다.

$$지정수량\ 배수 = \frac{저장(취급)수량}{지정수량}$$

| 선지분석 |

① [O] 알코올류의 지정수량은 400L이므로 지정수량 배수는

$$\frac{4,000L}{400L} = 10(배)이다.$$

즉, 지정수량의 10배 이상의 위험물을 취급하는 제조소에 해당하며, 따라서 예방규정 작성 대상이다.

② [O] 유황(황)의 지정수량은 100kg이므로 지정수량 배수는

$$\frac{30,000kg}{100kg} = 300(배)이다.$$

즉, 지정수량의 100배 이상의 위험물을 저장하는 옥외저장소에 해당하며, 따라서 예방규정 작성 대상이다.

③ [O] 질산에스테르류(질산에스터류)의 지정수량은 10kg이므로 지정수량 배수 $\frac{2,500kg}{10kg} = 250(배)$이다.

즉, 지정수량의 150배 이상의 위험물을 저장하는 옥내저장소에 해당하며, 따라서 예방규정 작성 대상이다.

④ [×] 경유의 지정수량은 1,000L이므로 지정수량 배수는

$$\frac{150,000L}{1,000L} = 150(배)이다.$$

지정수량의 200배 이상의 위험물을 저장하는 옥외탱크저장소가 예방규정 작성 대상이기 때문에, 이 옥외탱크저장소는 해당하지 않는다.

03 난이도 ●○○ 답 ②

지정수량의 100배 이상의 위험물을 저장하는 옥외저장소가 해당한다.

04 난이도 ●○○ 답 ①

지정수량 10배 이상의 위험물을 취급하는 제조소가 해당한다.

| 선지분석 |

② [×] 지정수량 150배 이상의 위험물을 취급하는 옥내저장소가 해당한다.
③ [×] 지정수량 200배 이상의 위험물을 취급하는 옥외탱크저장소가 해당한다.
④ [×] 옥내탱크저장소는 해당하지 않는다.

05 난이도 ●○○ 답 ④

암반탱크저장소는 지정수량의 배수와 상관없이 예방규정을 정해야 한다.

06 난이도 ●○○ 답 ②

지정수량의 150배 이상의 위험물을 저장하는 옥내저장소가 해당한다.

07 난이도 ●○○ 답 ①

- 지정수량의 (10)배 이상의 위험물을 취급하는 제조소
- 지정수량의 (150)배 이상의 위험물을 저장하는 옥내저장소
- 지정수량의 (100)배 이상의 위험물을 저장하는 옥외저장소
- 지정수량의 (200)배 이상의 위험물을 저장하는 옥외탱크저장소

POINT 129 정기점검 및 정기검사

정답 p.209

01	②	02	①	03	①	04	①	05	①
06	④	07	④	08	①	09	①	10	②

01 난이도 ●○○   답 ②

| 선지분석 |
① [O] 지정수량의 10배의 위험물을 취급하는 제조소: 지정수량의 10배 이상의 위험물을 취급하는 제조소에 해당한다.
② [×] 지정수량의 100배의 위험물을 저장하는 옥내저장소: 지정수량의 150배 이상의 위험물을 저장하는 옥내저장소가 해당한다.
③ [O] 지정수량의 150배의 위험물을 저장하는 옥외저장소: 지정수량의 100배 이상의 위험물을 저장하는 옥외저장소에 해당한다.
④ [O] 지정수량의 5배의 위험물을 저장하는 이동탱크저장소: 이동탱크저장소와 지하탱크저장소는 지정수량의 배수와 상관없이 정기점검 대상에 해당한다.

> ✅ **확인학습** 정기점검 대상
> 1. 지정수량의 10배 이상의 위험물을 취급하는 제조소
> 2. 지정수량의 100배 이상의 위험물을 저장하는 옥외저장소
> 3. 지정수량의 150배 이상의 위험물을 저장하는 옥내저장소
> 4. 지정수량의 200배 이상의 위험물을 저장하는 옥외탱크저장소
> 5. 암반탱크저장소
> 6. 이송취급소
> 7. 지정수량의 10배 이상의 위험물을 취급하는 일반취급소. 다만, 제4류 위험물(특수인화물을 제외한다)만을 지정수량의 50배 이하로 취급하는 일반취급소(제1석유류·알코올류의 취급량이 지정수량의 10배 이하인 경우에 한한다)로서 다음에 해당하는 것을 제외한다.
>   • 보일러·버너 또는 이와 비슷한 것으로서 위험물을 소비하는 장치로 이루어진 일반취급소
>   • 위험물을 용기에 옮겨 담거나 차량에 고정된 탱크에 주입하는 일반취급소
> 8. 지하탱크저장소
> 9. 이동탱크저장소
> 10. 위험물을 취급하는 탱크로서 지하에 매설된 탱크가 있는 제조소·주유취급소 또는 일반취급소

02 난이도 ●○○   답 ①

옥내탱크저장소는 해당하지 않는다.

> ✅ **확인학습** 정기점검대상 저장소
> 1. 지정수량의 10배 이상의 위험물을 취급하는 제조소
> 2. 지정수량의 100배 이상의 위험물을 저장하는 옥외저장소
> 3. 지정수량의 150배 이상의 위험물을 저장하는 옥내저장소
> 4. 지정수량의 200배 이상의 위험물을 저장하는 옥외탱크저장소
> 5. 암반탱크저장소
> 6. 이송취급소
> 7. 지정수량의 10배 이상의 위험물을 취급하는 일반취급소
> 8. 지하탱크저장소
> 9. 이동탱크저장소
> 10. 위험물을 취급하는 탱크로서 지하에 매설된 탱크가 있는 제조소·주유취급소 또는 일반취급소

03 난이도 ●○○   답 ①

간이탱크저장소는 정기점검대상에 해당하지 않는다.

> ✅ **확인학습** 정기점검대상인 제조소등
> 1. 관계인이 예방규정을 정하여야 하는 제조소등
> 2. 지하탱크저장소
> 3. 이동탱크저장소
> 4. 위험물을 취급하는 탱크로서 지하에 매설된 탱크가 있는 제조소·주유취급소 또는 일반취급소

04 난이도 ●○○   답 ①

지정수량 100배 이상인 옥외저장소가 정기점검대상이다.

05 난이도 ●●○   답 ①

대통령령이 정하는 제조소등의 관계인은 그 제조소등에 대하여 행정안전부령이 정하는 바에 따라 규정에 따른 기술기준에 적합한지의 여부를 정기적으로 점검하고 점검결과를 기록하여 보존하여야 한다.

06 난이도 ●●○   답 ④

제조소등의 관계인은 규정에 의하여 당해 제조소등의 정기점검을 안전관리자 또는 위험물운송자(이동탱크저장소의 경우에 한한다)로 하여금 실시하도록 하여야 한다.

| 선지분석 |
① [×] 제조소등의 관계인은 당해 제조소등에 대하여 연 1회 이상 정기점검을 실시하여야 한다.
② [×] 옥외탱크저장소 중 저장 또는 취급하는 액체위험물의 최대수량이 50만리터 이상인 것에 대해서는 정기점검 외에 규정에 따른 기간 이내에 1회 이상 특정·준특정옥외저장탱크의 구조안전점검을 해야 한다.
③ [×] 제조소등의 위치·구조 및 설비가 기술기준에 적합한지를 점검하는데 필요한 정기점검의 내용·방법 등에 관한 기술상의 기준과 그 밖의 점검에 관하여 필요한 사항은 소방청장이 정하여 고시한다.

07 난이도 ●○○   답 ④

정기점검을 한 제조소등의 관계인은 점검을 한 날부터 30일 이내에 점검결과를 시·도지사에게 제출하여야 한다.

08 난이도 ●○○   답 ①

정기검사 대상인 제조소등은 액체위험물을 저장 또는 취급하는 50만리터 이상의 옥외탱크저장소를 말한다.

09 난이도 ●○○　　답 ①

- 특정·준특정옥외탱크저장소의 설치허가에 따른 (완공검사합격확인증 발급받은 날)부터 12년
- 최근의 (정밀정기검사)을/를 받은 날부터 11년

10 난이도 ●○○　　답 ②

특정·준특정옥외탱크저장소의 설치허가에 따른 완공검사합격확인증을 발급받은 날부터 4년 내에 중간정기검사를 받아야 한다.

POINT 130 자체소방대

정답　　p.211

01	④	02	③	03	④	04	④	05	②
06	③	07	③						

01 난이도 ●○○　　답 ④

제조소 또는 일반취급소에서 취급하는 제4류 위험물의 최대수량의 합이 지정수량의 24만 배 이상 48만 배 미만인 사업소에는 화학소방자동차 (3)대와 자체소방대원 (15)인을 두어야 한다.

02 난이도 ●●○　　답 ③

옳은 것은 ③이다.

| 선지분석 |
① [×] 포수용액 방사차: 포수용액의 방사능력이 매분 2,000L 이상일 것
② [×] 분말 방사차: 1,400kg 이상의 분말을 비치할 것
③ [○] 할로겐화합물 방사차: 할로겐화합물의 방사능력이 매초 40kg 이상일 것
④ [×] 이산화탄소 방사차: 3,000kg 이상의 이산화탄소를 비치할 것

✓ 확인학습 화학소방자동차에 갖추어야 하는 소화능력 및 설비의 기준

포수용액 방사차	• 포수용액의 방사능력이 매분 2천L 이상 • 소화약액탱크 및 소화약액혼합장치 비치 • 10만L 이상 포수용액을 방사할 수 있는 양의 소화약제
분말 방사차	• 분말의 방사능력이 매초 35kg 이상 • 분말탱크 및 가압용가스설비 비치 • 1천400kg 이상 분말
할로겐화합물 방사차	• 할로겐화합물의 방사능력이 매초 40kg 이상 • 할로겐화합물탱크 및 가압용가스설비 비치 • 1천kg 이상 할로겐화합물
이산화탄소 방사차	• 이산화탄소의 방사능력이 매초 40kg 이상 • 이산화탄소저장용기 비치 • 3천kg 이상 이산화탄소
제독차	가성소다 및 규조토 각각 50kg 이상

03 난이도 ●○○　　답 ④

제4류 위험물을 취급하는 주유취급소의 경우는 자체소방대의 설치대상에 해당하지 않는다.

04 난이도 ●●●　　답 ④

제독차의 소화능력 및 설비의 기준은 가성소오다 및 규조토를 각각 50kg 이상 비치하여야 한다.

05 난이도 ●○○　　답 ②

자체소방대에 대한 설명이다.

✓ 확인학습 자체소방대 편성의 특례

2 이상의 사업소가 상호응원에 관한 협정을 체결하고 있는 경우에는 당해 모든 사업소를 하나의 사업소로 보고 제조소 또는 취급소에서 취급하는 제4류 위험물을 합산한 양을 하나의 사업소에서 취급하는 제4류 위험물의 최대수량으로 간주하여 규정에 의한 화학소방자동차의 대수 및 자체소방대원을 정할 수 있다. 이 경우 상호응원에 관한 협정을 체결하고 있는 각 사업소의 자체소방대에는 「위험물안전관리법 시행령」 제18조 제3항 본문의 규정에 의한 화학소방차 대수의 2분의 1 이상의 대수와 화학소방자동차마다 5인 이상의 자체소방대원을 두어야 한다.

✓ 확인학습 포수용액을 방사하는 화학소방자동차의 대수

「위험물안전관리법 시행령」 제18조 제3항의 규정에 의한 화학소방자동차의 대수의 3분의 2 이상으로 하여야 한다.

06 난이도 ●●○　　답 ③

제4류 위험물의 최대수량의 합이 12만배 이상 24만배 미만에 해당한다. 따라서 화학소방자동차 2대 및 자체소방대원의 수는 10인이다.

✓ 확인학습 자체소방대를 설치하여야 하는 제조소등

1. 대통령령이 정하는 제조소등
   - 제4류 위험물을 취급하는 제조소 또는 일반취급소
   - 제4류 위험물을 저장하는 옥외탱크저장소
2. 대통령령이 정하는 수량
   - 제4류 위험물을 취급하는 제조소 또는 일반취급소: 최대수량의 합이 지정수량의 3천배 이상
   - 제4류 위험물을 저장하는 옥외탱크저장소: 지정수량의 50만배 이상

✓ 확인학습 자체소방대에 두는 화학소방자동차 및 인원

사업소의 구분(지정수량)	화학소방자동차	자체소방대원의 수
제조소 또는 일반취급소에서 취급하는 제4류 위험물의 최대수량의 합이 12만배 미만	1대	5인
제조소 또는 일반취급소에서 취급하는 제4류 위험물의 최대수량의 합이 12만배 이상 ~ 24만배 미만	2대	10인

제조소 또는 일반취급소에서 취급하는 제4류 위험물의 최대수량의 합이 24만배 이상 ~ 48만배 미만	3대	15인
제조소 또는 일반취급소에서 취급하는 제4류 위험물의 최대수량의 합이 48만배 이상	4대	20인
옥외탱크저장소에 저장하는 제4류 위험물의 최대수량이 지정수량의 50만배 이상인 사업소	2대	10인

화학소방자동차에는 소화능력 및 설비를 갖추어야 하고, 소화활동에 필요한 소화약제 및 기구를 비치하여야 한다.

07 난이도 ●○○ 답 ③

최대수량이 지정수량의 50만배 이상인 제4류 위험물을 저장하는 옥외탱크저장소가 해당한다.

제4장 위험물의 운반 등

POINT 131 위험물의 운반

정답 p.213

01	③	02	②

01 난이도 ●○○ 답 ③

시·도지사는 운반용기를 제작하거나 수입한 자 등의 신청에 따라 규정에 따른 운반용기를 검사할 수 있다. 다만, 기계에 의하여 하역하는 구조로 된 대형의 운반용기로서 행정안전부령이 정하는 것을 제작하거나 수입한 자 등은 행정안전부령이 정하는 바에 따라 당해 용기를 사용하거나 유통시키기 전에 시·도지사가 실시하는 운반용기에 대한 검사를 받아야 한다.

02 난이도 ●●○ 답 ②

ㄱ. (시·도지사)는 운반용기를 제작하거나 수입한 자 등의 신청에 따라 제1항의 규정에 따른 운반용기를 검사할 수 있다.
ㄴ. 다만, 기계에 의하여 하역하는 구조로 된 대형의 운반용기로서 행정안전부령이 정하는 것을 제작하거나 수입한 자 등은 행정안전부령이 정하는 바에 따라 당해 용기를 사용하거나 유통시키기 전에 (시·도지사)가 실시하는 운반용기에 대한 검사를 받아야 한다.

✅ **확인학습** 수납하는 위험물에 따른 주의사항
1. 제1류 위험물 중 알칼리금속의 과산화물 또는 이를 함유한 것에 있어서는 "화기·충격주의", "물기엄금" 및 "가연물접촉주의", 그 밖의 것에 있어서는 "화기·충격주의" 및 "가연물접촉주의"
2. 제2류 위험물 중 철분·금속분·마그네슘 또는 이들중 어느 하나 이상을 함유한 것에 있어서는 "화기주의" 및 "물기엄금", 인화성고체에 있어서는 "화기엄금", 그 밖의 것에 있어서는 "화기주의"

3. 제3류 위험물 중 자연발화성물질에 있어서는 "화기엄금" 및 "공기접촉엄금", 금수성물질에 있어서는 "물기엄금"
4. 제4류 위험물에 있어서는 "화기엄금"
5. 제5류 위험물에 있어서는 "화기엄금" 및 "충격주의"
6. 제6류 위험물에 있어서는 "가연물접촉주의"

POINT 132 위험물의 운송

정답 p.214

01	③	02	①	03	③	04	①	05	①

01 난이도 ●○○ 답 ③

해당하는 것은 알킬리튬이다.

✅ **확인학습** 운송책임자의 감독·지원을 받아 운송하여야 하는 위험물
1. 알킬알루미늄
2. 알킬리튬
3. 알킬알루미늄 또는 알킬리튬의 물질을 함유하는 위험물

02 난이도 ●○○ 답 ①

운송책임자의 감독 또는 지원을 받아 운송하여야 하는 위험물에는 알킬알루미늄, 알킬리튬 및 알킬알루미늄 또는 알킬리튬의 물질을 함유하는 위험물이 있다.

✅ **확인학습** 운송책임자의 감독·지원을 받아 운송하여야 하는 위험물
1. 알킬알루미늄
2. 알킬리튬
3. 1. 또는 2.의 물질을 함유하는 위험물

03 난이도 ●○○ 답 ③

운송책임자의 감독·지원을 받아 운송하여야 하는 위험물에 나트륨은 해당하지 않는다.

04 난이도 ●●○ 답 ①

(대통령령)이 정하는 위험물의 운송에 있어서는 운송책임자(위험물 운송의 감독 또는 지원을 하는 자를 말한다. 이하 같다)의 감독 또는 지원을 받아 이를 운송하여야 한다. 운송책임자의 범위, 감독 또는 지원의 방법 등에 관한 구체적인 기준은 (행정안전부령)으로 정한다.

05 난이도 ●○○   답 ①

운송책임자의 자격기준은, '당해 위험물의 취급에 관한 국가기술자격을 취득하고 관련 업무에 1년 이상 종사한 경력이 있는 자', '위험물의 운송에 관한 안전교육을 수료하고 관련 업무에 2년 이상 종사한 경력이 있는 자'가 해당된다.

제5장 감독 및 조치명령

POINT 133 위험물 누출 등의 사고조사 등

정답 p.215

| 01 | ① | 02 | ③ | 03 | ① |

01 난이도 ●●○   답 ①

소방청장, 소방본부장 또는 소방서장은 위험물의 누출·화재·폭발 등의 사고가 발생한 경우 사고의 원인 및 피해 등을 조사하여야 한다.

02 난이도 ●○○   답 ③

규정에 따른 출입·검사 등은 그 장소의 공개시간이나 근무시간 내 또는 해가 뜬 후부터 해가 지기 전까지의 시간내에 행하여야 한다. 다만, 건축물 그 밖의 공작물의 관계인의 승낙을 얻은 경우 또는 화재발생의 우려가 커서 긴급한 필요가 있는 경우에는 그러하지 아니하다.

03 난이도 ●●○   답 ①

사고조사위원회 위원장 1명을 포함하여 7명 이내의 위원으로 구성한다.

제6장 보칙

POINT 134 안전교육 등

정답 p.216

| 01 | ④ | 02 | ① | 03 | ④ | 04 | ④ |

01 난이도 ●○○   답 ④

자체소방대원으로 종사하는 자는 해당하지 않는다.

> **✓ 확인학습** 안전교육대상자
>
> 1. 안전관리자로 선임된 자
> 2. 탱크시험자의 기술인력으로 종사하는 자
> 3. 위험물 운반자로 종사하는 자
> 4. 위험물 운송자로 종사하는 자

02 난이도 ●○○   답 ①

위험물 제조소의 허가권자는 해당하지 않는다.

03 난이도 ●●○   답 ④

기술원 또는 한국소방안전원은 해당 연도 교육실시결과를 교육을 실시한 해의 다음 연도 1월 31일까지 소방청장에게 보고하여야 한다.

04 난이도 ●○○   답 ④

탱크시험자의 실무교육기관은 한국소방산업기술원이다.

> **✓ 확인학습** 강습교육

교육대상자	교육시간	교육시기	교육기관
안전관리자가 되려는 사람	24시간	최초 선임되기 전	안전원
위험물운반자가 되려는 사람	8시간	최초 종사하기 전	안전원
위험물운송자가 되려는 사람	16시간	최초 종사하기 전	안전원

> **✓ 확인학습** 실무교육

교육대상자	교육시간	교육시기	교육기관
안전관리자	8시간	가. 제조소등의 안전관리자로 선임된 날부터 6개월 이내 나. 가목에 따른 교육을 받은 후 2년마다 1회	안전원
위험물운반자	4시간	가. 위험물운반자로 종사한 날부터 6개월 이내 나. 가목에 따른 교육을 받은 후 3년마다 1회	안전원
위험물운송자	8시간	가. 이동탱크저장소의 위험물운송자로 종사한 날부터 6개월 이내 나. 가목에 따른 교육을 받은 후 3년마다 1회	안전원
탱크시험자의 기술인력	8시간	가. 탱크시험자의 기술인력으로 등록한 날부터 6개월 이내 나. 가목에 따른 교육을 받은 후 2년마다 1회	기술원

POINT 135 청문 및 권한의 위임·위탁

정답 p.217

| 01 | ① | 02 | ③ | 03 | ③ |

01 난이도 ●○○   답 ①

탱크시험자의 등록취소가 해당한다.

> ✅ **확인학습** 청문대상
> 1. 제12조의 규정에 따른 제조소등 설치허가의 취소
> 2. 제16조 제5항의 규정에 따른 탱크시험자의 등록취소

02 난이도 ●●●   답 ③

용량이 100만리터 이상인 액체위험물을 저장하는 탱크가 해당된다.

> ✅ **확인학습** 시·도지사 → 기술원 업무위탁 대상
> 1. 탱크안전성능검사 위탁(시·도지사 → 기술원)
>   - 용량이 100만리터 이상인 액체위험물을 저장하는 탱크
>   - 암반탱크
>   - 지하탱크저장소의 위험물탱크 중 행정안전부령으로 정하는 액체위험물탱크
> 2. 완공검사
>   - 지정수량의 1천배 이상의 위험물을 취급하는 제조소 또는 일반취급소의 설치 또는 변경(사용 중인 제조소 또는 일반취급소의 보수 또는 부분적인 증설은 제외한다)에 따른 완공검사
>   - 옥외탱크저장소(저장용량이 50만리터 이상인 것만 해당한다) 또는 암반탱크저장소의 설치 또는 변경에 따른 완공검사
> 3. 운반용기 검사

03 난이도 ●●●   답 ③

지정수량 100배 이상의 옥외저장소는 해당하지 않는다.

> ✅ **확인학습** 탱크안전성능검사 위탁(시·도지사 → 기술원)
> 1. 용량이 100만리터 이상인 액체위험물을 저장하는 탱크
> 2. 암반탱크
> 3. 지하탱크저장소의 위험물탱크 중 행정안전부령으로 정하는 액체위험물탱크

제7장 벌칙

POINT 136 벌칙 및 과태료

정답 p.218

| 01 | ④ | 02 | ③ | 03 | ① | 04 | ③ | 05 | ④ |
| 06 | ① | | | | | | | | |

01 난이도 ●●○   답 ④

위험물안전관리자 또는 그 대리자가 참여하지 아니한 상태에서 위험물을 취급한 자는 1천만원 이하의 벌금에 처한다.

| 선지분석 |
① 위험물의 저장 또는 취급에 관한 중요기준에 따르지 아니한 자: 1천500만원 이하의 벌금
② 변경허가를 받지 아니하고 제조소등을 변경한 자: 1천500만원 이하의 벌금
③ 제조소등의 사용정지명령을 위반한 자: 1천500만원 이하의 벌금

02 난이도 ●●○   답 ③

시·도지사는 제조소등에 대한 사용의 정지가 그 이용자에게 심한 불편을 주거나 그 밖에 공익을 해칠 우려가 있는 때에는 사용정지처분에 갈음하여 2억원 이하의 과징금을 부과할 수 있다.

> ✅ **확인학습** 과징금처분
> 1. 시·도지사는 제조소등에 대한 사용의 정지가 그 이용자에게 심한 불편을 주거나 그 밖에 공익을 해칠 우려가 있는 때에는 사용정지처분에 갈음하여 2억원 이하의 과징금을 부과할 수 있다.
> 2. 과징금을 부과하는 위반행위의 종별·정도 등에 따른 과징금의 금액 그 밖의 필요한 사항은 행정안전부령으로 정한다.
> 3. 시·도지사는 과징금을 납부하여야 하는 자가 납부기한까지 이를 납부하지 아니한 때에는 「지방행정제재·부과금의 징수 등에 관한 법률」에 따라 징수한다.

03 난이도 ●○○   답 ①

제조소등 또는 제6조 제1항에 따른 허가를 받지 않고 지정수량 이상의 위험물을 유출·방출 또는 확산시켜 사람의 생명·신체 또는 재산에 대하여 위험을 발생시킨 자는 1년 이상 10년 이하의 징역에 처한다.

> ✅ **확인학습** 제33조 벌칙
> 1. 제조소등 또는 제6조 제1항에 따른 허가를 받지 않고 지정수량 이상의 위험물을 유출·방출 또는 확산시켜 사람의 생명·신체 또는 재산에 대하여 위험을 발생시킨 자는 1년 이상 10년 이하의 징역에 처한다.
> 2. 1.의 규정에 따른 죄를 범하여 사람을 상해(傷害)에 이르게 한 때에는 무기 또는 3년 이상의 징역에 처하며, 사망에 이르게 한 때에는 무기 또는 5년 이상의 징역에 처한다.

04 난이도 ●●● 답 ③

ㄱ. 제조소등에서 위험물을 유출·방출 또는 확산시켜 사람을 상해(傷害)에 이르게 한 때에는 무기 또는 3년 이상의 징역에 처하며, 사망에 이르게 한 때에는 무기 또는 (5년) 이상의 징역에 처한다.
ㄴ. 업무상 과실로 제조소등 또는 제6조 제1항에 따른 허가를 받지 않고 지정수량 이상의 위험물을 유출·방출 또는 확산시켜 사람의 생명·신체 또는 재산에 대하여 위험을 발생시킨 자는 7년 이하의 (금고) 또는 7천만원 이하의 벌금에 처한다.

05 난이도 ●●○ 답 ④

위험물의 운반에 관한 세부기준에 따르지 아니한 자는 500만원 이하의 과태료 부과대상이다.

06 난이도 ●○○ 답 ①

과태료는 대통령령이 정하는 바에 따라 시·도지사, 소방본부장 또는 소방서장(부과권자)이 부과·징수한다.

제8장 위험물 제조소등의 위치·구조 및 설비의 기준

POINT 137 제조소

정답 p.219

01	①	02	④	03	①	04	②	05	③
06	①	07	④	08	①	09	④	10	③
11	④								

01 난이도 ●●○ 답 ①

제1류 위험물 중 알칼리금속의 과산화물과 이를 함유한 것은 "물기엄금"을 표시한다.
"물주의" 표시가 아니라 "물기엄금"이다.

> ✅ **확인학습** 제조소의 주의사항
> 1. 제1류 위험물 중 알칼리금속의 과산화물과 이를 함유한 것 또는 제3류 위험물 중 금수성 물질에 있어서는 "물기엄금"
> 2. 제2류 위험물(인화성 고체를 제외한다)에 있어서는 "화기주의"
> 3. 제2류 위험물 중 인화성 고체, 제3류 위험물 중 자연발화성 물질, 제4류 위험물 또는 제5류 위험물에 있어서는 "화기엄금"
> 4. 게시판의 색은 "물기엄금"을 표시하는 것에 있어서는 청색바탕에 백색문자로, "화기주의" 또는 "화기엄금"을 표시하는 것에 있어서는 적색바탕에 백색문자로 할 것

02 난이도 ●●● 답 ④

인화성고체에 있어서는 적색바탕에 백색문자로, "화기엄금"를 표시한다.

03 난이도 ●●○ 답 ①

환기는 자연배기방식으로 하여야 한다.

> ✅ **확인학습** 환기설비
> 1. 환기는 자연배기방식으로 할 것
> 2. 급기구는 당해 급기구가 설치된 실의 바닥면적 150㎡마다 1개 이상(급기구의 크기: 800㎠ 이상). 다만 바닥면적이 150㎡ 미만인 경우에는 다음의 크기로 하여야 한다.
>
> | 바닥면적 | 급기구의 면적 |
> | --- | --- |
> | 60㎡ 미만 | 150㎠ 이상 |
> | 60㎡ 이상 90㎡ 미만 | 300㎠ 이상 |
> | 90㎡ 이상 120㎡ 미만 | 450㎠ 이상 |
> | 120㎡ 이상 150㎡ 미만 | 600㎠ 이상 |
>
> 3. 급기구는 낮은 곳에 설치하고 가는 눈의 구리망 등으로 인화방지망을 설치할 것
> 4. 환기구는 지붕 위 또는 지상 2m 이상의 높이에 회전식 고정벤틸레이터 또는 루프팬방식으로 설치할 것

04 난이도 ●●● 답 ②

고인화점위험물은 인화점이 100℃ 이상인 제4류 위험물을 말한다.

05 난이도 ●●○ 답 ③

"위험물 제조소"라는 표시를 한 표지의 바탕은 백색으로, 문자는 흑색으로 하여야 한다.

> ✅ **확인학습** 제조소의 주의사항
>
> | 저장 또는 취급 위험물 | 주의사항 게시판 | 게시판의 색 |
> | --- | --- | --- |
> | • 제1류 위험물 중 알칼리금속의 과산화물
• 제3류 위험물 중 금수성 물질 | 물기엄금 | 청색바탕에 백색문자 |
> | 제2류 위험물(인화성 고체 제외) | 화기주의 | 적색바탕에 백색문자 |
> | • 제2류 위험물 중 인화성 고체
• 제3류 위험물 중 자연발화성 물질
• 제4류 위험물
• 제5류 위험물 | 화기엄금 | 적색바탕에 백색문자 |

> ✅ **확인학습** 안전거리의 적용 대상
> 1. 위험물 제조소(제6류 위험물을 취급하는 제조소 제외)
> 2. 일반취급소
> 3. 옥내저장소
> 4. 옥외저장소
> 5. 옥외탱크저장소

06 난이도 ●●○　　답 ①

채광설비는 불연재료로 하고, 연소의 우려가 없는 장소에 설치하되 채광면적을 최소로 하여야 한다.

> ✅ **확인학습** 채광·조명 및 환기설비
> 1. 채광설비는 불연재료로 하고, 연소의 우려가 없는 장소에 설치하되 채광면적을 최소로 할 것
> 2. 조명설비는 다음의 기준에 적합하게 설치할 것
>   - 가연성 가스 등이 체류할 우려가 있는 장소의 조명등은 방폭등으로 할 것
>   - 전선은 내화·내열전선으로 할 것
>   - 점멸스위치는 출입구 바깥부분에 설치할 것. 다만, 스위치의 스파크로 인한 화재·폭발의 우려가 없을 경우에는 그러하지 아니하다.
> 3. 환기는 자연배기방식으로 할 것

07 난이도 ●●●　　답 ④

위험물을 취급하는 건축물의 창 및 출입구에 유리를 이용하는 경우에는 망입유리(두꺼운 판유리에 철망을 넣은 것)로 하여야 한다.

> ✅ **확인학습** 제조소의 건축물 구조
> 1. 지하층이 없도록 하여야 한다. 다만, 위험물을 취급하지 아니하는 지하층으로서 위험물의 취급장소에서 새어나온 위험물 또는 가연성의 증기가 흘러 들어갈 우려가 없는 구조로 된 경우에는 그러하지 아니하다.
> 2. 벽·기둥·바닥·보·서까래 및 계단을 불연재료로 하고, 연소(延燒)의 우려가 있는 외벽(소방청장이 정하여 고시하는 것에 한한다. 이하 같다)은 출입구 외의 개구부가 없는 내화구조의 벽으로 하여야 한다. 이 경우 제6류 위험물을 취급하는 건축물에 있어서 위험물이 스며들 우려가 있는 부분에 대하여는 아스팔트 그 밖에 부식되지 아니하는 재료로 피복하여야 한다.
> 3. 지붕(작업공정상 제조기계시설 등이 2층 이상에 연결되어 설치된 경우에는 최상층의 지붕을 말한다)은 폭발력이 위로 방출될 정도의 가벼운 불연재료로 덮어야 한다. 다만, 위험물을 취급하는 건축물이 다음에 해당하는 경우에는 그 지붕을 내화구조로 할 수 있다.
>   - 제2류 위험물(분말상태의 것과 인화성고체를 제외한다), 제4류 위험물 중 제4석유류·동식물유류 또는 제6류 위험물을 취급하는 건축물인 경우
>   - 다음의 기준에 적합한 밀폐형 구조의 건축물인 경우
>   - 발생할 수 있는 내부의 과압(過壓) 또는 부압(負壓)에 견딜 수 있는 철근콘크리트조일 것
>   - 외부화재에 90분 이상 견딜 수 있는 구조일 것
> 4. 출입구와 「산업안전보건기준에 관한 규칙」 제17조에 따라 설치하여야 하는 비상구에는 갑종방화문 또는 을종방화문을 설치하되, 연소의 우려가 있는 외벽에 설치하는 출입구에는 수시로 열 수 있는 자동폐쇄식의 갑종방화문을 설치하여야 한다.
> 5. 위험물을 취급하는 건축물의 창 및 출입구에 유리를 이용하는 경우에는 망입유리(두꺼운 판유리에 철망을 넣은 것)로 하여야 한다.
> 6. 액체의 위험물을 취급하는 건축물의 바닥은 위험물이 스며들지 못하는 재료를 사용하고, 적당한 경사를 두어 그 최저부에 집유설비를 하여야 한다.

08 난이도 ●●●　　답 ①

제조소의 환기는 자연배기방식으로 하여야 한다.

09 난이도 ●○○　　답 ④

제조소의 정전기 제거설비로 배풍기 강제배기 방법은 해당하지 않는다.

> ✅ **확인학습** 정전기 제거설비의 제거 방법
> 1. 접지에 의한 방법
> 2. 공기 중의 상대습도를 70% 이상으로 하는 방법
> 3. 공기를 이온화하는 방법

10 난이도 ●○○　　답 ③

극장으로부터 30m 이상의 안전거리를 확보하여야 한다.

> ✅ **확인학습** 안전거리
> 1. 건축물 그 밖의 공작물로서 주거용으로 사용되는 것(제조소가 설치된 부지내에 있는 것을 제외한다): 10m 이상
> 2. 학교·병원·극장 그 밖에 다수인을 수용하는 시설: 30m 이상
> 3. 유형문화재와 기념물 중 지정문화재: 50m 이상
> 4. 고압가스, 액화석유가스 또는 도시가스를 저장 또는 취급하는 시설: 20m 이상.
> 5. 사용전압이 7,000V 초과 35,000V 이하의 특고압가공전선: 3m 이상
> 6. 사용전압이 35,000V를 초과하는 특고압가공전선에 있어서는 5m 이상

11 난이도 ●●○　　답 ④

제조소의 위치·구조 및 설비의 기준에 근거하여 취급하는 위험물의 최대수량이 지정수량의 20배인 경우, 제조소 주위에 보유하여야 하는 공지의 너비는 5m 이상으로 하여야 한다.

> ✅ **확인학습** 제조소의 보유공지
>
> | 취급하는 위험물의 최대수량 | 공지의 너비 |
> | --- | --- |
> | 지정수량의 10배 이하 | 3m 이상 |
> | 지정수량의 10배 초과 | 5m 이상 |

POINT 138 옥외탱크저장소

정답

01	①	02	①	03	③	04	③	05	③
06	③	07	②	08	①				

01 난이도 ●●●　　답 ①

방유제는 높이 0.5m 이상 3m 이하로 한다.

✅ **확인학습** 방유제 설치 기준(단서조항을 제외한 요약내용)

제3류, 제4류 및 제5류 위험물 중 인화성이 있는 액체(이황화탄소를 제외한다)의 옥외탱크저장소의 탱크

1. 방유제의 용량은 방유제안에 설치된 탱크가 하나인 때에는 그 탱크 용량의 110% 이상, 2기 이상인 때에는 그 탱크 중 용량이 최대인 것의 용량의 110% 이상으로 할 것
2. 방유제는 높이 0.5m 이상 3m 이하, 두께 0.2m 이상, 지하매설깊이 1m 이상으로 할 것
3. 방유제 내의 면적은 8만㎡ 이하로 할 것
4. 방유제 내에 설치하는 옥외저장탱크의 수는 10이하로 할 것. 다만, 인화점이 200℃ 이상인 위험물을 저장 또는 취급하는 옥외저장탱크에 있어서는 그러하지 아니하다.
5. 방유제 외면의 2분의 1 이상은 자동차 등이 통행할 수 있는 3m 이상의 노면폭을 확보한 구내도로에 직접 접하도록 할 것
6. 방유제는 옥외저장탱크의 지름에 따라 그 탱크의 옆판으로부터 다음에 정하는 거리를 유지할 것
   - 지름이 15m 미만인 경우에는 탱크 높이의 3분의 1 이상
   - 지름이 15m 이상인 경우에는 탱크 높이의 2분의 1 이상
7. 방유제는 철근콘크리트로 하고, 방유제와 옥외저장탱크 사이의 지표면은 불연성과 불침윤성이 있는 구조(철근콘크리트 등)로 할 것
8. 용량이 1,000만ℓ 이상인 옥외저장탱크의 주위에 설치하는 방유제에는 다음의 규정에 따라 당해 탱크마다 간막이 둑을 설치할 것
   - 간막이 둑의 높이는 0.3m(방유제 내에 설치되는 옥외저장탱크의 용량의 합계가 2억ℓ를 넘는 방유제에 있어서는 1m)이상으로 하되, 방유제의 높이보다 0.2m 이상 낮게 할 것
   - 간막이 둑은 흙 또는 철근콘크리트로 할 것
   - 간막이 둑의 용량은 간막이 둑안에 설치된 탱크의 용량의 10% 이상일 것
9. 방유제에는 그 내부에 고인 물을 외부로 배출하기 위한 배수구를 설치하고 이를 개폐하는 밸브 등을 방유제의 외부에 설치할 것
10. 높이가 1m를 넘는 방유제 및 간막이 둑의 안팎에는 방유제 내에 출입하기 위한 계단 또는 경사로를 약 50m마다 설치할 것
11. 용량이 50만리터 이상인 옥외탱크저장소가 해안 또는 강변에 설치되어 방유제 외부로 누출된 위험물이 바다 또는 강으로 유입될 우려가 있는 경우에는 해당 옥외탱크저장소가 설치된 부지 내에 전용 유조(專用油槽) 등 누출위험물 수용설비를 설치할 것

02 난이도 ●●○   답 ①

저장 또는 취급하는 위험물의 최대수량이 지정수량의 500배 이하인 경우 보유 공지너비는 3m 이상으로 해야 한다.

03 난이도 ●●●   답 ③

가. 지정수량의 650배를 저장하는 옥외탱크저장소의 보유공지는 (5)m 이상이다.
나. 펌프설비의 주위에는 너비 (3)m 이상의 공지를 보유해야 한다. 다만, 방화상 유효한 격벽을 설치하는 경우와 제6류 위험물 또는 지정수량의 (10)배 이하 위험물의 옥외저장탱크의 펌프설비에 있어서는 그러하지 아니하다.

✅ **확인학습** 옥외저장탱크의 펌프설비

1. 펌프설비의 주위에는 너비 3m 이상의 공지를 보유할 것. 다만, 방화상 유효한 격벽을 설치하는 경우와 제6류 위험물 또는 지정수량의 10배 이하 위험물의 옥외저장탱크의 펌프설비에 있어서는 그러하지 아니하다.
2. 펌프설비로부터 옥외저장탱크까지의 사이에는 당해 옥외저장탱크의 보유공지 너비의 3분의 1 이상의 거리를 유지할 것
3. 펌프설비는 견고한 기초 위에 고정할 것
4. 펌프 및 이에 부속하는 전동기를 위한 건축물 그 밖의 공작물(이하 "펌프실"이라 한다)의 벽·기둥·바닥 및 보는 불연재료로 할 것
5. 펌프실의 지붕을 폭발력이 위로 방출될 정도의 가벼운 불연재료로 할 것
6. 펌프실의 창 및 출입구에는 갑종방화문 또는 을종방화문을 설치할 것
7. 펌프실의 창 및 출입구에 유리를 이용하는 경우에는 망입유리로 할 것
8. 펌프실의 바닥의 주위에는 높이 0.2m 이상의 턱을 만들고 바닥은 콘크리트 등 위험물이 스며들지 아니하는 재료로 적당히 경사지게 하여 그 최저부에는 집유설비를 설치할 것
9. 펌프실에는 위험물을 취급하는데 필요한 채광, 조명 및 환기의 설비를 설치할 것
10. 가연성 증기가 체류할 우려가 있는 펌프실에는 그 증기를 옥외의 높은 곳으로 배출하는 설비를 설치할 것
11. 펌프실외의 장소에 설치하는 펌프설비에는 그 직하의 지반면의 주위에 높이 0.15m 이상의 턱을 만들고 당해 지반면은 콘크리트 등 위험물이 스며들지 아니하는 재료로 적당히 경사지게 하여 그 최저부에는 집유설비를 할 것. 이 경우 제4류 위험물(온도 20℃의 물 100g에 용해되는 양이 1g 미만인 것에 한한다)을 취급하는 펌프설비에 있어서는 당해 위험물이 직접 배수구에 유입하지 아니하도록 집유설비에 유분리장치를 설치하여야 한다.

04 난이도 ●●●   답 ③

| 풀이식 |

1. 제4류 위험물 중 제1석유류(비수용성)의 지정수량: 200리터
2. 저장하는 위험물의 최대수량 400,000리터인 경우 지정수량의 배수 계산

$$지정수량의 배수: \frac{400,000리터}{200리터} = 2,000배$$

3. 지정수량의 1,000배 초과 2,000배 이하인 경우: 9m 이상
4. 기준에 적합한 물분무설비에 의한 방호조치 여부(있는 경우 → 공지단축 옥외저장탱크에 적합한 물분무설비로 방호조치를 하는 경우에는 그 보유공지를 규정에 의한 보유공지의 2분의 1 이상의 너비(최소 3m 이상)로 할 수 있다.)

따라서, 9m 이상 × 1/2 = 4.5m 이상으로 할 수 있다.

✅ **확인학습** 제4류 위험물(인화성 액체)

품명		지정수량
특수인화물		50L
제1석유류	비수용성 액체	200L
	수용성 액체	400L
알코올류		400L
제2석유류	비수용성 액체	1천L
	수용성 액체	2천L
제3석유류	비수용성 액체	2천L
	수용성 액체	4천L
제4석유류		6천L
동·식물유류		1만L

✅ 확인학습 옥외탱크저장소의 보유공지

저장 또는 취급하는 위험물의 최대수량	공지의 너비
지정수량의 500배 이하	3m 이상
지정수량의 500배 초과 1천배 이하	5m 이상
지정수량의 1천배 초과 2천배 이하	9m 이상
지정수량의 2천배 초과 3천배 이하	12m 이상
지정수량의 3천배 초과 4천배 이하	15m 이상
지정수량의 4천배 초과	당해 탱크의 수평단면의 최대지름(가로형인 경우에는 긴 변)과 높이 중 큰 것과 같은 거리 이상. 다만, 30m 초과의 경우에는 30m 이상으로 할 수 있고, 15m 미만의 경우에는 15m 이상으로 하여야 한다.

✅ 확인학습 공지단축 옥외저장탱크

공지단축 옥외저장탱크에 적합한 물분무설비로 방호조치를 하는 경우에는 그 보유공지를 제1호의 규정에 의한 보유공지의 2분의 1 이상의 너비(최소 3m 이상)로 할 수 있다. 이 경우 공지단축 옥외저장탱크의 화재시 1㎡당 20kW 이상의 복사열에 노출되는 표면을 갖는 인접한 옥외저장탱크가 있으면 당해 표면에도 다음의 기준에 적합한 물분무설비로 방호조치를 함께하여야 한다.

- 탱크의 표면에 방사하는 물의 양은 탱크의 원주길이 1m에 대하여 분당 37ℓ이상으로 할 것
- 수원의 양은 가목의 규정에 의한 수량으로 20분 이상 방사할 수 있는 수량으로 할 것
- 탱크에 보강링이 설치된 경우에는 보강링의 아래에 분무헤드를 설치하되, 분무헤드는 탱크의 높이 및 구조를 고려하여 분무가 적정하게 이루어 질 수 있도록 배치할 것
- 물분무소화설비의 설치기준에 준할 것

05 난이도 ●●● 답 ③

옥외저장탱크의 배수관은 탱크의 옆판에 설치하여야 한다. 다만, 탱크와 배수관과의 결합부분이 지진 등에 의하여 손상을 받을 우려가 없는 방법으로 배수관을 설치하는 경우에는 탱크의 밑판에 설치할 수 있다.

06 난이도 ●●● 답 ③

높이가 1m를 넘는 방유제 및 간막이 둑의 안팎에는 방유제 내에 출입하기 위한 계단 또는 경사로를 약 50m마다 설치하여야 한다.

07 난이도 ●●● 답 ②

저장 또는 취급하는 위험물의 최대수량이 500배를 초과하여 600배일 경우 보유공지의 너비는 5m 이상이어야 한다.

08 난이도 ●●○ 답 ①

옥외탱크저장소의 밸브 없는 통기관의 직경은 30mm 이상이어야 한다.

POINT 139 지하탱크저장소

정답 p.224

01	④	02	①

01 난이도 ●●○ 답 ④

상부는 물이 침투하지 아니하는 구조로 하고, 뚜껑은 검사 후에 쉽게 열 수 있도록 하여야 한다.

✅ 확인학습 지하저장탱크

1. 이중관으로 할 것. 다만, 소공이 없는 상부는 단관으로 할 수 있다.
2. 재료는 금속관 또는 경질합성수지관으로 할 것
3. 관은 탱크전용실의 바닥 또는 탱크의 기초까지 닿게 할 것
4. 관의 밑부분으로부터 탱크의 중심 높이까지의 부분에는 소공이 뚫려 있을 것. 다만, 지하수위가 높은 장소에 있어서는 지하수위 높이까지의 부분에 소공이 뚫려 있어야 한다.
5. 상부는 물이 침투하지 아니하는 구조로 하고, 뚜껑은 검사시에 쉽게 열 수 있도록 할 것

02 난이도 ●●● 답 ①

당해 탱크의 주위에 마른 모래 또는 습기 등에 의하여 응고되지 아니하는 입자지름 5mm 이하의 마른 자갈분을 채워야 한다.

POINT 140 이동탱크저장소

정답 p.225

01	④

01 난이도 ●●● 답 ④

이동저장탱크는 그 내부에 (4,000)L 이하마다 (3.2)mm 이상의 강철판 또는 이와 동등 이상의 강도·내열성 및 내식성이 있는 금속성의 것으로 칸막이를 설치하여야 한다.

✅ 확인학습 이동저장탱크의 구조

1. 이동저장탱크의 구조는 다음의 기준에 의하여야 한다.
   - 탱크(맨홀 및 주입관의 뚜껑을 포함한다)는 두께 3.2mm 이상의 강철판 또는 이와 동등 이상의 강도·내식성 및 내열성이 있다고 인정하여 소방청장이 정하여 고시하는 재료 및 구조로 위험물이 새지 아니하게 제작할 것
   - 압력탱크(최대상용압력이 46.7kPa 이상인 탱크를 말한다) 외의 탱크는 70kPa의 압력으로, 압력탱크는 최대상용압력의 1.5배의 압력으로 각각 10분간의 수압시험을 실시하여 새거나 변형되지 아니할 것. 이 경우 수압시험은 용접부에 대한 비파괴시험과 기밀시험으로 대신할 수 있다.
2. 이동저장탱크는 그 내부에 4,000ℓ 이하마다 3.2mm 이상의 강철판 또는 이와 동등 이상의 강도·내열성 및 내식성이 있는 금속성의 것으로 칸막이를 설치하여야 한다. 다만, 고체인 위험물을 저장하거나 고체인 위험물을 가열하여 액체 상태로 저장하는 경우에는 그러하지 아니하다.

POINT 141 옥내저장소

정답 p.226

01	③

01 난이도 ●●● 답 ③

지정수량의 10배 초과 20배 이하 보유공지는 5m 이상을 띄운다.

✓ 확인학습 옥외저장소의 보유공지

저장 또는 취급하는 위험물의 최대수량	공지의 너비
지정수량의 10배 이하	3m 이상
지정수량의 10배 초과 20배 이하	5m 이상
지정수량의 20배 초과 50배 이하	9m 이상
지정수량의 50배 초과 200배 이하	12m 이상
지정수량의 200배 초과	15m 이상

POINT 142 주유취급소

정답 p.227

01	④	02	④	03	①	04	①	05	④
06	③	07	③						

01 난이도 ●●○ 답 ④

고정주유설비 또는 고정급유설비의 주관의 길이 5m 이내로 한다.

| 선지분석 |
① [×] 주유를 받으려는 자동차 등이 출입할 수 있도록 너비 15m 이상, 길이 6m 이상의 콘크리트 등으로 포장한 공지를 보유하여야 한다.
② [×] 주유취급소의 주위에는 자동차 등이 출입하는 쪽 외의 부분에 높이 2m 이상의 내화구조 또는 불연재료의 담 또는 벽을 설치하여야 한다.
③ [×] 황색 바탕에 흑색 문자로 "주유중엔진정지"라는 표시를 한 게시판을 설치하여야 한다.

02 난이도 ●●● 답 ④

고정주유설비는 고정주유설비의 중심선을 기점으로 하여 도로경계선까지 (4)m 이상의 거리를 유지할 것

✓ 확인학습 고정주유설비 또는 고정급유설비
1. 고정주유설비의 중심선을 기점으로 하여 도로경계선까지 4m 이상, 부지경계선·담 및 건축물의 벽까지 2m(개구부가 없는 벽까지는 1m) 이상의 거리를 유지하고, 고정급유설비의 중심선을 기점으로 하여 도로경계선까지 4m 이상, 부지경계선 및 담까지 1m 이상, 건축물의 벽까지 2m(개구부가 없는 벽까지는 1m) 이상의 거리를 유지할 것
2. 고정주유설비와 고정급유설비의 사이에는 4m 이상의 거리를 유지할 것

03 난이도 ●●○ 답 ①

주유노즐은 자동차 등의 연료탱크가 가득 찬 경우 자동적으로 정지시키는 구조이어야 한다.

✓ 확인학습 셀프용 고정주유설비의 기준
1. 주유호스의 선단부에 수동개폐장치를 부착한 주유노즐을 설치할 것. 다만, 수동개폐장치를 개방한 상태로 고정시키는 장치가 부착된 경우에는 다음의 기준에 적합하여야 한다.
   • 주유작업을 개시함에 있어서 주유노즐의 수동개폐장치가 개방상태에 있는 때에는 당해 수동개폐장치를 일단 폐쇄시켜야만 다시 주유를 개시할 수 있는 구조로 할 것
   • 주유노즐이 자동차 등의 주유구로부터 이탈된 경우 주유를 자동적으로 정지시키는 구조일 것
2. 주유노즐은 자동차 등의 연료탱크가 가득 찬 경우 자동적으로 정지시키는 구조일 것
3. 주유호스는 200kg 중 이하의 하중에 의하여 파단(破斷) 또는 이탈되어야 하고, 파단 또는 이탈된 부분으로부터의 위험물 누출을 방지할 수 있는 구조일 것
3. 주유호스는 200kg 중 이하의 하중에 의하여 파단(破斷) 또는 이탈되어야 하고, 파단 또는 이탈된 부분으로부터의 위험물 누출을 방지할 수 있는 구조일 것
4. 휘발유와 경유 상호간의 오인에 의한 주유를 방지할 수 있는 구조일 것
5. 1회의 연속주유량 및 주유시간의 상한을 미리 설정할 수 있는 구조일 것. 이 경우 주유량의 상한은 휘발유는 100L 이하, 경유는 200L 이하로 하며, 주유시간의 상한은 4분 이하로 한다.

04 난이도 ●●○ 답 ①

공지의 바닥은 주위 지면보다 높게 한다.

✓ 확인학습 주유공지 및 급유공지
1. 주유취급소의 고정주유설비의 주위에는 주유를 받으려는 자동차 등이 출입할 수 있도록 너비 15m 이상, 길이 6m 이상의 콘크리트 등으로 포장한 공지(주유공지)를 보유하여야 하고, 고정급유설비를 설치하는 경우에는 고정급유설비의 호스기기의 주위에 필요한 공지(이하 "급유공지"라 한다)를 보유하여야 한다.
2. 공지의 바닥은 주위 지면보다 높게 하고, 그 표면을 적당하게 경사지게 하여 새어나온 기름 그 밖의 액체가 공지의 외부로 유출되지 아니하도록 배수구·집유설비 및 유분리장치를 하여야 한다.
   • 고정주유설비: 펌프기기 및 호스기기로 되어 위험물을 자동차등에 직접 주유하기 위한 설비로서 현수식의 것을 포함한다.
   • 고정급유설비: 펌프기기 및 호스기기로 되어 위험물을 용기에 옮겨 담거나 이동저장탱크에 주입하기 위한 설비로서 현수식의 것을 포함한다.

05 난이도 ●●● 답 ④

주유취급소에는 고정주유설비의 주위에 주유를 받으려는 자동차 등이 출입할 수 있도록 너비 15m 이상, 길이 6m 이상의 콘크리트 등으로 포장한 공지를 보유하여야 한다.

06 난이도 ●●○ 답 ③

게시판은 황색 바탕에 흑색 문자로 "주유중엔진정지" 표시를 한다.

07 난이도 ●●○ 답 ③

볼링장·다수가 이용하는 체육시설은 주유취급소에서 설치 가능한 시설에 해당하지 않는다.

> ✅ **확인학습** 건축물 등의 제한(설치 가능한 건축물 및 시설)
> 1. 주유 또는 등유·경유를 옮겨 담기 위한 작업장
> 2. 주유취급소의 업무를 행하기 위한 사무소
> 3. 자동차 등의 점검 및 간이정비를 위한 작업장
> 4. 자동차 등의 세정을 위한 작업장
> 5. 주유취급소에 출입하는 사람을 대상으로 한 점포·휴게음식점 또는 전시장
> 6. 주유취급소의 관계자가 거주하는 주거시설
> 7. 전기자동차용 충전설비
> 8. 그 밖의 소방청장이 정하여 고시하는 건축물 또는 시설

POINT 143 이송취급소 등

정답 p.229

| 01 | ④ | 02 | ② |

01 난이도 ●●● 답 ④

배관의 하부에는 사질토 또는 모래로 20cm(자동차 등의 하중이 없는 경우에는 10cm) 이상, 배관의 상부에는 사질토 또는 모래로 30cm (자동차 등의 하중에 없는 경우에는 20cm) 이상 채울 것

02 난이도 ●○○ 답 ②

- 제1종 판매취급소: 저장 또는 취급하는 위험물의 수량이 지정수량의 20배 이하인 판매취급소
- 제2종 판매취급소: 저장 또는 취급하는 위험물의 수량이 지정수량의 40배 이하인 판매취급소

POINT 144 소화설비, 경보설비 및 피난설비의 기준

정답 p.230

| 01 | ② | 02 | ① |

01 난이도 ●●● 답 ②

저장소의 건축물은 외벽이 내화구조인 것은 연면적 150㎡를 1소요단위로 하고, 외벽이 내화구조가 아닌 것은 연면적 75㎡를 1소요단위로 할 것

> ✅ **확인학습** 소화설비의 설치기준(규칙 [별표 17])
> 1. 전기설비의 소화설비: 제조소등에 전기설비(전기배선, 조명기구 등은 제외한다)가 설치된 경우에는 당해 장소의 면적 100㎡마다 소형수동식소화기를 1개 이상 설치할 것
> 2. 소요단위의 계산방법
>   1) 제조소 또는 취급소의 건축물은 외벽이 내화구조인 것은 연면적 100㎡를 1소요단위로 하며, 외벽이 내화구조가 아닌 것은 연면적 50㎡를 1소요단위로 할 것
>   2) 저장소의 건축물은 외벽이 내화구조인 것은 연면적 150㎡를 1소요단위로 하고, 외벽이 내화구조가 아닌 것은 연면적 75㎡를 1소요단위로 할 것
>   3) 제조소등의 옥외에 설치된 공작물은 외벽이 내화구조인 것으로 간주하고 공작물의 최대수평투영면적을 연면적으로 간주하여 1) 및 2)의 규정에 의하여 소요단위를 산정할 것
>   4) 위험물은 지정수량의 10배를 1소요단위로 할 것

> ✅ **확인학습** 옥내소화전설비의 설치기준은 다음의 기준에 의할 것
> 1. 옥내소화전은 제조소등의 건축물의 층마다 당해 층의 각 부분에서 하나의 호스접속구까지의 수평거리가 25m 이하가 되도록 설치할 것. 이 경우 옥내소화전은 각층의 출입구 부근에 1개 이상 설치하여야 한다.
> 2. 수원의 수량은 옥내소화전이 가장 많이 설치된 층의 옥내소화전 설치개수(설치개수가 5개 이상인 경우는 5개)에 7.8㎥를 곱한 양 이상이 되도록 설치할 것
> 3. 옥내소화전설비는 각층을 기준으로 하여 당해 층의 모든 옥내소화전(설치개수가 5개 이상인 경우는 5개의 옥내소화전)을 동시에 사용할 경우에 각 노즐끝부분의 방수압력이 350kPa 이상이고 방수량이 1분당 260ℓ 이상의 성능이 되도록 할 것
> 4. 옥내소화전설비에는 비상전원을 설치할 것

02 난이도 ●●● 답 ①

| 선지분석 |
① [×] 일반취급소: 연면적 1,000제곱미터 이상인 것이 해당한다.
② [○] 옥내저장소: 처마높이가 6미터인 단층건물의 경우
③ [○] 옥외탱크저장소: 지정수량의 100배의 고체위험물을 저장하는 경우
④ [○] 암반탱크저장소: 지정수량의 100배의 고체위험물만을 저장하는 경우

✅ **확인학습** 소화난이도등급 Ⅰ에 해당하는 제조소등

구분	제조소등의 규모, 저장 또는 취급하는 위험물의 품명 및 최대수량 등
제조소 일반취급소	연면적 1,000㎡ 이상인 것
	지정수량의 100배 이상인 것(고인화점위험물만을 100℃ 미만의 온도에서 취급하는 것 및 제48조의 위험물을 취급하는 것은 제외)
	지반면으로부터 6m 이상의 높이에 위험물 취급설비가 있는 것(고인화점위험물만을 100℃ 미만의 온도에서 취급하는 것은 제외)
	일반취급소로 사용되는 부분 외의 부분을 갖는 건축물에 설치된 것(내화구조로 개구부 없이 구획 된 것, 고인화점위험물만을 100℃ 미만의 온도에서 취급하는 것 및 별표 16 X의2의 화학실험의 일반취급소는 제외)
옥내저장소	지정수량의 150배 이상인 것(고인화점위험물만을 저장하는 것 및 제48조의 위험물을 저장하는 것은 제외)
	연면적 150㎡를 초과하는 것(150㎡ 이내마다 불연재료로 개구부없이 구획된 것 및 인화성고체 외의 제2류 위험물 또는 인화점 70℃ 이상의 제4류 위험물만을 저장하는 것은 제외)
	처마높이가 6m 이상인 단층건물의 것
	옥내저장소로 사용되는 부분 외의 부분이 있는 건축물에 설치된 것(내화구조로 개구부없이 구획된 것 및 인화성고체 외의 제2류 위험물 또는 인화점 70℃ 이상의 제4류 위험물만을 저장하는 것은 제외)
옥외탱크 저장소	액표면적이 40㎡ 이상인 것(제6류 위험물을 저장하는 것 및 고인화점위험물만을 100℃ 미만의 온도에서 저장하는 것은 제외)
	지반면으로부터 탱크 옆판의 상단까지 높이가 6m 이상인 것(제6류 위험물을 저장하는 것 및 고인화점위험물만을 100℃ 미만의 온도에서 저장하는 것은 제외)
	지중탱크 또는 해상탱크로서 지정수량의 100배 이상인 것(제6류 위험물을 저장하는 것 및 고인화점위험물만을 100℃ 미만의 온도에서 저장하는 것은 제외)
	고체위험물을 저장하는 것으로서 지정수량의 100배 이상인 것
암반탱크 저장소	액표면적이 40㎡ 이상인 것(제6류 위험물을 저장하는 것 및 고인화점위험물만을 100℃ 미만의 온도에서 저장하는 것은 제외)
	고체위험물을 저장하는 것으로서 지정수량의 100배 이상인 것

POINT 145 위험물의 저장 및 취급에 관한 기준

정답   p.231

| 01 | ① | 02 | ③ |

01 난이도 ●●○   답 ①

제1류 위험물은 가연물과의 접촉·혼합이나 분해를 촉진하는 물품과의 접근 또는 과열·충격·마찰 등을 피하는 한편, 알카리금속의 과산화물 및 이를 함유한 것에 있어서는 물과의 접촉을 피하여야 한다.

| 선지분석 |
② [×] 제3류 위험물 중 자연발화성물질에 있어서는 불티·불꽃 또는 고온체와의 접근·과열 또는 공기와의 접촉을 피하고, 금수성물질에 있어서는 물과의 접촉을 피하여야 한다.

③ [×] 제2류 위험물은 산화제와의 접촉·혼합이나 불티·불꽃·고온체와의 접근 또는 과열을 피하는 한편, 철분·금속분·마그네슘 및 이를 함유한 것에 있어서는 물이나 산과의 접촉을 피하고 인화성고체에 있어서는 함부로 증기를 발생시키지 아니하여야 한다.

④ [×] 제6류 위험물은 가연물과의 접촉·혼합이나 분해를 촉진하는 물품과의 접근 또는 과열을 피하여야 한다.

✅ **확인학습** 위험물의 유별 저장·취급의 공통기준(중요기준)
1. 제1류 위험물은 가연물과의 접촉·혼합이나 분해를 촉진하는 물품과의 접근 또는 과열·충격·마찰 등을 피하는 한편, 알카리금속의 과산화물 및 이를 함유한 것에 있어서는 물과의 접촉을 피하여야 한다.
2. 제2류 위험물은 산화제와의 접촉·혼합이나 불티·불꽃·고온체와의 접근 또는 과열을 피하는 한편, 철분·금속분·마그네슘 및 이를 함유한 것에 있어서는 물이나 산과의 접촉을 피하고 인화성 고체에 있어서는 함부로 증기를 발생시키지 아니하여야 한다.
3. 제3류 위험물 중 자연발화성물질에 있어서는 불티·불꽃 또는 고온체와의 접근·과열 또는 공기와의 접촉을 피하고, 금수성물질에 있어서는 물과의 접촉을 피하여야 한다.
4. 제4류 위험물은 불티·불꽃·고온체와의 접근 또는 과열을 피하고, 함부로 증기를 발생시키지 아니하여야 한다.
5. 제5류 위험물은 불티·불꽃·고온체와의 접근이나 과열·충격 또는 마찰을 피하여야 한다.
6. 제6류 위험물은 가연물과의 접촉·혼합이나 분해를 촉진하는 물품과의 접근 또는 과열을 피하여야 한다.
7. 1.~6.의 기준은 위험물을 저장 또는 취급함에 있어서 당해의 기준에 의하지 아니하는 것이 통상인 경우는 적용하지 아니한다. 이 경우 당해 저장 또는 취급에 대하여는 재해의 발생을 방지하기 위한 충분한 조치를 강구하여야 한다.

02 난이도 ●●●   답 ③

옥외저장소에서 위험물을 수납한 용기를 선반에 저장하는 경우에는 6m를 초과하여 저장하지 아니하여야 한다.

✅ **확인학습** 저장의 기준(규칙 [별표 18])
1. 저장소에는 위험물 외의 물품을 저장하지 아니하여야 한다.
2. 영 별표 1의 유별을 달리하는 위험물은 동일한 저장소에 저장하지 아니하여야 한다.
3. 제3류 위험물 중 황린, 그 밖에 물속에 저장하는 물품과 금수성물질은 동일한 저장소에서 저장하지 아니하여야 한다(중요기준).
4. 옥내저장소에 있어서 위험물은 규정에 의한 바에 따라 용기에 수납하여 저장하여야 한다.
5. 옥내저장소에서 동일 품명의 위험물이더라도 자연발화할 우려가 있는 위험물 또는 재해가 현저하게 증대할 우려가 있는 위험물을 다량 저장하는 경우에는 지정수량의 10배 이하마다 구분하여 상호간 0.3m 이상의 간격을 두어 저장하여야 한다.
6. 옥내저장소에서는 용기에 수납하여 저장하는 위험물의 온도가 55℃를 넘지 아니하도록 필요한 조치를 강구하여야 한다(중요기준).
7. 옥외저장소에서 위험물을 수납한 용기를 선반에 저장하는 경우에는 6m를 초과하여 저장하지 아니하여야 한다.
8. 황을 용기에 수납하지 아니하고 저장하는 옥외저장소에서는 황을 경계표시의 높이 이하로 저장하고, 황이 넘치거나 비산하는 것을 방지할 수 있도록 경계표시 내부의 전체를 난연성 또는 불연성의 천막 등으로 덮고 당해 천막 등을 경계표시에 고정하여야 한다.
9. 보냉장치가 있는 이동저장탱크에 저장하는 아세트알데하이드등 또는 다이에틸에터등의 온도는 당해 위험물의 비점 이하로 유지할 것
10. 보냉장치가 없는 이동저장탱크에 저장하는 아세트알데하이드등 또는 다이에틸에터등의 온도는 40℃ 이하로 유지할 것

POINT 146 위험물 운반에 관한 기준

정답
p.232

01	②	02	④	03	④	04	⑤	05	①
06	③	07	②	08	①				

01 난이도 ●●○ 답 ②

위험등급 Ⅱ에 해당하는 것은 제2류 위험물 중 적린이다.

| 선지분석 |
① [×] 제3류 위험물 중 칼륨은 위험등급 Ⅰ이다.
③ [×] 제4류 위험물 중 특수인화물은 위험등급 Ⅰ이다.
④ [×] 제1류 위험물 중 무기과산화물은 위험등급 Ⅰ이다.

✓ 확인학습 위험등급

1. 위험등급 Ⅰ의 위험물
   - 제1류 위험물 중 아염소산염류, 염소산염류, 과염소산염류, 무기과산화물 그 밖에 지정수량이 50kg인 위험물
   - 제3류 위험물 중 칼륨, 나트륨, 알킬알루미늄, 알킬리튬, 황린 그 밖에 지정수량이 10kg 또는 20kg인 위험물
   - 제4류 위험물 중 특수인화물
   - 제5류 위험물 중 유기과산화물, 질산에스테르류(질산에스터류) 그 밖에 지정수량이 10kg인 위험물
   - 제6류 위험물
2. 위험등급 Ⅱ의 위험물
   - 제1류 위험물 중 브롬산염류(브로민산염류), 질산염류, 요오드산염류(아이오딘산염류) 그 밖에 지정수량이 300kg인 위험물
   - 제2류 위험물 중 황화린(황화인), 적린, 유황(황) 그 밖에 지정수량이 100kg인 위험물
   - 제3류 위험물 중 알칼리금속(칼륨 및 나트륨을 제외한다) 및 알칼리토금속, 유기금속화합물(알킬알루미늄 및 알킬리튬을 제외한다) 그 밖에 지정수량이 50kg인 위험물
   - 제4류 위험물 중 제1석유류 및 알코올류
   - 제5류 위험물 중 유기과산화물, 질산에스테르류(질산에스터류) 그 밖에 지정수량이 10kg인 위험물 외의 것
3. 위험등급 Ⅲ의 위험물: 1. ~ 2.에 정하지 아니한 위험물

02 난이도 ●●● 답 ④

자연발화물질 중 알킬알루미늄등은 운반용기 내용적의 90% 이하의 수납율로 수납하되, 50℃의 온도에서 5% 이상의 공간용적을 유지하도록 할 것

✓ 확인학습 적재방법

위험물은 다음의 기준에 따라 운반용기에 수납하여 적재하여야 한다. 다만, 덩어리 상태의 유황(황)을 운반하기 위하여 적재하는 경우 또는 위험물을 동일구내에 있는 제조소등의 상호간에 운반하기 위하여 적재하는 경우에는 그러하지 아니하다.
1. 위험물이 온도변화 등에 의하여 누설되지 아니하도록 운반용기를 밀봉하여 수납할 것. 다만, 온도변화 등에 의한 위험물로부터의 가스의 발생으로 운반용기안의 압력이 상승할 우려가 있는 경우(발생한 가스가 독성 또는 인화성을 갖는 등 위험성이 있는 경우를 제외한다)에는 가스의 배출구(위험물의 누설 및 다른 물질의 침투를 방지하는 구조로 된 것에 한한다)를 설치한 운반용기에 수납할 수 있다.
2. 수납하는 위험물과 위험한 반응을 일으키지 아니하는 등 당해 위험물의 성질에 적합한 재질의 운반용기에 수납할 것
3. 고체위험물은 운반용기 내용적의 95% 이하의 수납율로 수납할 것
4. 액체위험물은 운반용기 내용적의 98% 이하의 수납율로 수납하되, 55℃의 온도에서 누설되지 아니하도록 충분한 공간용적을 유지하도록 할 것
5. 하나의 외장용기에는 다른 종류의 위험물을 수납하지 아니할 것
6. 자연발화물질 중 알킬알루미늄등은 운반용기 내용적의 90% 이하의 수납율로 수납하되, 50℃의 온도에서 5% 이상의 공간용적을 유지하도록 할 것

03 난이도 ●●● 답 ④

하나의 외장용기에는 다른 종류의 위험물을 수납하지 아니하여야 한다.

✓ 확인학습 위험물 운반용기 적재기준

다만, 덩어리 상태의 유황(황)을 운반하기 위하여 적재하는 경우 또는 위험물을 동일구내에 있는 제조소등의 상호간에 운반하기 위하여 적재하는 경우에는 그러하지 아니하다(중요기준).
1. 위험물이 온도변화 등에 의하여 누설되지 아니하도록 운반용기를 밀봉하여 수납할 것. 다만, 온도변화 등에 의한 위험물로부터의 가스의 발생으로 운반용기안의 압력이 상승할 우려가 있는 경우(발생한 가스가 독성 또는 인화성을 갖는 등 위험성이 있는 경우를 제외한다)에는 가스의 배출구(위험물의 누설 및 다른 물질의 침투를 방지하는 구조로 된 것에 한한다)를 설치한 운반용기에 수납할 수 있다.
2. 수납하는 위험물과 위험한 반응을 일으키지 아니하는 등 당해 위험물의 성질에 적합한 재질의 운반용기에 수납할 것
3. 고체위험물은 운반용기 내용적의 95% 이하의 수납율로 수납할 것
4. 액체위험물은 운반용기 내용적의 98% 이하의 수납율로 수납하되, 55도의 온도에서 누설되지 아니하도록 충분한 공간용적을 유지하도록 할 것
5. 하나의 외장용기에는 다른 종류의 위험물을 수납하지 아니할 것

04 난이도 ●●● 답 ⑤

제5류 위험물에 있어서는 "화기엄금" 및 "충격주의" 표시를 한다.

✓ 확인학습 수납하는 위험물의 주의사항

1. 제1류 위험물 중 알칼리금속의 과산화물 또는 이를 함유한 것에 있어서는 "화기·충격주의", "물기엄금" 및 "가연물접촉주의", 그 밖의 것에 있어서는 "화기·충격주의" 및 "가연물접촉주의"
2. 제2류 위험물 중 철분·금속분·마그네슘 또는 이들중 어느 하나 이상을 함유한 것에 있어서는 "화기주의" 및 "물기엄금", 인화성 고체에 있어서는 "화기엄금", 그 밖의 것에 있어서는 "화기주의"
3. 제3류 위험물 중 자연발화성 물질에 있어서는 "화기엄금" 및 "공기접촉엄금", 금수성 물질에 있어서는 "물기엄금"
4. 제4류 위험물에 있어서는 "화기엄금"
5. 제5류 위험물에 있어서는 "화기엄금" 및 "충격주의"
6. 제6류 위험물에 있어서는 "가연물접촉주의"

05 난이도 ●●○○○   답 ①

과염소산은 제6류 위험물에 해당한다. 제6류 위험물에 있어서는 '가연물의 접촉주의' 표시를 한다.

> ✅ **확인학습** 수납하는 위험물의 주의사항
>
> 1. 제1류 위험물 중 알칼리금속의 과산화물 또는 이를 함유한 것에 있어서는 "화기·충격주의", "물기엄금" 및 "가연물접촉주의", 그 밖의 것에 있어서는 "화기·충격주의" 및 "가연물접촉주의"
> 2. 제2류 위험물 중 철분·금속분·마그네슘 또는 이들중 어느 하나 이상을 함유한 것에 있어서는 "화기주의" 및 "물기엄금", 인화성고체에 있어서는 "화기엄금", 그 밖의 것에 있어서는 "화기주의"
> 3. 제3류 위험물 중 자연발화성물질에 있어서는 "화기엄금" 및 "공기접촉엄금", 금수성물질에 있어서는 "물기엄금"
> 4. 제4류 위험물에 있어서는 "화기엄금"
> 5. 제5류 위험물에 있어서는 "화기엄금" 및 "충격주의"
> 6. 제6류 위험물에 있어서는 "가연물접촉주의"

06 난이도 ●●○   답 ③

ㄱ. 제1류 위험물, 제3류 위험물 중 자연발화성물질, 제4류 위험물 중 특수인화물, 제5류 위험물 또는 제6류 위험물은 (차광성)이 있는 피복으로 가릴 것

ㄴ. 제1류 위험물 중 알칼리금속의 과산화물 또는 이를 함유한 것, 제2류 위험물 중 철분·금속분·마그네슘 또는 이들중 어느 하나 이상을 함유한 것은 (방수성)이 있는 피복으로 덮을 것

07 난이도 ●●○   답 ②

황화인, 적린, 황은 위험등급Ⅱ의 위험물에 해당한다.

> ✅ **확인학습** 위험물의 위험등급
>
> 1. 위험등급Ⅰ의 위험물
>   - 제1류 위험물 중 아염소산염류, 염소산염류, 과염소산염류, 무기과산화물 그 밖에 지정수량이 50kg인 위험물
>   - 제3류 위험물 중 칼륨, 나트륨, 알킬알루미늄, 알킬리튬, 황린 그 밖에 지정수량이 10kg 또는 20kg인 위험물
>   - 제4류 위험물 중 특수인화물
>   - 제5류 위험물 중 지정수량이 10kg인 위험물
>   - 제6류 위험물
> 2. 위험등급Ⅱ의 위험물
>   - 제1류 위험물 중 브롬산염류(브로민산염류), 질산염류, 요오드산염류(아이오딘산염류) 그 밖에 지정수량이 300kg인 위험물
>   - 제2류 위험물 중 황화인, 적린, 황 그 밖에 지정수량이 100kg인 위험물
>   - 제3류 위험물 중 알칼리금속(칼륨 및 나트륨을 제외한다) 및 알칼리토금속, 유기금속화합물(알킬알루미늄 및 알킬리튬을 제외한다) 그 밖에 지정수량이 50kg인 위험물
>   - 제4류 위험물 중 제1석유류 및 알코올류
>   - 제5류 위험물 중 제1호에 정하는 위험물 외의 것
> 3. 위험등급Ⅲ의 위험물: 제1호 및 제2호에 정하지 아니한 위험물

08 난이도 ●●●   답 ①

제1석유류는 위험등급 Ⅱ에 해당한다.

| 선지분석 |

② [×] 황린: 위험등급 Ⅰ
③ [×] 과염소산: 위험등급 Ⅰ
④ [×] 무기과산화물: 위험등급 Ⅰ

부록 | 소방관계법규 연도별 기출문제

※ 부록에 수록된 정답표는 현행법령을 기준으로 작성되었습니다.

1회 2025년 03월 29일 공채

정답
p.236

01	④	02	③	03	④	04	③	05	②
06	②	07	③	08	①	09	①	10	④
11	①	12	①	13	③	14	①	15	①
16	①	17	④	18	④	19	②	20	④
21	①	22	②	23	①	24	②	25	②

01 난이도 ●●●○○ 답 ④

🏛 119종합상황실의 설치·운영

| 선지분석 |

① [×] 소방청과 특별시·광역시·특별자치시·도 또는 특별자치도의 소방본부 및 소방서에 각각 설치·운영하여야 한다.
② [×] 소방청장, 소방본부장 또는 소방서장은 신속한 소방활동을 위한 정보를 수집·전파하기 위하여 119종합상황실에 「소방력기준에 관한 규칙」에 의한 전산·통신요원을 배치하고, 소방청장이 정하는 유·무선통신시설을 갖추어야 한다.
③ [×] 소방본부에 설치하는 119종합상황실에는 「지방자치단체에 두는 국가공무원의 정원에 관한 법률」에도 불구하고 대통령령으로 정하는 바에 따라 경찰공무원을 둘 수 있으며, 119종합상황실의 설치·운영에 필요한 사항은 행정안전부령으로 정한다.
④ [○] 119종합상황실의 실장은 하급소방기관에 대한 출동지령 또는 동급 이상의 소방기관 및 유관기관에 대한 지원요청, 재난상황의 수습에 필요한 정보수집 및 제공, 재난상황이 발생한 현장에 대한 지휘 및 피해현황의 파악 등의 업무를 행하고, 그에 관한 내용을 기록·관리하여야 한다.

✅ 확인학습 종합상황실 실장의 업무

1. 화재, 재난·재해, 그 밖에 구조·구급이 필요한 상황(재난상황)의 발생의 신고접수
2. 접수된 재난상황을 검토하여 가까운 소방서에 인력 및 장비의 동원을 요청하는 등의 사고수습
3. 하급소방기관에 대한 출동지령 또는 동급 이상의 소방기관 및 유관기관에 대한 지원요청
4. 재난상황의 전파 및 보고
5. 재난상황이 발생한 현장에 대한 지휘 및 피해현황의 파악
6. 재난상황의 수습에 필요한 정보수집 및 제공

02 난이도 ●●●○○ 답 ③

🏛 소방용수시설 및 비상소화장치의 설치·관리 등

비상소화장치함은 「소방시설 설치 및 관리에 관한 법률」에 따라 소방청장이 정하여 고시하는 성능인증 및 제품검사의 기술기준에 적합한 것으로 설치하여야 한다.

✅ 확인학습 비상소화장치의 설치기준

1. 비상소화장치는 비상소화장치함, 소화전, 소방호스, 관창을 포함하여 구성할 것
2. 소방호스 및 관창은 소방청장이 정하여 고시하는 형식승인 및 제품검사의 기술기준에 적합한 것으로 설치할 것
3. 비상소화장치함은 소방청장이 정하여 고시하는 성능인증 및 제품검사의 기술기준에 적합한 것으로 설치할 것
4. 위의 규정한 사항 외에 비상소화장치의 설치기준에 관한 세부 사항은 소방청장이 정한다.

03 난이도 ●●●●○ 답 ④

🏛 소방자동차 교통안전 분석 시스템 구축·운영

소방청장 및 소방본부장은 운행기록장치 데이터 중 과속, 급감속, 급출발 등의 운행기록을 점검·분석해야 하고, 소방청장, 소방본부장 및 소방서장은 분석 결과를 소방자동차의 안전한 소방활동 수행에 필요한 교통안전정책의 수립, 교육·훈련 등에 활용할 수 있다.

✅ 확인학습 운행기록장치 데이터의 분석·활용

1. 소방청장 및 소방본부장은 운행기록장치 데이터 중 과속, 급감속, 급출발 등의 운행기록을 점검·분석해야 한다.
2. 소방청장, 소방본부장 및 소방서장은 1.에 따른 분석 결과를 소방자동차의 안전한 소방활동 수행에 필요한 교통안전정책의 수립, 교육·훈련 등에 활용할 수 있다.

✅ 확인학습 운행기록장치 장착 소방자동차의 범위

1. 소방펌프차
2. 소방물탱크차
3. 소방화학차
4. 소방고가차(消防高架車)
5. 무인방수차
6. 구조차
7. 그 밖에 소방청장이 소방자동차의 안전한 운행 및 교통사고 예방을 위하여 운행기록장치 장착이 필요하다고 인정하여 정하는 소방자동차

04 난이도 ●●●●● 답 ③

🏛 소방활동 종사 사상자의 보상금액 등의 기준

소방활동 종사 사상자의 보상금액 등의 기준은 사망자의 보상금액 기준, 부상등급의 기준, 부상등급별 보상금액 기준 및 보상금의 환수 기준이다. 해당하는 것은 ㄱ, ㄷ, ㄹ이다.

| 선지분석 |

ㄱ. [○] 보상금의 환수 기준
ㄴ. [×] 의료급여의 지급 기준
ㄷ. [○] 사망자의 보상금액 기준
ㄹ. [○] 부상등급별 보상금액 기준

✅ 확인학습 손실보상의 기준 및 보상금액(영제11조)

1. 법 제49조의2 제1항에 따라 같은 항 각 호(제2호는 제외한다)의 어느 하나에 해당하는 자에게 물건의 멸실·훼손으로 인한 손실보상을 하는 때에는 다음 각 호의 기준에 따른 금액으로 보상한다. 이 경우 영업자가 손실을 입은 물건의 수리나 교환으로 인하여 영업을 계속할 수 없는 때에는 영업을 계속할 수 없는 기간의 영업이익액에 상당하는 금액을 더하여 보상한다.
    - 손실을 입은 물건을 수리할 수 있는 때: 수리비에 상당하는 금액
    - 손실을 입은 물건을 수리할 수 없는 때: 손실을 입은 당시의 해당 물건의 교환가액
2. 물건의 멸실·훼손으로 인한 손실 외의 재산상 손실에 대해서는 직무집행과 상당한 인과관계가 있는 범위에서 보상한다.
3. 법 제49조의2 제1항 제2호(제24조 제1항 전단에 따른 소방활동 종사로 인하여 사망하거나 부상을 입은 자)에 따른 사상자의 보상금액 등의 기준은 별표 2의4와 같다.

✅ 확인학습 소방활동 종사 사상자의 보상금액 등의 기준(별표 2의4)

1. 사망자의 보상금액 기준
   「의사상자 등 예우 및 지원에 관한 법률 시행령」 제12조 제1항에 따라 보건복지부장관이 결정하여 고시하는 보상금에 따른다.
2. 부상등급의 기준
   「의사상자 등 예우 및 지원에 관한 법률 시행령」 제2조 및 별표 1에 따른 부상범위 및 등급에 따른다.
3. 부상등급별 보상금액 기준
   「의사상자 등 예우 및 지원에 관한 법률 시행령」 제12조 제2항 및 별표 2에 따른 의상자의 부상등급별 보상금에 따른다.
4. 보상금 지급순위의 기준
   「의사상자 등 예우 및 지원에 관한 법률」 제10조의 규정을 준용한다.
5. 보상금의 환수 기준
   「의사상자 등 예우 및 지원에 관한 법률」 제19조의 규정을 준용한다.

05 난이도 ●●○○○ 답 ②

🏛 화재조사 사항

해당하는 것은 ㄴ, ㄷ이다.

| 선지분석 |

ㄱ. [×] 화재조사 증거물 수집에 관한 사항 → 법제11조 관련 내용
ㄴ. [○] 소방시설 등의 설치·관리에 관한 사항
ㄷ. [○] 화재안전조사의 실시 결과에 관한 사항
ㄹ. [×] 화재현장 보존조치 및 통제구역 설정에 관한 사항 → 법제8조 관련 내용

✅ 확인학습 화재조사 실시 내용

소방관서장은 화재조사를 하는 경우 다음의 사항에 대하여 조사하여야 한다.
1. 화재원인에 관한 사항
2. 화재로 인한 인명·재산피해상황
3. 대응활동에 관한 사항
4. 소방시설 등의 설치·관리 및 작동 여부에 관한 사항
5. 화재발생건축물과 구조물, 화재유형별 화재위험성 등에 관한 사항
6. 그 밖에 대통령령으로 정하는 사항(화재안전조사의 실시 결과에 관한 사항)

06 난이도 ●●●○○ 답 ②

🏛 화재조사에 관한 시험 공고 기한 등

빈칸에 들어갈 수는 3, 30, 10이므로 수의 합은 43이다.

- 소방관서장은 화재조사의 필요성으로 관계인등의 출석을 요구하려면 출석일 (3)일 전까지 출석 일시와 장소 등을 관계인등에게 알려야 한다.
- 소방청장이 화재조사에 관한 시험을 실시하는 경우에는 시험의 과목·일시·장소 및 응시 자격·절차 등을 시험 실시 (30)일 전까지 소방청의 인터넷 홈페이지에 공고해야 한다.
- 소방청장은 화재감정기관 지정 절차에서 화재감정기관 지정신청서 또는 첨부서류에 보완이 필요하다고 판단되면 (10)일 이내의 기간을 정하여 보완을 요구할 수 있다.

✅ 확인학습 관계인등에 대한 출석요구 및 질문 등

1. 소방관서장은 관계인등의 출석을 요구하려면 출석일 3일 전까지 다음의 사항을 관계인등에게 알려야 한다.
    - 출석 일시와 장소
    - 출석 요구 사유
    - 그 밖에 화재조사와 관련하여 필요한 사항
2. 관계인등은 1.에 따라 지정된 출석 일시에 출석하는 경우 업무 또는 생활에 지장이 있을 때에는 소방관서장에게 출석 일시를 변경하여 줄 것을 신청할 수 있다. 이 경우 소방관서장은 화재조사의 목적을 달성할 수 있는 범위에서 출석 일시를 변경할 수 있다.
3. 소방관서장은 출석한 관계인등에게 수당과 여비를 지급할 수 있다.

✅ 확인학습 화재조사에 관한 시험

1. 소방청장이 화재조사에 관한 시험을 실시하는 경우에는 시험의 과목·일시·장소 및 응시 자격·절차 등을 시험 실시 30일 전까지 소방청의 인터넷 홈페이지에 공고해야 한다.
2. 자격시험에 응시할 수 있는 사람은 소방공무원 중 다음의 어느 하나에 해당하는 사람으로 한다.
    - 화재조사관 양성을 위한 전문교육을 이수한 사람
    - 국립과학수사연구원 또는 소방청장이 인정하는 외국의 화재조사 관련 기관에서 8주 이상 화재조사에 관한 전문교육을 이수한 사람
3. 자격시험은 1차 시험과 2차 시험으로 구분하여 실시하며, 1차 시험에 합격한 사람만이 2차 시험에 응시할 수 있다.
4. 소방청장은 소방공무원에게 화재조사관 자격증을 발급해야 한다.
5. 소방청장은 자격시험에서 부정한 행위를 한 사람에 대해서는 그 시험을 정지 또는 무효로 하거나 합격을 취소한다.

✅ 확인학습 화재감정기관의 지정 신청 및 지정서 발급

1. 영 제13조 제1항 각 호 외의 부분 전단에서 "행정안전부령으로 정하는 화재감정기관 지정신청서"란 별지 제5호서식의 화재감정기관 지정신청서를 말한다.
2. 1.에 따른 화재감정기관 지정신청서를 받은 소방청장은 「전자정부법」 제36조 제1항에 따른 행정정보의 공동이용을 통하여 법인 등기사항증명서(법인인 경우만 해당한다)와 사업자등록증을 확인해야 한다. 다만, 신청인이 사업자등록증의 확인에 동의하지 않는 경우에는 그 사본을 첨부하도록 해야 한다.
3. 소방청장은 영 제13조 제1항 각 호 외의 부분 후단에 따라 화재감정기관 지정신청서 또는 첨부서류에 보완이 필요하다고 판단되면 10일 이내의 기간을 정하여 보완을 요구할 수 있다.
4. 영 제13조 제2항에서 "행정안전부령으로 정하는 화재감정기관 지정서"란 별지 제6호서식의 화재감정기관 지정서를 말한다.
5. 4.에 따른 화재감정기관 지정서를 발급한 소방청장은 별지 제7호서식의 화재감정기관 지정대장에 그 사실을 기록하고 이를 보관·관리해야 한다.

6. 소방청장이 법 제17조 제1항에 따라 화재감정기관을 지정한 경우에는 그 사실을 소방청의 인터넷 홈페이지에 게재해야 한다.

07 난이도 ●●●●●　　　　　　　　　　　　　　　답 ③

소방시설업의 위반사항에 따른 2차 행정처분 기준
2차 행정처분 기준이 같은 것은 ㄱ, ㄷ, ㄹ이다.

| 선지분석 |
ㄱ. 도급받은 소방시설의 설계를 하도급한 경우 → 2차 행정처분 기준: 영업정지 6개월
ㄴ. 동일한 특정소방대상물에 대한 시공과 감리를 함께 한 경우 → 2차 행정처분 기준: 등록취소
ㄷ. 공사업자가 시공능력 평가에 관한 서류를 거짓으로 제출한 경우 → 2차 행정처분 기준: 영업정지 6개월
ㄹ. 관계 공무원이 특정소방대상물에 출입하여 시설 등을 검사하고자 할 때 정당한 사유 없이 관계 공무원의 출입을 방해한 경우 → 2차 행정처분 기준: 영업정지 6개월

✓ 확인학습 소방시설업의 위반사항에 따른 행정처분 기준

위반사항	근거법령	행정처분 기준		
		1차	2차	3차
커. 법 제22조제1항 본문을 위반하여 도급받은 소방시설의 설계, 시공, 감리를 하도급한 경우	법 제9조	영업정지 3개월	영업정지 6개월	등록취소
고. 법 제24조를 위반하여 시공과 감리를 함께 한 경우	법 제9조	영업정지 3개월	등록취소	
노. 법 제26조제2항에 따른 시공능력 평가에 관한 서류를 거짓으로 제출한 경우	법 제9조	영업정지 3개월	영업정지 6개월	등록취소
모. 정당한 사유 없이 법 제31조에 따른 관계 공무원의 출입 또는 검사·조사를 거부·방해 또는 기피한 경우	법 제9조	영업정지 3개월	영업정지 6개월	등록취소

08 난이도 ●●●●●　　　　　　　　　　　　　　　답 ①

소방시설공사 시공능력평가신청서 첨부서류

| 선지분석 |
국가 또는 지방자치단체가 발주한 국내 소방시설공사의 경우는 해당 발주자가 발행한 소방시설공사 실적증명서만 제출하면 된다.
① [×] 국가 또는 지방자치단체가 발주한 국내 소방시설공사의 경우: 해당 발주자가 발행한 소방시설공사 실적증명서
② [○] 공사업자의 자기수요에 따른 소방시설공사의 경우: 그 공사의 감리자가 확인한 별지 서식에 따른 소방시설공사 실적증명서
③ [○] 주한국제연합군으로부터 도급받은 소방시설공사의 경우: 거래하는 외국환은행이 발행한 외화입금증명서 및 도급계약서 사본
④ [○] 해외 소방시설공사의 경우: 재외공관장이 발행한 해외공사 실적증명서 또는 공사계약서 사본이 첨부된 외국환은행이 발행한 외화입금증명서

✓ 확인학습 소방시설공사 시공능력평가신청서 첨부서류
1. 소방공사실적을 증명하는 해당 서류(전자문서 포함)
  가. 국가, 지방자치단체, 「공공기관의 운영에 관한 법률」 제5조에 따른 공기업·준정부기관 또는 「지방공기업법」 제49조에 따라 설립된 지방공사나 같은 법 제76조에 따라 설립된 지방공단(이하 "국가등"이라 한다. 이하 같다)이 발주한 국내 소방시설공사의 경우: 해당 발주자가 발행한 별지 제33호서식의 소방시설공사 실적증명서
  나. 가목, 라목 또는 마목 외의 국내 소방시설공사와 하도급공사의 경우: 해당 소방시설공사의 발주자 또는 수급인이 발행한 별지 제33호서식의 소방시설공사 실적증명서 및 부가가치세법에 따른 세금계산서(공급자 보관용) 사본이나 소득세법에 따른 계산서(공급자 보관용) 사본
  다. 해외 소방시설공사의 경우: 재외공관장이 발행한 해외공사 실적증명서 또는 공사계약서 사본이 첨부된 외국환은행이 발행한 외화입금증명서
  라. 주한국제연합군 또는 그 밖의 외국군의 기관으로부터 도급받은 소방시설공사의 경우: 거래하는 외국환은행이 발행한 외화입금증명서 및 도급계약서 사본
  마. 공사업자의 자기수요에 따른 소방시설공사의 경우: 그 공사의 감리자가 확인한 별지 제33호서식의 소방시설공사 실적증명서
2. 평가를 받는 해의 전년도 말일 현재의 소방시설업 등록수첩 사본
3. 소방기술자보유현황
4. 신인도평가신고서(해당하는 서류)
  가. 품질경영인증(ISO 9000) 취득
  나. 우수소방시설공사업자 지정
  다. 소방시설공사 표창 수상
5. 해당하는 서류
  가. 관할 세무서장에게 제출한 조세에 관한 신고서로서 재무상태표 및 손익계산서가 포함된 것)
  나. 외부감사인의 회계감사를 받은 재무제표
  다. 공인회계사 또는 회계법인이 감사한 회계서류
  라. 출자·예치·담보 금액 확인서

✓ 확인학습 소방시설법 시행령 제37조(점검능력 평가의 신청 등) 제1항 제1호
1. 소방시설등의 점검실적을 증명하는 서류로서 다음 각 목의 구분에 따른 서류
  가. 국내 소방시설등에 대한 점검실적: 발주자가 별지 제30호서식에 따라 발급한 소방시설등의 점검실적 증명서 및 세금계산서(공급자 보관용을 말한다) 사본
  나. 해외 소방시설등에 대한 점검실적: 외국환은행이 발행한 외화입금증명서 및 재외공관장이 발행한 해외점검실적 증명서 또는 점검계약서 사본
  다. 주한 외국군의 기관으로부터 도급받은 소방시설등에 대한 점검실적: 외국환은행이 발행한 외화입금증명서 및 도급계약서 사본

09 난이도 ●●●○○　　　　　　　　　　　　　　　답 ①

화재의 예방 및 안전관리 기본계획 등의 수립·시행
ㄱ은 5이고, ㄴ은 10월 31일 이다.
- 소방청장은 화재예방정책을 체계적·효율적으로 추진하고 이에 필요한 기반 확충을 위하여 화재의 예방 및 안전관리에 관한 기본계획을 (5)년마다 수립·시행하여야 한다.
- 소방청장은 기본계획을 시행하기 위한 계획을 계획 시행 전년도 (10월 31일)까지 수립해야 한다.

> ✅ **확인학습** 기본계획 등의 제출기한
>
> 1. 소방청장은 기본계획을 계획 시행 전년도 9월 30일까지 수립하여야 한다.
> 2. 소방청장은 시행계획을 계획 시행 전년도 10월 31일까지 수립하여야 한다.
> 3. 통보를 받은 관계 중앙행정기관의 장 및 시·도지사는 법 제4조 제6항에 따른 세부시행계획을 수립하여 계획 시행 전년도 12월 31일까지 소방청장에게 통보해야 한다.

10 난이도 ●●●●○ 답 ④

🏛 **소방안전관리업무의 전담이 필요한 소방안전관리대상물**

소방안전관리업무의 전담이 필요한 소방안전관리대상물은 특급·1급 소방안전관리대상물이 해당한다. 가연성 가스 1백톤을 저장·취급하는 공장은 2급 소방안전관리대상물에 해당한다.

| 선지분석 |

① [O] 지상 60층인 아파트 → 특급 소방안전관리대상물
② [O] 지하 3층, 지상 12층인 백화점 → 1급 소방안전관리대상물
③ [O] 연면적 11만제곱미터인 국제공항 → 특급 소방안전관리대상물
④ [×] 가연성 가스 1백톤을 저장·취급하는 공장 → 2급 소방안전관리대상물

> ✅ **확인학습** 소방안전관리업무의 전담이 필요한 소방안전관리대상물
>
> 1. [별표 4] 제1호에 따른 특급 소방안전관리대상물
> 2. [별표 4] 제2호에 따른 1급 소방안전관리대상물

> ✅ **확인학습** 특급 소방안전관리대상물(동·식물원, 철강 등 불연성 물품을 저장·취급하는 창고, 위험물 제조소등, 지하구를 제외)
>
> 1. 50층 이상(지하층 제외)이거나 지상으로부터 높이가 200m 이상인 아파트
> 2. 30층 이상(지하층 포함)이거나 지상으로부터 높이가 120m 이상인 특정소방대상물(아파트 제외)
> 3. 연면적이 10만㎡ 이상인 특정소방대상물(아파트 제외)

> ✅ **확인학습** 1급 소방안전관리대상물(동·식물원, 철강 등 불연성 물품을 저장·취급하는 창고, 위험물 제조소등, 지하구를 제외)
>
> 1. 30층 이상(지하층은 제외한다)이거나 지상으로부터 높이가 120m 이상인 아파트
> 2. 연면적 1만5천㎡ 이상인 특정소방대상물(아파트 및 연립주택 제외)
> 3. 지상층의 층수가 11층 이상인 특정소방대상물(아파트 제외)
> 4. 가스를 1천t 이상 저장·취급하는 시설

11 난이도 ●●○○○ 답 ①

🏛 **불시 소방훈련 및 교육 대상 특정소방대상물**

불시 소방훈련 및 교육 대상 특정소방대상물은 의료시설, 교육연구시설, 노유자 시설 및 그 밖에 화재 시 많은 인명피해의 발생이 예상되어 소방본부장 또는 소방서장이 지정하는 것이 해당한다. 해당하는 것은 ㄱ, ㄷ이다.

| 선지분석 |

ㄱ. [O] 「소방시설 설치 및 관리에 관한 법률 시행령」에 따른 의료시설 중 한방병원
ㄴ. [×] 「소방시설 설치 및 관리에 관한 법률 시행령」에 따른 수련시설 중 유스호스텔
ㄷ. [O] 「소방시설 설치 및 관리에 관한 법률 시행령」에 따른 교육연구시설 중 특수학교
ㄹ. [×] 「소방시설 설치 및 관리에 관한 법률 시행령」에 따른 교정시설 및 군사시설 중 교도소

> ✅ **확인학습** 불시 소방훈련 및 교육 대상 특정소방대상물
>
> 1. 「소방시설 설치 및 관리에 관한 법률 시행령」 [별표 2] 제7호에 따른 의료시설
> 2. 「소방시설 설치 및 관리에 관한 법률 시행령」 [별표 2] 제8호에 따른 교육연구시설
> 3. 「소방시설 설치 및 관리에 관한 법률 시행령」 [별표 2] 제9호에 따른 노유자 시설
> 4. 그 밖에 화재 시 많은 인명피해의 발생이 예상되어 소방본부장 또는 소방서장이 지정하는 것

12 난이도 ●●●○○ 답 ①

🏛 **화재예방안전진단의 범위**

화재예방안전진단의 범위에 해당하는 것은 ㄱ, ㄴ, ㅁ이다.

| 선지분석 |

ㄱ. [O] 화재 위험성 평가에 관한 사항
ㄴ. [O] 소방시설등의 유지·관리에 관한 사항
ㄷ. [×] 화재안전 경영계획 수립과 시행에 관한 사항
ㄹ. [×] 피난시설, 방화구획 및 방화시설의 관리에 관한 사항
ㅁ. [O] 화재 등의 재난 발생 후 재발방지 대책의 수립 및 그 이행에 관한 사항

> ✅ **확인학습** 화재예방안전진단의 범위
>
> 1. 화재위험요인의 조사에 관한 사항
> 2. 소방계획 및 피난계획 수립에 관한 사항
> 3. 소방시설등의 유지·관리에 관한 사항
> 4. 비상대응조직 및 교육훈련에 관한 사항
> 5. 화재 위험성 평가에 관한 사항
> 6. 그 밖에 화재예방진단을 위하여 대통령령으로 정하는 사항
>   - 화재 등의 재난 발생 후 재발방지 대책의 수립 및 그 이행에 관한 사항
>   - 지진 등 외부 환경 위험요인 등에 대한 예방·대비·대응에 관한 사항
>   - 화재예방안전진단 결과 보수·보강 등 개선요구 사항 등에 대한 이행 여부

13 난이도 ●●●●○ 답 ③

과태료 부과기준

| 선지분석 |

ㄱ. 실무교육을 받지 아니한 소방안전관리자 및 소방안전관리보조자 → 100만원 이하의 과태료

ㄴ. 소방안전관리업무를 성실하게 수행할 수 있도록 지도·감독하지 아니한 소방안전관리대상물의 관계인 → 300만원 이하의 과태료

ㄷ. 피난유도 안내정보를 근무자 또는 거주자에게 정기적으로 제공하지 아니한 소방안전관리대상물의 관계인 → 300만원 이하의 과태료

ㄹ. 소방안전관리자 또는 소방안전관리보조자를 기간 내에 선임신고를 하지 아니한 소방안전관리대상물의 관계인 → 200만원 이하의 과태료

ㅁ. 소방훈련 및 교육을 한 날부터 30일 이내에 소방훈련 및 교육 결과를 행정안전부령으로 정하는 바에 따라 소방본부장 또는 소방서장에게 제출하지 아니한 소방안전관리대상물의 관계인 → 200만원 이하의 과태료

✓ 확인학습 300만원 이하의 과태료

1. 정당한 사유 없이 제17조 제1항 각 호의 어느 하나에 해당하는 행위를 한 자
2. 제24조 제2항을 위반하여 소방안전관리자를 겸한 자
3. 제24조 제5항에 따른 소방안전관리업무를 하지 아니한 특정소방대상물의 관계인 또는 소방안전관리대상물의 소방안전관리자
4. 제27조 제2항을 위반하여 소방안전관리업무의 지도·감독을 하지 아니한 자
5. 제29조 제2항에 따른 건설현장 소방안전관리대상물의 소방안전관리자의 업무를 하지 아니한 소방안전관리자
6. 제36조 제3항을 위반하여 피난유도 안내정보를 제공하지 아니한 자
7. 제37조 제1항을 위반하여 소방훈련 및 교육을 하지 아니한 자
8. 제41조 제4항을 위반하여 화재예방안전진단 결과를 제출하지 아니한 자

✓ 확인학습 200만원 이하의 과태료

1. 제17조 제4항에 따른 불을 사용할 때 지켜야 하는 사항 및 같은 조 제5항에 따른 특수가연물의 저장 및 취급 기준을 위반한 자
2. 제18조 제4항에 따른 소방설비등의 설치 명령을 정당한 사유 없이 따르지 아니한 자
3. 제26조 제1항을 위반하여 기간 내에 선임신고를 하지 아니하거나 소방안전관리자의 성명 등을 게시하지 아니한 자
4. 제29조 제1항을 위반하여 기간 내에 선임신고를 하지 아니한 자
5. 제37조 제2항을 위반하여 기간 내에 소방훈련 및 교육 결과를 제출하지 아니한 자

✓ 확인학습 100만원 이하의 과태료

제34조 제1항 제2호를 위반하여 실무교육을 받지 아니한 소방안전관리자 및 소방안전관리보조자에게는 100만원 이하의 과태료를 부과한다.

14 난이도 ●●●●○ 답 ①

소방안전관리보조자의 선임기준

ㄱ은 3명이고, ㄴ은 2명이다.

| 선지분석 |

ㄱ. 「건축법 시행령」에 따른 아파트로서 920세대

(최소 선임인원) = $1 + \dfrac{920 - 300}{300} = 3.07 ≒ 3$명

ㄴ. 「소방시설 설치 및 관리에 관한 법률」에 따른 판매시설로서 연면적 31,000제곱미터 (단, 기타 조건은 제외한다.)

(최소 선임인원) = $1 + \dfrac{31,000 - 15,000}{15,000} = 2.07 ≒ 2$명

✓ 확인학습 소방안전관리보조자 선임인원 기준

1. 「건축법 시행령」 [별표 1] 제2호 가목에 따른 아파트의 경우: 300세대 초과되는 300세대마다 1명 이상을 추가로 선임
2. 1.의 아파트를 제외한 경우에는 초과되는 연면적 1만5천제곱미터(특정소방대상물의 종합방재실에 자위소방대가 24시간 상시 근무하고 「소방장비관리법 시행령」 [별표 1] 제1호 가목에 따른 소방자동차 중 소방펌프차, 소방물탱크차, 소방화학차 또는 무인방수차를 운용하는 경우에는 3만제곱미터로 한다)마다 1명 이상을 추가로 선임

15 난이도 ●●●●○ 답 ①

간이스프링클러설비를 설치해야 하는 특정소방대상물

| 선지분석 |

① [○] 숙박시설로 사용되는 바닥면적의 합계가 300제곱미터 이상 600제곱미터 미만인 시설
② [×] 교육연구시설 내에 합숙소로서 바닥면적 100제곱미터 이상인 경우에는 모든 층
③ [×] 근린생활시설 중 조산원 및 산후조리원으로서 연면적 600제곱미터 미만인 시설
④ [×] 의료시설 중 정신의료기관 또는 의료재활시설로 사용되는 바닥면적의 합계가 300제곱미터 이상 600제곱미터 미만인 시설

✓ 확인학습 간이스프링클러설비 설치 특정소방대상물

1. 공동주택 중 연립주택 및 다세대주택(주택전용 간이스프링클러설비)
2. 근린생활시설
   - 바닥면적 합계가 1천㎡ 이상인 것
   - 의원, 치과의원 및 한의원으로서 입원실이 있는 시설
   - 조산원 및 산후조리원으로서 연면적 600㎡ 미만인 시설
3. 의료시설
   - 종합병원, 병원, 치과병원, 한방병원 및 요양병원(정신병원과 의료재활시설은 제외한다): 바닥면적의 합계가 600㎡ 미만인 시설
   - 정신의료기관 또는 의료재활시설: 바닥면적의 합계가 300㎡ 이상 600㎡ 미만인 시설
   - 정신의료기관 또는 의료재활시설로 사용되는 바닥면적의 합계가 300㎡ 미만이고, 창살(철재·플라스틱 또는 목재 등으로 사람의 탈출 등을 막기 위하여 설치한 것을 말하며, 화재 시 자동으로 열리는 구조로 되어 있는 창살은 제외한다)이 설치된 시설
4. 교육연구시설 내에 합숙소: 연면적 100㎡ 이상
5. 노유자 시설
   가) 제12조 제1항 제6호 각 목에 따른 시설(제12조 제1항 제6호 가목 2) 및 같은 호 나목부터 바목까지의 시설 중 단독주택 또는 공동주택에 설치되는 시설은 제외하며, 이하 "노유자 생활시설"이라 한다)
   나) 가)에 해당하지 않는 노유자 시설로 해당 시설로 사용하는 바닥면적의 합계가 300㎡ 이상 600㎡ 미만인 시설

다) 가)에 해당하지 않는 노유자 시설로 해당 시설로 사용하는 바닥면적의 합계가 300㎡ 미만이고, 창살(철재·플라스틱 또는 목재 등으로 사람의 탈출 등을 막기 위하여 설치한 것을 말하며, 화재 시 자동으로 열리는 구조로 되어 있는 창살은 제외한다)이 설치된 시설
6. 숙박시설: 바닥면적의 합계가 300㎡ 이상 600㎡ 미만
7. 건물을 임차하여 「출입국관리법」 제52조 제2항에 따른 보호시설로 사용하는 부분
8. 복합건축물([별표 2] 제30호 나목의 복합건축물만 해당한다)로서 연면적 1천㎡ 이상인 것은 모든 층

16 난이도 ●●●○○ 답 ①

점검인력의 배치기준

관리업자가 점검하는 경우 50층 이상 또는 성능위주설계를 한 특정소방대상물의 규모 등에 따른 점검인력의 배치로 옳은 것은 ㄱ, ㄷ이다.

| 선지분석 |

ㄱ. [O] 주된 점검인력: 소방시설관리사 경력 5년인 특급점검자 1명
ㄴ. [×] 주된 점검인력: 소방시설관리사 경력 3년인 특급점검자 1명
ㄷ. [O] 보조 점검인력: 고급점검자 1명 및 중급점검자 1명
ㄹ. [×] 보조 점검인력: 고급점검자 1명 및 초급점검자 1명

✅ **확인학습** 관리업자가 점검하는 경우 특정소방대상물의 규모 등에 따른 점검인력의 배치기준

구분	주된 점검인력	보조 점검인력
가. 50층 이상 또는 성능위주설계를 한 특정소방대상물	소방시설관리사 경력 5년 이상인 특급점검자 1명 이상	고급점검자 이상 1명 이상 및 중급점검자 이상 1명 이상
나. 특급 소방안전관리대상물(가목의 특정소방대상물은 제외한다)	소방시설관리사 경력 3년인 특급점검자 1명 이상	고급점검자 이상 1명 이상 및 초급점검자 이상 1명 이상
다. 1급 또는 2급 소방안전관리대상물	소방시설관리사 경력 1년 이상인 특급점검자 1명 이상	중급점검자 이상 1명 이상 및 초급점검자 이상 1명 이상
라. 3급 소방안전관리대상물	특급점검자 1명 이상	초급점검자 이상 2명 이상

1. "주된 점검인력"이란 해당 점검 업무 전반을 총괄하는 사람을 말한다.
2. "보조 점검인력"이란 주된 점검인력을 보조하고, 주된 점검인력의 지시를 받아 점검 업무를 수행하는 사람을 말한다.
3. 점검인력의 등급구분(특급점검자, 고급점검자, 중급점검자, 초급점검자)은 「소방시설공사업법 시행규칙」 별표 4의2에서 정하는 기준에 따른다.

17 난이도 ●●●○○ 답 ④

임시소방시설의 종류와 설치기준

| 선지분석 |

① [×] 간이소화장치는 연면적 3천제곱미터 이상인 공사의 화재위험작업현장에 설치한다.
② [×] 가스누설경보기는 바닥면적이 150제곱미터 이상인 지하층 또는 무창층의 화재위험작업현장에 설치한다.
③ [×] 비상경보장치는 연면적 400제곱미터 이상인 공사의 화재위험작업현장에 설치한다.
④ [O] 방화포는 용접·용단 등의 작업 시 발생하는 불티로부터 가연물이 점화되는 것을 방지해주는 천 또는 불연성 물품으로서 소방청장이 정하는 성능을 갖추고 있어야 한다.

✅ **확인학습** 간이소화장치를 설치하여야 하는 공사의 종류와 규모

1. 연면적 3천㎡ 이상
2. 지하층, 무창층 또는 4층 이상의 층. 이 경우 해당 층의 바닥면적이 600㎡ 이상인 경우만 해당한다.

✅ **확인학습** 비상경보장치를 설치하여야 하는 공사의 종류와 규모

1. 연면적 400㎡ 이상
2. 지하층 또는 무창층. 이 경우 해당 층의 바닥면적이 150㎡ 이상인 경우만 해당한다.

✅ **확인학습** 가스누설경보기·간이피난유도선·비상조명등을 설치하여야 하는 공사의 종류와 규모

바닥면적이 150㎡ 이상인 지하층 또는 무창층의 화재위험작업현장

✅ **확인학습** 임시소방시설의 종류

1. 소화기
2. 간이소화장치: 물을 방사(放射)하여 화재를 진화할 수 있는 장치로서 소방청장이 정하는 성능을 갖추고 있을 것
3. 비상경보장치: 화재가 발생한 경우 주변에 있는 작업자에게 화재사실을 알릴 수 있는 장치로서 소방청장이 정하는 성능을 갖추고 있을 것
4. 가스누설경보기: 가연성 가스가 누설 또는 발생된 경우 탐지하여 경보하는 장치로서 소방청장이 실시하는 형식승인 및 제품검사를 받은 것
5. 간이피난유도선: 화재가 발생한 경우 피난구 방향을 안내할 수 있는 장치로서 소방청장이 정하는 성능을 갖추고 있을 것
6. 비상조명등: 화재발생 시 안전하고 원활한 피난활동을 할 수 있도록 거실 및 피난통로 등에 설치하여 자동 점등되는 조명장치로서 소방청장이 정하는 성능을 갖추고 있을 것
7. 방화포: 용접·용단 등 작업 시 발생하는 금속성 불티로부터 가연물이 점화되는 것을 방지해주는 천 또는 불연성 물품으로서 소방청장이 정하는 성능을 갖추고 있을 것

18 난이도 ●●●○○ 답 ④

차량용 소화기의 설치 또는 비치 기준

차량용 소화기의 설치 또는 비치기준으로 옳은 것은 ㄱ, ㄴ, ㄷ, ㄹ이다.

| 선지분석 |

ㄱ. [O] 대형 이상의 특수자동차는 능력단위 2 이상인 소화기 1개 이상 또는 능력단위 1 이상인 소화기 2개 이상을 사용하기 쉬운 곳에 설치한다.
ㄴ. [O] 중형 이하의 특수자동차는 능력단위 1 이상인 소화기 1개 이상을 사용하기 쉬운 곳에 설치한다.
ㄷ. [O] 경형승합자동차는 능력단위 1 이상의 소화기 1개 이상을 사용하기 쉬운 곳에 설치 또는 비치한다.
ㄹ. [O] 승용자동차는 능력단위 1 이상의 소화기 1개 이상을 사용하기 쉬운 곳에 설치 또는 비치한다.

✅ 확인학습 차량용 소화기의 설치 또는 비치 기준

구분		능력단위	수량(이상)
승용자동차		1 이상	1개
승합자동차	경형 승합자동차	1 이상	1개
	15인 이하	1 이상	2개
		2 이상	1개
	16인 이상 35인 이하	2 이상	2개
	36인 이상	2 이상 및 3 이상	각 1개
화물(견인자동차 제외)·특수자동차	중형 이하	1 이상	1개
	대형 이상	1 이상	2개
		2 이상	1개
고압가스를 운송하는 특수자동차(견인자동차 포함)		이동탱크저장소 자동차용 소화기 설치 기준	

✅ 확인학습 화물자동차(피견인자동차는 제외) 및 특수자동차

1. 중형 이하: 능력단위 1 이상인 소화기 1개 이상을 사용하기 쉬운 곳에 설치한다.
2. 대형 이상: 능력단위 2 이상인 소화기 1개 이상 또는 능력단위 1 이상인 소화기 2개 이상을 사용하기 쉬운 곳에 설치한다.

---

19 난이도 ●●○○○   답 ②

🏛 특정소방대상물 중 근린생활시설

| 선지분석 |

① [O] 의원, 치과의원, 한의원, 침술원, 접골원, 조산원, 산후조리원
② [X] 단란주점은 같은 건축물에 해당 용도로 쓰는 바닥면적의 합계가 200제곱미터인 것: 위락시설에 해당한다.
③ [O] 의약품 판매소, 의료기기 판매소 및 자동차영업소로서 같은 건축물에 해당 용도로 쓰는 바닥면적의 합계가 500제곱미터인 것: 바닥면적의 합계 → 1천㎡ 미만
④ [O] 금융업소, 사무소, 부동산중개사무소, 결혼상담소 등 소개업소, 출판사, 서점, 그 밖에 이와 비슷한 것으로서 같은 건축물에 해당 용도로 쓰는 바닥면적의 합계가 300제곱미터인 것: 바닥면적의 합계 → 500㎡ 미만

✅ 확인학습 근린생활시설(요약본)

1. 슈퍼마켓과 일용품 등의 소매점: 바닥면적의 합계 → 1천㎡ 미만
2. 휴게음식점, 제과점, 일반음식점, 기원(棋院), 노래연습장 및 단란주점(단란주점 : 바닥면적의 합계 → 150㎡ 미만)
3. 이용원, 미용원, 목욕장 및 세탁소
4. 의원, 치과의원, 한의원, 침술원, 접골원(接骨院), 조산원, 산후조리원 및 안마원(안마시술소 포함)
5. 탁구장, 테니스장, 체육도장, 체력단련장, 에어로빅장, 볼링장, 당구장, 실내낚시터, 골프연습장, 물놀이형 시설, 그 밖에 이와 비슷한 것: 바닥면적의 합계 → 500㎡ 미만
6. 공연장 또는 종교집회장: 바닥면적의 합계 → 300㎡ 미만
7. 금융업소, 사무소, 부동산중개사무소, 결혼상담소 등 소개업소, 출판사, 서점, 그 밖에 이와 비슷한 것: 바닥면적의 합계 → 500㎡ 미만
8. 제조소, 수리점, 그 밖에 이와 비슷한 것: 바닥면적의 합계 → 500㎡ 미만
9. 청소년게임제공업 및 일반게임제공업의 시설, 인터넷컴퓨터게임시설제공업의 시설 및 복합유통게임제공업의 시설: 바닥면적의 합계 → 500㎡ 미만

10. 사진관, 표구점, 학원(바닥면적의 합계 → 500㎡ 미만, 자동차학원 및 무도학원은 제외한다), 독서실, 고시원(바닥면적의 합계 → 500㎡ 미만), 장의사, 동물병원, 총포판매사, 그 밖에 이와 비슷한 것
11. 의약품 판매소, 의료기기 판매소 및 자동차영업소: 바닥면적의 합계 → 1천㎡ 미만

✅ 확인학습 위락시설

1. 단란주점으로서 근린생활시설에 해당하지 않는 것
2. 유흥주점, 그 밖에 이와 비슷한 것
3. 「관광진흥법」에 따른 유원시설업(遊園施設業)의 시설, 그 밖에 이와 비슷한 시설(근린생활시설에 해당하는 것은 제외한다)
4. 무도장 및 무도학원
5. 카지노영업소

---

20 난이도 ●●●●○   답 ④

🏛 특정소방대상물에 설치하는 소방시설의 관리 등(소방시설 기준의 적용 특례)

특정소방대상물에 설치하는 소방시설의 관리 등에 관한 내용으로 옳은 것은 ㄱ, ㄴ, ㄷ, ㄹ이다.

| 선지분석 |

ㄱ. [O] 소방본부장이나 소방서장은 소방시설이 화재안전기준에 따라 설치·관리되고 있지 아니할 때에는 해당 특정소방대상물의 관계인에게 필요한 조치를 명할 수 있다.
ㄴ. [O] 소방본부장이나 소방서장은 기존의 특정소방대상물이 증축되거나 용도변경되는 경우에는 대통령령으로 정하는 바에 따라 증축 또는 용도변경 당시의 소방시설의 설치에 관한 대통령령 또는 화재안전기준을 적용한다.
ㄷ. [O] 소방본부장이나 소방서장은 특정소방대상물에 설치하여야 하는 소방시설 가운데 기능과 성능이 유사한 스프링클러설비, 물분무등소화설비, 비상경보설비 및 비상방송설비 등의 소방시설의 경우에는 대통령령으로 정하는 바에 따라 유사한 소방시설의 설치를 면제할 수 있다.
ㄹ. [O] 소방본부장이나 소방서장은 대통령령 또는 화재안전기준이 변경되어 그 기준이 강화되는 경우 기존의 특정소방대상물(건축물의 신축·개축·재축·이전 및 대수선 중인 특정소방대상물을 포함한다)의 소방시설에 대하여는 변경 전의 대통령령 또는 화재안전기준을 적용한다. 다만 자동화재탐지설비의 경우에는 대통령령 또는 화재안전기준의 변경으로 강화된 기준을 적용할 수 있다.

✅ 확인학습 강화된 소방시설기준의 적용대상

1. 소방시설 중 대통령령 또는 화재안전기준으로 정하는 것
   - 소화기구
   - 비상경보설비
   - 자동화재탐지설비
   - 자동화재속보설비
   - 피난구조설비
2. 특정소방대상물에 설치하는 소방시설 중 대통령령 또는 화재안전기준으로 정하는 것
   - 공동구
   - 전력 및 통신사업용 지하구
   - 노유자(老幼者) 시설
   - 의료시설

> ✅ **확인학습** 특정소방대상물에 설치하는 소방시설의 관리 등

1. 특정소방대상물의 관계인은 대통령령으로 정하는 소방시설을 화재안전기준에 따라 설치·관리하여야 한다. 이 경우 「장애인·노인·임산부 등의 편의증진 보장에 관한 법률」 제2조 제1호에 따른 장애인 등이 사용하는 소방시설(경보설비 및 피난구조설비를 말한다)은 대통령령으로 정하는 바에 따라 장애인등에 적합하게 설치·관리하여야 한다.
2. 소방본부장이나 소방서장은 소방시설이 화재안전기준에 따라 설치·관리되고 있지 아니할 때에는 해당 특정소방대상물의 관계인에게 필요한 조치를 명할 수 있다.
3. 특정소방대상물의 관계인은 소방시설을 설치·관리하는 경우 화재 시 소방시설의 기능과 성능에 지장을 줄 수 있는 폐쇄(잠금을 포함한다. 이하 같다)·차단 등의 행위를 하여서는 아니 된다. 다만, 소방시설의 점검·정비를 위하여 필요한 경우 폐쇄·차단은 할 수 있다.
4. 소방청장, 소방본부장 또는 소방서장은 소방시설의 작동정보 등을 실시간으로 수집·분석할 수 있는 시스템(이하 "소방시설정보관리시스템"이라 한다)을 구축·운영할 수 있다.
5. 소방청장, 소방본부장 또는 소방서장은 소방시설의 작동정보를 해당 특정소방대상물의 관계인에게 통보하여야 한다.
6. 소방시설정보관리시스템 구축·운영의 대상은 「화재의 예방 및 안전관리에 관한 법률」 제24조 제1항 전단에 따른 소방안전관리대상물 중 소방안전관리의 취약성 등을 고려하여 대통령령으로 정하고, 그 밖에 운영방법 및 통보 절차 등에 필요한 사항은 행정안전부령으로 정한다.

21 난이도 ●●●●● 답 ③

🏛 옥외저장탱크의 보유공지

| 풀이식 |

1. 제4류 위험물 중 제1석유류(비수용성)의 지정수량: 200리터
2. 저장하는 위험물의 최대수량 400,000리터인 경우 지정수량의 배수 계산

    지정수량의 배수: $\frac{400,000리터}{200리터} = 2,000배$

3. 지정수량의 1,000배 초과 2,000배 이하인 경우: 9m 이상
4. 기준에 적합한 물분무설비에 의한 방호조치 여부(있는 경우 → 공지단축 옥외저장탱크에 적합한 물분무설비로 방호조치를 하는 경우에는 그 보유공지를 규정에 의한 보유공지의 2분의 1 이상의 너비(최소 3m 이상)로 할 수 있다.)
    따라서, 9m 이상×1/2 = 4.5m 이상으로 할 수 있다.

> ✅ **확인학습** 제4류 위험물(인화성 액체)

품명		지정수량
특수인화물		50L
제1석유류	비수용성 액체	200L
	수용성 액체	400L
알코올류		400L
제2석유류	비수용성 액체	1천L
	수용성 액체	2천L
제3석유류	비수용성 액체	2천L
	수용성 액체	4천L
제4석유류		6천L
동·식물유류		1만L

> ✅ **확인학습** 옥외탱크저장소의 보유공지

저장 또는 취급하는 위험물의 최대수량	공지의 너비
지정수량의 500배 이하	3m 이상
지정수량의 500배 초과 1천배 이하	5m 이상
지정수량의 1천배 초과 2천배 이하	9m 이상
지정수량의 2천배 초과 3천배 이하	12m 이상
지정수량의 3천배 초과 4천배 이하	15m 이상
지정수량의 4천배 초과	당해 탱크의 수평단면의 최대지름(가로형인 경우에는 긴 변)과 높이 중 큰 것과 같은 거리 이상. 다만, 30m 초과의 경우에는 30m 이상으로 할 수 있고, 15m 미만의 경우에는 15m 이상으로 하여야 한다.

> ✅ **확인학습** 공지단축 옥외저장탱크

공지단축 옥외저장탱크에 적합한 물분무설비로 방호조치를 하는 경우에는 그 보유공지를 제1호의 규정에 의한 보유공지의 2분의 1 이상의 너비(최소 3m 이상)로 할 수 있다. 이 경우 공지단축 옥외저장탱크의 화재시 1㎡당 20kW 이상의 복사열에 노출되는 표면을 갖는 인접한 옥외저장탱크가 있으면 당해 표면에도 다음의 기준에 적합한 물분무설비로 방호조치를 함께하여야 한다.

- 탱크의 표면에 방사하는 물의 양은 탱크의 원주길이 1m에 대하여 분당 37ℓ이상으로 할 것
- 수원의 양은 가목의 규정에 의한 수량으로 20분 이상 방사할 수 있는 수량으로 할 것
- 탱크에 보강링이 설치된 경우에는 보강링의 아래에 분무헤드를 설치하되, 분무헤드는 탱크의 높이 및 구조를 고려하여 분무가 적정하게 이루어 질 수 있도록 배치할 것
- 물분무소화설비의 설치기준에 준할 것

22 난이도 ●●●○○ 답 ②

🏛 정기점검 대상

| 선지분석 |

① [○] 지정수량의 10배의 위험물을 취급하는 제조소: 지정수량의 10배 이상의 위험물을 취급하는 제조소에 해당한다.
② [×] 지정수량의 100배의 위험물을 저장하는 옥내저장소: 지정수량의 150배 이상의 위험물을 저장하는 옥내저장소가 해당한다.
③ [○] 지정수량의 150배의 위험물을 저장하는 옥외저장소: 지정수량의 100배 이상의 위험물을 저장하는 옥외저장소에 해당한다.
④ [○] 지정수량의 5배의 위험물을 저장하는 이동탱크저장소: 이동탱크저장소와 지하탱크저장소는 지정수량의 배수와 상관없이 정기점검 대상에 해당한다.

> ✅ **확인학습** 정기점검 대상

1. 지정수량의 10배 이상의 위험물을 취급하는 제조소
2. 지정수량의 100배 이상의 위험물을 저장하는 옥외저장소
3. 지정수량의 150배 이상의 위험물을 저장하는 옥내저장소
4. 지정수량의 200배 이상의 위험물을 저장하는 옥외탱크저장소
5. 암반탱크저장소
6. 이송취급소

7. 지정수량의 10배 이상의 위험물을 취급하는 일반취급소. 다만, 제4류 위험물(특수인화물을 제외한다)만을 지정수량의 50배 이하로 취급하는 일반취급소(제1석유류·알코올류의 취급량이 지정수량의 10배 이하인 경우에 한한다)로서 다음에 해당하는 것을 제외한다.
   - 보일러·버너 또는 이와 비슷한 것으로서 위험물을 소비하는 장치로 이루어진 일반취급소
   - 위험물을 용기에 옮겨 담거나 차량에 고정된 탱크에 주입하는 일반취급소
8. 지하탱크저장소
9. 이동탱크저장소
10. 위험물을 취급하는 탱크로서 지하에 매설된 탱크가 있는 제조소·주유취급소 또는 일반취급소

23 난이도 ●●●●● 답 ①

🏛 소화난이도 등급 I에 해당하는 제조소등

| 선지분석 |

① [×] 일반취급소: 연면적 1,000제곱미터 이상인 것이 해당한다.
② [○] 옥내저장소: 처마높이가 6미터인 단층건물의 경우
③ [○] 옥외탱크저장소: 지정수량의 100배의 고체위험물을 저장하는 경우
④ [○] 암반탱크저장소: 지정수량의 100배의 고체위험물만을 저장하는 경우

✓ **확인학습** 소화난이도등급 I에 해당하는 제조소등

구분	제조소등의 규모, 저장 또는 취급하는 위험물의 품명 및 최대수량 등
제조소 일반취급소	연면적 1,000㎡ 이상인 것
	지정수량의 100배 이상인 것(고인화점위험물만을 100℃ 미만의 온도에서 취급하는 것 및 제48조의 위험물을 취급하는 것은 제외)
	지반면으로부터 6m 이상의 높이에 위험물 취급설비가 있는 것(고인화점위험물만을 100℃ 미만의 온도에서 취급하는 것은 제외)
	일반취급소로 사용되는 부분 외의 부분을 갖는 건축물에 설치된 것(내화구조로 개구부 없이 구획 된 것, 고인화점위험물만을 100℃ 미만의 온도에서 취급하는 것 및 별표 16 X의2의 화학실험의 일반취급소는 제외)
옥내저장소	지정수량의 150배 이상인 것(고인화점위험물만을 저장하는 것 및 제48조의 위험물을 저장하는 것은 제외)
	연면적 150㎡를 초과하는 것(150㎡ 이내마다 불연재료로 개구부없이 구획된 것 및 인화성고체 외의 제2류 위험물 또는 인화점 70℃ 이상의 제4류 위험물만을 저장하는 것은 제외)
	처마높이가 6m 이상인 단층건물의 것
	옥내저장소로 사용되는 부분 외의 부분이 있는 건축물에 설치된 것(내화구조로 개구부없이 구획된 것 및 인화성고체 외의 제2류 위험물 또는 인화점 70℃ 이상의 제4류 위험물만을 저장하는 것은 제외)
옥외탱크 저장소	액표면적이 40㎡ 이상인 것(제6류 위험물을 저장하는 것 및 고인화점위험물만을 100℃ 미만의 온도에서 저장하는 것은 제외)
	지반면으로부터 탱크 옆판의 상단까지 높이가 6m 이상인 것(제6류 위험물을 저장하는 것 및 고인화점위험물만을 100℃ 미만의 온도에서 저장하는 것은 제외)
	지중탱크 또는 해상탱크로서 지정수량의 100배 이상인 것(제6류 위험물을 저장하는 것 및 고인화점위험물만을 100℃ 미만의 온도에서 저장하는 것은 제외)
	고체위험물을 저장하는 것으로서 지정수량의 100배 이상인 것
암반탱크 저장소	액표면적이 40㎡ 이상인 것(제6류 위험물을 저장하는 것 및 고인화점위험물만을 100℃ 미만의 온도에서 저장하는 것은 제외)
	고체위험물을 저장하는 것으로서 지정수량의 100배 이상인 것

24 난이도 ●●●●○ 답 ②

🏛 탱크시험자가 갖추어야 하는 필수장비의 종류

'진공누설시험기'는 필수장비에 해당하지 않는다.
참고. 진공능력 53KPa 이상의 진공누설시험기는 충·수압시험, 진공시험, 기밀시험 또는 내압시험의 경우를 위하여 필요한 경우에 두는 장비에 해당한다.

| 선지분석 |

① [○] 자기탐상시험기
② [×] 진공누설시험기
③ [○] 초음파두께측정기
④ [○] 영상초음파시험기

✓ **확인학습** 탱크시험자가 갖추어야 하는 필수장비

1. 필수장비: 자기탐상시험기, 초음파두께측정기 및 다음 1) 또는 2) 중 어느 하나
   1) 영상초음파시험기
   2) 방사선투과시험기 및 초음파시험기
2. 필요한 경우에 두는 장비
   1) 충·수압시험, 진공시험, 기밀시험 또는 내압시험의 경우
      - 진공능력 53KPa 이상의 진공누설시험기
      - 기밀시험장치
   2) 수직·수평도 시험의 경우: 수직·수평도 측정기

25 난이도 ●●○○○ 답 ②

🏛 제3류 위험물

| 선지분석 |

① [×] 질산구아니딘: 제5류 위험물
② [○] 염소화규소화합물: 제3류 위험물
③ [×] 아이오딘의 산화물: 제1류 위험물
④ [×] 염소화아이소사이아누르산: 제1류 위험물

✓ **확인학습** 위험물의 품명의 지정(규칙 제3조)

1. 제1류의 품명란 제10호에서 "행정안전부령으로 정하는 것"
   - 과아이오딘산염류
   - 과아이오딘산
   - 크로뮴, 납 또는 아이오딘의 산화물
   - 아질산염류
   - 차아염소산염류
   - 염소화아이소사이아누르산
   - 퍼옥소이황산염류
   - 퍼옥소붕산염류

2. 제3류의 품명란 제11호에서 "행정안전부령으로 정하는 것"
   - 염소화규소화합물
3. 제5류의 품명란 제10호에서 "행정안전부령으로 정하는 것"
   - 금속의 아지화합물
   - 질산구아니딘
4. 제6류의 품명란 제4호에서 "행정안전부령으로 정하는 것"
   - 할로젠간화합물

2회 2025년 03월 29일 경채

정답
p.242

01	④	02	④	03	③	04	④	05	③
06	③	07	②	08	②	09	③	10	②
11	②	12	③	13	①	14	①	15	②
16	④	17	①	18	③	19	①	20	②
21	③	22	④	23	①	24	①	25	①
26	④	27	②	28	②	29	④	30	②
31	②	32	④	33	②	34	③	35	③
36	②	37	①	38	②	39	①	40	②

01 난이도 ●○○○○ 답 ④

🏛 용어의 정의(소방기본법)

| 선지분석 |

① [×] "관계지역"이란 소방대상물이 있는 장소로서 화재의 예방·경계·진압, 구조·구급 등의 활동에 필요한 지역을 말한다.
② [×] "소방대장"이란 소방본부장 또는 소방서장 등 화재, 재난·재해, 그 밖의 위급한 상황이 발생한 현장에서 소방대를 지휘하는 사람을 말한다.
③ [×] "소방본부장"이란 특별시·광역시·특별자치시·도 또는 특별자치도에서 화재의 예방·경계·진압·조사 및 구조·구급 등의 업무를 담당하는 부서의 장을 말한다.
④ [○] "소방대"란 화재를 진압하고 화재, 재난·재해, 그 밖의 위급한 상황에서 구조·구급 활동 등을 하기 위하여 관련 법령에 따라 소방공무원, 의무소방원 등으로 구성된 조직체를 말한다.

✅ 확인학습 소방대

"소방대"(消防隊)란 화재를 진압하고 화재, 재난·재해, 그 밖의 위급한 상황에서 구조·구급 활동 등을 하기 위하여 다음의 사람으로 구성된 조직체를 말한다.
1. 「소방공무원법」에 따른 소방공무원
2. 「의무소방대설치법」 제3조에 따라 임용된 의무소방원
3. 「의용소방대 설치 및 운영에 관한 법률」에 따른 의용소방대원

02 난이도 ●●●○○ 답 ④

🏛 119종합상황실의 설치·운영

| 선지분석 |

① [×] 소방청과 특별시·광역시·특별자치시·도 또는 특별자치도의 소방본부 및 소방서에 각각 설치·운영하여야 한다.
② [×] 소방청장, 소방본부장 또는 소방서장은 신속한 소방활동을 위한 정보를 수집·전파하기 위하여 119종합상황실에 「소방력기준에 관한 규칙」에 의한 전산·통신요원을 배치하고, 소방청장이 정하는 유·무선통신시설을 갖추어야 한다.
③ [×] 소방본부에 설치하는 119종합상황실에는 「지방자치단체에 두는 국가공무원의 정원에 관한 법률」에도 불구하고 대통령령으로 정하는 바에 따라 경찰공무원을 둘 수 있으며, 119종합상황실의 설치·운영에 필요한 사항은 행정안전부령으로 정한다.
④ [○] 119종합상황실의 실장은 하급소방기관에 대한 출동지령 또는 동급 이상의 소방기관 및 유관기관에 대한 지원요청, 재난상황의 수습에 필요한 정보수집 및 제공, 재난상황이 발생한 현장에 대한 지휘 및 피해현황의 파악 등의 업무를 행하고, 그에 관한 내용을 기록·관리하여야 한다.

✅ 확인학습 종합상황실 실장의 업무

1. 화재, 재난·재해, 그 밖에 구조·구급이 필요한 상황(재난상황)의 발생의 신고접수
2. 접수된 재난상황을 검토하여 가까운 소방서에 인력 및 장비의 동원을 요청하는 등의 사고수습
3. 하급소방기관에 대한 출동지령 또는 동급 이상의 소방기관 및 유관기관에 대한 지원요청
4. 재난상황의 전파 및 보고
5. 재난상황이 발생한 현장에 대한 지휘 및 피해현황의 파악
6. 재난상황의 수습에 필요한 정보수집 및 제공

03 난이도 ●●●○○ 답 ③

🏛 소방용수시설 및 비상소화장치의 설치·관리 등

비상소화장치함은 「소방시설 설치 및 관리에 관한 법률」에 따라 소방청장이 정하여 고시하는 성능인증 및 제품검사의 기술기준에 적합한 것으로 설치하여야 한다.

✅ 확인학습 비상소화장치의 설치기준

1. 비상소화장치는 비상소화장치함, 소화전, 소방호스, 관창을 포함하여 구성할 것
2. 소방호스 및 관창은 소방청장이 정하여 고시하는 형식승인 및 제품검사의 기술기준에 적합한 것으로 설치할 것
3. 비상소화장치함은 소방청장이 정하여 고시하는 성능인증 및 제품검사의 기술기준에 적합한 것으로 설치할 것
4. 위의 규정한 사항 외에 비상소화장치의 설치기준에 관한 세부 사항은 소방청장이 정한다.

04 난이도 ●●●○○ 답 ④

🏛 소방자동차 교통안전 분석 시스템 구축·운영
소방청장 및 소방본부장은 운행기록장치 데이터 중 과속, 급감속, 급출발 등의 운행기록을 점검·분석해야 하고, 소방청장, 소방본부장 및 소방서장은 분석 결과를 소방자동차의 안전한 소방활동 수행에 필요한 교통안전정책의 수립, 교육·훈련 등에 활용할 수 있다.

✅ 확인학습 운행기록장치 데이터의 분석·활용
1. 소방청장 및 소방본부장은 운행기록장치 데이터 중 과속, 급감속, 급출발 등의 운행기록을 점검·분석해야 한다.
2. 소방청장, 소방본부장 및 소방서장은 1.에 따른 분석 결과를 소방자동차의 안전한 소방활동 수행에 필요한 교통안전정책의 수립, 교육·훈련 등에 활용할 수 있다.

✅ 확인학습 운행기록장치 장착 소방자동차의 범위
1. 소방펌프차
2. 소방물탱크차
3. 소방화학차
4. 소방고가차(消防高架車)
5. 무인방수차
6. 구조차
7. 그 밖에 소방청장이 소방자동차의 안전한 운행 및 교통사고 예방을 위하여 운행기록장치 장착이 필요하다고 인정하여 정하는 소방자동차

05 난이도 ●●●○○ 답 ③

🏛 소방활동 종사 사상자의 보상금액 등의 기준
소방활동 종사 사상자의 보상금액 등의 기준은 사망자의 보상금액 기준, 부상등급의 기준, 부상등급별 보상금액 기준 및 보상금의 환수 기준이다. 해당하는 것은 ㄱ, ㄷ, ㄹ이다.

| 선지분석 |
ㄱ. [○] 보상금의 환수 기준
ㄴ. [×] 의료급여의 지급 기준
ㄷ. [○] 사망자의 보상금액 기준
ㄹ. [○] 부상등급별 보상금액 기준

✅ 확인학습 손실보상의 기준 및 보상금액(영제11조)
1. 법 제49조의2 제1항에 따라 같은 항 각 호(제2호는 제외한다)의 어느 하나에 해당하는 자에게 물건의 멸실·훼손으로 인한 손실보상을 하는 때에는 다음 각 호의 기준에 따른 금액으로 보상한다. 이 경우 영업자가 손실을 입은 물건의 수리나 교환으로 인하여 영업을 계속할 수 없는 때에는 영업을 계속할 수 없는 기간의 영업이익액에 상당하는 금액을 더하여 보상한다.
   - 손실을 입은 물건을 수리할 수 있는 때: 수리비에 상당하는 금액
   - 손실을 입은 물건을 수리할 수 없는 때: 손실을 입은 당시의 해당 물건의 교환가액
2. 물건의 멸실·훼손으로 인한 손실 외의 재산상 손실에 대해서는 직무집행과 상당한 인과관계가 있는 범위에서 보상한다.
3. 법 제49조의2 제1항 제2호(제24조 제1항 전단에 따른 소방활동 종사로 인하여 사망하거나 부상을 입은 자)에 따른 사상자의 보상금액 등의 기준은 별표 2의4와 같다.

✅ 확인학습 소방활동 종사 사상자의 보상금액 등의 기준(별표 2의4)
1. 사망자의 보상금액 기준
   「의사상자 등 예우 및 지원에 관한 법률 시행령」 제12조 제1항에 따라 보건복지부장관이 결정하여 고시하는 보상금에 따른다.
2. 부상등급의 기준
   「의사상자 등 예우 및 지원에 관한 법률 시행령」 제2조 및 별표 1에 따른 부상범위 및 등급에 따른다.
3. 부상등급별 보상금액 기준
   「의사상자 등 예우 및 지원에 관한 법률 시행령」 제12조 제2항 및 별표 2에 따른 의사상자의 부상등급별 보상금에 따른다.
4. 보상금 지급순위의 기준
   「의사상자 등 예우 및 지원에 관한 법률」 제10조의 규정을 준용한다.
5. 보상금의 환수 기준
   「의사상자 등 예우 및 지원에 관한 법률」 제19조의 규정을 준용한다.

06 난이도 ●○○○○ 답 ③

🏛 벌칙(소방기본법)
- 소방대상물에 화재, 재난·재해, 그 밖의 위급한 상황이 발생한 경우에는 소방본부, 소방서 또는 관계 행정기관에 지체 없이 알려야 하나 이를 위반하여 정당한 사유 없이 화재, 재난·재해, 그 밖의 위급한 상황을 소방본부, 소방서 또는 관계 행정기관에 알리지 아니한 관계인은 (500)만원 이하의 (과태료)를 부과한다.
- 소방본부장, 소방서장 또는 소방대장은 화재 진압 등 소방활동을 위하여 필요할 때에는 소방용수 외에 댐·저수지 또는 수영장 등의 물을 사용하거나 수도의 개폐장치 등을 조작할 수 있으나 이를 위반하여 정당한 사유 없이 물의 사용이나 수도의 개폐장치의 사용 또는 조작을 하지 못하게 하거나 방해한 자는 (100)만원 이하의 (벌금)에 처한다.

07 난이도 ●●●○○ 답 ②

🏛 화재조사 사항
해당하는 것은 ㄴ, ㄷ이다.

| 선지분석 |
ㄱ. [×] 화재조사 증거물 수집에 관한 사항 → 법제11조 관련 내용
ㄴ. [○] 소방시설 등의 설치·관리에 관한 사항
ㄷ. [○] 화재안전조사의 실시 결과에 관한 사항
ㄹ. [×] 화재현장 보존조치 및 통제구역 설정에 관한 사항 → 법제8조 관련 내용

✅ 확인학습 화재조사 실시 내용
소방관서장은 화재조사를 하는 경우 다음의 사항에 대하여 조사하여야 한다.
1. 화재원인에 관한 사항
2. 화재로 인한 인명·재산피해상황
3. 대응활동에 관한 사항
4. 소방시설 등의 설치·관리 및 작동 여부에 관한 사항
5. 화재발생건축물과 구조물, 화재유형별 화재위험성 등에 관한 사항
6. 그 밖에 대통령령으로 정하는 사항(화재안전조사의 실시 결과에 관한 사항)

08 난이도 ●●●●○ 답 ②

화재조사 결과의 공표

① [×] 화재조사 결과의 공표는 소방관서의 인터넷 홈페이지에 게재하거나, 「신문 등의 진흥에 관한 법률」에 따른 신문 또는 「방송법」에 따른 방송을 이용하는 등 일반인이 쉽게 알 수 있는 방법으로 한다. → 관보에 공고하는 것은 해당하지 않는다.
② [○] 소방관서장은 화재조사 결과를 공표하는 경우 수사가 진행 중이거나 수사의 필요성이 인정되는 경우에는 관계 수사기관의 장과 공표 여부에 관하여 사전에 협의하여야 한다.
③ [×] 소방관서장이 국민이 유사한 화재로부터 피해를 입지 않도록 하기 위하여 화재조사 결과를 공표하는 경우, 공표의 범위·방법 및 절차 등에 관하여 필요한 사항은 행정안전부령으로 정한다.
④ [×] 소방관서장은 사회적 관심이 집중되어 국민의 알 권리 충족 등 공공의 이익을 위해 필요한 경우와 소방정책에 활용하기 위해 국민이 유사한 화재로부터 피해를 입지 않도록 하기 위해 필요한 경우에는 화재조사 결과를 공표할 수 있다. → 소방정책에 활용하기 위해 과학적·전문적인 화재조사가 필요한 경우는 해당하지 않는다.

✅ 확인학습 화재조사 결과의 공표

1. 소방관서장은 국민이 유사한 화재로부터 피해를 입지 않도록 하기 위한 경우 등 필요한 경우 화재조사 결과를 공표할 수 있다. 다만, 수사가 진행 중이거나 수사의 필요성이 인정되는 경우에는 관계 수사기관의 장과 공표 여부에 관하여 사전에 협의하여야 한다.
2. 1.에 따른 공표의 범위·방법 및 절차 등에 관하여 필요한 사항은 행정안전부령으로 정한다.

✅ 확인학습 화재조사 결과의 공표(규칙 제8조)

1. 소방관서장은 법 제14조 제1항에 따라 다음의 경우에는 화재조사 결과를 공표할 수 있다.
   - 국민이 유사한 화재로부터 피해를 입지 않도록 하기 위해 필요한 경우
   - 사회적 관심이 집중되어 국민의 알 권리 충족 등 공공의 이익을 위해 필요한 경우
2. 소방관서장은 1.에에 따라 화재조사의 결과를 공표할 때에는 다음의 사항을 포함시켜야 한다.
   - 화재원인에 관한 사항
   - 화재로 인한 인명·재산피해에 관한 사항
   - 화재발생 건축물과 구조물에 관한 사항
   - 그 밖에 화재예방을 위해 공표할 필요가 있다고 소방관서장이 인정하는 사항
3. 1.에 따른 화재조사 결과의 공표는 소방관서의 인터넷 홈페이지에 게재하거나, 「신문 등의 진흥에 관한 법률」에 따른 신문 또는 「방송법」에 따른 방송을 이용하는 등 일반인이 쉽게 알 수 있는 방법으로 한다.

09 난이도 ●●●○○ 답 ③

화재조사 증거물 수집 등

소방관서장은 수집한 증거물이 화재와 관련이 없다고 인정되는 경우와 화재조사가 완료되는 등 증거물을 보관할 필요가 없게 된 경우에는 증거물을 반환해야 한다.

✅ 확인학습 화재조사 증거물 수집 등

1. 소방관서장은 화재조사를 위하여 필요한 경우 증거물을 수집하여 검사·시험·분석 등을 할 수 있다. 다만, 범죄수사와 관련된 증거물인 경우에는 수사기관의 장과 협의하여 수집할 수 있다.
2. 소방관서장은 수사기관의 장이 방화 또는 실화의 혐의가 있어서 이미 피의자를 체포하였거나 증거물을 압수하였을 때에 화재조사를 위하여 필요한 경우에는 범죄수사에 지장을 주지 아니하는 범위에서 그 피의자 또는 압수된 증거물에 대한 조사를 할 수 있다. 이 경우 수사기관의 장은 소방관서장의 신속한 화재조사를 위하여 특별한 사유가 없으면 조사에 협조하여야 한다.
3. 1.에 따른 증거물 수집의 범위, 방법 및 절차 등에 필요한 사항은 대통령령으로 정한다.

✅ 확인학습 화재조사 증거물 수집 등(영 제11조)

1. 소방관서장은 법 제11조에 따라 화재조사를 위하여 필요한 최소한의 범위에서 화재조사관에게 증거물을 수집하여 검사·시험·분석 등을 하게 할 수 있다.
2. 소방관서장은 1.에 따라 증거물을 수집한 경우 이를 관계인에게 알려야 한다.
3. 소방관서장은 1.에 따라 수집한 증거물이 다음의 어느 하나에 해당하는 경우에는 증거물을 지체 없이 반환해야 한다.
   - 화재와 관련이 없다고 인정되는 경우
   - 화재조사가 완료되는 등 증거물을 보관할 필요가 없게 된 경우
4. 1.~3.까지에서 규정한 사항 외에 증거물의 수집·관리에 필요한 사항은 행정안전부령으로 정한다.

✅ 확인학습 화재조사 증거물의 수집·관리

1. 영 제11조 제1항에 따라 화재조사 증거물을 수집하는 경우 증거물의 수집과정을 사진 촬영 또는 영상 녹화의 방법으로 기록해야 한다.
2. 1.에 따른 사진 또는 영상 파일은 법 제19조에 따른 국가화재정보시스템에 전송하여 보관한다.
3. 1.에 및 2.에서 규정한 사항 외에 화재조사 증거물의 수집·관리에 필요한 사항은 소방청장이 정한다.

10 난이도 ●●●○○ 답 ②

화재조사에 관한 시험 공고 기한 등

빈칸에 들어갈 수는 3, 30, 10이므로 수의 합은 43이다.
- 소방관서장은 화재조사의 필요성으로 관계인등의 출석을 요구하려면 출석일 (3)일 전까지 출석 일시와 장소 등을 관계인등에게 알려야 한다.
- 소방청장이 화재조사에 관한 시험을 실시하는 경우에는 시험의 과목·일시·장소 및 응시 자격·절차 등을 시험 실시 (30)일 전까지 소방청의 인터넷 홈페이지에 공고해야 한다.
- 소방청장은 화재감정기관 지정 절차에서 화재감정기관 지정신청서 또는 첨부서류에 보완이 필요하다고 판단되면 (10)일 이내의 기간을 정하여 보완을 요구할 수 있다.

✅ 확인학습 관계인등에 대한 출석요구 및 질문 등

1. 소방관서장은 관계인등의 출석을 요구하려면 출석일 3일 전까지 다음의 사항을 관계인등에게 알려야 한다.
   - 출석 일시와 장소
   - 출석 요구 사유
   - 그 밖에 화재조사와 관련하여 필요한 사항

2. 관계인등은 1.에 따라 지정된 출석 일시에 출석하는 경우 업무 또는 생활에 지장이 있을 때에는 소방관서장에게 출석 일시를 변경하여 줄 것을 신청할 수 있다. 이 경우 소방관서장은 화재조사의 목적을 달성할 수 있는 범위에서 출석 일시를 변경할 수 있다.
3. 소방관서장은 출석한 관계인등에게 수당과 여비를 지급할 수 있다.

✓ 확인학습 화재조사에 관한 시험

1. 소방청장이 화재조사에 관한 시험을 실시하는 경우에는 시험의 과목·일시·장소 및 응시 자격·절차 등을 시험 실시 30일 전까지 소방청의 인터넷 홈페이지에 공고해야 한다.
2. 자격시험에 응시할 수 있는 사람은 소방공무원 중 다음의 어느 하나에 해당하는 사람으로 한다.
   - 화재조사관 양성을 위한 전문교육을 이수한 사람
   - 국립과학수사연구원 또는 소방청장이 인정하는 외국의 화재조사 관련 기관에서 8주 이상 화재조사에 관한 전문교육을 이수한 사람
3. 자격시험은 1차 시험과 2차 시험으로 구분하여 실시하며, 1차 시험에 합격한 사람만이 2차 시험에 응시할 수 있다.
4. 소방청장은 소방공무원에게 화재조사관 자격증을 발급해야 한다.
5. 소방청장은 자격시험에서 부정한 행위를 한 사람에 대해서는 그 시험을 정지 또는 무효로 하거나 합격을 취소한다.

✓ 확인학습 화재감정기관의 지정 신청 및 지정서 발급

1. 영 제13조 제1항 각 호 외의 부분 전단에서 "행정안전부령으로 정하는 화재감정기관 지정신청서"란 별지 제5호서식의 화재감정기관 지정신청서를 말한다.
2. 1.에 따른 화재감정기관 지정신청서를 받은 소방청장은 「전자정부법」 제36조 제1항에 따른 행정정보의 공동이용을 통하여 법인 등기사항증명서(법인인 경우만 해당한다)와 사업자등록증을 확인해야 한다. 다만, 신청인이 사업자등록증의 확인에 동의하지 않는 경우에는 그 사본을 첨부하도록 해야 한다.
3. 소방청장은 영 제13조 제1항 각 호 외의 부분 후단에 따라 화재감정기관 지정신청서 또는 첨부서류에 보완이 필요하다고 판단되면 10일 이내의 기간을 정하여 보완을 요구할 수 있다.
4. 영 제13조 제2항에서 "행정안전부령으로 정하는 화재감정기관 지정서"란 별지 제6호서식의 화재감정기관 지정서를 말한다.
5. 4.에 따른 화재감정기관 지정서를 발급한 소방청장은 별지 제7호서식의 화재감정기관 지정대장에 그 사실을 기록하고 이를 보관·관리해야 한다.
6. 소방청장이 법 제17조 제1항에 따라 화재감정기관을 지정한 경우에는 그 사실을 소방청의 인터넷 홈페이지에 게재해야 한다.

11 난이도 ●○○○○ 답 ②

🏛 착공신고 후 변경신고(행정안전부령으로 정하는 중요한 사항)
공사 소방공사업자가 착공신고 후 변경신고를 하여야 하는 행정안전부령으로 정하는 중요한 사항은 시공자, 설치되는 소방시설의 종류, 책임시공 및 기술관리 소방기술자가 해당한다. 소방공사 감리원은 해당되지 않는다.

✓ 확인학습 행정안전부령으로 정하는 중요한 사항
1. 시공자
2. 설치되는 소방시설의 종류
3. 책임시공 및 기술관리 소방기술자

12 난이도 ●●●○○ 답 ③

🏛 소방시설업의 위반사항에 따른 2차 행정처분 기준
2차 행정처분 기준이 같은 것은 ㄱ, ㄷ, ㄹ이다.

| 선지분석 |

ㄱ. 도급받은 소방시설의 설계를 하도급한 경우 → 2차 행정처분 기준: 영업정지 6개월
ㄴ. 동일한 특정소방대상물에 대한 시공과 감리를 함께 한 경우 → 2차 행정처분 기준: 등록취소
ㄷ. 공사업자가 시공능력 평가에 관한 서류를 거짓으로 제출한 경우 → 2차 행정처분 기준: 영업정지 6개월
ㄹ. 관계 공무원이 특정소방대상물에 출입하여 시설 등을 검사하고자 할 때 정당한 사유 없이 관계 공무원의 출입을 방해한 경우 → 2차 행정처분 기준: 영업정지 6개월

✓ 확인학습 소방시설업의 위반사항에 따른 행정처분 기준

위반사항	근거법령	행정처분 기준 1차	2차	3차
커. 법 제22조제1항 본문을 위반하여 도급받은 소방시설의 설계, 시공, 감리를 하도급한 경우	법 제9조	영업정지 3개월	영업정지 6개월	등록취소
고. 법 제24조를 위반하여 시공과 감리를 함께 한 경우	법 제9조	영업정지 3개월	등록취소	
노. 법 제26조제2항에 따른 시공능력 평가에 관한 서류를 거짓으로 제출한 경우	법 제9조	영업정지 3개월	영업정지 6개월	등록취소
모. 정당한 사유 없이 법 제31조에 따른 관계 공무원의 출입 또는 검사·조사를 거부·방해 또는 기피한 경우	법 제9조	영업정지 3개월	영업정지 6개월	등록취소

13 난이도 ●●●○○ 답 ①

🏛 소방시설공사 시공능력평가신청서 첨부서류

| 선지분석 |

국가 또는 지방자치단체가 발주한 국내 소방시설공사의 경우는 해당 발주자가 발행한 소방시설공사 실적증명서만 제출하면 된다.
① [×] 국가 또는 지방자치단체가 발주한 국내 소방시설공사의 경우: 해당 발주자가 발행한 소방시설공사 실적증명서
② [○] 공사업자의 자기수요에 따른 소방시설공사의 경우: 그 공사의 감리자가 확인한 별지 서식에 따른 소방시설공사 실적증명서
③ [○] 주한국제연합군으로부터 도급받은 소방시설공사의 경우: 거래하는 외국환은행이 발행한 외화입금증명서 및 도급계약서 사본
④ [○] 해외 소방시설공사의 경우: 재외공관장이 발행한 해외공사 실적증명서 또는 공사계약서 사본이 첨부된 외국환은행이 발행한 외화입금증명서

> ✅ **확인학습** 소방시설공사 시공능력평가신청서 첨부서류

1. 소방공사실적을 증명하는 해당 서류(전자문서 포함)
   가. 국가, 지방자치단체, 「공공기관의 운영에 관한 법률」 제5조에 따른 공기업·준정부기관 또는 「지방공기업법」 제49조에 따라 설립된 지방공사나 같은 법 제76조에 따라 설립된 지방공단(이하 "국가등"이라 한다. 이하 같다)이 발주한 국내 소방시설공사의 경우: 해당 발주자가 발행한 별지 제33호서식의 소방시설공사 실적증명서
   나. 가목, 라목 또는 마목 외의 국내 소방시설공사와 하도급공사의 경우: 해당 소방시설공사의 발주자 또는 수급인이 발행한 별지 제33호서식의 소방시설공사 실적증명서 및 부가가치세법령에 따른 세금계산서(공급자 보관용) 사본이나 소득세법령에 따른 계산서(공급자 보관용) 사본
   다. 해외 소방시설공사의 경우: 재외공관장이 발행한 해외공사 실적증명서 또는 공사계약서 사본이 첨부된 외국환은행이 발행한 외화입금증명서
   라. 주한국제연합군 또는 그 밖의 외국군의 기관으로부터 도급받은 소방시설공사의 경우: 거래하는 외국환은행이 발행한 외화입금증명서 및 도급계약서 사본
   마. 공사업자의 자기수요에 따른 소방시설공사의 경우: 그 공사의 감리자가 확인한 별지 제33호서식의 소방시설공사 실적증명서
2. 평가를 받는 해의 전년도 말일 현재의 소방시설업 등록수첩 사본
3. 소방기술자보유현황
4. 신인도평가신고서(해당하는 서류)
   가. 품질경영인증(ISO 9000) 취득
   나. 우수소방시설공사업자 지정
   다. 소방시설공사 표창 수상
5. 해당하는 서류
   가. 관할 세무서장에게 제출한 조세에 관한 신고서로서 재무상태표 및 손익계산서가 포함된 것)
   나. 외부감사인의 회계감사를 받은 재무제표
   다. 공인회계사 또는 회계법인이 감사한 회계서류
   라. 출자·예치·담보 금액 확인서

> ✅ **확인학습** 소방시설법 시행령 제37조(점검능력 평가의 신청 등) 제1항 제1호

1. 소방시설등의 점검실적을 증명하는 서류로서 다음 각 목의 구분에 따른 서류
   가. 국내 소방시설등에 대한 점검실적: 발주자가 별지 제30호서식에 따라 발급한 소방시설등의 점검실적 증명서 및 세금계산서(공급자 보관용을 말한다) 사본
   나. 해외 소방시설등에 대한 점검실적: 외국환은행이 발행한 외화입금증명서 및 재외공관장이 발행한 해외점검실적 증명서 또는 점검계약서 사본
   다. 주한 외국군의 기관으로부터 도급받은 소방시설등에 대한 점검실적: 외국환은행이 발행한 외화입금증명서 및 도급계약서 사본

14 난이도 ●●●○○ 답 ①

🏛 **화재의 예방 및 안전관리 기본계획 등의 수립·시행**

ㄱ은 5이고, ㄴ은 10월 31일 이다.

- 소방청장은 화재예방정책을 체계적·효율적으로 추진하고 이에 필요한 기반 확충을 위하여 화재의 예방 및 안전관리에 관한 기본계획을 (5)년마다 수립·시행하여야 한다.
- 소방청장은 기본계획을 시행하기 위한 계획을 계획 시행 전년도 (10월 31일)까지 수립해야 한다.

> ✅ **확인학습** 기본계획 등의 제출기한

1. 소방청장은 기본계획을 계획 시행 전년도 9월 30일까지 수립하여야 한다.
2. 소방청장은 시행계획을 계획 시행 전년도 10월 31일까지 수립하여야 한다.
3. 통보를 받은 관계 중앙행정기관의 장 및 시·도지사는 법 제4조 제6항에 따른 세부시행계획을 수립하여 계획 시행 전년도 12월 31일까지 소방청장에게 통보해야 한다.

15 난이도 ●●●●○ 답 ②

🏛 **합동조사반 편성 기관**

화재안전조사를 효율적으로 실시하기 위하여 합동으로 조사반을 편성할 수 있는 기관으로 「소방시설공사업법」에 따른 한국소방시설협회는 해당하지 되지 않는다.

> ✅ **확인학습** 행정안전부령으로 정하는 중요한 사항

1. 관계 중앙행정기관 또는 지방자치단체
2. 한국소방안전원
3. 한국소방산업기술원
4. 한국화재보험협회
5. 한국가스안전공사
6. 한국전기안전공사
7. 그 밖에 소방청장이 정하여 고시하는 소방 관련 법인(단체)

16 난이도 ●●●○○ 답 ④

🏛 **소방안전관리업무의 전담이 필요한 소방안전관리대상물**

소방안전관리업무의 전담이 필요한 소방안전관리대상물은 특급·1급 소방안전관리대상물이 해당한다. 가연성 가스 1백톤을 저장·취급하는 공장은 2급 소방안전관리대상물에 해당한다.

| 선지분석 |

① [O] 지상 60층인 아파트 → 특급 소방안전관리대상물
② [O] 지하 3층, 지상 12층인 백화점 → 1급 소방안전관리대상물
③ [O] 연면적 11만제곱미터인 국제공항 → 특급 소방안전관리대상물
④ [×] 가연성 가스 1백톤을 저장·취급하는 공장 → 2급 소방안전관리대상물

> ✅ **확인학습** 소방안전관리업무의 전담이 필요한 소방안전관리대상물

1. [별표 4] 제1호에 따른 특급 소방안전관리대상물
2. [별표 4] 제2호에 따른 1급 소방안전관리대상물

> ✅ **확인학습** 특급 소방안전관리대상물(동·식물원, 철강 등 불연성 물품을 저장·취급하는 창고, 위험물 제조소등, 지하구를 제외)

1. 50층 이상(지하층 제외)이거나 지상으로부터 높이가 200m 이상인 아파트
2. 30층 이상(지하층 포함)이거나 지상으로부터 높이가 120m 이상인 특정소방대상물(아파트 제외)
3. 연면적이 10만㎡ 이상인 특정소방대상물(아파트 제외)

- ✅ **확인학습** 1급 소방안전관리대상물(동·식물원, 철강 등 불연성 물품을 저장·취급하는 창고, 위험물 제조소등, 지하구를 제외)
  1. 30층 이상(지하층은 제외한다)이거나 지상으로부터 높이가 120m 이상인 아파트
  2. 연면적 1만5천㎡ 이상인 특정소방대상물(아파트 및 연립주택 제외)
  3. 지상층의 층수가 11층 이상인 특정소방대상물(아파트 제외)
  4. 가스를 1천t 이상 저장·취급하는 시설

- ✅ **확인학습** 2급 소방안전관리대상물
  1. 옥내소화전설비, 스프링클러설비, 물분무등소화설비를 설치하여야 하는 특정소방대상물[호스릴(Hose reel) 방식의 물분무등소화설비만을 설치한 경우는 제외]
  2. 가스 제조설비를 갖추고 도시가스사업의 허가를 받아야 하는 시설 또는 가연성 가스를 100t 이상 1천t 미만 저장·취급하는 시설
  3. 지하구
  4. 공동주택(옥내소화전설비 또는 스프링클러설비가 설치된 공동주택으로 한정한다)
  5. 보물 또는 국보로 지정된 목조건축물

17 난이도 ●●●○○ 답 ①

🏛 **불시 소방훈련 및 교육 대상 특정소방대상물**

불시 소방훈련 및 교육 대상 특정소방대상물은 의료시설, 교육연구시설, 노유자 시설 및 그 밖에 화재 시 많은 인명피해의 발생이 예상되어 소방본부장 또는 소방서장이 지정하는 것이 해당한다. 해당하는 것은 ㄱ, ㄷ이다.

| 선지분석 |

ㄱ. [○] 「소방시설 설치 및 관리에 관한 법률 시행령」에 따른 의료시설 중 한방병원
ㄴ. [×] 「소방시설 설치 및 관리에 관한 법률 시행령」에 따른 수련시설 중 유스호스텔
ㄷ. [○] 「소방시설 설치 및 관리에 관한 법률 시행령」에 따른 교육연구시설 중 특수학교
ㄹ. [×] 「소방시설 설치 및 관리에 관한 법률 시행령」에 따른 교정시설 및 군사시설 중 교도소

- ✅ **확인학습** 불시 소방훈련 및 교육 대상 특정소방대상물
  1. 「소방시설 설치 및 관리에 관한 법률 시행령」 [별표 2] 제7호에 따른 의료시설
  2. 「소방시설 설치 및 관리에 관한 법률 시행령」 [별표 2] 제8호에 따른 교육연구시설
  3. 「소방시설 설치 및 관리에 관한 법률 시행령」 [별표 2] 제9호에 따른 노유자 시설
  4. 그 밖에 화재 시 많은 인명피해의 발생이 예상되어 소방본부장 또는 소방서장이 지정하는 것

18 난이도 ●●○○○ 답 ③

🏛 **소방안전 특별관리시설물**

소방안전 특별관리를 하여야 하는 시설물 기준으로「물류시설의 개발 및 운영에 관한 법률」제2조 제5의2에 따른 물류창고는 연면적 10만제곱미터 이상인 것이 해당한다.

- ✅ **확인학습** 소방안전 특별관리시설물
  1. 공항시설
  2. 철도시설
  3. 도시철도시설
  4. 항만시설
  5. 지정문화재인 시설
  6. 산업기술단지
  7. 산업단지
  8. 초고층 건축물 및 지하연계 복합건축물
  9. 영화상영관 중 수용인원 1천명 이상인 영화상영관
  10. 전력용 및 통신용 지하구
  11. 석유비축시설
  12. 천연가스 인수기지 및 공급망
  13. 전통시장으로서 대통령령으로 정하는 전통시장: 점포가 500개 이상인 전통시장
  14. 대통령령으로 정하는 시설물
      - 「전기사업법」제2조 제4호에 따른 발전사업자가 가동 중인 발전소(발전원의 종류별로「발전소주변지역 지원에 관한 법률 시행령」제2조 제2항에 따른 발전소는 제외한다)
      - 「물류시설의 개발 및 운영에 관한 법률」제2조 제5의2에 따른 물류창고로서 연면적 10만제곱미터 이상인 것
      - 「도시가스사업법」제2조 제5호에 따른 가스공급시설

19 난이도 ●●●○○ 답 ①

🏛 **화재예방안전진단의 범위**

화재예방안전진단의 범위에 해당하는 것은 ㄱ, ㄴ, ㅁ이다.

| 선지분석 |

ㄱ. [○] 화재 위험성 평가에 관한 사항
ㄴ. [○] 소방시설등의 유지·관리에 관한 사항
ㄷ. [×] 화재안전 경영계획 수립과 시행에 관한 사항
ㄹ. [×] 피난시설, 방화구획 및 방화시설의 관리에 관한 사항
ㅁ. [○] 화재 등의 재난 발생 후 재발방지 대책의 수립 및 그 이행에 관한 사항

- ✅ **확인학습** 화재예방안전진단의 범위
  1. 화재위험요인의 조사에 관한 사항
  2. 소방계획 및 피난계획 수립에 관한 사항
  3. 소방시설등의 유지·관리에 관한 사항
  4. 비상대응조직 및 교육훈련에 관한 사항
  5. 화재 위험성 평가에 관한 사항
  6. 그 밖에 화재예방진단을 위하여 대통령령으로 정하는 사항
     - 화재 등의 재난 발생 후 재발방지 대책의 수립 및 그 이행에 관한 사항
     - 지진 등 외부 환경 위험요인 등에 대한 예방·대비·대응에 관한 사항
     - 화재예방안전진단 결과 보수·보강 등 개선요구 사항 등에 대한 이행 여부

20 난이도 ●●●●○　　　답 ③

🏛 화재예방안전진단 실시 절차 등

| 선지분석 |

① [×] 화재예방안전진단 결과에 따른 안전등급은 우수, 양호, 보통, 미흡 및 불량으로 구분한다. → 매우 우수 등급은 없다.
② [×] 안전등급이 양호·보통인 경우 안전등급을 통보받은 날부터 5년이 경과한 날이 속하는 해에 화재예방안전진단을 받아야 한다.
③ [○] 화재예방안전진단 신청을 받은 안전원 또는 진단기관은 위험요인 조사, 위험성 평가, 위험성 감소대책 수립의 절차에 따라 화재예방안전진단을 실시한다.
④ [×] 소방안전 특별관리시설물의 관계인은 「건축법」에 따른 사용승인 또는 「소방시설공사업법」에 따른 완공검사를 받은 날부터 5년이 경과한 날이 속하는 해에 최초의 화재예방안전진단을 받아야 한다.

✅ **확인학습** 영 [별표 7] 화재예방안전진단의 안전등급 기준

안전등급	화재예방안전진단 대상물의 상태
우수(A)	화재예방안전진단 실시 결과 문제점이 발견되지 않은 상태
양호(B)	화재예방안전진단 실시 결과 문제점이 일부 발견되었으나 대상물의 화재안전에는 이상이 없으며 대상물 일부에 대해 법 제41조 제5항에 따른 보수·보강 등의 조치명령(이하 이 표에서 "조치명령"이라 한다)이 필요한 상태
보통(C)	화재예방안전진단 실시 결과 문제점이 다수 발견되었으나 대상물의 전반적인 화재안전에는 이상이 없으며 대상물에 대한 다수의 조치명령이 필요한 상태
미흡(D)	화재예방안전진단 실시 결과 광범위한 문제점이 발견되어 대상물의 화재안전을 위해 조치명령의 즉각적인 이행이 필요하고 대상물의 사용 제한을 권고할 필요가 있는 상태
불량(E)	화재예방안전진단 실시 결과 중대한 문제점이 발견되어 대상물의 화재안전을 위해 조치명령의 즉각적인 이행이 필요하고 대상물의 사용 중단을 권고할 필요가 있는 상태

* 안전등급의 세부적인 기준은 소방청장이 정하여 고시한다.

✅ **확인학습** 화재예방안전진단 등급에 따른 주기

1. 안전등급이 우수인 경우: 안전등급을 통보받은 날부터 6년이 경과한 날이 속하는 해
2. 안전등급이 양호·보통인 경우: 안전등급을 통보받은 날부터 5년이 경과한 날이 속하는 해
3. 안전등급이 미흡·불량인 경우: 안전등급을 통보받은 날부터 4년이 경과한 날이 속하는 해

21 난이도 ●●●○○　　　답 ③

🏛 과태료 부과기준

| 선지분석 |

ㄱ. 실무교육을 받지 아니한 소방안전관리자 및 소방안전관리보조자 → 100만원 이하의 과태료
ㄴ. 소방안전관리업무를 성실하게 수행할 수 있도록 지도·감독하지 아니한 소방안전관리대상물의 관계인 → 300만원 이하의 과태료
ㄷ. 피난유도 안내정보를 근무자 또는 거주자에게 정기적으로 제공하지 아니한 소방안전관리대상물의 관계인 → 300만원 이하의 과태료
ㄹ. 소방안전관리자 또는 소방안전관리보조자를 기간 내에 선임신고를 하지 아니한 소방안전관리대상물의 관계인 → 200만원 이하의 과태료
ㅁ. 소방훈련 및 교육을 한 날부터 30일 이내에 소방훈련 및 교육 결과를 행정안전부령으로 정하는 바에 따라 소방본부장 또는 소방서장에게 제출하지 아니한 소방안전관리대상물의 관계인 → 200만원 이하의 과태료

✅ **확인학습** 300만원 이하의 과태료

1. 정당한 사유 없이 제17조 제1항 각 호의 어느 하나에 해당하는 행위를 한 자
2. 제24조 제2항을 위반하여 소방안전관리자를 겸한 자
3. 제24조 제5항에 따른 소방안전관리업무를 하지 아니한 특정소방대상물의 관계인 또는 소방안전관리대상물의 소방안전관리자
4. 제27조 제2항을 위반하여 소방안전관리업무의 지도·감독을 하지 아니한 자
5. 제29조 제2항에 따른 건설현장 소방안전관리대상물의 소방안전관리자의 업무를 하지 아니한 소방안전관리자
6. 제36조 제3항을 위반하여 피난유도 안내정보를 제공하지 아니한 자
7. 제37조 제1항을 위반하여 소방훈련 및 교육을 하지 아니한 자
8. 제41조 제4항을 위반하여 화재예방안전진단 결과를 제출하지 아니한 자

✅ **확인학습** 200만원 이하의 과태료

1. 제17조 제4항에 따른 불을 사용할 때 지켜야 하는 사항 및 같은 조 제5항에 따른 특수가연물의 저장 및 취급 기준을 위반한 자
2. 제18조 제4항에 따른 소방설비등의 설치 명령을 정당한 사유 없이 따르지 아니한 자
3. 제26조 제1항을 위반하여 기간 내에 선임신고를 하지 아니하거나 소방안전관리자의 성명 등을 게시하지 아니한 자
4. 제29조 제1항을 위반하여 기간 내에 선임신고를 하지 아니한 자
5. 제37조 제2항을 위반하여 기간 내에 소방훈련 및 교육 결과를 제출하지 아니한 자

✅ **확인학습** 100만원 이하의 과태료

제34조 제1항 제2호를 위반하여 실무교육을 받지 아니한 소방안전관리자 및 소방안전관리보조자에게는 100만원 이하의 과태료를 부과한다.

22 난이도 ●●●●●　　　답 ④

🏛 화재안전영향평가심의회

"「고등교육법」제2조에 따른 학교 또는 이에 준하는 학교나 공인된 연구기관에서 부교수 이상의 직(職) 또는 이에 상당하는 직에 있거나 있었던 사람으로서 화재안전 또는 관련 법령이나 정책에 전문성이 있는 사람"이 해당한다. 조교수 이상의 직에 있었던 사람은 해당하지 않는다.

✅ **확인학습** 화재안전영향평가심의회 위원(법 제22조제3항)

1. 화재안전과 관련되는 법령이나 정책을 담당하는 관계 기관의 소속 직원으로서 대통령령으로 정하는 사람
2. 소방기술사 등 대통령령으로 정하는 화재안전과 관련된 분야의 학식과 경험이 풍부한 전문가로서 소방청장이 위촉한 사람

> **확인학습** 심의회의 구성(영 제22조)
> ① 법 제22조제3항제1호에서 "대통령령으로 정하는 사람"이란 다음 각 호의 사람을 말한다.
>   1. 다음 각 목의 중앙행정기관에서 화재안전 관련 법령이나 정책을 담당하는 고위공무원단에 속하는 일반직공무원(이에 상당하는 특정직공무원 및 별정직공무원을 포함한다) 중에서 해당 중앙행정기관의 장이 지명하는 사람 각 1명
>   가. 행정안전부·산업통상자원부·보건복지부·고용노동부·국토교통부
>   나. 그 밖에 심의회의 심의에 부치는 안건과 관련된 중앙행정기관
>   2. 소방청에서 화재안전 관련 업무를 수행하는 소방준감 이상의 소방공무원 중에서 소방청장이 지명하는 사람
> ② 법 제22조제3항제2호에서 "소방기술사 등 대통령령으로 정하는 화재안전과 관련된 분야의 학식과 경험이 풍부한 전문가"란 다음 각 호의 어느 하나에 해당하는 사람을 말한다.
>   1. 소방기술사
>   2. 다음 각 목의 기관이나 법인 또는 단체에서 화재안전 관련 업무를 수행하는 사람으로서 해당 기관이나 법인 또는 단체의 장이 추천하는 사람
>   가. 안전원
>   나. 기술원
>   다. 화재보험협회
>   라. 가스안전공사
>   마. 전기안전공사
>   3. 「고등교육법」 제2조에 따른 학교 또는 이에 준하는 학교나 공인된 연구기관에서 부교수 이상의 직(職) 또는 이에 상당하는 직에 있거나 있었던 사람으로서 화재안전 또는 관련 법령이나 정책에 전문성이 있는 사람

23 난이도 ●●●○○   답 ①

소방안전관리보조자의 선임기준

ㄱ은 3명이고, ㄴ은 2명이다.

| 선지분석 |

ㄱ. 「건축법 시행령」에 따른 아파트로서 920세대

$$(\text{최소 선임인원}) = 1 + \frac{920 - 300}{300} = 3.07 ≒ 3명$$

ㄴ. 「소방시설 설치 및 관리에 관한 법률」에 따른 판매시설로서 연면적 31,000제곱미터 (단, 기타 조건은 제외한다.)

$$(\text{최소 선임인원}) = 1 + \frac{31,000 - 15,000}{15,000} = 2.07 ≒ 2명$$

> **확인학습** 소방안전관리보조자 선임인원 기준
> 1. 「건축법 시행령」 [별표 1] 제2호 가목에 따른 아파트의 경우: 300세대 초과되는 300세대마다 1명 이상을 추가로 선임
> 2. 1.의 아파트를 제외한 경우에는 초과되는 연면적 1만5천제곱미터(특정소방대상물의 종합방재실에 자위소방대가 24시간 상시 근무하고 「소방장비관리법 시행령」 [별표 1] 제1호 가목에 따른 소방자동차 중 소방펌프차, 소방물탱크차, 소방화학차 또는 무인방수차를 운용하는 경우에는 3만제곱미터로 한다)마다 1명 이상을 추가로 선임

24 난이도 ●●●○○   답 ①

간이스프링클러설비를 설치해야 하는 특정소방대상물

| 선지분석 |

① [○] 숙박시설로 사용되는 바닥면적의 합계가 300제곱미터 이상 600제곱미터 미만인 시설
② [×] 교육연구시설 내에 합숙소로서 바닥면적 100제곱미터 이상인 경우에는 모든 층
③ [×] 근린생활시설 중 조산원 및 산후조리원으로서 연면적 600제곱미터 미만인 시설
④ [×] 의료시설 중 정신의료기관 또는 의료재활시설로 사용되는 바닥면적의 합계가 300제곱미터 이상 600제곱미터 미만인 시설

> **확인학습** 간이스프링클러설비 설치 특정소방대상물
> 1. 공동주택 중 연립주택 및 다세대주택(주택전용 간이스프링클러설비)
> 2. 근린생활시설
>   - 바닥면적 합계가 1천㎡ 이상인 것
>   - 의원, 치과의원 및 한의원으로서 입원실이 있는 시설
>   - 조산원 및 산후조리원으로서 연면적 600㎡ 미만인 시설
> 3. 의료시설
>   - 종합병원, 병원, 치과병원, 한방병원 및 요양병원(정신병원과 의료재활시설은 제외한다): 바닥면적의 합계가 600㎡ 미만인 시설
>   - 정신의료기관 또는 의료재활시설: 바닥면적의 합계가 300㎡ 이상 600㎡ 미만인 시설
>   - 정신의료기관 또는 의료재활시설로 사용되는 바닥면적의 합계가 300㎡ 미만이고, 창살(철재·플라스틱 또는 목재 등으로 사람의 탈출 등을 막기 위하여 설치한 것을 말하며, 화재 시 자동으로 열리는 구조로 되어 있는 창살은 제외한다)이 설치된 시설
> 4. 교육연구시설 내에 합숙소: 연면적 100㎡ 이상
> 5. 노유자 시설
>   가) 제12조 제1항 제6호 각 목에 따른 시설(제12조 제1항 제6호 가목 2) 및 같은 호 나목부터 바목까지의 시설 중 단독주택 또는 공동주택에 설치되는 시설은 제외하며, 이하 "노유자 생활시설"이라 한다)
>   나) 가)에 해당하지 않는 노유자 시설로 해당 시설로 사용하는 바닥면적의 합계가 300㎡ 이상 600㎡ 미만인 시설
>   다) 가)에 해당하지 않는 노유자 시설로 해당 시설로 사용하는 바닥면적의 합계가 300㎡ 미만이고, 창살(철재·플라스틱 또는 목재 등으로 사람의 탈출 등을 막기 위하여 설치한 것을 말하며, 화재 시 자동으로 열리는 구조로 되어 있는 창살은 제외한다)이 설치된 시설
> 6. 숙박시설: 바닥면적의 합계가 300㎡ 이상 600㎡ 미만
> 7. 건물을 임차하여 「출입국관리법」 제52조 제2항에 따른 보호시설로 사용하는 부분
> 8. 복합건축물([별표 2] 제30호 나목의 복합건축물만 해당한다)로서 연면적 1천㎡ 이상인 것은 모든 층

25 난이도 ●●●○○   답 ①

점검인력의 배치기준

관리업자가 점검하는 경우 50층 이상 또는 성능위주설계를 한 특정소방대상물의 규모 등에 따른 점검인력의 배치로 옳은 것은 ㄱ, ㄷ이다.

| 선지분석 |

ㄱ. [○] 주된 점검인력: 소방시설관리사 경력 5년인 특급점검자 1명
ㄴ. [×] 주된 점검인력: 소방시설관리사 경력 3년인 특급점검자 1명

ㄷ. [○] 보조 점검인력: 고급점검자 1명 및 중급점검자 1명
ㄹ. [×] 보조 점검인력: 고급점검자 1명 및 초급점검자 1명

✅ **확인학습** 관리업자가 점검하는 경우 특정소방대상물의 규모 등에 따른 점검인력의 배치기준

구분	주된 점검인력	보조 점검인력
가. 50층 이상 또는 성능위주설계를 한 특정소방대상물	소방시설관리사 경력 5년 이상인 특급점검자 1명 이상	고급점검자 이상 1명 이상 및 중급점검자 이상 1명 이상
나. 특급 소방안전관리대상물(가목의 특정소방대상물은 제외한다)	소방시설관리사 경력 3년인 특급점검자 1명 이상	고급점검자 이상 1명 이상 및 초급점검자 이상 1명 이상
다. 1급 또는 2급 소방안전관리대상물	소방시설관리사 경력 1년 이상인 특급점검자 1명 이상	중급점검자 이상 1명 이상 및 초급점검자 이상 1명 이상
라. 3급 소방안전관리대상물	특급점검자 1명 이상	초급점검자 이상 2명 이상

1. "주된 점검인력"이란 해당 점검 업무 전반을 총괄하는 사람을 말한다.
2. "보조 점검인력"이란 주된 점검인력을 보조하고, 주된 점검인력의 지시를 받아 점검 업무를 수행하는 사람을 말한다.
3. 점검인력의 등급구분(특급점검자, 고급점검자, 중급점검자, 초급점검자)은 「소방시설공사업법 시행규칙」별표 4의2에서 정하는 기준에 따른다.

26 난이도 ●●●○○　　　　답 ④

🏛 **임시소방시설의 종류와 설치기준**

| 선지분석 |

① [×] 간이소화장치는 연면적 3천제곱미터 이상인 공사의 화재위험작업현장에 설치한다.
② [×] 가스누설경보기는 바닥면적이 150제곱미터 이상인 지하층 또는 무창층의 화재위험작업현장에 설치한다.
③ [×] 비상경보장치는 연면적 400제곱미터 이상 공사의 화재위험작업현장에 설치한다.
④ [○] 방화포는 용접·용단 등의 작업 시 발생하는 불티로부터 가연물이 점화되는 것을 방지해주는 천 또는 불연성 물품으로서 소방청장이 정하는 성능을 갖추고 있어야 한다.

✅ **확인학습** 간이소화장치를 설치하여야 하는 공사의 종류와 규모
1. 연면적 3천㎡ 이상
2. 지하층, 무창층 또는 4층 이상의 층. 이 경우 해당 층의 바닥면적이 600㎡ 이상인 경우만 해당한다.

✅ **확인학습** 비상경보장치를 설치하여야 하는 공사의 종류와 규모
1. 연면적 400㎡ 이상
2. 지하층 또는 무창층. 이 경우 해당 층의 바닥면적이 150㎡ 이상인 경우만 해당한다.

✅ **확인학습** 가스누설경보기·간이피난유도선·비상조명등을 설치하여야 하는 공사의 종류와 규모
바닥면적이 150㎡ 이상인 지하층 또는 무창층의 화재위험작업현장

✅ **확인학습** 임시소방시설의 종류
1. 소화기
2. 간이소화장치: 물을 방사(放射)하여 화재를 진화할 수 있는 장치로서 소방청장이 정하는 성능을 갖추고 있을 것
3. 비상경보장치: 화재가 발생한 경우 주변에 있는 작업자에게 화재사실을 알릴 수 있는 장치로서 소방청장이 정하는 성능을 갖추고 있을 것
4. 가스누설경보기: 가연성 가스가 누설 또는 발생된 경우 탐지하여 경보하는 장치로서 소방청장이 실시하는 형식승인 및 제품검사를 받은 것
5. 간이피난유도선: 화재가 발생한 경우 피난구 방향을 안내할 수 있는 장치로서 소방청장이 정하는 성능을 갖추고 있을 것
6. 비상조명등: 화재발생 시 안전하고 원활한 피난활동을 할 수 있도록 거실 및 피난통로 등에 설치하여 자동 점등되는 조명장치로서 소방청장이 정하는 성능을 갖추고 있을 것
7. 방화포: 용접·용단 등 작업 시 발생하는 금속성 불티로부터 가연물이 점화되는 것을 방지해주는 천 또는 불연성 물품으로서 소방청장이 정하는 성능을 갖추고 있을 것

27 난이도 ●○○○○　　　　답 ④

🏛 **방염성능기준**

| 선지분석 |

① [×] 불꽃에 의하여 완전히 녹을 때까지 불꽃의 접촉 횟수는 3회 이상일 것
② [×] 탄화한 면적은 50제곱센티미터 이내, 탄화한 길이는 20센티미터 이내일 것
③ [×] 소방청장이 정하여 고시한 방법으로 발연량을 측정하는 경우 최대연기밀도는 400 이하일 것
④ [○] 버너의 불꽃을 제거한 때부터 불꽃을 올리며 연소하는 상태가 그칠 때까지 시간은 20초 이내일 것

✅ **확인학습** 방염성능기준
1. 버너의 불꽃을 제거한 때부터 불꽃을 올리며 연소하는 상태가 그칠 때까지 시간은 20초 이내일 것
2. 버너의 불꽃을 제거한 때부터 불꽃을 올리지 아니하고 연소하는 상태가 그칠 때까지 시간은 30초 이내일 것
3. 탄화한 면적은 50㎠ 이내, 탄화한 길이는 20cm 이내일 것
4. 불꽃에 의하여 완전히 녹을 때까지 불꽃의 접촉 횟수는 3회 이상일 것
5. 소방청장이 정하여 고시한 방법으로 발연량을 측정하는 경우 최대연기밀도는 400 이하일 것

28 난이도 ●●●○○　　　　답 ②

🏛 **성능위주설계를 해야 하는 특정소방대상물의 범위**

| 선지분석 |

① [×] 연면적 20만제곱미터 이상인 특정소방대상물
② [○] 하나의 건축물에 영화상영관이 10개 이상인 특정소방대상물 (다만, 대통령령으로 정하는 비상설상영장은 제외)
③ [×] 50층 이상(지하층은 제외한다)이거나 지상으로부터 높이가 200미터 이상인 아파트
④ [×] 철도 및 도시철도 시설로 연면적 3만제곱미터 이상인 특정소방대상물

29 난이도 ●●●○○ 답 ④

차량용 소화기의 설치 또는 비치 기준
차량용 소화기의 설치 또는 비치기준으로 옳은 것은 ㄱ, ㄴ, ㄷ, ㄹ이다.

| 선지분석 |
ㄱ. [O] 대형 이상의 특수자동차는 능력단위 2 이상인 소화기 1개 이상 또는 능력단위 1 이상인 소화기 2개 이상을 사용하기 쉬운 곳에 설치한다.
ㄴ. [O] 중형 이하의 특수자동차는 능력단위 1 이상인 소화기 1개 이상을 사용하기 쉬운 곳에 설치한다.
ㄷ. [O] 경형승합자동차는 능력단위 1 이상의 소화기 1개 이상을 사용하기 쉬운 곳에 설치 또는 비치한다.
ㄹ. [O] 승용자동차는 능력단위 1 이상의 소화기 1개 이상을 사용하기 쉬운 곳에 설치 또는 비치한다.

✅ 확인학습 차량용 소화기의 설치 또는 비치 기준

구분		능력단위	수량(이상)
승용자동차		1 이상	1개
승합자동차	경형 승합자동차	1 이상	1개
	15인 이하	1 이상	2개
		2 이상	1개
	16인 이상 35인 이하	2 이상	2개
	36인 이상	2 이상 및 3 이상	각 1개
화물(피견인 자동차 제외)·특수자동차	중형 이하	1 이상	1개
	대형 이상	1 이상	2개
		2 이상	1개
고압가스를 운송하는 특수자동차(견인자동차 포함)		이동탱크저장소 자동차용 소화기 설치 기준	

✅ 확인학습 화물자동차(피견인자동차는 제외) 및 특수자동차
1. 중형 이하: 능력단위 1 이상인 소화기 1개 이상을 사용하기 쉬운 곳에 설치한다.
2. 대형 이상: 능력단위 2 이상인 소화기 1개 이상 또는 능력단위 1 이상인 소화기 2개 이상을 사용하기 쉬운 곳에 설치한다.

30 난이도 ●●●○○ 답 ②

특정소방대상물 중 근린생활시설

| 선지분석 |
① [O] 의원, 치과의원, 한의원, 침술원, 접골원, 조산원, 산후조리원
② [X] 단란주점은 같은 건축물에 해당 용도로 쓰는 바닥면적의 합계가 200제곱미터인 것: 위락시설에 해당한다.
③ [O] 의약품 판매소, 의료기기 판매소 및 자동차영업소로서 같은 건축물에 해당 용도로 쓰는 바닥면적의 합계가 500제곱미터인 것: 바닥면적의 합계 → 1천㎡ 미만
④ [O] 금융업소, 사무소, 부동산중개사무소, 결혼상담소 등 소개업소, 출판사, 서점, 그 밖에 이와 비슷한 것으로서 같은 건축물에 해당 용도로 쓰는 바닥면적의 합계가 300제곱미터인 것: 바닥면적의 합계 → 500㎡ 미만

✅ 확인학습 근린생활시설(요약본)
1. 슈퍼마켓과 일용품 등의 소매점: 바닥면적의 합계 → 1천㎡ 미만
2. 휴게음식점, 제과점, 일반음식점, 기원(棋院), 노래연습장 및 단란주점(단란주점: 바닥면적의 합계 → 150㎡ 미만)
3. 이용원, 미용원, 목욕장 및 세탁소
4. 의원, 치과의원, 한의원, 침술원, 접골원(接骨院), 조산원, 산후조리원 및 안마원(안마시술소 포함)
5. 탁구장, 테니스장, 체육도장, 체력단련장, 에어로빅장, 볼링장, 당구장, 실내낚시터, 골프연습장, 물놀이형 시설, 그 밖에 이와 비슷한 것: 바닥면적의 합계 → 500㎡ 미만
6. 공연장 또는 종교집회장: 바닥면적의 합계 → 300㎡ 미만
7. 금융업소, 사무소, 부동산중개사무소, 결혼상담소 등 소개업소, 출판사, 서점, 그 밖에 이와 비슷한 것: 바닥면적의 합계 → 500㎡ 미만
8. 제조업소, 수리점, 그 밖에 이와 비슷한 것: 바닥면적의 합계 → 500㎡ 미만
9. 청소년게임제공업 및 일반게임제공업의 시설, 인터넷컴퓨터게임시설제공업의 시설 및 복합유통게임제공업의 시설: 바닥면적의 합계 → 500㎡ 미만
10. 사진관, 표구점, 학원(바닥면적의 합계 → 500㎡ 미만, 자동차학원 및 무도학원은 제외한다), 독서실, 고시원(바닥면적의 합계 → 500㎡ 미만), 장의사, 동물병원, 총포판매사, 그 밖에 이와 비슷한 것
11. 의약품 판매소, 의료기기 판매소 및 자동차영업소: 바닥면적의 합계 → 1천㎡ 미만

✅ 확인학습 위락시설
1. 단란주점으로서 근린생활시설에 해당하지 않는 것
2. 유흥주점, 그 밖에 이와 비슷한 것
3. 「관광진흥법」에 따른 유원시설업(遊園施設業)의 시설, 그 밖에 이와 비슷한 시설(근린생활시설에 해당하는 것은 제외한다)
4. 무도장 및 무도학원
5. 카지노영업소

31 난이도 ●●○○○ 답 ②

벌칙(소방시설법)

| 선지분석 |
① [X] 소방용품에 대하여 형식승인의 변경승인을 받지 아니한 자는 1년 이하의 징역 또는 1천만원 이하의 벌금에 처한다.
② [O] 소방시설에 폐쇄·차단 등의 행위를 한 자는 5년 이하의 징역 또는 5천만원 이하의 벌금에 처한다.
③ [X] 방염성능의 검사를 위반하여 방염성능검사에 합격하지 아니한 물품에 합격표시를 하거나 합격표시를 위조하거나 변조하여 사용한 자는 300만원 이하의 벌금에 처한다.
④ [X] 성능위주설계평가단의 업무를 수행하면서 알게 된 비밀을 이 법에서 정한 목적 외의 용도로 사용하거나 다른 사람 또는 기관에 제공하거나 누설한 자는 300만원 이하의 벌금에 처한다.

✅ 확인학습 소방시설법 벌칙
1. 제12조 제3항 본문을 위반하여 소방시설에 폐쇄·차단 등의 행위를 한 자는 5년 이하의 징역 또는 5천만원 이하의 벌금에 처한다.
2. 1.의 죄를 범하여 사람을 상해에 이르게 한 때에는 7년 이하의 징역 또는 7천만원 이하의 벌금에 처하며, 사망에 이르게 한 때에는 10년 이하의 징역 또는 1억원 이하의 벌금에 처한다.

✅ 확인학습 300만원 이하의 벌금

1. 제9조 제2항 및 제50조 제7항을 위반하여 업무를 수행하면서 알게 된 비밀을 이 법에서 정한 목적 외의 용도로 사용하거나 다른 사람 또는 기관에 제공하거나 누설한 자
2. 제21조를 위반하여 방염성능검사에 합격하지 아니한 물품에 합격표시를 하거나 합격표시를 위조하거나 변조하여 사용한 자
3. 제21조 제2항을 위반하여 거짓 시료를 제출한 자
4. 제23조 제1항 및 제2항을 위반하여 필요한 조치를 하지 아니한 관계인 또는 관계인에게 중대위반사항을 알리지 아니한 관리업자등

---

32 난이도 ●●●○○ 답 ④

🏛 특정소방대상물에 설치하는 소방시설의 관리 등(소방시설 기준의 적용 특례)

특정소방대상물에 설치하는 소방시설의 관리 등에 관한 내용으로 옳은 것은 ㄱ, ㄴ, ㄷ, ㄹ이다.

| 선지분석 |

ㄱ. [O] 소방본부장이나 소방서장은 소방시설이 화재안전기준에 따라 설치·관리되고 있지 아니할 때에는 해당 특정소방대상물의 관계인에게 필요한 조치를 명할 수 있다.

ㄴ. [O] 소방본부장이나 소방서장은 기존의 특정소방대상물이 증축되거나 용도변경되는 경우에는 대통령령으로 정하는 바에 따라 증축 또는 용도변경 당시의 소방시설의 설치에 관한 대통령령 또는 화재안전기준을 적용한다.

ㄷ. [O] 소방본부장이나 소방서장은 특정소방대상물에 설치하여야 하는 소방시설 가운데 기능과 성능이 유사한 스프링클러설비, 물분무등소화설비, 비상경보설비 및 비상방송설비 등의 소방시설의 경우에는 대통령령으로 정하는 바에 따라 유사한 소방시설의 설치를 면제할 수 있다.

ㄹ. [O] 소방본부장이나 소방서장은 대통령령 또는 화재안전기준이 변경되어 그 기준이 강화되는 경우 기존의 특정소방대상물(건축물의 신축·개축·재축·이전 및 대수선 중인 특정소방대상물을 포함한다)의 소방시설에 대하여는 변경 전의 대통령령 또는 화재안전기준을 적용한다. 다만 자동화재탐지설비의 경우에는 대통령령 또는 화재안전기준의 변경으로 강화된 기준을 적용할 수 있다.

✅ 확인학습 강화된 소방시설기준의 적용대상

1. 소방시설 중 대통령령 또는 화재안전기준으로 정하는 것
   - 소화기구
   - 비상경보설비
   - 자동화재탐지설비
   - 자동화재속보설비
   - 피난구조설비
2. 특정소방대상물에 설치하는 소방시설 중 대통령령 또는 화재안전기준으로 정하는 것
   - 공동구
   - 전력 및 통신사업용 지하구
   - 노유자(老幼者) 시설
   - 의료시설

✅ 확인학습 특정소방대상물에 설치하는 소방시설의 관리 등

1. 특정소방대상물의 관계인은 대통령령으로 정하는 소방시설을 화재안전기준에 따라 설치·관리하여야 한다. 이 경우 「장애인·노인·임산부 등의 편의증진 보장에 관한 법률」 제2조 제1호에 따른 장애인등이 사용하는 소방시설(경보설비 및 피난구조설비를 말한다)은 대통령령으로 정하는 바에 따라 장애인등에 적합하게 설치·관리하여야 한다.
2. 소방본부장이나 소방서장은 소방시설이 화재안전기준에 따라 설치·관리되고 있지 아니할 때에는 해당 특정소방대상물의 관계인에게 필요한 조치를 명할 수 있다.
3. 특정소방대상물의 관계인은 소방시설을 설치·관리하는 경우 화재 시 소방시설의 기능과 성능에 지장을 줄 수 있는 폐쇄(잠금을 포함한다. 이하 같다)·차단 등의 행위를 하여서는 아니 된다. 다만, 소방시설의 점검·정비를 위하여 필요한 경우 폐쇄·차단은 할 수 있다.
4. 소방청장, 소방본부장 또는 소방서장은 소방시설의 작동정보 등을 실시간으로 수집·분석할 수 있는 시스템(이하 "소방시설정보관리시스템"이라 한다)을 구축·운영할 수 있다.
5. 소방청장, 소방본부장 또는 소방서장은 소방시설의 작동정보를 해당 특정소방대상물의 관계인에게 통보하여야 한다.
6. 소방시설정보관리시스템 구축·운영의 대상은 「화재의 예방 및 안전관리에 관한 법률」 제24조 제1항 전단에 따른 소방안전관리대상물 중 소방안전관리의 취약성 등을 고려하여 대통령령으로 정하고, 그 밖에 운영방법 및 통보 절차 등에 필요한 사항은 행정안전부령으로 정한다.

---

33 난이도 ●●●○○ 답 ③

🏛 소방용품의 형식승인 및 성능인증

하나의 소방용품에 성능인증 사항이 두 가지 이상 결합된 경우에는 해당 성능인증 시험을 모두 실시하고 하나의 성능인증을 할 수 있다.

✅ 확인학습 소방용품의 성능인증 등

1. 소방청장은 제조자 또는 수입자 등의 요청이 있는 경우 소방용품에 대하여 성능인증을 할 수 있다.
2. 1.에 따라 성능인증을 받은 자는 그 소방용품에 대하여 소방청장의 제품검사를 받아야 한다.
3. 1.에 따른 성능인증의 대상·신청·방법 및 성능인증서 발급에 관한 사항과 2.에 따른 제품검사의 구분·대상·절차·방법·합격표시 및 수수료 등에 필요한 사항은 행정안전부령으로 정한다.
4. 1.에 따른 성능인증 및 2.에 따른 제품검사의 기술기준 등에 필요한 사항은 소방청장이 정하여 고시한다.
5. 2.에 따른 제품검사에 합격하지 아니한 소방용품에는 성능인증을 받았다는 표시를 하거나 제품검사에 합격하였다는 표시를 하여서는 아니 되며, 제품검사를 받지 아니하거나 합격표시를 하지 아니한 소방용품을 판매 또는 판매 목적으로 진열하거나 소방시설공사에 사용하여서는 아니 된다.
6. 하나의 소방용품에 성능인증 사항이 두 가지 이상 결합된 경우에는 해당 성능인증 시험을 모두 실시하고 하나의 성능인증을 할 수 있다.
7. 6.항에 따른 성능인증의 방법 및 절차 등에 필요한 사항은 행정안전부령으로 정한다.

✅ 확인학습 소방용품의 형식승인 등

다음의 어느 하나에 해당하는 소방용품의 형식승인 내용에 대하여 공인기관의 평가 결과가 있는 경우 형식승인 및 제품검사 시험 중 일부만을 적용하여 형식승인 및 제품검사를 할 수 있다.
1. 「군수품관리법」 제2조에 따른 군수품
2. 주한외국공관 또는 주한외국군 부대에서 사용되는 소방용품
3. 외국의 차관이나 국가 간의 협약 등에 따라 건설되는 공사에 사용되는 소방용품으로서 사전에 합의된 것

34 난이도 ●○○○○ 답 ③

🏛 위험물시설의 설치 및 변경 등

제조소등의 위치·구조 또는 설비의 변경없이 당해 제조소등에서 저장하거나 취급하는 위험물의 품명·수량 또는 지정수량의 배수를 변경하고자 하는 자는 변경하고자 하는 날의 1일 전까지 행정안전부령이 정하는 바에 따라 시·도지사에게 신고하여야 한다.

✅ 확인학습 위험물시설의 설치 및 변경 등

1. 제조소등을 설치하고자 하는 자는 대통령령이 정하는 바에 따라 그 설치장소를 관할하는 특별시장·광역시장·특별자치시장·도지사 또는 특별자치도지사(이하 "시·도지사"라 한다)의 허가를 받아야 한다. 제조소등의 위치·구조 또는 설비 가운데 행정안전부령이 정하는 사항을 변경하고자 하는 때에도 또한 같다.
2. 제조소등의 위치·구조 또는 설비의 변경없이 당해 제조소등에서 저장하거나 취급하는 위험물의 품명·수량 또는 지정수량의 배수를 변경하고자 하는 자는 변경하고자 하는 날의 1일 전까지 행정안전부령이 정하는 바에 따라 시·도지사에게 신고하여야 한다.
3. 1. 및 2.의 규정에 불구하고 다음 각 호의 어느 하나에 해당하는 제조소등의 경우에는 허가를 받지 아니하고 당해 제조소등을 설치하거나 그 위치·구조 또는 설비를 변경할 수 있으며, 신고를 하지 아니하고 위험물의 품명·수량 또는 지정수량의 배수를 변경할 수 있다.
   - 주택의 난방시설(공동주택의 중앙난방시설을 제외한다)을 위한 저장소 또는 취급소
   - 농예용·축산용 또는 수산용으로 필요한 난방시설 또는 건조시설을 위한 지정수량 20배 이하의 저장소

35 난이도 ●●●○○ 답 ③

🏛 옥외저장탱크의 보유공지

| 풀이식 |

1. 제4류 위험물 중 제1석유류(비수용성)의 지정수량: 200리터
2. 저장하는 위험물의 최대수량 400,000리터인 경우 지정수량의 배수 계산

   지정수량의 배수: $\frac{400,000리터}{200리터} = 2,000배$

3. 지정수량의 1,000배 초과 2,000배 이하인 경우: 9m 이상
4. 기준에 적합한 물분무설비에 의한 방호조치 여부(있는 경우 → 공지단축 옥외저장탱크에 적합한 물분무설비로 방호조치를 하는 경우에는 그 보유공지를 규정에 의한 보유공지의 2분의 1 이상의 너비(최소 3m 이상)로 할 수 있다.)
   따라서, 9m 이상×1/2 = 4.5m 이상으로 할 수 있다.

✅ 확인학습 제4류 위험물(인화성 액체)

품명		지정수량
특수인화물		50L
제1석유류	비수용성 액체	200L
	수용성 액체	400L
알코올류		400L
제2석유류	비수용성 액체	1천L
	수용성 액체	2천L
제3석유류	비수용성 액체	2천L
	수용성 액체	4천L
제4석유류		6천L
동·식물유류		1만L

✅ 확인학습 옥외탱크저장소의 보유공지

저장 또는 취급하는 위험물의 최대수량	공지의 너비
지정수량의 500배 이하	3m 이상
지정수량의 500배 초과 1천배 이하	5m 이상
지정수량의 1천배 초과 2천배 이하	9m 이상
지정수량의 2천배 초과 3천배 이하	12m 이상
지정수량의 3천배 초과 4천배 이하	15m 이상
지정수량의 4천배 초과	당해 탱크의 수평단면의 최대지름(가로형인 경우에는 긴 변)과 높이 중 큰 것과 같은 거리 이상. 다만, 30m 초과의 경우에는 30m 이상으로 할 수 있고, 15m 미만의 경우에는 15m 이상으로 하여야 한다.

✅ 확인학습 공지단축 옥외저장탱크

공지단축 옥외저장탱크에 적합한 물분무설비로 방호조치를 하는 경우에는 그 보유공지를 제1호의 규정에 의한 보유공지의 2분의 1 이상의 너비(최소 3m 이상)로 할 수 있다. 이 경우 공지단축 옥외저장탱크의 화재시 $1m^2$당 20kW 이상의 복사열에 노출되는 표면을 갖는 인접한 옥외저장탱크가 있으면 당해 표면에도 다음의 기준에 적합한 물분무설비로 방호조치를 함께하여야 한다.
- 탱크의 표면에 방사하는 물의 양은 탱크의 원주길이 1m에 대하여 분당 37ℓ이상으로 할 것
- 수원의 양은 가목의 규정에 의한 수량으로 20분 이상 방사할 수 있는 수량으로 할 것
- 탱크에 보강링이 설치된 경우에는 보강링의 아래에 분무헤드를 설치하되, 분무헤드는 탱크의 높이 및 구조를 고려하여 분무가 적정하게 이루어 질 수 있도록 배치할 것
- 물분무소화설비의 설치기준에 준할 것

36 난이도 ●●●○○ 답 ②

🏛 정기점검 대상

| 선지분석 |

① [O] 지정수량의 10배의 위험물을 취급하는 제조소: 지정수량의 10배 이상의 위험물을 취급하는 제조소에 해당한다.

② [×] 지정수량의 100배의 위험물을 저장하는 옥내저장소: 지정수량의 150배 이상의 위험물을 저장하는 옥내저장소가 해당한다.
③ [O] 지정수량의 150배의 위험물을 저장하는 옥외저장소: 지정수량의 100배 이상의 위험물을 저장하는 옥외저장소에 해당한다.
④ [O] 지정수량의 5배의 위험물을 저장하는 이동탱크저장소: 이동탱크저장소와 지하탱크저장소는 지정수량의 배수와 상관없이 정기점검 대상에 해당한다.

✅ 확인학습 정기점검 대상

1. 지정수량의 10배 이상의 위험물을 취급하는 제조소
2. 지정수량의 100배 이상의 위험물을 저장하는 옥외저장소
3. 지정수량의 150배 이상의 위험물을 저장하는 옥내저장소
4. 지정수량의 200배 이상의 위험물을 저장하는 옥외탱크저장소
5. 암반탱크저장소
6. 이송취급소
7. 지정수량의 10배 이상의 위험물을 취급하는 일반취급소. 다만, 제4류 위험물(특수인화물을 제외한다)만을 지정수량의 50배 이하로 취급하는 일반취급소(제1석유류·알코올류의 취급량이 지정수량의 10배 이하인 경우에 한한다)로서 다음에 해당하는 것을 제외한다.
   - 보일러·버너 또는 이와 비슷한 것으로서 위험물을 소비하는 장치로 이루어진 일반취급소
   - 위험물을 용기에 옮겨 담거나 차량에 고정된 탱크에 주입하는 일반취급소
8. 지하탱크저장소
9. 이동탱크저장소
10. 위험물을 취급하는 탱크로서 지하에 매설된 탱크가 있는 제조소·주유취급소 또는 일반취급소

37 난이도 ●●●○○   답 ①

🔥 소화난이도 등급Ⅰ에 해당하는 제조소등

| 선지분석 |
① [×] 일반취급소: 연면적 1,000제곱미터 이상인 것이 해당한다.
② [O] 옥내저장소: 처마높이가 6미터인 단층건물의 경우
③ [O] 옥외탱크저장소: 지정수량의 100배의 고체위험물을 저장하는 경우
④ [O] 암반탱크저장소: 지정수량의 100배의 고체위험물만을 저장하는 경우

✅ 확인학습 소화난이도등급Ⅰ에 해당하는 제조소등

구분	
	제조소등의 규모, 저장 또는 취급하는 위험물의 품명 및 최대수량 등
제조소 일반취급소	연면적 1,000㎡ 이상인 것
	지정수량의 100배 이상인 것(고인화점위험물만을 100℃ 미만의 온도에서 취급하는 것 및 제48조의 위험물을 취급하는 것은 제외)
	지반면으로부터 6m 이상의 높이에 위험물 취급설비가 있는 것(고인화점위험물만을 100℃ 미만의 온도에서 취급하는 것은 제외)
	일반취급소로 사용되는 부분 외의 부분을 갖는 건축물에 설치된 것(내화구조로 개구부 없이 구획 된 것, 고인화점위험물만을 100℃ 미만의 온도에서 취급하는 것 및 별표 16 X의2의 화학실험의 일반취급소는 제외)
옥내저장소	지정수량의 150배 이상인 것(고인화점위험물만을 저장하는 것 및 제48조의 위험물을 저장하는 것은 제외)
	연면적 150㎡를 초과하는 것(150㎡ 이내마다 불연재료로 개구부없이 구획된 것 및 인화성고체 외의 제2류 위험물 또는 인화점 70℃ 이상의 제4류 위험물만을 저장하는 것은 제외)
	처마높이가 6m 이상인 단층건물의 것
	옥내저장소로 사용되는 부분 외의 부분이 있는 건축물에 설치된 것(내화구조로 개구부없이 구획된 것 및 인화성고체 외의 제2류 위험물 또는 인화점 70℃ 이상의 제4류 위험물만을 저장하는 것은 제외)
옥외탱크 저장소	액표면적이 40㎡ 이상인 것(제6류 위험물을 저장하는 것 및 고인화점위험물만을 100℃ 미만의 온도에서 저장하는 것은 제외)
	지반면으로부터 탱크 옆판의 상단까지 높이가 6m 이상인 것(제6류 위험물을 저장하는 것 및 고인화점위험물만을 100℃ 미만의 온도에서 저장하는 것은 제외)
	지중탱크 또는 해상탱크로서 지정수량의 100배 이상인 것(제6류 위험물을 저장하는 것 및 고인화점위험물만을 100℃ 미만의 온도에서 저장하는 것은 제외)
	고체위험물을 저장하는 것으로서 지정수량의 100배 이상인 것
암반탱크 저장소	액표면적이 40㎡ 이상인 것(제6류 위험물을 저장하는 것 및 고인화점위험물만을 100℃ 미만의 온도에서 저장하는 것은 제외)
	고체위험물을 저장하는 것으로서 지정수량의 100배 이상인 것

38 난이도 ●●●○○   답 ②

🔥 탱크시험자가 갖추어야 하는 필수장비의 종류

'진공누설시험기'는 필수장비에 해당하지 않는다.
참고. 진공능력 53KPa 이상의 진공누설시험기는 충·수압시험, 진공시험, 기밀시험 또는 내압시험의 경우를 위하여 필요한 경우에 두는 장비에 해당한다.

| 선지분석 |
① [O] 자기탐상시험기
② [×] 진공누설시험기
③ [O] 초음파두께측정기
④ [O] 영상초음파시험기

✅ 확인학습 탱크시험자가 갖추어야 하는 필수장비

1. 필수장비: 자기탐상시험기, 초음파두께측정기 및 다음 1) 또는 2) 중 어느 하나
   1) 영상초음파시험기
   2) 방사선투과시험기 및 초음파시험기
2. 필요한 경우에 두는 장비
   1) 충·수압시험, 진공시험, 기밀시험 또는 내압시험의 경우
      - 진공능력 53KPa 이상의 진공누설시험기
      - 기밀시험장치
   2) 수직·수평도 시험의 경우: 수직·수평도 측정기

39 난이도 ●●○○○ 답 ①

🏛 **수납하는 위험물의 주의사항**

과염소산은 제6류 위험물에 해당한다. 제6류 위험물에 있어서는 '가연물의 접촉주의' 표시를 한다.

> ✅ **확인학습** 수납하는 위험물의 주의사항
> 1. 제1류 위험물 중 알칼리금속의 과산화물 또는 이를 함유한 것에 있어서는 "화기·충격주의", "물기엄금" 및 "가연물접촉주의", 그 밖의 것에 있어서는 "화기·충격주의" 및 "가연물접촉주의"
> 2. 제2류 위험물 중 철분·금속분·마그네슘 또는 이들중 어느 하나 이상을 함유한 것에 있어서는 "화기주의" 및 "물기엄금", 인화성고체에 있어서는 "화기엄금", 그 밖의 것에 있어서는 "화기주의"
> 3. 제3류 위험물 중 자연발화성물질에 있어서는 "화기엄금" 및 "공기접촉엄금", 금수성물질에 있어서는 "물기엄금"
> 4. 제4류 위험물에 있어서는 "화기엄금"
> 5. 제5류 위험물에 있어서는 "화기엄금" 및 "충격주의"
> 6. 제6류 위험물에 있어서는 "가연물접촉주의"

40 난이도 ●●●○○ 답 ②

🏛 **제3류 위험물**

| 선지분석 |
① [×] 질산구아니딘: 제5류 위험물
② [○] 염소화규소화합물: 제3류 위험물
③ [×] 아이오딘의 산화물: 제1류 위험물
④ [×] 염소화아이소사이아누르산: 제1류 위험물

> ✅ **확인학습** 위험물의 품명의 지정(규칙 제3조)
> 1. 제1류의 품명란 제10호에서 "행정안전부령으로 정하는 것"
>   - 과아이오딘산염류
>   - 과아이오딘산
>   - 크로뮴, 납 또는 아이오딘의 산화물
>   - 아질산염류
>   - 차아염소산염류
>   - 염소화아이소사이아누르산
>   - 퍼옥소이황산염류
>   - 퍼옥소붕산염류
> 2. 제3류의 품명란 제11호에서 "행정안전부령으로 정하는 것"
>   - 염소화규소화합물
> 3. 제5류의 품명란 제10호에서 "행정안전부령으로 정하는 것"
>   - 금속의 아지화합물
>   - 질산구아니딘
> 4. 제6류의 품명란 제4호에서 "행정안전부령으로 정하는 것"
>   - 할로젠간화합물

3회 2024년 03월 30일 공채

정답 p.251

01	②	02	②	03	②	04	②	05	④
06	①	07	①	08	④	09	③	10	②
11	④	12	③	13	①	14	③	15	②
16	③	17	①	18	①	19	④	20	①
21	④	22	③	23	③	24	④	25	②

01 난이도 ●●●○○ 답 ②

🏛 **소방자동차 전용구역**

소방자동차 전용구역에 차를 주차하거나 전용구역에의 진입을 가로막는 등의 방해행위를 한 자에게는 100만원 이하의 과태료를 부과한다.

| 선지분석 |
① [×] 정당한 사유 없이 관계인의 소방활동 등에 따른 법을 위반하여 화재, 재난·재해, 그 밖의 위급한 상황을 소방본부, 소방서 또는 관계 행정기관에 알리지 아니한 관계인에게는 500만원 이하의 과태료를 부과한다.
③ [×] 위반행위의 횟수에 따른 과태료의 가중된 부과기준은 최근 1년간 같은 위반행위로 과태료 부과처분을 받은 경우에 적용한다.
④ [×] 위반행위자가 법 위반상태를 시정하거나 해소하기 위하여 노력한 사실이 인정되는 경우, 부과권자는 개별기준에 따른 과태료의 2분의 1 범위에서 그 금액을 줄여 부과할 수 있다.

> ✅ **확인학습** 과태료 감경기준
> 부과권자는 다음의 어느 하나에 해당하는 경우에는 제2호의 개별기준에 따른 과태료의 2분의 1 범위에서 그 금액을 줄여 부과할 수 있다. 다만, 과태료를 체납하고 있는 위반행위자에 대해서는 그렇지 않다.
> 1. 위반행위가 사소한 부주의나 오류로 인한 것으로 인정되는 경우
> 2. 위반행위자가 법 위반상태를 시정하거나 해소하기 위하여 노력한 사실이 인정되는 경우
> 3. 위반행위자가 화재 등 재난으로 재산에 현저한 손실을 입거나 사업 여건의 악화로 그 사업이 중대한 위기에 처하는 등 사정이 있는 경우
> 4. 그 밖에 위반행위의 정도, 위반행위의 동기와 그 결과 등을 고려하여 감경할 필요가 있다고 인정되는 경우

02 난이도 ●●○○○ 답 ②

🏛 **화재등의 통지**

"노후·불량 건축물이 밀집한 지역"은 해당하지 않는다.

> ✅ **확인학습** 화재등의 통지
> 다음의 어느 하나에 해당하는 지역 또는 장소에서 화재로 오인할 만한 우려가 있는 불을 피우거나 연막(煙幕) 소독을 하려는 자는 시·도의 조례로 정하는 바에 따라 관할 소방본부장 또는 소방서장에게 신고하여야 한다.
> 1. 시장지역
> 2. 공장·창고가 밀집한 지역
> 3. 목조건물이 밀집한 지역
> 4. 위험물의 저장 및 처리시설이 밀집한 지역
> 5. 석유화학제품을 생산하는 공장이 있는 지역
> 6. 그 밖에 시·도의 조례로 정하는 지역 또는 장소

03 난이도 ●○○○○ 답 ②

🏛 소방지원활동

"낙하 등이 우려되는 고드름 등의 제거활동"은 생활안전활동에 해당한다.

✅ **확인학습** 「소방기본법」상 소방지원활동
1. 산불에 대한 예방·진압 등 지원활동
2. 자연재해에 따른 급수·배수 및 제설 등 지원활동
3. 집회·공연 등 각종 행사 시 사고에 대비한 근접대기 등 지원활동
4. 화재, 재난·재해로 인한 피해복구 지원활동
5. 그 밖에 행정안전부령으로 정하는 활동
   - 군·경찰 등 유관기관에서 실시하는 훈련지원 활동
   - 소방시설 오작동 신고에 따른 조치활동
   - 방송제작 또는 촬영 관련 지원활동

✅ **확인학습** 생활안전활동
1. 붕괴, 낙하 등이 우려되는 고드름, 나무, 위험 구조물 등의 제거활동
2. 위해동물, 벌 등의 포획 및 퇴치 활동
3. 끼임, 고립 등에 따른 위험제거 및 구출 활동
4. 단전사고 시 비상전원 또는 조명의 공급
5. 그 밖에 방치하면 급박해질 우려가 있는 위험을 예방하기 위한 활동

04 난이도 ●○○○○ 답 ②

🏛 현장지휘훈련 교육대상자

현장지휘훈련 교육대상자는 소방정·소방령·소방경·소방위이다.

✅ **확인학습** 소방대원 교육·훈련 종류(규칙 제9조)
1. 화재진압훈련: 화재진압 담당 소방공무원, 의무소방원, 의용소방대원
2. 인명구조훈련: 구조업무 담당 소방공무원, 의무소방원, 의용소방대원
3. 응급처치훈련: 구급업무 담당 소방공무원, 의무소방원, 의용소방대원
4. 인명대피훈련: 소방공무원, 의무소방원, 의용소방대원
5. 현장지휘훈련: 소방정·소방령·소방경·소방위

05 난이도 ●●●○○ 답 ④

🏛 완공검사

"연면적 1만 제곱미터 이상이거나 11층 이상인 특정소방대상물(아파트는 제외)"이 해당한다.

✅ **확인학습** 완공검사를 위한 현장확인 대상 특정소방대상물
1. 문화 및 집회시설, 종교시설, 판매시설, 노유자시설, 수련시설, 운동시설, 숙박시설, 창고시설, 지하상가 및 다중이용업소
2. 스프링클러설비등이 설치된 특정소방대상물
3. 물분무등소화설비(호스릴 방식의 소화설비 제외)가 설치된 특정소방대상물
4. 연면적 1만제곱미터 이상인 특정소방대상물(아파트 제외)
5. 11층 이상인 특정소방대상물(아파트 제외)
6. 지상에 노출된 가연성가스탱크의 저장용량 합계가 1천톤 이상인 시설

06 난이도 ●●●●○ 답 ①

🏛 업무의 위탁

해당하는 것은 ㄱ, ㄴ, ㄹ, ㅁ이다. "시공능력 평가 및 공시에 관한 업무", "방염처리능력 평가 및 공시에 관한 업무"는 소방청장의 업무에 해당한다.

| 선지분석 |

ㄱ. [O] 소방시설업 등록신청의 접수 및 신청내용의 확인
ㄴ. [O] 소방시설업 등록사항 변경신고의 접수 및 신고내용의 확인
ㄷ. [X] 시공능력 평가 및 공시에 관한 업무
ㄹ. [O] 소방시설업자의 지위승계 신고의 접수 및 신고내용의 확인
ㅁ. [O] 소방시설업 휴업·폐업 또는 재개업 신고의 접수 및 신고내용의 확인
ㅂ. [X] 방염처리능력 평가 및 공시에 관한 업무

✅ **확인학습** 업무의 위탁
1. 소방청장은 다음의 업무를 소방시설업자협회에 위탁한다.
   - 방염처리능력 평가 및 공시에 관한 업무
   - 시공능력 평가 및 공시에 관한 업무
   - 소방시설업 종합정보시스템의 구축·운영
2. 시·도지사는 다음의 업무를 소방시설업자협회에 위탁한다.
   - 소방시설업 등록신청의 접수 및 신청내용의 확인
   - 소방시설업 등록사항 변경신고의 접수 및 신고내용의 확인
   - 소방시설업 휴업·폐업 또는 재개업 신고의 접수 및 신고내용의 확인
   - 소방시설업자의 지위승계 신고의 접수 및 신고내용의 확인

07 난이도 ●●○○○ 답 ①

🏛 상주 공사감리 대상

해당하는 것은 ㄱ, ㄴ이다.

| 선지분석 |

ㄱ. [O] 연면적 3만 제곱미터인 의료시설
ㄴ. [O] 지하층을 포함한 층수가 20층이고 1,000세대인 아파트
ㄷ. [X] 연면적 1만 제곱미터인 복합건축물 - 아파트를 제외한 특정소방대상물은 연면적 3만 제곱미터 이상이다.
ㄹ. [X] 연면적 2만 제곱미터인 판매시설 - 아파트를 제외한 특정소방대상물은 연면적 3만 제곱미터 이상이다.

✅ **확인학습** 상주 공사감리 대상
1. 연면적 3만㎡ 이상의 특정소방대상물(아파트는 제외한다)에 대한 소방시설의 공사
2. 지하층을 포함한 층수가 16층 이상으로서 500세대 이상인 아파트에 대한 소방시설의 공사

08 난이도 ●●●○○ 답 ④

🏛 화재예방안전진단 대상

"가스공급시설 중 가연성 가스 탱크의 저장용량의 합계가 100톤 이상이거나 저장용량이 30톤 이상인 가연성 가스 탱크가 있는 가스공급시설"이 해당한다.

> ✅ **확인학습** 화재예방안전진단 대상의 시설기준
>
> 1. 공항시설 중 여객터미널의 연면적이 1천제곱미터 이상인 공항시설
> 2. 철도시설 중 역 시설의 연면적이 5천제곱미터 이상인 철도시설
> 3. 도시철도시설 중 역사 및 역 시설의 연면적이 5천제곱미터 이상인 도시철도시설
> 4. 항만시설 중 여객이용시설 및 지원시설의 연면적이 5천제곱미터 이상인 항만시설
> 5. 전력용 및 통신용 지하구 중 「국토의 계획 및 이용에 관한 법률」 제2조 제9호에 따른 공동구
> 6. 천연가스 인수기지 및 공급망 중 「소방시설 설치 및 관리에 관한 법률 시행령」 별표 2 제17호 나목에 따른 가스시설
> 7. 발전소 중 연면적이 5천제곱미터 이상인 발전소
> 8. 가스공급시설 중 가연성 가스 탱크의 저장용량의 합계가 100톤 이상이거나 저장용량이 30톤 이상인 가연성 가스 탱크가 있는 가스공급시설

09 난이도 ●●●○○ 답 ③

🏛 **불을 사용하는 설비의 관리기준**

음식조리를 위하여 설치하는 설비의 경우, 열을 발생하는 조리기구로부터 0.15미터 이내의 거리에 있는 가연성 주요구조부는 단열성이 있는 불연재료로 덮어 씌운다.

| 선지분석 |
① [×] 경유·등유 등 액체 연료탱크는 보일러 본체로부터 수평거리 1미터 이상의 간격을 두어 설치한다.
② [×] 화목(火木) 등 고체연료를 사용하는 연통의 배출구는 보일러 본체보다 2미터 이상 높게 설치한다.
④ [×] 대통령령에서 규정한 사항 외에 화재 발생 우려가 있는 설비 또는 기구의 종류, 해당 설비 또는 기구의 위치·구조 및 관리와 화재 예방을 위하여 불을 사용할 때 지켜야 하는 사항은 시·도 조례로 정한다.

> ✅ **확인학습** 액체연료를 사용하는 보일러
>
> 1. 연료탱크는 보일러 본체로부터 수평거리 1미터 이상의 간격을 두어 설치할 것
> 2. 연료탱크에는 화재 등 긴급상황이 발생하는 경우 연료를 차단할 수 있는 개폐밸브를 연료탱크로부터 0.5미터 이내에 설치할 것
> 3. 연료탱크 또는 연료를 공급하는 배관에는 여과장치를 설치할 것
> 4. 사용이 허용된 연료 외의 것을 사용하지 아니할 것
> 5. 연료탱크에는 불연재료로 된 받침대를 설치하여 연료탱크가 넘어지지 아니하도록 할 것

> ✅ **확인학습** 고체연료를 사용하는 보일러
>
> 1. 고체연료는 별도의 실 또는 보일러와 수평거리 2미터 이상 이격하여 보관할 것
> 2. 연통은 천장으로부터 0.6미터 이상, 건물 밖으로 0.6미터 이상 나오도록 설치할 것
> 3. 연통의 배출구는 보일러보다 2미터 이상 높게 연장하여 설치할 것
> 4. 연통이 관통하는 벽면, 지붕 등은 불연재료로 처리할 것
> 5. 연통재질은 불연재료로 사용하고 연결부에 청소구를 설치할 것

10 난이도 ●●●○○ 답 ②

🏛 **건설현장 소방안전관리대상물**

- 신축·증축·개축·재축·이전·용도변경 또는 대수선을 하려는 부분의 연면적의 합계가 (1만5천 제곱미터) 이상인 것
- 신축·증축·개축·재축·이전·용도변경 또는 대수선을 하려는 부분의 연면적이 (5천 제곱미터) 이상인 것으로서 다
  가. 지하층의 층수가 2개 층 이상인 것
  나. 지상층의 층수가 (11층) 이상인 것
  다. 냉동창고, 냉장창고 또는 냉동·냉장창고

> ✅ **확인학습** 건설현장 소방안전관리대상물
>
> 1. 신축·증축·개축·재축·이전·용도변경 또는 대수선을 하려는 부분의 연면적의 합계가 1만5천제곱미터 이상인 것
> 2. 신축·증축·개축·재축·이전·용도변경 또는 대수선을 하려는 부분의 연면적이 5천제곱미터 이상인 것으로서 다음의 어느 하나에 해당하는 것
>   - 지하층의 층수가 2개층 이상인 것
>   - 지상층의 층수가 11층 이상인 것
>   - 냉동창고, 냉장창고 또는 냉동·냉장창고

11 난이도 ●●●●○ 답 ④

🏛 **근무자 및 거주자 등에 대한 소방훈련**

소방훈련 및 교육을 실시한 날부터 2년간 보관해야 한다.

> ✅ **확인학습** 소방안전관리대상물 근무자 및 거주자 등에 대한 소방훈련 등
>
> 1. 소방안전관리대상물의 관계인은 그 장소에 근무하거나 거주하는 사람 등(이하 이 조에서 "근무자등"이라 한다)에게 소화·통보·피난 등의 훈련(이하 "소방훈련"이라 한다)과 소방안전관리에 필요한 교육을 하여야 하고, 피난훈련은 그 소방대상물에 출입하는 사람을 안전한 장소로 대피시키고 유도하는 훈련을 포함하여야 한다. 이 경우 소방훈련과 교육의 횟수 및 방법 등에 관하여 필요한 사항은 행정안전부령으로 정한다.
> 2. 소방안전관리대상물 중 소방안전관리업무의 전담이 필요한 대통령령으로 정하는 소방안전관리대상물의 관계인은 1.에 따른 소방훈련 및 교육을 한 날부터 30일 이내에 소방훈련 및 교육 결과를 행정안전부령으로 정하는 바에 따라 소방본부장 또는 소방서장에게 제출하여야 한다.
> 3. 소방본부장 또는 소방서장은 1.에 따라 소방안전관리대상물의 관계인이 실시하는 소방훈련과 교육을 지도·감독할 수 있다.
> 4. 소방본부장 또는 소방서장은 소방안전관리대상물 중 불특정 다수인이 이용하는 대통령령으로 정하는 특정소방대상물의 근무자등에게 불시에 소방훈련과 교육을 실시할 수 있다. 이 경우 소방본부장 또는 소방서장은 그 특정소방대상물 근무자등의 불편을 최소화하고 안전 등을 확보하는 대책을 마련하여야 하며, 소방훈련과 교육의 내용, 방법 및 절차 등은 행정안전부령으로 정하는 바에 따라 관계인에게 사전에 통지하여야 한다.
> 5. 소방본부장 또는 소방서장은 4.에 따라 소방훈련과 교육을 실시한 경우에는 그 결과를 평가할 수 있다. 이 경우 소방훈련과 교육의 평가방법 및 절차 등에 필요한 사항은 행정안전부령으로 정한다.

> ✅ **확인학습** 근무자 및 거주자에 대한 소방훈련과 교육(규칙 제36조)
>
> 1. 소방안전관리대상물의 관계인은 소방훈련과 교육을 연 1회 이상 실시해야 한다. 다만, 소방본부장 또는 소방서장이 화재예방을 위하여 필요하다고 인정하여 2회의 범위에서 추가로 실시할 것을 요청하는 경우에는 소방훈련과 교육을 추가로 실시해야 한다.
> 2. 소방본부장 또는 소방서장은 특급 및 1급 소방안전관리대상물의 관계인으로 하여금 소방훈련과 교육을 소방기관과 합동으로 실시하게 할 수 있다.
> 3. 소방안전관리대상물의 관계인은 소방훈련과 교육을 실시하는 경우 소방훈련 및 교육에 필요한 장비 및 교재 등을 갖추어야 한다.
> 4. 소방안전관리대상물의 관계인은 소방훈련과 교육을 실시했을 때에는 그 실시 결과를 소방훈련·교육 실시 결과 기록부에 기록하고, 이를 소방훈련 및 교육을 실시한 날부터 2년간 보관해야 한다.

12 난이도 ●●●○○ 답 ③

🏛 **게시사항**

"소방안전관리대상물의 용도 및 수용인원"은 해당하지 않는다.

> ✅ **확인학습** 게시사항
>
> 1. 소방안전관리대상물의 명칭 및 등급
> 2. 소방안전관리자의 성명 및 선임일자
> 3. 소방안전관리자의 연락처
> 4. 소방안전관리자의 근무 위치(화재 수신기 또는 종합방재실을 말한다)

13 난이도 ●●●●○ 답 ①

🏛 **소방안전관리대상물**

"소방공무원으로 9년간 근무한 경력자가 발급받을 수 있는 최상위의 소방안전관리자 자격"은 1급 소방안전관리대상물의 소방안전관리자 자격에 해당한다. 따라서, "가연성 가스를 1천 톤 이상 저장·취급하는 시설"에 선임될 수 있다.

| 선지분석 |

① [O] 가연성 가스를 1천 톤 이상 저장·취급하는 시설: 1급 소방안전관리대상물에 해당한다.
② [×] 지상으로부터 높이가 200미터 이상인 아파트: 특급 소방안전관리대상물에 해당한다.
③ [×] 지상으로부터 높이가 120미터 이상인 업무시설: 특급 소방안전관리대상물에 해당한다.
④ [×] 연면적이 10만 제곱미터 이상인 의료시설: 특급 소방안전관리대상물에 해당한다.

> ✅ **확인학습** 특급 소방안전관리대상물(동·식물원, 철강 등 불연성 물품을 저장·취급하는 창고, 위험물 제조소등, 지하구를 제외)
>
> 1. 50층 이상(지하층 제외)이거나 지상으로부터 높이가 200m 이상인 아파트
> 2. 30층 이상(지하층 포함)이거나 지상으로부터 높이가 120m 이상인 특정소방대상물(아파트 제외)
> 3. 연면적이 10만㎡ 이상인 특정소방대상물(아파트 제외)

> ✅ **확인학습** 1급 소방안전관리대상물(동·식물원, 철강 등 불연성 물품을 저장·취급하는 창고, 위험물 제조소등, 지하구를 제외)
>
> 1. 30층 이상(지하층은 제외한다)이거나 지상으로부터 높이가 120m 이상인 아파트
> 2. 연면적 1만5천㎡ 이상인 특정소방대상물(아파트 및 연립주택 제외)
> 3. 지상층의 층수가 11층 이상인 특정소방대상물(아파트 제외)
> 4. 가스를 1천t 이상 저장·취급하는 시설

14 난이도 ●●●●○ 답 ③

🏛 **저장의 기준**

옥외저장소에서 위험물을 수납한 용기를 선반에 저장하는 경우에는 6m를 초과하여 저장하지 아니하여야 한다.

> ✅ **확인학습** 저장의 기준(규칙 [별표 18])
>
> 1. 저장소에는 위험물 외의 물품을 저장하지 아니하여야 한다.
> 2. 영 별표 1의 유별을 달리하는 위험물은 동일한 저장소에 저장하지 아니하여야 한다.
> 3. 제3류 위험물 중 황린, 그 밖에 물속에 저장하는 물품과 금수성물질은 동일한 저장소에서 저장하지 아니하여야 한다(중요기준).
> 4. 옥내저장소에 있어서 위험물은 규정에 의한 바에 따라 용기에 수납하여 저장하여야 한다.
> 5. 옥내저장소에서 동일 품명의 위험물이더라도 자연발화할 우려가 있는 위험물 또는 재해가 현저하게 증대할 우려가 있는 위험물을 다량 저장하는 경우에는 지정수량의 10배 이하마다 구분하여 상호간 0.3m 이상의 간격을 두어 저장하여야 한다.
> 6. 옥내저장소에서는 용기에 수납하여 저장하는 위험물의 온도가 55℃를 넘지 아니하도록 필요한 조치를 강구하여야 한다(중요기준).
> 7. 옥외저장소에서 위험물을 수납한 용기를 선반에 저장하는 경우에는 6m를 초과하여 저장하지 아니하여야 한다.
> 8. 황을 용기에 수납하지 아니하고 저장하는 옥외저장소에서는 황을 경계표시의 높이 이하로 저장하고, 황이 넘치거나 비산하는 것을 방지할 수 있도록 경계표시 내부의 전체를 난연성 또는 불연성의 천막 등으로 덮고 당해 천막 등을 경계표시에 고정하여야 한다.
> 9. 보냉장치가 있는 이동저장탱크에 저장하는 아세트알데하이드등 또는 다이에틸에터등의 온도는 당해 위험물의 비점 이하로 유지할 것
> 10. 보냉장치가 없는 이동저장탱크에 저장하는 아세트알데하이드등 또는 다이에틸에터등의 온도는 40℃ 이하로 유지할 것

15 난이도 ●●●●● 답 ②

🏛 **소화설비의 설치기준**

저장소의 건축물은 외벽이 내화구조인 것은 연면적 150㎡를 1소요단위로 하고, 외벽이 내화구조가 아닌 것은 연면적 75㎡를 1소요단위로 할 것

> ✅ **확인학습** 소화설비의 설치기준(규칙 [별표 17])
>
> 1. 전기설비의 소화설비: 제조소등에 전기설비(전기배선, 조명기구 등은 제외한다)가 설치된 경우에는 당해 장소의 면적 100㎡마다 소형수동식소화기를 1개 이상 설치할 것

2. 소요단위의 계산방법
   1) 제조소 또는 취급소의 건축물은 외벽이 내화구조인 것은 연면적 100㎡를 1소요단위로 하며, 외벽이 내화구조가 아닌 것은 연면적 50㎡를 1소요단위로 할 것
   2) 저장소의 건축물은 외벽이 내화구조인 것은 연면적 150㎡를 1소요단위로 하고, 외벽이 내화구조가 아닌 것은 연면적 75㎡를 1소요단위로 할 것
   3) 제조소등의 옥외에 설치된 공작물은 외벽이 내화구조인 것으로 간주하고 공작물의 최대수평투영면적을 연면적으로 간주하여 1) 및 2)의 규정에 의하여 소요단위를 산정할 것
   4) 위험물은 지정수량의 10배를 1소요단위로 할 것

✅ **확인학습** 옥내소화전설비의 설치기준은 다음의 기준에 의할 것

1. 옥내소화전은 제조소등의 건축물의 층마다 당해 층의 각 부분에서 하나의 호스접속구까지의 수평거리가 25m 이하가 되도록 설치할 것. 이 경우 옥내소화전은 각층의 출입구 부근에 1개 이상 설치하여야 한다.
2. 수원의 수량은 옥내소화전이 가장 많이 설치된 층의 옥내소화전 설치개수(설치개수가 5개 이상인 경우는 5개)에 7.8㎥를 곱한 양 이상이 되도록 설치할 것
3. 옥내소화전설비는 각층을 기준으로 하여 당해 층의 모든 옥내소화전(설치개수가 5개 이상인 경우는 5개의 옥내소화전)을 동시에 사용할 경우에 각 노즐끝부분의 방수압력이 350kPa 이상이고 방수량이 1분당 260ℓ 이상의 성능이 되도록 할 것
4. 옥내소화전설비에는 비상전원을 설치할 것

16 난이도 ●○○○○ 답 ③

🏛 **위험물 운송**

해당하는 것은 알킬리튬이다.

✅ **확인학습** 운송책임자의 감독·지원을 받아 운송하여야 하는 위험물

1. 알킬알루미늄
2. 알킬리튬
3. 알킬알루미늄 또는 알킬리튬의 물질을 함유하는 위험물

17 난이도 ●●●○○ 답 ①

🏛 **위험물에 따른 주의사항 표시**

제1류 위험물 중 알칼리금속의 과산화물과 이를 함유한 것은 "물기엄금"을 표시한다.
"물기주의" 표시가 아니라 "물기엄금"이다.

✅ **확인학습** 제조소의 주의사항

1. 제1류 위험물 중 알칼리금속의 과산화물과 이를 함유한 것 또는 제3류 위험물 중 금수성 물질에 있어서는 "물기엄금"
2. 제2류 위험물(인화성 고체를 제외한다)에 있어서는 "화기주의"
3. 제2류 위험물 중 인화성 고체, 제3류 위험물 중 자연발화성 물질, 제4류 위험물 또는 제5류 위험물에 있어서는 "화기엄금"
4. 게시판의 색은 "물기엄금"을 표시하는 것에 있어서는 청색바탕에 백색문자로, "화기주의" 또는 "화기엄금"을 표시하는 것에 있어서는 적색바탕에 백색문자로 할 것

18 난이도 ●●●●○ 답 ①

🏛 **방유제 설치 기준**

방유제는 높이 0.5m 이상 3m 이하로 한다.

✅ **확인학습** 방유제 설치 기준(단서조항을 제외한 요약내용)

제3류, 제4류 및 제5류 위험물 중 인화성이 있는 액체(이황화탄소를 제외한다)의 옥외탱크저장소의 탱크

1. 방유제의 용량은 방유제안에 설치된 탱크가 하나인 때에는 그 탱크 용량의 110% 이상, 2기 이상인 때에는 그 탱크 중 용량이 최대인 것의 용량의 110% 이상으로 할 것
2. 방유제는 높이 0.5m 이상 3m 이하, 두께 0.2m 이상, 지하매설깊이 1m 이상으로 할 것
3. 방유제 내의 면적은 8만㎡ 이하로 할 것
4. 방유제 내에 설치하는 옥외저장탱크의 수는 10이하로 할 것. 다만, 인화점이 200℃ 이상인 위험물을 저장 또는 취급하는 옥외저장탱크에 있어서는 그러하지 아니하다.
5. 방유제 외면의 2분의 1 이상은 자동차 등이 통행할 수 있는 3m 이상의 노면폭을 확보한 구내도로에 직접 접하도록 할 것
6. 방유제는 옥외저장탱크의 지름에 따라 그 탱크의 옆판으로부터 다음에 정하는 거리를 유지할 것
   - 지름이 15m 미만인 경우에는 탱크 높이의 3분의 1 이상
   - 지름이 15m 이상인 경우에는 탱크 높이의 2분의 1 이상
7. 방유제는 철근콘크리트로 하고, 방유제와 옥외저장탱크 사이의 지표면은 불연성과 불침윤성이 있는 구조(철근콘크리트 등)로 할 것
8. 용량이 1,000만ℓ 이상인 옥외저장탱크의 주위에 설치하는 방유제에는 다음의 규정에 따라 당해 탱크마다 간막이 둑을 설치할 것
   - 간막이 둑의 높이는 0.3m(방유제 내에 설치되는 옥외저장탱크의 용량의 합계가 2억ℓ를 넘는 방유제에 있어서는 1m)이상으로 하되, 방유제의 높이보다 0.2m 이상 낮게 할 것
   - 간막이 둑은 흙 또는 철근콘크리트로 할 것
   - 간막이 둑의 용량은 간막이 둑안에 설치된 탱크의 용량의 10% 이상일 것
9. 방유제에는 그 내부에 고인 물을 외부로 배출하기 위한 배수구를 설치하고 이를 개폐하는 밸브 등을 방유제의 외부에 설치할 것
10. 높이가 1m를 넘는 방유제 및 간막이 둑의 안팎에는 방유제 내에 출입하기 위한 계단 또는 경사로를 약 50m마다 설치할 것
11. 용량이 50만리터 이상인 옥외탱크저장소가 해안 또는 강변에 설치되어 방유제 외부로 누출된 위험물이 바다 또는 강으로 유입될 우려가 있는 경우에는 해당 옥외탱크저장소가 설치된 부지 내에 전용유조(專用油槽) 등 누출위험물 수용설비를 설치할 것

19 난이도 ●●●●○ 답 ④

🏛 **이동저장탱크의 구조**

이동저장탱크는 그 내부에 (4,000)L 이하마다 (3.2)mm 이상의 강철판 또는 이와 동등 이상의 강도·내열성 및 내식성이 있는 금속성의 것으로 칸막이를 설치하여야 한다.

✅ **확인학습** 이동저장탱크의 구조

1. 이동저장탱크의 구조는 다음의 기준에 의하여야 한다.
   - 탱크(맨홀 및 주입관의 뚜껑을 포함한다)는 두께 3.2mm 이상의 강철판 또는 이와 동등 이상의 강도·내식성 및 내열성이 있다고 인정하여 소방청장이 정하여 고시하는 재료 및 구조로 위험물이 새지 아니하게 제작할 것

- 압력탱크(최대상용압력이 46.7kPa 이상인 탱크를 말한다) 외의 탱크는 70kPa의 압력으로, 압력탱크는 최대상용압력의 1.5배의 압력으로 각각 10분간의 수압시험을 실시하여 새거나 변형되지 아니할 것. 이 경우 수압시험은 용접부에 대한 비파괴시험과 기밀시험으로 대신할 수 있다.
2. 이동저장탱크는 그 내부에 4,000ℓ 이하마다 3.2mm 이상의 강철판 또는 이와 동등 이상의 강도·내열성 및 내식성이 있는 금속성의 것으로 칸막이를 설치하여야 한다. 다만, 고체인 위험물을 저장하거나 고체인 위험물을 가열하여 액체 상태로 저장하는 경우에는 그러하지 아니하다.

20 난이도 ●●○○○ 답 ①

간이스프링클러설비
옥내소화전설비는 해당하지 않는다.

✅ 확인학습 간이스프링클러설비 설치 면제 기준
간이스프링클러설비를 설치해야 하는 특정소방대상물에 스프링클러설비, 물분무소화설비 또는 미분무소화설비를 화재안전기준에 적합하게 설치한 경우에는 그 설비의 유효범위에서 설치가 면제된다.

21 난이도 ●●●○○ 답 ④

건축허가등의 동의대상물
특정소방대상물 중 노유자(老幼者)시설로서 연면적 200제곱미터인 건축물이 해당한다.

✅ 확인학습 건축허가등의 동의대상물의 범위 등
1. 연면적(「건축법 시행령」제119조 제1항 제4호에 따라 산정된 면적을 말한다. 이하 같다)이 400제곱미터 이상인 건축물이나 시설
  - 학교시설: 100제곱미터
  - 노유자(老幼者) 시설 및 수련시설: 200제곱미터
  - 정신의료기관: 300제곱미터
  - 장애인 의료재활시설: 300제곱미터
2. 지하층 또는 무창층이 있는 건축물로서 바닥면적이 150제곱미터(공연장의 경우에는 100제곱미터) 이상인 층이 있는 것
3. 차고·주차장 또는 주차 용도로 사용되는 시설
  - 차고·주차장으로 사용되는 바닥면적이 200제곱미터 이상인 층이 있는 건축물이나 주차시설
  - 승강기 등 기계장치에 의한 주차시설로서 자동차 20대 이상을 주차할 수 있는 시설
4. 층수(「건축법 시행령」제119조 제1항 제9호에 따라 산정된 층수를 말한다. 이하 같다)가 6층 이상인 건축물
5. 항공기 격납고, 관망탑, 항공관제탑, 방송용 송수신탑

22 난이도 ●●●○○ 답 ③

소방시설의 내진설계 대상

| 선지분석 |
① [×] 옥외소화전설비은 해당하지 않는다.
② [×] 간이스프링클러설비는 해당하지 않는다.

③ [○] 포소화설비, 이산화탄소소화설비
④ [×] 연결송수관설비, 연결살수설비는 모두 해당하지 않는다.

✅ 확인학습 소방시설의 내진설계 대상
1. 옥내소화전설비
2. 스프링클러설비
3. 물분무등소화설비

23 난이도 ●●●○○ 답 ③

중대위반사항
"소화용수설비 주변 불법 주정차로 인하여 화재를 진압하는 데 필요한 물을 공급하기 어려운 경우"는 해당하지 않는다.

✅ 확인학습 소화펌프 고장 등 대통령령으로 정하는 중대위반사항
1. 소화펌프(가압송수장치를 포함한다. 이하 같다), 동력·감시 제어반 또는 소방시설용 전원(비상전원을 포함한다)의 고장으로 소방시설이 작동되지 않는 경우
2. 화재 수신기의 고장으로 화재경보음이 자동으로 울리지 않거나 화재 수신기와 연동된 소방시설의 작동이 불가능한 경우
3. 소화배관 등이 폐쇄·차단되어 소화수(消火水) 또는 소화약제가 자동 방출되지 않는 경우
4. 방화문 또는 자동방화셔터가 훼손되거나 철거되어 본래의 기능을 못하는 경우

24 난이도 ●●●●○ 답 ④

화재감정기관의 지정기준
"소방청장이 인정하는 화재조사 관련 국제자격증을 소지한 사람"은 해당하지 않는다. 보조 기술인력에는 해당한다.

✅ 확인학습 화재감정기관의 지정기준(전문인력 기준)
1. 주된 기술인력: 다음의 어느 하나에 해당하는 사람을 2명 이상 보유할 것
  - 「국가기술자격법」에 따른 국가기술자격의 직무분야 중 화재감식평가 분야의 기사 자격 취득 후 화재조사 관련 분야에서 5년 이상 근무한 사람
  - 화재조사관 자격 취득 후 화재조사 관련 분야에서 5년 이상 근무한 사람
  - 이공계 분야의 박사학위 취득 후 화재조사 관련 분야에서 2년 이상 근무한 사람
2. 보조 기술인력: 다음의 어느 하나에 해당하는 사람을 3명 이상 보유할 것
  - 「국가기술자격법」에 따른 국가기술자격의 직무분야 중 화재감식평가 분야의 기사 또는 산업기사 자격을 취득한 사람
  - 화재조사관 자격을 취득한 사람
  - 소방청장이 인정하는 화재조사 관련 국제자격증 소지자
  - 이공계 분야의 석사 이상 학위 취득 후 화재조사 관련 분야에서 1년 이상 근무한 사람

25 난이도 ●●●●○ 답 ②

🏛 국가화재정보시스템

| 선지분석 |

① [×] **소방청장**은 화재예방과 소방활동에 활용할 수 있는 국가화재정보시스템을 구축해 운영하여야 한다.
② [O] 국가화재정보시스템을 활용하여 수집·관리해야 하는 화재정보는 화재원인, 화재피해상황, 화재유형별 화재위험성에 관한 사항 등이다.
③ [×] 화재정보의 수집·관리 및 활용 등에 필요한 사항은 **대통령령**으로 정한다.
④ [×] 국가화재정보시스템의 운영 및 활용 등에 필요한 사항은 **소방청장이 정한다**.

✅ 확인학습 국가화재정보시스템의 구축·운영
1. 소방청장은 화재조사 결과, 화재원인, 피해상황 등에 관한 화재정보를 종합적으로 수집·관리하여 화재예방과 소방활동에 활용할 수 있는 국가화재정보시스템을 구축·운영하여야 한다.
2. 1.에 따른 화재정보의 수집·관리 및 활용 등에 필요한 사항은 대통령령으로 정한다.

✅ 확인학습 국가화재정보시스템의 운영
1. 소방청장은 법 제19조 제1항에 따른 국가화재정보시스템을 활용하여 다음의 화재정보를 수집·관리해야 한다.
   • 화재원인
   • 화재피해상황
   • 대응활동에 관한 사항
   • 소방시설 등의 설치·관리 및 작동 여부에 관한 사항
   • 화재발생건축물과 구조물, 화재유형별 화재위험성 등에 관한 사항
   • 화재예방 관계 법령 등의 이행 및 위반 등에 관한 사항
   • 관계인의 보험가입 정보 등에 관한 사항
   • 그 밖에 화재예방과 소방활동에 활용할 수 있는 정보
2. 소방관서장은 국가화재정보시스템을 활용하여 1.에 해당하는 화재정보를 기록·유지 및 보관해야 한다.
3. 1. 및 2.에서 규정한 사항 외에 국가화재정보시스템의 운영 및 활용 등에 필요한 사항은 소방청장이 정한다.

4회 2024년 03월 30일 경채

정답

01	②	02	②	03	②	04	④	05	②
06	②	07	④	08	④	09	①	10	②
11	④	12	①	13	③	14	④	15	④
16	③	17	①	18	②	19	④	20	②
21	①	22	③	23	②	24	③	25	④
26	①	27	①	28	③	29	④	30	③
31	①	32	③	33	③	34	③	35	③
36	③	37	④	38	③	39	②	40	②

01 난이도 ●○○○○ 답 ②

🏛 소방신호

| 선지분석 |

① [×] 해제신호의 타종신호 방법은 **상당한 간격을 두고 1타씩 반복**이다.
② [O] 훈련신호의 타종신호 방법은 연3타 반복이다.
③ [×] 발화신호의 사이렌신호 방법은 **5초 간격을 두고 5초씩 3회**이다.
④ [×] 경계신호의 사이렌신호 방법은 **5초 간격을 두고 30초씩 3회**이다.

✅ 확인학습 소방신호별 신호방법

종별\신호방법	타종신호	사이렌신호
경계신호	1타와 연2타를 반복	5초 간격을 두고 30초씩 3회
발화신호	난타	5초 간격을 두고 5초씩 3회
해제신호	상당한 간격을 두고 1타씩 반복	1분간 1회
훈련신호	연3타 반복	10초 간격을 두고 1분씩 3회

1. 소방신호의 방법은 그 전부 또는 일부를 함께 사용할 수 있다.
2. 게시판을 철거하거나 통풍대 또는 기를 내리는 것으로 소방활동이 해제되었음을 알린다.
3. 소방대의 비상소집을 하는 경우에는 훈련신호를 사용할 수 있다.

02 난이도 ●●●○○ 답 ②

🏛 소방자동차 전용구역

소방자동차 전용구역에 차를 주차하거나 전용구역에의 진입을 가로막는 등의 방해행위를 한 자에게는 100만원 이하의 과태료를 부과한다.

| 선지분석 |

① [×] 정당한 사유 없이 관계인의 소방활동 등에 따른 법을 위반하여 화재, 재난·재해, 그 밖의 위급한 상황을 소방본부, 소방서 또는 관계 행정기관에 알리지 아니한 관계인에게는 500만원 이하의 과태료를 부과한다.

③ [×] 위반행위의 횟수에 따른 과태료의 가중된 부과기준은 최근 1년 간 같은 위반행위로 과태료 부과처분을 받은 경우에 적용한다.
④ [×] 위반행위자가 법 위반상태를 시정하거나 해소하기 위하여 노력한 사실이 인정되는 경우, 부과권자는 개별기준에 따른 과태료의 2분의 1 범위에서 그 금액을 줄여 부과할 수 있다.

✅ 확인학습 과태료 감경기준

부과권자는 다음의 어느 하나에 해당하는 경우에는 제2호의 개별기준에 따른 과태료의 2분의 1 범위에서 그 금액을 줄여 부과할 수 있다. 다만, 과태료를 체납하고 있는 위반행위자에 대해서는 그렇지 않다.
1. 위반행위가 사소한 부주의나 오류로 인한 것으로 인정되는 경우
2. 위반행위자가 법 위반상태를 시정하거나 해소하기 위하여 노력한 사실이 인정되는 경우
3. 위반행위자가 화재 등 재난으로 재산에 현저한 손실을 입거나 사업 여건의 악화로 그 사업이 중대한 위기에 처하는 등 사정이 있는 경우
4. 그 밖에 위반행위의 정도, 위반행위의 동기와 그 결과 등을 고려하여 감경할 필요가 있다고 인정되는 경우

03 난이도 ●●○○○ 답 ②

🏛 화재등의 통지

"노후·불량 건축물이 밀집한 지역"은 해당하지 않는다.

✅ 확인학습 화재등의 통지

다음의 어느 하나에 해당하는 지역 또는 장소에서 화재로 오인할 만한 우려가 있는 불을 피우거나 연막(煙幕) 소독을 하려는 자는 시·도의 조례로 정하는 바에 따라 관할 소방본부장 또는 소방서장에게 신고하여야 한다.
1. 시장지역
2. 공장·창고가 밀집한 지역
3. 목조건물이 밀집한 지역
4. 위험물의 저장 및 처리시설이 밀집한 지역
5. 석유화학제품을 생산하는 공장이 있는 지역
6. 그 밖에 시·도의 조례로 정하는 지역 또는 장소

04 난이도 ●●○○○ 답 ④

🏛 소방박물관 및 소방체험관

- 소방의 역사와 안전문화를 발전시키고 국민의 안전의식을 높이기 위하여 (소방청장)은 소방박물관을, (시·도지사)는 소방체험관을 설립하여 운영할 수 있다.
- 소방박물관의 설립과 운영에 필요한 사항은 (행정안전부령)으로 정하고, 소방체험관의 설립과 운영에 필요한 사항은 (행정안전부령)으로 정하는 기준에 따라 (시·도의 조례)로 정한다.

05 난이도 ●○○○○ 답 ②

🏛 소방지원활동

"낙하 등이 우려되는 고드름 등의 제거활동"은 생활안전활동에 해당한다.

✅ 확인학습 「소방기본법」상 소방지원활동

1. 산불에 대한 예방·진압 등 지원활동
2. 자연재해에 따른 급수·배수 및 제설 등 지원활동
3. 집회·공연 등 각종 행사 시 사고에 대비한 근접대기 등 지원활동
4. 화재, 재난·재해로 인한 피해복구 지원활동
5. 그 밖에 행정안전부령으로 정하는 활동
   - 군·경찰 등 유관기관에서 실시하는 훈련지원 활동
   - 소방시설 오작동 신고에 따른 조치활동
   - 방송제작 또는 촬영 관련 지원활동

✅ 확인학습 생활안전활동

1. 붕괴, 낙하 등이 우려되는 고드름, 나무, 위험 구조물 등의 제거활동
2. 위해동물, 벌 등의 포획 및 퇴치 활동
3. 끼임, 고립 등에 따른 위험제거 및 구출 활동
4. 단전사고 시 비상전원 또는 조명의 공급
5. 그 밖에 방치하면 급박해질 우려가 있는 위험을 예방하기 위한 활동

06 난이도 ●○○○○ 답 ②

🏛 현장지휘훈련 교육대상자

현장지휘훈련 교육대상자는 소방정·소방령·소방경·소방위이다.

✅ 확인학습 소방대원 교육·훈련 종류(규칙 제9조)

1. 화재진압훈련: 화재진압 담당 소방공무원, 의무소방원, 의용소방대원
2. 인명구조훈련: 구조업무 담당 소방공무원, 의무소방원, 의용소방대원
3. 응급처치훈련: 구급업무 담당 소방공무원, 의무소방원, 의용소방대원
4. 인명대피훈련: 소방공무원, 의무소방원, 의용소방대원
5. 현장지휘훈련: 소방정·소방령·소방경·소방위

07 난이도 ●●●○○ 답 ④

🏛 한국소방안전원

"소방기술과 소방산업의 국외시장 개척에 관한 사업추진"은 해당하지 않는다.

✅ 확인학습 한국소방안전원의 업무

1. 소방기술과 안전관리에 관한 교육 및 조사·연구
2. 소방기술과 안전관리에 관한 각종 간행물 발간
3. 화재예방과 안전관리의식 고취를 위한 대국민 홍보
4. 소방업무에 관하여 행정기관이 위탁하는 업무
5. 소방안전에 관한 국제협력
6. 그 밖에 회원에 대한 기술지원 등 정관으로 정하는 사항

✅ 확인학습 소방기술 및 소방산업의 국제화사업

소방청장은 소방기술 및 소방산업의 국제경쟁력과 국제적 통용성을 높이기 위하여 다음의 사업을 추진하여야 한다.
1. 소방기술 및 소방산업의 국제 협력을 위한 조사·연구
2. 소방기술 및 소방산업에 관한 국제 전시회, 국제 학술회의 개최 등 국제 교류
3. 소방기술 및 소방산업의 국외시장 개척
4. 소방기술 및 소방산업의 국제경쟁력과 국제적 통용성을 높이기 위하여 필요하다고 인정하는 사업

08 난이도 ●●●○○ 답 ④

⚖️ 완공검사

"연면적 1만 제곱미터 이상이거나 11층 이상인 특정소방대상물(아파트는 제외)"이 해당한다.

✅ **확인학습** 완공검사를 위한 현장확인 대상 특정소방대상물
1. 문화 및 집회시설, 종교시설, 판매시설, 노유자시설, 수련시설, 운동시설, 숙박시설, 창고시설, 지하상가 및 다중이용업소
2. 스프링클러설비등이 설치된 특정소방대상물
3. 물분무등소화설비(호스릴 방식의 소화설비 제외)가 설치된 특정소방대상물
4. 연면적 1만제곱미터 이상인 특정소방대상물(아파트 제외)
5. 11층 이상인 특정소방대상물(아파트 제외)
6. 지상에 노출된 가연성가스탱크의 저장용량 합계가 1천톤 이상인 시설

09 난이도 ●●●●○ 답 ①

⚖️ 업무의 위탁

해당하는 것은 ㄱ, ㄴ, ㄹ, ㅁ이다. "시공능력 평가 및 공시에 관한 업무", "방염처리능력 평가 및 공시에 관한 업무"는 소방청장의 업무에 해당한다.

| 선지분석 |
ㄱ. [O] 소방시설업 등록신청의 접수 및 신청내용의 확인
ㄴ. [O] 소방시설업 등록사항 변경신고의 접수 및 신고내용의 확인
ㄷ. [X] 시공능력 평가 및 공시에 관한 업무
ㄹ. [O] 소방시설업자의 지위승계 신고의 접수 및 신고내용의 확인
ㅁ. [O] 소방시설업 휴업·폐업 또는 재개업 신고의 접수 및 신고내용의 확인
ㅂ. [X] 방염처리능력 평가 및 공시에 관한 업무

✅ **확인학습** 업무의 위탁
1. 소방청장은 다음의 업무를 소방시설업자협회에 위탁한다.
   - 방염처리능력 평가 및 공시에 관한 업무
   - 시공능력 평가 및 공시에 관한 업무
   - 소방시설업 종합정보시스템의 구축·운영
2. 시·도지사는 다음의 업무를 소방시설업자협회에 위탁한다.
   - 소방시설업 등록신청의 접수 및 신청내용의 확인
   - 소방시설업 등록사항 변경신고의 접수 및 신고내용의 확인
   - 소방시설업 휴업·폐업 또는 재개업 신고의 접수 및 신고내용의 확인
   - 소방시설업자의 지위승계 신고의 접수 및 신고내용의 확인

10 난이도 ●●○○○ 답 ②

⚖️ 설계

중앙소방기술심의위원회의 심의를 거쳐 소방시설의 구조와 원리 등에서 특수한 특정소방대상물로 인정된 경우는 화재안전기준을 따르지 아니할 수 있다.

✅ **확인학습** 설계
1. 소방시설설계업을 등록한 자는 「소방시설공사업법」이나 「소방시설공사업법」에 따른 명령과 화재안전기준에 맞게 소방시설을 설계하여야 한다. 다만, 중앙소방기술심의위원회의 심의를 거쳐 소방시설의 구조와 원리 등에서 특수한 설계로 인정된 경우는 화재안전기준을 따르지 아니할 수 있다.

2. 특정소방대상물(신축하는 것만 해당한다)에 대해서는 그 용도, 위치, 구조, 수용 인원, 가연물(可燃物)의 종류 및 양 등을 고려하여 설계(성능위주설계)하여야 한다.
3. 성능위주설계를 할 수 있는 자의 자격, 기술인력 및 자격에 따른 설계의 범위와 그 밖에 필요한 사항은 대통령령으로 정한다.

11 난이도 ●●○○○ 답 ④

⚖️ 하자보수

(관계인)은 정해진 기간에 소방시설의 하자가 발생하였을 때에는 공사업자에게 그 사실을 알려야 하며, 통보를 받은 공사업자는 (3)일 이내에 하자를 보수하거나 보수 일정을 기록한 하자보수계획을 (관계인)에게 (서면)으로 알려야 한다.

12 난이도 ●●○○○ 답 ①

⚖️ 상주 공사감리 대상

해당하는 것은 ㄱ, ㄴ이다.

| 선지분석 |
ㄱ. [O] 연면적 3만 제곱미터인 의료시설
ㄴ. [O] 지하층을 포함한 층수가 20층이고 1,000세대인 아파트
ㄷ. [X] 연면적 1만 제곱미터인 복합건축물 - 아파트를 제외한 특정소방대상물은 연면적 3만 제곱미터 이상이다.
ㄹ. [X] 연면적 2만 제곱미터인 판매시설 - 아파트를 제외한 특정소방대상물은 연면적 3만 제곱미터 이상이다.

✅ **확인학습** 상주 공사감리 대상
1. 연면적 3만㎡ 이상의 특정소방대상물(아파트는 제외한다)에 대한 소방시설의 공사
2. 지하층을 포함한 층수가 16층 이상으로서 500세대 이상인 아파트에 대한 소방시설의 공사

13 난이도 ●●○○○ 답 ③

⚖️ 화재예방강화지구

"전력용 및 통신용 지하구가 있는 지역"은 해당하지 않는다. 해당하는 것은 ㄱ, ㄴ, ㄹ, ㅁ이다.

✅ **확인학습** 화재예방강화지구 지정대상지역
1. 시장지역
2. 공장·창고가 밀집한 지역
3. 목조건물이 밀집한 지역
4. 노후·불량건축물이 밀집한 지역
5. 위험물의 저장 및 처리 시설이 밀집한 지역
6. 석유화학제품을 생산하는 공장이 있는 지역
7. 산업단지
8. 소방시설·소방용수시설 또는 소방출동로가 없는 지역
9. 물류단지
10. 소방관서장이 화재예방강화지구로 지정할 필요가 있다고 인정하는 지역

14 난이도 ●●●○○ 답 ④

🏛 **화재예방안전진단**

"가스공급시설 중 가연성 가스 탱크의 저장용량의 합계가 100톤 이상이거나 저장용량이 30톤 이상인 가연성 가스 탱크가 있는 가스공급시설"이 해당한다.

✅ **확인학습** 화재예방안전진단 대상의 시설기준

1. 공항시설 중 여객터미널의 연면적이 1천제곱미터 이상인 공항시설
2. 철도시설 중 역 시설의 연면적이 5천제곱미터 이상인 철도시설
3. 도시철도시설 중 역사 및 역 시설의 연면적이 5천제곱미터 이상인 도시철도시설
4. 항만시설 중 여객이용시설 및 지원시설의 연면적이 5천제곱미터 이상인 항만시설
5. 전력용 및 통신용 지하구 중 「국토의 계획 및 이용에 관한 법률」 제2조 제9호에 따른 공동구
6. 천연가스 인수기지 및 공급망 중 「소방시설 설치 및 관리에 관한 법률 시행령」 별표 2 제17호 나목에 따른 가스시설
7. 발전소 중 연면적이 5천제곱미터 이상인 발전소
8. 가스공급시설 중 가연성 가스 탱크의 저장용량의 합계가 100톤 이상이거나 저장용량이 30톤 이상인 가연성 가스 탱크가 있는 가스공급시설

15 난이도 ●●○○○ 답 ④

🏛 **용어 정의**

"화재안전조사"란 소방청장, 소방본부장 또는 소방서장이 소방대상물, 관계지역 또는 관계인에 대하여 소방시설등이 소방 관계 법령에 적합하게 설치·관리되고 있는지, 소방대상물에 화재의 발생 위험이 있는지 등을 확인하기 위하여 실시하는 현장조사·문서열람·보고요구 등을 하는 활동을 말한다.

✅ **확인학습** 화재조사법의 용어 정의

"화재조사"란 소방청장, 소방본부장 또는 소방서장이 화재원인, 피해상황, 대응활동 등을 파악하기 위하여 자료의 수집, 관계인등에 대한 질문, 현장 확인, 감식, 감정 및 실험 등을 하는 일련의 행위를 말한다.

16 난이도 ●●●○○ 답 ③

🏛 **불을 사용하는 설비의 관리기준**

음식조리를 위하여 설치하는 설비의 경우, 열을 발생하는 조리기구로부터 0.15미터 이내의 거리에 있는 가연성 주요구조부는 단열성이 있는 불연재료로 덮어 씌운다.

| 선지분석 |

① [×] 경유·등유 등 액체 연료탱크는 보일러 본체로부터 수평거리 1미터 이상의 간격을 두어 설치한다.
② [×] 화목(火木) 등 고체연료를 사용하는 연통의 배출구는 보일러 본체보다 2미터 이상 높게 설치한다.
④ [×] 대통령령에서 규정한 사항 외에 화재 발생 우려가 있는 설비 또는 기구의 종류, 해당 설비 또는 기구의 위치·구조 및 관리와 화재 예방을 위하여 불을 사용할 때 지켜야 하는 사항은 시·도 조례로 정한다.

✅ **확인학습** 액체연료를 사용하는 보일러

1. 연료탱크는 보일러 본체로부터 수평거리 1미터 이상의 간격을 두어 설치할 것
2. 연료탱크에는 화재 등 긴급상황이 발생하는 경우 연료를 차단 할 수 있는 개폐밸브를 연료탱크로부터 0.5미터 이내에 설치할 것
3. 연료탱크 또는 연료를 공급하는 배관에는 여과장치를 설치할 것
4. 사용이 허용된 연료 외의 것을 사용하지 아니할 것
5. 연료탱크에는 불연재료로 된 받침대를 설치하여 연료탱크가 넘어지지 아니하도록 할 것

✅ **확인학습** 고체연료를 사용하는 보일러

1. 고체연료는 별도의 실 또는 보일러와 수평거리 2미터 이상 이격하여 보관할 것
2. 연통은 천장으로부터 0.6미터 이상, 건물 밖으로 0.6미터 이상 나오도록 설치할 것
3. 연통의 배출구는 보일러보다 2미터 이상 높게 연장하여 설치할 것
4. 연통이 관통하는 벽면, 지붕 등은 불연재료로 처리할 것
5. 연통재질은 불연재료로 사용하고 연결부에 청소구를 설치할 것

17 난이도 ●●●○○ 답 ①

🏛 **특수가연물의 저장·취급기준**

| 선지분석 |

① [○] 실외에 쌓아 저장하는 경우 쌓는 부분이 대지경계선, 도로 및 인접 건축물과 최소 6미터 이상 간격을 둘 것. 다만, 쌓는 높이보다 0.9미터 이상 높은 내화구조 벽체를 설치한 경우는 그렇지 않다.
② [×] 실내에 쌓아 저장하는 경우 주요구조부는 불연재료여야 하고, 다른 종류의 특수가연물과 같은 공간에 보관하지 않을 것. 다만, 내화구조의 벽으로 분리하는 경우는 그렇지 않다.
③ [×] 쌓는 부분 바닥면적의 사이는 실내의 경우 1.2미터 또는 쌓는 높이의 1/2 중 큰 값 이상으로 간격을 둘 것
④ [×] 쌓는 부분 바닥면적의 사이는 실외의 경우 3미터 또는 쌓는 높이 중 큰 값 이상으로 간격을 둘 것

✅ **확인학습** 실내·외 저장 기준

구분	이격 및 저장 원칙	예외대상	쌓는 부분의 바닥면적 사이 이격
실외	대지경계선·도로·인접 건축물: 6m 이상	쌓은 높이보다 0.9m 이상 높은 내화구조 벽체 설치 시	3m 또는 쌓는 높이 중 큰 값
실내	• 내화구조 건축물의 경우 주요구조부: 불연재료 • 혼용저장 금지	내화구조의 벽으로 분리하는 경우	1.2m 또는 쌓는 높이 1/2 중 큰 값

18 난이도 ●●●○○ 답 ②

🏛 **건설현장 소방안전관리대상물**

• 신축·증축·개축·재축·이전·용도변경 또는 대수선을 하려는 부분의 연면적의 합계가 (1만5천 제곱미터) 이상인 것

- 신축·증축·개축·재축·이전·용도변경 또는 대수선을 하려는 부분의 연면적이 (5천 제곱미터) 이상인 것으로서 다음 각 목의 어느 하나에 해당하는 것
  가. 지하층의 층수가 2개 층 이상인 것
  나. 지상층의 층수가 (11층) 이상인 것
  다. 냉동창고, 냉장창고 또는 냉동·냉장창고

> ✅ **확인학습** 건설현장 소방안전관리대상물
> 1. 신축·증축·개축·재축·이전·용도변경 또는 대수선을 하려는 부분의 연면적의 합계가 1만5천제곱미터 이상인 것
> 2. 신축·증축·개축·재축·이전·용도변경 또는 대수선을 하려는 부분의 연면적이 5천제곱미터 이상인 것으로서 다음의 어느 하나에 해당하는 것
>   - 지하층의 층수가 2개층 이상인 것
>   - 지상층의 층수가 11층 이상인 것
>   - 냉동창고, 냉장창고 또는 냉동·냉장창고

19 난이도 ●●●●○ 답 ④

🏛 **근무자 및 거주자 등에 대한 소방훈련**
소방훈련 및 교육을 실시한 날부터 2년간 보관해야 한다.

> ✅ **확인학습** 소방안전관리대상물 근무자 및 거주자 등에 대한 소방훈련 등
> 1. 소방안전관리대상물의 관계인은 그 장소에 근무하거나 거주하는 사람 등(이하 이 조에서 "근무자등"이라 한다)에게 소화·통보·피난 등의 훈련(이하 "소방훈련"이라 한다)과 소방안전관리에 필요한 교육을 하여야 하고, 피난훈련은 그 소방대상물에 출입하는 사람을 안전한 장소로 대피시키고 유도하는 훈련을 포함하여야 한다. 이 경우 소방훈련과 교육의 횟수 및 방법 등에 관하여 필요한 사항은 행정안전부령으로 정한다.
> 2. 소방안전관리대상물 중 소방안전관리업무의 전담이 필요한 대통령령으로 정하는 소방안전관리대상물의 관계인은 1.에 따른 소방훈련 및 교육을 한 날부터 30일 이내에 소방훈련 및 교육 결과를 행정안전부령으로 정하는 바에 따라 소방본부장 또는 소방서장에게 제출하여야 한다.
> 3. 소방본부장 또는 소방서장은 1.에 따라 소방안전관리대상물의 관계인이 실시하는 소방훈련과 교육을 지도·감독할 수 있다.
> 4. 소방본부장 또는 소방서장은 소방안전관리대상물 중 불특정 다수인이 이용하는 대통령령으로 정하는 특정소방대상물의 근무자등에게 불시에 소방훈련과 교육을 실시할 수 있다. 이 경우 소방본부장 또는 소방서장은 그 특정소방대상물 근무자등의 불편을 최소화하고 안전 등을 확보하는 대책을 마련하여야 하며, 소방훈련과 교육의 내용, 방법 및 절차 등은 행정안전부령으로 정하는 바에 따라 관계인에게 사전에 통지하여야 한다.
> 5. 소방본부장 또는 소방서장은 4.에 따라 소방훈련과 교육을 실시한 경우에는 그 결과를 평가할 수 있다. 이 경우 소방훈련과 교육의 평가방법 및 절차 등에 필요한 사항은 행정안전부령으로 정한다.

> ✅ **확인학습** 근무자 및 거주자에 대한 소방훈련과 교육(규칙 제36조)
> 1. 소방안전관리대상물의 관계인은 소방훈련과 교육을 연 1회 이상 실시해야 한다. 다만, 소방본부장 또는 소방서장이 화재예방을 위하여 필요하다고 인정하여 2회의 범위에서 추가로 실시할 것을 요청하는 경우에는 소방훈련과 교육을 추가로 실시해야 한다.
> 2. 소방본부장 또는 소방서장은 특급 및 1급 소방안전관리대상물의 관계인으로 하여금 소방훈련과 교육을 소방기관과 합동으로 실시하게 할 수 있다.

> 3. 소방안전관리대상물의 관계인은 소방훈련과 교육을 실시하는 경우 소방훈련 및 교육에 필요한 장비 및 교재 등을 갖추어야 한다.
> 4. 소방안전관리대상물의 관계인은 소방훈련과 교육을 실시했을 때에는 그 실시 결과를 소방훈련·교육 실시 결과 기록부에 기록하고, 이를 소방훈련 및 교육을 실시한 날부터 2년간 보관해야 한다.

20 난이도 ●●●○○ 답 ③

🏛 **수용인원**
"소방안전관리대상물의 용도 및 수용인원"은 해당하지 않는다.

> ✅ **확인학습** 게시사항
> 1. 소방안전관리대상물의 명칭 및 등급
> 2. 소방안전관리자의 성명 및 선임일자
> 3. 소방안전관리자의 연락처
> 4. 소방안전관리자의 근무 위치(화재 수신기 또는 종합방재실을 말한다)

21 난이도 ●●●●○ 답 ①

🏛 **소방안전관리대상물**
"소방공무원으로 9년간 근무한 경력자가 발급받을 수 있는 최상위의 소방안전관리자 자격"은 1급 소방안전관리대상물의 소방안전관리자 자격에 해당한다. 따라서, "가연성 가스를 1천 톤 이상 저장·취급하는 시설"에 선임될 수 있다.

| 선지분석 |
① [○] 가연성 가스를 1천 톤 이상 저장·취급하는 시설: 1급 소방안전관리대상물에 해당한다.
② [×] 지상으로부터 높이가 200미터 이상인 아파트: 특급 소방안전관리대상물에 해당한다.
③ [×] 지상으로부터 높이가 120미터 이상인 업무시설: 특급 소방안전관리대상물에 해당한다.
④ [×] 연면적이 10만 제곱미터 이상인 의료시설: 특급 소방안전관리대상물에 해당한다.

> ✅ **확인학습** 특급 소방안전관리대상물(동·식물원, 철강 등 불연성 물품을 저장·취급하는 창고, 위험물 제조소등, 지하구를 제외)
> 1. 50층 이상(지하층 제외)이거나 지상으로부터 높이가 200m 이상인 아파트
> 2. 30층 이상(지하층 포함)이거나 지상으로부터 높이가 120m 이상인 특정소방대상물(아파트 제외)
> 3. 연면적이 10만㎡ 이상인 특정소방대상물(아파트 제외)

> ✅ **확인학습** 1급 소방안전관리대상물(동·식물원, 철강 등 불연성 물품을 저장·취급하는 창고, 위험물 제조소등, 지하구를 제외)
> 1. 30층 이상(지하층은 제외한다)이거나 지상으로부터 높이가 120m 이상인 아파트
> 2. 연면적 1만5천㎡ 이상인 특정소방대상물(아파트 및 연립주택 제외)
> 3. 지상층의 층수가 11층 이상인 특정소방대상물(아파트 제외)
> 4. 가스를 1천t 이상 저장·취급하는 시설

22 난이도 ●●●●○　　답 ③

🏛 저장의 기준
옥외저장소에서 위험물을 수납한 용기를 선반에 저장하는 경우에는 6m를 초과하여 저장하지 아니하여야 한다.

> ✅ **확인학습** 저장의 기준(규칙 [별표 18])
> 1. 저장소에는 위험물 외의 물품을 저장하지 아니하여야 한다.
> 2. 영 별표 1의 유별을 달리하는 위험물은 동일한 저장소에 저장하지 아니하여야 한다.
> 3. 제3류 위험물 중 황린, 그 밖에 물속에 저장하는 물품과 금수성물질은 동일한 저장소에서 저장하지 아니하여야 한다(중요기준).
> 4. 옥내저장소에 있어서 위험물은 규정에 의한 바에 따라 용기에 수납하여 저장하여야 한다.
> 5. 옥내저장소에서 동일 품명의 위험물이더라도 자연발화할 우려가 있는 위험물 또는 재해가 현저하게 증대할 우려가 있는 위험물을 다량 저장하는 경우에는 지정수량의 10배 이하마다 구분하여 상호간 0.3m 이상의 간격을 두어 저장하여야 한다.
> 6. 옥내저장소에서는 용기에 수납하여 저장하는 위험물의 온도가 55℃를 넘지 아니하도록 필요한 조치를 강구하여야 한다(중요기준).
> 7. 옥외저장소에서 위험물을 수납한 용기를 선반에 저장하는 경우에는 6m를 초과하여 저장하지 아니하여야 한다.
> 8. 황을 용기에 수납하지 아니하고 저장하는 옥외저장소에서는 황을 경계표시의 높이 이하로 저장하고, 황이 넘치거나 비산하는 것을 방지할 수 있도록 경계표시 내부의 전체를 난연성 또는 불연성의 천막 등으로 덮고 당해 천막 등을 경계표시에 고정하여야 한다.
> 9. 보냉장치가 있는 이동저장탱크에 저장하는 아세트알데하이드등 또는 다이에틸에터등의 온도는 당해 위험물의 비점 이하로 유지할 것
> 10. 보냉장치가 없는 이동저장탱크에 저장하는 아세트알데하이드등 또는 다이에틸에터등의 온도는 40℃ 이하로 유지할 것

23 난이도 ●●●●●　　답 ②

🏛 소화설비의 설치기준
저장소의 건축물은 외벽이 내화구조인 것은 연면적 150㎡를 1소요단위로 하고, 외벽이 내화구조가 아닌 것은 연면적 75㎡를 1소요단위로 할 것

> ✅ **확인학습** 소화설비의 설치기준(규칙 [별표 17])
> 1. 전기설비의 소화설비: 제조소등에 전기설비(전기배선, 조명기구 등은 제외한다)가 설치된 경우에는 당해 장소의 면적 100㎡마다 소형수동식소화기를 1개 이상 설치할 것
> 2. 소요단위의 계산방법
>   1) 제조소 또는 취급소의 건축물은 외벽이 내화구조인 것은 연면적 100㎡를 1소요단위로 하며, 외벽이 내화구조가 아닌 것은 연면적 50㎡를 1소요단위로 할 것
>   2) 저장소의 건축물은 외벽이 내화구조인 것은 연면적 150㎡를 1소요단위로 하고, 외벽이 내화구조가 아닌 것은 연면적 75㎡를 1소요단위로 할 것
>   3) 제조소등의 옥외에 설치된 공작물은 외벽이 내화구조인 것으로 간주하고 공작물의 최대수평투영면적을 연면적으로 간주하여 1) 및 2)의 규정에 의하여 소요단위를 산정할 것
>   4) 위험물은 지정수량의 10배를 1소요단위로 할 것

> ✅ **확인학습** 옥내소화전설비의 설치기준은 다음의 기준에 의할 것
> 1. 옥내소화전은 제조소등의 건축물의 층마다 당해 층의 각 부분에서 하나의 호스접속구까지의 수평거리가 25m 이하가 되도록 설치할 것. 이 경우 옥내소화전은 각층의 출입구 부근에 1개 이상 설치하여야 한다.
> 2. 수원의 수량은 옥내소화전이 가장 많이 설치된 층의 옥내소화전 설치개수(설치개수가 5개 이상인 경우는 5개)에 7.8㎥를 곱한 양 이상이 되도록 설치할 것
> 3. 옥내소화전설비는 각층을 기준으로 하여 당해 층의 모든 옥내소화전(설치개수가 5개 이상인 경우는 5개의 옥내소화전)을 동시에 사용할 경우에 각 노즐끝부분의 방수압력이 350㎪ 이상이고 방수량이 1분당 260ℓ 이상의 성능이 되도록 할 것
> 4. 옥내소화전설비에는 비상전원을 설치할 것

24 난이도 ●○○○○　　답 ③

🏛 위험물의 운송
해당하는 것은 알킬리튬이다.

> ✅ **확인학습** 운송책임자의 감독·지원을 받아 운송하여야 하는 위험물
> 1. 알킬알루미늄
> 2. 알킬리튬
> 3. 알킬알루미늄 또는 알킬리튬의 물질을 함유하는 위험물

25 난이도 ●●●●○　　답 ④

🏛 주유취급소
고정주유설비는 고정주유설비의 중심선을 기점으로 하여 도로경계선까지 (4)m 이상의 거리를 유지할 것

> ✅ **확인학습** 고정주유설비 또는 고정급유설비
> 1. 고정주유설비의 중심선을 기점으로 하여 도로경계선까지 4m 이상, 부지경계선·담 및 건축물의 벽까지 2m(개구부가 없는 벽까지는 1m) 이상의 거리를 유지하고, 고정급유설비의 중심선을 기점으로 하여 도로경계선까지 4m 이상, 부지경계선 및 담까지 1m 이상, 건축물의 벽까지 2m(개구부가 없는 벽까지는 1m) 이상의 거리를 유지할 것
> 2. 고정주유설비와 고정급유설비의 사이에는 4m 이상의 거리를 유지할 것

26 난이도 ●●●○○　　답 ①

🏛 위험물에 따른 주의사항 표시
제1류 위험물 중 알칼리금속의 과산화물과 이를 함유한 것은 "물기엄금"을 표시한다.
"물기주의" 표시가 아니라 "물기엄금"이다.

> ✅ **확인학습** 제조소의 주의사항
> 1. 제1류 위험물 중 알칼리금속의 과산화물과 이를 함유한 것 또는 제3류 위험물 중 금수성 물질에 있어서는 "물기엄금"
> 2. 제2류 위험물(인화성 고체를 제외한다)에 있어서는 "화기주의"
> 3. 제2류 위험물 중 인화성 고체, 제3류 위험물 중 자연발화성 물질, 제4류 위험물 또는 제5류 위험물에 있어서는 "화기엄금"

4. 게시판의 색은 "물기엄금"을 표시하는 것에 있어서는 청색바탕에 백색문자로, "화기주의" 또는 "화기엄금"을 표시하는 것에 있어서는 적색바탕에 백색문자로 할 것

27 난이도 ●●●●○ 답 ①

🏛 방유제 설치 기준

방유제는 높이 0.5m 이상 3m 이하로 한다.

✅ 확인학습 방유제 설치 기준(단서조항을 제외한 요약내용)

제3류, 제4류 및 제5류 위험물 중 인화성이 있는 액체(이황화탄소를 제외한다)의 옥외탱크저장소의 탱크
1. 방유제의 용량은 방유제안에 설치된 탱크가 하나인 때에는 그 탱크 용량의 110% 이상, 2기 이상인 때에는 그 탱크 중 용량이 최대인 것의 용량의 110% 이상으로 할 것
2. 방유제는 높이 0.5m 이상 3m 이하, 두께 0.2m 이상, 지하매설깊이 1m 이상으로 할 것
3. 방유제 내의 면적은 8만㎡ 이하로 할 것
4. 방유제 내에 설치하는 옥외저장탱크의 수는 10이하로 할 것. 다만, 인화점이 200℃ 이상인 위험물을 저장 또는 취급하는 옥외저장탱크에 있어서는 그러하지 아니하다.
5. 방유제 외면의 2분의 1 이상은 자동차 등이 통행할 수 있는 3m 이상의 노면폭을 확보한 구내도로에 직접 접하도록 할 것
6. 방유제는 옥외저장탱크의 지름에 따라 그 탱크의 옆판으로부터 다음에 정하는 거리를 유지할 것
    • 지름이 15m 미만인 경우에는 탱크 높이의 3분의 1 이상
    • 지름이 15m 이상인 경우에는 탱크 높이의 2분의 1 이상
7. 방유제는 철근콘크리트로 하고, 방유제와 옥외저장탱크 사이의 지표면은 불연성과 불침윤성이 있는 구조(철근콘크리트 등)로 할 것
8. 용량이 1,000만ℓ 이상인 옥외저장탱크의 주위에 설치하는 방유제에는 다음의 규정에 따라 당해 탱크마다 간막이 둑을 설치할 것
    • 간막이 둑의 높이는 0.3m(방유제 내에 설치되는 옥외저장탱크의 용량의 합계가 2억ℓ를 넘는 방유제에 있어서는 1m)이상으로 하되, 방유제의 높이보다 0.2m 이상 낮게 할 것
    • 간막이 둑은 흙 또는 철근콘크리트로 할 것
    • 간막이 둑의 용량은 간막이 둑안에 설치된 탱크의 용량의 10% 이상일 것
9. 방유제에는 그 내부에 고인 물을 외부로 배출하기 위한 배수구를 설치하고 이를 개폐하는 밸브 등을 방유제의 외부에 설치할 것
10. 높이가 1m를 넘는 방유제 및 간막이 둑의 안팎에는 방유제 내에 출입하기 위한 계단 또는 경사로를 약 50m마다 설치할 것
11. 용량이 50만리터 이상인 옥외탱크저장소가 해안 또는 강변에 설치되어 방유제 외부로 누출된 위험물이 바다 또는 강으로 유입될 우려가 있는 경우에는 해당 옥외탱크저장소가 설치된 부지 내에 전용 유조(專用油槽) 등 누출위험물 수용설비를 설치할 것

28 난이도 ●●●●○ 답 ③

🏛 탱크시험자 변경사항의 신고

"보유장비의 변경"은 해당하지 않는다.

✅ 확인학습 탱크시험자 변경사항의 신고
1. 영업소 소재지의 변경: 사무소의 사용을 증명하는 서류와 위험물탱크안전성능시험자등록증
2. 기술능력의 변경: 변경하는 기술인력의 자격증과 위험물탱크안전성능시험자등록증
3. 대표자의 변경: 위험물탱크안전성능시험자등록증
4. 상호 또는 명칭의 변경: 위험물탱크안전성능시험자등록증

29 난이도 ●●●●○ 답 ④

🏛 이동저장탱크

이동저장탱크는 그 내부에 (4,000)L 이하마다 (3.2)mm 이상의 강철판 또는 이와 동등 이상의 강도·내열성 및 내식성이 있는 금속성의 것으로 칸막이를 설치하여야 한다.

✅ 확인학습 이동저장탱크의 구조
1. 이동저장탱크의 구조는 다음의 기준에 의하여야 한다.
    • 탱크(맨홀 및 주입관의 뚜껑을 포함한다)는 두께 3.2㎜ 이상의 강철판 또는 이와 동등 이상의 강도·내식성 및 내열성이 있다고 인정하여 소방청장이 정하여 고시하는 재료 및 구조로 위험물이 새지 아니하게 제작할 것
    • 압력탱크(최대상용압력이 46.7㎪ 이상인 탱크를 말한다) 외의 탱크는 70㎪의 압력으로, 압력탱크는 최대상용압력의 1.5배의 압력으로 각각 10분간의 수압시험을 실시하여 새거나 변형되지 아니할 것. 이 경우 수압시험은 용접부에 대한 비파괴시험과 기밀시험으로 대신할 수 있다.
2. 이동저장탱크는 그 내부에 4,000ℓ 이하마다 3.2㎜ 이상의 강철판 또는 이와 동등 이상의 강도·내열성 및 내식성이 있는 금속성의 것으로 칸막이를 설치하여야 한다. 다만, 고체인 위험물을 저장하거나 고체인 위험물을 가열하여 액체 상태로 저장하는 경우에는 그러하지 아니하다.

30 난이도 ●●●○○ 답 ③

🏛 형식승인 대상 소방용품

"상업용 주방자동소화장치"는 소방청장의 형식승인을 받아야 하는 소방용품에 해당하지 않는다.

✅ 확인학습 형식승인 대상 소방용품

법 제37조 제1항 본문에서 "대통령령으로 정하는 소방용품"이란 별표 3의 소방용품(같은 표 제1호 나목의 자동소화장치 중 상업용 주방자동소화장치는 제외한다)을 말한다.

31 난이도 ●○○○○ 답 ①

🏛 소방용품의 내용연수

특정소방대상물의 관계인은 내용연수가 경과한 소방용품을 교체해야 한다. 이 경우 내용연수를 설정해야 하는 소방용품은 (분말형태의 소화약제)를 사용하는 소화기로 하며, 내용연수는 (10)년으로 한다.

32 난이도 ●●○○○ 답 ①

간이스프링클러설비 설치 면제 기준
옥내소화전설비는 해당하지 않는다.

> ✅ **확인학습** 간이스프링클러설비 설치 면제 기준
>
> 간이스프링클러설비를 설치해야 하는 특정소방대상물에 스프링클러설비, 물분무소화설비 또는 미분무소화설비를 화재안전기준에 적합하게 설치한 경우에는 그 설비의 유효범위에서 설치가 면제된다.

33 난이도 ●●●○○ 답 ④

건축허가등의 동의대상물
특정소방대상물 중 노유자(老幼者)시설로서 연면적 200제곱미터인 건축물이 해당한다.

> ✅ **확인학습** 건축허가등의 동의대상물의 범위 등
>
> 1. 연면적(「건축법 시행령」 제119조 제1항 제4호에 따라 산정된 면적을 말한다. 이하 같다)이 400제곱미터 이상인 건축물이나 시설
>   - 학교시설: 100제곱미터
>   - 노유자(老幼者) 시설 및 수련시설: 200제곱미터
>   - 정신의료기관: 300제곱미터
>   - 장애인 의료재활시설: 300제곱미터
> 2. 지하층 또는 무창층이 있는 건축물로서 바닥면적이 150제곱미터(공연장의 경우에는 100제곱미터) 이상인 층이 있는 것
> 3. 차고·주차장 또는 주차 용도로 사용되는 시설
>   - 차고·주차장으로 사용되는 바닥면적이 200제곱미터 이상인 층이 있는 건축물이나 주차시설
>   - 승강기 등 기계장치에 의한 주차시설로서 자동차 20대 이상을 주차할 수 있는 시설
> 4. 층수(「건축법 시행령」 제119조 제1항 제9호에 따라 산정된 층수를 말한다. 이하 같다)가 6층 이상인 건축물
> 5. 항공기 격납고, 관망탑, 항공관제탑, 방송용 송수신탑

34 난이도 ●●●○○ 답 ③

소방시설의 내진설계

| 선지분석 |
① [×] 옥외소화전설비은 해당하지 않는다.
② [×] 간이스프링클러설비는 해당하지 않는다.
③ [○] 포소화설비, 이산화탄소소화설비
④ [×] 연결송수관설비, 연결살수설비는 모두 해당하지 않는다.

> ✅ **확인학습** 소방시설의 내진설계 대상
>
> 1. 옥내소화전설비
> 2. 스프링클러설비
> 3. 물분무등소화설비

35 난이도 ●●○○○ 답 ③

지하구
ㄱ은 1.8, ㄴ은 2, ㄷ은 50이다.

> ✅ **확인학습** 지하구
>
> 1. 전력·통신용의 전선이나 가스·냉난방용의 배관 또는 이와 비슷한 것을 집합수용하기 위하여 설치한 지하 인공구조물로서 사람이 점검 또는 보수를 하기 위하여 출입이 가능한 것 중 다음의 어느 하나에 해당하는 것
>   1) 전력 또는 통신사업용 지하 인공구조물로서 전력구(케이블 접속부가 없는 경우는 제외한다) 또는 통신구 방식으로 설치된 것
>   2) 1)외의 지하 인공구조물로서 폭이 1.8m 이상이고 높이가 2m 이상이며 길이가 50m 이상인 것
> 2. 「국토의 계획 및 이용에 관한 법률」 제2조 제9호에 따른 공동구

36 난이도 ●●●○○ 답 ③

중대위반사항
"소화용수설비 주변 불법 주정차로 인하여 화재를 진압하는 데 필요한 물을 공급하기 어려운 경우"는 해당하지 않는다.

> ✅ **확인학습** 소화펌프 고장 등 대통령령으로 정하는 중대위반사항
>
> 1. 소화펌프(가압송수장치를 포함한다. 이하 같다), 동력·감시 제어반 또는 소방시설용 전원(비상전원을 포함한다)의 고장으로 소방시설이 작동되지 않는 경우
> 2. 화재 수신기의 고장으로 화재경보음이 자동으로 울리지 않거나 화재 수신기와 연동된 소방시설의 작동이 불가능한 경우
> 3. 소화배관 등이 폐쇄·차단되어 소화수(消火水) 또는 소화약제가 자동 방출되지 않는 경우
> 4. 방화문 또는 자동방화셔터가 훼손되거나 철거되어 본래의 기능을 못하는 경우

37 난이도 ●●●●○ 답 ④

화재감정기관
"소방청장이 인정하는 화재조사 관련 국제자격증을 소지한 사람"은 해당하지 않는다. 보조 기술인력에는 해당한다.

> ✅ **확인학습** 화재감정기관의 지정기준(전문인력 기준)
>
> 1. 주된 기술인력: 다음의 어느 하나에 해당하는 사람을 2명 이상 보유할 것
>   - 「국가기술자격법」에 따른 국가기술자격의 직무분야 중 화재감식평가 분야의 기사 자격 취득 후 화재조사 관련 분야에서 5년 이상 근무한 사람
>   - 화재조사관 자격 취득 후 화재조사 관련 분야에서 5년 이상 근무한 사람
>   - 이공계 분야의 박사학위 취득 후 화재조사 관련 분야에서 2년 이상 근무한 사람
> 2. 보조 기술인력: 다음의 어느 하나에 해당하는 사람을 3명 이상 보유할 것
>   - 「국가기술자격법」에 따른 국가기술자격의 직무분야 중 화재감식평가 분야의 기사 또는 산업기사 자격을 취득한 사람
>   - 화재조사관 자격을 취득한 사람
>   - 소방청장이 인정하는 화재조사 관련 국제자격증 소지자
>   - 이공계 분야의 석사 이상 학위 취득 후 화재조사 관련 분야에서 1년 이상 근무한 사람

38 난이도 ●●○○○ 답 ③

🏛 **화재조사의 내용·절차**

사전조사는 해당하지 않는다.

> ✅ **확인학습** 화재조사의 내용·절차
> 1. 현장출동 중 조사: 화재발생 접수, 출동 중 화재상황 파악 등
> 2. 화재현장 조사: 화재의 발화(發火)원인, 연소상황 및 피해상황 조사 등
> 3. 정밀조사: 감식·감정, 화재원인 판정 등
> 4. 화재조사 결과 보고

39 난이도 ●●●○○ 답 ②

🏛 **화재조사전담부서**

소방관서장은 법 제6조 제1항에 따른 화재조사전담부서에 화재조사관을 2명 이상 배치해야 한다.

> ✅ **확인학습** 화재조사전담부서의 설치·운영 등
> 1. 소방관서장은 전문성에 기반하는 화재조사를 위하여 화재조사전담부서(이하 "전담부서"라 한다)를 설치·운영하여야 한다.
> 2. 전담부서는 다음의 업무를 수행한다.
>   • 화재조사의 실시 및 조사결과 분석·관리
>   • 화재조사 관련 기술개발과 화재조사관의 역량증진
>   • 화재조사에 필요한 시설·장비의 관리·운영
>   • 그 밖의 화재조사에 관하여 필요한 업무
> 3. 소방관서장은 화재조사관으로 하여금 화재조사 업무를 수행하게 하여야 한다.
> 4. 화재조사관은 소방청장이 실시하는 화재조사에 관한 시험에 합격한 소방공무원 등 화재조사에 관한 전문적인 자격을 가진 소방공무원으로 한다.
> 5. 전담부서의 구성·운영, 화재조사관의 구체적인 자격기준 및 교육훈련 등에 필요한 사항은 대통령령으로 정한다.

40 난이도 ●●●●○ 답 ②

🏛 **국가화재정보시스템**

| 선지분석 |

① [×] 소방청장은 화재예방과 소방활동에 활용할 수 있는 국가화재정보시스템을 구축해 운영하여야 한다.
② [○] 국가화재정보시스템을 활용하여 수집·관리해야 하는 화재정보는 화재원인, 화재피해상황, 화재유형별 화재위험성에 관한 사항 등이다.
③ [×] 화재정보의 수집·관리 및 활용 등에 필요한 사항은 대통령령으로 정한다.
④ [×] 국가화재정보시스템의 운영 및 활용 등에 필요한 사항은 소방청장이 정한다.

> ✅ **확인학습** 국가화재정보시스템의 구축·운영
> 1. 소방청장은 화재조사 결과, 화재원인, 피해상황 등에 관한 화재정보를 종합적으로 수집·관리하여 화재예방과 소방활동에 활용할 수 있는 국가화재정보시스템을 구축·운영하여야 한다.
> 2. 1.에 따른 화재정보의 수집·관리 및 활용 등에 필요한 사항은 대통령령으로 정한다.

> ✅ **확인학습** 국가화재정보시스템의 운영
> 1. 소방청장은 법 제19조 제1항에 따른 국가화재정보시스템을 활용하여 다음의 화재정보를 수집·관리해야 한다.
>   • 화재원인
>   • 화재피해상황
>   • 대응활동에 관한 사항
>   • 소방시설 등의 설치·관리 및 작동 여부에 관한 사항
>   • 화재발생건축물과 구조물, 화재유형별 화재위험성 등에 관한 사항
>   • 화재예방 관계 법령 등의 이행 및 위반 등에 관한 사항
>   • 관계인의 보험가입 정보 등에 관한 사항
>   • 그 밖에 화재예방과 소방활동에 활용할 수 있는 정보
> 2. 소방관서장은 국가화재정보시스템을 활용하여 1.에 해당하는 화재정보를 기록·유지 및 보관해야 한다.
> 3. 1. 및 2.에서 규정한 사항 외에 국가화재정보시스템의 운영 및 활용 등에 필요한 사항은 소방청장이 정한다.

5회 2023년 03월 18일 공채

정답 p.263

01	②	02	①	03	①	04	④	05	①
06	②	07	②	08	④	09	④	10	③
11	④	12	④	13	①	14	③	15	②
16	①	17	②	18	④	19	③	20	①
21	④	22	①	23	④	24	③	25	④

01 난이도 ●●●○○ 답 ②

🏛 **벌칙**

화재진압 및 구조·구급 활동을 위하여 출동하는 소방자동차의 출동을 방해한 사람: 5년 이하의 징역 또는 5천만원 이하의 벌금

| 선지분석 |

① 정당한 사유 없이 소방대의 생활안전활동을 방해한 자: 100만원 이하의 벌금
③ 정당한 사유 없이 화재진압 등 소방활동을 위하여 필요할 때 물의 사용이나 수도의 개폐장치의 사용 또는 조작을 하지 못하게 하거나 방해한 자: 100만원 이하의 벌금
④ 정당한 사유 없이 소방대가 현장에 도착할 때까지 사람을 구출하는 조치 또는 불을 끄거나 불이 번지지 아니하도록 하는 조치를 하지 아니한 관계인: 100만원 이하의 벌금

> ✅ **확인학습** 제50조 벌칙(5년 이하의 징역 또는 5천만원 이하의 벌금)
> 1. 제16조 제2항을 위반하여 다음 어느 하나에 해당하는 행위를 한 사람
>   • 위력(威力)을 사용하여 출동한 소방대의 화재진압·인명구조 또는 구급활동을 방해하는 행위
>   • 소방대가 화재진압·인명구조 또는 구급활동을 위하여 현장에 출동하거나 현장에 출입하는 것을 고의로 방해하는 행위
>   • 출동한 소방대원에게 폭행 또는 협박을 행사하여 화재진압·인명구조 또는 구급활동을 방해하는 행위
>   • 출동한 소방대의 소방장비를 파손하거나 그 효용을 해하여 화재진압·인명구조 또는 구급활동을 방해하는 행위

2. 제21조 제1항을 위반하여 소방자동차의 출동을 방해한 사람
3. 제24조 제1항에 따른 사람을 구출하는 일 또는 불을 끄거나 불이 번지지 아니하도록 하는 일을 방해한 사람
4. 제28조를 위반하여 정당한 사유 없이 소방용수시설 또는 비상소화장치를 사용하거나 소방용수시설 또는 비상소화장치의 효용을 해치거나 그 정당한 사용을 방해한 사람

✅ 확인학습 제53조 벌칙(100만원 이하의 벌금)

1. 제20조 제1항을 위반하여 정당한 사유 없이 소방대가 현장에 도착할 때까지 사람을 구출하는 조치 또는 불을 끄거나 불이 번지지 아니하도록 하는 조치를 하지 아니한 사람
2. 제16조의3 제2항을 위반하여 정당한 사유 없이 소방대의 생활안전활동을 방해한 자
3. 제26조 제1항에 따른 피난 명령을 위반한 사람
4. 제27조 제1항을 위반하여 정당한 사유 없이 물의 사용이나 수도의 개폐장치의 사용 또는 조작을 하지 못하게 하거나 방해한 자
5. 제27조 제2항에 따른 조치를 정당한 사유 없이 방해한 자

02 난이도 ●●●●● 답 ①

🏛 소방활동장비

소방정은 소방정 및 구조정으로 구분한다. 소방정은 100톤급 이상 및 50톤급이며, 구조정의 규격은 30톤급 이상이다.

✅ 확인학습 소방자동차의 종류

구분	종류	규격
펌프차	대형	240마력 이상
	중형	170마력 이상 240마력 미만
	소형	120마력 이상 170마력 미만
물탱크 소방차	대형	240마력 이상
	중형	170마력 이상 240마력 미만
화학 소방차	비활성가스를 이용한 소방차	
	고성능	340마력 이상
	내폭	340마력 이상
	일반 대형	240마력 이상
	일반 중형	170마력 이상 240마력 미만
사다리 소방차	고가(사다리의 길이가 33m 이상인 것)	330마력 이상
	굴절 27m 이상급	330마력 이상
	굴절 18m 이상 27m 미만급	240마력 이상
조명차	중형	170마력
배연차	중형	170마력 이상
구조차	대형	240마력 이상
	중형	170마력 이상 240마력 미만
구급차	특수	90마력 이상
	일반	85마력 이상 90마력 미만
소방정	소방정	100톤 이상급, 50톤급
	구조정	30톤급
소방헬리콥터		5~17인승

03 난이도 ●○○○○ 답 ①

🏛 소방용수표지

- 맨홀 뚜껑은 지름 (648)밀리미터 이상의 것으로 할 것. 다만, 승하강식 소화전의 경우에는 이를 적용하지 않는다.
- 맨홀 뚜껑 부근에는 (노란색) 반사도료로 폭 (15)센티미터의 선을 그 둘레를 따라 칠할 것

✅ 확인학습 지하에 설치하는 소화전 또는 저수조의 소방용수표지 설치 기준

1. 맨홀 뚜껑은 지름 648mm 이상의 것으로 할 것. 다만, 승하강식 소화전의 경우에는 이를 적용하지 않는다.
2. 맨홀 뚜껑에는 "소화전·주정차금지" 또는 "저수조·주정차금지"의 표시를 할 것
3. 맨홀 뚜껑 부근에는 노란색 반사도료로 폭 15cm의 선을 그 둘레를 따라 칠할 것

04 난이도 ●●●○○ 답 ④

🏛 소방기술 경력등의 인정

소방청장은 자격수첩 또는 경력수첩을 발급받은 사람이 거짓이나 그 밖의 부정한 방법으로 자격수첩 또는 경력수첩을 발급받은 경우에 그 자격을 취소하여야 한다.

| 선지분석 |

① [×] 소방청장은 소방기술의 효율적인 활용과 소방기술의 향상을 위하여 소방기술과 관련된 자격·학력 및 경력을 가진 사람을 소방기술자로 인정할 수 있다.
② [×] 소방청장은 소방기술과 관련된 자격·학력 및 경력을 인정받은 사람에게 소방기술 인정 자격수첩과 경력수첩을 발급할 수 있다.
③ [×] 소방기술과 관련된 자격·학력 및 경력의 인정 범위와 자격수첩 및 경력수첩의 발급 절차 등에 관하여 필요한 사항은 행정안전부령으로 정한다.

✅ 확인학습 소방기술 경력 등의 인정 등(제28조)

1. 소방청장은 소방기술의 효율적인 활용과 소방기술의 향상을 위하여 소방기술과 관련된 자격·학력 및 경력을 가진 사람을 소방기술자로 인정할 수 있다.
2. 소방청장은 1.에 따라 자격·학력 및 경력을 인정받은 사람에게 소방기술 인정 자격수첩과 경력수첩을 발급할 수 있다.
3. 1.에 따른 소방기술과 관련된 자격·학력 및 경력의 인정 범위와 2.에 따른 자격수첩 및 경력수첩의 발급 절차 등에 관하여 필요한 사항은 행정안전부령으로 정한다.

✅ 확인학습 소방기술 경력 등의 인정 등

소방청장은 자격수첩 또는 경력수첩을 발급받은 사람이 다음에 해당하는 경우에는 행정안전부령으로 정하는 바에 따라 그 자격을 취소하거나 6개월 이상 2년 이하의 기간을 정하여 그 자격을 정지시킬 수 있다. 다만, 1.~2.에 해당하는 경우에는 그 자격을 취소하여야 한다.

1. 거짓이나 그 밖의 부정한 방법으로 자격수첩 또는 경력수첩을 발급받은 경우
2. 규정을 위반하여 자격수첩 또는 경력수첩을 다른 사람에게 빌려준 경우
3. 규정을 위반하여 동시에 둘 이상의 업체에 취업한 경우
4. 「소방시설공사업법」 또는 「소방시설공사업법」에 따른 명령을 위반한 경우

* 자격이 취소된 사람은 취소된 날부터 2년간 자격수첩 또는 경력수첩을 발급받을 수 없다.

05 난이도 ●●●●○ 답 ①

🏛 **소방공사감리 결과보고(통보)서 첨부서류**

감리업자가 소방공사의 감리를 마쳤을 때 소방공사감리 결과보고(통보)서에 첨부하는 서류는 착공신고 후 변경된 건축설계도면이 아니라 착공신고 후 변경된 소방시설설계도면이다.

> ✅ **확인학습** 공사감리 결과의 통보 등(제20조)
>
> 감리업자는 소방공사의 감리를 마쳤을 때에는 행정안전부령으로 정하는 바에 따라 그 감리 결과를 그 특정소방대상물의 관계인, 소방시설공사의 도급인, 그 특정소방대상물의 공사를 감리한 건축사에게 서면으로 알리고, 소방본부장이나 소방서장에게 공사감리 결과보고서를 제출하여야 한다.

> ✅ **확인학습** 감리결과의 통보 등
>
> 법 제20조에 따라 감리업자가 소방공사의 감리를 마쳤을 때에는 소방공사감리 결과보고(통보)서에 다음의 서류를 첨부하여 공사가 완료된 날부터 7일 이내에 특정소방대상물의 관계인, 소방시설공사의 도급인 및 특정소방대상물의 공사를 감리한 건축사에게 알리고, 소방본부장 또는 소방서장에게 보고해야 한다.
> 1. 소방청장이 정하여 고시하는 소방시설 성능시험조사표 1부
> 2. 착공신고 후 변경된 소방시설설계도면(변경사항이 있는 경우에만 첨부하되, 법 제11조에 따른 설계업자가 설계한 도면만 해당된다) 1부
> 3. 소방공사 감리일지(소방본부장 또는 소방서장에게 보고하는 경우에만 첨부한다) 1부
> 4. 특정소방대상물의 사용승인 신청서 등 사용승인 신청을 증빙할 수 있는 서류 1부

06 난이도 ●○○○○ 답 ②

🏛 **상주 공사감리 대상**

- 연면적 (3만제곱미터) 이상의 특정소방대상물(아파트는 제외한다)에 대한 소방시설의 공사
- 지하층을 포함한 층수가 (16층 이상으로서 500세대) 이상인 아파트에 대한 소방시설의 공사

> ✅ **확인학습** 상주 공사감리 대상
>
> 1. 연면적 3만㎡ 이상의 특정소방대상물(아파트는 제외한다)에 대한 소방시설의 공사
> 2. 지하층을 포함한 층수가 16층 이상으로서 500세대 이상인 아파트에 대한 소방시설의 공사

07 난이도 ●●●○○ 답 ②

🏛 **소방시설공사 분리 도급**

해당하는 것은 ㄱ, ㄴ, ㅁ이다.

| 선지분석 |

ㄱ. [○] 「재난 및 안전관리 기본법」에 따른 재난의 발생으로 긴급하게 착공해야 하는 공사인 경우
ㄴ. [○] 국방 및 국가안보 등과 관련하여 기밀을 유지해야 하는 공사인 경우
ㄷ. [×] 연면적이 1천제곱미터 이하인 특정소방대상물에 비상경보설비를 설치하는 공사인 경우
ㄹ. [×] 「국가를 당사자로 하는 계약에 관한 법률 시행령」 및 「지방자치단체를 당사자로 하는 계약에 관한 법률 시행령」에 따른 대안입찰 또는 일괄입찰
ㅁ. [○] 「국가를 당사자로 하는 계약에 관한 법률 시행령」 및 「지방자치단체를 당사자로 하는 계약에 관한 법률 시행령」에 따른 실시설계 기술제안입찰 또는 기본설계 기술제안입찰
ㅂ. [×] 문화재수리 및 재개발·재건축 등의 공사로서 공사의 성질상 분리하여 도급하는 것이 곤란하다고 소방청장이 인정하는 경우

> ✅ **확인학습** 소방시설공사 분리 도급의 예외
>
> 1. 재난의 발생으로 긴급하게 착공해야 하는 공사인 경우
> 2. 국방 및 국가안보 등과 관련하여 기밀을 유지해야 하는 공사인 경우
> 3. 소방시설공사의 착공신고 대상에 해당하지 않는 공사인 경우
> 4. 연면적이 1천㎡ 이하인 특정소방대상물에 비상경보설비를 설치하는 공사인 경우
> 5. 다음에 해당하는 입찰로 시행되는 공사인 경우
>   - 대안입찰 또는 일괄입찰
>   - 실시설계 기술제안입찰 또는 기본설계 기술제안입찰
> 5.2 국가첨단전략기술 관련 연구시설·개발시설 또는 그 기술을 이용하여 제품을 생산하는 시설 공사인 경우
> 6. 국가유산수리 및 재개발·재건축 등의 공사로서 공사의 성질상 분리하여 도급하는 것이 곤란하다고 소방청장이 인정하는 경우

※ 관련 규정 제·개정됨<개정 2024. 5. 7.>

개정 전	1. 재난의 발생으로 긴급하게 착공해야 하는 공사인 경우 2. 국방 및 국가안보 등과 관련하여 기밀을 유지해야 하는 공사인 경우 3. 소방시설공사의 착공신고 대상에 해당하지 않는 공사인 경우 4. 연면적이 1천㎡ 이하인 특정소방대상물에 비상경보설비를 설치하는 공사인 경우 5. 다음에 해당하는 입찰로 시행되는 공사인 경우 　• 대안입찰 또는 일괄입찰 　• 실시설계 기술제안입찰 또는 기본설계 기술제안입찰 6. 문화재수리 및 재개발·재건축 등의 공사로서 공사의 성질상 분리하여 도급하는 것이 곤란하다고 소방청장이 인정하는 경우
개정 후	1. 재난의 발생으로 긴급하게 착공해야 하는 공사인 경우 2. 국방 및 국가안보 등과 관련하여 기밀을 유지해야 하는 공사인 경우 3. 소방시설공사의 착공신고 대상에 해당하지 않는 공사인 경우 4. 연면적이 1천㎡ 이하인 특정소방대상물에 비상경보설비를 설치하는 공사인 경우 5. 다음에 해당하는 입찰로 시행되는 공사인 경우 　• 대안입찰 또는 일괄입찰 　• 실시설계 기술제안입찰 또는 기본설계 기술제안입찰 5.2 국가첨단전략기술 관련 연구시설·개발시설 또는 그 기술을 이용하여 제품을 생산하는 시설 공사인 경우 6. 국가유산수리 및 재개발·재건축 등의 공사로서 공사의 성질상 분리하여 도급하는 것이 곤란하다고 소방청장이 인정하는 경우

08 난이도 ●●●○○ 답 ④

🏛 **소방기술자의 배치기준**

물분무등소화설비(호스릴 방식의 소화설비는 제외) 또는 제연설비가 설치되는 특정소방대상물의 공사 현장에는 행정안전부령으로 정하는 중급기술자 이상의 소방기술자(기계분야 및 전기분야)를 배치하여야 한다.

✓ 확인학습 소방기술자의 배치기준

행정안전부령으로 정하는 특급기술자인 소방기술자	• 연면적 20만㎡ 이상인 특정소방대상물의 공사 현장 • 지하층을 포함한 층수가 40층 이상인 특정소방대상물의 공사 현장
행정안전부령으로 정하는 고급기술자 이상의 소방기술자	• 연면적 3만㎡ 이상 20만㎡ 미만인 특정소방대상물(아파트는 제외한다)의 공사 현장 • 지하층을 포함한 층수가 16층 이상 40층 미만인 특정소방대상물의 공사 현장
행정안전부령으로 정하는 중급기술자 이상의 소방기술자	• 물분무등소화설비(호스릴 방식의 소화설비는 제외한다) 또는 제연설비가 설치되는 특정소방대상물의 공사 현장 • 연면적 5천㎡ 이상 3만㎡ 미만인 특정소방대상물(아파트는 제외한다)의 공사 현장 • 연면적 1만㎡ 이상 20만㎡ 미만인 아파트의 공사 현장
행정안전부령으로 정하는 초급기술자 이상의 소방기술자	• 연면적 1천㎡ 이상 5천㎡ 미만인 특정소방대상물(아파트는 제외한다)의 공사 현장 • 연면적 1천㎡ 이상 1만㎡ 미만인 아파트의 공사 현장 • 지하구(地下溝)의 공사 현장
자격수첩을 발급받은 소방기술자	연면적 1천㎡ 미만인 특정소방대상물의 공사 현장

09 난이도 ●●●○○   답 ④

🏛 **건설현장 소방안전관리대상물의 소방안전관리자의 업무**
건설현장 소방안전관리대상물의 소방안전관리자의 업무에 건설현장의 작업자에 대한 소방안전 교육 및 훈련이 해당된다.

✓ 확인학습 건설현장 소방안전관리대상물의 소방안전관리자의 업무
1. 건설현장의 소방계획서의 작성
2. 「소방시설 설치 및 관리에 관한 법률」 제15조 제1항에 따른 임시소방시설의 설치 및 관리에 대한 감독
3. 공사진행 단계별 피난안전구역, 피난로 등의 확보와 관리
4. 건설현장의 작업자에 대한 소방안전 교육 및 훈련
5. 초기대응체계의 구성·운영 및 교육
6. 화기취급의 감독, 화재위험작업의 허가 및 관리
7. 그 밖에 건설현장의 소방안전관리와 관련하여 소방청장이 고시하는 업무

10 난이도 ●○○○○   답 ③

🏛 **특수가연물 표지**
특수가연물 표지의 바탕은 흰색으로, 문자는 검은색으로 할 것. 다만, "화기엄금" 표시 부분은 제외한다.

✓ 확인학습 특수가연물의 표지
1. 특수가연물을 저장 또는 취급하는 장소에는 품명, 최대저장수량, 단위부피당 질량 또는 단위체적당 질량, 관리책임자 성명·직책, 연락처 및 화기취급의 금지표시가 포함된 특수가연물 표지를 설치해야 한다.
2. 특수가연물 표지의 규격은 다음과 같다.
   • 특수가연물 표지는 한 변의 길이가 0.3미터 이상, 다른 한 변의 길이가 0.6미터 이상인 직사각형으로 할 것
   • 특수가연물 표지의 바탕은 흰색으로, 문자는 검은색으로 할 것(다만, "화기엄금" 표시 부분은 제외한다)
   • 특수가연물 표지 중 화기엄금 표시 부분의 바탕은 붉은색으로, 문자는 백색으로 할 것
3. 특수가연물 표지는 특수가연물을 저장하거나 취급하는 장소 중 보기 쉬운 곳에 설치해야 한다.

11 난이도 ●●●○○   답 ④

🏛 **건설현장 소방안전관리대상물**
증축을 하려는 부분의 연면적이 5천제곱미터이고, 지상층의 층수가 11층인 업무시설에 해당한다.

✓ 확인학습 건설현장 소방안전관리대상물
1. 신축·증축·개축·재축·이전·용도변경 또는 대수선을 하려는 부분의 연면적의 합계가 1만5천제곱미터 이상인 것
2. 신축·증축·개축·재축·이전·용도변경 또는 대수선을 하려는 부분의 연면적이 5천제곱미터 이상인 것으로서 다음의 어느 하나에 해당하는 것
   • 지하층의 층수가 2개층 이상인 것
   • 지상층의 층수가 11층 이상인 것
   • 냉동창고, 냉장창고 또는 냉동·냉장창고

12 난이도 ●●●○○   답 ④

🏛 **화재예방안전진단의 범위**
모두 해당된다.

✓ 확인학습 화재예방안전진단
화재가 발생할 경우 사회·경제적으로 피해 규모가 클 것으로 예상되는 소방대상물에 대하여 화재위험요인을 조사하고 그 위험성을 평가하여 개선대책을 수립하는 것을 말한다.

✓ 확인학습 화재예방안전진단의 범위
1. 화재위험요인의 조사에 관한 사항
2. 소방계획 및 피난계획 수립에 관한 사항
3. 소방시설등의 유지·관리에 관한 사항
4. 비상대응조직 및 교육훈련에 관한 사항
5. 화재 위험성 평가에 관한 사항
6. 그 밖에 화재예방진단을 위하여 대통령령으로 정하는 사항
   • 화재 등의 재난 발생 후 재발방지 대책의 수립 및 그 이행에 관한 사항
   • 지진 등 외부 환경 위험요인 등에 대한 예방·대비·대응에 관한 사항
   • 화재예방안전진단 결과 보수·보강 등 개선요구 사항 등에 대한 이행 여부

✓ 확인학습 화재예방안전진단 대상 시설물(영 제43조)
1. 법 제40조 제1항 제1호에 따른 공항시설 중 여객터미널의 연면적이 1천제곱미터 이상인 공항시설
2. 법 제40조 제1항 제2호에 따른 철도시설 중 역 시설의 연면적이 5천제곱미터 이상인 철도시설

3. 법 제40조 제1항 제3호에 따른 도시철도시설 중 역사 및 역 시설의 연면적이 5천제곱미터 이상인 도시철도시설
4. 법 제40조 제1항 제4호에 따른 항만시설 중 여객이용시설 및 지원시설의 연면적이 5천제곱미터 이상인 항만시설
5. 법 제40조 제1항 제10호에 따른 전력용 및 통신용 지하구 중 「국토의 계획 및 이용에 관한 법률」 제2조 제9호에 따른 공동구
6. 법 제40조 제1항 제12호에 따른 천연가스 인수기지 및 공급망 중 「소방시설 설치 및 관리에 관한 법률 시행령」 [별표 2] 제17호 나목에 따른 가스시설
7. 제41조 제2항 제1호에 따른 발전소 중 연면적이 5천제곱미터 이상인 발전소
8. 제41조 제2항 제3호에 따른 가스공급시설 중 가연성 가스 탱크의 저장용량의 합계가 100톤 이상이거나 저장용량이 30톤 이상인 가연성 가스 탱크가 있는 가스공급시설

13 난이도 ●○○○○   답 ①

소방안전관리자 선임신고 등

- 소방안전관리대상물의 관계인이 소방안전관리자를 선임한 경우에는 선임한 날부터 (14)일 이내에 선임사실을 소방본부장 또는 소방서장에게 신고하여야 한다.
- 소방안전관리대상물의 관계인은 소방안전관리자를 선임사유가 발생한 날부터 (30)일 이내에 선임해야 한다.

14 난이도 ●●●○○   답 ③

수용인원 산정

- 관람석이 없는 강당 1개, 바닥면적 460㎡의 경우,

  수용인원(명) $= \dfrac{460\,\mathrm{m}^2}{4.6\,\mathrm{m}^2}$(명) $= 100$(명)

- 강의실 10개, 각 바닥면적 57㎡의 경우,

  수용인원(명) $= \dfrac{57\,\mathrm{m}^2}{1.9\,\mathrm{m}^2} \times 10$(명) $= 300$(명)

- 휴게실 1개, 바닥면적 38㎡의 경우,

  수용인원(명) $= \dfrac{38\,\mathrm{m}^2}{1.9\,\mathrm{m}^2}$(명) $= 20$(명)

- 따라서, 수용인원 = 100 + 300 + 20 = 420(명)

✓ 확인학습 수용인원의 산정방법

1. 숙박시설이 있는 특정소방대상물
   - 침대가 있는 숙박시설: 종사자 수 + 침대 수
   - 침대가 없는 숙박시설: 종사자 수 + 숙박시설 바닥면적의 합계를 3㎡로 나누어 얻은 수
2. 1. 외의 특정소방대상물
   - 강의실·교무실·상담실·실습실·휴게실 용도: 바닥면적의 합계를 1.9㎡로 나누어 얻은 수
   - 강당, 문화 및 집회시설, 운동시설, 종교시설: 바닥면적의 합계를 4.6㎡로 나누어 얻은 수
     - 고정식 의자를 설치한 부분: 그 부분의 의자 수
     - 긴 의자의 경우: 의자의 정면너비를 0.45m로 나누어 얻은 수
   - 그 밖의 특정소방대상물: 바닥면적의 합계를 3㎡로 나누어 얻은 수
3. 비고
   - 바닥면적을 산정할 때에는 복도, 계단 및 화장실의 바닥면적을 포함하지 않는다.
   - 계산 결과 소수점 이하의 수는 반올림한다.

15 난이도 ●●●●○   답 ②

스프링클러설비를 설치해야 하는 특정소방대상물

해당하는 것은 ㄱ, ㄹ이다.

| 선지분석 |

ㄱ. [O] 수련시설 내에 있는 학생 수용을 위한 기숙사로서 연면적 5천㎡인 경우
ㄴ. [×] 교육연구시설 내에 있는 합숙소로서 연면적 100㎡인 경우는 간이스프링클러설비 설치 대상에 해당한다.
ㄷ. [×] 숙박시설로 사용되는 바닥면적의 합계가 600㎡인 경우
ㄹ. [O] 영화상영관의 용도로 쓰는 4층의 바닥면적이 1천㎡인 경우

✓ 확인학습 스프링클러설비를 갖추어야 할 특정소방대상물(위험물 저장 및 처리 시설 중 가스시설 또는 지하구는 제외)

1. 층수가 6층 이상인 특정소방대상물의 경우에는 모든 층. 다만, 다음의 어느 하나에 해당하는 경우에는 제외한다.
2. 기숙사 또는 복합건축물로서 연면적 5천㎡ 이상인 경우에는 모든 층
3. 문화 및 집회시설(동·식물원은 제외한다), 종교시설(주요구조부가 목조인 것은 제외한다), 운동시설(물놀이형 시설 및 관람석이 없는 운동시설은 제외한다)
   - 수용인원이 100명 이상인 것
   - 영화상영관의 용도로 쓰이는 층의 바닥면적이 지하층 또는 무창층인 경우에는 500㎡ 이상, 그 밖의 층의 경우에는 1천㎡ 이상인 것
   - 무대부가 지하층·무창층 또는 4층 이상의 층에 있는 경우에는 무대부의 면적이 300㎡ 이상, 그 밖의 층에 있는 경우에는 무대부의 면적이 500㎡ 이상인 것
4. 판매시설, 운수시설 및 창고시설(물류터미널에 한정한다)로서 바닥면적의 합계가 5천㎡ 이상이거나 수용인원이 500명 이상인 경우에는 모든 층
5. 바닥면적의 합계가 600㎡ 이상인 것은 모든 층
   - 근린생활시설 중 조산원 및 산후조리원
   - 의료시설 중 정신의료기관
   - 의료시설 중 종합병원, 병원, 치과병원, 한방병원 및 요양병원
   - 노유자 시설
   - 숙박시설
   - 숙박이 가능한 수련시설
6. 창고시설(물류터미널은 제외한다)로서 바닥면적 합계가 5천㎡ 이상인 경우에는 모든 층
7. 1.부터 5.까지의 특정소방대상물에 해당하지 않는 특정소방대상물의 지하층·무창층(축사는 제외한다) 또는 층수가 4층 이상인 층으로서 바닥면적이 1천㎡ 이상인 층
8. 랙식 창고(rack warehouse): 천장 또는 반자(반자가 없는 경우에는 지붕의 옥내에 면하는 부분)의 높이가 10m를 초과하고, 그 층의 바닥면적 또는 랙이 설치된 부분의 합계가 1천5백㎡ 이상인 경우에는 모든 층
9. 지하상가로서 연면적 1천㎡ 이상인 것
10. 교정 및 군사시설
    - 보호감호소, 교도소, 구치소 및 그 지소, 보호관찰소 등
    - 「출입국관리법」 제52조 제2항에 따른 보호시설
    - 유치장
11. 발전시설 중 전기저장시설
12. 특정소방대상물에 부속된 보일러실 또는 연결통로 등

16 난이도 ●●●○○ 답 ①

건축허가등의 동의대상물

[별표 2]의 특정소방대상물 중 노유자(老幼者) 시설 및 수련시설의 범위는 200제곱미터 이상이다.

> ✅ **확인학습** 건축허가등의 동의대상물
>
> 1. 연면적(「건축법 시행령」 제119조 제1항 제4호에 따라 산정된 면적을 말한다. 이하 같다)이 400제곱미터 이상인 건축물이나 시설. 다만, 다음 각 목의 어느 하나에 해당하는 건축물이나 시설은 해당 목에서 정한 기준 이상인 건축물이나 시설로 한다.
>   가. 「학교시설사업 촉진법」 제5조의2 제1항에 따라 건축등을 하려는 학교시설: 100제곱미터
>   나. [별표 2]의 특정소방대상물 중 노유자(老幼者) 시설 및 수련시설: 200제곱미터
>   다. 「정신건강증진 및 정신질환자 복지서비스 지원에 관한 법률」 제3조 제5호에 따른 정신의료기관(입원실이 없는 정신건강의학과 의원은 제외하며, 이하 "정신의료기관"이라 한다): 300제곱미터
>   라. 「장애인복지법」 제58조 제1항 제4호에 따른 장애인 의료재활시설(이하 "의료재활시설"이라 한다): 300제곱미터
> 2. 지하층 또는 무창층이 있는 건축물로서 바닥면적이 150제곱미터(공연장의 경우에는 100제곱미터) 이상인 층이 있는 것
> 3. 차고·주차장 또는 주차 용도로 사용되는 시설로서 다음 각 목의 어느 하나에 해당하는 것
>   가. 차고·주차장으로 사용되는 바닥면적이 200제곱미터 이상인 층이 있는 건축물이나 주차시설
>   나. 승강기 등 기계장치에 의한 주차시설로서 자동차 20대 이상을 주차할 수 있는 시설
> 4. 층수(「건축법 시행령」 제119조 제1항 제9호에 따라 산정된 층수를 말한다. 이하 같다)가 6층 이상인 건축물
> 5. 항공기 격납고, 관망탑, 항공관제탑, 방송용 송수신탑
> 6. [별표 2]의 특정소방대상물 중 공동주택, 의원(입원실 또는 인공신장실이 있는 것으로 한정한다)·조산원·산후조리원, 숙박시설, 위험물 저장 및 처리 시설, 발전시설 중 풍력발전소·전기저장시설, 지하구(地下溝)
> 7. 1. 나목에 해당하지 않는 노유자 시설 중 다음 각 목의 어느 하나에 해당하는 시설. 다만, 가목 2) 및 나목부터 바목까지의 시설 중 「건축법 시행령」 [별표 1]의 단독주택 또는 공동주택에 설치되는 시설은 제외한다.
>   – 중략 –
> 8. 「의료법」 제3조 제2항 제3호 라목에 따른 요양병원(이하 "요양병원"이라 한다). 다만, 의료재활시설은 제외한다.
> 9. [별표 2]의 특정소방대상물 중 공장 또는 창고시설로서 「화재의 예방 및 안전관리에 관한 법률 시행령」 [별표 2]에서 정하는 수량의 750배 이상의 특수가연물을 저장·취급하는 것
> 10. [별표 2] 제17호 나목에 따른 가스시설로서 지상에 노출된 탱크의 저장용량의 합계가 100톤 이상인 것

17 난이도 ●●○○○ 답 ②

중앙소방기술심의위원회의 심의사항

소방시설에 하자가 있는지의 판단에 관한 사항은 지방소방기술심의위원회의 심의사항에 해당한다.

> ✅ **확인학습** 중앙소방기술심의위원회(중앙위원회)
>
> 1. 화재안전기준에 관한 사항
> 2. 소방시설의 구조 및 원리 등에서 공법이 특수한 설계 및 시공에 관한 사항
> 3. 소방시설의 설계 및 공사감리의 방법에 관한 사항
> 4. 소방시설공사의 하자를 판단하는 기준에 관한 사항
> 5. 소방기술 등에 관하여 대통령령으로 정하는 사항
>   • 연면적 10만㎡ 이상의 특정소방대상물에 설치된 소방시설의 설계·시공·감리의 하자 유무에 관한 사항
>   • 새로운 소방시설과 소방용품 등의 도입 여부에 관한 사항
>   • 소방기술과 관련하여 소방청장이 심의에 부치는 사항

> ✅ **확인학습** 지방소방기술심의위원회(지방위원회)
>
> 1. 소방시설에 하자가 있는지의 판단에 관한 사항
> 2. 소방기술 등에 관하여 대통령령으로 정하는 사항
>   • 연면적 10만㎡ 미만의 특정소방대상물에 설치된 소방시설의 설계·시공·감리의 하자 유무에 관한 사항
>   • 소방본부장 또는 소방서장이 화재안전기준 또는 위험물 제조소등의 시설기준 또는 화재안전기준의 적용에 관하여 기술검토를 요청하는 사항
>   • 소방기술과 관련하여 시·도지사가 소방기술심의위원회의 심의에 부치는 사항

18 난이도 ●●●●○ 답 ④

관리업의 업종별 등록기준 및 영업범위

전문소방시설관리업의 보조 기술인력 등록기준은 초급·중급·고급점검자 이상의 기술인력: 각 2명 이상이다.

> ✅ **확인학습** 관리업의 업종별 등록기준 및 영업범위(영 [별표 9])
>
> | 구분 | 기술인력 | 영업범위 |
> |---|---|---|
> | 전문 소방시설 관리업 | • 주된 기술인력
– 소방시설관리사 자격을 취득한 후 소방 관련 실무경력이 5년 이상인 사람 1명 이상
– 소방시설관리사 자격을 취득한 후 소방 관련 실무경력이 3년 이상인 사람 1명 이상
• 보조 기술인력
– 고급점검자 이상의 기술인력: 2명 이상
– 중급점검자 이상의 기술인력: 2명 이상
– 초급점검자 이상의 기술인력: 2명 이상 | 모든 특정소방 대상물 |
> | 일반 소방시설 관리업 | • 주된 기술인력: 소방시설관리사 자격을 취득한 후 소방 관련 실무경력이 1년 이상인 사람 1명 이상
• 보조 기술인력
– 중급점검자 이상의 기술인력: 1명 이상
– 초급점검자 이상의 기술인력: 1명 이상 | 1급, 2급, 3급 소방 안전관리 대상물 |
>
> 1) "소방 관련 실무경력"이란 「소방시설공사업법」 제28조 제3항에 따른 소방기술과 관련된 경력을 말한다.
> 2) 보조 기술인력의 종류별 자격은 「소방시설공사업법」 제28조 제3항에 따라 소방기술과 관련된 자격·학력 및 경력을 가진 사람 중에서 행정안전부령으로 정한다.

19 난이도 ●●●○○　답 ③

행정처분 시 감경사유

위반행위가 사소한 부주의나 오류가 아닌 고의에 의한 것으로 인정되는 경우는 가중사유에 해당한다.

> ✅ **확인학습** 행정처분 시 가중사유(규칙 [별표 8])
> 1. 위반행위가 사소한 부주의나 오류가 아닌 고의나 중대한 과실에 의한 것으로 인정되는 경우
> 2. 위반의 내용·정도가 중대하여 관계인에게 미치는 피해가 크다고 인정되는 경우

> ✅ **확인학습** 행정처분 시 감경사유(규칙 [별표 8])
> 1. 위반행위가 사소한 부주의나 오류 등 과실로 인한 것으로 인정되는 경우
> 2. 위반의 내용·정도가 경미하여 관계인에게 미치는 피해가 적다고 인정되는 경우
> 3. 위반 행위자가 처음 해당 위반행위를 한 경우로서 5년 이상 소방시설관리사의 업무, 소방시설관리업 등을 모범적으로 해 온 사실이 인정되는 경우
> 4. 그 밖에 다음의 경미한 위반사항에 해당되는 경우
>   - 스프링클러설비 헤드가 살수반경에 미치지 못하는 경우
>   - 자동화재탐지설비 감지기 2개 이하가 설치되지 않은 경우
>   - 유도등이 일시적으로 점등되지 않는 경우
>   - 유도표지가 정해진 위치에 붙어 있지 않은 경우

20 난이도 ●●●●○　답 ①

위험물의 유별 저장·취급

제1류 위험물은 가연물과의 접촉·혼합이나 분해를 촉진하는 물품과의 접근 또는 과열·충격·마찰 등을 피하는 한편, 알카리금속의 과산화물 및 이를 함유한 것에 있어서는 물과의 접촉을 피하여야 한다.

| 선지분석 |
② 제3류 위험물 중 자연발화성물질에 있어서는 불티·불꽃 또는 고온체와의 접근·과열 또는 공기와의 접촉을 피하고, 금수성물질에 있어서는 물과의 접촉을 피하여야 한다.
③ 제2류 위험물은 산화제와의 접촉·혼합이나 불티·불꽃·고온체와의 접근 또는 과열을 피하는 한편, 철분·금속분·마그네슘 및 이를 함유한 것에 있어서는 물이나 산과의 접촉을 피하고 인화성 고체에 있어서는 함부로 증기를 발생시키지 아니하여야 한다.
④ 제6류 위험물은 가연물과의 접촉·혼합이나 분해를 촉진하는 물품과의 접근 또는 과열을 피하여야 한다.

> ✅ **확인학습** 위험물의 유별 저장·취급의 공통기준(중요기준)
> 1. 제1류 위험물은 가연물과의 접촉·혼합이나 분해를 촉진하는 물품과의 접근 또는 과열·충격·마찰 등을 피하는 한편, 알카리금속의 과산화물 및 이를 함유한 것에 있어서는 물과의 접촉을 피하여야 한다.
> 2. 제2류 위험물은 산화제와의 접촉·혼합이나 불티·불꽃·고온체와의 접근 또는 과열을 피하는 한편, 철분·금속분·마그네슘 및 이를 함유한 것에 있어서는 물이나 산과의 접촉을 피하고 인화성 고체에 있어서는 함부로 증기를 발생시키지 아니하여야 한다.
> 3. 제3류 위험물 중 자연발화성물질에 있어서는 불티·불꽃 또는 고온체와의 접촉·과열 또는 공기와의 접촉을 피하고, 금수성물질에 있어서는 물과의 접촉을 피하여야 한다.
> 4. 제4류 위험물은 불티·불꽃·고온체와의 접근 또는 과열을 피하고, 함부로 증기를 발생시키지 아니하여야 한다.
> 5. 제5류 위험물은 불티·불꽃·고온체와의 접근이나 과열·충격 또는 마찰을 피하여야 한다.
> 6. 제6류 위험물은 가연물과의 접촉·혼합이나 분해를 촉진하는 물품과의 접근 또는 과열을 피하여야 한다.
> 7. 1.~ 6.의 기준은 위험물을 저장 또는 취급함에 있어서 당해 기준에 의하지 아니하는 것이 통상인 경우는 적용하지 아니한다. 이 경우 당해 저장 또는 취급에 대하여는 재해의 발생을 방지하기 위한 충분한 조치를 강구하여야 한다.

21 난이도 ●●●●○　답 ④

예방규정

| 선지분석 |
지정수량의 배수는 다음 풀이식으로 구한다.

$$지정수량\ 배수 = \frac{저장(취급)수량}{지정수량}$$

| 선지분석 |
① [○] 알코올류의 지정수량은 400L이므로 지정수량 배수는
$$\frac{4,000L}{400L} = 10(배)이다.$$
즉, 지정수량의 10배 이상의 위험물을 취급하는 제조소에 해당하며, 따라서 예방규정 작성 대상이다.
② [○] 유황(황)의 지정수량은 100kg이므로 지정수량 배수는
$$\frac{30,000kg}{100kg} = 300(배)이다.$$
즉, 지정수량의 100배 이상의 위험물을 저장하는 옥외저장소에 해당하며, 따라서 예방규정 작성 대상이다.
③ [○] 질산에스테르류(질산에스터류)의 지정수량은 10kg이므로 지정수량 배수
즉, 지정수량의 150배 이상의 위험물을 저장하는 옥내저장소에 해당하며, 따라서 예방규정 작성 대상이다.
④ [×] 경유의 지정수량은 1,000L이므로 지정수량 배수는
$$\frac{150,000L}{1,000L} = 150(배)이다.$$
지정수량의 200배 이상의 위험물을 저장하는 옥외탱크저장소가 예방규정 작성 대상이기 때문에, 이 옥외탱크저장소는 해당하지 않는다.

> ✅ **확인학습** 관계인이 예방규정을 정하여야 하는 제조소등
> 1. 지정수량의 10배 이상의 위험물을 취급하는 제조소
> 2. 지정수량의 100배 이상의 위험물을 저장하는 옥외저장소
> 3. 지정수량의 150배 이상의 위험물을 저장하는 옥내저장소
> 4. 지정수량의 200배 이상의 위험물을 저장하는 옥외탱크저장소
> 5. 암반탱크저장소
> 6. 이송취급소
> 7. 지정수량의 10배 이상의 위험물을 취급하는 일반취급소. 다만, 제4류 위험물(특수인화물을 제외한다)만을 지정수량의 50배 이하로 취급하는 일반취급소(제1석유류·알코올류의 취급량이 지정수량의 10배 이하인 경우에 한한다)로서 다음에 해당하는 것을 제외한다.
>   - 보일러·버너 또는 이와 비슷한 것으로서 위험물을 소비하는 장치로 이루어진 일반취급소
>   - 위험물을 용기에 옮겨 담거나 차량에 고정된 탱크에 주입하는 일반취급소

22 난이도 ●●●○○　　답 ①

🏛 **옥외저장소 위험물 저장 대상**

제1류 위험물 중 염소산염류는 해당하지 않는다.

> ✅ **확인학습** 옥외저장소
>
> 1. 제2류 위험물 중 유황(황) 또는 인화성 고체(인화점이 0℃ 이상인 것에 한한다)
> 2. 제4류 위험물 중 제1석유류(인화점이 0℃ 이상인 것에 한한다)·알코올류·제2석유류·제3석유류·제4석유류 및 동·식물유류
> 3. 제6류 위험물
> 4. 제2류 위험물 및 제4류 위험물 중 특별시·광역시 또는 도의 조례에서 정하는 위험물(「관세법」 제154조의 규정에 의한 보세구역 안에 저장하는 경우에 한한다)
> 5. 「국제해사기구에 관한 협약」에 의하여 설치된 국제해사기구가 채택한 「국제해상위험물규칙」(IMDG Code)에 적합한 용기에 수납된 위험물

23 난이도 ●●○○○　　답 ④

🏛 **제조소 보유공지**

제조소의 위치·구조 및 설비의 기준에 근거하여 취급하는 위험물의 최대수량이 지정수량의 20배인 경우, 제조소 주위에 보유하여야 하는 공지의 너비는 5m 이상으로 하여야 한다.

> ✅ **확인학습** 제조소의 보유공지
>
> | 취급하는 위험물의 최대수량 | 공지의 너비 |
> | --- | --- |
> | 지정수량의 10배 이하 | 3m 이상 |
> | 지정수량의 10배 초과 | 5m 이상 |

24 난이도 ●●●●○　　답 ③

🏛 **화학소방자동차**

옳은 것은 ③이다.

| 선지분석 |

① [×] 포수용액 방사차: 포수용액의 방사능력이 매분 2,000L 이상일 것
② [×] 분말 방사차: 1,400kg 이상의 분말을 비치할 것
③ [○] 할로겐화합물 방사차: 할로겐화합물의 방사능력이 매초 40kg 이상일 것
④ [×] 이산화탄소 방사차: 3,000kg 이상의 이산화탄소를 비치할 것

> ✅ **확인학습** 화학소방자동차에 갖추어야 하는 소화능력 및 설비의 기준
>
> | | |
> | --- | --- |
> | 포수용액 방사차 | • 포수용액의 방사능력이 매분 2천L 이상
• 소화약액탱크 및 소화약액혼합장치 비치
• 10만L 이상 포수용액을 방사할 수 있는 양의 소화약제 |
> | 분말 방사차 | • 분말의 방사능력이 매초 35kg 이상
• 분말탱크 및 가압용가스설비 비치
• 1천400kg 이상 분말 |
> | 할로겐화합물 방사차 | • 할로겐화합물의 방사능력이 매초 40kg 이상
• 할로겐화합물탱크 및 가압용가스설비 비치
• 1천kg 이상 할로겐화합물 |
> | 이산화탄소 방사차 | • 이산화탄소의 방사능력이 매초 40kg 이상
• 이산화탄소저장용기 비치
• 3천kg 이상 이산화탄소 |
> | 제독차 | 가성소오다 및 규조토 각각 50kg 이상 |

25 난이도 ●●●●●　　답 ④

🏛 **운반에 관한 기준 중 적재방법**

자연발화물질 중 알킬알루미늄등은 운반용기 내용적의 90% 이하의 수납율로 수납하되, 50℃의 온도에서 5% 이상의 공간용적을 유지하도록 할 것

> ✅ **확인학습** 적재방법
>
> 위험물은 다음의 기준에 따라 운반용기에 수납하여 적재하여야 한다. 다만, 덩어리 상태의 유황(황)을 운반하기 위하여 적재하는 경우 또는 위험물을 동일구내에 있는 제조소등의 상호간에 운반하기 위하여 적재하는 경우에는 그러하지 아니하다.
>
> 1. 위험물이 온도변화 등에 의하여 누설되지 아니하도록 운반용기를 밀봉하여 수납할 것. 다만, 온도변화 등에 의한 위험물로부터의 가스의 발생으로 운반용기안의 압력이 상승할 우려가 있는 경우(발생한 가스가 독성 또는 인화성을 갖는 등 위험성이 있는 경우를 제외한다)에는 가스의 배출구(위험물의 누설 및 다른 물질의 침투를 방지하는 구조로 된 것에 한한다)를 설치한 운반용기에 수납할 수 있다.
> 2. 수납하는 위험물과 위험한 반응을 일으키지 아니하는 등 당해 위험물의 성질에 적합한 재질의 운반용기에 수납할 것
> 3. 고체위험물은 운반용기 내용적의 95% 이하의 수납율로 수납할 것
> 4. 액체위험물은 운반용기 내용적의 98% 이하의 수납율로 수납하되, 55℃의 온도에서 누설되지 아니하도록 충분한 공간용적을 유지하도록 할 것
> 5. 하나의 외장용기에는 다른 종류의 위험물을 수납하지 아니할 것
> 6. 자연발화물질 중 알킬알루미늄등은 운반용기 내용적의 90% 이하의 수납율로 수납하되, 50℃의 온도에서 5% 이상의 공간용적을 유지하도록 할 것

6회 2023년 03월 18일 경채

정답
p.268

01	②	02	②	03	①	04	③	05	①
06	②	07	①	08	①	09	②	10	④
11	④	12	①	13	④	14	②	15	③
16	①	17	④	18	④	19	③	20	④
21	③	22	④	23	④	24	①	25	②
26	③	27	②	28	①	29	②	30	④
31	③	32	④	33	①	34	②	35	①
36	②	37	④	38	③	39	①	40	④

01 난이도 ●●●○○　　　답 ②

벌칙

화재진압 및 구조·구급 활동을 위하여 출동하는 소방자동차의 출동을 방해한 사람: 5년 이하의 징역 또는 5천만원 이하의 벌금

| 선지분석 |
① 정당한 사유 없이 소방대의 생활안전활동을 방해한 자: 100만원 이하의 벌금
③ 정당한 사유 없이 화재진압 등 소방활동을 위하여 필요할 때 물의 사용이나 수도의 개폐장치의 사용 또는 조작을 하지 못하게 하거나 방해한 자: 100만원 이하의 벌금
④ 정당한 사유 없이 소방대가 현장에 도착할 때까지 사람을 구출하는 조치 또는 불을 끄거나 불이 번지지 아니하도록 하는 조치를 하지 아니한 관계인: 100만원 이하의 벌금

✓ 확인학습 제50조 벌칙(5년 이하의 징역 또는 5천만원 이하의 벌금)

1. 제16조 제2항을 위반하여 다음 어느 하나에 해당하는 행위를 한 사람
   - 위력(威力)을 사용하여 출동한 소방대의 화재진압·인명구조 또는 구급활동을 방해하는 행위
   - 소방대가 화재진압·인명구조 또는 구급활동을 위하여 현장에 출동하거나 현장에 출입하는 것을 고의로 방해하는 행위
   - 출동한 소방대원에게 폭행 또는 협박을 행사하여 화재진압·인명구조 또는 구급활동을 방해하는 행위
   - 출동한 소방대의 소방장비를 파손하거나 그 효용을 해하여 화재진압·인명구조 또는 구급활동을 방해하는 행위
2. 제21조 제1항을 위반하여 소방자동차의 출동을 방해한 사람
3. 제24조 제1항에 따른 사람을 구출하는 일 또는 불을 끄거나 불이 번지지 아니하도록 하는 일을 방해한 사람
4. 제28조를 위반하여 정당한 사유 없이 소방용수시설 또는 비상소화장치를 사용하거나 소방용수시설 또는 비상소화장치의 효용을 해치거나 그 정당한 사용을 방해한 사람

✓ 확인학습 제53조 벌칙(100만원 이하의 벌금)

1. 제20조 제1항을 위반하여 정당한 사유 없이 소방대가 현장에 도착할 때까지 사람을 구출하는 조치 또는 불을 끄거나 불이 번지지 아니하도록 하는 조치를 하지 아니한 사람
2. 제16조의3 제2항을 위반하여 정당한 사유 없이 소방대의 생활안전활동을 방해한 자
3. 제26조 제1항에 따른 피난 명령을 위반한 사람

4. 제27조 제1항을 위반하여 정당한 사유 없이 물의 사용이나 수도의 개폐장치의 사용 또는 조작을 하지 못하게 하거나 방해한 자
5. 제27조 제2항에 따른 조치를 정당한 사유 없이 방해한 자

02 난이도 ●●○○○　　　답 ②

소방용수시설 및 지리조사

지리조사는 소방대상물에 인접한 도로의 폭·교통상황, 도로주변의 토지의 고저·건축물의 개황을 포함한 소방활동에 필요한 사항이다.

✓ 확인학습 소방용수시설 및 지리조사

1. 소방본부장 또는 소방서장은 원활한 소방활동을 위하여 다음 의 조사를 월 1회 이상 실시하여야 한다.
   - 설치된 소방용수시설에 대한 조사
   - 소방대상물에 인접한 도로의 폭·교통상황, 도로주변의 토지의 고저·건축물의 개황 그 밖의 소방활동에 필요한 지리에 대한 조사
2. 1.의 조사결과는 전자적 처리가 불가능한 특별한 사유가 없으면 전자적 처리가 가능한 방법으로 작성·관리하여야 한다.
3. 제1항 제1호의 조사는 별지 제2호 서식(소방용수조사부)에 의하고, 제1항 제2호의 조사는 별지 제3호 서식(지리조사부)에 의하되, 그 조사결과를 2년간 보관하여야 한다.

03 난이도 ●●●●●　　　답 ①

소방활동장비

소방정은 소방정 및 구조정으로 구분한다. 소방정은 100톤급 이상 및 50톤급이며, 구조정의 규격은 30톤급 이상이다.

✓ 확인학습 소방자동차의 종류

구분		종류	규격
펌프차		대형	240마력 이상
		중형	170마력 이상 240마력 미만
		소형	120마력 이상 170마력 미만
물탱크 소방차		대형	240마력 이상
		중형	170마력 이상 240마력 미만
화학 소방차		비활성가스를 이용한 소방차	
		고성능	340마력 이상
		내폭	340마력 이상
	일반	대형	240마력 이상
		중형	170마력 이상 240마력 미만
사다리 소방차	고가	사다리의 길이가 33m 이상인 것	330마력 이상
	굴절	27m 이상급	330마력 이상
		18m 이상 27m 미만급	240마력 이상
조명차		중형	170마력
배연차		중형	170마력 이상
구조차		대형	240마력 이상
		중형	170마력 이상 240마력 미만
구급차		특수	90마력 이상
		일반	85마력 이상 90마력 미만

소방정	소방정	100톤 이상급, 50톤급
	구조정	30톤급
	소방헬리콥터	5~17인승

04 난이도 ●●○○○　　　　　　　답 ③

🏛 **소방자동차 전용구역**

- 전용구역 노면표지의 외곽선은 빗금무늬로 표시하되, 빗금은 두께를 (30)센티미터로 하여 (50)센티미터 간격으로 표시한다.
- 전용구역 노면표지 도료의 색채는 (황색)을 기본으로 하되, 문자(P, 소방차 전용)는 백색으로 표시한다.

✅ **확인학습** 소방자동차 전용구역의 설치 방법

1. 전용구역 노면표지의 외곽선은 빗금무늬로 표시하되, 빗금은 두께를 30cm로 하여 50cm 간격으로 표시한다.
2. 전용구역 노면표지 도료의 색채는 황색을 기본으로 하되, 문자(P, 소방차 전용)는 백색으로 표시한다.

05 난이도 ●○○○○　　　　　　　답 ①

🏛 **소방용수표지**

- 맨홀 뚜껑은 지름 (648)밀리미터 이상의 것으로 할 것. 다만, 승하강식 소화전의 경우에는 이를 적용하지 않는다.
- 맨홀 뚜껑 부근에는 (노란색) 반사도료로 폭 (15)센티미터의 선을 그 둘레를 따라 칠할 것

✅ **확인학습** 지하에 설치하는 소화전 또는 저수조의 소방용수표지 설치 기준

1. 맨홀 뚜껑은 지름 648mm 이상의 것으로 할 것. 다만, 승하강식 소화전의 경우에는 이를 적용하지 않는다.
2. 맨홀 뚜껑에는 "소화전·주정차금지" 또는 "저수조·주정차금지"의 표시를 할 것
3. 맨홀 뚜껑 부근에는 노란색 반사도료로 폭 15cm의 선을 그 둘레를 따라 칠할 것

06 난이도 ●○○○○　　　　　　　답 ②

🏛 **소방자동차 전용구역 방해행위**

소방자동차 전용구역 방해행위에 「주차장법」 제19조에 따른 부설주차장의 주차구획 내에 주차하는 행위는 해당하지 않는다.

✅ **확인학습** 전용구역 방해행위의 기준

1. 전용구역에 물건 등을 쌓거나 주차하는 행위
2. 전용구역의 앞면, 뒷면 또는 양 측면에 물건 등을 쌓거나 주차하는 행위. 다만, 「주차장법」에 따른 부설주차장의 주차구획 내에 주차하는 경우는 제외한다.
3. 전용구역 진입로에 물건 등을 쌓거나 주차하여 전용구역으로의 진입을 가로막는 행위
4. 전용구역 노면표지를 지우거나 훼손하는 행위
5. 소방자동차가 전용구역에 주차하는 것을 방해하거나 전용구역으로 진입하는 것을 방해하는 행위

07 난이도 ●●●●●　　　　　　　답 ①

🏛 **감식기기**

금속현미경은 감정용기기에 해당한다.

✅ **확인학습** 전담부서에 갖추어야 할 장비와 시설(규칙 [별표])

구분	카메라	현미경 등
기록용 기기	디지털카메라(DSLR)세트, 비디오카메라세트, 3D카메라(AR)	
감식 기기	적외선열상카메라	절연저항계, 산업용실체현미경, 확대경, 휴대용디지털현미경, 내시경현미경
감정 기기	고속카메라세트	금속현미경, 주사전자현미경

08 난이도 ●○○○○　　　　　　　답 ①

🏛 **용어 정의**

"화재"란 사람의 의도에 반하거나 고의 또는 과실에 의하여 발생하는 연소 현상으로서 소화할 필요가 있는 현상 또는 사람의 의도에 반하여 발생하거나 확대된 화학적 폭발현상을 말한다.

✅ **확인학습** 용어정의

1. "화재"란 사람의 의도에 반하거나 고의 또는 과실에 의하여 발생하는 연소 현상으로서 소화할 필요가 있는 현상 또는 사람의 의도에 반하여 발생하거나 확대된 화학적 폭발현상을 말한다.
2. "화재조사"란 소방청장, 소방본부장 또는 소방서장이 화재원인, 피해상황, 대응활동 등을 파악하기 위하여 자료의 수집, 관계인등에 대한 질문, 현장 확인, 감식, 감정 및 실험 등을 하는 일련의 행위를 말한다.
3. "화재조사관"이란 화재조사에 전문성을 인정받아 화재조사를 수행하는 소방공무원을 말한다.
4. "관계인등"이란 화재가 발생한 소방대상물의 소유자·관리자 또는 점유자(이하 "관계인"이라 한다) 및 다음 사람을 말한다.
   - 화재 현장을 발견하고 신고한 사람
   - 화재 현장을 목격한 사람
   - 소화활동을 행하거나 인명구조활동(유도대피 포함)에 관계된 사람
   - 화재를 발생시키거나 화재발생과 관계된 사람

09 난이도 ●●●○○　　　　　　　답 ②

🏛 **벌칙**

소방관서장은 화재조사를 위하여 필요한 경우에 관계인에게 보고 또는 자료 제출을 명하거나 화재조사관으로 하여금 해당 장소에 출입하여 화재조사를 하게 하거나 관계인등에게 질문하게 할 수 있다. 이에 따른 명령을 위반하여 보고 또는 자료 제출을 하지 아니하거나 거짓으로 보고 또는 자료를 제출한 사람은 (200)만원 이하의 (과태료)을/를 부과한다.

✅ **확인학습** 과태료(200만원 이하의 과태료)

1. 제8조 제2항을 위반하여 허가 없이 통제구역에 출입한 사람
2. 제9조 제1항에 따른 명령을 위반하여 보고 또는 자료 제출을 하지 아니하거나 거짓으로 보고 또는 자료를 제출한 사람
3. 정당한 사유 없이 제10조 제1항에 따른 출석을 거부하거나 질문에 대하여 거짓으로 진술한 사람

10 난이도 ●○○○○　　　답 ④

🏛 용어 정의

소방청장, 소방본부장 또는 소방서장이 화재원인, 피해상황, 대응활동 등을 파악하기 위하여 자료의 수집, 감정 및 실험을 하는 행위는 화재조사에 포함된다.

✅ 확인학습 용어정의

"화재조사"란 소방청장, 소방본부장 또는 소방서장이 화재원인, 피해상황, 대응활동 등을 파악하기 위하여 자료의 수집, 관계인등에 대한 질문, 현장 확인, 감식, 감정 및 실험 등을 하는 일련의 행위를 말한다.

11 난이도 ●●●○○　　　답 ④

🏛 소방기술 경력등의 인정

소방청장은 자격수첩 또는 경력수첩을 발급받은 사람이 거짓이나 그 밖의 부정한 방법으로 자격수첩 또는 경력수첩을 발급받은 경우에 그 자격을 취소하여야 한다.

| 선지분석 |

① [×] 소방청장은 소방기술의 효율적인 활용과 소방기술의 향상을 위하여 소방기술과 관련된 자격·학력 및 경력을 가진 사람을 소방기술자로 인정할 수 있다.
② [×] 소방청장은 소방기술과 관련된 자격·학력 및 경력을 인정받은 사람에게 소방기술 인정 자격수첩과 경력수첩을 발급할 수 있다.
③ [×] 소방기술과 관련된 자격·학력 및 경력의 인정 범위와 자격수첩 및 경력수첩의 발급 절차 등에 관하여 필요한 사항은 행정안전부령으로 정한다.

✅ 확인학습 소방기술 경력 등의 인정 등(제28조)

1. 소방청장은 소방기술의 효율적인 활용과 소방기술의 향상을 위하여 소방기술과 관련된 자격·학력 및 경력을 가진 사람을 소방기술자로 인정할 수 있다.
2. 소방청장은 1.에 따라 자격·학력 및 경력을 인정받은 사람에게 소방기술 인정 자격수첩과 경력수첩을 발급할 수 있다.
3. 1.에 따른 소방기술과 관련된 자격·학력 및 경력의 인정 범위와 2.에 따른 자격수첩 및 경력수첩의 발급 절차 등에 관하여 필요한 사항은 행정안전부령으로 정한다.

✅ 확인학습 소방기술 경력 등의 인정 등

소방청장은 자격수첩 또는 경력수첩을 발급받은 사람이 다음에 해당하는 경우에는 행정안전부령으로 정하는 바에 따라 그 자격을 취소하거나 6개월 이상 2년 이하의 기간을 정하여 그 자격을 정지시킬 수 있다. 다만, 1.~2.에 해당하는 경우에는 그 자격을 취소하여야 한다.
1. 거짓이나 그 밖의 부정한 방법으로 자격수첩 또는 경력수첩을 발급받은 경우
2. 규정을 위반하여 자격수첩 또는 경력수첩을 다른 사람에게 빌려준 경우
3. 규정을 위반하여 동시에 둘 이상의 업체에 취업한 경우
4. 「소방시설공사업법」 또는 「소방시설공사업법」에 따른 명령을 위반한 경우
* 자격이 취소된 사람은 취소된 날부터 2년간 자격수첩 또는 경력수첩을 발급받을 수 없다.

12 난이도 ●●●●○　　　답 ①

🏛 소방공사감리 결과보고(통보)서 첨부서류

감리업자가 소방공사의 감리를 마쳤을 때 소방공사감리 결과보고(통보)서에 첨부하는 서류는 착공신고 후 변경된 건축설계도면이 아니라 착공신고 후 변경된 소방시설설계도면이다.

✅ 확인학습 공사감리 결과의 통보 등(제20조)

감리업자는 소방공사의 감리를 마쳤을 때에는 행정안전부령으로 정하는 바에 따라 그 감리 결과를 그 특정소방대상물의 관계인, 소방시설공사의 도급인, 그 특정소방대상물의 공사를 감리한 건축사에게 서면으로 알리고, 소방본부장이나 소방서장에게 공사감리 결과보고서를 제출하여야 한다.

✅ 확인학습 감리결과의 통보 등

법 제20조에 따라 감리업자가 소방공사의 감리를 마쳤을 때에는 소방공사감리 결과보고(통보)서에 다음의 서류를 첨부하여 공사가 완료된 날부터 7일 이내에 특정소방대상물의 관계인, 소방시설공사의 도급인 및 특정소방대상물의 공사를 감리한 건축사에게 알리고, 소방본부장 또는 소방서장에게 보고해야 한다.
1. 소방청장이 정하여 고시하는 소방시설 성능시험조사표 1부
2. 착공신고 후 변경된 소방시설설계도면(변경사항이 있는 경우에만 첨부하되, 법 제11조에 따른 설계업자가 설계한 도면만 해당된다) 1부
3. 소방공사 감리일지(소방본부장 또는 소방서장에게 보고하는 경우에만 첨부한다) 1부
4. 특정소방대상물의 사용승인 신청서 등 사용승인 신청을 증빙할 수 있는 서류 1부

13 난이도 ●○○○○　　　답 ④

🏛 하자보수

| 선지분석 |

① [O] 피난기구, 유도등, 유도표지: 2년 → 피난기구는 제·개정됨 (하자보수보증기간 2년에서 삭제됨)
② [O] 비상경보설비, 비상조명등, 비상방송설비 및 무선통신보조설비: 2년
③ [O] 옥내소화전설비, 스프링클러설비, 간이스프링클러설비, 자동화재탐지설비: 3년
④ [×] 상수도소화용수설비 및 소화활동설비(무선통신보조설비는 제외한다): 3년 (상수도소화용수설비 → 소화용수설비로 제·개정됨)

※ 관련 규정 제·개정됨<개정 2025. 1. 21.>

개정 전	1. 2년: 피난기구, 유도등, 유도표지, 비상경보설비, 비상조명등, 비상방송설비 및 무선통신보조설비 2. 3년: 자동소화장치, 옥내소화전설비, 스프링클러설비, 간이스프링클러설비, 물분무등소화설비, 옥외소화전설비, 자동화재탐지설비, 상수도소화용수설비 및 소화활동설비(무선통신보조설비는 제외한다)
개정 후	1. 비상경보설비, 비상방송설비, 피난기구, 유도등, 비상조명등 및 무선통신보조설비: 2년 2. 자동소화장치, 옥내소화전설비, 스프링클러설비등, 물분무등소화설비, 옥외소화전설비, 자동화재탐지설비, 화재알림설비, 소화용수설비 및 소화활동설비(무선통신보조설비는 제외한다): 3년

14 난이도 ●○○○○   답 ②

상주 공사감리 대상
- 연면적 (3만제곱미터) 이상의 특정소방대상물(아파트는 제외한다)에 대한 소방시설의 공사
- 지하층을 포함한 층수가 (16층 이상으로서 500세대) 이상인 아파트에 대한 소방시설의 공사

> ✅ 확인학습 상주 공사감리 대상
> 1. 연면적 3만㎡ 이상의 특정소방대상물(아파트는 제외한다)에 대한 소방시설의 공사
> 2. 지하층을 포함한 층수가 16층 이상으로서 500세대 이상인 아파트에 대한 소방시설의 공사

15 난이도 ●●●●○   답 ③

소방기술자 양성·인정 교육훈련기관
소방기술자 양성·인정 교육훈련기관의 지정 요건으로 전국 4개 이상의 시·도에 이론교육과 실습교육이 가능한 교육·훈련장을 갖출 것이 해당된다.

> ✅ 확인학습 소방기술자 양성 및 교육 등(제28조의2)
> 1. 소방청장은 소방기술자를 육성하고 소방기술자의 전문기술능력 향상을 위하여 소방기술자와 제28조에 따라 소방기술과 관련된 자격·학력 및 경력을 인정받으려는 사람의 양성·인정 교육훈련(이하 "소방기술자 양성·인정 교육훈련"이라 한다)을 실시할 수 있다.
> 2. 소방청장은 전문적이고 체계적인 소방기술자 양성·인정 교육훈련을 위하여 소방기술자 양성·인정 교육훈련기관을 지정할 수 있다.
> 3. 2.에 따라 지정된 소방기술자 양성·인정 교육훈련기관의 지정취소, 업무정지 및 청문에 관하여는 「소방시설 설치 및 관리에 관한 법률」 제47조 및 제49조를 준용한다.
> 4. 1. 및 2.에 따른 소방기술자 양성·인정 교육훈련 및 교육훈련기관 지정 등에 필요한 사항은 행정안전부령으로 정한다.

> ✅ 확인학습 소방기술자 양성·인정 교육훈련기관 지정 요건(규칙 제25조의2)
> 1. 전국 4개 이상의 시·도에 이론교육과 실습교육이 가능한 교육·훈련장을 갖출 것
> 2. 소방기술자 양성·인정 교육훈련을 실시할 수 있는 전담인력을 6명 이상 갖출 것
> 3. 교육과목별 교재 및 강사 매뉴얼을 갖출 것
> 4. 교육훈련의 신청·수료, 성과측정, 경력관리 등에 필요한 교육훈련 관리시스템을 구축·운영할 것

16 난이도 ●●●○○   답 ②

소방시설공사 분리 도급
해당하는 것은 ㄱ, ㄴ, ㅁ이다.

| 선지분석 |
- ㄱ. [○] 「재난 및 안전관리 기본법」에 따른 재난의 발생으로 긴급하게 착공해야 하는 공사인 경우
- ㄴ. [○] 국방 및 국가안보 등과 관련하여 기밀을 유지해야 하는 공사인 경우
- ㄷ. [×] 연면적이 1천제곱미터 이하인 특정소방대상물에 비상경보설비를 설치하는 공사인 경우
- ㄹ. [×] 「국가를 당사자로 하는 계약에 관한 법률 시행령」 및 「지방자치단체를 당사자로 하는 계약에 관한 법률 시행령」에 따른 대안입찰 또는 일괄입찰
- ㅁ. [○] 「국가를 당사자로 하는 계약에 관한 법률 시행령」 및 「지방자치단체를 당사자로 하는 계약에 관한 법률 시행령」에 따른 실시설계 기술제안입찰 또는 기본설계 기술제안입찰
- ㅂ. [×] 문화재수리 및 재개발·재건축 등의 공사로서 공사의 성질상 분리하여 도급하는 것이 곤란하다고 소방청장이 인정하는 경우

> ✅ 확인학습 소방시설공사 분리 도급의 예외
> 1. 재난의 발생으로 긴급하게 착공해야 하는 공사인 경우
> 2. 국방 및 국가안보 등과 관련하여 기밀을 유지해야 하는 공사인 경우
> 3. 소방시설공사의 착공신고 대상에 해당하지 않는 공사인 경우
> 4. 연면적이 1천㎡ 이하인 특정소방대상물에 비상경보설비를 설치하는 공사인 경우
> 5. 다음에 해당하는 입찰로 시행되는 공사인 경우
>   - 대안입찰 또는 일괄입찰
>   - 실시설계 기술제안입찰 또는 기본설계 기술제안입찰
> 5.2 국가첨단전략기술 관련 연구시설·개발시설 또는 그 기술을 이용하여 제품을 생산하는 시설 공사인 경우
> 6. 국가유산수리 및 재개발·재건축 등의 공사로서 공사의 성질상 분리하여 도급하는 것이 곤란하다고 소방청장이 인정하는 경우

※ 관련 규정 제·개정됨<개정 2024. 5. 7.>

개정 전	1. 재난의 발생으로 긴급하게 착공해야 하는 공사인 경우 2. 국방 및 국가안보 등과 관련하여 기밀을 유지해야 하는 공사인 경우 3. 소방시설공사의 착공신고 대상에 해당하지 않는 공사인 경우 4. 연면적이 1천㎡ 이하인 특정소방대상물에 비상경보설비를 설치하는 공사인 경우 5. 다음에 해당하는 입찰로 시행되는 공사인 경우 • 대안입찰 또는 일괄입찰 • 실시설계 기술제안입찰 또는 기본설계 기술제안입찰 6. 문화재수리 및 재개발·재건축 등의 공사로서 공사의 성질상 분리하여 도급하는 것이 곤란하다고 소방청장이 인정하는 경우
개정 후	1. 재난의 발생으로 긴급하게 착공해야 하는 공사인 경우 2. 국방 및 국가안보 등과 관련하여 기밀을 유지해야 하는 공사인 경우 3. 소방시설공사의 착공신고 대상에 해당하지 않는 공사인 경우 4. 연면적이 1천㎡ 이하인 특정소방대상물에 비상경보설비를 설치하는 공사인 경우 5. 다음에 해당하는 입찰로 시행되는 공사인 경우 • 대안입찰 또는 일괄입찰 • 실시설계 기술제안입찰 또는 기본설계 기술제안입찰 5.2 국가첨단전략기술 관련 연구시설·개발시설 또는 그 기술을 이용하여 제품을 생산하는 시설 공사인 경우 6. 국가유산수리 및 재개발·재건축 등의 공사로서 공사의 성질상 분리하여 도급하는 것이 곤란하다고 소방청장이 인정하는 경우

17 난이도 ●●●○○   답 ④

소방기술자의 배치기준
물분무등소화설비(호스릴 방식의 소화설비는 제외) 또는 제연설비가 설치되는 특정소방대상물의 공사 현장에는 행정안전부령으로 정하는 중급기술자 이상의 소방기술자(기계분야 및 전기분야)를 배치하여야 한다.

✅ 확인학습 소방기술자의 배치기준

행정안전부령으로 정하는 특급기술자인 소방기술자	• 연면적 20만㎡ 이상인 특정소방대상물의 공사 현장 • 지하층을 포함한 층수가 40층 이상인 특정소방대상물의 공사 현장
행정안전부령으로 정하는 고급기술자 이상의 소방기술자	• 연면적 3만㎡ 이상 20만㎡ 미만인 특정소방대상물(아파트는 제외한다)의 공사 현장 • 지하층을 포함한 층수가 16층 이상 40층 미만인 특정소방대상물의 공사 현장
행정안전부령으로 정하는 중급기술자 이상의 소방기술자	• 물분무등소화설비(호스릴 방식의 소화설비는 제외한다) 또는 제연설비가 설치되는 특정소방대상물의 공사 현장 • 연면적 5천㎡ 이상 3만㎡ 미만인 특정소방대상물(아파트는 제외한다)의 공사 현장 • 연면적 1만㎡ 이상 20만㎡ 미만인 아파트의 공사 현장
행정안전부령으로 정하는 초급기술자 이상의 소방기술자	• 연면적 1천㎡ 이상 5천㎡ 미만인 특정소방대상물(아파트는 제외한다)의 공사 현장 • 연면적 1천㎡ 이상 1만㎡ 미만인 아파트의 공사 현장 • 지하구(地下溝)의 공사 현장
자격수첩을 발급받은 소방기술자	연면적 1천㎡ 미만인 특정소방대상물의 공사 현장

18 난이도 ●●●○○ 답 ④

🏛 **건설현장 소방안전관리대상물의 소방안전관리자의 업무**

건설현장 소방안전관리대상물의 소방안전관리자의 업무에 건설현장의 작업자에 대한 소방안전 교육 및 훈련이 해당된다.

✅ 확인학습 건설현장 소방안전관리대상물의 소방안전관리자의 업무

1. 건설현장의 소방계획서의 작성
2. 「소방시설 설치 및 관리에 관한 법률」 제15조 제1항에 따른 임시소방시설의 설치 및 관리에 대한 감독
3. 공사진행 단계별 피난안전구역, 피난로 등의 확보와 관리
4. 건설현장의 작업자에 대한 소방안전 교육 및 훈련
5. 초기대응체계의 구성·운영 및 교육
6. 화기취급의 감독, 화재위험작업의 허가 및 관리
7. 그 밖에 건설현장의 소방안전관리와 관련하여 소방청장이 고시하는 업무

19 난이도 ●○○○○ 답 ③

🏛 **특수가연물 표지**

특수가연물 표지의 바탕은 흰색으로, 문자는 검은색으로 할 것. 다만, "화기엄금" 표시 부분은 제외한다.

✅ 확인학습 특수가연물의 표지

1. 특수가연물을 저장 또는 취급하는 장소에는 품명, 최대저장수량, 단위부피당 질량 또는 단위체적당 질량, 관리책임자 성명·직책, 연락처 및 화기취급의 금지표시가 포함된 특수가연물 표지를 설치해야 한다.
2. 특수가연물 표지의 규격은 다음과 같다.
   • 특수가연물 표지는 한 변의 길이가 0.3미터 이상, 다른 한 변의 길이가 0.6미터 이상인 직사각형으로 할 것
   • 특수가연물 표지의 바탕은 흰색으로, 문자는 검은색으로 할 것(다만, "화기엄금" 표시 부분은 제외한다)
   • 특수가연물 표지 중 화기엄금 표시 부분의 바탕은 붉은색으로, 문자는 백색으로 할 것
3. 특수가연물 표지는 특수가연물을 저장하거나 취급하는 장소 중 보기 쉬운 곳에 설치해야 한다.

20 난이도 ●●●○○ 답 ④

🏛 **건설현장 소방안전관리대상물**

증축을 하려는 부분의 연면적이 5천제곱미터이고, 지상층의 층수가 11층인 업무시설이 해당한다.

✅ 확인학습 건설현장 소방안전관리대상물

1. 신축·증축·개축·재축·이전·용도변경 또는 대수선을 하려는 부분의 연면적의 합계가 1만5천제곱미터 이상인 것
2. 신축·증축·개축·재축·이전·용도변경 또는 대수선을 하려는 부분의 연면적이 5천제곱미터 이상인 것으로서 다음의 어느 하나에 해당하는 것
   • 지하층의 층수가 2개층 이상인 것
   • 지상층의 층수가 11층 이상인 것
   • 냉동창고, 냉장창고 또는 냉동·냉장창고

21 난이도 ●●●○○ 답 ③

🏛 **불을 사용하는 설비**

건조설비 : 실내에 설치하는 경우에 벽·천장 및 바닥은 불연재료로 해야 한다.

✅ 확인학습 불을 사용할 때 지켜야 하는 사항

1. 보일러는 가연성 벽·바닥 또는 천장과 접촉하는 증기기관 또는 연통의 부분은 규조토 등 난연성 또는 불연성 단열재로 덮어씌워야 한다.
2. 난로는 난연성 벽·바닥 또는 천장과 접촉하는 연통의 부분은 규조토 등 난연성 또는 불연성의 단열재로 덮어씌워야 한다.
3. 건조설비는 실내에 설치하는 경우에 벽·천장 및 바닥은 불연재료로 해야 한다.
4. 노·화덕설비
   • 실내에 설치하는 경우에는 흙바닥 또는 금속 외의 불연재료로 된 바닥에 설치해야 한다.
   • 노 또는 화덕을 설치하는 장소의 벽·천장은 불연재료로 된 것이어야 한다.
5. 음식조리를 위하여 설치하는 설비
   • 주방설비에 부속된 배출덕트(공기 배출통로)는 0.5밀리미터 이상의 아연도금강판 또는 이와 같거나 그 이상의 내식성 불연재료로 설치할 것
   • 열을 발생하는 조리기구로부터 0.15미터 이내의 거리에 있는 가연성 주요구조부는 단열성이 있는 불연재료로 덮어 씌울 것

22 난이도 ●○○○○   답 ②

🏛 **화재안전조사**

화재안전조사 결과에 따른 조치명령으로 소방청장 또는 시·도지사가 손실을 보상하는 경우에는 시가(時價)로 보상해야 한다.

✅ **확인학습 손실보상**
1. 시·도지사가 손실을 보상하는 경우에는 시가(時價)로 보상하여야 한다.
2. 손실보상에 관하여는 시·도지사와 손실을 입은 자가 협의하여야 한다.
3. 보상금액에 관한 협의가 성립되지 아니한 경우에는 시·도지사는 그 보상금액을 지급하거나 공탁하고 이를 상대방에게 알려야 한다.
4. 보상금의 지급 또는 공탁의 통지에 불복하는 자는 지급 또는 공탁의 통지를 받은 날부터 30일 이내에 관할 토지수용위원회에 재결(裁決)을 신청할 수 있다.

✅ **확인학습 화재안전조사 결과에 따른 조치명령**
1. 소방관서장은 화재안전조사 결과에 따른 소방대상물의 위치·구조·설비 또는 관리의 상황이 화재예방을 위하여 보완될 필요가 있거나 화재가 발생하면 인명 또는 재산의 피해가 클 것으로 예상되는 때에는 행정안전부령으로 정하는 바에 따라 관계인에게 그 소방대상물의 개수(改修)·이전·제거, 사용의 금지 또는 제한, 사용폐쇄, 공사의 정지 또는 중지, 그 밖에 필요한 조치를 명할 수 있다.
2. 소방관서장은 화재안전조사 결과 소방대상물이 법령을 위반하여 건축 또는 설비되었거나 소방시설등, 피난시설·방화구획, 방화시설 등이 법령에 적합하게 설치 또는 관리되고 있지 아니한 경우에는 관계인에게 1.에 따른 조치를 명하거나 관계 행정기관의 장에게 필요한 조치를 하여 줄 것을 요청할 수 있다.

23 난이도 ●●●○○   답 ④

🏛 **화재예방안전진단의 범위**

모두 해당된다.

✅ **확인학습 화재예방안전진단**

화재가 발생할 경우 사회·경제적으로 피해 규모가 클 것으로 예상되는 소방대상물에 대하여 화재위험요인을 조사하고 그 위험성을 평가하여 개선대책을 수립하는 것을 말한다.

✅ **확인학습 화재예방안전진단의 범위**
1. 화재위험요인의 조사에 관한 사항
2. 소방계획 및 피난계획 수립에 관한 사항
3. 소방시설등의 유지·관리에 관한 사항
4. 비상대응조직 및 교육훈련에 관한 사항
5. 화재 위험성 평가에 관한 사항
6. 그 밖에 화재예방진단을 위하여 대통령령으로 정하는 사항
   - 화재 등의 재난 발생 후 재발방지 대책의 수립 및 그 이행에 관한 사항
   - 지진 등 외부 환경 위험요인 등에 대한 예방·대비·대응에 관한 사항
   - 화재예방안전진단 결과 보수·보강 등 개선요구 사항 등에 대한 이행 여부

✅ **확인학습 화재예방안전진단 대상 시설물(영 제43조)**
1. 법 제40조 제1항 제1호에 따른 공항시설 중 여객터미널의 연면적이 1천제곱미터 이상인 공항시설
2. 법 제40조 제1항 제2호에 따른 철도시설 중 역 시설의 연면적이 5천제곱미터 이상인 철도시설
3. 법 제40조 제1항 제3호에 따른 도시철도시설 중 역사 및 역 시설의 연면적이 5천제곱미터 이상인 도시철도시설
4. 법 제40조 제1항 제4호에 따른 항만시설 중 여객이용시설 및 지원시설의 연면적이 5천제곱미터 이상인 항만시설
5. 법 제40조 제1항 제10호에 따른 전력용 및 통신용 지하구 중 「국토의 계획 및 이용에 관한 법률」제2조 제9호에 따른 공동구
6. 법 제40조 제1항 제12호에 따른 천연가스 인수기지 및 공급망 중 「소방시설 설치 및 관리에 관한 법률 시행령」[별표 2] 제17호 나목에 따른 가스시설
7. 제41조 제2항 제1호에 따른 발전소 중 연면적이 5천제곱미터 이상인 발전소
8. 제41조 제2항 제3호에 따른 가스공급시설 중 가연성 가스 탱크의 저장용량의 합계가 100톤 이상이거나 저장용량이 30톤 이상인 가연성 가스 탱크가 있는 가스공급시설

24 난이도 ●○○○○   답 ①

🏛 **소방안전관리자 선임신고 등**

- 소방안전관리대상물의 관계인이 소방안전관리자를 선임한 경우에는 선임한 날부터 (14)일 이내에 선임사실을 소방본부장 또는 소방서장에게 신고하여야 한다.
- 소방안전관리대상물의 관계인은 소방안전관리자를 선임사유가 발생한 날부터 (30)일 이내에 선임해야 한다.

25 난이도 ●○○○○   답 ②

🏛 **무창층**

무창층의 개구부 요건으로 내부 또는 외부에서 쉽게 부수거나 열 수 있는 것이어야 한다.

✅ **확인학습 무창층 개구부 요건**
1. 크기는 지름 50cm 이상의 원이 통과할 수 있을 것
2. 해당 층의 바닥면으로부터 개구부 밑부분까지의 높이가 1.2m 이내일 것
3. 도로 또는 차량이 진입할 수 있는 빈터를 향할 것
4. 화재 시 건축물로부터 쉽게 피난할 수 있도록 창살이나 그 밖의 장애물이 설치되지 아니할 것
5. 내부 또는 외부에서 쉽게 부수거나 열 수 있을 것

26 난이도 ●●●○○   답 ③

🏛 **수용인원 산정**

- 관람석이 없는 강당 1개, 바닥면적 460㎡의 경우,

$$수용인원(명) = \frac{460㎡}{4.6㎡}(명) = 100(명)$$

- 강의실 10개, 각 바닥면적 57㎡의 경우,

$$수용인원(명) = \frac{57㎡}{1.9㎡} \times 10(명) = 300(명)$$

- 휴게실 1개, 바닥면적 38㎡의 경우,

  수용인원(명) = $\frac{38㎡}{1.9㎡}$(명) = 20(명)
- 따라서, 수용인원 = 100 + 300 + 20 = 420(명)

> ✅ **확인학습** 수용인원의 산정방법
> 1. 숙박시설이 있는 특정소방대상물
>   - **침대가 있는 숙박시설**: 종사자 수 + 침대 수
>   - **침대가 없는 숙박시설**: 종사자 수 + 숙박시설 바닥면적의 합계를 3㎡로 나누어 얻은 수
> 2. 1. 외의 특정소방대상물
>   - **강의실·교무실·상담실·실습실·휴게실 용도**: 바닥면적의 합계를 1.9㎡로 나누어 얻은 수
>   - **강당, 문화 및 집회시설, 운동시설, 종교시설**: 바닥면적의 합계를 4.6㎡로 나누어 얻은 수
>   - 고정식 의자를 설치한 부분: 그 부분의 의자 수
>   - 긴 의자의 경우: 의자의 정면너비를 0.45m로 나누어 얻은 수
>   - **그 밖의 특정소방대상물**: 바닥면적의 합계를 3㎡로 나누어 얻은 수
> 3. 비고
>   - 바닥면적을 산정할 때에는 복도, 계단 및 화장실의 바닥면적을 포함하지 않는다.
>   - 계산 결과 소수점 이하의 수는 반올림한다.

27 난이도 ●●●○○   답 ②

🏛 **스프링클러설비를 설치해야 하는 특정소방대상물**

해당하는 것은 ㄱ, ㄹ이다.

| 선지분석 |
- ㄱ. [○] 수련시설 내에 있는 학생 수용을 위한 기숙사로서 연면적 5천㎡인 경우
- ㄴ. [×] 교육연구시설 내에 있는 합숙소로서 연면적 100㎡인 경우는 간이스프링클러설비 설치 대상에 해당한다.
- ㄷ. [×] 숙박시설로 사용되는 바닥면적의 합계가 600㎡인 경우
- ㄹ. [○] 영화상영관의 용도로 쓰는 4층의 바닥면적이 1천㎡인 경우

> ✅ **확인학습** 스프링클러설비를 갖추어야 할 특정소방대상물(위험물 저장 및 처리 시설 중 가스시설 또는 지하구는 제외)
> 1. 층수가 6층 이상인 특정소방대상물의 경우에는 모든 층. 다만, 다음의 어느 하나에 해당하는 경우에는 제외한다.
> 2. 기숙사 또는 복합건축물로서 연면적 5천㎡ 이상인 경우에는 모든 층
> 3. 문화 및 집회시설(동·식물원은 제외한다), 종교시설(주요구조부가 목조인 것은 제외한다), 운동시설(물놀이형 시설 및 관람석이 없는 운동시설은 제외한다)
>   - 수용인원이 100명 이상인 것
>   - 영화상영관의 용도로 쓰이는 층의 바닥면적이 지하층 또는 무창층인 경우에는 500㎡ 이상, 그 밖의 층의 경우에는 1천㎡ 이상인 것
>   - 무대부가 지하층·무창층 또는 4층 이상의 층에 있는 경우에는 무대부의 면적이 300㎡ 이상, 그 밖의 층에 있는 경우에는 무대부의 면적이 500㎡ 이상인 것
> 4. 판매시설, 운수시설 및 창고시설(물류터미널에 한정한다)로서 바닥면적의 합계가 5천㎡ 이상이거나 수용인원이 500명 이상인 경우에는 모든 층
> 5. 바닥면적의 합계가 600㎡ 이상인 것은 모든 층
>   - 근린생활시설 중 조산원 및 산후조리원
>   - 의료시설 중 정신의료기관
>   - 의료시설 중 종합병원, 병원, 치과병원, 한방병원 및 요양병원
>   - 노유자 시설
>   - 숙박시설
>   - 숙박이 가능한 수련시설
> 6. 창고시설(물류터미널은 제외한다)로서 바닥면적 합계가 5천㎡ 이상인 경우에는 모든 층
> 7. 1.부터 5.까지의 특정소방대상물에 해당하지 않는 특정소방대상물의 지하층·무창층(축사는 제외한다) 또는 층수가 4층 이상인 층으로서 바닥면적이 1천㎡ 이상인 층
> 8. 랙식 창고(rack warehouse): 천장 또는 반자(반자가 없는 경우에는 지붕의 옥내에 면하는 부분)의 높이가 10m를 초과하고, 그 층의 바닥면적 또는 랙이 설치된 부분의 합계가 1천5백㎡ 이상인 경우에는 모든 층
> 9. 지하상가로서 연면적 1천㎡ 이상인 것
> 10. 교정 및 군사시설
>   - 보호감호소, 교도소, 구치소 및 그 지소, 보호관찰소 등
>   - 「출입국관리법」 제52조 제2항에 따른 보호시설
>   - 유치장
> 11. 발전시설 중 전기저장시설
> 12. 특정소방대상물에 부속된 보일러실 또는 연결통로 등

28 난이도 ●●●○○   답 ①

🏛 **건축허가등의 동의대상물**

[별표 2]의 특정소방대상물 중 노유자(老幼者) 시설 및 수련시설의 범위는 200제곱미터 이상이다.

> ✅ **확인학습** 건축허가등의 동의대상물
> 1. 연면적(「건축법 시행령」 제119조 제1항 제4호에 따라 산정된 면적을 말한다. 이하 같다)이 400제곱미터 이상인 건축물이나 시설. 다만, 다음 각 목의 어느 하나에 해당하는 건축물이나 시설은 해당 목에서 정한 기준 이상인 건축물이나 시설로 한다.
>   가. 「학교시설사업 촉진법」 제5조의2 제1항에 따라 건축등을 하려는 학교시설: 100제곱미터
>   나. [별표 2]의 특정소방대상물 중 노유자(老幼者) 시설 및 수련시설: 200제곱미터
>   다. 「정신건강증진 및 정신질환자 복지서비스 지원에 관한 법률」 제3조 제5호에 따른 정신의료기관(입원실이 없는 정신건강의학과 의원은 제외하며, 이하 "정신의료기관"이라 한다): 300제곱미터
>   라. 「장애인복지법」 제58조 제1항 제4호에 따른 장애인 의료재활시설(이하 "의료재활시설"이라 한다): 300제곱미터
> 2. 지하층 또는 무창층이 있는 건축물로서 바닥면적이 150제곱미터(공연장의 경우에는 100제곱미터) 이상인 층이 있는 것
> 3. 차고·주차장 또는 주차 용도로 사용되는 시설로서 다음 각 목의 어느 하나에 해당하는 것
>   가. 차고·주차장으로 사용되는 바닥면적이 200제곱미터 이상인 층이 있는 건축물이나 주차시설
>   나. 승강기 등 기계장치에 의한 주차시설로서 자동차 20대 이상을 주차할 수 있는 시설
> 4. 층수(「건축법 시행령」 제119조 제1항 제9호에 따라 산정된 층수를 말한다. 이하 같다)가 6층 이상인 건축물
> 5. 항공기 격납고, 관망탑, 항공관제탑, 방송용 송수신탑
> 6. [별표 2]의 특정소방대상물 중 공동주택, 의원(입원실 또는 인공신장실이 있는 것으로 한정한다)·조산원·산후조리원, 숙박시설, 위험물 저장 및 처리 시설, 발전시설 중 풍력발전소·전기저장시설, 지하구(地下溝)

7. 1. 나목에 해당하지 않는 노유자 시설 중 다음 각 목의 어느 하나에 해당하는 시설. 다만, 가목 2) 및 나목부터 바목까지의 시설 중 「건축법 시행령」 [별표 1]의 단독주택 또는 공동주택에 설치되는 시설은 제외한다.

— 중략 —

8. 「의료법」 제3조 제2항 제3호 라목에 따른 요양병원(이하 "요양병원"이라 한다). 다만, 의료재활시설은 제외한다.
9. [별표 2]의 특정소방대상물 중 공장 또는 창고시설로서 「화재의 예방 및 안전관리에 관한 법률 시행령」 [별표 2]에서 정하는 수량의 750배 이상의 특수가연물을 저장·취급하는 것
10. [별표 2] 제17호 나목에 따른 가스시설로서 지상에 노출된 탱크의 저장용량의 합계가 100톤 이상인 것

29 난이도 ●●○○○ 답 ②

중앙소방기술심의위원회의 심의사항
소방시설에 하자가 있는지의 판단에 관한 사항은 지방소방기술심의위원회의 심의사항에 해당한다.

✅ 확인학습 중앙소방기술심의위원회(중앙위원회)
1. 화재안전기준에 관한 사항
2. 소방시설의 구조 및 원리 등에서 공법이 특수한 설계 및 시공에 관한 사항
3. 소방시설의 설계 및 공사감리의 방법에 관한 사항
4. 소방시설공사의 하자를 판단하는 기준에 관한 사항
5. 소방기술 등에 관하여 대통령령으로 정하는 사항
   - 연면적 10만㎡ 이상의 특정소방대상물에 설치된 소방시설의 설계·시공·감리의 하자 유무에 관한 사항
   - 새로운 소방시설과 소방용품 등의 도입 여부에 관한 사항
   - 소방기술과 관련하여 소방청장이 심의에 부치는 사항

✅ 확인학습 지방소방기술심의위원회(지방위원회)
1. 소방시설에 하자가 있는지의 판단에 관한 사항
2. 소방기술 등에 관하여 대통령령으로 정하는 사항
   - 연면적 10만㎡ 미만의 특정소방대상물에 설치된 소방시설의 설계·시공·감리의 하자 유무에 관한 사항
   - 소방본부장 또는 소방서장이 화재안전기준 또는 위험물 제조소등의 시설기준 또는 화재안전기준의 적용에 관하여 기술검토를 요청하는 사항
   - 소방기술과 관련하여 시·도지사가 소방기술심의위원회의 심의에 부치는 사항

30 난이도 ●●●●○ 답 ④

관리업의 업종별 등록기준 및 영업범위
전문소방시설관리업의 보조 기술인력 등록기준은 초급·중급·고급점검자 이상의 기술인력: 각 2명 이상이다.

✅ 확인학습 관리업의 업종별 등록기준 및 영업범위(영 [별표 9])

구분	기술인력	영업범위
전문 소방시설 관리업	• 주된 기술인력 – 소방시설관리사 자격을 취득한 후 소방 관련 실무경력이 5년 이상인 사람 1명 이상 – 소방시설관리사 자격을 취득한 후 소방 관련 실무경력이 3년 이상인 사람 1명 이상 • 보조 기술인력 – 고급점검자 이상의 기술인력: 2명 이상 – 중급점검자 이상의 기술인력: 2명 이상 – 초급점검자 이상의 기술인력: 2명 이상	모든 특정소방 대상물
일반 소방시설 관리업	• 주된 기술인력: 소방시설관리사 자격을 취득한 후 소방 관련 실무경력이 1년 이상인 사람 1명 이상 • 보조 기술인력 – 중급점검자 이상의 기술인력: 1명 이상 – 초급점검자 이상의 기술인력: 1명 이상	1급, 2급, 3급 소방 안전관리 대상물

1) "소방 관련 실무경력"이란 「소방시설공사업법」 제28조 제3항에 따른 소방기술과 관련된 경력을 말한다.
2) 보조 기술인력의 종류별 자격은 「소방시설공사업법」 제28조 제3항에 따라 소방기술과 관련된 자격·학력 및 경력을 가진 사람 중에서 행정안전부령으로 정한다.

31 난이도 ●●●○○ 답 ③

행정처분 시 감경사유
위반행위가 사소한 부주의나 오류가 아닌 고의에 의한 것으로 인정되는 경우는 가중사유에 해당한다.

✅ 확인학습 행정처분 시 가중사유(규칙 [별표 8])
1. 위반행위가 사소한 부주의나 오류가 아닌 고의나 중대한 과실에 의한 것으로 인정되는 경우
2. 위반의 내용·정도가 중대하여 관계인에게 미치는 피해가 크다고 인정되는 경우

✅ 확인학습 행정처분 시 감경사유(규칙 [별표 8])
1. 위반행위가 사소한 부주의나 오류 등 과실로 인한 것으로 인정되는 경우
2. 위반의 내용·정도가 경미하여 관계인에게 미치는 피해가 적다고 인정되는 경우
3. 위반 행위자가 처음 해당 위반행위를 한 경우로서 5년 이상 소방시설관리사의 업무, 소방시설관리업 등을 모범적으로 해 온 사실이 인정되는 경우
4. 그 밖에 다음의 경미한 위반사항에 해당되는 경우
   - 스프링클러설비 헤드가 살수반경에 미치지 못하는 경우
   - 자동화재탐지설비 감지기 2개 이하가 설치되지 않은 경우
   - 유도등이 일시적으로 점등되지 않는 경우
   - 유도표지가 정해진 위치에 붙어 있지 않은 경우

32 난이도 ●○○○○ 답 ④

🏛 **제1류 위험물**

제1류 위험물의 품명으로 옳은 것은 과염소산염류이다.

| 선지분석 |
① [×] 질산: 제6류 위험물
② [×] 과염소산: 제6류 위험물
③ [×] 과산화수소: 제6류 위험물

33 난이도 ●●●●○ 답 ①

🏛 **위험물의 유별 저장 · 취급**

제1류 위험물은 가연물과의 접촉·혼합이나 분해를 촉진하는 물품과의 접근 또는 과열·충격·마찰 등을 피하는 한편, 알카리금속의 과산화물 및 이를 함유한 것에 있어서는 물과의 접촉을 피하여야 한다.

| 선지분석 |
② 제3류 위험물 중 자연발화성물질에 있어서는 불티·불꽃 또는 고온체와의 접근·과열 또는 공기와의 접촉을 피하고, 금수성물질에 있어서는 물과의 접촉을 피하여야 한다.
③ 제2류 위험물은 산화제와의 접촉·혼합이나 불티·불꽃·고온체와의 접근 또는 과열을 피하는 한편, 철분·금속분·마그네슘 및 이를 함유한 것에 있어서는 물이나 산과의 접촉을 피하고 인화성 고체에 있어서는 함부로 증기를 발생시키지 아니하여야 한다.
④ 제6류 위험물은 가연물과의 접촉·혼합이나 분해를 촉진하는 물품과의 접근 또는 과열을 피하여야 한다.

> ✅ **확인학습** 위험물의 유별 저장·취급의 공통기준(중요기준)
> 1. 제1류 위험물은 가연물과의 접촉·혼합이나 분해를 촉진하는 물품과의 접근 또는 과열·충격·마찰 등을 피하는 한편, 알카리금속의 과산화물 및 이를 함유한 것에 있어서는 물과의 접촉을 피하여야 한다.
> 2. 제2류 위험물은 산화제와의 접촉·혼합이나 불티·불꽃·고온체와의 접근 또는 과열을 피하는 한편, 철분·금속분·마그네슘 및 이를 함유한 것에 있어서는 물이나 산과의 접촉을 피하고 인화성 고체에 있어서는 함부로 증기를 발생시키지 아니하여야 한다.
> 3. 제3류 위험물 중 자연발화성물질에 있어서는 불티·불꽃 또는 고온체와의 접근·과열 또는 공기와의 접촉을 피하고, 금수성물질에 있어서는 물과의 접촉을 피하여야 한다.
> 4. 제4류 위험물은 불티·불꽃·고온체와의 접근 또는 과열을 피하고, 함부로 증기를 발생시키지 아니하여야 한다.
> 5. 제5류 위험물은 불티·불꽃·고온체와의 접근이나 과열·충격 또는 마찰을 피하여야 한다.
> 6. 제6류 위험물은 가연물과의 접촉·혼합이나 분해를 촉진하는 물품과의 접근 또는 과열을 피하여야 한다.
> 7. 1.~6.의 기준은 위험물을 저장 또는 취급함에 있어서 당해 기준에 의하지 아니하는 것이 통상인 경우는 적용하지 아니한다. 이 경우 당해 저장 또는 취급에 대하여는 재해의 발생을 방지하기 위한 충분한 조치를 강구하여야 한다.

34 난이도 ●●●●○ 답 ④

🏛 **예방규정**

지정수량의 배수는 다음 풀이식으로 구한다.

$$\text{지정수량 배수} = \frac{\text{저장(취급)수량}}{\text{지정수량}}$$

| 선지분석 |
① [○] 알코올류의 지정수량은 400L이므로 지정수량 배수는 $\frac{4{,}000\text{L}}{400\text{L}} = 10$(배)이다.
즉, 지정수량의 10배 이상의 위험물을 취급하는 제조소에 해당하며, 따라서 예방규정 작성 대상이다.
② [○] 유황(황)의 지정수량은 100kg이므로 지정수량 배수는 $\frac{30{,}000\text{kg}}{100\text{kg}} = 300$(배)이다.
즉, 지정수량의 100배 이상의 위험물을 저장하는 옥외저장소에 해당하며, 따라서 예방규정 작성 대상이다.
③ [○] 질산에스테르류(질산에스터류)의 지정수량은 10kg이므로 지정수량 배수 $\frac{2{,}500\text{kg}}{10\text{kg}} = 250$(배)이다.
즉, 지정수량의 150배 이상의 위험물을 저장하는 옥내저장소에 해당하며, 따라서 예방규정 작성 대상이다.
④ [×] 경유의 지정수량은 1,000L이므로 지정수량 배수는 $\frac{150{,}000\text{L}}{1{,}000\text{L}} = 150$(배)이다.
지정수량의 200배 이상의 위험물을 저장하는 옥외탱크저장소가 예방규정 작성 대상이기 때문에, 이 옥외탱크저장소는 해당하지 않는다.

> ✅ **확인학습** 관계인이 예방규정을 정하여야 하는 제조소등
> 1. 지정수량의 10배 이상의 위험물을 취급하는 제조소
> 2. 지정수량의 100배 이상의 위험물을 저장하는 옥외저장소
> 3. 지정수량의 150배 이상의 위험물을 저장하는 옥내저장소
> 4. 지정수량의 200배 이상의 위험물을 저장하는 옥외탱크저장소
> 5. 암반탱크저장소
> 6. 이송취급소
> 7. 지정수량의 10배 이상의 위험물을 취급하는 일반취급소. 다만, 제4류 위험물(특수인화물을 제외한다)만을 지정수량의 50배 이하로 취급하는 일반취급소(제1석유류·알코올류의 취급량이 지정수량의 10배 이하인 경우에 한한다)로서 다음에 해당하는 것을 제외한다.
>   • 보일러·버너 또는 이와 비슷한 것으로서 위험물을 소비하는 장치로 이루어진 일반취급소
>   • 위험물을 용기에 옮겨 담거나 차량에 고정된 탱크에 주입하는 일반취급소

35 난이도 ●●●○○ 답 ①

🏛 **옥외저장소 위험물 저장 대상**

제1류 위험물 중 염소산염류는 지정수량 이상을 옥외저장소에 저장할 수 없다.

> ✅ **확인학습** 옥외저장소
> 1. 제2류 위험물 중 황 또는 인화성 고체(인화점이 0℃ 이상인 것에 한한다)
> 2. 제4류 위험물 중 제1석유류(인화점이 0℃ 이상인 것에 한한다)·알코올류·제2석유류·제3석유류·제4석유류 및 동·식물유류
> 3. 제6류 위험물

4. 제2류 위험물 및 제4류 위험물 중 특별시·광역시 또는 도의 조례에서 정하는 위험물(「관세법」 제154조의 규정에 의한 보세구역 안에 저장하는 경우에 한한다)
5. 「국제해사기구에 관한 협약」에 의하여 설치된 국제해사기구가 채택한 「국제해상위험물규칙」(IMDG Code)에 적합한 용기에 수납된 위험물

36 난이도 ●●●○○ 답 ②

🔔 **위험등급 Ⅱ**

위험등급Ⅱ에 해당하는 것은 제2류 위험물 중 적린이다.

| 선지분석 |

① [×] 제3류 위험물 중 칼륨은 위험등급Ⅰ이다.
③ [×] 제4류 위험물 중 특수인화물은 위험등급Ⅰ이다.
④ [×] 제1류 위험물 중 무기과산화물은 위험등급Ⅰ이다.

37 난이도 ●●○○○ 답 ④

🔔 **제조소 보유공지**

제조소의 위치·구조 및 설비의 기준에 근거하여 취급하는 위험물의 최대수량이 지정수량의 20배인 경우, 제조소 주위에 보유하여야 하는 공지의 너비는 5m 이상으로 하여야 한다.

✅ **확인학습** 제조소의 보유공지

취급하는 위험물의 최대수량	공지의 너비
지정수량의 10배 이하	3m 이상
지정수량의 10배 초과	5m 이상

38 난이도 ●●●●○ 답 ③

🔔 **화학소방자동차**

옳은 것은 ③이다.

| 선지분석 |

① [×] 포수용액 방사차: 포수용액의 방사능력이 매분 2,000L 이상일 것
② [×] 분말 방사차: 1,400kg 이상의 분말을 비치할 것
③ [○] 할로겐화합물 방사차: 할로겐화합물의 방사능력이 매초 40kg 이상일 것
④ [×] 이산화탄소 방사차: 3,000kg 이상의 이산화탄소를 비치할 것

✅ **확인학습** 화학소방자동차에 갖추어야 하는 소화능력 및 설비의 기준

포수용액 방사차	• 포수용액의 방사능력이 매분 2천L 이상 • 소화약액탱크 및 소화약액혼합장치 비치 • 10만L 이상 포수용액을 방사할 수 있는 양의 소화약제
분말 방사차	• 분말의 방사능력이 매초 35kg 이상 • 분말탱크 및 가압용가스설비 비치 • 1천400kg 이상 분말
할로겐화합물 방사차	• 할로겐화합물의 방사능력이 매초 40kg 이상 • 할로겐화합물탱크 및 가압용가스설비 비치 • 1천kg 이상 할로겐화합물
이산화탄소 방사차	• 이산화탄소의 방사능력이 매초 40kg 이상 • 이산화탄소저장용기 비치 • 3천kg 이상 이산화탄소
제독차	가성소오다 및 규조토 각각 50kg 이상

39 난이도 ●○○○○ 답 ①

🔔 **위험물 지정수량**

옳은 것은 ①이다.

| 선지분석 |

① [○] 유기과산화물: 10kg
② [×] 아염소산염류: 50kg
③ [×] 황린: 20kg
④ [×] 유황(황): 100kg

✅ **확인학습** 위험물 및 지정수량

유별/성질	품명/지정수량			
일산고	아염과무	브질요(아)	과중(다)	–
	50kg	300kg	1천kg	–
이가고	황건 적 有(황)	철금 馬	인고	
	100kg	500kg	1천kg	
삼자수	칼나알알	황린	알유	금수인 칼슘탄
	10kg	20kg	50kg	300kg
사인액	특	1석·2석·3석·4석	알코올류	동·식물유류
	50L	200, 1천, 2천, 6천L	400L	1만L
오자	유질	나·소, 아조·다, 하	하하록	–
	10kg	200kg	100kg	–
육사액	과과질	–	–	–
	300kg	–	–	–

40 난이도 ●●●●● 답 ④

🔔 **운반에 관한 기준 중 적재방법**

자연발화물질 중 알킬알루미늄등은 운반용기 내용적의 90% 이하의 수납률로 수납하되, 50℃의 온도에서 5% 이상의 공간용적을 유지하도록 할 것

✅ **확인학습** 적재방법

위험물은 다음의 기준에 따라 운반용기에 수납하여 적재하여야 한다. 다만, 덩어리 상태의 유황(황)을 운반하기 위하여 적재하는 경우 또는 위험물을 동일구내에 있는 제조소등의 상호간에 운반하기 위하여 적재하는 경우에는 그러하지 아니하다.
1. 위험물이 온도변화 등에 의하여 누설되지 아니하도록 운반용기를 밀봉하여 수납할 것. 다만, 온도변화 등에 의한 위험물로부터의 가스의 발생으로 운반용기안의 압력이 상승할 우려가 있는 경우(발생한 가스가 독성 또는 인화성을 갖는 등 위험성이 있는 경우를 제외한다)에는 가스의 배출구(위험물의 누설 및 다른 물질의 침투를 방지하는 구조로 된 것에 한한다)를 설치한 운반용기에 수납할 수 있다.

2. 수납하는 위험물과 위험한 반응을 일으키지 아니하는 등 당해 위험물의 성질에 적합한 재질의 운반용기에 수납할 것
3. 고체위험물은 운반용기 내용적의 95% 이하의 수납율로 수납할 것
4. 액체위험물은 운반용기 내용적의 98% 이하의 수납율로 수납하되, 55℃의 온도에서 누설되지 아니하도록 충분한 공간용적을 유지하도록 할 것
5. 하나의 외장용기에는 다른 종류의 위험물을 수납하지 아니할 것
6. 자연발화물질 중 알킬알루미늄등은 운반용기 내용적의 90% 이하의 수납율로 수납하되, 50℃의 온도에서 5% 이상의 공간용적을 유지하도록 할 것

7회 2022년 04월 09일 공채

정답   p.275

01	②	02	①	03	②	04	②	05	정답없음
06	④	07	④	08	③	09	①, ②	10	정답없음
11	②	12	①	13	③	14	③	15	①
16	①	17	③	18	③	19	④	20	①

01 난이도 ●●○○○   답 ②

🏛 화재경계지구

※ 관련규정 제·개정
'화재경계지구' → '화재예방강화지구'

✅ 확인학습 화재예방강화지구의 관리
1. 소방관서장은 화재예방강화지구 안의 소방대상물의 위치·구조 및 설비 등에 대한 화재안전조사를 연 1회 이상 실시해야 한다.
2. 소방관서장은 화재예방강화지구 안의 관계인에 대하여 소방에 필요한 훈련 및 교육을 연 1회 이상 실시할 수 있다.
3. 소방관서장은 소방에 필요한 훈련 및 교육을 실시하려는 경우에는 화재예방강화지구 안의 관계인에게 훈련 또는 교육 10일 전까지 그 사실을 통보해야 한다.
4. 시·도지사는 법 제18조 제6항에 따라 다음의 사항을 행정안전부령으로 정하는 화재예방강화지구 관리대장에 작성하고 관리해야 한다.
   • 화재예방강화지구의 지정 현황
   • 화재안전조사의 결과
   • 소방설비등의 설치 명령 현황
   • 소방훈련의 실시 현황
   • 소방교육의 실시 현황
   • 그 밖에 화재예방 강화를 위하여 필요한 사항

• 소방본부장 또는 소방서장은 화재경계지구 안의 소방대상물의 위치·구조 및 설비 등에 대한 소방특별조사를 연 1회 이상 실시하여야 한다.
• 소방본부장 또는 소방서장은 화재경계지구 안의 관계인에 대하여 소방상 필요한 훈련 및 교육을 연 1회 이상 실시할 수 있다.
• 소방본부장 또는 소방서장은 소방상 필요한 훈련 및 교육을 실시하고자 하는 때에는 화재경계지구 안의 관계인에게 훈련 또는 교육 10일 전까지 그 사실을 통보하여야 한다.

02 난이도 ●●●○○   답 ①

🏛 소방기술민원센터

소방청장 또는 소방본부장은 「소방기본법」 제4조의2 제1항에 따른 소방기술민원센터(소방기술민원센터)를 소방청 또는 소방본부에 각각 설치·운영한다.

03 난이도 ●●●○○   답 ②

🏛 소방자동차 전용구역

전용구역에 차를 주차하거나 전용구역에의 진입을 가로막는 등의 방해행위를 한 자에게는 100만원 이하의 과태료를 부과한다.

04 난이도 ●○○○○   답 ②

🏛 비상소화장치

시·도지사는 법 제10조 제1항의 규정에 의하여 설치된 소방용수시설에 대하여 [별표 2]의 소방용수표지를 보기 쉬운 곳에 설치하여야 한다.

05 난이도 ●●●●●   답 ②

🏛 과태료

※ 관련규정 제·개정   정답없음

✅ 확인학습 화재예방법 시행령 [별표 9] 개별기준

위반행위	근거법조문	과태료(만원)		
		1차	2차	3차
법 제17조 제4항에 따른 불을 사용할 때 지켜야 하는 사항 및 같은 조 제5항에 따른 특수가연물의 저장 및 취급기준을 위반한 경우	법 제52조 제2항 제1호	200		

위반행위	과태료 금액(만원)			
	1회	2회	3회	4회 이상
특수가연물의 저장 및 취급의 기준을 위반한 경우	20	50	100	100

06 난이도 ●○○○○   답 ④

🏛 소방활동설비

비상조명등설비는 피난구조설비에 해당한다.

07 난이도 ●●●○○ 답 ④

성능위주설계

> ※ 관련규정 제·개정
>
> ✓ **확인학습** 성능위주설계를 하여야 하는 특정소방대상물
> 1. 연면적 20만㎡ 이상(아파트등 제외)
> 2. 50층 이상(지하층 제외)이거나 지상으로부터 높이가 200미터 이상인 아파트등
> 3. 30층 이상(지하층을 포함한다)이거나 지상으로부터 높이가 120미터 이상인 특정소방대상물(아파트등 제외)
> 4. 연면적 3만제곱미터 이상인 특정소방대상물
>   - 철도 및 도시철도 시설
>   - 공항시설
> 5. 별표 2 제16호의 창고시설 중 연면적 10만제곱미터 이상인 것 또는 지하층의 층수가 2개층 이상이고 지하층의 바닥면적의 합계가 3만제곱미터 이상인 것
> 6. 영화상영관이 10개 이상인 특정소방대상물
> 7. 지하연계 복합건축물에 해당하는 특정소방대상물
> 8. 터널
>   - 수저(水底)터널
>   - 길이가 5천미터 이상인 것
>
> * 아파트등: 별표 2 제1호에 따른 공동주택 중 주택으로 쓰이는 층수가 5층 이상인 주택

30층 이상(지하층을 포함한다)이거나 지상으로부터 높이가 120m 이상인 특정소방대상물(아파트등은 제외한다)

08 난이도 ●●○○○ 답 ③

방염성능기준
발연량을 측정하는 경우 최대연기밀도는 400 이하이어야 한다.

09 난이도 ●●●○○ 답 ①

소방특별조사

> ※ 관련규정 제·개정 답 ①, ②
> '소방특별조사' → '화재안전조사'
>
> | 선지분석 |
> ② [×] 소방특별조사를 실시하는 경우에는 원칙적으로 7일 전에 관계인에게 서면으로 알려야 한다.
>
> 「화재의 예방 및 안전관리에 관한 법률 시행령」 제8조(화재안전조사의 방법·절차 등) ② 소방관서장은 화재안전조사를 실시하려는 경우 사전에 법 제8조 제2항 각 호 외의 부분 본문에 따라 조사대상, 조사기간 및 조사사유 등 조사계획을 소방청, 소방본부 또는 소방서(이하 "소방관서"라 한다)의 인터넷 홈페이지나 법 제16조 제3항에 따른 전산시스템을 통해 7일 이상 공개해야 한다.

소방청장, 소방본부장 또는 소방서장은 소방특별조사를 마친 때에는 그 조사결과를 관계인에게 서면으로 통지하여야 한다.

10 난이도 ●●●●○ 답 ②

특정소방대상물

> ※ 관련규정 제·개정 정답없음
>
> | 개정 전 | 주거용 주방자동소화장치를 설치해야 하는 것: 아파트등 및 30층 이상 오피스텔의 모든 층 |
> |---|---|
> | 개정 후 | 주거용 주방자동소화장치를 설치해야 하는 것: 아파트등 및 오피스텔의 모든 층 |
>
> * 「소방시설 설치 및 관리에 관한 법률 시행령」 [별표 4] 1. 나. 1)의 규정

주거용 주방자동소화장치를 설치하여야 하는 것: 아파트등 및 30층 이상 오피스텔의 모든 층

| 선지분석 |
① 길이가 1,000m인 터널에는 옥내소화전설비를 설치해야 한다.
③ 창고시설(물류터미널은 제외한다)로서 바닥면적 합계가 5천㎡ 이상인 경우에는 모든 층
④ 근린생활시설 중 조산원 및 산후조리원으로서 연면적 600㎡ 미만인 시설

> ✓ **확인학습** 간이스프링클러설비를 설치하여야 하는 특정소방대상물
> 1. 근린생활시설
>   - 근린생활시설로 사용하는 부분의 바닥면적 합계가 1천㎡ 이상인 것은 모든 층
>   - 의원, 치과의원 및 한의원으로서 입원실이 있는 시설
>   - 조산원 및 산후조리원으로서 연면적 600㎡ 미만인 시설
> 2. 교육연구시설 내에 합숙소로서 연면적 100㎡ 이상인 것
> 3. 의료시설
> 4. 노유자시설
> 5. 건물을 임차하여 「출입국관리법」에 따른 보호시설로 사용하는 부분
> 6. 숙박시설 중 생활형 숙박시설로서 해당 용도로 사용되는 바닥면적의 합계가 600㎡ 이상인 것
> 7. 복합건축물로서 연면적 1천㎡ 이상인 것은 모든 층

11 난이도 ●●○○○ 답 ②

소방시설업 등록의 결격사유
4개분법에 따른 금고 이상의 실형을 선고받고 그 집행이 끝나거나(집행이 끝난 것으로 보는 경우를 포함한다) 면제된 날부터 2년이 지나지 아니한 사람

> ✓ **확인학습** 소방시설업 등록의 결격사유
> 1. 피성년후견인
> 2. 4개분법에 따른 금고 이상의 실형을 선고받고 그 집행이 끝나거나(집행이 끝난 것으로 보는 경우를 포함한다) 면제된 날부터 2년이 지나지 아니한 사람
> 3. 4개분법에 따른 금고 이상의 형의 집행유예를 선고받고 그 유예기간 중에 있는 사람
> 4. 등록하려는 소방시설업 등록이 취소(1.에 해당하여 등록이 취소된 경우는 제외한다)된 날부터 2년이 지나지 아니한 자
> 5. 법인의 대표자가 1. ~ 4.까지의 규정에 해당하는 경우 그 법인
> 6. 법인의 임원이 3. ~ 4.까지의 규정에 해당하는 경우 그 법인

12 난이도 ●●●○○ 답 ①

🏛 **소방공사 감리원의 배치기준**

지하층을 포함한 40층의 복합건축물이므로 책임감리원은 특급감리원 중 소방기술사를 배치하여야 한다.

> ✅ **확인학습** 행정안전부령으로 정하는 특급감리원 중 소방기술사를 배치하여야 하는 소방시설공사 현장의 기준
> 1. 연면적 20만㎡ 이상인 특정소방대상물의 공사 현장
> 2. 지하층을 포함한 층수가 40층 이상인 특정소방대상물의 공사 현장

13 난이도 ●●●●○ 답 ③

🏛 **착공신고 대상**

「위험물안전관리법」 제2조 제1항 제6호에 따른 제조소등은 제외한다.

14 난이도 ●○○○○ 답 ③

🏛 **소방시설공사업법**

발주자란 소방시설의 설계, 시공, 감리 및 방염(소방시설공사등)을 소방시설업자에게 도급하는 자를 말한다. 다만, 수급인으로서 도급받은 공사를 하도급하는 자는 제외한다.

15 난이도 ●●○○○ 답 ①

🏛 **소방시설업의 등록**

특정소방대상물의 소방시설공사등을 하려는 자는 업종별로 자본금(개인인 경우에는 자산 평가액을 말한다), 기술인력 등 대통령령으로 정하는 요건을 갖추어 특별시장·광역시장·특별자치시장·도지사 또는 특별자치도지사(이하 "시·도지사"라 한다)에게 소방시설업을 등록하여야 한다.

16 난이도 ●○○○○ 답 ①

🏛 **예방규정**
- 지정수량의 (10)배 이상의 위험물을 취급하는 제조소
- 지정수량의 (150)배 이상의 위험물을 저장하는 옥내저장소
- 지정수량의 (100)배 이상의 위험물을 저장하는 옥외저장소
- 지정수량의 (200)배 이상의 위험물을 저장하는 옥외탱크저장소

> ✅ **확인학습** 관계인이 예방규정을 정하여야 하는 제조소등
> 1. 지정수량의 10배 이상의 위험물을 취급하는 제조소
> 2. 지정수량의 100배 이상의 위험물을 저장하는 옥외저장소
> 3. 지정수량의 150배 이상의 위험물을 저장하는 옥내저장소
> 4. 지정수량의 200배 이상의 위험물을 저장하는 옥외탱크저장소
> 5. 암반탱크저장소
> 6. 이송취급소

7. 지정수량의 10배 이상의 위험물을 취급하는 일반취급소. 다만, 제4류 위험물(특수인화물을 제외한다)만을 지정수량의 50배 이하로 취급하는 일반취급소(제1석유류·알코올류의 취급량이 지정수량의 10배 이하인 경우에 한한다)로서 다음에 해당하는 것을 제외한다.
   - 보일러·버너 또는 이와 비슷한 것으로서 위험물을 소비하는 장치로 이루어진 일반취급소
   - 위험물을 용기에 옮겨 담거나 차량에 고정된 탱크에 주입하는 일반취급소

17 난이도 ●●○○○ 답 ③

🏛 **자체소방대**

최대수량이 지정수량의 50만배 이상인 제4류 위험물을 저장하는 옥외탱크저장소가 해당한다.

> ✅ **확인학습** 자체소방대에 두는 화학소방자동차 및 인원
>
> | 사업소의 구분(지정수량) | 화학소방자동차 | 자체소방대원의 수 |
> |---|---|---|
> | 제조소 또는 일반취급소에서 취급하는 제4류 위험물의 최대수량의 합이 12만배 미만 | 1대 | 5인 |
> | 제조소 또는 일반취급소에서 취급하는 제4류 위험물의 최대수량의 합이 12만배 이상 24만배 미만 | 2대 | 10인 |
> | 제조소 또는 일반취급소에서 취급하는 제4류 위험물의 최대수량의 합이 24만배 이상 48만배 미만 | 3대 | 15인 |
> | 제조소 또는 일반취급소에서 취급하는 제4류 위험물의 최대수량의 합이 48만배 이상 | 4대 | 20인 |
> | 옥외탱크저장소에 저장하는 제4류 위험물의 최대수량이 지정수량의 50만배 이상 | 2대 | 10인 |

화학소방자동차에는 소화능력 및 설비를 갖춰야 하고, 소화활동에 필요한 소화약제 및 기구를 비치하여야 한다.

18 난이도 ●●○○○ 답 ③

🏛 **위험물**

철분이라 함은 철의 분말로서 53마이크로미터의 표준체를 통과하는 것이 50중량퍼센트 미만인 것은 제외한다.

19 난이도 ●●○○○ 답 ④

🏛 **제조소**

인화성고체에 있어서는 적색바탕에 백색문자로, "화기엄금"를 표시한다.

> ✅ **확인학습** 제조소의 주의사항
> 1. 제1류 위험물 중 알칼리금속의 과산화물과 이를 함유한 것 또는 제3류 위험물 중 금수성 물질에 있어서는 "물기엄금"
> 2. 제2류 위험물(인화성 고체를 제외한다)에 있어서는 "화기주의"

3. 제2류 위험물 중 인화성 고체, 제3류 위험물 중 자연발화성 물질, 제4류 위험물 또는 제5류 위험물에 있어서는 "화기엄금"
4. 게시판의 색은 "물기엄금"을 표시하는 것에 있어서는 청색바탕에 백색문자로, "화기주의" 또는 "화기엄금"을 표시하는 것에 있어서는 적색바탕에 백색문자로 할 것

20 난이도 ●●●○○ 답 ①

🏛 옥외탱크저장소

저장 또는 취급하는 위험물의 최대수량이 지정수량의 500배 이하인 경우 보유 공지너비는 3m 이상으로 해야 한다.

✅ 확인학습 옥외탱크저장소의 보유공지

저장 또는 취급하는 위험물의 최대수량	공지의 너비
지정수량의 500배 이하	3m 이상
지정수량의 500배 초과 1천배 이하	5m 이상
지정수량의 1천배 초과 2천배 이하	9m 이상
지정수량의 2천배 초과 3천배 이하	12m 이상
지정수량의 3천배 초과 4천배 이하	15m 이상
지정수량의 4천배 초과	당해 탱크의 수평단면의 최대지름(가로형인 경우에는 긴 변)과 높이 중 큰 것과 같은 거리 이상. 다만, 30m 초과의 경우에는 30m 이상으로 할 수 있고, 15m 미만의 경우에는 15m 이상으로 하여야 한다.

8회 2021년 04월 03일 공채

정답
p.279

01	④	02	②	03	②	04	①	05	③
06	③, ④	07	③	08	④	09	④	10	①
11	④	12	③, ④	13	④	14	④	15	②
16	③	17	①	18	④	19	①	20	②

01 난이도 ●○○○○ 답 ④

🏛 화재의 예방조치

※ 관련규정 제·개정

| 선지분석 |
②, ③ 게시판 → 인터넷 홈페이지(참고)
④ [×] 보상권자는 소방관서장이다.

소방기본법상 보상권자는 소방본부장 또는 소방서장이다.

02 난이도 ●●○○○ 답 ②

🏛 소방용수시설

소방용수시설은 주거·상업·공업지역인 경우 소방대상물과 수평거리를 100m 이하가 되도록 설치하여야 한다.

| 선지분석 |
① [×] 소방용호스와 연결하는 소화전의 연결금속구의 구경은 65mm로 하여야 한다.
③ [×] 저수조에 물을 공급하는 방법은 상수도에 연결하여 자동으로 급수되는 구조로 하여야 한다.
④ [×] 급수탑의 개폐밸브는 지상에서 1.5m 이상 1.7m 이하의 위치에 설치하여야 한다.

03 난이도 ●●●○○ 답 ②

🏛 119종합상황실

119종합상황실의 설치 및 운영목적은 정보의 수집·분석과 판단·전파, 상황관리, 현장 지휘 및 조정·통제 등이다.

04 난이도 ●●○○○ 답 ①

🏛 한국소방안전원

소방기술과 안전관리에 관한 인·허가의 업무는 해당하지 않는다.

✅ 확인학습 한국소방안전원의 업무
1. 소방기술과 안전관리에 관한 교육 및 조사·연구
2. 소방기술과 안전관리에 관한 각종 간행물 발간
3. 화재예방과 안전관리의식 고취를 위한 대국민 홍보
4. 소방업무에 관하여 행정기관이 위탁하는 업무
5. 소방안전에 관한 국제협력
6. 그 밖에 회원에 대한 기술지원 등 정관으로 정하는 사항

05 난이도 ●●○○○ 답 ③

🏛 소방활동 종사명령

소방활동에 종사한 사람은 시·도지사로부터 소방활동의 비용을 지급받을 수 있다.

✅ 확인학습 종사명령(비용지급을 받을 수 없는 자)
1. 소방대상물에 화재, 재난·재해, 그 밖의 위급한 상황이 발생한 경우 그 관계인
2. 고의 또는 과실로 화재 또는 구조·구급 활동이 필요한 상황을 발생시킨 사람
3. 화재 또는 구조·구급 현장에서 물건을 가져간 사람

06 난이도 ●●○○○   답 ③

🏛 공동소방안전관리

※ 관련규정 제·개정   답 ③, ④
출제당시 ③이 정답이나, 관련 규정이 개정되어 ④도 옳지 않다.

개정 전	1. 고층 건축물(지하층을 제외한 층수가 11층 이상인 건축물만 해당한다) 2. 지하가(지하의 인공구조물 안에 설치된 상점 및 사무실, 그 밖에 이와 비슷한 시설이 연속하여 지하도에 접하여 설치된 것과 그 지하도를 합한 것을 말한다) 3. 복합건축물로서 연면적이 5천㎡ 이상인 것 또는 층수가 5층 이상인 것 4. 판매시설 중 도매시장, 소매시장 및 전통시장 5. 특정소방대상물 중 소방본부장 또는 소방서장이 지정하는 것
개정 후	1. 복합건축물(지하층을 제외한 층수가 11층 이상 또는 연면적 3만제곱미터 이상인 건축물) 2. 지하가(지하의 인공구조물 안에 설치된 상점 및 사무실, 그 밖에 이와 비슷한 시설이 연속하여 지하도에 접하여 설치된 것과 그 지하도를 합한 것을 말한다) 3. 그 밖에 대통령령으로 정하는 특정소방대상물: 판매시설 중 도매시장, 소매시장 및 전통시장

복합건축물로서 연면적이 5천㎡ 이상인 것이 해당한다.

07 난이도 ●●○○○   답 ③

🏛 소방용품

누전차단기는 해당하지 않는다.

✅ 확인학습 경보설비를 구성하는 제품 또는 기기
1. 누전경보기 및 가스누설경보기
2. 경보설비를 구성하는 발신기, 수신기, 중계기, 감지기 및 음향장치(경종만 해당한다)

08 난이도 ●●●●○   답 ④

🏛 간이스프링클러설비

※ 관련규정 제·개정

✅ 확인학습 간이스프링클러설비
1. 공동주택 중 연립주택 및 다세대주택(주택전용 간이스프링클러설비)
2. 근린생활시설
   가) 바닥면적 합계가 1천㎡ 이상인 것
   나) 의원, 치과의원 및 한의원으로서 입원실이 있는 시설
   다) 조산원 및 산후조리원으로서 연면적 600㎡ 미만인 시설
3. 의료시설
   가) 종합병원, 병원, 치과병원, 한방병원 및 요양병원(정신병원과 의료재활시설은 제외한다): 바닥면적의 합계가 600㎡ 미만인 시설
   나) 정신의료기관 또는 의료재활시설: 바닥면적의 합계가 300㎡ 이상 600㎡ 미만인 시설
   다) 정신의료기관 또는 의료재활시설로 사용되는 바닥면적의 합계가 300㎡ 미만이고, 창살(철재·플라스틱 또는 목재 등으로 사람의 탈출 등을 막기 위하여 설치한 것을 말하며, 화재 시 자동으로 열리는 구조로 되어 있는 창살은 제외한다)이 설치된 시설
4. 교육연구시설 내에 합숙소: 연면적 100㎡ 이상
5. 노유자 시설
   가) 제12조 제1항 제6호 각 목에 따른 시설(제12조 제1항 제6호 가목 2) 및 같은 호 나목부터 바목까지의 시설 중 단독주택 또는 공동주택에 설치되는 시설은 제외하며, 이하 "노유자 생활시설"이라 한다)
   나) 가)에 해당하지 않는 노유자 시설로 해당 시설로 사용하는 바닥면적의 합계가 300㎡ 이상 600㎡ 미만인 시설
   다) 가)에 해당하지 않는 노유자 시설로 해당 시설로 사용하는 바닥면적의 합계가 300㎡ 미만이고, 창살(철재·플라스틱 또는 목재 등으로 사람의 탈출 등을 막기 위하여 설치한 것을 말하며, 화재 시 자동으로 열리는 구조로 되어 있는 창살은 제외한다)이 설치된 시설
6. 숙박시설: 바닥면적의 합계가 300㎡ 이상 600㎡ 미만
7. 건물을 임차하여 「출입국관리법」 제52조 제2항에 따른 보호시설로 사용하는 부분
8. 복합건축물(별표 2 제30호 나목의 복합건축물만 해당한다)로서 연면적 1천㎡ 이상인 것은 모든 층

숙박시설 중 생활형 숙박시설로서 해당 용도로 사용되는 바닥면적의 합계가 600㎡ 이상인 것이 해당한다.

09 난이도 ●●●●○   답 ④

🏛 종합정밀점검

※ 관련규정 제·개정
• '종합정밀점검' → '종합점검'
• '작동기능점검' → '작동점검'

✅ 확인학습 종합점검 대상
1. 스프링클러설비가 설치된 특정소방대상물
2. 물분무등소화설비[호스릴(Hose reel) 방식의 물분무등소화설비만을 설치한 경우는 제외한다]가 설치된 연면적 5천㎡ 이상인 특정소방대상물(위험물 제조소등은 제외한다)
3. 다중이용업의 영업장이 설치된 특정소방대상물로서 연면적이 2천㎡ 이상인 것
4. 제연설비가 설치된 터널
5. 「공공기관의 소방안전관리에 관한 규정」에 따른 공공기관 중 연면적이 1천㎡ 이상인 것으로서 옥내소화전설비 또는 자동화재탐지설비가 설치된 것. 다만, 「소방기본법」 제2조 제5호에 따른 소방대가 근무하는 공공기관은 제외한다.

✅ 확인학습 종합점검의 점검횟수 및 점검시기
1. 연 1회 이상(특급소방안전관리대상물의 경우에는 반기에 1회 이상) 실시한다.
2. 1.에도 불구하고 소방본부장 또는 소방서장은 소방청장이 소방안전관리가 우수하다고 인정한 특정소방대상물에 대해서는 3년의 범위에서 소방청장이 고시하거나 정한 기간 동안 종합점검을 면제할 수 있다. 다만, 면제기간 중 화재가 발생한 경우는 제외한다.

> ✅ **확인학습 자체점검자**
> 1. **작동점검**: 특정소방대상물의 관계인·소방안전관리자 또는 소방시설관리업자
> 2. **종합점검**: 소방시설관리업에 등록된 기술인력 중 소방시설관리사 또는 소방안전관리자로 선임된 소방시설관리사 및 소방기술사

스프링클러설비가 설치된 특정소방대상물은 종합정밀점검 대상에 해당한다.

| 선지분석 |

① [×] 종합정밀점검은 소방시설관리업자 또는 소방안전관리자로 선임된 소방시설관리사 및 소방기술사가 실시할 수 있다.
② [×] 종합정밀점검은 소방시설등의 작동기능점검을 포함하여 소방시설등의 설비별 주요 구성 부품의 구조기준이 화재안전기준 및 「건축법」 등 관련 법령에서 정하는 기준에 적합한지 여부를 점검하는 것을 말한다.
③ [×] 건축물의 사용승인일이 속하는 달의 말일까지 실시한다.

> ✅ **확인학습 종합정밀점검 대상**
> 1. 스프링클러설비가 설치된 특정소방대상물
> 2. 물분무등소화설비[호스릴(Hose reel) 방식의 물분무등소화설비만을 설치한 경우는 제외한다]가 설치된 연면적 5천㎡ 이상인 특정소방대상물(위험물 제조소등은 제외한다)
> 3. 다중이용업의 영업장이 설치된 특정소방대상물로서 연면적이 2천㎡ 이상인 것
> 4. 제연설비가 설치된 터널
> 5. 「공공기관의 소방안전관리에 관한 규정」에 따른 공공기관 중 연면적이 1천㎡ 이상인 것으로서 옥내소화전설비 또는 자동화재탐지설비가 설치된 것. 다만, 「소방기본법」 제2조 제5호에 따른 소방대가 근무하는 공공기관은 제외한다.

10 난이도 ●●●○○   답 ①

🏛 **피난유도 안내정보의 제공**

연 2회 피난안내 교육을 실시하는 방법으로 제공하여야 한다.

> ✅ **확인학습 피난유도 안내정보의 제공**
> 1. 연 2회 피난안내 교육을 실시하는 방법
> 2. 분기별 1회 이상 피난안내 방송을 실시하는 방법
> 3. 피난안내도를 층마다 보기 쉬운 위치에 게시하는 방법
> 4. 엘리베이터, 출입구 등 시청이 용이한 지역에 피난안내 영상을 제공하는 방법

11 난이도 ●●●●○   답 ④

🏛 **감리**

상주공사감리는 소방시설용 배관(전선관을 포함한다)을 설치하거나 매립하는 때부터 소방시설 완공검사증명서를 발급받을 때까지 소방공사 감리현장에 감리원을 배치하여야 한다.

| 선지분석 |

① [×] 감리업자는 감리원을 현장에 배치하였을 때에는 소방공사감리원 배치통보서에 관현 서류를 첨부하여 감리원 배치일부터 7일 이내에 소방본부장 또는 소방서장에게 알려야 한다.

② [×] 대통령령으로 정하는 특정소방대상물의 관계인이 특정소방대상물에 대하여 자동화재탐지설비, 옥내소화전설비 등 대통령령으로 정하는 소방시설을 시공할 때에는 소방시설공사의 감리를 위하여 감리업자를 공사감리자로 지정하여야 한다.
③ [×] 상주공사감리 대상에는 연면적 3만㎡ 이상의 특정소방대상물(아파트는 제외한다)에 대한 소방시설의 공사, 지하층을 포함한 층수가 16층 이상으로서 500세대 이상인 아파트에 대한 소방시설의 공사가 해당한다.

12 난이도 ●●●○○   답 ③

🏛 **소방시설공사등**

※ **관련규정 제·개정**   답 ③, ④
출제당시 ③이 정답이나, 관련 규정이 개정되어 ④도 정답이다.

개정 전	시·도지사는 제9조 제1항 각 호의 어느 하나에 해당하는 경우로서 영업정지가 그 이용자에게 불편을 주거나 그 밖에 공익을 해칠 우려가 있을 때에는 영업정지처분을 갈음하여 3천만원 이하의 과징금을 부과할 수 있다.
개정 후	시·도지사는 제9조 제1항 각 호의 어느 하나에 해당하는 경우로서 영업정지가 그 이용자에게 불편을 주거나 그 밖에 공익을 해칠 우려가 있을 때에는 영업정지처분을 갈음하여 2억원 이하의 과징금을 부과할 수 있다. <개정 2020.6.9>

* 「소방시설공사업법」 제10조(과징금처분) 제1항

관계인은 하자보수 보증기간에 소방시설의 하자가 발생하였을 때에는 공사업자에게 그 사실을 알려야 하며, 통보를 받은 공사업자는 3일 이내에 하자를 보수하거나 보수 일정을 기록한 하자보수계획을 관계인에게 서면으로 알려야 한다.

13 난이도 ●●●●●   답 ④

🏛 **소방기술자 자격**

소방설비기사를 8년간 수행한 사람은 특급감리원의 자격이 있다.

| 선지분석 |

① [×] 소방공무원 3년간 근무한 경력은 초급감리원의 자격요건이다.
② [×] 특급기술자의 자격요건은 학사학위 12년 이상이다.
③ [×] 소방시설관리사 자격 5년 이상이면 특급 소방기술자의 자격이 있다.

> ✅ **확인학습 소방공사감리원 기술등급자격**
>
> | 전기분야 | 특급감리원 | 고급감리원 | 중급감리원 | 초급감리원 |
> |---|---|---|---|---|
> | 소방기술사 | ○ | ○ | ○ | ○ |
> | 소방설비기사 | 8년 이상 | 5년 이상 | 3년 이상 | 1년 이상 |
> | 소방설비산업기사 | 12년 이상 | 8년 이상 | 6년 이상 | 2년 이상 |
> | 학사학위 | – | – | – | 1년 이상 |
> | 전문학사학위 | – | – | – | 3년 이상 |
> | 소방공무원 | – | – | – | 3년 이상 |

✅ **확인학습** 소방기술자 기술등급 자격·기술자격에 따른 기술등급

기계분야	특급	고급	중급	초급
소방기술사	○	○	○	○
소방시설관리사	5년 이상	○	○	○
건축사, 건축기계설비기술사	5년 이상	3년 이상	○	○
소방설비기사	8년 이상	5년 이상	○	○
소방설비산업기사	11년 이상	8년 이상	3년	○
건축기사, 위험물기능장	13년 이상	11년 이상	5년 이상	2년 이상
건축산업기사, 위험물산업기사	×	13년 이상	8년 이상	4년 이상
위험물기능사	×	×	×	6년 이상

14 난이도 ●●○○○　　　답 ④

🔹 **감리업자의 업무**

소방공사감리업자의 업무에는 공사업자가 작성한 시공 상세 도면의 적합성 검토가 해당한다.

✅ **확인학습** 감리업자의 업무
1. 소방시설등의 설치계획표의 적법성 검토
2. 소방시설등 설계도서의 적합성(적법성과 기술상의 합리성을 말한다) 검토
3. 소방시설등 설계 변경 사항의 적합성 검토
4. 소방용품의 위치·규격 및 사용 자재의 적합성 검토
5. 공사업자가 한 소방시설등의 시공이 설계도서와 화재안전기준에 맞는지에 대한 지도·감독
6. 완공된 소방시설등의 성능시험
7. 공사업자가 작성한 시공 상세 도면의 적합성 검토
8. 피난시설 및 방화시설의 적법성 검토
9. 실내장식물의 불연화(不燃化)와 방염 물품의 적법성 검토

15 난이도 ●●●○○　　　답 ②

🔹 **소방기술자의 배치**

소방공사감리원이 공사 중단을 요청하는 경우는 해당하지 않는다.

✅ **확인학습** 소방기술자 배치 예외사항
1. 민원 또는 계절적 요인 등으로 해당 공정의 공사가 일정 기간 중단된 경우
2. 예산의 부족 등 발주자(하도급의 경우에는 수급인을 포함한다)의 책임 있는 사유 또는 천재지변 등 불가항력으로 공사가 일정기간 중단된 경우
3. 발주자가 공사의 중단을 요청하는 경우

16 난이도 ●●●●●　　　답 ③

🔹 **옥외탱크저장소**

지정수량 500배 초과 1천배 이하는 보유공지는 5m 이상이다. 펌프설비의 주위에는 너비 3m 이상의 공지를 보유하여야 한다. 다만, 방화상 유효한 격벽을 설치하는 경우와 제6류 위험물 또는 지정수량의 10배 이하 위험물의 옥외저장탱크의 펌프설비에 있어서는 그러하지 아니하다.

17 난이도 ●●●○○　　　답 ①

🔹 **제조소의 환기설비**

환기설비는 자연배기방식으로 하여야 한다.

✅ **확인학습** 환기설비
1. 환기는 자연배기방식으로 할 것
2. 급기구는 당해 급기구가 설치된 실의 바닥면적 150㎡마다 1개 이상(급기구의 크기: 800㎠ 이상). 다만 바닥면적이 150㎡ 미만인 경우에는 다음의 크기로 하여야 한다.

바닥면적	급기구의 면적
60㎡ 미만	150㎠ 이상
60㎡ 이상 90㎡ 미만	300㎠ 이상
90㎡ 이상 120㎡ 미만	450㎠ 이상
120㎡ 이상 150㎡ 미만	600㎠ 이상

3. 급기구는 낮은 곳에 설치하고 가는 눈의 구리망 등으로 인화방지망을 설치할 것
4. 환기구는 지붕 위 또는 지상 2m 이상의 높이에 회전식 고정벤틸레이터 또는 루프팬방식으로 설치할 것

18 난이도 ●○○○○　　　답 ④

🔹 **위험물의 성질과 품명**

아조화합물은 제5류 위험물에 해당한다.

19 난이도 ●●○○○　　　답 ①

🔹 **정기점검대상 저장소**

옥내탱크저장소는 해당하지 않는다.

✅ **확인학습** 정기점검대상 저장소
1. 지정수량의 10배 이상의 위험물을 취급하는 제조소
2. 지정수량의 100배 이상의 위험물을 저장하는 옥외저장소
3. 지정수량의 150배 이상의 위험물을 저장하는 옥내저장소
4. 지정수량의 200배 이상의 위험물을 저장하는 옥외탱크저장소
5. 암반탱크저장소
6. 이송취급소
7. 지정수량의 10배 이상의 위험물을 취급하는 일반취급소.
8. 지하탱크저장소
9. 이동탱크저장소
10. 위험물을 취급하는 탱크로서 지하에 매설된 탱크가 있는 제조소·주유취급소 또는 일반취급소

20 난이도 ●●●●● 답 ②

🏛 제조소에 설치하는 소방시설

소화활동설비는 해당하지 않는다.

| 선지분석 |
① [O] 「위험물안전관리법 시행규칙」 제41조 소화설비의 기준에 의하여 제조소등에는 화재 발생 시 소화가 곤란한 정도에 따라 그 소화에 적응성이 있는 소화설비를 설치하여야 한다.
③ [O] 「위험물안전관리법 시행규칙」 제43조 피난설비의 기준에 의하여 주유취급소 중 건축물의 2층 이상의 부분을 점포·휴게음식점 또는 전시장의 용도로 사용하는 것과 옥내주유취급소에는 피난설비를 설치하여야 한다.
④ [O] 「위험물안전관리법 시행규칙」 제42조 경보설비의 기준에 의하여 지정수량의 10배 이상의 위험물을 저장 또는 취급하는 제조소등(이동탱크저장소 제외)에는 화재 발생 시 이를 알릴 수 있는 경보설비를 설치하여야 한다.

9회 2020년 06월 20일 공채

정답 p.283

01	②	02	②	03	①	04	④	05	②
06	③	07	③	08	④	09	③	10	④
11	정답없음	12	③	13	①	14	③	15	①
16	③	17	④	18	②	19	②	20	정답없음

01 난이도 ●●○○○ 답 ②

🏛 생활안전활동

소방시설 오작동 신고에 따른 조치 활동은 소방지원활동에 해당한다.

> ✅ 확인학습 생활안전활동
> 1. 붕괴, 낙하 등이 우려되는 고드름, 나무, 위험 구조물 등의 제거활동
> 2. 위해동물, 벌 등의 포획 및 퇴치활동
> 3. 끼임, 고립 등에 따른 위험제거 및 구출활동
> 4. 단전사고 시 비상전원 또는 조명의 공급
> 5. 그 밖에 방치하면 급박해질 우려가 있는 위험을 예방하기 위한 활동

> ✅ 확인학습 소방지원활동
> 1. 산불에 대한 예방·진압 등 지원활동
> 2. 자연재해에 따른 급수·배수 및 제설 등 지원활동
> 3. 집회·공연 등 각종 행사 시 사고에 대비한 근접대기 등 지원활동
> 4. 화재, 재난·재해로 인한 피해복구 지원활동
> 5. 군·경찰 등 유관기관에서 실시하는 훈련지원활동
> 6. 소방시설 오작동 신고에 따른 조치활동
> 7. 방송제작 또는 촬영 관련 지원활동

02 난이도 ●○○○○ 답 ②

🏛 소방업무에 관한 종합계획

(소방청장)은 화재, 재난·재해, 그 밖의 위급한 상황으로부터 국민의 생명·신체 및 재산을 보호하기 위하여 소방업무에 관한 종합계획을 (5년)마다 수립·시행하여야 하고, 이에 필요한 재원을 확보하도록 노력하여야 한다.

03 난이도 ●●●○○ 답 ①

🏛 불의 사용에 있어서 지켜야 하는 사항

- 용접 또는 용단 작업자로부터 (반경 5m) 이내에 소화기를 갖추어 둘 것
- 용접 또는 용단 작업장 주변 (반경 10m) 이내에는 가연물을 쌓아 두거나 놓아두지 말 것. 다만, 가연물의 제거가 곤란하여 방지포 등으로 방호조치를 한 경우는 제외한다.

04 난이도 ●○○○○ 답 ④

🏛 소방용수시설

소방용수시설은 소화전, 저수조 및 급수탑이다. 상수도소화용수설비는 소방시설 중 소화용수설비에 해당한다.

05 난이도 ●○○○○ 답 ②

🏛 소방대

소방대의 구성원으로 옳은 것은 ㄴ, ㄹ이다.
소방대란 화재를 진압하고 화재, 재난·재해, 그 밖의 위급한 상황에서 구조·구급 활동 등을 하기 위하여 구성된 조직체를 말한다.

> ✅ 확인학습 소방대의 구성원
> 1. 「소방공무원법」에 따른 소방공무원
> 2. 「의무소방대설치법」 제3조에 따라 임용된 의무소방원
> 3. 「의용소방대 설치 및 운영에 관한 법률」에 따른 의용소방대원

06 난이도 ●○○○○ 답 ③

🏛 피난구조설비

시각경보기는 경보설비에 해당한다.

> ✅ 확인학습 피난구조설비
> 1. 피난기구
>   - 피난사다리
>   - 구조대
>   - 완강기
>   - 소방청장이 정하여 고시하는 화재안전기준으로 정하는 것
> 2. 인명구조기구
>   - 방열복, 방화복(안전모, 보호장갑 및 안전화를 포함한다)
>   - 공기호흡기
>   - 인공소생기

3. 유도등
- 피난유도선
- 피난구유도등
- 통로유도등
- 객석유도등
- 유도표지
4. 비상조명등 및 휴대용비상조명등

07 난이도 ●●●●○ 답 ③

🏛 완공검사

연면적과 층수에 의한 기준에서 아파트는 제외된다.

> ✅ 확인학습 완공검사를 위한 현장확인 대상 특정소방대상물
> 1. 문화 및 집회시설, 종교시설, 판매시설, 노유자시설, 수련시설, 운동시설, 숙박시설, (창고시설), 지하상가 및 다중이용업소
> 2. 다음의 어느 하나에 해당하는 설비가 설치되는 특정소방대상물
>   - (스프링클러설비등)
>   - 물분무등소화설비(호스릴 방식 소화설비 제외)
> 3. 연면적 1만㎡ 이상이거나 11층 이상인 특정소방대상물(아파트 제외)
> 4. 가연성 가스를 제조·저장 또는 취급하는 시설 중 지상에 노출된 가연성 가스탱크의 저장용량 합계가 1천t 이상인 시설

08 난이도 ●●●○○ 답 ④

🏛 소방안전관리보조자

- 「건축법 시행령」 [별표 1] 제2호 가목에 따른 아파트[(300)세대 이상인 아파트만 해당한다]
- 아파트를 제외한 연면적이 (1만5천㎡) 이상인 특정소방대상물

> ✅ 확인학습 소방안전관리보조자를 두어야 하는 특정소방대상물
> 1. 「건축법 시행령」 [별표 1] 제2호 가목에 따른 아파트(300세대 이상인 아파트만 해당한다)
> 2. 1.에 따른 아파트를 제외한 연면적이 1만5천㎡ 이상인 특정소방대상물
> 3. 1. 및 2.에 따른 특정소방대상물을 제외한 특정소방대상물 중 다음의 어느 하나에 해당하는 특정소방대상물
>   - 공동주택 중 기숙사
>   - 의료시설
>   - 노유자시설
>   - 수련시설
>   - 숙박시설(숙박시설로 사용되는 바닥면적의 합계가 1천500㎡ 미만이고 관계인이 24시간 상시 근무하고 있는 숙박시설은 제외한다)

09 난이도 ●●●○○ 답 ③

🏛 특정소방대상물

의료시설에 해당되는 특정소방대상물은 ㄴ, ㄷ이다.

| 선지분석 |

ㄱ. 노인의료복지시설은 노유자시설에 해당한다.
ㄹ. 한방의원은 근린생활시설에 해당한다.

> ✅ 확인학습 특정소방대상물
> 1. 의료시설
>   - 병원: 종합병원, 병원, 치과병원, 한방병원, 요양병원
>   - 격리병원: 전염병원, 마약진료소
>   - 정신의료기관
>   - 장애인 의료재활시설
> 2. 노유자시설: 노인 관련 시설(노인주거복지시설, 노인의료복지시설, 노인여가복지시설, 재가노인복지시설, 노인보호전문기관)
> 3. 근린생활시설: 의원, 치과의원, 한의원, 침술원, 접골원, 조산원(산후조리원 포함) 및 안마원(안마시술소 포함)

10 난이도 ●●●●○ 답 ④

🏛 소방시설의 특례(증축)

기존 부분을 포함한 전체에 대하여 증축 당시의 기준을 적용하여야 한다.

11 난이도 ●●●●○ 답 ①

🏛 단독경보형감지기 설치기준

※ 관련규정 제·개정	정답없음
• 출제 당시 정답은 ①이나, 관련 규정이 제·개정되어 정답이 없다. • 단독경보형감지기 설치기준에서 숙박시설관련 규정이 삭제되었다. 관련 규정이 제·개정되어 현재 시점에선 자동화재탐지설비를 설치해야 한다.	

개정 전	1. 연면적 1천㎡ 미만의 아파트등 2. 연면적 1천㎡ 미만의 기숙사 3. 교육연구시설 또는 수련시설 내에 있는 합숙소 또는 기숙사로서 연면적 2천㎡ 미만인 것 4. 연면적 600㎡ 미만의 숙박시설 5. 수련시설(숙박시설이 있는 것만 해당한다) 6. 연면적 400㎡ 미만의 유치원
개정 후	단독경보형 감지기를 설치해야 하는 특정소방대상물은 다음의 어느 하나에 해당하는 것으로 한다. 이 경우 5)의 연립주택 및 다세대주택에 설치하는 단독경보형 감지기는 연동형으로 설치해야 한다. 1) 교육연구시설 내에 있는 기숙사 또는 합숙소로서 연면적 2천㎡ 미만인 것 2) 수련시설 내에 있는 기숙사 또는 합숙소로서 연면적 2천㎡ 미만인 것 3) 다목 7)에 해당하지 않는 수련시설(숙박시설이 있는 것만 해당한다) 4) 연면적 400㎡ 미만의 유치원 5) 공동주택 중 연립주택 및 다세대주택
	자동화재탐지설비를 설치해야 하는 특정소방대상물은 다음의 어느 하나에 해당하는 것으로 한다. 1) 공동주택 중 아파트등·기숙사 및 숙박시설의 경우에는 모든 층

* 「소방시설 설치 및 관리에 관한 법률 시행령」 [별표 4]

연면적 600㎡ 미만의 숙박시설에 단독경보형감지기를 설치하여야 한다. 따라서 연면적 500㎡인 숙박시설이 해당한다.

| 선지분석 |
② 연면적 400㎡ 미만의 유치원이 해당한다.
③ 연면적 1천㎡ 미만의 기숙사가 해당한다.
④ 연면적 2천㎡ 미만인 것이 해당한다.

> ✅ **확인학습** 단독경보형감지기 설치기준
> 1. 연면적 1천㎡ 미만의 아파트등
> 2. 연면적 1천㎡ 미만의 기숙사
> 3. 교육연구시설 또는 수련시설 내에 있는 합숙소 또는 기숙사로서 연면적 2천㎡ 미만인 것
> 4. 연면적 600㎡ 미만의 숙박시설
> 5. 수련시설(숙박시설이 있는 것만 해당한다)
> 6. 연면적 400㎡ 미만의 유치원

12 난이도 ●○○○○ 답 ③

🏛 하자보수 보증기간

비상콘센트설비는 하자보수 보증기간이 3년이다.

13 난이도 ●●●○○ 답 ①

🏛 감리 위반사항에 대한 조치

감리업자는 감리를 할 때 소방시설공사가 설계도서나 화재안전기준에 맞지 아니할 때에는 (관계인)에게 알리고, (공사업자)에게 그 공사의 시정 또는 보완 등을 요구하여야 한다.

14 난이도 ●●●○○ 답 ③

🏛 공사의 도급

도급을 받은 자는 소방시설공사의 시공을 제3자에게 하도급할 수 없다. 다만, 대통령령으로 정하는 경우에는 도급받은 소방시설공사의 일부를 한 번만 제3자에게 하도급할 수 있다.

15 난이도 ●●●●○ 답 ①

🏛 소방시설공사업법 - 벌칙

소방시설업 등록을 하지 아니하고 영업을 한 자는 3년 이하의 징역 또는 3천만원 이하의 벌금에 처한다.

| 선지분석 |
② 영업정지처분을 받고 그 영업정지 기간에 영업을 한 자는 1년 이하의 징역 또는 1천만원 이하의 벌금에 처한다.
③ 소방시설업자가 아닌 자에게 소방시설공사등을 도급한 자는 1년 이하의 징역 또는 1천만원 이하의 벌금에 처한다.
④ 공사감리결과의 통보 또는 공사감리결과보고서의 제출을 거짓으로 한 자는 1년 이하의 징역 또는 1천만원 이하의 벌금에 처한다.

16 난이도 ●○○○○ 답 ③

🏛 위험물안전관리자의 선임 등

- 위험물안전관리자를 선임한 제조소등의 관계인은 그 위험물안전관리자를 해임하거나 위험물안전관리자가 퇴직한 때에는 해임하거나 퇴직한 날부터 (30)일 이내에 다시 위험물안전관리자를 선임하여야 한다.
- 제조소등의 관계인은 위험물안전관리자를 선임한 경우에는 선임한 날부터 (14)일 이내에 행정안전부령으로 정하는 바에 따라 소방본부장 또는 소방서장에게 신고하여야 한다.

17 난이도 ●●●●● 답 ④

🏛 위험물안전관리법 - 벌칙

위험물안전관리자 또는 그 대리자가 참여하지 아니한 상태에서 위험물을 취급한 자는 1천만원 이하의 벌금에 해당된다.

| 선지분석 |
① 제조소등의 사용정지명령을 위반한 자는 1천500만원 이하의 벌금에 처한다.
② 변경허가를 받지 아니하고 제조소등을 변경한 자는 1천500만원 이하의 벌금에 처한다.
③ 위험물의 저장 또는 취급에 관한 중요기준에 따르지 아니한 자는 1천500만원 이하의 벌금에 처한다.

> ✅ **확인학습** 1천만원 이하의 벌금
> 1. 위험물의 취급에 관한 안전관리와 감독을 하지 아니한 자
> 2. 안전관리자 또는 그 대리자가 참여하지 아니한 상태에서 위험물을 취급한 자
> 3. 변경한 예방규정을 제출하지 아니한 관계인으로서 허가를 받은 자
> 4. 위험물의 운반에 관한 중요기준에 따르지 아니한 자
> 5. 규정을 위반한 위험물운송자
> 6. 관계인의 정당한 업무를 방해하거나 출입·검사 등을 수행하면서 알게 된 비밀을 누설한 자

18 난이도 ●○○○○ 답 ②

🏛 위험물

"위험물"이라 함은 (인화성) 또는 (발화성) 등의 성질을 가지는 것으로서 (대통령령)이 정하는 물품을 말한다.

19 난이도 ●○○○○ 답 ②

🏛 지정수량

"지정수량"이라 함은 위험물의 종류별로 위험성을 고려하여 대통령령이 정하는 수량으로서 제조소등의 설치허가등에 있어서 최저의 기준이 되는 수량을 말한다.

20 난이도 ●●●●● 답 ④

🏛 경보설비의 기준

※ 관련규정 제·개정   정답없음
출제 당시 정답은 ④이나, 관련 규정이 제·개정되어 정답이 없다.

개정 전	제1항의 규정에 의한 경보설비는 자동화재탐지설비·비상경보설비(비상벨장치 또는 경종을 포함한다)·확성장치(휴대용확성기를 포함한다) 및 비상방송설비로 구분하되, 제조소등별로 설치하여야 하는 경보설비의 종류 및 자동화재탐지설비의 설치기준은 별표 17과 같다
개정 후	제1항에 따른 경보설비는 자동화재탐지설비·자동화속보설비·비상경보설비(비상벨장치 또는 경종을 포함한다)·확성장치(휴대용확성기를 포함한다) 및 비상방송설비로 구분하되, 제조소등별로 설치하여야 하는 경보설비의 종류 및 설치기준은 별표 17과 같다. <개정 2020.10.12>

*「위험물안전관리법 시행규칙」제42조(경보설비의 기준) 제2항

> ✅ **확인학습** 경보설비의 기준
> 1. 법 제5조 제4항의 규정에 의하여 영 별표 1의 규정에 의한 지정수량의 10배 이상의 위험물을 저장 또는 취급하는 제조소등(이동탱크저장소를 제외한다)에는 화재발생시 이를 알릴 수 있는 경보설비를 설치하여야 한다.
> 2. 1.에 따른 경보설비는 자동화재탐지설비·자동화속보설비·비상경보설비(비상벨장치 또는 경종을 포함한다)·확성장치(휴대용확성기를 포함한다) 및 비상방송설비로 구분하되, 제조소등별로 설치하여야 하는 경보설비의 종류 및 설치기준은 별표 17과 같다.
> 3. 자동신호장치를 갖춘 스프링클러설비 또는 물분무등소화설비를 설치한 제조소등에 있어서는 2.의 규정에 의한 자동화재탐지설비를 설치한 것으로 본다.

자동화재속보설비는 해당하지 않는다.

> ✅ **확인학습** 경보설비의 기준
> 1. 지정수량의 10배 이상의 위험물을 저장 또는 취급하는 제조소등(이동탱크저장소를 제외한다)에는 화재발생시 이를 알릴 수 있는 경보설비를 설치하여야 한다.
> 2. 경보설비는 자동화재탐지설비·자동화재속보설비·비상경보설비(비상벨장치 또는 경종을 포함한다)·확성장치(휴대용확성기를 포함한다) 및 비상방송설비로 구분하되, 제조소등별로 설치하여야 하는 경보설비의 종류 및 설치기준은 「위험물안전관리법 시행규칙」[별표 17]과 같다.
> 3. 자동신호장치를 갖춘 스프링클러설비 또는 물분무등소화설비를 설치한 제조소등에 있어서는 2.에 의한 자동화재탐지설비를 설치한 것으로 본다.

10회 2019년 04월 06일 공채

정답

01	④	02	①	03	④	04	정답없음	05	②
06	④	07	④	08	②	09	③	10	①
11	②	12	②	13	①	14	①, ④	15	①
16	②	17	③	18	③	19	④	20	②

01 난이도 ●●○○○ 답 ④

🏛 소방시설업의 운영

소방시설업의 경고처분을 받은 경우는 해당하지 않는다.

02 난이도 ●●●●○ 답 ①

🏛 완공검사

창고시설 또는 수련시설은 완공검사를 위한 현장확인 대상 특정소방대상물의 범위에 해당한다.

> ✅ **확인학습** 완공검사를 위한 현장확인 대상 특정소방대상물의 범위
> 1. 문화 및 집회시설, 종교시설, 판매시설, 노유자(老幼者)시설, 수련시설, 운동시설, 숙박시설, 창고시설, 지하상가 및 「다중이용업소의 안전관리에 관한 특별법」에 따른 다중이용업소
> 2. 다음의 어느 하나에 해당하는 설비가 설치되는 특정소방대상물
>   - 스프링클러설비등
>   - 물분무등소화설비(호스릴 방식의 소화설비는 제외한다)
> 3. 연면적 1만㎡ 이상이거나 11층 이상인 특정소방대상물(아파트는 제외한다)
> 4. 가연성 가스를 제조·저장 또는 취급하는 시설 중 지상에 노출된 가연성 가스탱크의 저장용량 합계가 1천t 이상인 시설

03 난이도 ●●●○○ 답 ④

🏛 청문대상

소방기술 인정 자격정지 처분은 청문대상에 해당하지 않는다.

> ✅ **확인학습** 청문대상
> 1. 소방시설업의 등록취소처분
> 2. 영업정지처분
> 3. 소방기술 인정 자격취소처분

04 난이도 ●●●○○　　답 ③

과징금

※ 관련규정 제·개정　　　　　　　　　　　　　　정답없음
출제 당시 정답은 ③이나, 관련 규정이 제·개정되어 정답이 없다.

개정 전	시·도지사는 제9조제1항 각 호의 어느 하나에 해당하는 경우로서 영업정지가 그 이용자에게 불편을 주거나 그 밖에 공익을 해칠 우려가 있을 때에는 영업정지처분을 갈음하여 3천만원 이하의 과징금을 부과할 수 있다.
개정 후	시·도지사는 제9조제1항 각 호의 어느 하나에 해당하는 경우로서 영업정지가 그 이용자에게 불편을 주거나 그 밖에 공익을 해칠 우려가 있을 때에는 영업정지처분을 갈음하여 2억원 이하의 과징금을 부과할 수 있다. <개정 2020.6.9>

*「소방시설공사업법」제10조(과징금 처분) 제1항

시·도지사는 소방시설공사업자가 소방시설 공사현장에 감리원 배치기준을 위반한 경우로서 영업정지가 그 이용자에게 불편을 주거나 그 밖에 공익을 해칠 우려가 있을 때에는 영업정지처분을 갈음하여 (3천만원) 이하의 과징금을 부과할 수 있다.

✅ 확인학습 과징금
시·도지사는 영업정지가 그 이용자에게 불편을 주거나 그 밖에 공익을 해칠 우려가 있을 때에는 영업정지처분을 갈음하여 3천만원 이하의 과징금을 부과할 수 있다.

05 난이도 ●●○○○　　답 ②

하자보수 보증기간
무선통신보조설비, 비상조명등의 하자보수 보증기간은 2년이다.

06 난이도 ●●●○○　　답 ④

방염성능기준
운동시설 중 수영장은 제외대상이다.

✅ 확인학습 방염대상 특정소방대상물
1. 근린생활시설 중 의원, 조산원, 산후조리원, 체력단련장, 공연장 및 종교집회장
2. 건축물의 옥내에 있는 시설
   - 문화 및 집회시설
   - 종교시설
   - 운동시설(수영장은 제외한다)
3. 의료시설
4. 교육연구시설 중 합숙소
5. 노유자시설
6. 숙박이 가능한 수련시설
7. 숙박시설
8. 방송통신시설 중 방송국 및 촬영소
9. 다중이용업소
10. 층수가 11층 이상인 것(아파트 제외)

07 난이도 ●●●●○　　답 ④

수용인원 산정방법
문화 및 집회시설은 바닥면적을 $4.6m^2$로 나누어 얻은 수로 한다.

✅ 확인학습 수용인원의 산정방법
1. 숙박시설이 있는 특정소방대상물
   - 침대가 있는 숙박시설: 종사자 수 + 침대 수
   - 침대가 없는 숙박시설: 종사자 수 + 숙박시설 바닥면적의 합계를 $3m^2$로 나누어 얻은 수
2. 1. 외의 특정소방대상물
   - 강의실·교무실·상담실·실습실·휴게실 용도: 바닥면적의 합계를 $1.9m^2$로 나누어 얻은 수
   - 강당, 문화 및 집회시설, 운동시설, 종교시설: 바닥면적의 합계를 $4.6m^2$로 나누어 얻은 수
     - 고정식 의자를 설치한 부분: 그 부분의 의자 수
     - 긴 의자의 경우: 의자의 정면너비를 0.45m로 나누어 얻은 수
   - 그 밖의 특정소방대상물: 바닥면적의 합계를 $3m^2$로 나누어 얻은 수
3. 비고
   - 바닥면적을 산정할 때에는 복도, 계단 및 화장실의 바닥면적을 포함하지 않는다.
   - 계산 결과 소수점 이하의 수는 반올림한다.

08 난이도 ●●●○○　　답 ②

소방시설관리사
소방시설관리사의 자격의 취소·정지 사유로 등록사항의 변경신고를 하지 아니한 경우는 해당하지 않는다.

✅ 확인학습 소방시설관리사 자격의 취소·정지

자격의 취소·정지 대상	취소 및 정지
• 거짓이나 부정한 방법으로 시험에 합격한 경우 • 소방시설관리사증을 다른 자에게 빌려준 경우 • 동시에 둘 이상의 업체에 취업한 경우 • 결격사유에 해당하게 된 경우	반드시 자격 취소하여야 한다.
• 소방안전관리 업무 하지 아니하거나 거짓으로 한 경우 • 소방시설등의 자체점검을 하지 아니하거나 거짓으로 한 경우 • 성실하게 자체점검을 업무를 수행하지 아니한 경우	자격을 취소하거나 2년의 기간을 정하여 자격정지하거나 취소할 수 있다.

09 난이도 ●●●○○　　답 ③

소방안전관리대상물
가연성 가스를 1천t 이상 저장·취급하는 시설은 1급 소방안전관리자를 두어야 하는 특정소방대상물에 해당한다.

✅ 확인학습 소방안전관리대상물
1. 1급 소방안전관리대상물(동·식물원, 철강 등 불연성 물품 저장·취급 창고, 위험물 제조소등, 지하구 제외)
   - 30층 이상(지하층 제외)이거나 높이가 120m 이상인 아파트
   - 연면적 1만5천m^2 이상인 특정소방대상물(아파트 제외)
   - 층수가 11층 이상인 특정소방대상물(아파트 제외)
   - 가연성 가스를 1천t 이상 저장·취급하는 시설

2. 2급 소방안전관리대상물
   - 스프링클러·간이스프링클러·물분무등소화설비(호스릴 제외)·옥내소화전설비
   - 가연성 가스 100t 이상 1천t 미만
   - 지하구
   - 공동주택
   - 목조건축물
3. 3급 소방안전관리대상물: 자동화재탐지설비를 설치하는 특정소방대상물
4. 특급 소방안전관리대상물(동·식물원, 철강 등 불연성 물품 저장·취급 창고, 위험물 제조소등, 지하구 제외)
   - 50층 이상(지하층 제외)이거나 높이가 200m 이상인 아파트
   - 30층 이상(지하층 포함)이거나 120m 이상인 특정소방대상물(아파트 제외)
   - 연면적이 20만㎡ 이상인 특정소방대상물(아파트 제외)

✅ 확인학습 소방안전교육사의 응시자격

구분	소방공무원	교원/원장	안전분야/자격	간호사	응급구조사	소방안전관리자	의용소방대원
–	(중앙·지방)전문교육 2주 이상	○	기술사 / 위험물 기능장 소방시설 관리사, 소방안전관련 학과등 6학점	–	–	특급	–
1년 이상	–	–	안전 기사	간호사	1급	1급	–
2년 이상	–	–	–	–	–	–	–
3년 이상	○	보육교사	안전 산업기사	–	2급	2급	–
5년 이상	–	–	–	–	–	–	○

10 난이도 ●●●○○   답 ①

화재안전정책기본계획
기본계획에는 화재안전분야 국제경쟁력 향상에 관한 사항이 포함되어야 한다.

| 선지분석 |
② [×] 소방청장은 기본계획을 시행하기 위하여 매년 시행계획을 수립·시행하여야 한다.
③ [×] 기본계획은 대통령령으로 정하는 바에 따라 소방청장이 관계 중앙행정기관의 장과 협의하여 수립한다.
④ [×] 국가는 화재안전 기반 확충을 위하여 화재안전정책에 관한 기본계획을 5년마다 수립·시행하여야 한다.

11 난이도 ●●●○○   답 ②

불을 사용하는 설비의 관리기준
- 보일러: 보일러와 벽·천장 사이의 거리는 (0.6)m 이상 되도록 한다.
- 난로: 연통은 천장으로부터 (0.6)m 이상 떨어지고, 건물 밖으로 0.6m 이상 나오게 설치하여야 한다.
- 건조설비: 건조설비와 벽·천장 사이의 거리는 (0.5)m 이상 되도록 하여야 한다.
- 음식조리를 위하여 설치하는 설비: 열을 발생하는 조리기구는 반자도는 선반으로부터 (0.6)m 이상 떨어지게 해야 한다.

12 난이도 ●●●●●   답 ②

소방안전교육사
옳은 것은 ㄴ, ㄹ, ㅂ이다.

| 선지분석 |
ㄱ. [×] 「영유아보육법」 제21조에 따라 보육교사 자격을 취득한 후 3년 이상의 보육업무 경력이 있는 사람
ㄷ. [×] 「의료법」 제7조에 따라 간호사 면허를 취득한 후 간호업무 분야에 1년 이상 종사한 사람
ㅁ. [×] 「소방공무원법」 제2조에 따른 소방공무원으로 3년 이상 근무한 경력이 있는 사람

13 난이도 ●●●●○   답 ①

손실보상
- 손실보상을 청구할 권리는 손실이 있음을 안 날부터 (3)년, 손실이 발생한 날부터 (5)년간 행사하지 아니하면 시효의 완성으로 소멸한다.
- 소방청장등은 손실보상심의위원회의 심사·의결을 거쳐 특별한 사유가 없으면 보상금 지급 청구서를 받은 날부터 (60)일 이내에 보상금 지급 여부 및 보상금액을 결정하여야 한다.
- 소방청장등은 결정일부터 (10)일 이내에 행정안전부령으로 정하는 바에 따라 결정 내용을 청구인에게 통지하고, 보상금을 지급하기로 결정한 경우에는 특별한 사유가 없으면 통지한 날부터 (30)일 이내에 보상금을 지급하여야 한다.

14 난이도 ●●●○○   답 ①, ④

소방용수시설
- 시·도지사는 소방활동에 필요한 소방용수시설을 설치하고 유지·관리하여야 하고, 「수도법」 제45조에 따라 소화전을 설치하는 일반수도사업자는 관할 소방서장과 사전협의를 거친 후 소화전을 설치하여야 하며, 설치 사실을 관할 소방서장에게 통지하고, 그 소화전은 일반수도사업가 유지·관리하여야 한다.
- 소화전은 상수도와 연결하여 지하식 또는 지상식의 구조로 하고 소방용 호스와 연결하는 소화전의 연결금속구의 구경은 65mm로 하여야 하며, 급수탑은 급수배관의 구경을 100mm 이상으로 하고 개폐밸브는 지상에서 1.5m 이상 1.7m 이하의 높이에 설치하여야 한다.

15 난이도 ●●●○○   답 ①

강제처분
강제처분권자로 옳은 것은 ㄱ, ㄴ, ㄷ이다.

16 난이도 ●●●●○   답 ②

🏛 고인화점위험물

고인화점위험물은 인화점이 100℃ 이상인 제4류 위험물을 말한다.

17 난이도 ●●●○○   답 ③

🏛 제조소의 위치 · 구조 및 설비의 기준

"위험물 제조소"라는 표시를 한 표지의 바탕은 백색으로, 문자는 흑색으로 하여야 한다.

18 난이도 ●●●●●   답 ③

🏛 옥외저장탱크의 위치 · 구조 및 설비 기준

옥외저장탱크의 배수관은 탱크의 옆판에 설치하여야 한다. 다만, 탱크와 배수관과의 결합부분이 지진 등에 의하여 손상을 받을 우려가 없는 방법으로 배수관을 설치하는 경우에는 탱크의 밑판에 설치할 수 있다.

19 난이도 ●●○○○   답 ④

🏛 위험물의 지정수량

중크롬산염류(다이크로뮴산염류)의 지정수량은 1천kg이다.

| 선지분석 |
① 브롬산염류(브로민산염류)의 지정수량은 300kg이다.
② 아염소산염류의 지정수량은 50kg이다.
③ 과염소산염류의 지정수량은 50kg이다.

✅ 확인학습 위험물 및 지정수량

유별/성질	품명/지정수량			
일산고	아염과무 50	브질요(아) 300	과중(다) 1천	-
이가고	황건 적 有(황) 100	철금 馬 500	인고 1천	-
삼자수	칼나알알 10	황린 20	알유 50	금수인칼슘 알탄 300
사인액	특 50L	석 (1, 2, 3, 4) 2백, 1천, 2천, 6천L	알 400L	동 1만L
오자	유질 10	나소아다하 200	하하록 100	-
육사액	과과질 300	-	-	-

20 난이도 ●●●○○   답 ②

🏛 위험물시설의 설치 및 변경 등

신고를 하지 아니하고 위험물의 품명 · 수량 또는 지정수량의 배수를 변경할 수 있는 경우는 축산용으로 필요한 난방시설을 위한 지정수량 20배 이하의 저장소가 해당한다.

✅ 확인학습 위험물시설의 설치허가 · 변경허가 · 변경신고 예외사항
1. 주택의 난방시설(공동주택의 중앙난방시설: 제외)을 위한 저장소 또는 취급소
2. 농예용 · 축산용 · 수산용으로 필요한 난방시설 또는 건조시설을 위한 지정수량 20배 이하의 저장소

11회 2018년 10월 13일 공채

정답   p.291

01	④	02	②	03	③	04	③	05	①
06	①	07	①	08	④	09	정답없음	10	②
11	②	12	②	13	①	14	①	15	④
16	①	17	④	18	④	19	①	20	①

01 난이도 ●●●●○   답 ④

🏛 권한의 위임 · 위탁 등

소방청장은 소방기술자 실무교육에 관한 업무를 소방청장이 지정하는 실무교육기관 또는 한국소방안전원에 위탁한다.

✅ 확인학습 업무의 위탁

구분	내용	실무교육기관	한국소방안전원	협회	소방기술과 관련된 법인 · 단체
소방청장의 업무 위탁	소방기술자 실무교육	○	○	-	-
	시공능력 평가 및 공시	-	-	○	-
	소방기술과 관련된 자격 · 학력 · 경력의 인정 업무	-	-	○	○
시 · 도 지사의 업무 위탁	소방시설업 등록신청 접수 및 신청내용 확인	-	-	○	-
	소방시설업 변경신고 접수	-	-	○	-
	소방시설업 휴업 · 폐업 · 재개업 신고 접수	-	-	○	-

02 난이도 ●●●●○ 답 ②

🏛 착공신고

착공신고 대상으로 자동화재탐지설비, 비상경보설비, 비상방송설비를 신설하는 특정소방대상물 신축공사가 해당한다.

> ✅ **확인학습** 착공신고대상(제조소등 또는 다중이용업소에서의 소방시설 공사는 제외한다)
>
> | 소방시설 | 신설하는 공사 | 증설하는 공사 |
> |---|---|---|
> | 소화설비 | 옥내소화전설비(호스릴옥내소화전설비 포함), 옥외소화전설비, 스프링클러설비등, 물분무등소화설비 | 좌동 |
> | 경보설비 | 자동화재탐지설비·비상경보설비·비상방송설비·화재알림설비 | 자동화재탐지설비·화재알림설비 |
> | 피난구조설비 | 해당사항 없음 | 해당사항 없음 |
> | 소화용수설비 | ○ | 해당사항 없음 |
> | 소화활동설비 | ○ | 무선통신보조설비 제외 |
>
> 전부·일부를 개설·이전·정비하는 공사: 수신반, 소화펌프, 동력제어반, 감시제어반

03 난이도 ●●○○○ 답 ③

🏛 감리결과의 통보

소방시설설계업의 설계사는 해당되지 않는다.

> ✅ **확인학습** 소방공사감리를 마쳤을 때 감리업자의 감리결과 통지 대상
> 1. 특정소방대상물의 관계인
> 2. 소방시설공사의 도급인
> 3. 특정소방대상물의 공사를 감리한 건축사

04 난이도 ●●○○○ 답 ③

🏛 소방시설업

소방안전관리 업무의 대행 또는 소방시설등의 점검 및 유지·관리하는 영업은 소방시설관리업에 해당한다.

05 난이도 ●●●○○ 답 ①

🏛 건축허가등 동의대상물

연면적 200㎡ 이상인 노유자시설·수련시설이 건축허가등의 동의대상물의 범위에 해당한다.

06 난이도 ●○○○○ 답 ①

🏛 주택에 설치하는 소방시설

옳은 것은 ㄱ, ㄹ이다.
대통령령으로 정하는 소방시설이란 소화기 및 단독경보형감지기를 말한다.

07 난이도 ●○○○○ 답 ①

🏛 소방용품의 내용연수

분말형태의 소화약제를 사용하는 소화기의 내용연수 10년으로 한다.

08 난이도 ●●○○○ 답 ④

🏛 소방시설의 내진설계기준

소방청장이 정하는 내진설계기준에 맞게 소방시설을 설치하여야 하는 대상은 옥내소화전설비, 스프링클러설비, 물분무등소화설비이다.

09 난이도 ●●●○○ 답 ④

🏛 소방특별조사의 방법·절차

> ※ 관련규정 제·개정   정답없음
> '소방특별조사' → '화재안전조사'

| 선지분석 |

① [×] 소방특별조사를 실시하는 경우에는 원칙적으로 7일 전에 관계인에게 서면으로 알려야 한다.

> 「화재의 예방 및 안전관리에 관한 법률 시행령」 제8조(화재안전조사의 방법·절차 등) ② 소방관서장은 화재안전조사를 실시하려는 경우 사전에 법 제8조 제2항 각 호 외의 부분 본문에 따라 조사대상, 조사기간 및 조사사유 등 조사계획을 소방청, 소방본부 또는 소방서(이하 "소방관서"라 한다)의 인터넷 홈페이지나 법 제16조 제3항에 따른 전산시스템을 통해 7일 이상 공개해야 한다.

② [×] 소방특별조사는 원칙적으로 관계인의 승낙 없이 해가 뜨기 전이나 해가 진 뒤에 할 수 없다.

> 「화재의 예방 및 안전관리에 관한 법률」 제8조(화재안전조사의 방법·절차 등) ③ 화재안전조사는 관계인의 승낙 없이 소방대상물의 공개시간 또는 근무시간 이외에는 할 수 없다.

③ [×] 소방특별조사 결과에 따른 조치명령으로 인한 손실을 보상하는 경우에는 시가(時價)로 보상하여야 한다.

> 「화재의 예방 및 안전관리에 관한 법률」 제15조(손실보상) 소방청장 또는 시·도지사는 제14조 제1항에 따른 명령으로 인하여 손실을 입은 자가 있는 경우에는 대통령령으로 정하는 바에 따라 보상하여야 한다.

④ [×] 소방특별조사 업무를 수행하면서 알게 된 비밀을 목적 외의 용도로 사용한 자는 300만원 이하의 벌금에 처한다.

> 「화재의 예방 및 안전관리에 관한 법률」 제50조(벌칙) ② 다음 각 호의 어느 하나에 해당하는 자는 1년 이하의 징역 또는 1천만원 이하의 벌금에 처한다.
> 1. 제12조 제2항을 위반하여 관계인의 정당한 업무를 방해하거나, 조사업무를 수행하면서 취득한 자료나 알게 된 비밀을 다른 사람 또는 기관에게 제공 또는 누설하거나 목적 외의 용도로 사용한 자

소방특별조사 업무를 수행하면서 알게 된 비밀을 목적 외의 용도로 사용한 자는 1년 이하의 징역 또는 1천만원 이하의 벌금에 처한다.

10 난이도 ●●●○○ 답 ②

특정소방대상물

어린이회관은 관광·휴게시설에 해당한다.

| 선지분석 |
① [×] 관람석의 바닥면적의 합계가 1천㎡ 이상인 체육관은 문화 및 집회시설에 해당한다.
③ [×] 자동차운전학원은 항공기 자동차관련시설에 해당한다.
④ [×] 식물원은 문화 및 집회시설에 해당한다.

11 난이도 ●●●○○ 답 ②

인화성 액체

제1석유류는 아세톤, 휘발유 그 밖에 1기압에서 인화점이 21℃ 미만인 것을 말한다.

✔ 확인학습 인화성 액체류

인화성 액체	종류	그 밖의 것(1기압 상태에서)
특수인화물	이황화탄소, 디에틸에테르	• 발화점 100℃ 이하 • 인화점 −20℃ 이하이고 비점 40℃ 이하
알코올류	–	탄소원자 수 1 ~ 3개 포화1가 알코올(변성알코올 포함)
제1석유류	아세톤, 휘발유	인화점 21℃ 미만
제2석유류	등유, 경유	인화점 21℃ 이상 ~ 70℃ 미만
제3석유류	중유, 클레오소트유 (크레오소트유)	인화점 70℃ 이상 ~ 200℃ 미만
제4석유류	기어유, 실린더유	인화점 200℃ 이상 ~ 250℃ 미만
동·식물유류	동물의 지육·식물의 종자 추출한 것	인화점 250℃ 미만

12 난이도 ●●○○○ 답 ②

예방규정

지정수량의 100배 이상의 위험물을 저장하는 옥외저장소가 관계인이 예방규정을 정하여야 하는 제조소등에 해당한다.

13 난이도 ●○○○○ 답 ①

위험물의 운송

운송책임자의 감독·지원을 받아 운송하여야 하는 위험물은 알킬알루미늄, 알킬리튬 및 알킬알루미늄 또는 알킬리튬의 물질을 함유하는 위험물을 말한다.

14 난이도 ●●○○○ 답 ①

위험물누출 등의 사고조사

소방청장, 소방본부장 또는 소방서장은 위험물의 누출·화재·폭발 등의 사고가 발생한 경우 사고의 원인 및 피해 등을 조사하여야 한다.

15 난이도 ●●●○○ 답 ④

자체소방대

제조소 또는 일반취급소에서 취급하는 제4류 위험물의 최대수량의 합이 지정수량의 24만배 이상 48만 배 미만인 사업소에는 화학소방자동차 (3)대와 자체소방대원 (15)인을 두어야 한다.

16 난이도 ●●○○○ 답 ①

화재경계지구

※ 관련규정 제·개정
'화재경계지구' → '화재예방강화지구'

> ✔ 확인학습 화재예방강화지구의 지정 등
> 1. 시·도지사는 화재예방강화지구를 지정·관리할 수 있다.
> 2. 1.에도 불구하고 시·도지사가 화재예방강화지구로 지정할 필요가 있는 지역을 화재예방강화지구로 지정하지 아니하는 경우 소방청장은 해당 시·도지사에게 해당 지역의 화재예방강화지구 지정을 요청할 수 있다.
> 3. 소방관서장은 대통령령으로 정하는 바에 따라 1.에 따른 화재예방강화지구 안의 소방대상물의 위치·구조 및 설비 등에 대하여 화재안전조사를 하여야 한다.
> 4. 소방관서장은 3.에 따른 화재안전조사를 한 결과 화재의 예방강화를 위하여 필요하다고 인정할 때에는 관계인에게 소화기구, 소방용수시설 또는 그 밖에 소방에 필요한 설비(이하 "소방설비등"이라 한다)의 설치(보수, 보강을 포함한다. 이하 같다)를 명할 수 있다.
> 5. 소방관서장은 화재예방강화지구 안의 관계인에 대하여 대통령령으로 정하는 바에 따라 소방에 필요한 훈련 및 교육을 실시할 수 있다.
> 6. 시·도지사는 대통령령으로 정하는 바에 따라 1.에 따른 화재예방강화지구의 지정 현황, 3.에 따른 화재안전조사의 결과, 4.에 따른 소방설비등의 설치 명령 현황, 5.에 따른 소방훈련 및 교육 현황 등이 포함된 화재예방강화지구에서의 화재예방에 필요한 자료를 매년 작성·관리하여야 한다.

시·도지사는 화재가 발생하는 경우 그로 인하여 피해가 클 것으로 예상되는 지역을 화재경계지구로 지정할 수 있다.

17 난이도 ●●●○○　　　　　　　　　　　　　　답 ④

손실보상
소방활동에 방해가 되는 불법 주차 차량을 제거하거나 이동시키는 처분으로 인하여 손실을 입은 자는 손실보상을 하여야 하는 대상에 해당되지 않는다.

18 난이도 ●●○○○　　　　　　　　　　　　　　답 ④

소방지원활동
위해동물, 벌 등의 포획 및 퇴치활동은 생활안전활동이다.

19 난이도 ●●○○○　　　　　　　　　　　　　　답 ①

저수조의 설치기준
지면으로부터의 낙차가 4.5m 이하로 하여야 한다.

20 난이도 ●●●○○　　　　　　　　　　　　　　답 ①

소방용수표지
안쪽 문자는 백색, 바깥쪽 문자는 노란색, 안쪽 바탕은 붉은색, 바깥쪽 바탕은 파란색으로 하고 반사재료를 사용하여야 한다.

해커스소방 fire.Hackers.com

소방 학원 · 소방 인강 · 소방관계법규 무료 특강 ·
소방 합격예측 온라인 모의고사

목표 점수 단번에 달성, 지텔프도 역시 해커스!

해커스 지텔프 교재 시리즈

유형 + 문제					
32점+	43점+	47~50점+	65점+	75점+	

목표 점수에 맞는 교재를 선택하세요! ⟷ : 교재별 학습 가능 점수대

한 권으로 끝내는
해커스 지텔프 32-50+
(Level 2)

해커스 지텔프 문법
정답 찾는 공식 28
(Level 2)

2주 만에 끝내는
해커스 지텔프 문법
(Level 2)

2주 만에 끝내는
해커스 지텔프 독해
(Level 2)

보카

해커스 지텔프
기출 보카

기출 · 실전

지텔프 기출문제집
(Level 2)

지텔프 공식
기출문제집 7회분
(Level 2)

해커스 지텔프
최신기출유형
실전문제집 7회
(Level 2)

해커스 지텔프
실전모의고사
문법 10회
(Level 2)

해커스 지텔프
실전모의고사
독해 10회
(Level 2)

해커스 지텔프
실전모의고사
청취 5회
(Level 2)

한국사능력검정시험 1위* 해커스!
해커스 한국사능력검정시험 교재 시리즈

* 주간동아 선정 2022 올해의 교육 브랜드 파워 온·오프라인 한국사능력검정시험 부문 1위

**빈출 개념과 기출 분석으로
기초부터 문제 해결력까지
꽉 잡는 기본서**

해커스 한국사능력검정시험
한권합격 심화 [1·2·3급]

**스토리와 마인드맵으로 개념잡고!
기출문제로 점수잡고!**

해커스 한국사능력검정시험
2주 합격 심화 [1·2·3급] 기본 [4·5·6급]

**시대별/회차별 기출문제로
한 번에 합격 달성!**

해커스 한국사능력검정시험
시대별/회차별 기출문제집 심화 [1·2·3급]

**개념 정리부터 실전까지!
한권완성 기출문제집**

해커스 한국사능력검정시험
한권완성 기출 500제 기본 [4·5·6급]

**빈출 개념과 기출 선택지로
빠르게 합격 달성!**

해커스 한국사능력검정시험
초단기 5일 합격 심화 [1·2·3급]
기선제압 막판 3일 합격 심화 [1·2·3급]